V&R

Wilfried Dreyer / Ulrich Hößler (Hg.)

Perspektiven interkultureller Kompetenz

Mit 23 Abbildungen und 11 Tabellen

Vandenhoeck & Ruprecht

Bibliografische Information der Deutschen Nationalbibliothek
Die Deutsche Nationalbibliothek verzeichnet diese Publikation in der Deutschen Nationalbibliografie; detaillierte bibliografische Daten sind im Internet über http://dnb.d-nb.de abrufbar.

ISBN 978-3-525-40332-7
ISBN 978-3-647-40332-8 (E-Book)

Satz: SchwabScantechnik, Göttingen
Druck und Bindung: ⊕ Hubert & Co. Göttingen

Inhalt

Vorwort

Menschen aus verschiedenen Nationen entwickeln unterschiedliche kulturspezifische Orientierungsmuster, die ihre Wahrnehmung, ihr Denken, ihre Empfindungen und ihr Verhalten nachhaltig beeinflussen. Diese Muster tragen wir wie ein Gen in uns; sie kommen in unserer Sprache, in unserer Mimik und Gestik, in unseren Verhaltensweisen, in der Art und Weise, wie wir täglich aufeinander zugehen, zum Tragen. Wenn diese unterschiedlichen Orientierungsmuster aufeinandertreffen, kann es leicht zu interkulturellen Missverständnissen kommen. Die zunehmende Globalisierung hat diese Kontakte und damit auch die Gefahr des Missverstehens vervielfacht – sei es im privaten oder im geschäftlichen Bereich.

Umso wichtiger ist es, mit diesen Unterschieden produktiv und sozial verträglich umgehen zu können. Dazu braucht man fundierte Kenntnisse und Wissen wie auch praktische Übung und Erfahrung – kurzum: eine überfachliche Schlüsselqualifikation, nämlich »interkulturelle Kompetenz«.

Dieser Sammelband gibt die Beiträge und Erkenntnisse eines Symposiums wieder, das die Hochschule Regensburg zu Ehren des 70. Geburtstags von Prof. Dr. Alexander Thomas im November 2009 veranstaltete. Das Werk zeigt auf, wie breit das Spektrum interkultureller Kompetenz ist: Neben theoretischen und wissenschaftslogischen Perspektiven werden kulturspezifische Sichtweisen ebenso wie Aspekte interkultureller Kompetenz in bestimmten Tätigkeitsfeldern oder in Schulen und an Hochschulen aufgezeigt.

Gerade wir Hochschulen tragen die Verantwortung für die Zukunft junger Menschen und stehen vor der Aufgabe, sie bestmöglich auf eine global geprägte Arbeitswelt vorzubereiten – das gilt für das Arbeiten im Ausland ebenso wie für Kooperationen in multikulturell beziehungsweise international zusammengesetzten Teams. Dieser Aufgabe sind wir uns als Hochschule Regensburg schon länger bewusst. Wir hatten das Glück, mit Herrn Professor Thomas einen kompetenten Kollegen an der Regensburger Nachbaruniversität zu haben, der uns in der Realisierung unseres gemeinsamen Zusatzstudiums »Internationale Handlungskompetenz« als Initiator maßgeblich unterstützt hat. Mittlerweile haben neun Jahrgänge diese erfolgreiche Ausbildung durchlaufen. Die Absolventen und Absolventinnen bestätigen uns immer wieder eindrucksvoll, wie wertvoll das Erlernte in der beruflichen Praxis war. Das Bayerische Staatsministerium für Wissenschaft, Forschung und Kunst hat dieses Zusatzstudium mit einem Preis für besondere Verdienste um die Internationalisierung der bayerischen Hochschulen ausgezeichnet.

Daher freue ich mich, dass ich in diesem Sammelband dem Engagement von Herrn Professor Thomas, das weit über die Zeit seiner Emeritierung hinausging, den herzlichsten Dank unserer Hochschule sowie aller Studierenden, die diese Ausbildung durchlaufen haben und noch durchlaufen werden, aussprechen kann.

Prof. Dr. Josef Eckstein, Hochschule Regensburg

Wilfried Dreyer und Ulrich Hößler

Einleitung

Selbst wer nicht längere Zeit im Ausland lebt und arbeitet, wird immer öfter auch in die Lage kommen, bei der Arbeit auf Menschen mit anderem kulturellen Hintergrund zu treffen: in interkulturell besetzten Projektteams, bei der Beratung und im Export, bei Verhandlungen, internationalen Joint Ventures, im kollegialen Umgang, als Mitarbeiter(innen) oder Vorgesetzte. Interkulturelle Handlungskompetenz ist daher schon jetzt eine Schlüsselqualifikation für den beruflichen Erfolg und wird zukünftig in vielen Bereichen unentbehrlich sein.

Daraus ergibt sich die Notwendigkeit, sich den Einfluss von Kultur auf menschliches Handeln bewusst zu machen, Unterschiede zwischen dem eigenkulturellen und fremdkulturellen Orientierungssystemen zu kennen, zu verstehen und zu würdigen sowie darauf aufbauend die Fähigkeit zu entwickeln, produktiv, respektvoll und angemessen damit umzugehen.

Was aber ist denn interkulturelle Kompetenz konkret? Wie entsteht sie, wie äußert sie sich und wie lässt sie sich erfassen? Diese und damit in Zusammenhang stehende Fragen gewinnen in einer zunehmend internationaler werdenden Arbeits- und Lebenswelt an Relevanz – und zwar nicht nur für Personalentscheider in der Wirtschaft, die eine geeignete Person für eine im Ausland zu besetzende Stelle suchen, sondern zum Beispiel auch für Lehrer, die eine Klasse mit stark heterogenem kulturellen Hintergrund unterrichten, oder Behördenmitarbeiter, die Klienten unterschiedlichster Herkunft betreuen. Im Grunde fordert die Globalisierung von allen aktiv am gesellschaftlichen Leben teilnehmenden Personen ein gewisses Maß an interkultureller Kompetenz.

Die Wissenschaft reagiert auf diesen Bedarf: Forscher verschiedener Disziplinen der Geistes-, Sozial- und Wirtschaftswissenschaften widmen sich auf nationaler und internationaler Ebene der Erforschung interkultureller Kompetenz und verwandter Themenfelder. Etwa seit Beginn des neuen Millenniums ist dabei ein markanter Anstieg der Forschungs- und Publikationstätigkeit zur Thematik feststellbar: Die Literaturdatenbank ERIC liefert viermal so viele Ergebnisse zu Interkultureller Kompetenz für die Jahre 2000–2009 wie für die Jahre 1990–1999.

So vielfältig das Forschungsfeld sich darstellt, so unterschiedlich sind auch die theoretischen Grundannahmen, die methodischen Vorgehensweisen, Ergebnisse und deren Interpretation. Auch dieser Sammelband erhebt nicht den Anspruch, eindeutige und abschließende Antworten auf die eingangs gestellten Fragen zu geben, weil dies weder möglich noch sinnvoll ist. Ziel ist es vielmehr, zu Beginn der zweiten Dekade des 21. Jahrhunderts eine gemeinschaftliche Bestandsaufnahme und einen möglichst breiten Überblick zu geben über die Themen, Theorien, Methoden und Anwendungsfelder des interdisziplinären und international bearbeiteten Forschungsgebietes zu interkultureller Kompetenz. Die Idee zu diesem Buch entstand im Rahmen eines von der Hochschule Regensburg veranstalteten Symposiums im November 2009 zu Ehren des 70. Geburtstags von Herrn Prof. Dr. Alexander Thomas, der sich seit über dreißig Jahren der wissenschaftlichen Analyse von Bedingungen, Prozessen und Wirkungen der interkulturellen Begegnung widmet. Viele der Beitragenden sind wie Alexander Thomas Psychologen, aber entsprechend der Vielfältigkeit des Forschungsfeldes finden sich auch Soziologen, Pädagogen, Kommunikations-, Wirtschafts-, Sprach- und Literaturwissenschaftler unter den Autoren. Die meisten der Artikel greifen Theorien und Forschungsansätze von Thomas auf, dies allerdings in kritischer Reflexion, als eine von verschiedenen Sichtweisen und im Vergleich mit anderen Herangehensweisen.

Die Lektüre dieses Buches ist aus vielerlei Gründen lohnend, sein besonderer Mehrwert zeigt sich unserer Meinung vor allem in den folgenden Punkten:

a) Erschließung neuer Wissensbereiche: Etwa die Hälfte der hier vertretenen Autoren stellt eigene aktuelle Forschungsprojekte vor. Die andere Hälfte liefert theoriekritische und -erweiternde Betrachtungen, beschreibt innovative interkulturelle Qualifizierungsmaßnahmen oder untersucht neue Anwendungs- und Forschungsfelder.
b) Wissenschaftliche Ambiguitätstoleranz: Die Bereitschaft, verschiedene theoretische und methodische »Schulen« der Kulturbetrachtung und Kompetenzdefinition zu integrieren, statt in ermüdenden Debatten Deutungshoheit über die jeweils andere Seite zu erlangen, ist durchgängig erkennbar und wird in einigen Beiträgen explizit formuliert.
c) Kontextualisierung: Viele Autoren betonen die Kontextgebundenheit interkultureller Kompetenz, wonach interkulturelle Kompetenz nur unter Berücksichtigung des betreffenden Anwendungskontextes definier- und erforschbar ist.
d) Indigene Herangehensweisen: Es sind zahlreiche Autoren vertreten, die indigene Forschungsansätze interkultureller Kompetenz befürworten und verfolgen.
e) Einbeziehung der aktuellen Bedarfslage: Die Migrations- und Integrationsthematik wird ebenso aufgegriffen wie das Lernfeld Schule und Hochschule, das für die Ausbildung von Multiplikatoren interkultureller Kompetenz besonders wichtig ist (diesem Einsatzfeld ist ein eigener Abschnitt gewidmet).

Die Beiträge sind in vier Abschnitte gegliedert: 1) Theoretische und wissenschaftslogische Perspektiven interkultureller Kompetenz, 2) Kulturspezifische Perspektiven, 3) Perspektiven interkultureller Kompetenz für Schule und Hochschule und 4) Interkulturelle Kompetenz in spezifischen Praxisfeldern.

Den Auftakt im theoretisch-wissenschaftslogischen Teil (Abschnitt 1) macht *Jürgen Straub* mit einer erfrischend kritischen Perspektive auf das Konzept Interkulturelle Kompetenz. Ausgehend von den Arbeiten Bruners und Boeschs fordert er eine kritisch-reflexive Kulturpsychologie ein, die nicht nur ihren Forschungsgegenstand analysiert und hinterfragt, sondern auch die eigene diskursive Praxis. Er schließt mit dem in dieser Weise noch nicht formulierten Gedanken, dass interkulturelle Kompetenz und die omnipräsente Forderung nach ihrer Entwicklung durchaus einen normativen und manipulativen Charakter haben können.

Astrid Podsiadlowski beschreibt anhand eines ebenso umfassenden wie prägnanten Überblicks über Entwicklungslinien, Ziele und Methoden der Kulturvergleichenden Psychologie, welche Beiträge diese Wissenschaftsdisziplin zum Forschungsgebiet interkulturelle Kompetenz leisten kann. Dies wird durch drei aktuelle Forschungsprojekte besonders anschaulich illustriert. Abschließend befürwortet sie eine integrative Position verschiedener Herangehensweisen.

Ebenfalls von besonderem Wert für die Integration unterschiedlichster theoretischer Zugänge zum Thema Interkulturelle Kompetenz ist *Jürgen Boltens* Artikel. Ausgehend von einem kritischen Blick auf die derzeitige, von Multidisziplinarität und »Grabenkämpfen« geprägte Situation interkultureller Forschung im deutschsprachigen Raum, schlägt er vor, Kultur und interkulturelle Kompetenz unter dem Blickwinkel einer »Fuzzylogik« zu betrachten. Dadurch gelangt der Autor zu dem Schluss, dass es je nach Kontext und Perspektive unterschiedliche Positionen, Definitionen und Operationalisierungen geben muss und Interdisziplinarität, genau wie Interkulturalität, bereichernd und synergetisch sein kann, wenn man sich auf andere Sichtweisen einlässt.

Christine Bartsch und *Micha Strack* analysieren und vergleichen drei bewährte Modelle des Kulturvergleichs: Ingleharts World Value Map, den Wertekreis von Schwartz und Thomas' Kulturstandardkonzept. Unterschiede in Ursprungsinteresse, Begründung und Methode, aber auch Ansatzpunkte für Gemeinsamkeiten der drei Ansätze werden klar herausgearbeitet. Im Kulturvergleich zwischen Deutschland, China und den USA identifizieren die beiden Autorinnen erstaunliche Übereinstimmungen zwischen den Modellen und werben auch damit – ganz im Sinne dieses Buches – für eine Integration verschiedener Perspektiven, ohne dass eine Forschungsposition zu Gunsten einer anderen abgewertet wird.

Wilfried Dreyer widmet sich kritisch dem wohl populärsten Konzept, das oftmals zum Vergleich verschiedener Kulturen herangezogen wird: Hofstedes Kulturdimensionen. Dabei zeigt er auf, dass die ursprünglich von Hofstede präsentierten vier Kulturdimensionen keineswegs empirisch abgeleitet sind. Außerdem legt der Autor einen Versuch vor, sowohl Kulturdimensionen als auch Kulturstandards wissenschaftslogisch in der Tradition Max Webers als »Idealtypen« zu fassen, um so eine Missdeutung im Sinne von Reifizierung und Stereotypenbildung auszuschließen.

Alexander Thomas erläutert das von ihm seit Anfang der 1990er Jahre entwickelte Kulturstandardkonzept im Lichte aktueller Forschungen und Entwicklungen.

Ausgehend von seiner Definition von Kultur als Orientierungssystem analysiert er die in kulturellen Überschneidungssituationen stattfindenden psychodynamischen Prozesse sowie den Forschungsprozess, wie aus solchen Situationen Kulturstandards generiert werden können. Dabei differenziert er, wie Kulturstandards zu verstehen und anzuwenden sind, was sie leisten können und charakterisiert sie damit als das, was sie sind: auf empirischer Forschung basierende Konstrukte zur Erklärung erwartungswidrigen fremdkulturellen Verhaltens, gleichsam Werkzeuge zum Verständnis fremder Kulturen.

Hede Helfrich-Hölter beschäftigt sich mit kulturellen Einflüssen auf das Erleben und Deuten des Phänomens Zeit. Auf der Grundlage eigener Studien und weiterer Forschungsergebnisse kommt sie zu dem Schluss, dass Zeitvorstellung, Zeithorizont und Zeitumgang durch kulturelle Variation gekennzeichnet sind, während Zeitwahrnehmung weitgehend biologisch determiniert ist.

Der erste Abschnitt schließt mit zwei Artikeln zum Thema Vertrauen im interkulturellen Kontext. *Ulrike Schwegler* liefert eine Begriffsbestimmung, geht auf die Besonderheiten der Vertrauensgenese in unbekannten kulturübergreifenden Situationen ein und schildert die Ergebnisse einer eigenen empirischen Untersuchung. Aus Interviews mit deutschen und indonesischen Fach- und Führungskräften deutschstämmiger, multinationaler Unternehmen in Jakarta konnte sie drei distinkte Vertrauenstypen und ein Phasenmodell zum Vertrauensaufbau in interkulturellen Kooperationsbeziehungen herausarbeiten und liefert dadurch einen wertvollen Beitrag zur Theorieerweiterung der Vertrauensthematik in interkulturellen Kontexten.

Elias Jammal und *Melanie Leistikow* stellen ihr Forschungsprojekt zu deutsch-arabischen Vertrauensbildungsprozessen vor, wobei sie die Wechselwirkungen zwischen kulturellem Hintergrund und Geschlecht sowie den Einfluss entsprechender Stereotype auf Vertrauen in den Fokus rücken. Es wird gezeigt, dass weniger das Geschlecht als vielmehr der spezifische Kontext entscheidenden Einfluss auf die Vertrauensbildung in den untersuchten interkulturellen Begegnungen ausübt.

Abschnitt zwei nimmt verschiedene kulturspezifische Perspektiven interkultureller Kompetenz ein mit drei Beiträgen aus dem asiatischen (China und Indonesien) und einem aus dem südamerikanischen (Peru) Kulturraum.

Interessante Einblicke in das chinesische Konzept der Gastlichkeit gewährt *Yong Liang*. Anhand verschiedener, in der chinesischen Kulturtradition verankerten Maximen der Gastlichkeit erläutert er die Unterschiede zu deutschen und europäischen Gastlichkeitskonzepten und schließt mit der Erkenntnis, dass Gastlichkeit als Teil von interkultureller Kompetenz zu verstehen ist.

Hora Tjitra und *Wenjun Deng* verfolgen einen indigenen Ansatz interkultureller Kompetenz und stellen ihr aus Interviews mit chinesischen Tourismus-Managern und Reiseleitern entwickeltes Modell chinesischer interkultureller Sensibilität für den produktiven Umgang mit ausländischen Touristen in China vor. Das aus einer kognitiven, einer affektiven und drei verhaltensbezogenen Dimensionen mit jeweils drei bis vier Unterstufen bestehende Modell wird sowohl durch aufgabenspezifische Ziele und Bedingungen als auch kulturspezifische chinesische Werte begründet und verdeutlicht überzeugend die Komplexität und Kontextgebundenheit von interkultureller Kompetenz.

Juliana Murniati Tjaya gibt einen faszinierenden Einblick in die kulturelle Vielfalt ihrer Heimat Indonesien. Ihre Forderung nach einer indigen ausgerichteten interkulturellen Kompetenz zur produktiven Gestaltung des Zusammenlebens innerhalb Indonesiens untermauert sie mit einer Reihe spannender Beispiele für indonesische Diversität: Von der unterschiedlichen Bedeutung des gleichen Wortes in verschiedenen indonesischen Sprachen über matri- und patrilineare Familienstrukturen bis hin zu den vielfältigen Ausprägungen sozialer Harmonie.

Wie angewandte Kulturstandardforschung aussehen kann, wird im nachfolgenden Kapitel illustriert. In Form peruanischer Kulturstandards aus deutscher Sicht stellt *Carmen Maurial de Menzel* darin die Ergebnisse ihrer kürzlich in ihrem Heimatland Peru durchgeführten Studie vor.

Abschnitt drei beschäftigt sich mit der Einbindung interkultureller Kompetenz für Schule und Hochschule: *Heike Abt* und *Ulrike de Ponte* stellen in ihrem anwendungsorientierten Beitrag einen Ansatz vor zur Sensibilisierung deutscher Lehrkräfte für die Handlungswirksamkeit deutscher Kulturstandards in der Interaktion mit fremdkulturell geprägten Eltern. Die drei behandelten Fallbeispiele liefern interessante Einblicke in die zunehmend von interkulturellen Herausforderungen geprägte schulische Elternarbeit. Im Format von Lehreinheiten eines Culture Sensitizers aufgebaut stellen die Fälle ein Beispiel für sehr anschauliches, unmittelbar in Trainings gewonnenes und wieder nutzbares Arbeitsmaterial dar.

Ulf Over präsentiert die Ergebnisse seiner Befragung von Lehrkräften zum Umgang mit kulturell bedingter Heterogenität in der Schule. Anhand der in der Studie vorgegebenen Fragen schildert er exemplarisch zwei bedeutsame Interaktionen in multikulturellen Lernumgebungen und leitet aus den gesammelten Situationen Themenklassen ab. Der Autor kommt zu dem Schluss, dass die zur kompetenten Bewältigung dieser Situationen benötigten Fach-, Methoden-, personalen und sozialen Kompetenzen Teilkompetenzen einer berufsspezifischen interkulturellen Kompetenz darstellen, die in Schulentwicklungs- und Fortbildungsmaßnahmen stärker in den Fokus gerückt werden muss.

Gundula Gwenn Hiller befasst sich mit der aktuellen Situation deutscher Hochschulen im Spannungsfeld zwischen Humboldt'schem Bildungsideal, Bologna-Prozess und Internationalisierung und folgert daraus die Notwendigkeit, die Ausbildung der Schlüsselqualifikation Interkulturelle Kompetenz als integralen Bestandteil des Hochschulstudiums aufzunehmen. Neben einem umfassenden Zustandsbericht stellt sie ein auf den Hochschulkontext ausgerichtetes Modell interkultureller Kompetenz und Anschauungsbeispiele zur Implementierung interkultureller Qualifizierung an den Hochschulen vor.

Alexandra Nikitopoulos und *Astrid Utler* werfen die Frage auf, inwiefern bei der zunehmenden Internationalisierung der Hochschulen (z. B. im Zuge des Bologna-Prozesses) kulturellen Unterschieden Rechnung getragen wird. Anhand zweier Forschungsthemen ermitteln sie den Qualifizierungsbedarf für Lehrende und Studierende und zeigen Perspektiven interkultureller Zusammenarbeit an Hochschulen auf. Dabei stellen sie qualitativ ausgerichtete Untersuchungen zur interkulturellen Interaktion zwischen Dozenten und Studierenden eher quantitativ kulturvergleichenden Studien zu kulturell unterschiedlichen Präferenzen im Lernstil gegenüber.

Gabriele Blod, *Susanne Elze* und *Claudia Woerz-Hackenberg* stellen in ihrem Beitrag den neuartigen Bachelor-Studiengang »International Relations and Management« der Hochschule Regensburg vor. Besonderes Augenmerk gilt bei diesem Studienangebot neben der Vermittlung wirtschafts- und politikwissenschaftlicher Fachkenntnisse dem Aufbau interkultureller Kompetenz, einer vertieften Englischausbildung, dem Erlernen einer weiteren Fremdsprache sowie einem verpflichtenden Auslandsaufenthalt. Die Konzipierung des Studiengangs beruht auf einer eigens mittels Schüler- und Arbeitgeberbefragung durchgeführten Bedarfs- und Arbeitsmarktanalyse, deren Ergebnisse ebenfalls dargestellt werden.

Siegfried Stumpf, *Stefanie Gruttauer* und *Arno Bitzer* beschreiben ihr Lehr- und Forschungsprojekt zu plurikultureller studentischer Teamarbeit am Campus Gummersbach der Fachhochschule Köln. Das Entwicklungsprogramm zur Förderung interkultureller Teamkompetenz wurde aus Erkenntnissen der Akkulturations-, Intergruppen- und Gruppeneffektivitätsforschung entwickelt und besteht aus mehreren einführenden, prozessbegleitenden und bilanzierenden Workshops. Die zu Forschungszwecken erhobenen Fragebogendaten bestätigen den Erfolg des Programms, zeigen aber auch, dass unvorbereitete Studierende die Arbeit in monokulturellen Teams besser beurteilen als in plurikulturellen.

Abschnitt vier bilden verschiedene Beiträge zur Entwicklung, Ausprägung und Anwendung interkultureller Kompetenz in spezifischen Praxisfeldern. Ein hochwertiges Stück interkultureller Forschung präsentieren *Christoph Barmeyer* und *Eric Davoine*: Als deutsch-französisches Forscherteam interviewten sie gemeinsam französische und deutsche Mitarbeiter des deutsch-französischen Fernsehsenders ARTE, um die Entwicklung und Anwendung interkultureller Kompetenz in einem spezifischen interkulturellen Kontext zu analysieren. Die Ergebnisse zeigen, dass eine von Beginn an paritätisch geführte binationale Organisation mit der Zielsetzung der europäischen Völkerverständigung eine Interkultur darstellt, in der interkulturelle Kompetenz hervorragend gedeihen kann.

Ulrich Hößler beschäftigt sich mit dem Thema soziale Identität. Am Beispiel grenzübergreifender Euroregionen und unter Einbeziehung von Untersuchungsergebnissen der Grenzraumforschung und der Sozialpsychologie beschreibt er die Bedingungen, Chancen und Schwierigkeiten beim Aufbau transnationaler grenzregionaler Identität, welchen Beitrag diese zum europäischen Einigungsprozess leistet und warum dazu interkulturelle Kompetenz nötig ist.

Monika Kraemer thematisiert die spezifische soziale Umgebung von Expatriates und beschreibt die in der Realität vorzufindenden, von der Gastlandkultur weitgehend unabhängigen Arbeits- und Lebenswelten von Auslandsentsandten und deren Familien. Sie analysiert aktuelle Forschungsergebnisse zu japanischen und deutschen Expatriate Communities im jeweils anderen Land, die zeigen, dass in diesen Rückzugsräumen in fremdkultureller Umgebung ausgeprägte nationalkulturelle soziale Identitäten gebildet werden. Ihre daraus abgeleitete Neubewertung des Anpassungserfordernisses von Auslandsentsandten stellt in dieser nicht normativen Ausprägung eine bislang vernachlässigte Perspektive in der Akkulturationsforschung dar.

Philip Anderson lenkt den Blick auf die weitgehend unbeachtete Problematik der doppelten Ausgrenzung von Migrant(inn)en mit Behinderung. Als Ergebnis einer Interviewstudie in München zeigt er die zentralen Problemfelder auf: von den kaum kooperierenden je für Migrations- und Behinderungsbelange zuständigen Institutionen, über den durch sprachliche Hürden erschwerten Zugang zu Information, Aufklärung und Unterstützung bis hin zu fehlenden kultursensiblen Kenntnissen in der Beratung und Pflege. Abschließend werden die bedrückende Lage Behinderter mit Flüchtlingsstatus geschildert und Ansatzpunkte zur Verbesserung aufgezeigt.

Stefan Schmid und *Stefan Kammhuber* beschäftigen sich mit der Frage, wie die Erkenntnisse aus kulturvergleichender Forschung, Akkulturations- und Migrationsforschung sowie die Erfahrungen aus der interkulturellen Trainingspraxis zur Gestaltung von integrationsunterstützenden Maßnahmen genutzt werden können. Sie beschreiben zwei erfolgreich durchgeführte Trainingsprojekte, die von den jeweiligen Zielgruppen (Beschäftigte in der Flüchtlings- und Asylberatung, Sozial- und Jugendarbeit sowie afrikanische Migranten) positiv aufgenommen wurden und nachhaltige produktive Wirkungen erzielten.

Stefan Kammhuber beleuchtet in seinem Text die Notwendigkeit interkultureller Kompetenz in sicherheitspolitischen Zusammenhängen. Ausgehend von der aktuellen Entwicklung, dass klassische nationale Auseinandersetzungen mehr und mehr von so genannten asymmetrischen Konflikten abgelöst werden, einem erweiterten Sicherheitsbegriff, der neben militärischer auch ökonomische und soziale Sicherheit umfasst und dem neuen Selbstverständnis der Bundeswehr als Armee im internationalen Einsatz fordert er die Institutionalisierung interkultureller Expertise auf allen Ebenen. Neben der strategischen, operativen und taktischen Ebene ist hierbei auch die ethische Ebene entscheidend, um dauerhaften Erfolg von Militäreinsätzen zu gewährleisten.

Hana Panggabean berichtet von ihren indigenen Studien im Rahmen eines Projekts zur Wirtschaftsentwicklung im ländlichen Raum ihres Heimatlandes Indonesien. Aus Interviews mit männlichen und weiblichen Fokusgruppen in acht Dörfern des Distrikts Aceh Tamiang erarbeitet sie kulturelle Einflussgrößen auf wirtschaftliches Verhalten sowie produktive Empfehlungen für die kulturell angemessene Wirtschaftsentwicklung in der Region.

Im abschließenden Kapitel macht sich *Alexander Thomas* Gedanken über Zukunftsperspektiven interkultureller Kompetenz. Dabei beleuchtet er vier Bereiche, in denen er großen Bedarf an interkultureller Kompetenz, aber auch Forschungsdefizite ausmacht: der internationale Wissenschaftsbetrieb, der diplomatische Dienst, die Hochschulausbildung und die schulische Bildung. (Zumindest für die beiden letztgenannten Bereiche kann dieser Band ein gesteigertes Problembewusstsein attestieren.) Weiterhin stellt Thomas ein Modell für die Bearbeitung kulturell bedingter Handlungsstörungen vor, an das er Forschungsfragen für zukünftige empirische Untersuchungen anbindet und weist damit einen Weg für die weitere Erforschung interkultureller Kompetenz.

Unser Dank gilt allen, die die Entstehung dieses Werkes in vergleichsweise kurzer Zeit möglich gemacht haben. Allen voran sind dies die beitragenden Autoren, insbesondere Herr Prof. Dr. Thomas, dessen 70. Geburtstag den Anlass für das ideengebende Symposium bot. Darüber hinaus möchten wir der Hochschule Regensburg, namentlich ihrem Präsidenten, Herrn Prof. Dr. Josef Eckstein, und Herrn Prof. Dr. Walter Rieger als Dekan der Fakultät Allgemeinwissenschaften und Mikrosystemtechnik danken. Nur durch die großzügige Unterstützung von Hochschulleitung und Fakultät wurden sowohl die Durchführung des Symposiums als auch die Erstellung dieses Buches möglich. Vielen Dank auch an Herrn Günter Presting und Frau Sandra Englisch vom Verlag Vandenhoeck & Ruprecht, die beide von Anfang an in sehr kooperativer Weise die Idee und Konzeption dieses Buches unterstützten. Unser ganz besonderer Dank gilt Frau Ulrike de Ponte, die mit ihrer unermüdlichen, gewissenhaften und professionellen Lektoratsarbeit im stets freundlichen, produktiven und kommunikativen Austausch mit Autoren und Herausgebern ganz entscheidend zur Qualität dieses Buches beigetragen hat. Zu nennen wären noch viele andere, die uns hoffentlich verzeihen mögen, dass wir nicht alle Beteiligten hier namentlich aufführen können.

Wir wünschen bei der Lektüre dieses Buches viel Freude, Erkenntnisgewinn, Aha-Erlebnisse und Anregungen für die eigene Forschungs- und Praxistätigkeit.

Wilfried Dreyer und Ulrich Hößler

Theoretische und wissenschaftslogische Perspektiven interkultureller Kompetenz

Jürgen Straub

Was ist und was will »Kulturpsychologie« heute?[1]

»Die Summe der pragmatischen Anthropologie in Ansehung der Bestimmung des Menschen und die Charakteristik seiner Ausbildung ist folgende. Der Mensch ist durch seine Vernunft bestimmt, in einer Gesellschaft mit Menschen zu sein und in ihr sich durch Kunst und Wissenschaften zu *cultiviren*, zu *civilisiren* und zu *moralisiren*, wie groß auch sein thierischer Hang sein mag, sich den Anreizen der Gemächlichkeit und des Wohllebens, die er Glückseligkeit nennt, *passiv* zu überlassen, sondern vielmehr *thätig*, im Kampf mit den Hindernissen, die ihm von der Rohigkeit seiner Natur anhängen, sich der Menschheit würdig zu machen. Der Mensch muß also zum Guten *erzogen* werden; der aber, der ihn erziehen soll, ist wieder ein Mensch, der noch in der Rohigkeit der Natur liegt und nun doch dasjenige bewirken soll, was er selbst bedarf. Daher die beständige Abweichung von seiner Bestimmung mit immer wiederholten Einlenkungen zu derselben« (Kant, 1968, S. 325).

»Blinde, übermütige Spontaneität ist nicht gerade ein Markenzeichen unserer Spezies. Wir verwenden ausgesprochen viel Mühe darauf, uns darüber klar zu werden, wie wir wirklich beschaffen sind und was wir eigentlich im Sinn haben und ob man diesbezüglich etwas tun kann« (Frankfurt, 2007, S. 15).

Was ist Kulturpsychologie?

Im Rückblick auf den 70. Geburtstag des Psychologen Alexander Thomas beginnt die Antwort auf die im Titel des Vortrags gestellte Frage mit einer kurzen Reminiszenz, in der die Geschichte der Psychologie untrennbar mit der Lebensgeschichte eines in diesem Fall zurecht so genannten »grand old man« verwoben ist. Im Unterschied zum Jubilar ist dieser Mann mittlerweile schon wirklich alt, allerdings lediglich den gezählten Jahren nach. Ähnlich wie von Thomas war nämlich auch von ihm bislang kaum etwas zu hören oder zu lesen, das man aus der Warte einer sich überlegen wähnenden jüngeren Generation, also mit herablassendem

1 Der hier abgedruckte Beitrag, der anlässlich des 70. Geburtstags von Alexander Thomas als Vortrag verfasst wurde, ist ihm gewidmet. Die überarbeitete Fassung wurde um einen zweiten Teil ergänzt.

Bedauern, als »veraltet« hätte zur Seite schieben können. Ganz im Gegenteil, während andere unentwegt von »Innovation« redeten und im rhetorischen Dickicht der marketinggesteuerten new speech des Wissenschaftsbetriebs alte Hüte als Neuentdeckungen ausgaben, haben Alexander Thomas und sein älterer Kollege hin und wieder tatsächlich etwas Neues und Anregendes zustande gebracht und so unser Denken bereichert.

Jerome Bruner, der scheinbar zielstrebig auf die 100 zusteuert, hat in seinem langen Leben mehrfach gründlich und in grundlegender Weise über die Psychologie nachgedacht und die Richtungen, die diese Disziplin im Laufe des 20. Jahrhunderts einschlug, in nicht marginaler Weise mitbestimmt. So wirkte er als einer der Väter der kognitiven Wende bereits in den 1940er Jahren an der entschiedenen Abkehr vom Behaviorismus mit, hielt die Wiedereinführung mentaler Begriffe ins theoretische Vokabular der Psychologie für unvermeidlich und befasste sich mit Analysen des menschlichen »Geistes«, denen er Jahrzehnte später allerdings eine gewisse Halbherzigkeit vorhalten sollte. Eigentlich wollte man, so Bruner (1983, 1990; siehe dazu Straub, 1992a) in seinem wissenschaftsgeschichtlichen und autobiographischen Rückblick, dem schal gewordenen Behaviorismus wirklich den Rücken kehren und zu neuen Ufern aufbrechen, blieb jedoch auf halber Strecke stehen. Man schaffte es jedenfalls nicht auf Anhieb, sich mit *methodisch angemessenen* Mitteln dem *bedeutungs- oder sinnstrukturierten Handeln* von Menschen zu widmen. Just dieses Ziel hatten sich Bruner und seinesgleichen nämlich gesetzt. Die schon seinerzeit eigentlich interessierenden »Acts of Meaning« (Bruner, 1990) blieben *nolens volens* außerhalb des sichtlich weiter gewordenen, aber nach wie vor nicht hinreichend offenen Horizontes der kognitiven Psychologie, und dasselbe galt natürlich für all das, was die Bedeutung menschlichen Handelns konstituiert, bestimmt und ausmacht. Von Kultur, Gesellschaft und Geschichte, von historischen, kulturellen und sozialen Diskursen und kollektiven Praxen sowie dem damit verwobenen (expliziten und impliziten) Wissen war weiterhin keine Rede in der *individuozentrisch* gebliebenen Psychologie. Stattdessen stürzte man sich auf die neuen informationstheoretischen Vokabulare und kybernetischen Modelle und bediente sich der aufregenden technischen Möglichkeiten, um – in direkter Abhängigkeit vom Entwicklungsstand der Maschinen – computationale Modelle des menschlichen Geistes zu entwerfen und empirisch zu prüfen (siehe auch Varela, 1990; dazu Straub, 1992b). Das geschah in aller Regel weiterhin in den von lebensweltlichen Kontaminationen freigehaltenen Laboratorien einer Wissenschaft, die (Quasi-)Experimente nach wie vor als methodischen Königsweg ihrer Erfahrungs- und Erkenntnisbildung betrachtete. Bruner und einige seiner Mitstreiter wollten das alles eigentlich gar nicht und bedauerten diese Blickverengung im Nachhinein. So kann es gehen. Auch die Wissenschaftsgeschichte folgt bekanntlich nicht dem Plan intentional handelnder Individuen, schon gar nicht den ehrgeizigen Projekten von Minderheiten. Doch manchmal kommen die dann doch noch zum Zug. Im Fall Bruner und seiner Verwandten im Geiste war und ist das so.

Nach wichtigen Arbeiten in verschiedenen Bereichen, vor allem im Feld der narrativen Psychologie, die sich in den 1980er Jahren unter dem Einfluss maßgeblicher Entwicklungen in der Philosophie und anderen Disziplinen sowie im Dialog mit diesen formierte,[2] veröffentlichte Bruner 1990 auch die bereits zitierte Monographie »Acts of Meaning«, die als wichtige Bilanz bisheriger Bemühungen um eine *innovative Kulturpsychologie* gelesen werden kann. Das schmale Bändchen, das zunächst im Rahmen der »Gifford Lectures« in Jerusalem zur Diskussion gestellt wurde – Bruner hielt diese Vorlesungen, sehr passend, unmittelbar nach Clifford Geertz, der im Vorjahr an der Reihe war –, dieses Büchlein also bietet eine der überzeugendsten Antworten auf die Frage, was denn Kulturpsychologie heute sein könne und solle.[3] So heißt es dort (in der mitunter etwas holprigen deutschen Übersetzung), dieses ambitionierte Unternehmen, das sich auf so gut wie alle Bereiche der Psychologie erstreckt (also keine psychologische Subdisziplin ist), sei

> »eine interpretative Psychologie durchaus in dem gleichen Sinne, in dem die Geschichte, die Anthropologie und die Linguistik interpretative Disziplinen sind. Das bedeutet aber nicht, daß sie ohne Grundsätze oder ohne (auch harte) Methoden auskommen muß. Sie sucht die Regeln festzustellen, nach denen Menschen in kulturellen Kontexten Bedeutungen erzeugen. Diese Kontexte sind immer Kontexte der Praxis: es ist immer notwendig zu fragen, was Menschen in einem bestimmten Kontext tun oder zu tun versuchen« (Bruner, 1998, S. 126).

Und an anderer Stelle wird dieser Gedanke fortgeschrieben mit der Feststellung, dass eine *handlungstheoretisch* fundierte Kulturpsychologie

> »notwendigerweise die Instrumente der Interpretation verwenden [muss], deren sich die Erforschung der Kultur und der Geschichte immer bedient hat. Es gibt nicht nur eine einzige ›Erklärung‹ des Menschen, ob eine biologische oder eine andere. Auch die stärkste kausale

---

2 Bruner bezeichnete einen seiner ersten Beiträge zur narrativen Psychologie bescheiden als eine Fußnote zu den Arbeiten, die in dem wichtigen, 1981 von Thomas Mitchell editierten Sammelband abgedruckt sind (siehe auch Bruner 1986, 1998, 2002). Zum Überblick über das heute sehr entwickelte Feld der »narrative psychology« siehe Echterhoff und Straub (2003, 2004), Straub (2010a).

3 Eine ausführliche Übersicht über aktuelle Ansätze sowie grundlegende Prinzipien der Kulturpsychologie bieten die enzyklopädischen Beiträge von Miller (1997) sowie Boesch und Straub (2007) und Straub (2004); siehe auch Chakkarath (2007) sowie Straub und Chakkarath (2010); in methodischer Hinsicht ist informativ: Greenfield (1997). Über die Geschichte und Vorgeschichte einer Kultur einbeziehenden Psychologie (»culture inclusive psychology«), die sowohl die interpretative, qualitative Forschungsmethoden bevorzugende Kulturpsychologie (»cultural psychology«) als auch die nomologische, primär quantitative Verfahren einsetzende kulturvergleichende Psychologie (»cross-cultural psychology«) umfasst, informieren Chakkarath (2003), Jahoda und Krewer (1997) oder Straub (2005). Die für Außenstehende unverständliche und auch sachlich irreführende Unterscheidung zwischen Kulturpsychologie und Kulturvergleichender Psychologie wird z. B. erläutert und diskutiert von Straub (2001, 2004) sowie in einem weiteren Übersichtsartikel von Straub und Thomas (2003).

> Erklärung der menschlichen Existenz kann keinen plausiblen Sinn ergeben, wenn sie nicht im Lichte der symbolischen Welt interpretiert wird, die die menschliche Kultur konstituiert« (Bruner, 1998, S. 145).

Gesellt man dieser gleichermaßen fundamentalen wie folgenreichen Antwort auf die Frage, was Kulturpsychologie heute sei (oder sein könnte und sollte), noch eine theoretische Bestimmung des Kulturbegriffs bei, wie sie mittlerweile üblich ist, hat man bereits die wesentlichen Elemente und Perspektiven eines Forschungsprogramms zusammen. Der Gerechtigkeit halber lässt der Autor nun noch einen zweiten »grand old man« zu Wort kommen. (Noch gerechter und politisch korrekter wäre es natürlich, das sei konzediert, wenn nun die Stimme einer »grand old woman« ertönte. In der besagten Altersklasse sucht man da jedoch vergeblich.) Ernst Boesch darf als jener Autor gelten, welcher im deutschsprachigen Raum sehr frühzeitig mit dem transatlantischen Kollegen, der übrigens häufig in Europa weilte und wirkte, von Irland bis Italien, an einem Strang zog (ohne ihn je persönlich getroffen zu haben). Boesch, vorübergehend in Thailand, Afrika und anderen Weltengegenden zuhause, machte sogar noch etwas zeitiger ernst mit der Ausarbeitung einer Handlungstheorie, die ihn schnurstracks zur Kulturpsychologie führen sollte. Dabei blieben »Handlung« und »Kultur« innige Geschwister. Als psychologische Begriffe sind sie *interdefinierbar*, ja, sie sind nur *gemeinsam, uno actu*, zu bestimmen. Handlungen als sinn- und bedeutungsstrukturiertes Verhalten bindet Boesch in seinem Ansatz, der seit 1990 als »Symbolic action theory and cultural psychology« firmiert, an das theoretische Kriterium der Intentionalität bzw. Zielgerichtetheit. Allerdings sprengen seine enorm vielfältigen »materialen« Analysen, allesamt Musterbeispiele für eine erfahrungswissenschaftliche Kulturpsychologie *at work* (z. B. Boesch, 1983, 1998, 2000, 2005), sowie andere theoretische Begriffe wie etwa »Symbolik« oder »Polyvalenz« das Korsett des intentionalistischen Handlungsmodells schnell.[4]

Was nun den Kulturbegriff angeht, schreibt Boesch Folgendes:

> »Culture is a field of action, whose contents range from objects made and used by human beings to institutions, ideas and myths. Being an action field, culture offers possibilities of, but by the same token stipulates conditions for, action; it circumscribes goals which can be reached by certain means, but establishes limits, too, for correct, possible and also deviant action. The relationship between the different material as well as ideational contents of the cultural field of action is a systemic one; i.e. transformations in one part of the system can have an impact in any other part. As an action field, culture not only induces and controls action, but is also continuously transformed by it; therefore, culture is as much a process as a structure« (Boesch, 1991, S. 29).

4 So lautet das Ergebnis der Analyse, die der Autor an anderer Stelle genauer ausführt: Straub (1999a), siehe auch Straub (2005), Straub und Weidemann (2007).

Es ist evident, wie sehr »Handlung« und »Kultur« in dieser Begriffsbestimmung aufeinander verweisen und, pragmatisch und semantisch, ineinander verwoben sind. Die Kultur stellt bisweilen auf ganz offenkundige, häufiger auf kaum merkliche Weise einer variablen Vielzahl von Personen Ordnungsformen und Deutungsmuster für die kognitive und rationale, emotionale und affektive Identifikation, für die Evaluation und Strukturierung von Gegebenheiten und Geschehnissen in der Welt sowie Prinzipien und Paradigmen der Handlungsorientierung und Lebensführung bereit. Es versteht sich von selbst, dass der Autor an dieser Stelle auch Alexander Thomas (z. B. 2000) hätte zitieren können, bekanntlich mit ziemlich ähnlichen Definitionen, die Kultur als offenes und dynamisches, nicht zuletzt von kulturellem Austausch, interkultureller Kommunikation, Kooperation und Koexistenz geprägtes kollektives Zeichen-, Wissens- und Orientierungssystem begreifen. Dieses »System« müssen wir kennen (lernen), um kulturelle Praktiken und Handlungen oder beliebige sonstige psycho-soziale Phänomene (Gedanken, Gefühle etc.) angemessen beschreiben, verstehen und erklären zu können.

Solche exemplarischen Begriffsbestimmungen machen unter anderem klar, dass die erwähnten Autoren, wenn sie »Kultur« sagen, nicht gleich an Nationalkulturen denken (oder räumlich und zeitlich noch weiter ausgreifende Einheiten wie etwa die asiatische oder europäische, die östliche oder westliche Kultur). Vielmehr wird ein reichlich abstraktes und ziemlich flexibles Konzept eingeführt, das sich auf in ihrer Reichweite sehr variable kollektive Wissensbestände, damit verwobene Handlungen und Praktiken, Diskurse, Dispositive, Dispositionen und Habitusformen sowie zahllose Objektivationen und Subjektivierungen kultureller Tätigkeiten bezieht.[5] Vergegenwärtigt man sich noch einmal Bruners und Boeschs hier nur angedeuteten Ansätze, so lässt sich feststellen, dass sie die Frage, was Kulturpsychologie heute ist und will, wohl noch nicht zufriedenstellend beantwortet haben. Eine rundum befriedigende Antwort wäre ohnehin gewiss zu viel verlangt, aber bezüglich eines zentralen Punktes, der die enge Verbindung von Kulturpsychologie und Handlungstheorie betrifft, lässt sich doch gleich noch etwas ergänzen und präzisieren. Dies ist in systematischer Hinsicht von größter Wichtigkeit. Es ist vielleicht sogar entscheidend für die im Titel des Vortrags gestellte Frage.

Bruner weist der Kulturpsychologie in der oben zitierten Passage eine bestimmte Aufgabe zu. Sie habe »die *Regeln* festzustellen, nach denen Menschen in kulturellen Kontexten Bedeutungen erzeugen«, heißt es am angegebenen Ort. Mit

5 Objektivationen heißen hier alle materiellen und (fixierten) institutionellen Hervorbringungen menschlichen Handelns (dessen externale Folgen), die wir gemeinhin zum Bestand einer Kultur rechnen (Bücher und Partituren, Bauten und Plätze, Gerichte und Ausländerbehörden, Maschinen und Toupets, Handtücher und Hundeleinen usw.); Subjektivierungen dagegen sind Handlungskonsequenzen, die sich in den Subjekten selbst niederschlagen (internale Folgen), also z. B. kognitive Strukturen oder beliebige Dispositionen. Manchmal werden Subjektivierungen auch als Objektivierungen bezeichnet, was wegen der offenkundigen Nähe zu den Objektivationen Verwechslungen heraufbeschwört und deswegen wohl nicht ratsam ist.

Boesch können wir hinzufügen, was natürlich auch bei Bruner zu lesen steht, nämlich: dass eine Kultur den ihr zugehörigen Menschen die *Ziele* vorgibt, die Handelnde unter Zuhilfenahme geeigneter Mittel verfolgen können (und oftmals auch sollen). Selbstredend muss die Kulturpsychologie auch solche Ziele und Ziel-Mittel-Relationen rekonstruieren. Systematisiert und ergänzt man diese Aufgabenbestimmungen, so erhält man eine *Typologie von Handlungsbegriffen* und, damit korrespondierend, eine *Typologie verschiedener Formen kulturellen Wissens*, das die Sinn- und Bedeutungsstruktur menschlichen Handelns auf je spezifische Weise bestimmt.

Als nicht aufeinander reduzierbare Handlungsbegriffe lassen sich das intentionalistische Modell, das Modell regelbezogenen Handelns und das narrative Modell, das sowohl der Temporalität als auch der Kreativität des Handelns Rechnung trägt, unterscheiden (Straub, 1999a, in Kürze: 1997, 1998, 2010c). Diese Typologie von Handlungsbegriffen (und, damit verbunden, von formaltheoretischen Modellen der Handlungserklärung) überwindet die Eindimensionalität psychologischer Theorien, die Handlungen fast ausnahmslos im Sinne des intentionalistischen (und rationalistischen) Modells als absichtsvoll eingesetzte Mittel für die Erreichung von Zielen oder Zwecken konzeptualisieren. Durch diese Handlungstypologie werden der Kulturpsychologie *theoretisch differenzierte* Forschungsperspektiven eröffnet. Der Kulturbegriff erfüllt dabei nicht nur deskriptive, sondern auch explanative Funktionen. Der hier in Anspruch genommene Erklärungsbegriff steht nicht im Gegensatz zum »Verstehen«, sondern stützt sich vielmehr – wie schon Max Webers Konzeption des »verstehenden Erklärens« – auf genau rekonstruierbare »verstehende Operationen«, durch die Sinn- und Bedeutungsgehalte von Handlungen (und »Handlungsanaloga«) erschlossen werden (siehe Straub, 1999a).

Das verstehende Erklären von Handlungen, das von der deduktiv-nomologischen und induktiv-statistischen Erklärung strikt abgesetzt wird, kann nämlich im Sinne des (von Wright, 1971/1974, formalisierten) teleologischen oder intentionalistischen Modells, des Modells der »Bezugnahme auf (konstitutive oder regulative) Regeln« unterschiedlicher Art (Winch, 1958/1966) oder des narrativen Modells der Erklärung durch das Erzählen einer Geschichte (Danto, 1965/1980) aufgefasst werden (im Einzelnen siehe Straub, 1999a). Wenn Handlungserklärungen prinzipiell in einem der drei alternativen Modelle verortet werden können, dann können sich auch *kulturtheoretische (kulturpsychologische)* Handlungserklärungen an der formalen Struktur des jeweils in Anspruch genommenen »explanativen Schlusses« und des dafür herangezogenen Wissens orientieren. Kultur ist, sobald sie als Explanans in Betracht kommt, damit nicht einfach bloß eine »symbolische Ordnung«, eine »kognitiv-symbolische Ordnung der Wirklichkeit«, eine Gesamtheit von »kognitiv-symbolischen Strukturen«, »Sinn- und Deutungsmustern«, »Klassifikationssystemen«, »kollektiven Wissensordnungen«, »Wissensvorräten«, »symbolischen Codes« oder »symbolischen

Differenzensystemen« – um nur einige der zum Beispiel von Andreas Reckwitz (2000) benutzten Titel anzuführen –, sondern *differenziell* bestimmbar als ein handlungsrelevantes, transindividuelles Wissens-, Zeichen- oder Symbolsystem, das sich zusammensetzt aus

- kollektiven *Zielen*, die Individuen situationsspezifisch konkretisieren und als Akteure übernehmen und (unter Einsatz kulturell verfügbarer Mittel) verfolgen können;
- kulturspezifischen Handlungs*regeln* (die strikt von statistischen Regelmäßigkeiten zu unterscheiden sind); dazu gehören auch sprachliche Regeln aller Art; besonders wichtige Regeln sind soziale Normen (die sich wiederum in Aufforderungsnormen einerseits, Bewertungsnormen oder Werte differenzieren lassen);
- einem kulturspezifischen Reservoir an *Geschichten*, durch die die Angehörigen einer Kultur ihre Identität, ihr Selbst- und Weltverständnis bilden, artikulieren und tradieren. Geschichten tragen nicht zuletzt der zeitlichen und kreativen Dimension menschlichen Handelns Rechnung.

Diese Ziele, Regeln (Normen) und Werte sowie die Geschichten, die in einer Kultur »kursieren« und das Handeln bestimmen (und ihm Sinn und Bedeutung verleihen), müssen keineswegs eine sprachsymbolische oder diskursive Gestalt besitzen. Sie sind dem Handeln häufig implizit und allenfalls in der Form von Spuren oder Anzeichen präsent. Ebenso können sie in nichtsprachlichen – so genannten »präsentativen« – Symbolen verkörpert sein. Symbole verweisen auf kulturelle Sinn- und Bedeutungssysteme. Auch sie können als Anzeichen von etwas oder als eine »Spur«, deren Verfolgung zu kulturellen Überlieferungs-, Sinn- und Bedeutungszusammenhängen führt, aufgefasst werden. An solchen Anzeichen oder Spuren setzt die kulturpsychologische Handlungsinterpretation an, wenn sie Handlungen in bestimmter Weise identifiziert, versteht und erklärt, indem sie »kulturelle Texte« zu lesen versucht und mit den interessierenden, konkreten Handlungen in semantischer und pragmatischer Perspektive in Zusammenhang bringt. *Wie* sie das im Einzelnen genauer bewerkstelligt, gehört ins gut beackerte Feld der Methodenlehre einer interpretativen oder hermeneutischen Handlungs- und Kulturpsychologie (Mey u. Mruck, 2010). Zu exemplarischen Zwecken sei an zwei Vorträge erinnert, die uns vermutlich mit solchen Methoden in Berührung gebracht haben.[6]

Da gab es zum einen die Präsentation des Kollegen Tjitra, der auf der Grundlage des »Grounded-Theory«-Ansatzes, also auf dem Weg der empirisch fundierten Begriffsbildung durch systematisch angelegte, komparative Analysen (Vergleichs-

6 Diese Beispiele wurden über Nacht, also auf einen spontanen Entschluss hin, nach eigenen Mitschriften ausgearbeitet, eingefügt und sodann vorgetragen, um den Teilnehmern des Symposiums an den am Vortag gehaltenen Vorträgen zu veranschaulichen, was qualitative, interpretative Methoden sein, bezwecken und leisten können. Die beiden Beiträge, auf die der Autor unten zu sprechen kommt, sind im nun vorliegenden Band nachzulesen.

gruppenbildung), zu einem besonderen, eben *kulturspezifischen* Konzept interkultureller Kompetenz gelangen möchte und uns erste Ergebnisse seiner Forschungen vorgestellt hat. Diese wurden als ein geordneter Komplex von Elementen oder Komponenten interkultureller Sensitivität präsentiert, den der Referent im Anschluss an die emische Perspektive seiner Forschungspartner und im Rekurs auf relevant gewordene kanonische Texte der chinesischen Tradition (Schriften aus der Feder des Konfuzius; das Buch der Lieder etc.) als indigenes Konzept auffasste und – meistens eher implizit – gegen geläufige Modelle interkultureller Kompetenz nordamerikanischer Provenienz absetzte (und darüber hinaus von einem indonesischen Konzept, so dass drei indigene Konzepte im Spiel waren).

Eingedenk von Details – nachzulesen in diesem Band bei Tjitra –, ist unschwer zu erkennen, dass bei der empirisch fundierten Rekonstruktion dieser Konzepte immer wieder von kulturellen Zielen, Regeln und Geschichten die Rede war, die im Zuge der komparativen Analysen zu einem gewissen Teil als kulturspezifische Wissensbestände ausgewiesen werden konnten. Wenn wir das primär rekonstruierte indigene, »chinesische« Konzept interkultureller Sensitivität als Teil des expliziten und impliziten kulturellen Wissens eines Kollektivs – zu dem jedenfalls die interviewten Personen gehören – auffassen, ist klar, dass es fortan als begriffliches Instrument für eine kulturangemessene Beschreibung des von diesem Wissen gespeisten Denkens, Fühlens, Wollens und Handelns der betreffenden Leute gute Dienste erweisen kann, auch ihres Handelns in interkulturellen Überschneidungs- oder kritischen Interaktionssituationen.

Zum anderen berichtete Kollege Liang (siehe Beitrag in diesem Band) davon, dass er dabei ist, ein indigenes »chinesisches« Konzept der Gastlichkeit zu rekonstruieren. Auch hier geht es um die Rekonstruktion der kulturspezifischen Semantik eines Konzepts – der diesbezüglich relevanten Ziele und Mittel, Regeln und Geschichten im skizzierten Sinn – sowie schließlich wohl auch darum, den Zusammenhang zwischen Semantik und Pragmatik aufzuzeigen, mithin die Relevanz des in spezifischer Weise bedeutungsvollen Konzepts für das Handeln im Zeichen einer, wie man nach getaner Arbeit sagen kann, wiederum kulturspezifischen »Gastlichkeit«. Ein kulturpsychologisches Forschungsprogramm, das sich Gastlichkeit zum Thema wählte, könnte (und müsste) sich im Übrigen um weitere Differenzierungen bzw. Typisierungen bemühen. Es liegt ja auf der Hand, dass es bereits im heutigen China nicht *ein* kulturspezifisches Konzept der Gastlichkeit gibt, sondern mehrere, die sich semantisch und pragmatisch mehr oder weniger überlappen mögen und voneinander abgrenzen lassen. Dasselbe gilt erst recht für »asiatische« Konzepte der Gastlichkeit sowie Handlungen und Praxen in ihrem Geiste. Und es gilt, *mutatis mutandis*, ebenso für »deutsche« oder »europäische« oder »westliche« Konzepte der Gastlichkeit sowie korrespondierende Handlungen und Praxen, die es, wie uns bereits unser Alltagswissen lehrt, ja ebenfalls gibt, und zwar wiederum in einer durchaus eindrucksvollen Vielfalt von Varianten, die allenfalls durch gewisse Familienähnlichkeiten miteinander verwandt sind.

Solche Familienähnlichkeiten mag es natürlich auch zwischen bestimmten »chinesischen« und bestimmten »deutschen« Typen der Gastlichkeit geben, woran Liang ja erinnerte, als er zumindest dem Wortlaut der Übersetzungen nach *äquivalente Redewendungen* im Deutschen und Chinesischen zitierte. Sie erinnern sich bestimmt an die hier wie dort gebräuchliche, auffällig paradoxe Formulierung »der Gast möge sich wie zu Hause fühlen«. (Nebenbei gesagt: in der Tat eine subtile Paradoxie, weil der Gast, der dies tatsächlich täte, definitionsgemäß kein Gast mehr wäre.) Die erhebliche *Polyvalenz* des Konzepts der Gastlichkeit und die damit verwobene Variabilität gastlichen Handelns in europäischen Diskursen belegen übrigens auch die intensiven, politisch hoch brisanten Debatten, die in den vergangenen Jahren in Europa, insbesondere in der Philosophie, Soziologie und Ethnologie, über Gastfreundschaft geführt wurden. Jacques Derridas Beiträge (z. B. 2001) und die vieler anderer haben es längst bis in die Feuilletons geschafft, auch hierzulande. Anlass war dabei leider nicht die so oft bestaunte Fußballweltmeisterschaft in Deutschland, sondern die keineswegs nur metaphorisch gemeinte Rede von der »Festung Europa«. Wie dem auch sei: Die Vielfalt der Semantik und Pragmatik von Gastlichkeit lässt sich überall nicht nur in überlieferten kanonischen Texten, akademischen und politischen Debatten oder sonstigen öffentlichen Diskursen ausmachen, sondern auch und erst recht auf der Ebene des Alltagsbewusstseins und des Handelns in der Lebenswelt dieser oder jener Personen und Gruppen. Dies in sorgfältiger, theoretisch und methodisch reflektierter Weise in geeigneten empirischen Forschungen zu tun, ist Ziel und Aufgabe eines bunten Straußes von Sozial- und Kulturwissenschaften sowie trans- und interdisziplinärer Unternehmungen, zu denen der Autor auch die vornehmlich mit qualitativen, interpretativen Methoden arbeitende Kulturpsychologie zählt.

Kulturpsychologie als kritisch-reflexive Wissenschaft

Die Kulturpsychologie befasst sich jedoch nicht allein mit dem Tun und Lassen der Anderen und womöglich Fremden, sondern auch mit der *eigenen* Praxis, einer Praxis jedenfalls, in die sie verstrickt ist und die sie selbst mit betreibt und gestaltet. Auch Wissenschaft ist Praxis. Auch wissenschaftliches Handeln lässt sich nicht nur theoretisch und methodisch begründen und nach sorgfältig erwogenen Prinzipien und Regeln ausführen, sondern auch selbst als sinn- und bedeutungsstrukturiertes Handeln beschreiben, verstehen und erklären, und zwar nicht zuletzt im Hinblick auf *nichtwissenschaftliche* Aspekte und Funktionen. So kann man zum Beispiel nicht bloß fragen, was wir denn in den Wissenschaften am besten (d. h. zweckmäßigerweise) unter dem theoretischen Konstrukt »interkulturelle Kompetenz« verstehen sollten, wie wir diesen Gegenstand mit methodisch angemessenen Mitteln erforschen oder wie wir diese überaus komplexe, wissensbasierte Fähigkeit und

Fertigkeit an Hochschulen und anderen Orten lehren sollten.[7] Die Kulturpsychologie tut all dies, gewiss. Eine *ihre eigene* Praxis in kulturpsychologischer Perspektive analysierende Kulturpsychologie könnte darüber hinaus fragen, *warum und wozu* wir denn all das unternehmen und so zu einem längst uferlosen, wuchernden Diskurs beitragen, der zahllose Bemühungen um die Förderung interkultureller Kompetenz aller möglichen Menschen in allen möglichen Handlungs- und Berufsfeldern nach sich zieht, in Erziehungs-, Bildungs- und Ausbildungseinrichtungen oder in interkulturellen Trainings und anderen spezielleren Veranstaltungen. (Zunächst war das in Nordamerika der Fall, dann in Europa, schließlich in anderen, östlichen Weltengegenden, wo heute auch indigene Theorien und darauf bezogene »instruktionspsychologische Programme« zu blühen beginnen.) Wie kam es denn eigentlich zu diesem offenkundig historischen und kulturellen Phänomen einer geradezu nervösen Produktion und Akkumulation eines höchst vielschichtigen Wissens über »interkulturelle Kompetenz«? Was bedeutet das alles? Warum und wozu machen wir das und mühen uns mitunter regelrecht damit ab?

Natürlich haben wir auf diese zunächst beinah überflüssig erscheinende, sogar etwas seltsam anmutende Frage wohl alle eine ganze Reihe von Antworten parat, darunter ziemlich gut klingende und vielleicht auch plausible Begründungen. Sie sind so zahlreich, dass sie den geweckten Anschein der Erklärungs- oder gar Legitimationsbedürftigkeit unseres Tuns schnell zu zerstreuen vermögen. Interkulturelle Kompetenz ist doch, das scheint glasklar, einfach eine praktische Notwendigkeit in einer globalisierten oder glokalisierten Welt, in der intensiv erfahrene kulturelle Unterschiede bzw. ein rapide wachsendes Differenz-, Alteritäts- und Alienitätsbewusstsein zuverlässige Zeugen dafür sind, dass »kulturell bedingte« Verständigungsschwierigkeiten und Konflikte in der Luft liegen und tatsächlich häufig genug auf der Tagesordnung stehen. Man brauche, heißt es allenthalben, interkulturelle Kompetenz, um den drohenden »clash of civilizations« zu verhindern und ein einigermaßen friedliches, sogar erfreuliches Zusammenleben »verschiedener Kulturen« zu ermöglichen und zu befördern.

Selbst wenn man – wie der Autor selbst – der geläufigen Konfliktbeschwörungsrhetorik misstraut und davor warnt, aus der evidenten Tatsache gehäufter und intensivierter kultureller Begegnungen *ganz umstandslos und unmittelbar* ein Bedrohungspotenzial zu machen, das, angetrieben durch eine *angeblich naturwüchsige psychologische Mechanik, zwangsläufig und automatisch* in veritable Krisen und gewaltsam ausgetragene Konflikte münden werde, wird man die mit kulturellen Unterschieden *möglicherweise* verbundenen Schwierigkeiten nicht in Abrede stellen. Kulturunterschiede *können* die in der Zusammenarbeit und im

7 Auf diese (und verwandte) Fragen versuchen die Beiträge in einschlägigen Lehr- und Handbüchern Antworten zu geben; siehe etwa Bolten (2001), Lüsebrink (2005), Straub, Weidemann und Weidemann (2007) sowie Thomas, Kinast und Schroll-Machl (2003), Weidemann, Straub und Nothnagel (2010).

Zusammenleben von Menschen *ohnehin unvermeidlichen* Probleme befördern, auch gegen die guten Absichten der Beteiligten. Kulturelle Differenzen bergen zweifellos ihre besonderen Quellen für einfache Missverständnisse sowie kognitive und emotionale Überforderungen, die Aversionen und Aggressionen ihren Weg bahnen *können*. Kulturelle Pluralität, die einer wachsenden Vielzahl von Menschen (auch in Europa) in ihrem Alltag *auf den Leib rückt*, bringt Anforderungen besonderer Art mit sich. Sie verlangt denen, die sich wirklich darauf einlassen, einiges ab. *Deswegen* seien, heißt es zu Recht, immer mehr Leute erforderlich, die einigermaßen Bescheid wissen über sich selbst sowie die anderen Kulturen und deren Angehörige. Man brauche in der gegebenen Lage eben Menschen, die ein hinreichendes Maß an interkultureller Sensitivität entwickelt haben, den Fremden mit Verständnis, Respekt und Achtung begegnen können sowie Toleranz und Anerkennung zu praktizieren in der Lage sind (und sich vielleicht sogar um »unbedingte Anerkennung« bemühen, wie es bisweilen heißt; zur Diskussion dieses problematischen Topos siehe z. B. Straub, 1999b). Das alles mag so sein. Interkulturelle Kompetenz ist – was immer man darunter genau verstehen mag (zur Diskussion: Straub, 2007a, 2007b, 2009; Thomas, 2003) – in aller Regel ein hehres und unterstützenswertes Ziel. Seine Förderung ist auch in Wissenschaften wie der Kulturpsychologie konsensfähig. Ganz harmlos ist es gleichwohl nicht.

Die geläufige Auskunft auf die Frage »Warum und wozu wird interkulturelle Kompetenz gefordert und gefördert?« ist wohl nur die halbe Wahrheit. Wenn dies zutrifft, dann hätte die Kulturpsychologie noch etwas zu sagen, was über diese geläufige, wie auch immer differenzierte Antwort hinausgeht. Sie wäre als eine selbstkritisch-reflexive Wissenschaft herausgefordert, welche auch das eigene Tun und Lassen in seiner *Überdeterminiertheit* und *Polyvalenz* interessant finden kann. Sie unterzöge die mitunter manisch anmutende Beschäftigung mit interkultureller Kompetenz einer eigenständigen Analyse – also nicht mehr das theoretische Konstrukt selbst und damit verwobene Anwendungen wissenschaftlicher Erkenntnisse. Sie untersuchte Voraussetzungen und Wirkungen einer diskursiven Praxis, die keineswegs ganz so harmlos und glücksverheißend ist, wie es den Anschein hat.

In der Perspektive von Michel Foucaults machtanalytischer Genealogie kann man (auch) auf Diskurse über interkulturelle Kompetenz – Diskurse in Wissenschaft, Bildungseinrichtungen und anderen pädagogischen Institutionen, Öffentlichkeit und Politik – einen Blick werfen, der die theoretischen Debatten ebenso umfasst wie die angewandten Bemühungen.[8] Diskurse und Praxen, die sich um

8 Der Autor verzichtet hier auf jegliche Erläuterung von Foucaults Programm und Perspektive und ihrer Indienstnahme im vorliegenden Beitrag (siehe hierzu Straub, im Druck, woraus der Autor einige wenige Formulierungen übernimmt). Der Autor erhebt also nicht den Anspruch, auf Foucault – *welchen* Foucault genau? – in hinreichend geklärter Weise Bezug zu nehmen (zur Genealogie findet sich vieles in gesammelten Schriften wie etwa bei Foucault, 2001–2005; siehe dazu die Hinweise von Vogl, 2008). Es ist offenkundig, dass auch die Kulturpsychologie erheblich von seinen Arbeiten profitieren und sich von ihnen *anregen* lassen kann. Das zeigen schon die heute verfügbaren

das Konzept interkulturelle Kompetenz herum »anlagern«, sind selbst als kulturelle Phänomene zu begreifen. Sie bilden ein wucherndes Netz aus aufeinander verweisenden, auseinander hervorgehenden, einander ergänzenden oder verdrängenden praxischen Handlungen und Sprechakten (mit illokutionären Sinngehalten und performativen Effekten, vielfach nicht intendierter Art). Es ist nämlich nicht allein so, dass wir *über* etwas reden, wenn wir interkulturelle Kompetenz thematisieren (analysieren etc.). Vielmehr *machen* wir durch unser Sprechen und das darauf bezogene Handeln *etwas mit Menschen und aus Menschen*. Dieses Machen beginnt, *bevor* wir Menschen gezielten praktischen Maßnahmen unterziehen, sie durch bedachte Instruktionen und geplante Interventionen in eine bestimmte Richtung zu lenken, kurz: *zu ändern versuchen*. Die Diskursivierung interkultureller Kompetenz ist – wie überhaupt *alle*, wie der Autor sagen möchte, »competence speeches« – ein *Zugriff* auf den Menschen und ein *Eingriff* in dessen kognitives Selbstverständnis und praktisches Selbstverhältnis. Wer Kompetenz sagt, führt im Schilde, etwas anderes, vielleicht mehr und Besseres aus Menschen zu machen. Auch das ist eine Art Kolonialisierung der Lebenswelt (Habermas, 1981).

Das auf Kompetenzsteigerung gerichtete *Menschen-Machen* strebt im Zeichen der Optimierung und Normierung auf einen *partiell neuen* Menschen mit erweitertem Wissen und gesteigerten Fähigkeiten und Fertigkeiten. Der kompetentere Mensch besitzt neue Erlebnis- und Handlungspotenziale (im Sinne instrumentell-strategischer Verfügungsmacht sowie einer hermeneutischen Kunst, die unvoreingenommene Dialoge fördert und das Zusammenleben bereichert, indem sie Menschen füreinander aufschließt und ihre Veränderungsbereitschaft unterstützt). Die interkulturell kompetente Person vermag so zu einer Welt beizutragen, in der, wie der *idealisierende Tenor* lautet, Menschen verständnisvoller, rücksichtsvoller miteinander umgehen und voneinander lernen. Sie begegnen einander zumal als fremde Andere mit großherziger Toleranz und ernster Achtung – wenn sie die besagte Kompetenz ausgebildet haben. Selbst wenn diesen »guten Menschen« nicht alles gelingen mag und sie nicht immer angemessen und effektiv handeln mögen, so wissen und vermögen sie doch mehr als ihre um kulturellen Austausch wenig besorgten Mitmenschen. Im Unterschied zu diesen sind sie um wirkliche Anerkennung zumindest bemüht und täuschen Interesse nicht bloß vor. Und sie üben sich

Einführungen und Übersichtsdarstellungen (z. B. Keller, 2008; Kögler, 2004), die nicht zuletzt auf die produktive Anverwandlung der Diskursanalyse und Machtkritik in verschiedenen Disziplinen zu sprechen kommen. Wer dieses Anregungspotenzial nutzt, also einen instrumentellen Gebrauch von Foucaults Schriften macht und diese sogar ziemlich selektiv und räuberisch liest, müsste sich freilich die Frage gefallen lassen, in welchem Sinne die Resultate dieses Raubzugs denn überhaupt noch den Geist des Originals atmen? Es ist mehrfach bezweifelt worden, dass sich Foucaults philosophisches Konzept einer in spezifischer Weise *machtkritischen Diskursanalyse* bruchlos in ein theoretisches und vor allem *methodisches* Forschungsprogramm der (interdisziplinären) Sozial- und Kulturwissenschaften ummünzen lässt (Gehring, 2007). Es kommt hier indes nicht darauf an, ob die wenigen Annotationen zur diskursiv-praktischen Konstruktion und Distribution »interkultureller Kompetenz« mit oder neben oder gegen Foucault gelesen werden können bzw. müssen.

darin, den übernommenen Ansprüchen gerecht zu werden und *arbeiten zu diesem Zweck an sich.* Das ist manchmal mühsam. Einzuwenden ist dagegen dennoch, so scheint es, wohl kaum etwas. Die Optimierung interkultureller Kompetenz scheint notwendig und nützlich und obendrein gut und richtig zu sein, einfach *rundum wertvoll.* Die ganze Angelegenheit hat jedoch auch eine Schattenseite.

Wo sich das im Zeichen der Optimierung und Normierung stehende *Menschen-Machen* vollzieht, geschieht noch anderes als das Vorgesehene und Vorgezeigte. Wo Menschen sich verändern sollen und vielleicht verändern wollen, sind sie so gut wie immer in einem *doppelten* Sinne als Subjekte im Spiel. Zum einen sind sie als aktive und autonome Personen tätig, die ihr Erlebnis- und Handlungspotenzial, die jeweils gegebenen Anregungen aufgreifend und mäeutische Anleitungen (von Trainern, Coaches und anderen »Fazilitatoren«) kreativ umsetzend, tatsächlich vertiefen und ausweiten. Zum anderen jedoch erscheinen sie als just diesen machtvollen Anregungen und Anleitungen unterworfene bzw. sich unterwerfende Subjekte, die diskursive Vorgaben und Vorhaben übernehmen und sich ihnen gemäß *herrichten* (lassen). »Competence speeches« – Diskurse über Kompetenz – können als Paradebeispiele für das diffuse Wuchern von Kontroll- und Disziplinardispositiven aufgefasst werden, die Menschen internalisieren können, um ihnen in ihrem Handeln fortan zu folgen. Auf diese Weise werden und machen sich Menschen zu jenen *Sub-jekten,* welche Illusionen von Autonomie aufbauen und sich zugleich einer anonymen und heteronomen, undurchschauten Macht unter-stellen. Sie handeln stets auch in anonymem Auftrag.

Kompetenzerwerb erscheint in dieser machtkritischen Perspektive *auch* als Anpassungs- und Unterwerfungsprozess, in der vermeintlich autonome Personen das Heft aus der Hand geben und sich einem allgemeinen Machtgeschehen eingliedern (nolens volens, eher unbewusst als bewusst). Im Extremfall richten sich Menschen bekanntlich regelrecht zu, um der Norm sukzessiver Optimierung dieser oder jener Fähigkeit und Fertigkeit oder einer sonstigen personalen Eigenschaft Folge zu leisten. Man sollte diesen Aspekt auch dann nicht aus dem Auge verlieren, wenn es sich bei den Lehr- und Lernzielen um so noble und allgemein konsensfähig erscheinende Attribute wie interkulturelle Kompetenz handelt. Auch diese wissensbasierte Fähigkeit und Fertigkeit entwickeln Menschen gemeinhin *nicht ganz* aus freien Stücken und eigenem Antrieb. Interkulturelle Kompetenz: Das ist erst einmal nicht die originäre und originelle Idee und das Ideal eines einzelnen Menschen, sondern ein in unserer Gegenwart immer lauter an die gesamte Menschheit gerichteter Imperativ. Einen exakt identifizierbaren Absender braucht dieser Befehl nicht. Die neue Ordnung, auf die diese Anordnung zielt, scheint so gut wie allen unumgänglich und auch gut und schön. Von allen Seiten verkündet man Fragmente einer neuen Ethik und Ästhetik der Interkulturalität. Darauf sollen sich Menschen einlassen. Sie *sollen* interkulturell kompetent werden *wollen.* Dazu werden sie angewiesen und angehalten. Sie machen sodann mehr oder weniger mit, wozu sie ohnehin *abgerichtet* würden (und werden).

Wenn es um heute derartig weit verbreitete, weithin akzeptierte Werte und Normen geht wie diejenigen, welche in das Konstrukt »interkulturelle Kompetenz« eingehen und dessen Pragma-Semantik mitbestimmen, scheint Widerstand unvernünftig und ohnehin zwecklos. Das ändert jedoch nichts daran, dass interkulturelle Kompetenz der Effekt eines Kontroll- und Disziplinardispositivs ist, das Menschen vorgibt, was sie wollen und sein, tun und lassen sollen. Der breite Konsens, der interkulturelle Kompetenz als ein *hohes Gut* und sogar als eine Art *notwendige Tugend* in der glokalisierten Welt ausweist, ändert weder an dem oben dargestellten Sachverhalt noch an der Tatsache etwas, dass keineswegs in jedem Paket mit der Aufschrift »interkulturelle Kompetenz« wirklich etwas Tolles drin ist. Etikettenschwindel ist heute gerade auch in diesem Feld gang und gäbe. Neben den Enttäuschungen, vor denen niemand gefeit ist, wenn er (oder sie) sich den verführerischen Offerten »interkultureller Kompetenz« nähert und sich auf sie einlässt, ist ein weiterer Gesichtspunkt bemerkenswert. Die Funktion des Diskurses über interkulturelle Kompetenz kann nämlich gerade darin bestehen, *jenen Mangel zu verschleiern und zu verdecken, den zu beseitigen man überall und immerfort vorgibt.*

Die Debatte über interkulturelle Kompetenz setzt die Diagnose eines Mangels voraus und suggeriert, den Schlüssel zur Lösung des diagnostizierten Problems zu liefern. Die zunehmende Unumgänglichkeit interkultureller Kommunikation, Kooperation und Koexistenz bringt, so heißt es, besondere Schwierigkeiten mit sich, birgt mannigfache Quellen für Missverständnisse, Antipathien und Aversionen. Interkulturelle Kompetenz beugt, wird gesagt, all dem vor und verhindert womöglich Schlimmeres. Doch vielleicht redet man auch deswegen unentwegt davon, weil Toleranz und Anerkennung allenthalben Mangelware sind und *obendrein oft gar nicht angesagt sind.* Es drängt sich nicht nur in Politik und Wirtschaft mitunter der Eindruck auf, als seien Toleranz und Anerkennung einfordernde »Diskurse interkultureller Kompetenz« rhetorische Manöver, die davon ablenken, dass es Kommunikations- und Interaktionspartnern oft nach wie vor darum geht, den anderen zu überreden und zu übervorteilen, um eigene Macht zu gewinnen, zu stabilisieren oder auszubauen und sogar Herrschaft zu erlangen. Persuasive Kommunikations- und strategische Interaktionsmodi, Gewalt androhende, subtilen Druck ausübende sowie andere, indirekt oder unmittelbar gewaltsame Umgangsformen sind womöglich dann *besonders aussichtsreich und effektiv*, wenn sie von Lobliedern auf interkulturelle Kompetenz und ihre implizierten Komponenten (wie Ethnorelativismus und Toleranz, Achtung und Anerkennung) *begleitet* werden.

Die allgegenwärtigen Hymnen auf interkulturelle Kompetenz verdecken manchmal nicht nur die veritablen Schwierigkeiten, dem gepriesenen Ideal auch tatsächlich gerecht zu werden, sondern auch den (eigenen und vielleicht allgemeinen) Unwillen, dies überhaupt anzustreben und wirklich zu versuchen. Spätestens dann, wenn eigene Nachteile in Kauf genommen und Ziele aufgegeben werden müssen, schwinden der gute Wille und das Interesse an Differenz, Alterität und Alienität in der Regel ganz schnell. Das in hellen Farben flimmernde Gerede über interkulturelle Kompetenz passt durchaus zur apokalyptischen Rede vom »Kampf der Kulturen«, insofern es diesen Kampf *in Verborgenheit* zu führen gestattet – als wolle niemand Streit um der eigenen Überlegenheit und des individuellen oder kollektiven Vorteils willen. Die valorative und normative Pragma-Semantik, die interkulturelle Kompetenz als ein hohes Gut und eine geschätzte Tugend nobilitiert, breitet sich wie ein Deckmantel über die harte Realität konkurrierender Individuen und Gruppen aus und verwischt die Spuren eines Kampfes, die den »Kompetenten« klammheimlich dem *Kombattanten* angleichen. Darauf verweist übrigens eine Begriffsgeschichte, die an den *kompetitiven Sinn* des »Kompetenten« erinnert (Straub, 2007). Der Kompetente ist nicht selten ein Konkurrent, der auch vor persuasiver Kommunikation, strategischer Interaktion und rüden Formen der Gewaltsamkeit und Gewalttätigkeit nicht zurückscheut – auch wenn er die subtileren Modi bevorzugt und lieber im Nebulösen oder Unsichtbaren operiert. Diesen Raum des schwer Durchschaubaren, zumindest etwas Schleierhaften schafft der Diskurs über interkulturelle Kompetenz mit. Will jemand den Verdacht zerstreuen, eigennützig die Überlegenheit des Selbst und/oder der nahestehenden Bezugsgruppe über kulturell Andere und Fremde zu sichern, ist er gut beraten, sein Bemühen um interkulturelle Kompetenz herauszustreichen.[9]

Der besagte Diskurs erscheint in der skizzierten Perspektive wie ein gigantisches Ablenkungsmanöver. Er dient durchaus auch etwas zwiespältigen, zwielichtigen Zielen. Es mag ja sein, dass die Debatten und praktischen Bemühungen um die Förderung interkultureller Kompetenz insgesamt eine rundum schöne Sache sind, die den Frieden befördert und der Liebe dient und alle Betroffenen bereichern wird. Von Foucault und anderen haben wir jedoch gelernt, nach den Bedingungen der Möglichkeit von Wissen (Diskursen, Praktiken) zu fragen und zugleich jede Wissensakkumulation sowie -distribution nicht kurzerhand (und naiv) als Fortschritt oder Zeichen der Emanzipation und rundum erfreulichen Menschheitsentwicklung aufzufassen. Eine etwas skeptischere Sicht der Dinge ist insbesondere dann angebracht, wenn Wissen relativ plötzlich *en masse* produziert und unter die Leute gebracht wird, mit performativen Effekten und praktischen Folgen vielfacher Art. Ein paar Ansatzpunkte für die Ausarbeitung dieser Sicht wurden gegeben. Genaueres ließe sich erst nach einschlägigen Diskursanalysen und anderen zuträglichen empirischen Studien sagen.

Quod erat demonstrandum: Eine kritisch-reflexive Kulturpsychologie reflektiert nicht allein kritisch, was sie als den ihr äußerlichen Gegenstand »vorfindet« (sucht, aufspürt, produziert, konstruiert, neben oder mit anderen Akteuren, womöglich gegen sie). Sie untersucht vielmehr auch ihr eigenes Handeln und Sprechen, mithin

9 Es ist leicht zu sehen, dass es auf politischer und geostrategischer Ebene auch heute wieder – wie schon zu Herodots oder Herders Zeiten – um einen Wettstreit geht, in dem unter anderem »Europa« sich formiert und wappnet.

ihre eigene diskursive Praxis, deren Gründe und Hintergründe, Implikationen und Wirkungen etc. Dieses »Eigene« begreift sie dabei nicht als etwas Einzigartiges. Sie betrachtet es vielmehr als einen Bestandteil einer allgemeinen diskursiven Praxis mit globalen Zügen. Die Kulturpsychologie ist eben auch nur ein kulturelles Phänomen, das in seiner Vielfältigkeit und Vieldeutigkeit untersucht werden kann wie andere Dinge auch – gerade dann, wenn die Kulturpsychologie das Thema »interkulturelle Kompetenz« ganz oben auf ihre Agenda setzt.

Literatur

Boesch, E. E. (1983). Das Magische und das Schöne. Zur Symbolik von Objekten und Handlungen. Stuttgart: Frommann-Holzboog.

Boesch, E. E. (1991). Symbolic Action Theory and Cultural Psychology. Berlin u. a.: Springer.

Boesch, E. E. (1998). Sehnsucht. Von der Suche nach Glück und Sinn. Bern: Huber.

Boesch, E. E. (2000). Das lauernde Chaos. Mythen und Fiktionen im Alltag. Bern: Huber.

Boesch, E. E. (2005). Von Kunst zu Terror. Über den Zwiespalt in der Kultur. Göttingen: Vandenhoeck & Ruprecht.

Boesch, E. E., Straub, J. (2007). Kulturpsychologie. Prinzipien, Orientierungen, Konzeptionen. In H.-J. Kornadt, G. Trommsdorff (Hrsg.), Kulturvergleichende Psychologie. Enzyklopädie der Psychologie. Serie VII. Themenbereich C »Theorie und Forschung«. Göttingen: Hogrefe, 25–95.

Bolten, J. (2001). Interkulturelle Kompetenz. Erfurt: Landeszentrale für Politische Bildung Thüringen.

Bruner, J. S. (1983). In search of mind. New York u. a.: Harper & Row (dt. 1990: Das Unbekannte denken: autobiographische Essays. Stuttgart: Klett-Cotta).

Bruner, J. S. (1986). Actual Minds, Possible Worlds. Cambridge, MA: Harvard University Press.

Bruner, J. S. (1990). Acts of Meaning. Cambridge, MA: Harvard University Press (dt. 1997: Sinn, Kultur und Ich-Identität: zur Kulturpsychologie des Sinns. Heidelberg: Auer).

Bruner, J. S. (1998). Vergangenheit und Gegenwart als narrative Konstruktionen. In J. Straub (Hrsg.), Erzählung, Identität und historisches Bewußtsein. Die psychologische Konstruktion von Zeit und Geschichte (S. 46–80). Frankfurt a. M.: Suhrkamp.

Bruner, J. S. (2002). Making stories: Law, literature, life. Cambridge, MA: Harvard University Press.

Chakkarath, P. (2003). Kultur und Psychologie. Zur Entwicklung und Standortbestimmung der Kulturpsychologie. Hamburg: Kovač.

Chakkarath, P. (2007). Kulturpsychologie und indigene Psychologie. In J. Straub, A. Weidemann, D. Weidemann (Hrsg.), Handbuch Interkulturelle Kommunikation und Kompetenz (S. 237–249). Stuttgart: Metzler.

Danto, A. C. (1965/1980). Analytische Philosophie der Geschichte. Frankfurt a. M.: Suhrkamp.

Derrida, J. (2001). Von der Gastfreundschaft. Wien: Passagen-Verlag.

Echterhoff, G., Straub, J. (2003). Narrative Psychologie: Facetten eines Forschungsprogramms. Erster Teil. Handlung Kultur Interpretation, 12(2), 317–342.

Echterhoff, G., Straub, J. (2004). Narrative Psychologie: Facetten eines Forschungsprogramms. Zweiter Teil. Handlung Kultur Interpretation, 13(1), 151–186.

Foucault, M. (2001–2005). Dits et Écrits. 4 Bde. Frankfurt a. M.: Suhrkamp.

Frankfurt, H. (2007). Sich selbst ernst nehmen. Frankfurt a. M.: Suhrkamp (Original 2006).

Gehring, P. (2007). Dekonstruktion – Philosophie? Programm? Verfahren? In F. Jäger, J. Straub (Hrsg.), Handbuch der Kulturwissenschaften. Bd. 2: Paradigmen und Disziplinen (S. 377–394). Stuttgart: Metzler.

Greenfield, P. M. (1997). Culture as process: Empirical methods for cultural psychology. In J. W. Berry, Y. H. Poortinga, J. Pandey (Eds.), Handbook of Cross-Cultural Psychology, Vol. 1: Theory and Method (2nd ed., pp. 301–346). Boston u. a.: Allyn & Bacon.

Habermas, J. (1981). Theorie des kommunikativen Handelns. Bd. 2: Kritik der funktionalistischen Vernunft. Frankfurt a. M.: Suhrkamp.

Jahoda, G., Krewer, B. (1997). History of cross-cultural and cultural Psychology. In J. W. Berry, Y. H. Poortinga, J. Pandey (Eds.), Handbook of Cross-Cultural Psychology. Vol. 1: Theory and Method (2nd ed., pp. 1–42). Boston: Allyn & Bacon.

Kant, I. (1968). Anthropologie in pragmatischer Hinsicht. In Kants Werke. Akademie Textausgabe (S. 117–334). Berlin u. New York: de Gruyter (Erstausgabe 1798).

Keller, R. (2008). Michel Foucault. Konstanz: UVK Verlagsgesellschaft.

Kögler, H.-H. (2004). Michel Foucault. Stuttgart u. Weimar: Metzler.

Lüsebrink, H.-J. (2005). Interkulturelle Kommunikation. Stuttgart: Metzler.

Mey, G., Mruck, K. (Hrsg.) (2010). Qualitative Forschung in der Psychologie. Konstanz: Verlag für Sozialwissenschaften.

Miller, J. G. (1997). Theoretical issues in cultural psychology. In J. W. Berry, Y. H. Poortinga, J. Pandey (Eds.), Handbook of cross-cultural psychology. Vol. 1: Theory and method (2nd ed., S. 85–128). Boston u. a.: Allyn & Bacon.

Mitchell, W. J. T. (Ed.) (1981). On Narrative. Chicago u. London: The University of Chicago Press.

Reckwitz, A. (2000). Die Transformation der Kulturtheorien. Zur Entwicklung eines Theorieprogramms. Weilerswist: Velbrück.

Straub, J. (1992a). Die »kognitive Wende« und die Zukunft einer interpretativen Handlungs- und Kulturpsychologie. [Zu Jerome Bruner (1990). Acts of Meaning. Cambridge, MA, u. London: Harvard University Press.] Sozialwissenschaftliche Literatur Rundschau, 14, 25, 70–74.

Straub, J. (1992b). Von der Information zu Sprache und Praxis. [Zu: Francesco Varela (1990). Kognitionswissenschaft – Kognitionstechnik. Eine Skizze aktueller Perspektiven. Frankfurt a. M.: Suhrkamp.] Handlung Kultur Interpretation. Bulletin für Psychologie und Nachbardisziplinen, 1, 1, 79–82.

Straub, J. (1997). Handlungstypologische Unterscheidungen und Formen der Handlungserklärung. In Mandl, H. (Hrsg.), Bericht über den 40. Kongreß der Deutschen Gesellschaft für Psychologie in München 1996. Schwerpunktthema Wissen und Handeln (S. 891–895). Göttingen: Hogrefe.

Straub, J. (1998). Handlungsbegriff und Handlungserklärung – typologische Unterscheidungen unter besonderer Berücksichtigung des narrativen Modells. In J. Straub, H. Werbik (Hrsg.), Handlungstheorie. Begriff und Erklärung des Handelns im interdisziplinären Diskurs (S. 261–283). Frankfurt a. M.: Campus.

Straub, J. (1999a). Handlung, Interpretation, Kritik. Grundzüge einer textwissenschaftlichen Handlungs- und Kulturpsychologie. Berlin u. New York: de Gruyter.

Straub, J. (1999b). Verstehen, Kritik, Anerkennung. Das Eigene und das Fremde in den interpretativen Wissenschaften. Göttingen: Wallstein.

Straub, J. (2001). Psychologie und Kultur, Psychologie als Kulturwissenschaft. In H. Appelsmeyer, E. Billmann-Mahecha (Hrsg.), Kulturwissenschaft. Felder einer prozeßorientierten wissenschaftlichen Praxis (S. 125–167). Weilerswist: Velbrück.

Straub, J. (2004). Kulturwissenschaftliche Psychologie. In F. Jäger, J. Straub (Hrsg.), Handbuch der Kulturwissenschaften. Band 2: Paradigmen und Disziplinen (S. 568–591). Stuttgart: Metzler.

Straub, J. (2005). Labile Gleichgewichte zwischen Mensch und Kultur. Eine Einführung. In E. E. Boesch, Von Kunst bis Terror. Über den Zwiespalt in der Kultur (S. 7–16). Göttingen: Vandenhoeck & Ruprecht.

Straub, J. (2007a). Historische Positionen und Entwicklungslinien einer Kultur integrierenden Psychologie. In H.-J. Kornadt, G. Trommsdorff (Hrsg.), Kulturvergleichende Psychologie. Enzyklopädie der Psychologie. Serie VII. Themenbereich C »Theorie und Forschung« (S. 119–178). Göttingen: Hogrefe.

Straub, J. (2007b). Kompetenz. In J. Straub, A. Weidemann, D. Weidemann (2007), Handbuch Interkulturelle Kommunikation und Interkulturelle Kompetenz (S. 35–46). Stuttgart: Metzler.

Straub, J. (2009). Interkulturelle Kompetenz – eine humanistische Perspektive. In J. Rüsen, H. Laass (Hrsg.), Interkultureller Humanismus. Menschlichkeit in der Vielfalt der Kulturen (S. 300–333). Schwalbach: Wochenschau Verlag.

Straub, J. (2010a). Erzähltheorie/Narration. In G. Mey, K. Mruck (Hrsg.), Qualitative Forschung in der Psychologie (S. 136–151). Konstanz: Verlag für Sozialwissenschaften.

Straub, J. (2010b). Handlungstheorie. In G. Mey, K. Mruck (Hrsg.), Qualitative Forschung in der Psychologie (S. 107–123). Konstanz: Verlag für Sozialwissenschaften.

Straub, J. (2010c). Das Verstehen kultureller Unterschiede. Relationale Hermeneutik und komparative Analyse in der Kulturpsychologie. In G. Cappai, S. Shimada, J. Straub (Hrsg.), Interpretative Sozialforschung und Kulturanalyse (S. 103–118). Bielefeld: transcript.

Straub, J. (im Druck). Das Selbst als interkulturelles Kompetenzzentrum. Ein zeitdiagnostischer, begriffskritischer und machtanalytischer Blick auf die wuchernde Diskursivierung einer »Schlüsselqualifikation«. In P. Chakkarath, D. Weidemann (Hrsg.), Kulturpsychologische Zeitdiagnosen. Bielefeld: transcript.

Straub, J., Chakkarath, P. (2010). Kulturpsychologie. In G. Mey, K. Mruck (Hrsg.), Qualitative Forschung in der Psychologie (S. 195–210). Konstanz: Verlag für Sozialwissenschaften.

Straub, J., Thomas, A. (2003). Positionen, Ziele und Entwicklungslinien der kulturvergleichenden Psychologie. In A. Thomas (Hrsg.), Kulturvergleichende Psychologie. Ein Lehrbuch (S. 29–80). Göttingen u. a.: Hogrefe.

Straub, J., Weidemann, A., Weidemann, D. (Hrsg.) (2007). Handbuch interkulturelle Kommunikation und Kompetenz. Stuttgart: Metzler.

Thomas, A. (2000). Forschungen zur Handlungswirksamkeit von Kulturstandards. Handlung, Kultur, Interpretation. Zeitschrift für Sozial- und Kulturwissenschaften, 9, 231–279.

Thomas, A. (2003). Interkulturelle Kompetenz. Grundlagen, Probleme und Konzepte. Erwägen – Wissen – Ethik, 14 (1), 137–150.

Thomas, A., Kinast, E.-U., Schroll-Machl, S. (Hrsg.) (2003). Handbuch Interkulturelle Kommunikation und Kooperation. Band 1: Grundlagen und Praxisfelder. Göttingen: Vandenhoeck & Ruprecht.

Varela, F. (1990). Kognitionswissenschaft – Kognitionstechnik. Eine Skizze aktueller Perspektiven. Frankfurt a. M.: Suhrkamp.

Vogl, J. (2008). Genealogie. In C. Kammler, R. Parr, U. J. Schneider (Hrsg.), Foucault Handbuch. Leben – Werk – Wirkung (S. 255–258). Stuttgart u. Weimar: Metzler.

Weidemann, A., Straub, J., Nothnagel, S. (Hrsg.) (2010). Wie lehrt man interkulturelle Kompetenz? Theorien, Methoden und Praxis in der Hochschulausbildung. Ein Handbuch. Bielefeld: transcript.

Winch, P. (1958/1966). Die Idee der Sozialwissenschaft und ihr Verhältnis zur Philosophie. Frankfurt a. M.: Suhrkamp.

Wright, G. H. von (1971/1974). Erklären und Verstehen. Frankfurt a. M.: Athenäum.

Astrid Podsiadlowski

Beiträge der kulturvergleichenden Psychologie heute

Wenn sich Psycholog(inn)en mit menschlichen Erleben und Verhalten beschäftigen, Soziolog(inn)en mit gesellschaftlichen Zusammenhängen, Ethnolog(inn)en mit kulturellen Mustern, so ist für jede Forschungsdisziplin und Wissenschaftsrichtung die Beziehung zwischen Individuum und Gesellschaft, zwischen Persönlichkeit und Kultur zentral.

Wesentliche Fragen, die bei der Beschäftigung mit gesellschaftlichen, kulturellen und psychologischen Zusammenhängen auftauchen, sind:

- Welche Charakteristika des Menschen (z. B. hinsichtlich interkultureller Kompetenz) sind überall zu finden?
- Welche Merkmale (z. B. Aspekte interkulturell kompetenten Verhaltens) sind kennzeichnend und besonders relevant für bestimmte (kulturelle) Gruppen?
- Was macht die individuelle Einzigartigkeit (z. B. während einer internationalen Tätigkeit) aus?

In der Psychologie haben sich mit Wundts (1900–1920) mehrbändiger Völkerpsychologie seit Ende des vorletzten Jahrhunderts verschiedene Schwerpunkte aus unterschiedlichen Forschungsdisziplinen entwickelt, die über den eigenen monokulturellen Kontext hinaus konzeptionell und empirisch tätig sind und zu denen die kulturvergleichende Psychologie bzw. *Cross-Cultural Psychology* zu zählen ist. In diesem Beitrag möchte ich der Frage nachgehen, wie sich die verschiedenen Schwerpunkte in der Psychologie entwickelt haben und welchen Beitrag speziell die kulturvergleichende Psychologie heute zum Verständnis menschlichen Erlebens und Verhaltens im kulturellen und interkulturellen Kontext leistet.

Nach einer historischen Hinführung wird speziell auf gegenwärtige Ziele und Methoden der kulturvergleichenden Psychologie eingegangen und mit einem integrativen Forschungsbeispiel veranschaulicht. Anschließend werden heutige theoretische, methodische und angewandte Beiträge kulturvergleichenden, psychologischen Arbeitens ausgeführt und mit aktuellen Beispielen untermauert. Ein Blick in die Zukunft soll zeigen, wo die Berücksichtigung derartiger Erkenntnisse über die eigene Wissenschaftsdisziplin und Forschungsrichtung hinaus besonders sinnvoll und für interkulturell kompetentes Handeln relevant ist.

Die Auseinandersetzung mit Kultur in der Psychologie

Eine Einführung in den Kulturbegriff und die historische Entwicklung der Auseinandersetzung mit Kultur in der Psychologie soll das Verständnis für aktuelle Schwerpunkte und Herausforderungen der kulturvergleichenden Psychologie unterstützen.

Der Kulturbegriff

Ausgehend von Kroeber und Kluckhohns (1952) Definition besteht Kultur aus Mustern des Denkens, Fühlens und Handelns, die hauptsächlich über Symbole erworben und weitergegeben werden, die Gruppen voneinander unterscheidet. Nach Keesing (1974) kann Kultur als adaptives, kognitives, strukturelles, symbolisches oder soziokulturelles System verstanden werden. Kulturpsychologen wie Clifford Geertz (1973) oder Michael Cole (1996) heben die kognitiven und symbolischen Aspekte hervor und verstehen Kultur als System geteilter Bedeutungen (»an historically transmitted pattern of meanings«; Geertz, 1973, S. 89), während kulturvergleichende Psychologen wie Harry Triandis (1972) oder John Berry (2000) von einer reziproken Anpassungsleistung an eine sich verändernde Umwelt ausgehen und die Bedeutung eines soziokulturellen Systems betonen, wo Sozialisation and Institutionen eine zentrale Rolle spielen. Als spezifisches Orientierungssystem definiert Kultur die Zugehörigkeit von Mitgliedern zu einer Gesellschaft (Thomas, 1993) und beinhaltet Aspekte der Kognition, Emotion und des Verhaltens, die sowohl in konkreten, beobachtbaren Artefakten als auch zugrunde liegenden Werten und Bedeutungen zum Ausdruck kommen als »a cultural group's characteristic way of percieving its social environment« (Triandis, 1972, S. 4). Geteilte Werte, Normen und Glaubensvorstellungen machen den Kern einer Kultur aus und sind zentral für kulturvergleichende Fragestellungen.

Historische Entwicklung[1]

Besonders einflussreich für die psychologische Auseinandersetzung mit kulturellen, interkulturellen und kulturvergleichenden Fragestellungen waren der klassische Kultur- und Persönlichkeitsansatz der Kulturanthropologie in den 20er, 30er und 40er und die kulturvergleichende Forschung der psychologischen Anthropologie in den 50er und 60er Jahren des letzten Jahrhunderts.

Forscher(innen) wie Bronislaw Malinowski (1922/2001) und Margaret Mead (1928/2001) hinterfragten Grundannahmen der Psychoanalyse und versuchten in ethnographischen Feldstudien kulturelle Muster, Dynamiken und Veränderungen

1 Literaturangaben zur historischen Entwicklung sind bei Berry, Poortinga, Segall und Dasen (2002) zu finden.

so zu beschreiben und zu verstehen, wie Personen sie selbst wahrnehmen und erklären (»to grasp the native's point of view, his relations of life, to realize his vision of his world«; Malinowski, 1922, S. 25). Die spezielle Interaktion zwischen Forscher und Forschungs»objekt« wurde zu dem Zeitpunkt vergleichsweise wenig reflektiert und nicht als eigenes dynamisches Feld interkultureller Begegnungen untersucht, das Einfluss auf die Akteure nimmt. Während Kulturanthropologen wesentliche Impulse zum Hinterfragen universeller Aussagen und das Verstehen einer Kultur von innen heraus gegeben haben, fanden eher eine Überbetonung kultureller Prägung und eine Vernachlässigung interindividueller Unterschiede und kulturübergreifender Gemeinsamkeiten statt.

Während sich die kulturanthropologischen Arbeiten der 1930er und 1940er Jahre mit intensiven Feldstudien einzelner Kulturen und der kollektiven Persönlichkeit ihrer Mitglieder beschäftigten, fand in den 1950er Jahren ein Wechsel hin zu ausführlichen, vergleichenden Studien über Kulturen hinweg statt. Beginnend mit John und Beatrice Whitings Gründung der »Cross-Cultural School« wurde in detaillierten Beobachtungen nach systematischen Beziehungen in der kindlichen Sozialisation und Entwicklung gesucht (Whiting u. Child, 1953). Dies beinhaltete ausführliche Feldarbeit und interdisziplinäre Kooperation und kombinierte induktives mit deduktivem Vorgehen, häufig in Form des kontrollierten Vergleichs zwischen Kulturen, die hinsichtlich der relevanten Untersuchungsvariablen als sehr ähnlich betrachtet wurden, so dass aufgrund von Unterschieden kulturspezifische Variablen herausgefiltert werden konnten (z. B. Kluckhohn u. Strodtbeck, 1961; Nadel, 1967). Problematisch bei einem kulturvergleichenden Ansatz war und ist die Tendenz, Unterschiede innerhalb von Gruppen zu minimieren und die zwischen Gruppen zu maximieren.

Erst Mitte der 1960er Jahre führten verschiedene unabhängige Bemühungen zusammen, die im Erscheinen des »Journals of Cross-Cultural Psychology« (seit 1970) und der Gründung der »International Association of Cross-Cultural Psychology« (seit 1972) mündeten. Parallel hierzu formten sich die psychologische Anthropologie mit »Ethos« (seit 1972) als Publikationsorgan und die Kulturpsychologie mit »Culture and Psychology« (seit 1995) als wichtige Zeitschrift. Neben den beiden psychologischen Forschungsdisziplinen der kulturellen und kulturvergleichenden Psychologie entwickelte sich eine immer stärker werdende Bedeutung indigener Psychologien als Gegengewicht zu einer US-amerikanisch dominierten Literatur, die letztendlich auch als indigen zu betrachten wäre. Kultur wird von innen heraus durch Mitglieder dieser Kultur betrachtet und die Trennung zwischen Forscher und Forschungs»objekt« aufgehoben. Das »Asian Journal of Social Psychology« (seit 1995) ist ein Beispiel, das indigene Blickwinkel der Psychologie veröffentlicht.

Ziele und Methoden gegenwärtiger Forschungsprogramme

Im Folgenden werden kurz Ziele und Methoden der gegenwärtig zentralen Forschungsströme in der Psychologie vorgestellt, die sich speziell mit menschlichem Erleben und Verhalten im kulturellen Kontext auseinandersetzen und sich historisch, wissenschaftstheoretisch und methodologisch voneinander abgrenzen lassen, aber auch wichtige Schnittstellen aufweisen, bei denen sie sich gegenseitig beeinflussen.

Ziele und Methoden der Kulturpsychologie

Für Vertreter wie Boesch (2001), Cole (1996) und Geertz (1973) sind Kultur und Verhalten untrennbar miteinander verbunden, menschliches Verhalten kann weder in Form einer objektivierbaren Welt, einer individuellen Subjektivität noch der kulturellen Bedeutung erklärt werden, es gibt weder einen kulturellen noch einen psychologischen Determinismus, sondern eine Vielzahl kultureller Psychologien. Kultur wird von innen heraus betrachtet und eine emische Perspektive propagiert.

Ziele und Methoden der indigenen Psychologie

Laut Ng und Liu (2000) sowie Kim, Park und Park (2000) beschreibt eine indigene Psychologie ein System psychologischen Denkens und Handelns, das seine Wurzeln in einer bestimmten kulturellen Tradition hat, sowohl was Konzept, Phänomen als auch Methode des forschenden und praktischen Arbeitens betrifft. Konstrukte, Theorien und Methoden sind indigen, sie stammen also aus dieser Kultur und werden in diesem Kontext verwandt. Kulturspezifische Thematiken, die in dieser Kultur wichtig sind und häufig einen klaren Anwendungsbezug haben, werden von und für die indigene Bevölkerung behandelt.

Ziele und Methoden der kulturvergleichenden Psychologie

Für Vertreter wie Berry et al. (2002) oder Shiraev und Levy (2004) beschäftigt sich die kulturvergleichende Psychologie mit der systematischen Analyse von Verhalten, wie es in verschiedenen Kulturen vorkommt, wie es von Kultur beeinflusst wird und wie es Veränderungen bestehender kultureller Wert- und Orientierungssysteme beeinflussen kann: »Cross-cultural psychology is the study: of similarities and differences in individual psychological functioning in various cultural and ethnocultural groups; of the relationships between psychological variables and socio-cultural, ecological and biological variables; and of ongoing changes in these variables« (Berry et al., 2002, S. 3). Durch den expliziten, systematischen Vergleich psychologischer Variablen unter verschiedenen kulturellen Bedingungen und der Studie von Ähnlichkeiten und Unterschieden in kulturübergreifenden, vorwiegend etischen Studien, wird der Frage nach universellen Prinzipien menschlichen Verhaltens nachgegangen.

Integrationsansätze in der kulturvergleichenden Psychologie

Im aktuellen Diskurs wird deutlich, dass eine Integration kultureller, indigener und kulturvergleichender Psychologien als wichtig erachtet wird (Greenfield, 2000; Kim, Park u. Park, 2000). Diese Synthese kommt auch in der gegenwärtigen Bestimmung der Ziele der kulturvergleichenden Psychologie zum Ausdruck (Berry et al., 2002, S. 2, übersetzt durch Autorin):

a) Testen der Verallgemeinerbarkeit existierenden psychologischen, theoretischen Wissens;
b) Erkunden anderer Kulturen, um kulturelle und psychologische Variationen zu entdecken, die einem aufgrund der eigenen, eingeschränkten kulturellen Erfahrung nicht gegenwärtig sind;
c) aufbauend auf den Erkenntnissen der ersten beiden Ziele der Versuch der Entwicklung einer ausgewogeneren »globalen« Psychologie, die für eine größere Bandbreite an Kulturen Gültigkeit findet.

Integrationsansatz

Mit diesen Zielen versuchen Vertreter der kulturvergleichenden Psychologie die Integration einer kulturrelativistischen und universellen Perspektive, bei der angenommen wird, dass es grundlegende psychologische Prozesse gibt und Kultur die Entwicklung und den Ausdruck dieser psychologischen Charakteristika beeinflusst, also dass es unterschiedliche Variationen zugrundeliegender Thematiken gibt. Da menschliches Verhalten nur in seinem kulturellen Kontext zu verstehen ist, ist eine Symbiose kultureller (emischer) und komparativer (etischer) Zugänge nötig (Berry, 2000). Um aus identifizierten Schwachstellen früherer Forschungsarbeiten zu lernen, ist eine Integration von Erkenntnissen besonders indigener und kultureller Psychologien wichtig und im konzeptionellen und methodischen zu berücksichtigen (Greenfield, 2000). Dies wird besonders deutlich an größeren Forschungsprogrammen wie zum Beispiel ICSEY (*International Comparative Study of Ethnocultural Youth*; Berry, Phiney, Sam u. Vedder, 2006), GLOBE (*Global Leadership and Organizational Behavior Effectiveness*; House, Hanges, Javidan, Dorfman u. Gupta, 2004), *Families across cultures* (Georgas, Berry, van de Vijver, Kağitçibaşi u. Poortinga, 2006) oder PAR (*Parental Acceptance-Rejection*; Rohner, Khaleque u. Cournoyer, 2005). Diese Programme haben in ihrem Forschungsdesign gemein, dass sie multimethodal und international angelegt sind, indem Forscher(innen) verschiedener kultureller Herkunft und Ansätze zusammenarbeiten. Sie beinhalten holistische und komparative Studien innerhalb und über verschiedene Kulturen hinweg, um so kulturübergreifende Zusammenhänge und kulturspezifische Konzepte zu identifizieren.

Beispiel Persönlichkeit

Besonders in der Entwicklungs-, Kognitions- und Persönlichkeitspsychologie besteht eine lange Tradition kulturvergleichenden, psychologischen Arbeitens, so dass diese Bereiche dem Ideal der Entwicklung einer globalen Psychologie besonders nahekommen. Am Beispiel der Persönlichkeitspsychologie soll veranschaulicht werden, wie indigene und kulturelle Ansätze der Persönlichkeit auf ein kulturübergreifendes Verständnis zentraler Persönlichkeitsfaktoren und die Messung von Persönlichkeit Einfluss nehmen. Anhand lexikalischer Studien in verschiedenen Ländern wurden aufgrund stärkerer Ähnlichkeiten fünf zentrale Charakteristika von Persönlichkeit identifiziert, die mittels Faktorenanalysen darauf aufbauender quantitativer Befragungen bestätigt wurden. Sowohl eine Meta-Analyse von Studien aus verschiedenen linguistischen und kulturellen Kontexten (Rolland, 2002) als auch kulturübergreifende Studien (McCrae, Costa u. Yik, 1996) konnten die strukturelle und funktionelle Äquivalenz des Fünf-Faktoren-Modells von Persönlichkeit bestätigen: Neurotizismus, Extraversion, Offenheit, Verträglichkeit und Gewissenhaftigkeit.

Allerdings weisen indigene Psychologen darauf hin, dass das gemeinsame Vorkommen und die äquivalente Messung dieser fünf Faktoren nicht heißt, dass diese alle möglichen Persönlichkeitsmerkmale abdecken müssen und gleich relevant sind, um zum Beispiel psychologische Konsequenzen wie psychopathologisches Verhalten oder Depression vorhersagen zu können. Da Persönlichkeitstests in vielen asiatischen Ländern von klinischen Psychologen für Diagnose und Therapieentscheidungen verwendet und dabei häufig auf »importierte« Instrumente zurückgreifen, wurden besonders in den Philippinen und China indigene Messinstrumente entwickelt. Mit Hilfe lexikalischer Studien, Befragungen und Faktorenanalysen haben Cheung, Leung, Fan, Song, Zhang und Zhang (1996) bei chinesischen Gruppen einen zusätzlichen Faktor, den der »interpersonal relatedness«, identifiziert, der Aspekte wie Harmonie und Gesichtwahren beinhaltet und soziales Verhalten, wie »filial piety« (»xiào«), Kommunikationsstile oder Überzeugungstaktiken vorhersagt. Vier der sechs identifizierten Faktoren stimmen mit Ausnahme von Offenheit mit einem häufig verwandten Messinstrument, dem NEO-PI-R (Ostendorf u. Angleitner, 2003), überein. Darauf aufbauend haben die Autoren einen chinesischen Persönlichkeitstest, den CPAI (*Chinese Personality Assessment Inventory*), entwickelt und standardisiert, ihn in andere Sprachen übersetzt und mit anderen kulturellen Gruppen getestet (Cheung, Cheung, Leung, Ward u. Leong, 2003). Somit wurde ein vormals indigenes Erhebungsinstrument in einen anderen kulturellen Kontext importiert, nur in diesem Fall vom chinesischen in den englischsprachigen Kontext. Indem sie die Bedeutung des »interpersonal relatedness«-Faktors auch außerhalb des chinesischen Kontextes zeigen konnten, haben sie auf eine möglicherweise vernachlässigte Bedeutung von Interdependenz in westlich geprägten Kulturen hingewiesen.

Theoretische Beiträge der kulturvergleichenden Psychologie

Die Ziele und Methoden der kulturvergleichenden Psychologie ermöglichen es also,

a) universale Voraussetzungen, Prozesse und Konsequenzen menschlichen Erlebens und Verhaltens zu erforschen (z. B. die Bedeutung zentraler Persönlichkeitsfaktoren),
b) kulturspezifische Konzepte und Theorien zu identifizieren (z. B. den Persönlichkeitsfaktor der »interpersonal relatedness«) und
c) psychologisches und kulturelles Wissens durch Integration kulturspezifischer Konzepte in übergreifende Modelle und Theorien (z. B. durch Entwicklung des CPAI) zu erweitern.

Somit trägt sie entscheidend zur Erkenntnisgewinnung psychologischer Grundlagendisziplinen wie Entwicklungs-, Kognitions- und Sozialpsychologie sowie angewandter Psychologien wie klinische und Organisationspsychologie bei.

Weitere Beispiele a) universaler Mechanismen sind die Bedeutung elterlicher Akzeptanz auf das Wohlbefinden von Kindern und deren Entwicklung (Rohner et al., 2005), die positive Wirkung einer integrativen Akkulturationsstrategie von Jugendlichen auf deren schulische Leistungen und psychische Gesundheit (Berry et al., 2006), die hohe Akzeptanz eines charismatischen und teamorientierten Managementstils (House et al., 2004) oder die Existenz grundlegender Wertestrukturen (Schwartz, 2003). Um die spezifischen Bedeutungsinhalte und Relevanz der Wirkgrößen zu erfassen, ist b) die Identifizierung kulturimmanenter Konzepte nötig, wie zum Beispiel »Xiào« im chinesischen (Ho, 1996), »Amae« im japanischen (Doi, 1973) oder »Kiasu« im Singapur-chinesischen Kontext (Ho, Munro u. Carr, 1999). Durch Studien in anderen kulturellen Kontexten kann untersucht werden, ob diese auch außerhalb des jeweiligen Kulturraumes existieren und mit anderen Konzepten zusammenhängen, c) wie zum Beispiel Amae mit Bindungsverhalten (Yamaguchi, 2004) oder Kiasu mit Komponenten der Leistungs- und Wettbewerbsorientierung in Australien (Ho, Munro u. Carr, 1999).

Besonders in der Entwicklungspsychologie lassen sich zahlreiche Beispiele eines erweiterten Psychologieverständnisses finden, zum Beispiel durch die Integration kulturspezifischen Wissens zum Verständnis elterlicher Wärme und Kontrolle. Es zeigt sich, dass die wahrgenommene elterliche Wärme für das kindliche Wohlbefinden und erfolgreiche Heranwachsen Jugendlicher von universeller Bedeutung ist, doch wie diese zum Ausdruck kommt oder mit welchen Erziehungspraktiken (protektiv versus unabhängig) sie verknüpft wird, unterscheidet sich gravierend. Laut Trommsdorff (1985; zit. nach Georgas et al., 2006) und Kağitçibaşi (1996; zit. nach Georgas et al., 2006) ist elterliche Kontrolle unabhängig von elterlicher Wärme, die bei türkischen und amerikanischen Jugendlichen in vergleichbarem Ausmaß wahrgenommen wird; in manchen Ländern wie in Deutschland und den USA wird elterliche Kontrolle als Zurückweisung empfunden, in anderen, zum Beispiel in Japan, als Ausdruck von Wärme und Akzeptanz.

Methodische Beiträge der kulturvergleichenden Psychologie

Eine wesentliche Aufgabe, mit denen sich kulturvergleichende Psychologen beschäftigen, ist die Berücksichtigung und Bedeutung von Kultur in empirischen Studien. Besonderes Augenmerk wird darauf gelegt, wie Kultur gemessen werden kann, auf welcher Ebene sie untersucht werden soll und wie Aussagen über verschiedene Gruppen hinweg getroffen werden. Durch die methodische Auseinandersetzung mit derartigen Fragen können kulturvergleichende Psychologen einen besonderen Beitrag zur Messung und Analyse von Kontext gebundenen Phänomenen und ländervergleichenden Studien leisten.

Messbarkeit von Kultur

Verstehen wir Kultur als System geteilter Bedeutungen, Normen, Werte und Glaubensvorstellungen ist es wichtig, das »Geteilte« zu messen. Es genügt also nicht, die Mittelwerte einzelner Aussagen auf Individualebene heranzuziehen, um zum Beispiel Aussagen über kulturell bedingtes Verhalten und kulturelle Muster zu treffen, da so nicht die Varianz bzw. Übereinstimmung der Antworten berücksichtig wird. Eine mögliche Messung ist die des »Agreements« (Brown u. Hauenstein, 2005), also der Zustimmung unter den Befragungsteilnehmern. Eine andere Möglichkeit liegt darin, nicht nach den eigenen Einstellungen, Normen und Werten zu fragen, sondern danach, welche Werte und Normen im kulturellen Umfeld als geteilt wahrgenommen werden. Bei GLOBE wurden Untersuchungsteilnehmer gefragt, inwiefern eine Aussage für ihre Gesellschaft und für ihre Organisation zutrifft und inwiefern dies in ihrer Gesellschaft und ihrer Organisation als wünschenswert angesehen wird. Somit wurde die Einschätzung kultureller Praktiken (»as is«) und kultureller Werte (»as should be«) erfasst. Weiterhin sind Aussagen über kulturell bedingte Wertestrukturen nur auf aggregiertem Niveau zulässig (wie bei Hofstede, 2001, oder Schwartz, 2003), denn diese unterscheiden sich von denen auf individueller Ebene (siehe z. B. Smith, Bond u. Kağitçibaşi, 2006).

Messung von Phänomenen auf verschiedenen Ebenen

Wenn wir den Zusammenhang zwischen Kultur und Phänomenen untersuchen wollen, die auf einer anderen Ebene, zum Beispiel der Organisation, der Gruppe oder des Individuums, angesiedelt sind, dann sind die uns interessierenden Phänomene nicht unabhängig, sondern in den kulturellen Kontext eingebettet (»nested«). Wenn wir weiterhin davon ausgehen, dass es innerhalb eines Kulturraumes ebenso eine Variation des uns interessierenden Phänomens gibt, wie zwischen den Kulturen, ist es wichtig, den Unterschied in der Variation zu betrachten, um Aussagen über kulturelle Einflüsse machen zu können: die erklärte Varianz zwischen den kulturellen Gruppen muss größer sein als innerhalb einer Kultur. Solche Zusammenhänge über Ebenen hinweg (»Cross-level Effects«) und das Verhältnis aufgeklärter Varianz werden in kulturvergleichenden Studien mit Hilfe von Mehrebenenanalysen untersucht. Weiterhin ist Vorsicht bei kulturellen Erklärungen geboten. Zum einen sollte zur Erhöhung der internen Validität die Wirkung nichtkultureller demographischer Unterschiede ausgeschlossen, also kontrolliert werden. Zum anderen sollte nach anderen möglichen, nichtkulturellen Erklärungen gefragt werden, wie der sozialen Klasse oder dem Ausbildungsgrad der Befragten, dem Wohlstand oder dem Demokratieverständnis eines Landes. Dies ist besonders wichtig, wenn ethnische Herkunft mit niedrigem sozioökonomischem Status verknüpft ist.

Verwendung kulturübergreifend valider und reliabler Messinstrumente

Eine zentrale Herausforderung von Studien in verschiedenen Kultur- und Sprachräumen ist die Verwendung einheitlicher Messinstrumente, die zuverlässig das messen, was gemessen werden soll, also kulturübergreifend valide und reliabel sind. Dabei müssen kulturell unterschiedliche Antworttendenzen und verschiedene Bedeutungsgehalte von Aussagen berücksichtigt werden. Um die metrische, funktionelle und strukturelle Äquivalenz eingesetzter Skalen und Testverfahren zu überprüfen, sind aufwendige Vorstudien unter Verwendung von Strukturgleichungsverfahren oder konfirmatorischer Faktorenanalysen nötig. Kulturspezifische und kulturübergreifende Validität und Reliabilität sollten bei der Verwendung von Messinstrumenten berücksichtigt werden, sowohl bei der Entwicklung neuer Instrumente als auch der Verwendung bereits vorhandener.

Kritisch anzumerken ist, dass trotz all dieser Ansätze Kultur am häufigsten als erklärende Variable betrachtet und Ähnlichkeiten geringere Beachtung geschenkt wird. Ebenfalls scheint einem möglicherweise vergleichenden qualitativen Vorgehen in der kulturvergleichenden Psychologie weniger Aufmerksamkeit geschenkt zu werden. Kultur ist ein sehr komplexes Konzept, das ständigen Veränderungen unterliegt, und die Abgrenzung zu anderen Phänomenen (z.

B. politischen, rechtlichen oder ökonomischen) ist häufig schwierig. Weiterhin stellt sich die Frage der Interaktion multipler Kulturen und multipler Identitäten der Teilnehmer. Was aber den Einsatz und die Weiterentwicklung statistischer Analyseverfahren betrifft, so tragen aktuelle Arbeiten kulturvergleichender Psychologen wesentlich zu einer differenzierteren, empirischen Auseinandersetzung von Kultur und Individuum bei (z. B. Gelfan, Leslie u. Fehr, 2008; van de Vijver, Hemert u. Poortinga, 2009).

Angewandte Beiträge der kulturvergleichenden Psychologie

Die theoretischen und methodischen Beiträge der kulturvergleichenden Psychologie sind nicht nur wichtig für einen kulturangemessenen und kulturübergreifenden Erkenntnisgewinn menschlichen Erlebens und Verhaltens, sondern auch dessen Anwendung, besonders im interkulturellen Kontext. In kulturellen Überschneidungssituationen werden Kulturstandards als zentrale Merkmale des kulturspezifischen Orientierungssystems relevant, die von der Mehrzahl der Mitglieder einer bestimmten Kultur für sich persönlich und andere als normal, selbstverständlich, typisch und verbindlich angesehen werden (Thomas, 1993, S. 381). Es geht nicht nur um ein Verständnis von derartig relevanten Merkmalen eines kulturspezifischen Orientierungssystems, sondern um das, was passiert, wenn Menschen aus verschiedenen Kulturräumen zusammentreffen und interagieren. Diese Interaktionen kommen nicht nur durch Bewegungen über Kulturräume hinweg zustande, sondern auch durch erhöhte interkulturelle Interaktionen innerhalb von Kulturräumen, zum Beispiel durch immer multikulturellere Klassenzimmer und Arbeitsplätze: »Cross-cultural variability has become local variability« (Harkness u. Keefer, 2000, S. 93). Dabei sind das Wissen sowohl um kulturspezifische als auch kulturübergreifende Merkmale wichtig, um eine kultursensible Handlungskompetenz zu entwickeln und angemessen, zufriedenstellend und oft auch zielführend miteinander umzugehen.

Ein wichtiges Anwendungsfeld sind faire Beurteilungsverfahren, die nicht aufgrund ihres möglichen monokulturellen Entstehungsursprungs Angehörige bestimmter kultureller Gruppen benachteiligen, da diese mit Art der Durchführung, der Methode oder des Inhaltes nicht vertraut sein mögen. So können Podsiadlowski und Ward (2010) zeigen, dass Rekrutierungs-, Auswahl- und Beurteilungsverfahren in der Personalarbeit systematisch Personen ausschließen, die als unähnlich und fremd wahrgenommen werden oder nicht mit den gängigen Prozessen vertraut sind, was häufig auf Personen anderer ethnischer/nationaler Herkunft und/oder mit Migrationsstatus zutrifft. Erkenntnisse der kulturvergleichenden Psychologie können bei der Konstruktion, Übersetzung und Anpassung von Tests, Fragebögen und Beobachtungsverfahren helfen, solche implizite

Voreingenommenheit in Diagnostik und Beurteilung zu verringern. Wenn wir berücksichtigen, wie hoch der Anteil an Kindern mit Migrationshintergrund in Schulklassen sein kann, wie divers heimische Arbeitsplätze sind oder wie viele Projekte (sei es in der Entwicklungszusammenarbeit oder in multinationalen Unternehmen) in verschiedenen Ländern durchgeführt werden, ist die Verwendung kulturübergreifend valider und reliabler Methoden sehr wichtig.

Ein weiteres großes Anwendungsfeld ist das der Intergruppenbeziehungen, besonders der Akkulturation und der Diversität. Berry und Kollegen (Berry et al., 2006) können in ihrem länderübergreifenden Projekt belegen, welche Akkulturationsstrategien (wie die der Integration) und welche Kontextbedingungen (wie die des Spracherwerbs und der Unterstützung durch die Eltern) besonders hilfreich sind für ein erfolgreiches Einleben in eine andere Kultur. Podsiadlowski und Reichel (2009) zeigen in einer länderübergreifenden Organisationsstudie zu Diversität am Arbeitsplatz, dass eine aktive Integrations- und Zuwanderungspolitik eines Landes, deren positive Wahrnehmung in der Bevölkerung und eine geringe Unsicherheitsvermeidung als vorherrschende kulturelle Wertorientierung förderlich sind, damit Organisationen Programme zur Integration ausländischer Mitarbeiter implementieren. Derartige Ergebnisse heben die Bedeutung des öffentlichen Diskurses hervor und bieten wichtige Informationen für politische Entscheidungsträger.

Aktuelle Forschungsbeispiele

Mögliche theoretische, methodische und angewandte Beiträge der kulturvergleichenden Psychologie sollen anhand aktueller Beispiele veranschaulicht werden. Van de Vijver und Leung (2000) sehen zwei Möglichkeiten der Verortung der kulturvergleichenden Psychologie: als a) separate Forschungsdisziplin oder als b) grundlegende Betrachtungsweise psychologischer Fragestellungen. So genannte a) »Sojourners« betrachten ihr Vertiefungsgebiet mit kulturvergleichenden Fragestellungen und hinterfragen die universale Gültigkeit psychologischer Theorien. So genannte b) »Natives« hingegen spezialisieren sich auf Theorien und Methoden der kulturvergleichenden Psychologie und arbeiten an universal relevanten Fragestellungen und deren kulturspezifische Bedeutung. Diesen gehen sie mit angemessenen Datenerhebungsinstrumenten, Analyseverfahren und Forschungsdesigns nach. Möglichkeiten der Ausbildung lassen sich über einen *Master in Cross-Cultural Psychology* oder mittels vergleichbarer Programme (Victoria University of Wellington, Neuseeland; Brunel University, Großbritannien; Saskatchewan, Kanada) oder der Mitarbeit an Forschungszentren (Center of Applied Cross-Cultural Research, Neuseeland; Western Washington University, USA) finden. Drei aktuelle Beispiele so genannter Natives werden im Folgenden ausgeführt.

Moralität

Melanie Vauclair (2010) geht der Frage nach, inwiefern Moralität universell oder kulturspezifisch ist und kulturelle Werte moralische Einstellungen vorhersagen können. Mit Hilfe von Archivdaten aus repräsentativen Stichproben aus 80 Ländern konnte sie zeigen, dass Einstellungen gegenüber unehrlichen Verhaltensweisen wenig Varianz zwischen den Ländern zeigen, während Einstellungen gegenüber persönlichen Entscheidungen (z. B. Scheidung, Abtreibung) und sexuellen Verhaltensweisen (z. B. Homosexualität) zwischen den Ländern variierten und Individuen aus kollektivistischeren Ländern striktere Einstellungen diesbezüglich hatten. In einer eigenen Fragebogenstudie, in der Teilnehmer aus acht Ländern nicht nur nach ihren persönlichen, sondern auch moralischen Werten gefragt wurden, konnte dieser Effekt mit Hilfe eines Mehrebenen-Regressionsmodells repliziert werden. In interkulturellen Begegnungen kommt es also darauf an, in welchen Bereichen ein weitreichender Konsens zu moralischen Themen erwartet werden darf und welche Bereiche von kulturellen Werten so beeinflusst werden, dass erhebliche Unterschiede in der Beurteilung moralischer Dilemmata zwischen den Kulturen zu identifizieren sind.

Funktionen von Musik

Diana Boer (2009) untersucht die sozialpsychologischen Funktionen von Musik innerhalb und über Kulturen hinweg und verknüpft somit den kulturspezifischen Ansatz der musikethnologischen mit dem universellen Ansatz der musikpsychologischen Forschung. Mit Hilfe von zwei kulturvergleichenden, quantitativen Studien, zwei Experimenten, einer Meta-Analyse und einer multikulturellen qualitativen Studie kann sie zeigen, dass Musikpräferenzen konsistent über Kulturen hinweg mit persönlichen Werthaltungen zusammenhängen und dass die Wertefunktion von Musik eng mit der Funktion der sozialen Verbundenheit verknüpft ist. Weiterhin zeigt sie, dass diese Zusammenhänge auch bei interkulturellen Kontakten zum Tragen kommen: Ein ähnlicher Musikgeschmack führt zu einer ähnlichen Wahrnehmung von Werthaltungen und dies wiederum zu sozialer Zuneigung unabhängig vom kulturellen Hintergrund der Interaktionspartner. Musik hat also das Potenzial, interkulturelle Kontakte zu verbessern, indem Ähnlichkeiten zwischen Personen hervorgehoben werden.

Vergebung

Katja Hanke (2009) beschäftigt sich in ihrer Arbeit mit dem komplexen Prozess der »intergroup forgiveness«, als des Vergebens zwischen Gruppen, unter Berücksichtigung des historischen Kontextes. Mit Hilfe qualitativer Studien in Japan, Deutschland und den Philippinen identifiziert sie das Konzept des »historical closure« (historischer Schluss). Befragungen mit Mitgliedern so genannter Opferstaaten (Frankreich, Russland, Polen/China, Taiwan, Philippinen) zeigen, dass »historical closure« sowohl für den europäischen als auch den ostasiatischen Kontext ein konsistenter, signifikanter Prädiktor ist, um Varianz zu »intergroup forgiveness« aufzuklären. Politische Entschuldigungen durch ein ehemaliges »Täterland« wie in Deutschland hängen signifikant positiv mit »intergroup forgiveness« zusammen. Eine kompromisslose Darstellung historischer Vergangenheit und der damit zusammenhängenden Gräueltaten, die in der Wahrnehmung von Tätern und Opfern geteilt wird, bietet eine mögliche Basis für Dialog zwischen einst verfeindeten Parteien.

Ausblick

In diesem Beitrag sollte veranschaulicht werden, in welcher Hinsicht die kulturvergleichende Psychologie zum besseren Verständnis interkulturell relevanter Fragestellungen und somit auch zur Information interkulturell kompetent handelnder Personen beitragen kann. Ihre besonderen Stärken liegen in der Identifizierung allgemeingültiger, psychologischer Prozesse und deren kulturspezifischer Manifestationen, die Entwicklung und der Einsatz kulturübergreifender und kultursensibler Methoden sowie die Behandlung gesellschaftlich relevanter Fragestellungen. Die Kontroverse zwischen einer kulturrelativistischen und -universellen Orientierung, der Gewichtung emischer und etischer Perspektiven, des Einsatzes qualitativer oder quantitativer Methoden wird die Debatte innerhalb der Psychologie und darüber hinaus weiterhin begleiten.

Laut Kağitçibaşi und Poortinga (2000) bestehen zukünftige Herausforderungen besonders in der Einbeziehung einer breiteren Verhaltenspalette und der Integration von Ergebnissen aus nichtwestlichen Kulturräumen. Bislang weitgehend vernachlässigte Themen sehe ich in einer differenzierteren Auseinandersetzung mit Fragen des Geschlechts bei kulturübergreifenden und kulturspezifischen Fragestellungen sowie der Bedeutung von Sprache als Träger von Kultur, des Spracherwerbs und der Bikulturalität. Ebenfalls gestaltet sich die Integration qualitativer und quantitativer Datenerhebungsverfahren als sehr komplex und ausbaufähig.

Die kulturvergleichende Psychologie ist gefordert, Erkenntnisse menschlichen Verhaltens und Erlebens in gesellschaftlichen und kulturellen Zusammenhängen kultursensibel, integrativ und holistisch zu generieren. Diese Erkenntnisse können einen Beitrag dazu leisten, interkulturellen Kontakt innerhalb einer Gesellschaft und weltweit positiv zu unterstützen, indem Probleme sozialer Ungleichheiten aufgrund unterschiedlich kultureller Herkunft, Fragen des menschlichen Wohlbefindens und der sozialen Verantwortung angesprochen werden. So können interkulturell tätige Personen, sei es im Gesundheitswesen, im Management, in

Bildung oder Politik, auf Wissen zurückgreifen, das für interkulturell kompetentes Handeln entscheidend ist. Lehrern ermöglicht es, kultursensible Leistungsbeurteilungen durchzuführen und Schüler mit Migrationshintergrund bei der Integration zu unterstützen, während Leiter von Jugendgruppen die verbindende Funktion von Musik nutzen. Therapeuten können auf geeignete Diagnoseverfahren zurückgreifen und kulturelle Aspekte in Therapieverfahren berücksichtigen, zum Beispiel indem sie Kollegen anderer kultureller Herkunft hinzuziehen. Managern ist es möglich, faire Personalauswahl- und -beurteilungsverfahren einzusetzen. Politiker wissen um die Bedeutung politischer Entschuldigungen und der kulturspezifischen Manifestierung moralischer Werte.

Indem Forscher und Praktiker aus verschiedenen Kulturräumen und Forschungsrichtungen zusammenarbeiten, finden unterschiedliche Forschungsstrategien und Perspektiven in interdisziplinären und internationalen Kooperationen und Projekten Einklang. Durch den nötigen, wenn auch sicherlich schwierigen Prozess der Konsensfindung können Probleme der Kulturangemessenheit und Vergleichbarkeit bei Auswahl und Durchführung der Datenerhebung und -analyse sowie Interpretation und Übertragbarkeit der Ergebnisse interkulturell kompetent angegangen werden.

Literatur

Berry, J. W. (2000). Cross-cultural psychology: A symbiosis of cultural and comparative approaches. Asian Journal of Social Psychology, 3, 197–205.

Berry, J. W., Phinney, J. S., Sam, D. L., Vedder, P. (Eds.) (2006). Immigrant youth in cultural transition: Acculturation, identity and adaptation across national contexts. Lawrence Erlbaum Associates.

Berry, J. W., Poortinga, Y. H., Segall, M. H., Dasen, P. R. (2002). Cross-cultural psychology: Research and applications (2nd ed.). Cambridge: Cambridge University Press.

Boer, D. (2009). Music makes the people come together: Social functions of music listening for young people across cultures. Victoria University of Wellington, Wellington. Unpublished doctoral thesis.

Boesch, E. E. (2001). Symbolic action theory in cultural psychology. Culture & Psychology, 7 (4), 479–483.

Brown, R. D., Hauenstein, N. M. (2005). Interrater agreement reconsidered: An alternative to the r_{wg} indices. Organizational Research Methods, 8 (2), 165–184.

Cheung, F., Leung, K., Fan, R., Song, W.-Z., Zhang, J.-X., Zhang, J.-P. (1996). Development of the Chinese Personality Assessment Inventory. Journal of Cross-Cultural Psychology, 27(2), 181–199.

Cheung, F., Cheung, S. F., Leung, K., Ward, C., Leong, F. (2003). The English version of the Chinese Personality Assessment Inventory. Journal of Cross-Cultural Psychology, 34 (4), 433–452.

Cole, M. (1996). Cultural psychology: A once and future discipline. Cambridge: Belknap Press.

Doi, T. (1973). The anatomy of dependence. Tokyo: Kodansha International Ltd.

Geertz, C. (1973). The interpretation of cultures. New York: Basic Books.

Gelfand, M. L., Leslie, L. M., Fehr, R. (2008). To prosper, organizational psychology should … adopt a global perspective. Journal of Organizational Behavior, 29 (4), 493–517.

Georgas, J., Berry, J. W., van de Vijver, F. J. R., Kağitçibaşi, C., Poortinga, Y. H. (2006). Families across cultures: A 30-nations psychological study. Cambridge: Cambridge University Press.

Greenfield, P. M. (2000). Three approaches to the psychology of culture: Where do they come from? Where can they go? Asian Journal of Social Psychology, 3 (3), 223–240.
Hanke, K. (2009). Victim and Perpetrator Perspectives in post World War II contexts: Intergroup forgiveness and historical closure in Europe and East Asia. Victoria University of Wellington, Wellington. Unpublished doctoral thesis.
Harkness, S., Keefer, C. (2000). Contributions of cross-cultural psychology to research and interventions in education and health. Journal of Cross-Cultural Psychology, 31 (1), 92–109.
Ho, D. Y. F. (1996). Filial piety and its psychological consequences. In M. H. Bond (Ed.), The handbook of Chinese psychology (pp. 155–164). Hong Kong: Oxford University Press.
Ho, S. W., Munro, D., Carr, S. (1999). Kiasuism across cultures: Singapore and Australia. In J.-C. Lasry, J. Adair, K. Dion (Eds.), Latest contributions to cross-cultural psychology (pp. 212–227). Lisse: Swets & Zeitlinger.
Hofstede, G. (2001). Culture's consequences: Comparing values, behaviors, institutions and organizations across cultures. Thousand Oaks: Sage.
House, R. J., Hanges, P. J., Javidan, M., Dorfman, P. W., Gupta, V. (Eds.) (2004). Culture, leadership, and organizations. The GLOBE study of 62 societies. Thousand Oaks: Sage Publications.
Kağitçibaşi, C. (1996). Family and Human Development Across Cultures: A View From the Other Side. New Jersey: Lawrence Erlbaum Associates, Publishers.
Kağitçibaşi, C., Poortinga, Y. H. (2000). Cross-cultural psychology: Issues and overarching themes. Journal of Cross-Cultural Psychology, 31 (3), 129–147.
Keesing, R. M. (1974). Theories of Culture. In B. J. Siegel, A. R. Beals, S. A. Tyler (Eds.). Annual Review of Anthropology, 3, 73–98.
Kim, U., Park, Y.-S., Park, D. (2000). The challenge of cross-cultural psychology: The role of indigenous psychologies. Journal of Cross-Cultural Psychology, 31 (3), 63–75.
Kluckhohn, F. R., Strodtbeck, F. L. (1961). Variations in Value Orientations. Evanston, Ill.: Row, Peterson.
Kroeber, A. L., Kluckhohn, C. (1952). Culture: A Critical Review of Concepts and Definitions. Cambridge: The Museum.
Malinowski, B. (1922/2001). Argonauten des westlichen Pazifik: Ein Bericht über Unternehmungen und Abenteuer der Eingeborenen in den Inselwelten von Melanesisch-Neuguinea (unveränderte Neuaufl.). Magdeburg: Klotz.
McCrae, R. R., Costa, P., Yik, M. (1996). Universal aspects of the Chinese personality structure. In M. H. Bond (Ed.), The handbook of Chinese psychology (pp. 189–207). Hong Kong: Oxford University Press.
Mead, M. (1928/2001). Coming of Age in Samoa. A Psychological Study of Primitive Youth for Western Civilisation (unveränderte Neuaufl.). New York: Harper Perennial Modern Classics.
Nadel, S. F. (1967). Nupe State and Community. In R. Cohen, J. Middleton (Eds.), Comparative Political Systems: Studies in the Politics of Pre-industrial Societies (pp. 293–338). Garden City, N.Y.: The Natural History Press.
Ng, S. H., Liu, J. H. (2000). Cultural revolution in psychology. Asian Journal of Social Psychology, 3, 289–293.
Ostendorf, F., Angleitner, A. (2003). NEO-Persönlichkeitsinventar nach Costa und McCrae, Revidierte Fassung (NEO-PI-R). Manual. Göttingen: Hogrefe.
Podsiadlowski, A., Reichel, A. (2009). On the effects of national and organizational context factors on the implementation of diversity management factors. Paper presented at the 6th International Academy of Intercultural Research Conference, Honolulu, USA.
Podsiadlowski, A., Ward, C. (2010). Global mobility and bias at the workplace. In S. Carr (Ed.), The Handbock of Global Psychology. New York: Springer Verlag.
Rohner, R. P., Khaleque, A., Cournoyer, D. E. (2005). Parental Acceptance- Rejection Theory, Methods, Cross-Cultural Evidence and Implications. Ethos, 33(3), 299–334.
Rolland, J.-P. (2002). The cross-cultural generalizability of the five factor model of personality. In R.R. McCrae, J. Allik (Eds.), The five factor model of personality across cultures (pp. 7–28). New York: Kluwer.

Schwartz, S. H. (2003). Mapping and interpreting cultural differences around the world. In H. Vinken, J. Soeters, P. Ester (Eds.), Comparing cultures, dimensions of culture in a comparative perspective. Leiden: Brill.
Shiraev, E., Levy, D. (2004). Cross-cultural psychology. Critical thinking and contemporary applications (2nd ed.). Boston: Allyn & Bacon.
Smith, P. B., Bond, M. H., Kağitçibaşi, C. (2006). Understanding social psychology across cultures. Living and working in a changing world. Thousand Oaks: Sage.
Thomas, A. (Hrsg.) (1993). Kulturvergleichende Psychologie. Göttingen: Hogrefe.
Triandis, H. C. (1972). The analysis of subjective culture. New York: Wiley.
van de Vijver, F. J. R., Hemert, D. A., Poortinga, Y. H. (2009). Multilevel analysis of individuals and cultures.
van de Vijver, F. J. R., Leung, K. (2000). Methodological issues in psychological research on culture. Journal of Cross-Cultural Psychology, 31 (1), 33–51.
Vauclair, C.-M. (2010). What is right? What is wrong? And does the answer tell something about culture? An investigation into culture and morality using the values concept. Victoria University of Wellington, Wellington. Unpublished doctoral thesis.
Whiting, J. W. M., Child, I. L. (1953). Child Training and Personality. New York, New Haven, CT: Yale University Press.
Wundt, W. (1900–1920). Völkerpsychologie. 10 Bände. Leipzig: Engelmann.
Yamaguchi, S. (2004). Further clarifications of the concept of amae in relation to dependence and attachment. Human Development, 47, 28–33.

Jürgen Bolten

Unschärfe und Mehrwertigkeit: »Interkulturelle Kompetenz« vor dem Hintergrund eines offenen Kulturbegriffs

Alexander Thomas hat 2003 mit seinem lerntheoretisch orientierten Beitrag »Interkulturelle Kompetenz. Grundlagen, Probleme und Konzepte« eine der bislang umfangreichsten, heftigsten und, wie man inzwischen auch feststellen kann, nachhaltigsten Debatten innerhalb der interkulturellen Kompetenzforschung ausgelöst. Thomas' Aufsatz ist gemeinsam mit Kommentarartikeln von 34 Wissenschaftlern und einer Replik des Hauptautors auf diese Kommentare in der Zeitschrift »Erwägen – Wissen – Ethik«, einem »Streitforum für Erwägungskultur«, erschienen (Thomas, 2003). Auch wenn die Rezeption der Diskussionsbeiträge in neueren Forschungsberichten (Rathje, 2006; Scheitza, 2007; Peña, 2008) und Einzelstellungnahmen (u. a. Otten, 2007; Roth, 2009) sehr unterschiedlich ausfällt, besteht Übereinkunft in Hinblick auf die Beurteilung des Gesamtszenarios, dessen Kontroversen als unzureichend dialogisch, übertrieben scharf, polemisch und »ermüdend« (Otten, 2007, S. 58) charakterisiert werden. Der dabei zutage tretende »erbitterte Streit um die Grundlagen interkultureller Kompetenz« (Rathje, 2006, S. 4) zeige, »welche Gräben sich innerhalb der deutschen ›Scientific Community‹ bei der Beschäftigung mit interkultureller Kompetenz auftun« (Scheitza, 2007, S. 109 f.).

Eine Ursache für den folgerichtig als »unbefriedigend« (Scheitza, 2007, S. 92) charakterisierten Stand der Forschung ist zweifellos in der ausgeprägten *Multi*disziplinarität der Debatte zu sehen, in der Vertreter verschiedener Fachkulturen mit sehr unterschiedlichen fachlichen (und fachsprachlichen) Sozialisationskontexten aufeinanderprallen, ohne dabei in einen wirklichen Polylog zu treten. Vielleicht hätte ein Symposium zu rechten Zeit einen solchen *inter*disziplinären Austausch eher ermöglichen können als das kommunikativ unflexible und zum Sezieren geradezu einladende »Streitforum«-Schema von: Stellungnahme – Kommentar – Replik. Zumindest wäre wahrscheinlich deutlich geworden, dass bereits die dem Gegenstandsbereich zugrunde liegenden Begriffe (Kultur, Interkulturalität, Kompetenz) semantisch teilweise zu unterschiedlich positioniert sind, um sie voraussetzungslos verwenden zu können. Die Krux vieler auch aktueller Beiträge zur interkulturellen Kompetenz liegt indes gar nicht einmal so sehr darin begründet, dass sie von unterschiedlichen Bedeutungen der Grundbegriffe ausgehen und (mit argumentationslogischer Zwangsläufigkeit) zu unterschiedlichen Konzeptualisierungen von »Interkultureller Kompetenz« gelangen (siehe hierzu die Übersicht bei Gröschke, 2009, S. 28 ff.). Problematisch ist eher, dass diese Unterschiede eher als störend denn als produktiv empfunden werden und man unbeschadet aller Kritik an kulturwissenschaftlichen Homogenitätsprämissen teilweise immer noch von dem Ziel geleitet zu sein scheint, eine verbindliche und möglichst kohärente Konzeption von »interkultureller Kompetenz« konstruieren zu können.

Feststellungen in Hinblick auf »die bislang noch unscharfe Konzeptionalisierung interkultureller Kompetenz« (Scheitza, 2007, S. 110) sind zwar ebenso zutreffend wie das Resümee, dass in Hinblick auf die Bestimmung von interkultureller Kompetenz »ein inhaltlicher Konsens« noch ausstehe (Fischer, 2005, S. 33). Aber vielleicht ist ein solcher Konsens gar nicht erreichbar und die (oft mit disziplinärer Verbissenheit unternommene) Suche danach selbst nur Produkt eines an »Entweder-richtig-oder-falsch«-Prämissen orientierten Denkens in der Tradition der zweiwertigen aristotelischen Logik?

Zu Recht hat Alexander Thomas darauf hingewiesen, dass in der Diskussion um das Thema Interkulturelle Kompetenz »vieles, zu vieles, [...] einseitig vom euroamerikanischen ›westlichen‹ Kulturverständnis determiniert« sei (Thomas, 2003, S. 149); eine Kritik, die von aktuellen, um eigenständige Positionsbestimmung bemühten asiatischen Fachcommunitys geteilt und dahingehend differenziert wird, dass man vor allem semantische Universalisierungsansprüche, bipolare Strukturierungen und monokausal-lineare Erklärungsmodelle zugunsten mehrwertiger Denkansätze in Frage stellt (Sinha, Vohra, Singhai, Sinha u. Ushashree, 2002; Miyahara, 2004; Chen u. Miike, 2006; Pan, 2009; siehe Haas, 2009, S. 169 ff.).

Auch in der westlichen Welt haben globalisierungsbedingte Vernetzungserfahrungen die Glaubwürdigkeit bipolarer Weltdeutungsmuster in Frage gestellt. Die Geschwindigkeit, mit der sich Veränderungsdynamiken heute vollziehen, weckt Skepsis in Bezug auf Weltentwürfe, die Symbolkomplexität durch vermeintlich eindeutige Grenzziehungen und Kategorienbildungen zu reduzieren und Handlungskontingenz auszublenden versuchen. Wie tiefgreifend die Paradigmenverschiebungen sein können, die diesen Weg von der »Ersten Moderne« zur »Zweiten Moderne« (Beck, 1997) markieren, führt gegenwärtig die immense Verunsicherung vor Augen, wenn es um Thematisierungen der Legitimität des (nach wie vor dominanten) kohärenzorientierten und primär auf nationalstaatliche »Einheiten« bezogenen Kulturbegriffs geht (siehe Bolten, 2004; Hansen, 2009; Rathje, 2009). Gleiches gilt für andere, zweiwertiger Logik folgende Denkmuster, wie sie zum Beispiel in den bipolaren Rasterungen »interkulturell« versus »intrakulturell«, »monochron« versus »polychron«, »individualistisch« versus »kollektivistisch« oder »mikro-« versus »makroanalytisch« zum Ausdruck kommen. Sie werden zu Recht hinterfragt, weil alltägliche Konnektivitäts- und Vernetzungserfahrungen permanent die faktische Interdependenz des scheinbar Gegensätzlichen vor Augen führen. Erkenntnistheoretisch führt dies die Notwendigkeit einer Orientierung an mehrwertigen Logiken von Augen. Ein Manko der euroamerikanischen interkulturellen Handlungsforschung – wie der Sozialwissenschaften insgesamt – besteht darin, dass sie hinsichtlich ihrer Theoriebildung und ihrer Konzeptualisierungen noch weitgehend auf »klaren« zweiwertigen Denkmustern aufbaut. Dies wird sich auch nur langsam ändern, weil die Akteure, selbst dann, wenn sie den veränderten Kontextbedingungen bewusst Rechnung tragen möchten, immer wieder auf jene zweiwertigen Denkmuster zurückgreifen werden, mit denen sie sozialisiert worden sind.

In diesem Sinne sind die nachfolgenden Ausführungen als Experiment zu verstehen. Sie bauen auf Grundprämissen der Fuzzylogik auf (Kosko, 1993) und zielen auf den Nachweis, dass es sich bei »interkultureller Kompetenz« um ein polyvalentes, inhaltlich nicht eineindeutig festlegbares Konstrukt handelt – wie sich zeigen wird, nicht zuletzt deshalb, weil die zugrunde liegenden Begriffe »Kultur«, »Interkulturalität« und »Kompetenz« ebenfalls unscharf und mehrwertig sind, eben »fuzzy«. Zunächst: Was ist darunter zu verstehen, und was sind Merkmale einer »Fuzzylogik«?

Fuzzylogik

Dass mehrwertige Logiken bzw. »fuzzy logics« nur schwer als Erfindung protestantischer Entweder-oder-Milieus vorstellbar sind, liegt auf der Hand: Je ausgeprägter die Transzendenz von Sinngebungsinstanzen ist, desto dualistischer fällt das Weltbild aus. Oder umgekehrt: Je weltimmanenter eine Religion oder Ethik ist, desto »bunter« und vielfältiger sind nicht nur die Götter und Heiligen, sondern auch die Erkenntnisszenarien, in denen man interagiert. Und so ist es wenig verwunderlich, dass der Siegeszug der »fuzzy logics« in den neunziger Jahren im »Osten« begann und nicht in den USA, wo jegliches »fuzzy thinking« zunächst als unwissenschaftlich diskreditiert wurde (Kosko, 1993, S. 32). Dies änderte sich erst, als Fuzzylogik erfolgreich Eingang in japanische Hightech-Produkte gefunden hatte: Waschmaschinen, die je nach Verschmutzungsgrad die Waschmittelmenge regeln, Computer, die Handschriften erkennen, oder Bildstabilisatoren in Videokameras wären mit Regelungssystemen, die auf einer zweielementigen Boole'schen Algebra beruhen (0 = falsch, 1 = wahr) nicht realisierbar, weil sie auf die Identifikation von Vagheitswerten (»ein bisschen«, »etwas weniger«) angewiesen sind. Ihre Grundannahme präzisiert Lotfi Zadeh, der aus Aserbaidschan stammende »Vater« der Fuzzylogik:

> »[...] based on the premise that the key elements in human thinking are not numbers, but labels of fuzzy sets, that is, classes of objects in which the transition from membership to nonmembership is gradual rather than abrupt.
>
> Indeed the pervasiveness of fuzziness in human thought processes suggests that much of the

logic behind human reasoning is not the traditional two-valued or even multi-valued logic, but a logic with fuzzy truths, fuzzy connectives, and fuzzy rules of inference« (Zadeh, 1973, S. 4).

Theoretisch liegt der Ausgangspunkt der Fuzzylogik in der Sackgasse zweiwertiger Logiken –nämlich dort, wo aufgrund der Aristotelischen Prämisse, dass etwas nicht zugleich A und Nicht-A sein kann, in Paradoxien mündet. Verwiesen sei auf das viel zitierte Beispiel vom Kreter, der behauptet, dass alle Kreter lügen: Die Frage, ob der Kreter bei seiner Aussage lügt oder nicht lügt, lässt sich mit Aristoteles nicht beantworten. Eher hingegen mit Buddha, dessen Lehre auf dem (logisch mehrwertigen) Prinzip des Sowohl-als-auch aufbaut und davon ausgeht, dass nahezu alles auch Teile seines Gegenteils enthält – ein Aspekt, der etwa zur gleichen Zeit (und damit deutlich vor Aristoteles) in der Tradition des daoistischen Yin und Yang auch in China Fuß zu fassen vermochte: Das Weiche (Yin) ist ohne sein Gegenteil (Yang) nicht denkbar. Beide verhalten sich nicht antagonistisch (und damit bipolar) zueinander, sondern komplementär und interdependent, so dass ein relativer, aber kein absoluter Gegensatz besteht. Bezogen auf die Aussage des Kreters folgt daraus, dass sie *wahrscheinlich* »ein Körnchen Wahrheit« enthält, aber nicht (absolut) wahr ist.

Interessant sind aus dieser Perspektive weniger die beiden antagonistischen Grenzwerte eines Spektrums (0/1; 0 %/100 %; wahr/falsch etc.) als das Spektrum selbst, das sich in der dynamischen Interrelation unendlich vielfältiger »Zwischenwerte« konstituiert. Das Spektrum ist in seiner Mitte am »fuzzigsten«: »Je mehr eine Sache ihrem Gegenteil ähnelt, desto fuzziger ist sie. Im fuzzigsten Fall stimmt sie mit ihrem Gegenteil überein: das Glas Wasser, das halb leer und halb voll ist, der Kreter, der sagt, dass alle Kreter lügen, und sowohl lügt als auch nicht lügt, die Kunden an der Grenze zwischen zufrieden und unzufrieden« (Kosko, 1993, S. 27). Allerdings darf man nicht übersehen, dass die Werte 0 und 1 ebenfalls zum Spektrum gehören. Anders gesagt: Mehrwertige Logiken schließen (logischerweise) zweiwertige Logiken ein, und so zutreffend auch Aussagen wie die von Kosko sein mögen, dass »Fuzzy Logic beginnt, wo westliche Logik am Ende ist« (Kosko, 1993, S. 31), dürfen sie nicht dazu verleiten, einen Antagonismus zwischen binärer Logik und fuzzy logic zu konstruieren. Das wäre wieder eine westliche Sicht. Fuzzylogisch betrachtet, ist jedoch das eine Bestandteil des anderen.

In der gegenwärtigen Kulturbegriffsdiskussion wird dies kaum beachtet, was – so die These des folgenden Abschnitts – zu unnötigen Reibungsverlusten führt, die sich ihrerseits wieder auf Konzeptualisierungen von interkultureller Kompetenz auswirken.

Fuzzy Cultures

Ein zentraler Grund für die Schärfe, mit der die erwähnte Debatte zum Thema »Interkulturelle Kompetenz« geführt wird, dürfte in dem Aufeinanderprallen unterschiedlicher »Kulturbegriffskulturen« zu sehen sein (Bolten, 2009). Während auf der einen Seite – vor allem aus Gründen trainingspragmatisch motivierter Komplexitätsreduktion – nach wie vor mit weitgehend homogenen Modellen von Länder- oder Nationalkulturen gearbeitet wird, argumentieren Kritiker dieser Konzepte, dass ein solches Kohärenzdenken vor dem Hintergrund der politischen, wirtschaftlichen und technologischen Entwicklungen der vergangenen 20 Jahre nur schwerlich aufrechterhalten werden könne.

In der Tat: Vor dem Hintergrund der Auflösung der West-/Ost-Antagonismen des 20. Jahrhunderts, der Liberalisierung politischer Steuerungsinstrumente, weltanschaulicher Entdogmatisierung, Wertediversifizierung und der zunehmenden internationalen Verflechtung politischen und wirtschaftlichen Handelns ist es problematisch, Kulturen im Sinne einer zweiwertigen Logik als scharf abgegrenzte Mengen über einer Grundgesamtheit, eben als »Container« (Beck, 1997), zu beschreiben.

Durchaus vorstellbar sind sie jedoch als »fuzzy sets« (Zadeh, 1973), bei denen es nicht darum geht, ein Element *entweder* einer Menge zuzuordnen *oder* es auszuschließen, sondern darum, Zugehörigkeits*grade* von Elementen zu einer Menge zu modellieren. Eine »fuzzy culture« ist dementsprechend eher beziehungs- als substanzorientiert aufzufassen: Sie definiert sich vor allem über die Intensität, mit der sich Akteure auf sie beziehen. Abbildung 1 veranschaulicht dies:

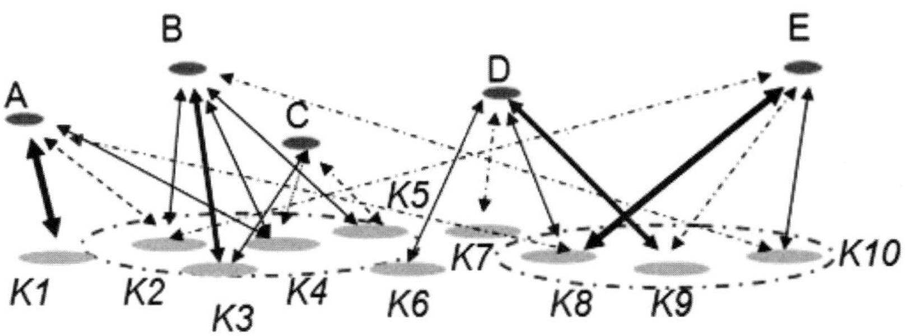

Abbildung 1: Reziprozitätsdynamiken als Grundlage von Selbst- und Lebensweltkonstruktionen

Jeder der Akteure A bis E ist über unterschiedlich intensive (bzw. konventionalisierte) Reziprozitätsbeziehungen (Pfeildarstellung) in verschiedene lebensweltliche Strukturen (Familie, Freundeskreise, Ausbildung, Vereine, Unternehmen etc.) eingebunden (K1 bis K10). Diese »communities« oder »Kollektive« sind als Strukturelemente aufgrund der »Multikollektivität der Individuen« (Hansen, 2009, S. 116) untereinander vernetzt und dementsprechend permeabel. Gleiches gilt dann auch für ihre jeweiligen inhaltlichen und im Sinne Hansens »kulturellen« Kontexte, da »Kultur und Kollektiv [...] zwei Seiten einer Medaille« sind (Hansen, 2009, S. 16). Um bei unserem Beispiel zu bleiben: K8 definiert sich – in dem dargestellten Ausschnitt – über eine hohe Reziprozitätsintensität mit Akteur E und eine etwas geringere mit Akteur D. Dementsprechend ist die Wahrscheinlichkeit hoch, dass Akteur E im Vergleich mit Akteur D stärkeren Einfluss auf die Gestaltung von K8 nimmt und damit auch seine Reziprozitätserfahrungen in Bezug auf K10, K2 und K9 hierbei in höherem Grad einfließen werden als die Reziprozitätserfahrungen von D in Bezug auf K6, K7 und K9. Wenngleich in unterschiedlicher Gewichtung, dafür möglicherweise aber untereinander vernetzt, tragen D und E (neben/mit vielen anderen auf K8 referierenden und teilweise untereinander interagierenden Akteursbeziehungen, die in der Abbildung nicht dargestellt sind) dazu bei, dass die inhaltliche bzw. »kulturelle« Dynamik des Kollektivs neue Impulse erhält. Diese Impulse lösen, ähnlich wie bei einem neuronalen Netz, und mit einem nicht zu unterschätzenden Grad an Emergenz, neue Reziprozitätsdynamiken aus, die aufgrund der Multikollektivtät der K8-Akteure in modifizierter Form auch in andere Kollektive Eingang finden und wiederum deren kulturelle Dynamik beeinflussen. Auf diese Weise können Kohäsionsbildungen zwischen den einzelnen Kollektiven initiiert werden wie beispielsweise zwischen K8, K9 und K10.

Bewährt sich die zwischen den drei Kollektiven angestoßene Reziprozitäts- und Vernetzungspraxis, ist es denkbar, dass sich nach und nach ein kohäsiver »Zusammenhalt« im Sinne eigener Kulturalität etabliert (siehe Rathje, 2006; Hansen, 2009, S. 43). Er ist strukturell durch »Polykollektivität« charakterisiert (Hansen, 2009, S. 115 f.) und inhaltlich dadurch, dass Akteure auf der Basis reziproken Handelns in einem gemeinsamen Bezugskontext Erfahrungen und Erwartungen von Relevanz, Normalität, Plausibilität und ggf. Routine generieren, die diesen Kontext als mehr oder minder vertraut erscheinen lassen. Der Vertrautheitsgrad in Bezug auf eine solche »fuzzy culture« bemisst sich teils quantitativ (Intensität der Reziprozitätsdynamik), teils qualitativ (Konventionalisierungsgrad/Historizität der Reziprozitätsdynamik). Der Historizitätsaspekt, also die Tatsache, dass Kulturalität nicht bei Null beginnt, sondern »immer schon da ist« (Schütz u. Luckmann, 1991, S. 52), verweist auf eine Ebene des »kulturellen Wissensvorrats« oder des »kulturellen Gedächtnisses«, aus dem heraus sich jeder Akteur mit Interpretationen versorgt, wenn es darum geht, sich in ungewohnten, unplausiblen Handlungskontexten zurechtzufinden. Eine »fuzzy culture« lässt sich folglich als ein offenes Netzwerk konventionalisierter bzw. *historisch vermittelter* Reziprozitätsdynamiken verstehen (Bolten, 2009). Dementsprechend ist es notwendig unser Kulturmodell um eine Ebene zu ergänzen, die aktuell nicht aktivierte, aber potenziell dennoch relevante Knotenpunkte kultureller Reziprozitätsdynamiken enthält – also zum

Beispiel »vergessene« Schriften, die, unrezipiert, für einen längeren Zeitraum aus der Dynamik ausscheiden, die aber jederzeit wiederentdeckt, für die dann gültige Aktualität erneut als relevant erachtet und als Interpretationsvorrat reaktiviert werden können. Im Sinne von Assmann und Assmann lässt sich dies als ein »Gedächtnisarchiv« darstellen, das im »Modus der Potentialität« quasi schlummert, dessen Sedimente aber immer auch in den »Modus der Aktualität« überführt werden können (Assmann u. Assmann, 1994, S. 121):

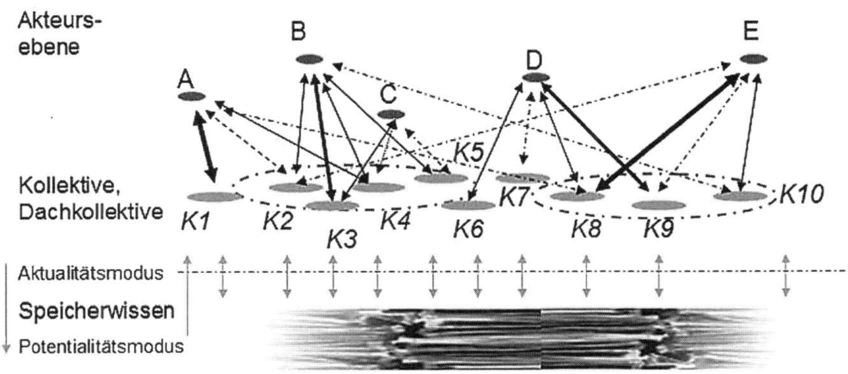

Abbildung 2: Kulturen als Produkte historisch vermittelter Reziprozitätsdynamiken

Anders als Kulturbegriffe, die einer zweiwertigen (Substanz-)Logik folgen, und die den meisten kulturvergleichenden Studien bzw. *cross-cultural studies* zugrunde liegen, basieren mehrwertige Kulturbegriffe folglich auf Beziehungslogiken. Die daraus resultierende »Herausforderung Vielfalt« (Allolio-Näcke, Kalscheuer u. Shimada, 2003, S. 151) wird in Legitimierungsdebatten (»Was verstehen wir eigentlich unter Kultur?«) gegenwärtig häufig unter dem Etikett »neuer Kulturbegriff« gebündelt und dann als Speerspitze gegen den traditionellen kohärenzorientierten Kulturbegriff eingesetzt. Die »teilweise polemische Schelte« (Rathje, 2006, S. 10) in Bezug auf die Homogenitätsprämissen zum Beispiel der meisten nationalstaatlich orientierten Kulturbegriffe führt allerdings regelmäßig zu einem Paradoxon, denn kaum jemand wird leugnen, dass es – unbeschadet der Heterogenität der Einzelakteure – legitim und sinnvoll sein kann, von spezifisch »deutschen« oder »chinesischen« Denk- und Handlungsweisen zu sprechen. Anders gesagt: Was sich aus mikrokosmischer Sicht als heterogen erweist, mag aus makrokosmischer Sicht (oder von »außen«) durchaus als homogen erscheinen – oder: Kultur ist zugleich heterogen und nicht heterogen (siehe Hansen, 2009, S. 121; Moosmüller, 2009, S. 56).

Aus Sicht einer zweiwertigen Logik endet man mit diesem Paradoxon in der Sackgasse der (für die euroamerikanische interkulturelle »Szene« signifikanten) Polarisierung von Theorie und Praxis: Während Theoretiker vielfach dazu neigen

Homogenitätsphobien zu entwickeln (und wider besseres Wissen argumentativ auszuleben), nutzen Praktiker das Paradoxon gern als Trumpfkarte, um (ebenfalls wider besseres Wissen) mit einem zumindest »halbwegs« guten Gewissen in interkulturellen Trainings das Kohärenz-Paradigma zu vertiefen (»*die* chinesische Business-Kultur«).

Offenkundig entsteht das Paradoxon also dadurch, dass das mehrwertige Differenz-/Heterogenitäts-Paradigma erneut in ein binäres Argumentationsschema gepresst wird: *Entweder* es gilt das Entweder-oder-Prinzip des Homogenitätsdenkens *oder* es gilt das Sowohl-als-auch-Prinzip des mehrwertigen offenen Kulturbegriffs. Gelöst werden könnte das Paradoxon durch eine für monotheistisch geprägte Sozialisationskontexte durchaus als radikal zu bezeichnende Wende zu einer mehrwertigen Argumentationslogik. Der Satz heißt dann: Es gilt *sowohl* das Entweder-oder-Prinzip kulturellen Homogenitätsdenkens *als auch* das Sowohl-als-auch-Prinzip des Fuzzy-Culture-Verständnisses. *Fuzzy* ist dementsprechend nicht nur die Kultur selbst als Beziehungsgeflecht, sondern vor allem auch die Perspektive, unter der sie wahrgenommen wird: Sie entscheidet darüber, wie homogen/nicht homogen man eine Kultur versteht (siehe auch Appadurai, 1996, S. 31 ff.). Das betrifft zum einen den Blickwinkel, zum anderen die Blickrichtung: Der Blick*winkel* umfasst ein Spektrum von überschaubaren Mikro- (Paar-, Familien-, Vereinskultur etc.) bis hin zu komplexen Makronetzwerken (Stadt-, Nationalkultur etc.), während die Blick*richtung* entweder primär induktiv von den Reziprozitätsbeziehungen einzelner Subjekte (»Mikrokollektive«) oder stärker deduktiv von komplexeren (und dementsprechend auch eher »homogenisierten«) Reziprozitätskontexten (»Makrokollektive«) ausgeht. Jede dieser Sichtweisen hat ihre Berechtigung. Statt eines »Richtig« oder »Falsch« gibt es hier nur die Frage nach der optimalen Angemessenheit.

Dabei erweist sich Kultur – durchaus im Sinne von Triandis (1972, S. 4) primär als »subjective culture«: Wenn ich lediglich ein allgemein-informatorisches Interesse an einer »Kultur« habe (z. B. zum Zweck der Erstorientierungen über Unternehmen, Institutionenverbünde, Urlaubsziele etc.), werden mich mikroorientierte Reziprozitätsdynamiken weniger interessieren als bei einem existenziell motivierten Interesse (z. B. weil ich mich an einem bestimmten Ort ansiedeln, in ein bestimmtes Unternehmen wechseln will oder die Leitung eines Teams übertragen bekommen habe). Die jeweilige »Kultur« stellt sich damit für mich auch jeweils anders dar, und zwar, weil ich sie den unterschiedlichen Erfordernissen entsprechend auch unterschiedlich konstruiere. Damit ist der Kulturbegriff aber nicht nur durch *Prozessualität* und *Relationalität* (bzw. Reziprozität) charakterisiert, sondern auch durch *Relativität*, und es ist offenkundig, dass es *den* verbindlichen Kulturbegriff nicht geben kann, den sich Forscher/Praktiker häufig gern wünschen, wenn sie mit Fragestellungen interkultureller Kompetenz befasst sind.

Interkulturalität und interkulturelle Kompetenz als »fuzzy constructs«

Welche Konsequenz hat die Verwendung eines in der dargestellten Weise »fuzzy« gedachten Kulturbegriffs für die Definition des »Interkulturellen« im Gegenstandsbereich »interkulturelle Kompetenz«?

Interkulturalität wird vielfach verstanden als ein »Aushandeln« von Schritten, Ideen, Strategien etc., mit deren Hilfe Interaktionspartner aus unterschiedlichen kulturellen Erfahrungskontexten versuchen, gemeinsame Zielsetzungen[1] in für die Beteiligten plausibler Weise zu realisieren – oder auch zu verändern (siehe u. a. Gröschke, 2009, S. 84 f.). Wird ein solcher Prozess unter der Prämisse eines geschlossenen Kulturbegriffs gedacht, bleibt meist unberücksichtigt, dass Akteure, wie zum Beispiel A und B in Abbildung 1 und 2, durch Sekundär-, vielleicht aber auch durch Primärerfahrungen bereits vor einer Face-to-face-Erstbegegnung mehr oder minder stark vernetzt sein können. Ist dies der Fall (weil man schon längere Zeit im Mailverkehr stand oder die Interaktion auf oberflächenstrukturell ähnlichen Verhaltenskonventionen beruht), stimmt die – idealtypische – Annahme der binär strukturierten Interkulturalitätstheorien nicht mehr, der zufolge interkulturelle Situationen durch die Begegnung radikal unterschiedlicher Partner charakterisiert sind. Vorgelagerte Formen von Reziprozität – und sei es auch nur über Imagebildung oder vom »Hörensagen« – tragen dazu bei, dass sich interkulturelle Handlungskontexte immer als individuell-kontextbezogene und damit als einzigartig und weitgehend unvorhersagbar realisieren: Sie sind, ähnlich wie wir in Bezug auf den Kulturbegriff festgestellt haben, sowohl relational als auch relativ und damit ebenfalls fuzzy: Unter dieser Voraussetzung ist es durchaus denkbar, dass die Beziehung zwischen zwei Akteuren zugleich durch Interkulturalität und durch Kulturalität charakterisiert ist. Um es am Beispiel der Akteure A und B in unseren Abbildungen zu verdeutlichen: Sie sind in unterschiedlichen Kulturräumen sozialisiert, haben aber in einem gemeinsamen beruflichen Handlungskontext durchaus »gemeinschaftliche« Konventionen, Plausibilitäten und Normalitätsregeln entwickeln können, so dass die Interkulturalität dieser Zusammenarbeit inzwischen bereits die fließende[2] Grenze zur Kulturalität überschritten hat (siehe Rathje, 2006, S. 15; Bolten, 2009, S. 253). Wenn B jedoch bekennendes Mitglied

1 Dazu zählt eine umfassende Zielsetzung wie z. B. der Vorsatz, ein Projekt gemeinsam zu realisieren, ebenso wie das »kleine« Ziel, einen gemeinsamen Beschluss, Leitsatz etc. zu formulieren. Liegen solche gemeinsamen Zielsetzungen nicht vor, werden auch keine Prozesse des »gemeinschaftlich Machens« (dt. Bedeutung von »communicare«) initiiert und es bleibt bei »Multikulturalität«, die ihrerseits eher durch ein Neben- als durch ein Miteinander charakterisiert ist.

2 Kulturalität ist damit Resultat von Interkulturalität, während Interkulturalität eine Bedingung für die Schaffung von Kulturalität darstellt. Das binäre Pendant zu dieser mehrwertigen Perspektive ist die häufig verwendete (zwangsläufig auf Homogenitätsprämissen beruhende) Entgegensetzung von *Intra*kultur und *Inter*kultur.

einer Konfession ist, zu der A bislang überhaupt keinen Kontakt gehabt hat, und B ihn nach der Arbeit zu einer Feier in einem entsprechenden konfessionellen Kontext einlädt, kann für die Beziehung zwischen beiden plötzlich wieder die interkulturelle Perspektive dominieren.

Da beide Handlungsfelder – das berufliche und das außerberufliche – durch die Reziprozitätsbeziehungen der beiden Akteure wiederum miteinander verknüpft sind, wird die Art und Weise, wie A und B im beschriebenen außerberuflichen Kontext »interkulturell« interagieren, Einfluss auf ihre bereits »kulturalisierten« Reziprozitätsbeziehungen nehmen (und vice versa). Interkulturalität ist damit jedoch nicht nur mehrwertig und relational, sondern auch relativ: Derselbe (gemeinsame) Handlungskontext kann von B aufgrund mangelnder Vertrautheit und Plausibilität als interkulturell empfunden werden, während A dies aus seiner Kulturalitätsperspektive heraus vielleicht gar nicht bemerkt.

Als Konsequenzen für eine Beschreibung des Konstrukts »interkulturelle Kompetenz« können wir an dieser Stelle festhalten, dass es sich um eine Prozess- oder Handlungskompetenz handelt (weil »Kultur« und »Interkulturalität« selbst Prozessbegriffe sind). Damit geht sie deutlich über den Rahmen einer »cross-cultural competence« hinaus, die eher reflexiv-kulturvergleichend orientiert ist und lediglich auf ein Wissen um kulturelle Differenzen/Gemeinsamkeiten zielt.[3]

Dieser Standpunkt wird von der neueren Kompetenzforschung weitgehend geteilt (siehe Überblicksdarstellungen bei Delamare Le Deist u. Winterton, 2005; Gröschke, 2009). Interkulturelle Kompetenz erweist sich folgerichtig nicht als universal, sondern als kontextspezifisch (siehe Fischer, 2005; Gröschke, 2009). Um die Komplexität interkulturellen Handelns nicht unzulässig zu reduzieren, spricht vieles dafür, interkulturelle Kompetenz als multiples Konstrukt zu verstehen, das auf der Interdependenz von emotionalen Einstellungen, Kognitionen und Verhaltensweisen beruht (Scheitza, 2007). Ganz im Sinne von lat. »competere« (zusammenbringen) konstituiert die Vielfalt des Konstrukts »Handlungskompetenz«, im Zusammenwirken ihrer Teilkompetenzen (Selbstkompetenz, Sozialkompetenz, Fachkompetenz und Methodenkompetenz) einen holistischen Zusammenhang (Kauffeld, 2006). Interkulturelle Kompetenz erweist sich in einem solchen Argumentationszusammenhang nicht als fünfte Kompetenz neben Personalkompetenz, Sozialkompetenz, Fachkompetenz und Methodenkompetenz, sondern als »Transferkompetenz« (Bolten, 2004; Peña, 2008). Ebenso ist ihre Verortung in dem binä-

3 So wie im Englischen die Begriffe »cross-cultural« und »intercultural« häufig nicht korrekt unterschieden werden, gilt im Deutschen leider Ähnliches für den Gebrauch des Begriff »interkulturell«, wenn er auf eindeutig nichtprozessuale Kontexte bezogen wird, wie es etwa in der Wendung »interkultureller Vergleich zwischen A und B« zum Ausdruck kommt. Mit Blick auf diagnostisch orientierte Untersuchungen bemerkt Otten (2007, S. 65) in diesem Zusammenhang »verwundert dabei immer wieder […], wie ein Gruppenvergleich von US-amerikanischen und wahlweise taiwanesischen, chinesischen, japanischen oder anderen *international students* und *expatriates* bereits als interkulturelle Kommunikation angenommen wird«.

ren Schema von »harten« und »weichen« Faktoren der Personal- und Organisationsentwicklung fuzzy: Sie ist zwar auch »eine Form von sozialer Kompetenz« (z. B. Kumbruck u. Derboven, 2005, S. 6), spielt aber genau so in den Bereich der »harten Faktoren« fachlicher und methodischer Kompetenzen hinein (siehe Frindte, 2003, S. 169): Wenn ein entsandter Ingenieur bei einem Montageauftrag nicht in der Lage ist, eine Maschine so zu erklären, dass sie von den Ortskräften (korrekt) genutzt wird, mangelt es ihm an interkultureller fachlicher Kompetenz – weil er eine dem Kontext nicht »angemessene« Maschine ausgewählt hat, weil seine Instruktionen unangemessen waren, weil er kein Gehör gefunden hat usw. Dies wiederum kann zum Beispiel an mangelnder Kommunikationsfähigkeit (interkulturelle soziale Kompetenz) liegen, an unzureichender Fremdsprachenfertigkeit (interkulturelle Selbstkompetenz), an einer unangemessenen Präsentationsweise (interkulturelle methodische Kompetenz) oder an einer undifferenzierbaren Gemengelage reziprozitätshemmender Faktoren. In jedem Fall ist jedoch offensichtlich, dass »harte« und »weiche« Faktoren nicht unabhängig voneinander existieren und dass sie nicht trennscharf auseinandergehalten werden können. Was Delamare Le Deist und Winterton zufolge für den Kompetenzbegriff gilt, trifft damit gleichermaßen auch auf interkulturelle Kompetenz zu: Es handelt sich um ein »fuzzy concept« (Delamare Le Deist u. Winterton, 2005, S. 41).

Charakterisiert ist es wiederum durch Prozessbezogenheit, Relationalität und Relativität: Prozessbezogenheit folgt aus der Bestimmung von interkultureller Kompetenz als Handlungskompetenz. Unter dieser Prämisse erweist sich interkulturelle Kompetenz als kontextspezifisch (eben bezogen auf einen bestimmten Prozess) und nicht als universal. Als Prozessbegriff gedacht, löst sie darüber hinaus die vor allem von Kommunikationswissenschaftlern gern vorgenommene binäre Positionierung von »Kompetenz« und »Performanz« (Otten, 2007, S. 67) auf: Beide erweisen sich als verschiedene Seiten derselben Münze.

Die Relationalität interkultureller Kompetenz steht in einem unmittelbaren Zusammenhang mit ihrer Prozessbezogenheit und Kontextspezifik: Der Kontext definiert sich vor allem über die Reziprozitätsbeziehungen seiner Akteure. Interkulturelle Kompetenz dokumentiert sich dann darin, aus unbekannten Differenzen bekannte zu machen bzw. »die durch Fremdheit gekennzeichnete ›flüchtige‹ Interkultur in Kultur umzuwandeln, indem über Normalität Kohäsion erzeugt wird« (Rathje, 2006, S. 17). Dieses als »Aushandlungsprozess« vorstellbare Bemühen um eine Konventionalisierung von Reziprozitätsbeziehungen darf allerdings nicht als idealistisches Unschuldskonzept missverstanden werden. Es geht nicht um die Kohäsion um jeden Preis, sondern um die Frage, wie flexibel die »Territorien des Selbst« (Goffman, 1974, S. 54 ff.) in einer bestimmten Situation sein können, ohne Gesichtsverlust (auf Seiten aller Beteiligten), Verlust von Selbstachtung oder Verantwortungslosigkeit zu riskieren. Die »Veränderung ihrer selbst«, die Interaktionsteilnehmer in interkulturellen Aushandlungsprozessen vollziehen (Wierlacher, 2003, S. 216), gelingt nicht ad infinitum. Das gilt auch für interkulturelle Dia- und

Polyloge. Insofern besteht interkulturelle Kompetenz auch darin, »Nein« sagen, und vor allem darin, diese Entscheidung plausibel vermitteln zu können. Gerade Letzteres ist unabdingbar, weil Entscheidungen in der Regel inhaltlich »fuzzy«, und eben nicht »richtig« oder »falsch« sind. Um es an einem Beispiel zu erläutern: Bei der Entscheidung, ob eine Mitarbeiterin eines westeuropäischen Unternehmens aus konfessioneller Überzeugung ihre Arbeit in Burka-Bekleidung wahrnehmen darf oder nicht, dokumentiert sich interkulturelle Kompetenz vor allem darin, inwieweit es den am Reziprozitätskontext Beteiligten gelingt, ihr Handeln/ihren Standpunkt plausibel zu machen. Dass hierfür sowohl ein hohes Maß an (»eigenkultureller«) Selbstreflexion als auch interkultureller Prozessreflexion notwendig ist, liegt ebenso auf der Hand, wie die Tatsache, dass interkulturelle Dialoge genau an dieser Stelle äußerst fragil sind. Ob ein Dialog an dieser Stelle fortgeführt wird oder nicht, ist situationsabhängig und verweist auf die Relativität interkultureller Kompetenz.

Dieser Aspekt ist leicht nachvollziehbar, wenn man sich die Vielfalt der Anforderungen vor Augen führt, die – je nach Kontext – mit dem Konstrukt »interkulturelle Kompetenz« verknüpft werden können: Die Reziprozitätskontexte, in denen Touristen sich als interkulturell kompetent erweisen müssen, unterscheiden sich erheblich von denen, in die Mitglieder eines virtuellen multikulturellen Teams oder Arbeitsmigranten eingebunden sind. Gleiche Relativität gilt dann auch für die Zielsetzungen, die man mit interkulturellem Handeln verbindet – ein Sachverhalt, der in der Forschung ebenfalls als kulturell bedingt deklariert wird (Deardorff, 2006, S. 14; Salo-Lee, 2009, S. 42): Während interkulturelle Kompetenz in »westlichen« Kontexten häufig mit der Zieldefinition »Effektivität« verknüpft ist (siehe Rathje, 2006, S. 5), steht in asiatischen Kontexten eher »soziale Harmonie« im Vordergrund (Gröschke, 2009, S. 84 f.).

Wenn folgerichtig »jede Kultur Kriterien und Bewertungen definiert, um eine Handlung als kompetent oder inkompetent zu betrachten« (Gröschke, 2009, S. 108), dann bestätigt sich damit die Annahme, dass interkulturelle Kompetenz kein universales Konzept repräsentiert und dementsprechend in standardisierter Form weder messbar noch trainierbar ist. Anders gesagt: Je konkreter der Bezugskontext ist, in dem interkulturelle Kompetenz unter Beweis gestellt werden muss, desto unschärfer wird das Kompetenzkonzept selbst. Der Effekt entspricht ungefähr dem Grundprinzip von Mandelbrots fraktaler Geometrie: Je stärker man auf einem Satellitenbild zum Beispiel eine Küste heranzoomt, desto mehr Vorsprünge und Einbuchtungen treten zutage und je länger bzw. »fuzziger« wird sie: »Wie lang ist sie denn nun wirklich? Eine nutzlose Frage« (Mandelbrot u. Hudson, 2007, S. 188).

Fuzzy Intercultural Competence Development?

Vor diesem Hintergrund spricht vieles dafür, Konzepte interkultureller Kompetenzentwicklung offen, vielschichtig, mehrperspektivisch und in diesem Sinne »fuzzy« zu gestalten. Je größer die Mobilität wird, je flexibler Personal international eingesetzt wird, desto notwendiger ist es, in interkulturellen Personalentwicklungsmaßnahmen die konkreten interkulturellen Szenarien, in denen gehandelt wird, »heranzuzoomen«.

Das schließt klassische Off-the-job-Ländervorbereitungstrainings nicht aus, lenkt den Blick aber mehr und mehr auf Hic-et-nunc-Situationen, auf On-the-job-Maßnahmen und interkulturelle Coachings. Im Focus steht hier nicht mehr die Gruppe oder der Einzelne, der »nach draußen geht«, sondern der interkulturelle Prozess selbst, wie er sich etwa in einem multikulturellen Team realisiert. Je näher man an einen solchen Prozess heranzoomt, desto verschwommener stellen sich zuvor anscheinend noch klar konturierbare »Kulturgrenzen« dar und desto heterogener erscheint das, was man zuvor noch als homogen empfunden hat. Das Homogene und vermeintlich Kohärente ist deswegen nicht »falsch« und erst recht nicht »verschwunden«. Spätestens beim Wegzoomen, bei der Veränderung des Blickwinkels – zum Beispiel aus einem veränderten Erkenntnisinteresse heraus –, erscheint es wieder (wenngleich unter anderen Vorzeichen, weil man jetzt zumindest weiß, dass Homogenität Heterogenität einschließt).

Diese Beobachtung lässt sich auf Verwendung von mikro-, meso- oder makroanalytischen Methoden der Kulturalitäts- und Interkulturalitätsforschung übertragen: Je nach Kontext und Anforderungsprofil einer interkulturellen Personalentwicklungsmaßnahme wird sich das eine methodische Vorgehen als weniger geeignet erweisen als ein anderes. »Falsch« muss es deswegen noch nicht sein. Auch hier ist offenkundig: Je gezielter interkulturelle Kompetenzentwicklung stattfinden soll, desto stärker muss der Prozess selbst, müssen die Beziehungen zwischen den Beteiligten sowie deren Erwartungen in den Focus rücken. Mit weitgehend standardisierten Maßnahmen, die zudem auf einem engen (und meist einseitig euroamerikanisch geprägten) Inventar an Übungstypen aufbauen, dürfte dies nur unzureichend gelingen. Obwohl Maßnahmen der interkulturellen Kompetenzentwicklung zunehmend vielfältiger werden und mehr und mehr auch deren eigene kulturelle Bedingtheit in die Reflexion eingeht (u. a. Kriegel, 2010; Pan, 2010; Riedlberger, 2010), sind sie nach wie vor erheblich weniger fuzzy als der Kontext, auf den sie zielen.

Schritte dahin, das noch relativ kohärente (und eindeutig »westlich« dominierte) Feld interkultureller Kompetenzentwicklung zu öffnen und (auf einer Metaebene) methodologische Interkulturalität zu initiieren, könnten mit Hilfe der Erstellung einer Methodenlandkarte geleistet werden (siehe Bolten, 2010), die einerseits zum Beispiel einen Überblick über weltweit verwendete Übungstypen interkultureller Trainings beinhaltet und gleichzeitig transparent werden lässt, welche Lernziele in welcher methodischen Form damit jeweils realisiert werden können. Auf einer solchen Grundlage könnten in heterogenen Gruppen mit unterschiedlicher Lern-/Methodensozialisation im Rahmen zum Beispiel von komplexeren interkulturellen Planspielen gemeinsame Ziele formuliert, aber auf methodisch und inhaltlich den Trainees angemessenen Wegen verfolgt werden. Wird diese Unterschiedlichkeit des Weges thematisiert und damit selbst zum Gegenstand des Trainings, ist die Chance groß, dass »gemeinschaftlich« interkulturelle Methoden interkulturellen Handelns generiert werden. Dies wäre gleichzeitig ein Best-Practice-Beispiel für Synergieentwicklung auf der Basis von Rahmenbedingungen, die dem beschriebenen »Entweder-oder« als auch dem »Sowohl-als-auch« entsprechen. Wie weit Maßnahmen zur interkulturellen Kompetenzentwicklung die Vielfalt des methodischen und inhaltlichen Spektrums »ins Spiel bringen«, wie intensiv sie die Teilnehmer als kulturspezifische und interkulturelle Experten einbinden, auf welche Distanz sie in beschriebenem Sinn »heranzoomen«, hängt von den Kontextbedingungen (u. a. Zielgruppe, Maßnahmenziel, Lehrkontext) ab und konturiert sich häufig erst im Verlauf einer Maßnahme. Insofern spricht vieles dafür, interkulturelle Kompetenzentwicklung sowohl unter theoretischen als auch unter praxisbezogenen Gesichtspunkten »fuzziger« zu betrachten, sich erkenntnis- und lerntheoretischer Vielfalt als einer Form kultureller Vielfalt zu öffnen und diese produktiv zu nutzen, anstatt sie in dogmatischen »Grabenkämpfen« zwanghaft zu homogenisieren.

Literatur

Allolio-Näcke, L., Kalscheuer, B., Shimada, S. (2003). Ein Lehrstück klassischen Kulturvergleichs. Erwägen – Wissen – Ethik. Streitforum für Erwägungskultur, 14 (1), 151–152.

Assmann, A., Assmann, J. (1994). Das Gestern im Heute. Medien und soziales Gedächtnis. In K. Merten (Hrsg.), Die Wirklichkeit der Medien (S. 114–140). Opladen: Westdeutscher Verlag.

Appadurai, A. (1996). Modernity at Large. Cultural Dimensions of Globalization. Minneapolis/London: University of Minnesota Press.

Beck, U. (1997). Was ist Globalisierung. Frankfurt a. M.: Suhrkamp.

Bolten, J. (2004). Interkulturelle Personalentwicklung im Zeichen der Globalisierung. Paradigmenwandel oder Paradigmenkorrektur? In J. Bolten (Hrsg.), Interkulturelles Handeln in der Wirtschaft. Positionen – Modelle – Perspektiven – Projekte (S. 40–62). Sternenfels: Wissenschaft und Praxis.

Bolten, J. (2009). ›Kultur‹ als historisch vermittelte Reziprozität. In S. Strohschneider (Hrsg.), Kultur und sicheres Handeln (S. 239–256). Frankfurt a. M.: Verlag für Polizeiwissenschaft.

Bolten, J. (2010). Interkulturelle Kompetenzvermittlung via Internet. Erscheint in P. Wordelmann (Hrsg.), Interkulturelle Kompetenzen. Berlin.

Chen, G.-M., Miike, Y. (2006). The Ferment and Future of Communication Studies in Asia. Chinese and Japanese Perspectives. China Media Research, 2, 1–12.

Deardorff, D. K. (2006). Policy Paper zur Interkulturellen Kompetenz. Zugriff am 30.4.2006 unter http://www.bertelsmann-stiftung.de/bst/de/media/xcms_bst_dms_17145_17146_2.pdf.

Delamare Le Deist, F., Winterton, J. (2005). What is Competence? Human Resource Development International, 8 (1), 27–46.

Fischer, V. (2005). Interkulturelle Kompetenz – ein neues Anforderungsprofil für die pädagogische Profession. In V. Fischer, M. Springer, I. Zacharaki (Hrsg.), Interkulturelle Kompetenz. Fortbildung – Transfer – Organisationsentwicklung (S. 33–47). Schwalbach/Ts.: Wochenschau Verlag.

Frindte, W. (2003). Die Praxis muss für sich sprechen – interkulturelle Kommunikation als komplexes Management. Erwägen – Wissen – Ethik. Streitforum für Erwägungskultur, 14 (1), 169–172.

Goffman, E. (1974). Das Individuum im öffentlichen Austausch. Frankfurt a. M.: Suhrkamp.

Gröschke, D. (2009). Interkulturelle Kompetenz in Arbeitssituationen. Eine handlungstheoretische Analyse individueller und kollektiver Fähigkeiten. München/Mering: Hampp Verlag.

Haas, H. (2009). Das interkulturelle Paradigma. Passau: Stutz.

Hansen, K. P. (2009). Kultur, Kollektivität, Nation. Passau: Stutz.

Kauffeld, S. (2006). Kompetenzen messen, bewerten, entwickeln. Stuttgart: Schäffer-Poeschel.

Kosko, B. (1993). fuzzy-logisch. Hamburg: Carlsen Verlag.

Kriegel, K. (2010). Interkulturelle Mediation als Konfliktlösung in Organisationen. In C. Barmeyer, J. Bolten (Hrsg.), Interkulturelle Personal- und Organisationsentwicklung (S. 301–317). Sternenfels: Wissenschaft und Praxis.

Kumbruck, C., Derboven, W. (2005). Interkulturelles Training. Heidelberg: Springer.

Mandelbrot, B. B., Hudson, R. L. (2007). Fraktale und Finanzen. München: Piper.

Miyahara, A. (2004). Toward theorizing Japanese Interpersonal Communication Competence from a Non-Western Perspective. In F. E. Jandt (Ed.), Intercultural Communication. A Global Reader (pp. 279–292). Thousand Oaks: Intercultural Press.

Moosmüller, A. (2009). Kulturelle Differenz: Diskurse und Kontexte. In A. Moosmüller (Hrsg.), Konzepte kultureller Differenz (S. 13–45). Münster: Waxmann.

Otten, M. (2007). Profession und Kontext: Rahmenbedingungen der interkulturellen Kompetenzentwicklung. In M. Otten, A. Scheitza, A. Cnyrim (Hrsg.), Interkulturelle Kompetenz im Wandel (S. 57–89). Frankfurt a. M./London: IKO-Verlag.

Pan, Y. (2010). Methoden interkultureller Kompetenzvermittlung. Einsichten und Ansätze aus einer chinesischen Betrachtung. In C. Barmeyer, J. Bolten (Hrsg.), Interkulturelle Personal- und Organisationsentwicklung (S. 267–279). Sternenfels: Wissenschaft und Praxis.

Peña, J. (2008). Effektivität und Angemessenheit. Messung interkultureller Kompetenz im Assessment Center. Dissertation, Universität Jena.

Rathje, S. (2006). Interkulturelle Kompetenz. Zustand und Zukunft eines umstrittenen Konzepts. Zeitschrift für interkulturellen Fremdsprachenunterricht 13. Zugriff am 27.4.2010 unter http://zif.spz.tu-darmstadt.de/jg-11-3/beitrag/Rathje1.htm.

Rathje, S. (2009). Der Kulturbegriff. Ein anwendungsorientierter Vorschlag zur Generalüberholung. In A. Moosmüller (Hrsg.), Konzepte kultureller Differenz (S. 83–106). Münster: Waxmann.

Riedlberger, N. (2010). Der Einfluss der US-amerikanischen Forschungskultur auf die interkulturelle Personalentwicklung. In C. Barmeyer, J. Bolten (Hrsg.), Interkulturelle Personal- und Organisationsentwicklung (S. 255–266). Sternenfels: Wissenschaft und Praxis.

Roth, J. (2009). Kultur zwischen Theorie und sozialer Praxis. Orientierungen für die Interkulturelle Kommunikation. In A. Moosmüller (Hrsg.), Konzepte kultureller Differenz (S. 67–81). Münster: Waxmann.

Reckwitz, A. (2008). Unscharfe Grenzen. Perspektiven der Kultursoziologie. Bielefeld: transcript.

Salo-Lee, L. (2009). Seeing One's own culture. A challenge for intercultural communication competence. In G. U. Bauer (Hrsg.), Standpunkte und Sichtwechsel (S. 39–50). München: Iudicium.

Scheitza, A. (2007). Interkulturelle Kompetenz. Forschungsansätze, Trends und Implikationen für interkulturelle Trainings. In M. Otten, A. Scheitza, A. Cnyrim (Hrsg.), Interkulturelle Kompetenz im Wandel (S. 91–119). Frankfurt a. M./London: IKO-Verlag.

Schütz, A., Luckmann, T. (1991). Strukturen der Lebenswelt (4. Aufl.). Frankfurt a. M.: Suhrkamp.

Sinha, J. B. P., Vohra, N., Singhai, S., Sinha, R. B. N., Ushashree, S. (2002). Normative predictions of collectivist-individualist intentions and behaviour of Indians. International Journal of Psychology, 37 (5), 309–319.

Thomas, A. (2003). Interkulturelle Kompetenz. Grundlagen, Probleme und Konzepte. Erwägen – Wissen – Ethik. Streitforum für Erwägungskultur, 14 (1), 137–150.

Triandis, H. C. (1972). The analysis of subjective culture. New York: Wiley.

Wierlacher, A. (2003). Das tragfähige Zwischen. Erwägen – Wissen – Ethik. Streitforum für Erwägungskultur. 14 (1), 215–217.

Zadeh, L. A. (1973). Outline of a New Approach to the Analysis of Complex Systems and Decision Processes. IEEE Trans. on Systems, Man, and Cybernetics, Nr. 3, 28–44.

Christine Bartsch und Micha Strack

Gemeinsamkeiten und Unterschiede der Kulturvergleichsansätze der World Value Map von Inglehart, des Wertekreises von Schwartz und der Kulturstandards von Thomas

Die globale Tätigkeit internationaler Firmen lässt die Nachfrage nach adäquaten Kulturvergleichsansätzen wachsen. Aus der Wissenschaft werden auch zunehmend Ansätze bekannt. Jedes Modell hat einen ursprünglich intendierten Anwendungsbereich, jedes hat eine spezifische Vorgehensweise und Methodik. Daher stellt sich die Frage, ob vorliegende Modelle zum wertebezogenen Kulturvergleich einander ausschließen, ob sie – nur weil die Autorengruppen miteinander konkurrieren – auch inhaltlich inkompatibel sind oder ob es doch Gemeinsamkeiten gibt, die bisher nur selten herausgestellt wurden. Ist gar eine Integration möglich?

In diesem Artikel werden die Kulturvergleichsansätze von Inglehart, Schwartz und Thomas einem theoretischen Vergleich unterzogen. Zunächst werden World Value Map (Inglehart) und Wertekreis (Schwartz) vorgestellt und miteinander verglichen. Die Kulturstandardmethode von Thomas fordert im Abschluss zu einem Vergleich aller drei Modelle auf.

Ingleharts World Value Map

Der amerikanische Soziologe Ronald Inglehart ist seit seinem Buch »The Silent Revolution« (1977) als Experte für den gesellschaftlichen Wertewandel vom Materialismus zum Postmaterialismus innerhalb Länder des westlichen Kulturkreises der 1960er bis 1970er Jahre bekannt. Seit den 1980er Jahren hat er die Erhebung von Werten und Einstellungen auf 97 Länder verschiedener Kontinente ausgedehnt und auf empirischem Weg (Faktorenanalyse von Nations-Mittelwerten) eine World Value Map erstellt: eine weltweite Werte-Karte. Abbildung 1 gibt eine vereinfachte Skizze wieder.

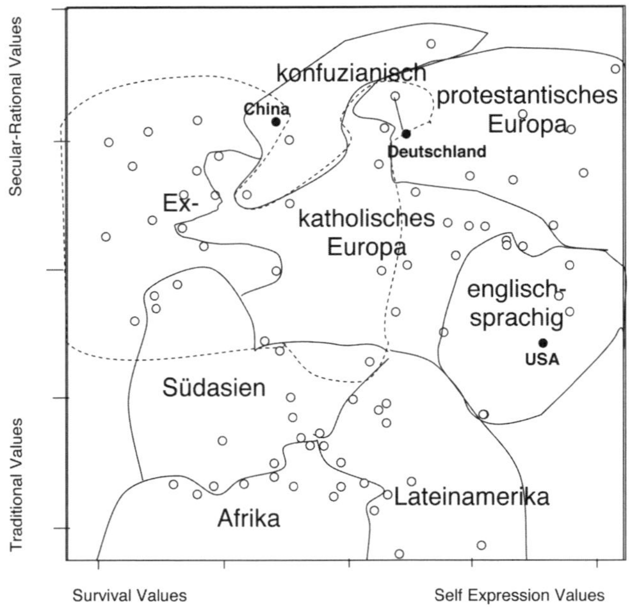

Abbildung 1: Die World Value Map Ingleharts (farbig beeindruckend auf: www.worldvaluesurvey.com)

Länder mit ähnlichem religiös-politischem Hintergrund liegen meist nahe beieinander. Die waagerechte Dimension erhält trotz neuer Namen die alten Wertewandel-Dimension: »Survival Values« (links in Abbildung 1) sind Materialismuswerte (bspw. wirtschaftliches Überleben, physische Sicherheit), »Self Expression Values« (rechts in Abbildung 1) sind Postmaterialismuswerte (wie Selbstentfaltung und Umweltbewusstsein). Die zweite, senkrechte Dimension war im Wertewandel-Modell noch nicht vorgesehen, sie entstand empirisch und wurde mit den Polen »Traditional« und »Secular-Rational Values« überschrieben. Man könnte diese Dimension auch als »Religiösität« (Pol »Traditional Values« in Abbildung 1 unten) vereinfachen.

Inglehart prognostiziert durch ökonomisches Wachstum einen Werteshift auf der Waagerechten von Abbildung 1 Richtung Postmaterialismus. Empirisch fand er solche Modernisierungseffekte, aber auch einen Relevanz-Anstieg der Religiösität in Ländern der ehemaligen UdSSR, die religiöses Engagement negativ sanktioniert hatte (Inglehart u. Baker, 2000). Für den Fokus des Artikels ist relevant, dass quasi alle Kulturräume auf einer einzigen, praktischerweise nur zweidimensionalen Karte zu sehen sind.

Schwartz' Wertekreis

Der in Israel lebende und arbeitende Sozialpsychologe Shalom H. Schwartz knüpft seine Werteforschung an den für lange Zeit in der Sozialpsychologie (einzigen) populären US-amerikanischen Wertespezialisten Milton Rokeach (1968) an. Grundsätzlich optimiert die Psychologie die Messung ihrer Gegenstände und ist bei dieser Gelegenheit an der Binnenstruktur ihrer Konstrukte interessiert. Rokeach nutzte zwei Listen von 18 Ziel- und 18 instrumentellen Werten für statistisch unpraktische Rangvergleiche. Schwartz (1992) fand nun, dass die von 36 auf 58 Werteitems erweiterte Liste sich in Fragebogendaten (mit einer multidimensionalen Skalierung) innerhalb jeder Nation (bis 1992 waren es 40 Nationen) auf gleiche Weise anordnet: Eine »universal structure of values« war entdeckt (Abbildung 2). Um die Lage der Werteitems für jedes Land als gleich bezeichnen zu können, mussten die Einzelwerte zu zehn Wertetypen zusammengefasst werden (die Sektorenstriche in Abbildung 2). Am Ergebnis interessiert die Psychologie zunächst die Komplementarität: Werte, die nahe beieinander stehen, sind miteinander psychologisch vereinbar, Personen finden sie gemeinsam gut oder lehnen sie gemeinsam ab. Werte, die einander im Kreis gegenüberliegen, sind psychologisch inkompatibel: Hedonismus oder Prosozialität, Sicherheit oder Toleranz. Entscheidungskonflikte und soziale Konflikte lassen sich nun in demselben Modell darstellen.

Schwartz' Artikel von 1992 enthält außerdem eine theoretische Begründung für die gefundene Kreisstruktur: Motivationale Ziele von Individuen, Normen von Gruppen und Anforderungen von Gesellschaften sind je gemeinsam in Kreisdritteln angeordnet. Die Theorie ist u. E. jedoch weniger gut begründet als der empirische Befund. Der Wertekreis-Befund lässt sich auch mit anderen, unabhängig zusammengestellten Wertelisten (bspw. aus den Shell- oder Allbus-Studien; siehe Strack, Gennerich u. Hopf, 2008) erbringen.

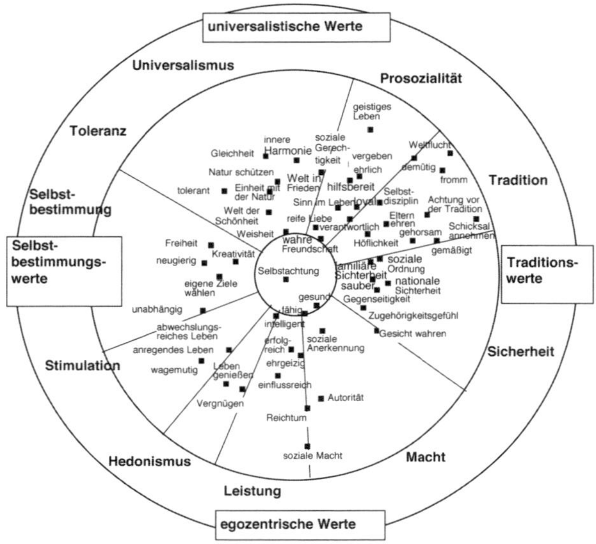

Abbildung 2: Wertekreis innerhalb jeder Kultur (Schwartz, 1992, übers. in Strack, 2004, S. 176)

Da die Behauptung einer universal geltenden Struktur ein kulturvergleichsinteressiertes Publikum aktiviert, das Unterschiede von Kulturen zu betonen gewohnt ist (und nicht die Übereinstimmung in den binnenkulturellen Konflikten, wie es Abbildung 2 vorstellt), hat auch Schwartz (1999, 2004) über die aggregierten Länderdaten (mittlerweile 63 Nationen) eine zweite Analyse errechnet. Damit die Sektoren stabil bleiben, mussten die Wertetypen von zehn auf sieben (und die Items von 58 auf 45) reduziert werden. Abbildung 3 zeigt den Wertekreis für Kulturunterschiede.

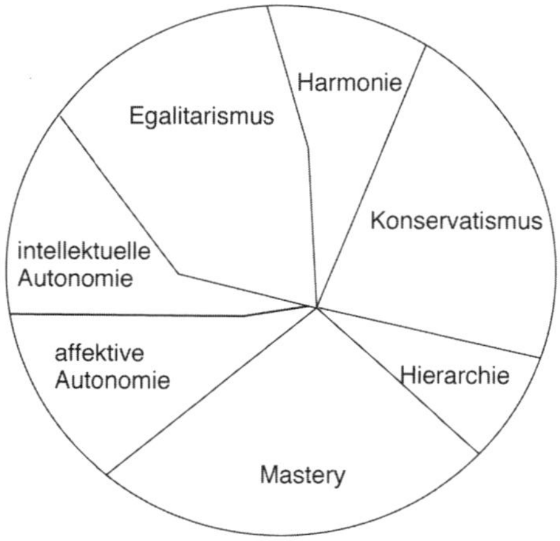

Abbildung 3: Wertekreis zum Kulturvergleich (Schwartz, 2004, S. 47).

Die sieben kulturellen Werte sind Folgende: Dem *Konservatismus* (Einbettung in der Gruppe, Tradition, Beibehalten des Status quo) stehen *intellektuelle* (Neugier, Kreativität) und *affektive Autonomie* (Hedonismus, Unabhängigkeit und Selbstbestimmung) gegenüber. *Hierarchie* bedeutet das Hinnehmen ungleicher Machtverhältnisse und Ressourcenverteilung (erinnert also an Hofstedes *Machtdistanz*) und findet sich im Wertekreis *Egalitarismus* gegenüber, der universalistische Werte (Allgemeinwohl) umfasst. Und konfligiert schließlich *Mastery* (als Selbstbehauptung, Zielstrebigkeit und Überlegenheit) mit dem Wert der *Harmonie* (vgl. Abbildung 3).

Wir halten die (Segmentsanzahl- und Vokabel-)Änderungen von Abbildung 2 zu Abbildung 3 für unbedeutend.

Gemeinsamkeiten von World Value Map und Wertekreis

Die Methodik des World Value Survey (Inglehart) zur Erstellung der World Value Map und die des Schwartz Value Survey (Schwartz) zur Erstellung des Wertekreises ähneln sich: Es gibt große quantitative Befragungen, deren Ergebnisse auf Ebene der Länder einem statistischen Datenreduktionsverfahren übergeben werden, wobei zwei Dimensionen resultieren, die die Varianz zwischen den Ländern hinreichend gut erfassen. Interessant ist zum einen, dass die Varianz innerhalb und zwischen Kulturen erstaunlich ähnlich ausfällt (Abbildung 2 und Abbildung 3); zum anderen ist die Wertesemantik erstaunlich universal. Das Spannendste aber ist, das wohl als Konsequenz des strikt empirischen (man könnte auch sagen: empirizistischen) Vorgehens beider Autoren(teams) die Daten dasselbe finden ließen. So behaupten Strack, Gennerich und Hopf (2008, S. 96), dass Ingleharts Map – um circa 135° gegen den Uhrzeigersinn gedreht – mit den Achsen des Wertekreises von Schwartz übereinstimmt (Abbildung 4).

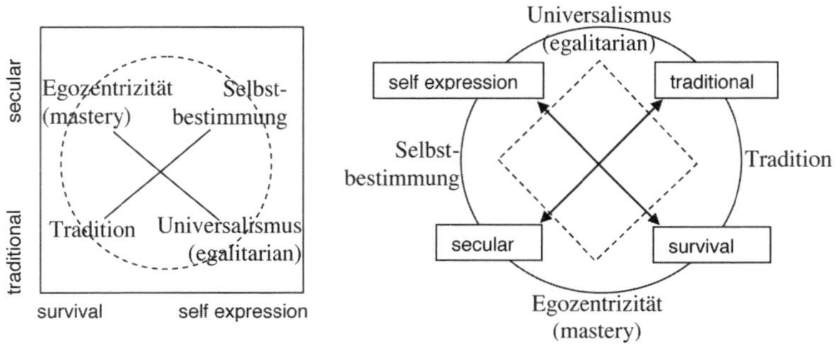

Abbildung 4: Wertekreisdimensionen in der World Value Map (links), Dimensionen der World Value Map im Wertekreis (rechts) (nach Strack et al., 2008).

Trotz unterschiedlichem Erkenntnisinteresse konvergiert die Empirie.

Thomas' Kulturstandardkonzept

Der deutsche Sozial- und Organisationspsychologe Alexander Thomas erfasst seit etwa 1980 durch teilstrukturierte Interviews mit Expatriates, Fach- und Führungskräften sowie Studierenden kritische Interaktionserfahrungen. Kritische Interaktionserfahrungen sind auffällig verlaufende, meist konflikthafte interpersonale Begegnungssituationen im interkulturellen Kontext (Thomas, 2003, S. 113). Die interviewten Personen haben mindestens sechs Monate in der interessierenden Fremdnation gelebt. Aus den Interviews werden mit inhaltsanalytischer, also qualitativer Methodik so genannte *Kulturstandards* ermittelt, die eine Targetkultur aus Sicht einer Senderkultur beschreiben (bspw. China aus Sicht von Deutschland). Die dyadisch-perspektivische Methode wird darüber begründet, dass Kulturstandards meist innerhalb der eigenen Kultur nicht mehr bewusst erfahren (Enkulturation), sondern sie erst im Kontakt mit fremdkulturell sozialisierten Partnern sichtbar werden können. Die gefundenen Kulturstandards bleiben in dieser dyadisch-perspektivischen Form und werden durch Literatur und weitere Expertisequellen belegt; sie müssen sich in der praktischen Beratungsarbeit bewähren.

Wenn Kulturstandards zentrale Merkmale des kulturspezifischen Orientierungssystems (aus einer bestimmten Perspektive) sind (Thomas, 2003, S. 112), sollten sie auch auf der Abstraktionsebene von Werten definiert werden können. So wurden beispielsweise die chinesischen Kulturstandards aus deutscher Sicht mit Hierarchie, Strategie und Taktik, Gesicht wahren, Soziale Harmonie, Guanxi-System, Bürokratie und Regelrelativismus benannt (Thomas, Schenk u. Heisel, 2008).

Unterschiede und Gemeinsamkeiten von World Value Map, Wertekreis und Kulturstandards

Beim Vergleich der drei Modelle World Value Map, Wertekreis und Kulturstandards fallen zunächst Differenzen im Verwendungszusammenhang und in den persönlichen Hintergründen der Autoren(teams) auf (siehe Tabelle 1). Für den Soziologen Inglehart steht der (potenzielle) Wertewandel hin zu einer Annäherung der Kulturen im Vordergrund. Der Grundlagenforscher Schwartz begann individualpsychologisch; es ging um Pluralität innerhalb der Kultur und die semantische Struktur der Werte. Der Kulturvergleich entwickelte sich als Forschungsnebenprodukt. Thomas geht es um interkulturelle Kommunikation im (binationalen) Arbeitsalltag, um Konflikte. Auch die Begründungszusammenhänge der Modelle lassen sich mit der klassischen Qualitativ-quantitativ-Binarität schnell unterscheiden. Aber ist das (zumindest für eine Anwendung) so wichtig?

Tabelle 1: Vergleiche von World Value Map, Wertekreis und Kulturstandards

	World Value Map	**Wertekreis**	**Kulturstandards**
Person	Inglehart, R.	Schwartz, S. H.	Thomas, A.
	USA, Soziologie	Israel, Sozialpsychologie	Deutschland, Organisationspsychologie
Ursprungsinteresse	gesellschaftlicher Wertewandel	Verhaltensrelevanz von Werthaltungen, semantische Struktur	Konflikte bei Auslandsentsendungen
Entwicklung und Begründung	empirisch-quantitativ über viele Nationen	empirisch-quantitativ, post-hoc theoretisch zunächst innerhalb Nationen, später auch über viele Nationen	empirisch-qualitativ
Perspektive	externe Perspektive	externe Perspektive	perspektivisch, relational-dyadisch
Ansatzpunkte für Gemeinsamkeiten	empirisch zweidimensional	empirisch zweidimensional	empirisch-dimensional
		Konflikte zwischen Werten	Konflikte in interkulturellen Begegnungen
Geometrisch zur Deckung zu bringen?	vgl. Abbildungen 4	vgl. Abbildungen 4	
		vgl. Abbildungen 5	vgl. Abbildungen 5

Der interessanteste Unterschied im Vorgehen ist u. E. die externe Perspektive auf »Nationen der Welt« von Inglehart und Schwartz, aber auch die dyadisch-relationale (Innen-)Perspektive, die Thomas einnimmt. Lässt sich gerade hiermit eine Vergleichbarkeit der Ergebnisse der so unterschiedlich motivierten Forschungsbemühungen konstruieren? Was, wenn die dyadisch-relationale Perspektive von Thomas auf die World Value Map und den Wertekreis angewandt wird? Vergleicht sich eine Person (oder eine Kultur über ihre Mitglieder) mit einem im Wertekreis (oder der Value Map) gegenüberliegenden sozialen Objekt (bspw. einer dort liegenden fremden Kultur) sollte Kontrast entstehen (Strack, 2004, S. 171 f.). Durch die gerichtete Perspektive wird die Beschreibung der (Fremd-)Kultur dyadisch-relational wie in Thomas' Kulturstandards. Abbildung 5 zeigt dies in Word Value Map und Wertekreis.

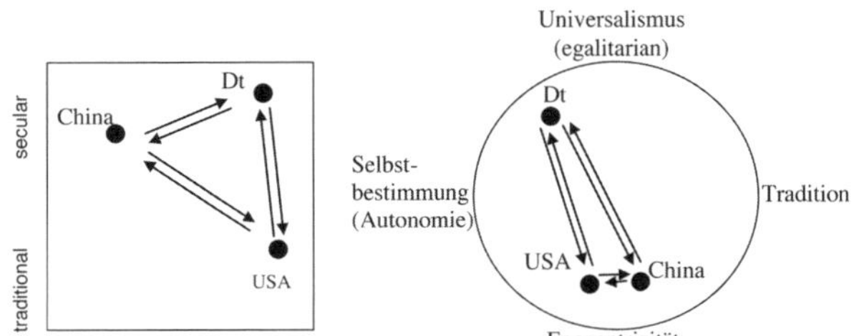

Abbildung 5: Deutschland, USA und China in der World Value Map (links, siehe Abbildung 1) und im Wertekreis (rechts; siehe Abbildung 3)

Aus deutscher Sicht wirkt China in Ingleharts Value Map (siehe Abbildung 5 links) unterentwickelt und noch nur materialistisch (eine Mangelkultur?), aus der Sicht der USA hingegen säkular-unfrei (materialistisch-kommunistisch). China mag Deutschland als zu individualistische Kultur (»self expression«) abwerten, aus Sicht der USA ist Deutschland nicht mehr religiös (aus deutscher Sicht sind es die USA zu stark).

Die Erstellung einer Map aus externer Perspektive verhindert nicht ihre Interpretation aus dyadisch-relationaler Perspektive.

Aber passen diese gerichteten Perspektiven aus Abbildung 5 auch auf die von Thomas und von ihm inspirierten Kolleg(inn)en qualitativ (und damit intensiv) herausgearbeiteten Kulturstandards?

Aus Böhm (1995), Girisch (1991), Schroll-Machl und Slate (2006) und Thomas, Schenk und Heisel (2008) haben wir für die mit Deutschland verbundenen vier der sechs gerichteten Perspektiven je sieben bis zehn Kulturstandard-Formulierungen entnehmen können (siehe Tabelle 2). Nun haben wir eine Zuordnung der Kulturstandards in den Schwartz'schen Wertekreis vorgenommen (bspw. wurde der chinesische Kulturstandard »Soziale Harmonie« aus deutscher Sicht der Schwartz'schen Werteausprägung Harmonie/Prosozialität zugeordnet). Hier lässt sich über einzelne Zuordnungen sicherlich (nicht nur innerhalb der Autorinnendyade) streiten. Es resultiert eine deutliche Ausprägung der deutschen Kulturstandards aus Sicht von China links oben im Wertekreis (siehe Abbildung 6), dies passt zu dem diagonalen China-Deutschland-Kontrast in Abbildung 5 rechts. Die meisten chinesischen Kulturstandards aus deutscher Sicht liegen entsprechend rechts unten im Wertekreis.

Tabelle 2: Zuordnung von Kulturstandards in Wertekreissegmente

China [Deutschland] (Böhm, 1995)	Wertesegment von Abbildung 2
Generalisierte Verpflichtung zur Hilfeleistung	→ Universalismus
Aufgaben-/Sachorientierung	→ Universalismus/Egalitarismus
Regelorientierung (auch USA)	→ Tradition
Privatsphäre	→ Sicherheit, Mastery, Hedonismus
Selbstdarstellung	→ Egozentrizität/Macht
Hierarchie-/Autoritätsorientierung	→ Egozentrizität/Sicherheit
Distanzdifferenzierung	→ Selbstbestimmung
Individualismus	→ Selbstbestimmung
Direktheit, Wahrhaftigkeit	→ Selbstbestimmung
Selbstständigkeit, Eigenverantwortlichkeit	→ Selbstbestimmung
USA [Deutschland] (Girisch, 1991)	**Wertesegment von Abbildung 2**
Traditionelle Geschlechtsrollendifferenzierung	→ Tradition, Sicherheit
Formalismus	→ Tradition, Sicherheit
Familienzentrierung	→ Tradition
Räumliche Nähe	→ Tradition, Prosozialität
Pflichterfüllung	→ Tradition/Sicherheit
Hierarchie-/Autoritätsorientierung	→ Sicherheit
Persönliches Eigentum	→ Egozentrische Werte
Interpersonale Distanzdifferenzierung	→ Selbstbestimmung
Direktheit interpersonaler Kommunikation	→ Selbstbestimmung
Deutschland [China] (Thomas, Schenk u. Heisel, 2008)	**Wertesegment von Abbildung 2**
Soziale Harmonie	→ Universalistische Werte
Guanxi-System	→ Traditionswerte
Bürokratie	→ Sicherheit
Gesicht wahren	→ Sicherheit
Hierarchie	→ Egozentrische Werte, Sicherheit
Strategie und Taktik	→ Selbstbestimmungswerte, Hedonismus
Regelrelativismus	→ Selbstbestimmungswerte
Deutschland [USA] (Schroll-Machl u. Slate, 2006)	**Wertesegment von Abbildung 2**
Interpersonale Distanzminimierung	→ Traditionswerte
Soziale Anerkennung	→ Egozentrische Werte
Leistungsorientierung	→ Egozentrische Werte, Hedonismus
Handlungsorientierung	→ Selbstbestimmungswerte
Individualismus	→ Selbstbestimmungswerte
Gleichheitsdenken	→ Universalistische Werte
Gelassenheit	→ Universalistische Werte, Toleranz

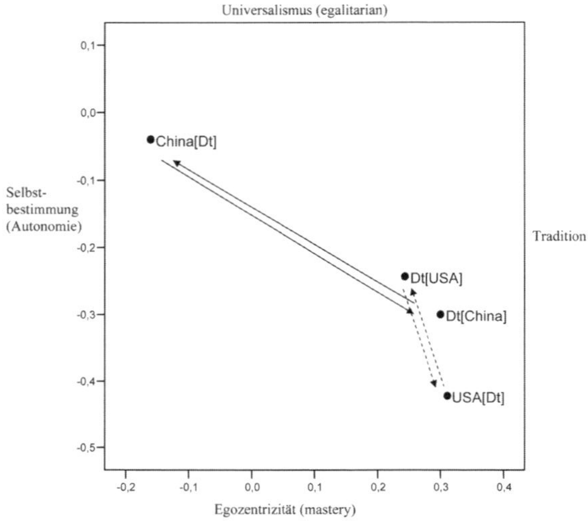

Abbildung 6: Kulturstandards im Wertekreis (nach quantitativer Aggregation der eigenen Zuordnungen, siehe Tabelle 2)

Die USA aus deutscher Sicht und Deutschland aus der Sicht der USA sind in Abbildung 6 ebenfalls rechts unten im Wertekreis verortet worden – sind Fremdbilder generell abwertend? Für eine quantitativ valide Begründung der Übereinstimmung von Thomas' Kulturstandards und der Selbstbild-Wertekreis-Lokationen müsste eine größere Anzahl an Perspektiven verglichen werden – eine Chance auf Ähnlichkeit des perspektivischen zu den dimensionalen Modellen aber scheint deutlich gegeben.

Mit den vorgeschlagenen und nur pilothaft vorgeführten Vergleichsmethoden wollen wir für eine Integration in der Werteforschung werben, die jeder Autorengruppe ihre Eigenständigkeit belässt und gleichzeitig Nachfragenden vor allem aus der Praxis ein kooperativ entwickeltes Produkt präsentieren kann.

Literatur

Böhm, M. (1995). Analyse zentraler deutscher Kulturstandards in ihrer Handlungswirksamkeit in der Begegnung zwischen chinesischen Studenten/Sprachdozenten und Deutschen. Unveröffentlichte Diplomarbeit, Universität Regensburg.

Girisch, N. (1991). Handlungswirksamkeit deutscher Kulturstandards in der Begegnung zwischen Amerikanern und Deutschen. Unveröffentlichte Diplomarbeit, Universität Regensburg.

Inglehart, R. (1977). The Silent Revolution. Changing Values and Political Styles among Western Publics. Princeton: Princeton University Press.

Inglehart, R. (1997). Modernization and Postmodernization. Cultural, Political and Economical Change in 43 Societies. Princeton: Princeton University Press.

Inglehart, R., Baker, W. E. (2000). Modernization, cultural change and the persistance of traditional values. American Sociological Review, 65, 19–51.

Rokeach, M. (1968). Beliefs, attitudes, and values: A theory of organization and change. San Francisco: Jossey-Bass.

Schroll-Machl, S., Slate, E. J. (2006). Beruflich in den USA. Trainingsprogramm für Manager, Fach- und Führungskräfte. Göttingen: Vandenhoeck & Ruprecht.

Schwartz, S. H. (1992). Universals in the content and structure of values: Theoretical advances and empirical tests in 20 countries. Advances in experimental social psychology, 25. San Diego u. a.: Academic Press.

Schwartz, S. H. (1999). A theory of cultural values and some implications for work. Applied Psychology: An International Review, 48 (1), 23–47.

Schwartz, S. H. (2004). Mapping and interpreting cultural differences around the world. In H. Vinken, J. Soeters, P. Ester (Eds.), Comparing cultures, Dimensions of culture in a comparative perspective (pp. 43–73). Leiden, The Netherlands: Brill.

Strack, M. (2004). Sozialperspektivität. Theoretische Bezüge, Forschungsmethodik und soziale Praktikabilität eines beziehungsdiagnostischen Konstrukts. Göttingen: Universitätsverlag (Open Access unter: http://www.univerlag.uni-goettingen.de/univerlag-Dateien/Books/Strack_online.pdf)

Strack, M., Gennerich, C., Hopf, N. (2008). Warum Werte? In E. H. Witte (Hrsg.), Sozialpsychologie und Werte. 23. Hamburger Symposium zur Methodologie der Sozialpsychologie. (S. 90–130). Lengerich: Pabst.

Thomas, A. (Hrsg.) (2003). Psychologie interkulturellen Handelns (2. Aufl.). Göttingen u. a.: Hogrefe.

Thomas, A., Schenk, E., Heisel, W. (2008). Beruflich in China. Trainingsprogramm für Manager, Fach- und Führungskräfte (3. überarb. und erweiterte Aufl.). Göttingen: Vandenhoeck & Ruprecht.

Wilfried Dreyer

Hofstedes Humbug und die Wissenschaftslogik der Idealtypen

Geert Hofstede wird weithin geachtet und geehrt als Pionier der empirischen Forschung zur Erfassung kultureller Unterschiede einer Vielzahl von Nationen mittels empirisch gewonnener Kulturdimensionen. Über etliche Jahre gehörte er zu den einhundert meistzitierten Autoren im Social Science Citation Index. Harry C. Triandis, selbst einer der Gründerväter der modernen interkulturellen Forschung, fasst die übliche Sichtweise in folgender Formulierung zusammen: »Up to the early 1980s the training schemas were not based on an empirically derived conceptual scheme. Hofstede's »Culture's Consequences« (1980) provided some of the dimensions for analyzing culture« (2002, X). Auch für die renommierte interkulturelle Forscherin Nancy Adler zählt Hofstede zu den »leaders in the field« (Hofstede, Pedersen u. Hofstede, 2002, Klappentext).

Bei Praktikern ist Hofstede ebenfalls sehr populär. In vielen interkulturellen Trainings wird auf seine Kulturdimensionen und seine Länder-Ranking-Listen zurückgegriffen und an Lob wird nicht gespart: Im bekannten Routledge-Verlag wird er 2003 als einer der »Fifty Key Figures in Management« (Witzel, 2003) gehandelt und 2008 wird Hofstede in einer Buchreihe des renommierten »The Economist« unter die 55 wichtigsten Management-Gurus gerechnet (Hindle, 2008). In letzter Zeit mehren sich allerdings auch kritische Stimmen (Spector, Cooper u. Sparks, 2001, 2002; Hofstedes Replik: Hofstede, 2002a; McSweeney, 2002a, 2002b; Hofstedes Replik: Hofstede, 2002b; Hüsken, 2006; Behrens, 2007; Neumann, 2008).

Hofstede, der empirische Arbeiten von anderen entweder ironisch kritisiert (siehe Kritik an Fons Trompenaars: Hofstede u. Hofstede, 2006, S. 41 f., S. 50, Anm. 36) oder kurzerhand als mit seinen Ergebnissen völlig übereinstimmend erklärt (z. B. im Falle von Shalom H. Schwartz: Hofstede u. Hofstede, 2006, S. 41), hat in der Tat zunächst als damaliger Mitarbeiter von IBM eine imponierende empirische Untersuchung mit 116.000 Mitarbeiterinnen und Mitarbeitern von IBM in 60 Staaten durchgeführt. Diese Befragung fand 1966–1969 und 1971–1973 statt (Hofstede, 1983a, S. 77). Die mittels Fragebogen erhobenen Daten wurden von ihm statistisch mit IBM-Computern ausgewertet.

Nach einschlägigen Vorarbeiten (Hofstede, 1976a, 1976b) erscheint schließlich 1980 sein Buch »Culture's Consequences. International Differences in Work-Related Values« (Hofstede, 1980). Grundlegend für Hofstede ist, dass er behauptet, aus den empirischen Daten relevante Kulturdimensionen abgeleitet zu haben, nämlich:

1. »Machtdistanz« (mit den Ausprägungen »hoch« und »niedrig«),
2. »Individualismus« versus »Kollektivismus«,
3. »Maskulinität« versus »Femininität«,
4. »Unsicherheitsvermeidung« (mit den Ausprägungen »hoch« und »niedrig«).

Später fügte Hofstede als fünfte Dimension noch die »Konfuzianische Dynamik« hinzu, wobei zwischen »langfristigen« versus »kurzfristigen« Grundorientierungen unterschieden wird (zur Genese siehe Hofstede u. Hofstede, 2006, S. 37 ff.).

Im Folgenden werde ich mich auf die ursprünglichen vier Kulturdimensionen Hofstedes beziehen, die sein Renommee begründet haben. Zu einer eingehenden Kritik an der fünften Dimension sei hier verwiesen auf Tony Fang (2003).

Wir haben also gesehen: Geert Hofstede führte seine empirische Untersuchung als Mitarbeiter von IBM bei IBM durch. Aber: Hofstede will aus diesen Daten Aussagen über die gesamte Nationalkultur ableiten. Welche Note würde wohl eine akademische Abschlussarbeit erhalten, die durch die Befragung von Mitarbeiterinnen und Mitarbeitern genau *eines* Unternehmens Aussagen über eine komplette Nationalkultur ableitet?

Hofstedes Stichproben sind zudem offenkundig in vielen Fällen nicht repräsentativ für die gesamte Kultur: So wäre zum Beispiel im Falle von Großbritannien auf die Sonderlagen in England, Schottland, Wales und Nordirland zu verweisen. Ähnliches gilt für die Schweiz, Belgien (Flamen, Wallonen, deutschsprachiges Ostbelgien), Kanada (Quebec) und Jugoslawien.

Hofstede versucht, diesem Schwachpunkt in neueren Veröffentlichungen dadurch entgegenzutreten, dass er seine bekannten Länder-Ranking-Listen nicht nur um weitere Staaten ergänzt, sondern auch noch Schweiz Deutsch und Schweiz Französisch, Kanada gesamt und Quebec, Belgien Flämisch und Belgien Französisch und die Nachfolgestaaten Jugoslawiens unterscheidet. Leider bleiben die nationalen Sonderlagen in Großbritannien und die deutschsprachigen Ostbelgier weiterhin unberücksichtigt. Schaut man allerdings näher hin, woher die diesen erweiterten Rankings zu Grunde liegenden Zahlen stammen, erfährt man – petit gedruckt: »Die Punktwerte für die restlichen Länder/Regionen basieren auf Wiederholungsstudien oder Schätzungen« (Hofstede u. Hofstede, 2006, S. 105; siehe ebd. S. 56, S. 166, S. 234). Nun mag es durchaus Leser geben, die gern genau gewusst hätten, bei welchen Angaben konkret es sich um Schätzungen handelt. Aber wie wir gleich sehen werden, resultieren die berühmten Ranking-Listen Hofstedes auch in ihrer ursprünglichen Form nicht stringent aus empirischen Daten – da macht es keinen wirklichen Unterschied, dass neuere Werte einfach geschätzt werden.

Wie gesagt fand die Befragung Ende der 1960er, Anfang der 1970er Jahre statt. Die Planung und Veröffentlichung einer derart groß angelegten Studie braucht natürlich Zeit. Dadurch ergibt sich die Frage: Sind die dargestellten Ranking-Werte noch aussagekräftig für die im Jahre 1980 aktuelle Situation der Kulturen? Zu den untersuchten Ländern zählen unter anderem Spanien, Portugal und Griechenland. Alle drei Länder sind 1980 keine Diktaturen mehr. Es wäre denkbar, dass die im Erhebungszeitraum herrschende politische Lage in diesen Ländern beispielsweise bei der Frage nach dem bevorzugten Führungsstil ein allzu deutliches Bekenntnis zu demokratisch-kooperativen Arbeitsformen verhindert hat. Inzwischen sind weitere Jahrzehnte vergangen und die politische Weltkarte hat sich stark verändert. Inwieweit sind Hofstedes Daten aus Südafrika, die nur von Weißen stammen (Hofstede u. Hofstede, 2006, S. 35), oder deutsche Daten aus der Zeit des Kalten Krieges, also lange vor der Durchsetzung des so genannten Wertewandels und der Wiedervereinigung, heute noch aussagekräftig? Hofstede hat hier keinerlei Problembewusstsein: »Die Länderpunktwerte für die Dimensionen aus der IBM-Studie (oder zumindest die relativen Positionen dieser Länder) sind im Jahr 2000 noch genau so gültig wie um 1970 und lassen damit erkennen, dass sie relativ beständige Aspekte der Gesellschaften dieser Länder darstellen« (Hofstede u. Hofstede, 2006, S. 40).

Für die ersten vier seiner Kulturdimensionen verwendet Hofstede – wie wir gleich sehen werden – die Antworten auf exakt sieben Fragen. Wie plausibel ist es, dass sich (fast) alles Wissenswerte über eine Nationalkultur mittels nur sieben Fragen empirisch ermitteln lässt? Gehen wir dazu die vier Kulturdimensionen im Einzelnen durch:

Machtdistanz

Hofstede übernimmt den Begriff »Machtdistanz« nach eigenen Angaben von dem niederländischen Sozialpsychologen Mauk Multer: »Machtdistanz drückt die emotionale Distanz aus, die zwischen Mitarbeitern und Vorgesetzten herrscht« (Hofstede, 2001, S. 27). Hofstede operationalisiert den Begriff »Machtdistanz« mit Hilfe der folgenden drei Fragestellungen an nichtleitende Angestellte:

1. »Wie häufig taucht Ihrer Erfahrung nach folgendes Problem auf: Die Mitarbeiter haben Angst, dem Vorgesetzten zu zeigen, daß sie nicht seiner Meinung sind?«
2. »Wahrnehmung des Mitarbeiters, wie der Vorgesetzte *tatsächlich* Entscheidungen trifft«, nämlich »autokratisch« bzw. »patriarchalisch«.
3. »*Bevorzugung* des Stiles, wie der Vorgesetzte aus der Sicht des Mitarbeiters Entscheidungen fällen sollte«, als »autokratisch« bzw. »patriarchalisch« (Hofstede, 2001, S. 28 f.).

Aber: Ist es tatsächlich sinnvoll, die bewährten und gut definierten Begriffe »autokratischer« und »patriarchalischer« Führungsstil durch die unspezifische Begriffsbildung »Machtdistanz« zu ersetzen? Für Hofstede wohl ja: Denn dadurch erhält er – wie wir gleich sehen werden – die vermeintliche Möglichkeit, die Schlüsse, die er aus seinen betriebsbezogenen Befragungsergebnissen zieht, auf die Lebenswelt außerhalb des Berufes auszudehnen. In der interkulturellen Praxis ist es freilich sehr wohl relevant, ob der Führungsstil im jeweiligen Land eher patriarchalisch oder eher autokratisch ist. So ergeben sich beispielsweise grundlegende Unterschiede zwischen dem vorherrschenden autokratischen Führungsstil in Mexiko (Ferres, Meyer-Belitz, Röhrs u. Thomas, 2005) und dem vorherrschenden patriarchalischen Führungsstil in Brasilien (Brökelmann, Fuchs, Kammhuber u. Thomas, 2005).

Doch Hofstede verkennt völlig die Definitionsmerkmale des »patriarchalischen« Führungsstils, wenn er schreibt: »In Ländern mit geringer Machtdistanz ist [...] für den Mitarbeiter [...] der Vorgesetzte immer ansprechbar, und er traut sich auch, ihm zu widersprechen. In Ländern mit großer Machtdistanz [...] ist die emotionale Distanz zwischen Mitarbeiter und Vorgesetzten sehr groß: die Mitarbeiter sprechen nur sehr selten ihren Vorgesetzten direkt an bzw. widersprechen ihm« (Hofstede, 2001, S. 32 f.).

Denn bei einem patriarchalischen Führungsstil wird zwar in der Regel den Vorgesetzten in der Tat nicht widersprochen. Aber sehr wohl kann eine Ansprechbarkeit – auch bei persönlichen privaten Problemen – erwartet werden. Und wie ist es in der Praxis mit einer (vermeintlichen) emotionalen Distanz bestellt, wenn von Vorgesetzten unter Umständen auch Hilfe bei der Partner-Wahl (Japan) und Glückwünsche zum Geburtstag der Kinder (Südkorea) zu erwarten sind?

Außerdem schließt Hofstede vom gewünschten und praktizierten Führungsstil bei IBM (nur darauf beziehen sich die Fragen!) auf Familie, Schulsystem usw. der jeweiligen Länder: »Machtdistanz kann also [?] definiert werden als *das Ausmaß, bis zu welchem die weniger mächtigen Mitglieder von Institutionen bzw. Organisationen eines Landes erwarten und akzeptieren, daß Macht ungleich verteilt ist.*« Unmittelbar im Anschuss an diesen im Original kursivierten Satz verdeutlicht Hofstede, dass er unter »Institutionen« beispielsweise Familie und Schule, unter »Organisation« die Arbeitsstätte versteht (Hofstede, 2001, S. 33). Damit überdehnt er die Aussagekraft der Daten also nicht nur über seine nichtrepräsentative Stichprobe hinaus, sondern mehr noch: Seine Daten sollen angeblich auch für völlig andere gesellschaftlich-kulturelle Bereiche aussagefähig sein.

Wie steht es aber mit Hofstedes Länder-Ranking-Listen? Endlich scheint es gelungen, das schwer fassbare Phänomen »Kultur« messbar und damit mathematisch beschreibbar zu machen: Denn Hofstede legt bekanntlich für alle vier Kulturdimensionen numerisch exakt wirkende Ranking-Listen vor, in der von Platz 1 bis 53 (gemeinsam mit den jeweiligen Indexwerten) der Rangplatz der untersuchten Länder genau ablesbar ist (Hofstede, 2001, S. 30 f., S. 70 f., S. 117 f., S. 159 f.). Doch bei näherem Hinsehen bleiben die auf (scheinbare) mathematische Exaktheit angelegten Ranking-Listen Hofstedes, die seinen Ruhm offenkundig begründet haben, einigermaßen unklar.

Leider ist das Problem der Mathematisierung unklarer Aussagen in den Sozialwissenschaften generell weit verbreitet, wie der Soziologe Stanislav Andreski bereits im Jahre 1972 in einem leider viel zu wenig beachteten Kapitel »Quantification as Camouflage« seines bedeutenden Buches aufzeigt (Andreski, 1972, S. 123 ff.). Schaut man sich die Machtdistanz-Indexwerte (geheimnisvoll als »MDI« abgekürzt) näher an, so fällt zunächst auf, dass Deutschland und Großbritannien bei Hofstedes Machtdistanz-Werten gleichauf liegen. Was bedeutet das konkret? Braucht das Thema »Führungsstil« also in interkulturellen Trainings für das Vereinigte Königreich gar nicht erst vorzukommen – oder ließe sich auf ein vorbereitendes Training für Expatriates nach Großbritannien überhaupt (weitgehend) verzichten? Immerhin sind Deutschland und Großbritannien auch bei den Maskulinitäts-Indexwerten auf dem gleichen Rangplatz (Hofstede, 2001, S. 117). Diese Schlussfolgerung wäre freilich absurd: Gerade weil wir Deutschen Großbritannien aus dem Englischunterricht der Schule und durch die verschiedensten Spielarten der populären Musik besonders gut zu kennen glauben, wäre es wenig hilfreich, gestützt auf die durch Hofstedes Rankings vermittelte trügerische Sicherheit, deutsche Fach- und Führungskräfte nicht auf die besonderen kulturellen Reallagen in England, Schottland, Wales und Nordirland eingehend vorzubereiten. (Zu den – teils gravierenden – Unterschieden zwischen deutschen und englischen Kulturstandards siehe insbesondere die auf qualitativer empirischer Sozialforschung beruhenden Studien von Schmid u. Thomas, 2003; Fox, 2005.)

Dass eine Nähe der Ranking-Werte von Staaten wenig darüber aussagt, wie gut Menschen unterschiedlicher Nationalität miteinander auskommen, gesteht Hofstede an anderer Stelle in seinem Ratgeber für niederländische Expatriates in Indonesien unumwunden ein. Indonesien und die Niederlande lägen zwar bei der Dimension »Unsicherheitsvermeidung« dicht beieinander. Aber: »The relative ease in living with uncertainties in both countries does not prevent the existence of some major historically and culturally determined differences in the way in which uncertainties are handled« (Hofstede, 1983b, S. 25). Was sagen die Rankings denn dann überhaupt genau aus?

Doch gerade das Machtdistanz-Ranking von Hofstede wirft noch weitere Fragen auf: Zum Beispiel weisen Kanada, Niederlande und Australien nämlich laut Hofstede eine höhere Machtdistanz auf als Deutschland. Inwieweit dieses Ranking zur Zeit der Datenerhebung Ende der 1960er, Anfang der 1970er Jahre zugetroffen haben mag, könnte eine interessante Frage für kulturhistorisch interessierte Sozialwissenschaftler sein. Dass dieses Ranking für die Gegenwart bedeutsam ist, kann für diese drei Länder angesichts neuerer empirisch fundierter Arbeiten eindeutig verneint werden (zu Kanada: Thomas u. Scheuermeyer, 2006; zu den Niederlanden: Thomas u. Schlizio, 2007; Schlizio, Schürings u. Thomas, 2009; zu Australien: Joskowicz, Stilijanow u. Thomas, 2007). Für aktuelle Trainings zum Auf- und Ausbau handlungsorientierter interkultureller Kompetenz trägt Hofstedes Machtdistanz-Ranking in diesen Fällen definitiv nichts (mehr) bei.

Individualismus/Kollektivismus

»*Individualismus* beschreibt *Gesellschaften, in denen die Bindungen zwischen den Individuen locker sind: man erwartet von jedem, daß er für sich selbst und seine unmittelbare Familie sorgt.* Sein Gegenstück, der *Kollektivismus*, beschreibt *Gesellschaften, in denen der Mensch von Geburt an in starke, geschlossene Wir-Gruppen integriert ist, die ihn ein Leben lang schützen und dafür bedingungslose Loyalität verlangen*« (Hofstede, 2001, S. 66 f.).

Hofstede operationalisiert dieses Gegensatzpaar mit Hilfe der folgenden Fragestellung: »Versuchen Sie, die Faktoren zu benennen, die für Sie bei einer idealen Arbeit wichtig wären«, wobei die Befragten aus 14 Antwortmöglichkeiten auswählen konnten (Hofstede, 2001, S. 67).

Laut Hofstede sprechen folgende drei Antworten für die Dimension »Individualismus«:
- Die Arbeit lässt »genügend Zeit für Privat- und Familienleben«.
- Die Arbeit lässt »große Freiheit« bei der Aufgabenerledigung.
- Die Arbeit umfasst »herausfordernde Aufgaben« (S. 67).

Denn, so Hofstede (2001, S. 68), »all diese Punkte unterstreichen die Unabhängigkeit des Mitarbeiters von der Firma«.

Aber ist Zeit für Privates und Familie nicht gerade auch besonders wichtig in kollektivistischen Kulturen gemäß Hofstedes Definition? Und Freiheiten bei der Aufgabenerledigung – ließen diese nicht auch Rücksprachen mit der Gruppe zu, was in kollektivistischen Kulturen eine große Bedeutung hat? Und schließlich: Was hat es mit »Unabhängigkeit des Mitarbeiters von der Firma« zu tun, wenn die Aufgabe, die mir von und in der Firma gestellt wird, herausfordernd ist?

Laut Hofstede sprechen folgende drei Antworten für die Dimension »Kollektivismus«:
- Die Arbeit bietet »Fortbildungsmöglichkeiten«.
- Die physischen Arbeitsbedingungen (Lüftung, Beleuchtung, Räumlichkeiten usw.) sind gut.
- Die Arbeit ermöglicht, die eigenen »Fertigkeiten und Fähigkeiten […] voll einsetzen zu können« (S. 67 f.).

Diese Antworten »unterstreichen […] die Abhängigkeit des Mitarbeiters von der Firma« (Hofstede, 2001, S. 68).

Aber liegt Menschen in individualistischen Kulturen wirklich nichts daran, sich fortzubilden und »die eigenen Fertigkeiten und Fähigkeiten voll einzusetzen«? Bedeutet beides nicht gerade in kollektivistischen Kulturen ein Problem, weil man sich dadurch von anderen abgrenzen und hervorheben könnte? Und schließlich: »Die physischen Arbeitsbedingungen (Lüftung, Beleuchtung, Räumlichkeiten usw.)« werden wohl insbesondere dort geschätzt, wo sie im Umfeld nicht selbstverständlich sind. Es geht also um den ökonomischen Entwicklungsstand, nicht um Kulturwerte. So betont auch Hofstede selbst, »daß […] individualistische Länder tendenziell reich und kollektivistische Länder eher arm sind. In reichen Ländern können Fortbildung, physische Bedingungen und der Einsatz von Fertigkeiten als selbstverständlich gelten, wodurch sie als Arbeitsziele relativ unbedeutend werden. In armen Ländern sind diese Dinge keineswegs selbstverständlich: sie stellen wesentliche Kriterien für die Unterscheidung zwischen einer guten und einer schlechten Arbeit dar und werden daher bei den persönlichen Arbeitszielen als recht bedeutend eingestuft« (Hofstede, 2001, S. 68; siehe Hofstede u. Hofstede, 2006, S. 104).

Mit anderen Worten: Das Messinstrument misst nicht etwa Kollektivismus und Individualismus, sondern etwas ganz anderes, das aber damit »tendenziell« Hand in Hand geht. Dies ist jedoch nichts anderes als die vornehme Umschreibung für eine Scheinkorrelation, etwa nach dem Motto: »Menschen mit kleinen Füßen essen mehr Süßigkeiten« (die tatsächliche Erklärung ist natürlich: Kinder essen mehr Süßigkeiten). Eine Scheinkorrelation trägt zur Erkenntnis nichts bei, sie vernebelt vielmehr die wahren Zusammenhänge. Dies dürfte insbesondere dann klar werden, wenn osteuropäische Länder als Untersuchungsgegenstand ausgesucht werden, deren wirtschaftlicher Entwicklungsstand nicht pauschal im obigen Sinn als »arm« bezeichnet werden kann, in denen aber dennoch im Geschäftsleben der Kulturstandard »Kollektivismus« vorherrscht.

Maskulinität/Femininität

»*Maskulinität* kennzeichnet eine Gesellschaft, in der die Rollen der Geschlechter klar gegeneinander abgegrenzt sind: Männer haben bestimmt, hart und materiell orientiert zu sein, Frauen müssen bescheidener, sensibler sein und Wert auf Lebensqualität legen. *Femininität* kennzeichnet eine Gesellschaft, in der sich die Rollen der Geschlechter überschneiden: sowohl Frauen als auch Männer sollten bescheiden und feinfühlig sein und Wert auf Lebensqualität legen« (Hofstede, 2001, S. 115).

Hofstede operationalisiert diese beiden Dimensionen ebenfalls mittels Antworten auf die Frage nach der »idealen Arbeit«. Für Maskulinität stehen folgende Antworten (S. 113):

a) Möglichkeit, viel Geld zu verdienen,
b) Anerkennung für gute Arbeit,
c) Möglichkeiten zum Aufstieg,
d) herausfordernde Aufgaben.

Die Antworten a) und c) wählten weit mehr Männer als Frauen (Hofstede, 2001, S. 113 f.). Für Femininität stehen folgende Antworten (S. 114):
e) gutes Arbeitsverhältnis zum Vorgesetzten,
f) gute Zusammenarbeit mit Kollegen,
g) in einer für sich selbst und die Familie angenehmen Umgebung zu leben,
h) sicherer Arbeitsplatz.

Die Antworten e) und f) wählten weit mehr Frauen als Männer (Hofstede, 2001, S. 114).

Hofstede begründet die Bezeichnung dieser Dimension mit Maskulinität/Femininität damit, »daß *diese Dimension die einzige ist, bei der die männlichen und die weiblichen Angestellten von IBM durchweg verschiedene Punktwerte erzielten* (Ausnahmen bilden nur die Länder, die am extremen femininen Ende liegen)« (S. 114). Diese Begründung ist freilich erstaunlich: Zum einen gibt es offenbar bei den Antworten b), d), g) und h) diesen Unterschied nicht – wieso werden sie dann zur Ermittlung der Dimensionsindexwerte herangezogen? Inwieweit könnte es für Antwort h) erheblich sein, dass im Erhebungszeitraum gemäß der Unternehmenskultur von IBM eine ungewöhnlich hohe Arbeitsplatzsicherheit bestanden hat?

Dass die Begrifflichkeit »Wertungen transportiert« (Hüsken, 2006, S. 76), lässt sie zudem für eine sozialwissenschaftliche Analyse, die dem Werturteilsfreiheitsgebot Max Webers verpflichtet ist, als nicht adäquat erscheinen. Inzwischen ist auch Hofstede bereit, alternative Terminologien wie etwa »ego/social« oder »assertive/nurturant« zuzulassen (Hofstede, 1998, S. 13).

Unsicherheitsvermeidung

Hofstede übernimmt den Begriff »Unsicherheitsvermeidung« von dem US-amerikanischen Organisationssoziologen James G. March (Hofstede, 2001, S. 155) und operationalisiert diesen Begriff mit Hilfe der folgenden drei Fragestellungen:
1. »Wie häufig sind Sie bei der Arbeit nervös oder angespannt?«
2. »Zustimmung zu der Aussage: ›Im Unternehmen bestehende Regeln dürfen nicht übertreten werden – auch wenn der Mitarbeiter der Meinung ist, es geschehe zum besten der Firma‹.«
3. Prozentsatz der Mitarbeiter, die langfristig bei IBM bleiben wollen (Hofstede, 2001, S. 156 f.).

Kurz: »Streß, Regelorientierung und die Absicht, in der Firma zu bleiben«, sind hier für Hofstede die entscheidenden Kriterien (Hofstede, 2001, S. 166).

Eben hatte Hofstede noch das Streben nach einem sicheren Arbeitsplatz als eines der Erkennungsmerkmale femininer Kulturen gedeutet; jetzt operationalisiert er den Begriff »Unsicherheitsvermeidung« über den »Prozentsatz der Mitarbeiter, die langfristig bei IBM bleiben wollen«!

»Wir vermuten, daß alle drei Fragen Ausdruck des Niveaus der Angst sind, die in einer bestimmten Gesellschaft angesichts einer ungewissen Zukunft herrscht« (Hofstede, 2001, S. 158).

Hofstede deutet also »Regelorientierung« als Symptom der »Unsicherheitsvermeidung«. An diesem Beispiel lässt sich zeigen, dass generell wohl Vorsicht geboten ist bei Büchern, die versuchen, uns alle Kulturen der Welt verstehend zu deuten. So erwähnt Harry C. Triandis in seinem Standardwerk »Individualism & Collectivism« das folgende Beispiel: »In Germany, a man walks on the grass in a public park and is reprimanded by several passersby« (Triandis, 1995, S. 1). Seine Deutung: »Germany, though overall quite individualistic, is also collectivist in certain respects. The German episode is illustrative of collectivist behavior. Walking on hard-to-grow grassy areas is a community concern, and witnesses to such ›deviant‹ behavior may take action. [...] The German citizens saw themselves linked to the community and felt a need to defend it from a person who broke the rules« (Triandis, 1995, S. 3 f.). Wo Hofstede also aus Zukunftsangst erwachsende Unsicherheitsvermeidung als Deutungskategorie für Regelorientierung postuliert, vermutet Triandis, die deutsche Regelorientierung sei Ergebnis partiell kollektivistischer Grundorientierung. Beides ist angesichts der historischen Fakten nicht plausibel: Die Regelorientierung in Deutschland ist wohl nicht das Resultat von Angst, sondern resultiert aus der in Halle mit großer Unterstützung des preußischen Monarchen an der damals bedeutendsten deutschen Universität in der Mitte des 18. Jahrhunderts gelehrten und in den Francke'schen Anstalten praktizierten Arbeitsethik des spezifischen lutherischen Pietismus, der vermittelt über die Militärgeistlichen und die sonstigen evangelischen Pfarrer sowie die akademisch gebildeten Beamten zur Entstehung des Preußentums im modernen Sinne führt, als sie Anklang beim aufstrebenden Bürgertum findet (Lepsius, 1996) und der auf diesem Hintergrund (miss)verstandenen Pflicht-Ethik Kants, die über die Volksschulen – zunächst in Preußen, bald auch in anderen deutschen Staaten – vermittelt und über Märchen wie »Frau Holle« internalisiert werden.

Wenden wir uns schließlich der Gefahr zu, dass die Kulturdimensionen von Hofstede reifiziert werden könnten. Sie würden damit einer unreflektierten Stereotypenbildung Vorschub leisten (Behrens, 2007).

Generell besteht in den Sozialwissenschaften die Gefahr der Hypostasierung und Reifizierung der Begriffe (Dreyer, 1989, S. 141 ff.; Albrecht, Dreyer u. Homann, 1996, S. 20 ff.). Diese Gefahr besteht natürlich auch bei den Kulturdimensionen von Hofstede, worauf bereits seit langem hingewiesen worden ist (Sorge, 1989, S. 199; Dreyer, 1997, S. 179). Dieser Gefahr kann man entgehen, sofern man Kulturdimensionen – und auch Kulturstandards – generell als idealtypische Konstruktionen im Sinne von Max Weber verwendet.

Weber, der gemeinsam mit Georg Simmel der entscheidende Gründervater der deutschen Soziologie ist (Dreyer, 1995), hat in seinen einschlägigen Studien zu Problemen der Wissenschaftslehre bekanntlich auch den methodischen Hilfsbegriff »Idealtypus« als grundlegendes heuristisches Instrument der Sozialwissenschaften eingeführt. Weber grenzt sich mit aller Schärfe von dem »naturalistische[n] Vorurteil« ab, wonach »das Ziel der Sozialwissenschaften die Reduktion der Wirklichkeit auf ›Gesetze‹ sein müsse« (Weber, 1904/1985, S. 203). Bekanntlich stellt Weber diesem positivistischen Wissenschaftsverständnis programmatisch einen eigenen wissenschaftslogischen Ansatz gegenüber: »Die Sozialwissenschaft, die *wir* treiben wollen, ist eine Wirklichkeitswissenschaft. Wir wollen die uns umgebende Wirklichkeit des Lebens, in welches wir hineingestellt sind, *in ihrer Eigenart* verstehen« (S. 170). Nicht das bloß »Regelmäßige« ist hier von Interesse, sondern gerade umgekehrt das jeweils Einmalige und Besondere.

Um aber das Einmalige zu erkennen, bedarf es eines Vergleichsmaßstabs, den Weber »Idealtypus« nennt. Der »Idealtypus« ist keineswegs ein »*Durchschnitts*-Typus von der Art der empirisch-statistischen Typen« (Weber, 1922, S. 10). Im so genannten »Idealtypus« werden vielmehr »einzelne diffus vorhandene Züge [...] in ihrer Eigenart gesteigert zu einem für unsere Betrachtung widerspruchslosen Idealbilde« zusammengefasst (Weber, 1904/1985, S. 192). So ist der Idealtypus ein »in sich widerspruchslose[r] Kosmos *gedachter* Zusammenhänge. Inhaltlich trägt diese Konstruktion den Charakter einer *Utopie* an sich, die durch *gedankliche* Steigerung bestimmter Elemente der Wirklichkeit gewonnen ist« (S. 190).

Dabei warnt Weber vor dem Missverständnis, den Idealtypus als »Ideal« im Sinne eines anstrebenswerten Zustands zu verstehen (S. 192, S. 200). In seinem leider Fragment gebliebenen großen Werk »Wirtschaft und Gesellschaft« spricht er daher auch von »reinen« Typen, wohl um den missverständlichen Terminus *Ideal* zu umgehen (Weber, 1922, S. 1, S. 4, S. 13).

Am Idealtypus kann nun »die Wirklichkeit zur Verdeutlichung bestimmter bedeutsamer Bestandteile ihres empirischen Gehaltes *gemessen*« werden (Weber, 1904/1985, S. 194). Weber verdeutlicht dies am Beispiel von Herrschaftsformen: »Die gleiche historische Erscheinung kann zum Beispiel in einem Teil ihrer Bestandteile ›feudal‹, im anderen ›patrimonial‹, in noch anderen ›bureaukratisch‹, in wieder anderen ›charismatisch‹ geartet sein. Damit mit diesen Worten etwas *Eindeutiges* gemeint sei, muß die Soziologie ihrerseits ›reine‹ (›*Ideal*‹-)Typen von Gebilden jener Arten entwerfen, welche je in sich die konsequente Einheit möglichst vollständiger *Sinn*adäquanz zeigen, eben deshalb aber in dieser absolut idealen *reinen* Form vielleicht ebensowenig je in der Realität auftreten« (Weber, 1922, S. 10).

Idealtypen müssen also in sich stimmig und bezogen aufeinander möglichst trennscharf formuliert sein. Dann sind sie als Messgrößen in etwa gewissermaßen dem Urmeter in Paris vergleichbar: Im Vergleich mit diesem Urmeter lassen sich reale Gegenstände in ihrer je spezifischen Länge individuell erfassen – auch dann, wenn sie nicht exakt einen Meter lang sind. Ebenso ist es mit Idealtypen. Mit ihrer

Hilfe gewinnt die sozialwissenschaftliche Forschung einen Vergleichsmaßstab, mit dem sich reale soziale Erscheinungen exakter beschreiben lassen: Inwiefern und wieso weichen die hier zu untersuchenden sozialen Realitäten von den »begrifflich konstruierten reinen Typen« (Weber, 1922, S. 1) ab?

Denn: »Das reale Handeln verläuft nur in seltenen Fällen [...] und auch dann nur annäherungsweise, so wie im Idealtypus konstruiert« (Weber, 1922, S. 4). Und schließlich hebt Weber hervor: »*[O]b* es sich um reines Gedankenspiel oder um eine wissenschaftlich fruchtbare Begriffsbildung handelt, kann a priori niemals entschieden werden; es gibt auch hier nur einen Maßstab: den des Erfolges für die Erkenntnis konkreter Kulturerscheinungen in ihrem Zusammenhang, ihrer ursächlichen Bedingtheit und ihrer *Bedeutung*« (Weber, 1904/1985, S. 193).

Halten wir also fest:

1. Idealtypen sind nicht als *präskriptive* Beschreibungen misszuverstehen: Sie drücken kein anzustrebendes Ideal – aber natürlich auch keine negative Bewertung – für menschliches Handeln aus.
2. Idealtypen bilden die Wirklichkeit nicht einfach ab. In reiner Form werden sich diese idealtypischen Konstruktionen so gut wie nie auffinden lassen – allenfalls »annäherungsweise«.
3. Idealtypen stellen einen Vergleichsmaßstab dar, der dazu dienen soll, »die uns umgebende Wirklichkeit des Lebens, in welches wir hineingestellt sind, *in ihrer Eigenart* [zu] verstehen«, nämlich »in ihrem Zusammenhang, ihrer ursächlichen Bedingtheit und ihrer *Bedeutung*« (Weber, 1904/1985, S. 170, S. 193).
4. Idealtypen müssen sich in der Praxis bewähren. Tun sie dies nicht, ist eine andere adäquat erscheinende Typologie als Idealtypus zu konstruieren und dem Praxistest zu unterziehen.

Versteht man Kulturdimensionen solchermaßen als idealtypische Begriffsbildungen, dann ist die Gefahr der Stereotypenbildung gebannt: Es geht nicht um generalisierende Aussagen über eine große Zahl von Nationalkulturen, sondern gerade um die Herausarbeitung der *Besonderheiten* einer Kultur und der *Ursachen* dieser Besonderheiten.

In ähnlicher Weise gilt dies auch für interkulturelle Analysen mittels Kulturstandards: Menschen sind natürlich keine kulturell determinierten »Roboter«, die von der Nationalkultur, in die sie hineingeboren wurden, vollständig determiniert würden, und auch Kulturstandards dürfen nicht als Stereotype, vielleicht gar noch als »empirisch erhärtete« Stereotypen, missverstanden werden, sondern können, nur wenn sie als Weber'sche Idealtypen verstanden werden, für Wissenschaft und praktisches Handeln ihre volle Relevanz entfalten.

Weber unterscheidet bekanntlich zwischen *zweckrationalem* Handeln, das strikt an Zweck und Mittel orientiert ist, *affektuellem* Handeln, bei dem aktuelle Emotionen ausgelebt werden, *wertrationalem* Handeln, das auf Werte bezogen ist und *traditionalem* Handeln, das gewohnheitsmäßig erfolgt (Weber, 1922, S. 12).

Kulturell kausiertes Handeln wäre demnach, je nach dem wie bewusst es verläuft, entweder dem wertrationalen oder dem traditionalen Handeln bzw. einer Mischform zuzuordnen.

Das folgende Zitat verdeutlicht am Beispiel ökonomischen zweckrationalen Handelns, worauf es Weber bei der idealtypischen Analyse ankommt: »Jene idealtypischen Konstruktionen sozialen Handelns, welche z. B. die Wirtschaftstheorie vornimmt, sind [...] in dem Sinn ›wirklichkeitsfremd‹, als sie – in diesem Fall – durchweg fragen: Wie *würde* im Fall idealer und dabei rein wirtschaftlich orientierter Zweckrationalität gehandelt *werden*«, mit der wissenschaftlichen Erkenntnisabsicht, das tatsächliche Handeln in der Situation »1. *insoweit* verstehen zu können, als es tatsächlich ökonomisch zweckrational im konkreten Falle *mit*bestimmt war [...], 2. aber auch: gerade durch den *Abstand* seines realen Verlaufes vom idealtypischen die Erkenntnis seiner *wirklichen* Motive zu erleichtern« (Weber, 1922, S. 10).

Ersetzte man in diesem Zitat »ökonomisch zweckrational« durch »wertrational bzw. traditional« wird deutlich, dass dies auch für interkulturelle Analysen Geltung hat. Kulturstandards – als Idealtypen verstanden – können helfen, den konkreten Menschen in der Handlungssituation in seiner Individualität wahrzunehmen, zu respektieren und zu verstehen.

Die obigen kurzen Bemerkungen dürften klargemacht haben, dass es sich bei Hofstede entgegen seinen Beteuerungen keineswegs um »empirically derived dimensions of national cultures« handelt (Hofstede, 1998, S. 3), da von den von ihm gestellten Fragen kein logisch stringenter Weg zu den postulierten Kulturdimensionen führt. Halten wir also fest: Zu Recht wird Geert Hofstede als einer der Pioniere der interkulturellen Forschung gesehen – wobei freilich auch die einschlägigen wissenschaftlichen Forschungen des 19. Jahrhunderts zu Kultur und Kulturen bis hin zu Max Weber (man denke an seine dreibändige soziologische »Wirtschaftsethik der Weltreligionen« und seine Kulturvergleiche der gesellschaftlichen Ordnungen und Mächte in »Wirtschaft und Gesellschaft«) zu erwähnen wären. Für die nähere Gegenwart aber hat sicher auch und gerade Geert Hofstede einen wichtigen und hoffentlich unumkehrbaren Diskurs in Wissenschaft und Praxis über die Bedeutung der Kultur für das Zusammenleben der Menschen eröffnet. Die Debatten und die wissenschaftlichen Untersuchungen werden weitergehen.

Ob aber die von Hofstede präsentierten Kulturdimensionen zukunftsfähig, praxistauglich und für wissenschaftliche Analyse hilfreich sein können, erscheint mir wenig wahrscheinlich. Die hinter Hofstedes Kulturdimensionen stehende Empirie erweist sich zudem im schlimmsten Fall als Humbug, bestenfalls aber als vom kulturellen, sozialen und politischen Wandel in den berücksichtigten Kulturen und Gesellschaften überholt, wie uns schon ein Blick auf Europa zeigt: Spanien, Portugal und Griechenland sind keine Diktaturen mehr, in Nordirland schweigen die Waffen, die Staaten Jugoslawien, Tschechoslowakei und die Sowjetunion gibt es nicht mehr, der Eiserne Vorhang des Kalten Krieges ist verschwunden; Deutschland ist wiedervereinigt, was zu neuen kulturellen Herausforderungen führt (Dreyer, 1999), und wir alle leben eben nicht mehr Anfang der 70er Jahre des letzten Jahrhunderts, sondern in Zeiten des rasanten Wandels und der Globalisierung, so dass interkulturelle Kompetenz heute nicht nur als prinzipiell nützlich, sondern als entscheidende Schlüsselqualifikation gelten muss.

Dazu können sinnvoll definierte und als Idealtypen verstandene Kulturdimensionen (man denke z. B. an Kluckhohn u. Strodtbeck, 1961; Hall u. Hall, 1990; Trompenaars, 1993; Schwartz, 1994; Schwartz, 1999; Gesteland, 1999; Brown u. Levinson, 2000) und die Kulturstandard-Methode einen gewichtigen Beitrag leisten, Hofstedes Ranking-Listen jedoch nicht.

Literatur

Albrecht, C., Dreyer, W., Homann, H. (1996). Einleitung der Herausgeber. In F. H. Tenbruck (hrsg. v. C. Albrecht, W. Dreyer, H. Homann), Perspektiven der Kultursoziologie. Gesammelte Aufsätze (S. 7–24). Opladen: Westdeutscher Verlag.

Andreski, S. (1972). Social Sciences as Sorcery. London: Andre Deutsch.

Behrens, L. (2007). Konservierung von Stereotypen mit Hilfe der Statistik. Geert Hofstede und sein kulturvergleichendes Modell. Köln: Institut für Linguistik der Universität zu Köln.

Brökelmann, S., Fuchs, C.-M., Kammhuber, S., Thomas, A. (2005). Beruflich in Brasilien. Göttingen: Vandenhoeck & Ruprecht.

Brown, P., Levinson, S. C. (2000). Politeness. Some Universals in Language Usage. Cambridge: Cambridge University Press.

Dreyer, W. (1989). Soziologie im kulturwissenschaftlichen Kontext. Ein Beitrag zur Kritik an der Rollentheorie aus der Perspektive der verstehenden Soziologie. Dissertation. Tübingen. Eberhard Karls Universität Tübingen.

Dreyer, W. (1995). Gesellschaft, Kultur und Individuum. Zur Grundlegung der Soziologie bei Georg Simmel. In F. Dörr-Backes, L. Nieder (Hrsg.), Georg Simmel between Modernity and Postmodernity/Georg Simmel zwischen Moderne und Postmoderne (S. 59–103). Würzburg: Königshausen & Neumann.

Dreyer, W. (1997). Interkulturelle Kompetenz. Vom Sinn und Unsinn interkulturellen Managementtrainings. In P. Schimany, M. Seifert (Hrsg.), Globale Gesellschaft? Perspektiven der Kultur- und Sozialwissenschaften (S. 169–193). Frankfurt a. M. u. a.: Peter Lang.

Dreyer, W. (1999). Die deutsche Wiedervereinigung in der Perspektive der verstehenden Soziologie Georg Simmels und Max Webers. In C. Klingemann, M. Neumann, K.-S. Rehberg, I. Srubar, E. Stölting (Hrsg.), Jahrbuch für Soziologiegeschichte 1995 (S. 123–150). Opladen: Leske + Budrich.

Fang, T. (2003). A Critique of Hofstede's Fifth National Culture Dimension. International Journal of Cross-Cultural Management 3, 347–368.

Ferres, R., Meyer-Belitz, F., Röhrs, B., Thomas, A. (2005). Beruflich in Mexiko. Trainingsprogramm für Manager, Fach- und Führungskräfte. Göttingen: Vandenhoeck & Ruprecht.

Fox, K. (2005). Watching the English. The Hidden Rules of English Behaviour. London: Hodder & Stoughton.

Gesteland, R. R. (1999). Global Business Behaviour. Erfolgreiches Verhalten und Verhandeln im internationalen Geschäft (2. Aufl.). Zürich: Orell Füssli.

Hall, E. T., Hall, M. R. (1990). Understanding Cultural Differences, Yarmouth, Me.: Intercultural Press.

Hindle, T. (2008). Guide to Management Ideas and Gurus. London: Profile Books.

Hofstede, G. (1976a). The Development of a Core Attitude Survey Questionnaire for International Use. Brüssel: Allen Kraut/S. H. Simoneth.
Hofstede, G. (1976b). Measuring Hierarchial Power Distance in Thirty-Seven Countries. Brüssel: Allen Kraut/S. H. Simoneth.
Hofstede, G. (1980). Culture's Consequences. International Differences in Work-Related Values. Beverly Hills, CA: Sage.
Hofstede, G. (1983a). The Cultural Relativity of Organizational Practices and Theories. Journal of International Business Studies, 14 (2), 75–89.
Hofstede, G. (1983b). Cultural Pitfalls for Dutch Expatriates in Indonesia (2. Aufl.). Deventer u. Jakarta: TG International Management Consultants.
Hofstede, G. (1998). Masculinity/Femininity as a Dimension of Culture. In G. Hofstede u. a.: Masculinity and Fermininity. The Taboo Dimension of National Cultures (pp. 3–28). Thousand Oaks, London u. New Delhi: Sage Publications.
Hofstede, G. (2001). Lokales Denken, globales Handeln. Interkulturelle Zusammenarbeit und globales Management (2. Aufl.). München: Deutscher Taschenbuch Verlag.
Hofstede, G. (2002a). Commentary on »An International Study of the Psychometric Properties of the Hofstede VSM 1994. A Comparison of Individual and Country/Province Level Results". Applied Psychology. An International Review, 51, 170–173.
Hofstede, G. (2002b). Dimensions Do not Exist. A Reply to Brendan McSweeney. Human Relations, 55, 1355–1361.
Hofstede, G., Hofstede, G. J. (2006). Lokales Denken, globales Handeln. Interkulturelle Zusammenarbeit und globales Management (3. Aufl.). München: Deutscher Taschenbuch Verlag.
Hofstede, G. J., Pedersen, P. B., Hofstede, G. (2002). Exploring Culture. Exercises, Stories and Synthetic Cultures. Boston u. London: Intercultural Press.
Hüsken, T. (2006). Der Stamm der Experten. Rhetorik und Praxis des Interkulturellen Managements in der deutschen staatlichen Entwicklungszusammenarbeit. Bielefeld: transcript Verlag.
Joskowicz, L., Stilijanow, U., Thomas, A. (2007). Beruflich in Australien. Trainingsprogramm für Manager, Fach- und Führungskräfte. Göttingen: Vandenhoeck & Ruprecht.
Kluckhohn, F. R., Strodtbeck, F. L. (1961). Variations in Value Orientations. Evanston, IL: Row, Peterson and Co.
Lepsius, M. R. (1996). Die pietistische Ethik und der »Geist« des Wohlfahrtsstaates oder: Der Hallesche Pietismus und die Entstehung des »Preußentums«. In L. Clausen (Hrsg.), Gesellschaften im Umbruch. Verhandlungen des 27. Kongresses der Deutschen Gesellschaft für Soziologie in Halle an der Saale 1995 (S. 110–124). Frankfurt a. M. u. New York: Campus.
McSweeney, B. (2002a). Hofstede's Model of National Cultural Differences and Their Consequences. A Triumph of Faith – a Failure of Analysis. Human Relations 55, 89–118.
McSweeney, B. (2002b). The Essentials of Scholarship. A Reply to Geert Hofstede. Human Relations, 55, 1363–1372.
Neumann, A. (2008). Die Kulturkonzeption von G. Hofstede. Eine kritische Betrachtung. Saarbrücken: VDM Verlag Dr. Müller.
Schlizio, B., Schürings, U., Thomas, A. (2009). Beruflich in den Niederlanden. Trainingsprogramm für Manager, Fach- und Führungskräfte. Göttingen: Vandenhoeck & Ruprecht.
Schmid, S., Thomas, A. (2003). Beruflich in Großbritannien. Trainingsprogramm für Manager, Fach- und Führungskräfte. Göttingen: Vandenhoeck & Ruprecht.
Schwartz, S. H. (1994). Beyond Individualism/Collectivism. New Cultural Dimensions of Values. In U. Kim, H. C. Triandis, C. Kağitçibaşi, S. Choi, G. Yoon (Eds.), Individualism and Collectivism. Theory, Method and Applications (pp. 85–119). Thousand Oaks: Sage.
Schwartz, S. H. (1999). Cultural Value Differences. Some Implications for Work. Applied Psychology: An International Review, 48, 23–47.
Sorge, A. (1989). Organisationskulturen. Realer Hintergrund und soziologische Bedeutung einer Modewelle. In M. Haller, H.-J. Hoffmann-Nowotny, W. Zapf (Hrsg.), Kultur und Gesellschaft.

Verhandlungen des 24. Deutschen Soziologentags, des 11. Österreichischen Soziologentags und des 8. Kongresses der Schweizerischen Gesellschaft für Soziologie in Zürich 1988 (S. 193–210). Frankfurt a. M. u. New York: Campus.

Spector, P. E., Cooper, C. L., Sparks, K. (2001). An International Study of the Psychometric Properties of the Hofstede VSM 1994. A Comparison of Individual and Country/Province Level Results. Applied Psychology: An International Review, 50, 269–281.

Spector, P. E., Cooper, C. L., Sparks, K. (2002).The Pitfalls of Poor Psychometric Properties. A Rejoinder to Hofstede's Reply to Us. Applied Psychology: An International Review, 51, 174–178.

Thomas, A., Schlizio, B. (Hrsg.) (2007). Leben und arbeiten in den Niederlanden. Was Sie über Land und Leute wissen sollten. Göttingen: Vandenhoeck & Ruprecht.

Thomas, A., Scheuermeyer, M. (2006). Beruflich in Kanada. Trainingsprogramm für Manager, Fach- und Führungskräfte. Göttingen: Vandenhoeck & Ruprecht.

Triandis, H. C. (1995). Individualism & Collectivism. Boulder, CO u. Oxford: Westview Press.

Triandis, H. C. (2002). Foreword. In G. J. Hofstede, P. B. Pedersen, G. Hofstede (Eds.), Exploring Culture. Exercises, Stories and Synthetic Cultures (pp. IX-XI). Boston u. London: Intercultural Press.

Trompenaars, F. (1993). Handbuch globales Managen. Wie man kulturelle Unterschiede im Geschäftsleben versteht. Düsseldorf u. a.: Econ.

Weber, M. (1904/1985). Die »Objektivität« sozialwissenschaftlicher und sozialpolitischer Erkenntnis. In M. Weber (hrsg. v. Johannes Winckelmann), Gesammelte Aufsätze zur Wissenschaftslehre (6. Aufl., S. 146–214). Tübingen: Mohr.

Weber, M. (1922). Wirtschaft und Gesellschaft (Grundriss der Sozialökonomik 3. Abteilung). Tübingen: J. C. B. Mohr (Paul Siebeck).

Witzel, M. (2003). Fifty Key Figures in Management, London u. New York: Routledge.

Alexander Thomas

Das Kulturstandardkonzept

Vorbemerkungen

Im Zuge der fortschreitenden Internationalisierung und Globalisierung nahezu aller Lebensbereiche in unserer Gesellschaft, in vielen anderen Nationen und Kulturen hat Vielfalt, die Heterogenität oder – wie es oft heißt – die Diversität der Lebenserscheinungen im privaten und beruflichen Alltag enorm zugenommen. Vieles ist nicht mehr so, wie es seit eh und je war, sondern ändert sich oft gleichsam über Nacht. Der technische Fortschritt, die rasante wirtschaftliche Entwicklung, die Veränderung von beruflichen Anforderungen aber auch der Verlust und der Wandel von Werten, Normen und Verhaltensgewohnheiten, Sitten und Gebräuchen, Etikette und Anstand vollziehen sich so schnell, dass manche Menschen nicht mehr so recht mitkommen.

Die Veränderungen und die Diversitäten sind einerseits bereichernd: Das Leben wird bunter, irgendwie auch freier und wandelbarer, auch zwangloser, fröhlicher und es eröffnen sich immer wieder viele neue Handlungsmöglichkeiten zur Entfaltung der eigenen Persönlichkeit und bislang brachliegender Potenziale und Ressourcen. Bei all dieser Schnelligkeit in der Veränderung und der Diversifizierung der Erscheinungsformen menschlichen Lebens kann aber auch die Orientierung, die Sicherheit, die Verlässlichkeit bedroht werden oder sogar verloren gehen. So heißt interessanterweise eines der modernen Schlagworte nicht »diversity development«, sondern »diversity management«. Dahinter verbergen sich das Ziel und die Hoffnung, durch ein kluges und sachgerechtes Management, also durch geplante Steuerung, Regelung und Kontrolle, die Diversität in den Griff zu bekommen, nicht ausufern zu lassen, sondern die in ihr vorhandenen Entwicklungspotenziale nutzen zu können. Dabei ist nicht (wieder) eine Einheitskultur oder homogene Gesellschaft das Ziel, sondern gerade umgekehrt, die Anerkennung und Förderung der wechselseitigen Beeinflussung vieler Kulturen und unterschiedlicher sozialer Identitäten, zum Beispiel bezogen auf Gesellschaften, Generationen, Ethnizität, Status und Schicht, Bildung, soziale Herkunft und Religion, politische Überzeugungen etc. (Krüger-Potratz, 2005).

In mancher Hinsicht ist die Beschäftigung mit Diversität auch nichts Neues und keine Erfindung der Moderne. Wir wussten immer schon, dass jeder Mensch in biologischer, materieller und psychisch-geistiger Hinsicht einmalig ist. Es gab, gibt und wird in Zukunft auch mit hoher Wahrscheinlichkeit keine zwei identischen Individuen geben. Selbst eineiige Zwillinge mit einer identischen genetischen Ausstattung, die zudem noch unter denselben Bedingungen aufwachsen, haben zwar viele Gemeinsamkeiten, sind aber nicht völlig identisch in Bezug auf das, was sie wahrnehmen, denken, fühlen und tun. Nun erfahren wir aber täglich, dass wir bei aller individuellen Diversität in der Lage sind, uns mit unseren Mitmenschen zu verständigen, uns in sie einzufühlen, sie zu verstehen und mit ihnen zu kooperieren. Das gelingt zudem umso besser, je mehr an gemeinsam geteiltem Hintergrundwissen vorhanden ist, je ähnlicher die Ziele, Interessen, Erfahrungen, Motive, Welt- und Menschenbilder, Wert- und Normvorstellungen etc. sind. Sicherlich gelingt es Menschen unterschiedlichen Alters, Geschlechts, unterschiedlicher sozialer Herkunft, Bildungsstand, ökonomischem Status, Werte, Normen, Erwartungen und Wünsche etc. sich zu Gruppen und Organisationen zusammenzuschließen, um bestimmte Ziele zu erreichen. Das gelingt trotz aller Diversität im Detail, wenn alle Beteiligten als »einmalige« Personen die Bereitschaft und Fähigkeit besitzen, zum Wohle der gemeinsamen Zielerreichung auf die ständige Fokussierung auf ihre individuelle Einmaligkeit partiell zu verzichten. Wer das nicht kann, wer immer wieder seine eigenen Besonderheiten betont, wird als Störenfried, Außenseiter, Abweichler etc. erlebt und als nicht gruppen-, verbands -und organisationsfähig, also als nicht dazugehörig bewertet und entsprechend behandelt: entweder ertragen oder ausgeschlossen.

Nun muss man konstatieren, dass Menschen ganz gleich, wo sie auf unserem Globus leben, Kultur entwickelt haben und weiterentwickeln. Das heißt nichts anderes, als dass sie ein gemeinsames, für alle in einer Gemeinschaft lebenden Individuen verbindliches System von bedeutungshaltigen Zeichen ausgehandelt haben. Diese Leistung erlaubt es ihnen die Welt, die sie umgibt und die sie selbst in einer bestimmten Art und Weise wahrnehmen, zu deuten, zu interpretieren, zu bewerten und zu behandeln. Dies geschieht in der Weise, wie es die eigene soziale Gemeinschaft akzeptiert und versteht. Sozialisation und Enkulturation als lebenslange Prozesse beinhalten das Bemühen, sozial und kulturell relevante Werte, Normen, Einstellungen, Verhaltensregeln, Sitten und Gebräuche zu erlernen und zu internalisieren, die ein Leben in der Gemeinschaft erst ermöglichen, in die man hineingeboren worden ist. Wer dabei ein hohes Maß an sozialen Fähigkeiten und Fertigkeiten erworben hat, durch die primäre, familiäre Sozialisation, die sekundäre, schulische Sozialisation und die Sozialisation durch Zugehörigkeitsgruppen gleichaltriger Kinder und Jugendlicher (Peergroups), wer also zum Beispiel über soziale Kompetenz verfügt, der hat gute Chancen, relativ konfliktfrei in seiner Gemeinschaft, eventuell auch in anderen sozialen Gemeinschaften zu leben, auftretende Konflikte zu meistern und ein produktives Mitglied der Gemeinschaft zu werden.

Probleme entstehen allerdings auch für eine gut sozial und kulturell integrierte Person dann, wenn sie in eine ihr bisher fremde soziale Gemeinschaft (Nation, Kultur, aber auch Organisation und Gruppe) gerät, die andere ihr nicht vertraute Symbole zur gegenseitigen Verständigung und Weltinterpretationen benutzt oder die ihm durchaus vertraute Symbole anders bewertet, ihnen also andere Bedeutungen zuweist oder sie in einem unvertrauten Kontext anwendet. In diesen Fällen kommt es zwangsläufig zu Fehlwahrnehmungen, Fehlinterpretationen, Missverständnissen und Konflikten bei der Bewertung und Interpretation des Partnerverhaltens sowie in der Kommunikation und in der Kooperation mit den neuen Partnern. Die folgenden Ausführungen gehen nun der Frage nach, welche psychisch bedeutsamen Prozesse sich in der Begegnung von Menschen aus unterschiedlichen Kulturen beobachten lassen, wie die an Schnittstellen kultureller Begegnungen gemachten Erfahrungen bewertet werden und welche handlungsrelevanten Konsequenzen die Partner daraus ziehen.

Hierzu wird eine Kulturdefinition vorgestellt, Kulturstandards im Sinne hypothetischer Konstrukte in ihrer Funktion als Orientierungsmerkmale behandelt und es wird dargestellt, wie sie erhoben werden und wie sie das Wahrnehmen, Denken, Urteilen, die Emotionen und Motivationen sowie das Handeln beeinflussen.

Kulturdefinition

Es gibt eine unüberschaubare Anzahl von Kulturdefinitionen. Schon 1952 fanden Kroeber und Kluckhohn auf der Suche nach einem verbindlichen Kulturbegriff über 150 verschiedene Definitionen. Bis heute hat sich eher die Überzeugung durchgesetzt, dass es eine einheitliche, allseitig akzeptierte Definition von Kultur nicht geben wird. Die UNESCO hat 1986 definiert: »Kultur ist die Gesamtheit der Formen menschlichen Lebens.« Der bekannte US-amerikanische Psychologe Harry Triandis definiert Kultur: »Culture is the human part of environment« (1989, S. 306) und der bekannte holländische Industriesoziologe Geert Hofstede: »Culture is the collective programming of the mind« (1997, S. 30, siehe auch 2001). Etymologisch leitet sich Kultur von dem lateinischen Wort »colere« ab, was soviel bedeutet wie bebauen, veredeln, schmücken, ausbilden. Im Verlauf der Zeit hat sich ein engeres Verständnis von Kultur herausgebildet, was sich auf das Edle, Wahre, Gute etc. bezieht, und eine weiter gefasste Definition, wonach Kultur als soziale Kategorie die soziale Lebenswelt bezeichnet, in der wir uns bewegen, zum Beispiel Gruppen, Volk, Gemeinschaft, Organisationen, Unternehmen.

Psychologisch interessant ist eine von Ernst E. Boesch (1980, S. 17) in die Diskussion eingebrachte Definition von Kultur, die mehr handlungstheoretisch orientiert ist: »Kultur ist ein Handlungsfeld, dessen Inhalte von von Menschen geschaffenen oder genutzten Objekten bis hin zu Institutionen und Ideen oder ›Mythen‹ reichen. Als Handlungsfeld bietet die Kultur Handlungsmöglichkeiten, stellt aber auch Bedingungen: Sie bietet Ziele an, die mit bestimmten Mitteln erreichbar sind, setzt zugleich aber auch Grenzen des möglichen oder ›richtigen‹ Handelns.« Kultur als ein je spezifisches Handlungsfeld betrachtet, in dem Bedingungen, Handlungsmöglichkeiten, Ziele, aber auch Handlungsgrenzen ausgebildet werden, macht schon deutlich, welcher bedeutungs- und sinnstiftender Wert zur Orientierung im Lebensraum respektive Handlungsfeld der Kultur zukommt. Eine Definition, die den Aspekt der orientierungsleitenden Funktion von Kultur betont, liegt dem noch zu behandelnden Kulturstandardkonzept zu Grunde. Demnach wird Kultur folgendermaßen definiert:

Kultur ist ein universell verbreitetes, für eine Nation, eine Gesellschaft, eine Organisation, eine Gruppe, also für jedes soziale Gebilde, zu denen Menschen sich zugehörig fühlen, sehr spezifisches, typisches und identitätsstiftendes Orientierungssystem. Dieses Orientierungssystem manifestiert sich in spezifischen Symbolen (z. B. Sprache, nichtsprachlichen Symbolen, Gestik, Mimik, Etiketten, Sitten, Gebräuchen, Werten, Normen, Verhaltensregeln, Verhaltensskripts) und wird in der jeweiligen sozialen Gemeinschaft über den Prozess der Sozialisation und der Enkulturation tradiert. Das kulturspezifische Orientierungssystem beeinflusst die Wahrnehmung, das Denken, Werten, Urteilen, die emotionalen und motivationalen Prozesse und das Handeln aller Mitglieder der Gemeinschaft und definiert somit deren Zugehörigkeit (identitätsstiftende Funktion) zur jeweiligen sozialen Gemeinschaft. Entsprechend der Kulturdefinition von Boesch strukturiert Kultur als Orientierungssystem ein für die sich der sozialen Gemeinschaft zugehörig fühlenden Individuen spezifisches Handlungsfeld, das von geschaffenen und genutzten Objekten bis hin zu Institutionen, Ideen und Werten reicht. Es schafft somit die Voraussetzungen zur Entwicklung eigenständiger Formen der Umweltbewältigung.

Im Rahmen dieses bedeutungshaltigen Orientierungssystems werden die kulturell bestimmten Anteile psychischer Prozesse auf den oben genannten psychischen Ebenen von der Wahrnehmung bis zum Handeln durch zentrale Kulturstandards gesteuert und reguliert.

Interkulturelles Handeln

Jede von Menschen vollzogene Handlung ist immer kulturelles Handeln, das entsprechend der im vorhergehenden Abschnitt dargestellten Kulturdefinition, vom kulturspezifischen Orientierungssystem gesteuert und reguliert wird. Wenn nun zwei Menschen aus unterschiedlichen Kulturen einander begegnen und beide füreinander bedeutsam werden, es also nicht nur bei einem flüchtigen Bemerken des Gegenübers bleibt, dann tritt das ein, was der bekannte Sozialpsychologe Kurt Lewin im Rahmen seiner Feldtheorie (1963) als »soziale Überschneidungssituation« bezeichnet hat. Er versteht darunter eine Situation, in der ein Handelnder nicht allein in seiner Umwelt agiert, sondern weil eine Person zur gleichen Zeit für ihn bedeutsam wird. Der Handelnde ist dann neuen und unterschiedlichen Situationskontexten und Anforderungen ausgesetzt. Er muss den Partner in seine Handlungsvollzüge mit einbeziehen, seine Ziele, Wünsche, Intentionen, Gefühle etc., soweit sie zu erkennen, zu erahnen und zu vermuten sind, in Rechnung stellen und sich darauf einrichten. Die Bewältigung der aus sozialen Überschneidungssituationen im Rahmen des vertrauten Lebensumfeldes und der eigenen Kultur, also dem monokulturellen Kontext erwachsenden Anforderungen gelingt in der Regel schnell und effizient, da die interagierenden Personen bei aller Diversität im Detail über ein geteiltes Hintergrundwissen in Bezug auf Werte, Normen, Etiketten, Verhaltensgewohnheiten etc. verfügen und sicher sein können, dass ihre Äußerungen verbaler und nichtverbaler Art sofort und zutreffend interpretiert und verstanden werden.

Treffen Menschen aus unterschiedlichen Kulturen aufeinander und werden diese füreinander bedeutsam, entsteht also eine Überschneidungssituation, in der das geteilte Hintergrundwissen nur partiell vorhanden ist oder nicht handlungswirksam werden kann, dann spricht man von einer »kulturellen Überschneidungssituation«. Die soziale Interaktion ist in diesen Fällen geprägt von kulturell stark divergierenden Elementen, resultierend aus unterschiedlichen Sozialisationserfahrungen und Überzeugungen für richtiges, passendes, angemessenes und zielführendes Verhalten. Beide Partner entwickeln, wie in jeder sozialen Überschneidungssituation, Hypothesen über Ziele, Wünsche, Intentionen, Gefühle etc. über den Partner, erfahren aber im Interaktionsgeschehen, dass das nicht so wie gewohnt zutrifft. Die beobachteten Partnerreaktionen entsprechen nicht den eigenen Erwartungen. Vieles ist fremd, erscheint unpassend, widersinnig, unverständlich und defizitär. Vieles verläuft nicht so, wie es sein sollte, das heißt, wie man es selbst aus eigener gut und oft überprüfter Erfahrung für richtig hält. Diese erwartungswidrigen Erfahrungen berühren alle psychologischen Ebenen: Wahrnehmung (man hat vielleicht beim Partner etwas übersehen), Kognition (man überlegt, etwas missverstanden zu haben oder sich nicht klar genug ausgedrückt zu haben), Emotion (man ist enttäuscht, verärgert, wütend, dass der Partner nicht versteht oder nicht verstehen will, was zu tun ist) und Verhalten (man setzt sich gegen das Partnerverhalten zu Wehr, so etwas will man sich nicht gefallen lassen).

Kulturelle Überschneidungssituationen ereignen sich nicht nur, wenn Menschen aus verschiedenen Nationen einander begegnen, sondern auch zwischen Angehörigen einer Nation, wenn z. B. Ingenieure und Vertriebsleute eines Unternehmens über neue Produktentwicklungen diskutieren, wenn Lehrer und Eltern über das Wohl der Kinder reden, wenn Psychologen und Betriebswirte über die Einführung eines Personalbeurteilungssystems beraten usw. Entscheidend ist, wie viel respektive wie wenig an gemeinsam geteiltem Hintergrundwissen über das, was in der Interaktionssituation relevant wird, was an divergenten Gewohnheiten, Werten, Überzeugungen, Emotionen und Handlungsformen im Interaktionsprozess aktiviert wird, und wie viel an Erfahrung im Umgang mit solch unerwarteten Partnerreaktionen vorhanden ist.

Kulturelle Überschneidungssituationen sind psychologisch betrachtet durchaus als Grenz- und Sondersituationen zu bezeichnen, da sie, wie die Abbildung 1 zeigt, für beide Partner gravierende Konsequenzen haben. Die erwartungswidrigen Interaktionserfahrungen werden nicht einfach weggesteckt und übergangen, sondern aktivieren Lösungs-, Klärungs- und Bearbeitungsprozesse.

Eigene Forschungen haben gezeigt, dass nach Prozessen des Aufmerksamwerdens, Nachdenkens, der Verunsicherung, der Desorientierung und des Gefühls, missverstanden zu werden, drei unterschiedliche weitere Bearbeitungshandlungen zu beobachten sind – mit drei völlig unterschiedlichen Konsequenzen, nämlich:

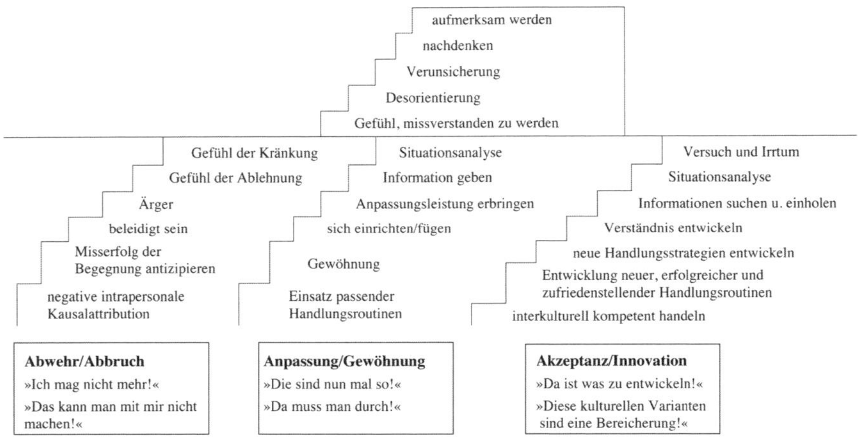

Abbildung 1: Varianten der Bearbeitung interkulturell bedingter Handlungsstörungen

Kulturelle Überschneidungssituationen im hier skizzierten Sinne weisen alle Merkmale so genannter kritischer Interaktionssituationen auf, wie sie der amerikanische Psychologe Flanagan (1954) beschrieb und im Rahmen seiner »critical incident technique« zur Analyse effektiven rsp. ineffektiven Verhaltens am Arbeitsplatz nutzte. Fiedler et al. (1971) knüpften bei der Entwicklung des so genannten Culture Assimilator an diese Technik an, indem sie so genannte kritische Interaktionssituationen zwischen Partnern aus unterschiedlichen Nationalkulturen als Ausgangsmaterial zur Entwicklung interkultureller Trainings einsetzten. Nach Fiedler sollen kulturell bedingt kritische Interaktionssituationen folgende Kriterien erfüllen:

- Eine gute kritische Interaktionssituation sollte eine alltägliche, authentische Begegnungssituation mindestens zweier Personen unterschiedlicher kultureller Herkunft sein.
- Sie sollte von den Beteiligten als konflikthaft oder unverständlich erlebt werden.

- Sie sollte bei ausreichenden Kenntnissen über die Zielkultur eindeutig interpretierbar sein, das heißt, der dargestellte Konflikt begründet sich in kulturellen Unterschieden.
- Die Situation sollte kurz beschreibbar, nicht zu komplex sein und sich auf einen bestimmten Bereich beschränken.
- Es sollte ausreichende Hintergrundinformation für das Verständnis der Situation gegeben werden.
- Die Situation muss typisch und plausibel sein (Fiedler et al., 1971).

Wenn hier von »kritischen Interaktionssituationen« gesprochen wird, ist damit nicht impliziert, dass die Interaktionssituationen immer negativ konnotiert sein müssen. Entscheidend ist das Element der Erwartungswidrigkeit, das auch dann gegeben sein kann, wenn einem Fremden in einer Kultur immer wieder unaufgefordert Hilfe angeboten wird (z. B. in den USA) oder wenn er aus Gastfreundschaft mit Essen überhäuft wird (z. B. in Polen).

Abbildung 2 verdeutlicht zusammenfassend die Zusammenhänge zwischen kultureller Überschneidungssituation einerseits und dem dynamischen Dreieck bestehend aus Eigenem, Fremdem und Interkulturellem.

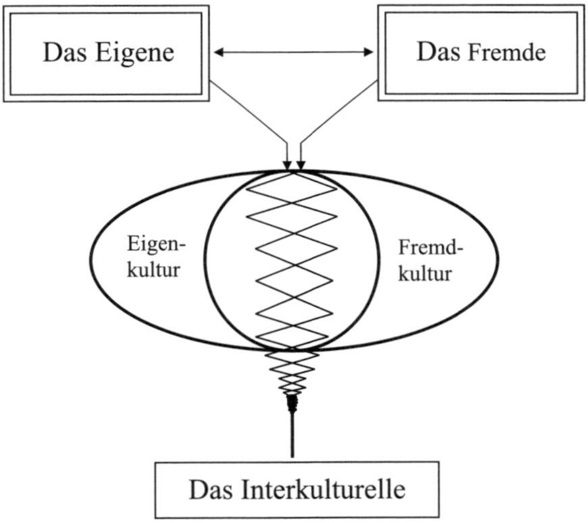

Abbildung 2: Dynamische Einflussfaktoren des Arbeitens in kulturellen Überschneidungssituationen

Wichtig ist die Betrachtung der wechselseitigen Beziehungen zwischen Eigenem und Fremdem ausgedrückt durch die doppelte Pfeilrichtung. Der Bereich der kulturellen Überschneidung ist bestimmt von eigenkulturellen und fremdkulturellen Elementen, die im jeweiligen Handlungsvollzug wirksam werden. In Abbildung 2 sind die jeweiligen Beiträge ausgeglichen, es besteht ein Gleichgewicht zwischen beiden Partnern bezüglich der kulturellen Anteile. Bei einseitiger Dominanz wird sich der Beitrag der eigenen Kultur deutlich zu Ungunsten des Beitrages der fremden Kultur ausweiten, eventuell soweit, dass die Überschneidungssituationen fast nur noch eigenkulturell determiniert ist, ohne dass die Handelnden das überhaupt bemerken. Auf jeden Fall werden als Resultat der dynamischen Prozesse in der kulturellen Überschneidungssituation Beobachtungen und Erfahrungen gemacht, Einsichten und Erkenntnisse gewonnen und Handlungen vollzogen, die allein in eigenkulturellen Kontexten nicht stattfinden. Das Interaktionsgeschehen hat eine interkulturelle Qualität erreicht, was bei den Interaktionspartnern durchaus zu massiven Irritationen, Interaktionsstörungen, Missverständnissen und Orientierungsverlust führen kann. Der produktive und zufrieden stellende Umgang mit dieser neuen Qualität von Interaktionsvorgängen muss erst einmal gelernt, vertieft und hin zu einer interkulturellen Handlungskompetenz als Schlüsselqualifikation weiterentwickelt werden.

Von entscheidender Bedeutung ist bei diesem Prozessgeschehen nicht das, was in einer kulturellen Überschneidungssituation an interkulturellen Vorgängen stattfinden kann, was alles aktiviert werden kann und was alles eine diskriminierende Wirkung ausüben kann, sondern das, was im konkreten Interaktionsgeschehen zwischen den beiden Partnern überhaupt handlungswirksam wird. Erfassbar wird von dem, was als Interkulturelles bezeichnet werden kann, nur das, was von den Partnern erlebt, im Gedächtnis gespeichert und zum gegebenen Zeitpunkt zum Beispiel in einer Diskussion mit Personen, die sich in der Zielkultur schon besser auskennen, oder in einem zu wissenschaftlichen Zwecken geführten Interview aktiviert und zum Ausdruck gebracht werden kann.

Kulturstandards

Durch die Internationalisierung und Globalisierung nimmt selbst im Alltag die Diversität der Lebensvorgänge ständig zu. Dieser Prozess wird noch beschleunigt durch die Abkehr und die voranschreitende Unverbindlichkeit von tradierten Werten, Normen, Verhaltensregeln und Lebensentwürfen. Hinzu kommt die Forderung nach individueller Selbstverwirklichung als höchstes Gut und Ziel der Erziehung, hinter dem die Akzeptanz kulturell geprägter und kollektiv geteilter Sitten, Gebräuche, Gesetze und Regeln zurückbleibt. Manche Wissenschaftler haben sich bereits von den tradierten Kulturkonzepten verabschiedet, sehen Nationen, Gesellschaften, Kulturen, Ethnien usw. in Auflösung begriffen und thematisieren eine neue für die gegenwärtige Zeit geltende Kategorie: »hybride Kulturen«. Wer demgegenüber noch von Kultur, kultureller Einheit spricht, wer von nationalen Kulturen oder einer europäischen Kultur oder europäischen Kulturen mit gemeinsam geteilten Werten und Normen redet, habe die Zeichen der Zeit (noch) nicht verstanden und müsse sensibilisiert und belehrt werden. Dieser oft sehr abstrakte und ideologisch, gesellschaftskritisch geführte akademische Diskurs führt nicht zu Antworten auf die Frage: Was passiert, wenn Menschen aus unterschiedlichen (National-)Kulturen, also Deutsche auf der einen und Franzosen oder US-Amerikaner oder Nigerianer oder Chinesen oder Inder auf der anderen Seite aufeinandertreffen und füreinander bedeutsam werden, zum Beispiel als Manager, Techniker, Verbandsvertreter, Politiker, Entwicklungsexperten, Lehrer oder Studenten etc.? Tatsächlich passiert etwas, das sie unter monokulturellen Bedingungen in dieser Art und Weise und mit dieser Dramatik noch nicht erlebt haben: Sie befinden sich in einer kulturellen Überschneidungssituation, die interkulturelle Anforderungen stellt, die es zu bewältigen gilt. Sie sind erstaunt, dass vieles immer wieder – in wechselnden Situationen und mit unterschiedlichen Personen der Zielkultur – nicht so abläuft, wie sie es erwartet haben und gewohnt sind. Die Ursachen können also nicht einfach in personspezifischen oder situativen Besonderheiten zu suchen sein. Sie müssen tiefer liegen. Hier beispielhaft eine kulturell bedingt »kritische Interaktionssituation«, immer wieder erlebt von deutschen Führungskräften in Frankreich.

> »Herr Adler ist seit einiger Zeit in Paris bei einem deutschen Unternehmen als IT-Projektleiter tätig. Nach der Einführung eines Programms bei einem Kunden wird alle vier Wochen ein Meeting mit den Vertretern der Kundenseite abgehalten, um auftretende Probleme zu besprechen. Herr Adler leitet zusammen mit Herrn Pochet, dem Projektleiter auf Kundenseite, diese Meetings. Bei dem letzten Meeting mussten Herr Adler und Herr Pochet wegen anderer Termine frühzeitig gehen, so dass die letzten kritischen Punkte auf der Tagesordnung ohne die beiden Projektleiter besprochen wurden. Wie Herr Adler erfuhr, wurde zwar über die Punkte ausführlich diskutiert, aber die grundlegende Problematik, die es auf beiden Seiten gab, wurde von keinem der Beteiligten angesprochen, was zu erheblichen Verzögerungen des Projektes während der folgenden Woche führte. Herr Adler versteht nicht, warum die Probleme von keiner der beiden Seiten offen angesprochen wurden« (Mayr u. Thomas, 2009, S. 73).

Immerhin, Frankreich und Deutschland sind benachbarte Staaten mit einer langen historischen Tradition gegenseitigen Austauschs von Ideen und Gütern. Herr Adler und Herr Pochet sind erfahrene Projektleiter und vermutlich gleich gut für ihre Aufgabe qualifiziert. Da die Meetings mit Vertretern der Kundenseite immer regelmäßig alle vier Wochen stattfinden, ist davon auszugehen, dass die Projektmitglieder sich bereits gut kennen und ebenfalls in ausreichendem Maße über fachliche Qualifikationen verfügen. Ein Mangel an Erfahrung mit Teambesprechungen oder ein Mangel an fachlicher Qualifikation kann also nicht als Ursache für diese aus deutscher Sicht wenig zielführenden Verhaltensweisen der französischen Teammitglieder gelten. Zudem treten entsprechend der Definition von kritischen Interaktionssituationen solche irritierenden Fälle nicht einmalig auf, sondern werden von den deutschen Managern in Frankreich alltäglich erlebt.

Es muss ein kollektiv geteiltes Bewusstsein auf französischer Seite geben, was dazu führt, dass in Abwesenheit der Chefs nicht über die grundlegenden Probleme offen gesprochen wird und bereits Lösungsmöglichkeiten erkundet werden. Wir verstehen das nicht, so sagen die deutschen Manager, denn ohne die Chefs geht in Frankreich einfach nichts voran. Der Mitarbeiterstab ist wie blockiert, wenn der Chef nicht anwesend ist, obwohl alle schon genau wissen, wie es weitergehen könnte. Das ist lästig und auch ineffizient, weil unnötig kostbare Zeit vergeudet wird.

Auf Seiten der französischen Teammitglieder, aber auch ihres Chefs Herrn Pochet wirkt hier der Kulturstandard »Autoritätsorientierung« auf die Wahrnehmung, das Denken, das Beurteilen, die Motivation, die Emotionen und das Handeln ein. Konkret heißt das auf das Beispiel bezogen: Nachdem die Projektteilnehmer gesehen haben, dass die Chefs gingen (Wahrnehmung), war allen klar (Kognition), dass nun keine grundlegenden Probleme mehr besprochen werden (Urteile), sondern nur noch randständige Themen, um das Meetings zu einem guten Ende zu bringen (Motivation), bei dem sich alle wohl fühlen und keine Angst haben müssen, ungefragt problematische Themen angesprochen zu haben (Emotionen), und doch haben sich alle entsprechend ihren Kompetenzen in diese cheflose Diskussion eingebracht und der Etikette Genüge getan (Handeln). Genau das hat Herr Pochet auch von diesem Projektteam erwartet und wäre massiv verärgert gewesen, wenn sein Team eine Leistung entsprechend den Erwartungen von Herrn Adler hervorgebracht hätte. Ihm wäre dann klar geworden, dass er keine Autorität mehr gegenüber seinem Projektteam besitzt, sie ihm auf der Nase herumtanzen und er sich um sein Ansehen ernsthaft Sorgen machen muss.

Aber was ist mit Herrn Adler? Auch Herr Adler ist als Projektleiter eine Autorität und auf Ansehen und Einflussnahme bedacht. Für ihn ist eine solche Situation bestimmt vom deutschen Kulturstandard »regelorientierte, internalisierte Kontrolle«. Er erwartet entsprechend diesem Kulturstandard, dass Herr Pochet sein Team so im Griff hat, dass es auch ohne seine Anwesenheit an den Problemen und möglichen Lösungen weiterarbeitet und, wenn alles gut geht, einen realisierbaren Vorschlag unterbreitet, der dann sofort umgesetzt werden kann.

Nun noch einige nähere Erläuterungen zu den hier wirksam gewordenen Kulturstandards.

Deutscher Kulturstandard: Regelorientierte, internalisierte Kontrolle

»Deutsche halten sich an die Regeln und haben generell eine starke Identifikation mit ihren Tätigkeiten, sie nehmen ihre Arbeit, ihre Rollen und Aufgaben und die damit verbundene Verantwortung sehr ernst. Ja, sie möchten das, was sie machen, gut machen und sind konzentriert bei der Sache.

Wenn wir also zunächst einmal planen, organisieren, strukturieren, dann tun wir das nicht zum Vergnügen, sondern aus der Überzeugung heraus, daß so die Aufgaben am besten bewältigt werden können. Daß diese Strukturen nun in die Tat umgesetzt werden, hat eine zentrale Voraussetzung, die exakt der Inhalt des

Kulturstandards ›regelorientierte, internalisierte Kontrolle‹ ist: *Auf alle Beteiligten muß Verlaß sein.* [sic] Eine Sache ist organisiert und jetzt wird von allen erwartet, dass sie sich korrekt an ihre Zuständigkeit halten und ihre Aufgabe erfüllen. Nur im Zusammenspiel aller funktioniert das System. Regelorientierte, internalisierte Kontrolle bedeutet, daß alle den im jeweiligen Kontext vorhandenen Regeln, Systemen, Strukturen Folge leisten, und daß das Verhalten an den abstrakten und allgemein gültigen Vereinbarungen, Übereinkünften und Vertragsbestandteilen zu orientieren ist, also an von konkreten Personen und Situationen unabhängigen Regelungen. Strukturen und Regeln erhalten einen moralischen Wert: Sie einzuhalten, wird gleichgesetzt mit Zuverlässigkeit. Im Berufsleben ist übrigens auch der Chef weithin lediglich Repräsentant dieser Struktur« (Schroll-Machl, 2007, S. 94–95).

Französischer Kulturstandard: Autoritätsorientierung

»Frankreich ist eine Republik mit einer traditionell stark zentralistischen und obrigkeitsstaatlichen Führungsstruktur. [...] Entscheidungen werden nur von der Unternehmensspitze getroffen und auf den verschiedenen hierarchischen Ebenen nur von den jeweiligen Chefs nach Absicherung gegenüber den höheren Vorgesetzten. Eigenverantwortlichkeit spielt zwar ebenfalls eine wichtige Rolle, aber diese bezieht sich nicht darauf, eigenständige Entscheidungen zu treffen und dann für die Folgen auch gerade zu stehen. Wenn es um Entscheidungen geht, welcher Weg einzuschlagen ist, welche Ressourcen für was aktiviert werden sollen und wie im Einzelnen vorgegangen werden soll, ist immer der Chef zu fragen, sein Votum einzuholen und trifft dieser dann die Entscheidung« (Mayr u. Thomas, 2009, S. 76).

Während also Herr Adler froh ist, wenn alles wie am Schnürchen, gleichsam von selbst, läuft und alle an einem Strang ziehen und das tun, was geboten ist (Regelorientierung), legt Herr Pochet Wert darauf, dass alles Wichtige nur in seiner Anwesenheit thematisiert wird und er allein entscheidet, was und wie wann und wo zu tun ist.

Bei dem Zusammenwirken von Franzosen und Deutschen im militärischen Bereich, zum Beispiel bei Auslandseinsätzen der NATO und den UN, zeigen sich diese Kooperationsprobleme entlang der Schnittstelle Aufgaben- und Einsatzlage-Orientierung der Deutschen gegenüber der absoluten Befehlsorientierung der Franzosen.

Aus diesen Ausführungen wird deutlich, dass Kulturstandards als hypothetische Konstrukte zu verstehen sind, die nicht direkt beobachtbar und unmittelbar erfassbar sind, aber auch nicht als frei erfundene Vermutungen anzusehen sind. Vielmehr werden Kulturstandards aus den bereits dargelegten theoretischen Zusammenhängen ersichtlich (z. B. Kulturdefinition, kulturelle Überschneidungssituationen) sowie mithilfe von beobachtbaren Ereignissen (kritische Interaktionssituationen) erschlossen. So lässt sich für Kulturstandards folgende Definition formulieren:

Kulturstandards sind hochgeneralisierte und kulturspezifisch internalisierte Dispositionen zur Bewertung und Steuerung von Handlungen. Kulturstandards dienen der Bewältigung von Umweltanforderungen. Kulturstandards sind hypothetische Konstrukte. Kulturstandards entfalten ihre Wirkung in interaktiven Handlungskontexten. Sie führen zu »kritischen Interaktionssituationen«, wenn sie in der kulturellen Überschneidungssituation handlungswirksam werden und vom Interaktionspartner als nicht erwartungsgemäß erlebt werden. Eigenes und fremdes Verhalten wird aufgrund dieser zentralen Kulturstandards beurteilt und reguliert. Zentrale Kulturstandards regulieren weite Bereiche des Denkens, Wertens und Handelns, wohingegen periphere Kulturstandards nur für bestimmte Situationen bzw. Personengruppen Regelfunktion besitzen. Die individuelle und gruppenspezifische Art und Weise des Umgangs mit zentralen Kulturstandards zur Verhaltensregulation kann innerhalb eines gewissen Toleranzbereichs variieren. Verhaltensweisen, die sich außerhalb der bereichsspezifischen Grenzen bewegen, werden von der sozialen Umwelt abgelehnt und sanktioniert. Kulturstandards, die in einer Kultur von zentraler Bedeutung sind, können in einer anderen Kultur völlig fehlen. Unterschiedliche Kulturen können aber auch ähnliche Kulturstandards aufweisen. Sie können auf unterschiedlichen Hierarchiestufen angesiedelt sein und unterschiedliche Toleranzbereiche aufweisen. Im Alltagsleben sind die Wirkungen von Kulturstandards nicht bewusstseinspflichtig, da die Steuerungsprozesse automatisch ablaufen. Kulturstandards werden gewonnen aus der Analyse und Bewertung als divergent erlebter »kritischer Interaktionssituationen«. Solche »kritischen Interaktionssituationen« finden statt zwischen Personen, die in zwei bestimmten unterschiedlichen Kulturen – zum Beispiel Deutschland und Fremdkultur 1 – sozialisiert worden sind. Deshalb stehen den Interaktionspartnern zur Handlungssteuerung voneinander abweichende, kulturspezifische Orientierungssysteme zur Verfügung. So fehlt zur reibungslosen Verständigung und Kooperation ein ausreichendes, gemeinsam geteiltes Hintergrundwissen. Es ist es möglich, dass analog erscheinende Interaktionssituationen zwischen beispielsweise einem Deutschen und einer Person aus Fremdkultur 2 von letzterer nicht als kritisch erlebt werden, da sich für die Person aus Fremdkultur 2 das Verhalten des Deutschen im Wahrnehmungsbereich kultureller Ähnlichkeit bewegt. Im weiteren Fall ist es jedoch ebenfalls möglich, dass in einander ähnlichen Interaktionssituationen von Personen aus diversen Fremdkulturen dasselbe deutsche Verhalten als kritisch erlebt wird und somit daraus derselbe Kulturstandard für Deutschland abgeleitet wird. Hierbei handelt es sich dann um einen zentralen Kulturstandard. Zentrale Kulturstandards steuern unter ähnlichen situativen und sozialen Bedingungen weite Bereiche des Verhaltens, wohingegen periphere Kulturstandards nur unter spezifischen situativen und sozialen Bedingungen handlungswirksam werden. Zentrale Kulturstandards wandeln sich unter veränderten Lebensbedingungen nur sehr langsam. Periphere Kulturstandards unterliegen einem schnelleren Wandel.

Kulturstandards werden also konstruiert und zwar aus kulturell bedingt kritischen Interaktionssituationen, die mithilfe teilstrukturierter Interviews mit Deutschen, die in einer Zielkultur tätig sind, zum Beispiel als Manager, Fachkräfte, Dozenten, Studenten, Ärzte etc., gewonnen werden. Die Interviews werden im Zielland, also an dem Ort, an dem täglich kritische Interaktionssituationen erlebt werden, geführt. Die Erfahrung hat gezeigt, dass circa 30 Interviews ausreichen, um die Spannbreite kritischer Interaktionssituationen zu erfassen. Mit einer höheren Zahl an Interviewpersonen ist kein nennenswerter Informationszuwachs mehr erreichbar und die Wiederholung ähnlicher Situationen nimmt zu. Die Interviews werden von wissenschaftlichen Experten (Psychologen, Pädagogen) durchgeführt und audiographisch erfasst. Die Texte werden dann transkribiert und mit Blick auf Kulturstandards inhaltsanalytisch ausgewertet. Die Aufgabe des Interviews besteht darin, den Interviewten anzuregen und immer wieder anzuhalten, selbst erlebte oder an anderen beobachtete kritische Interaktionssituationen, die täglich vorkommen können, so handlungsnah wie möglich zu schildern. Sie sollen also nicht angeben, wie die Partner im Zielland sind, wie sie sich anders verhalten, als das in Deutschland üblich ist, sondern genau die Interaktionssituationen schildern mit Bezug auf die Angabe der Ausgangsbedingungen, Ablaufprozesse und Resultate. Der Interview-Leitfaden enthält dazu folgende Anregungen zu Nachfragen:

1. Wie verlief die Begegnungssituation?
2. Beschreiben Sie die Ausgangssituation, Ort und Zeit der Begegnung. Welche Personen waren beteiligt?
3. Welche Handlungsziele wurden verfolgt? Das heißt, wie sollte die Begegnungssituation ablaufen?
4. Welches Verhalten oder welche Reaktion hatten Sie ursprünglich erwartet?
5. Wie endete die Begegnung?
6. Wie häufig haben Sie solche inhaltlich ähnlichen Situationen beobachtet oder erlebt?
7. Was war Ihrer Ansicht nach der Grund für dieses Verhalten bzw. diese Reaktion?
8. Wie haben Sie die Situation gemeistert?
9. Wie haben Sie sich das Verhalten des Interaktionspartners der Zielkultur in diesem Moment erklärt?
10. Welches Verhalten wurde wohl von Ihnen erwartet?
11. Hätte ein Deutscher Ihrer Meinung nach in einer solchen Situation anders reagiert?
12. Welche Überlegungen haben wohl die Personen der Zielkultur angestellt?

Bei 30 interviewten Personen erhält man in der Regel 150 bis 200 kritische Interaktionssituationen, die sich nach Wegfall der Situationswiederholungen auf 50 bis 70 reduzieren lassen. Nach einer redaktionellen Überarbeitung werden die kritischen

Interaktionssituationen Experten aus der Ausgangs- und Zielkultur vorgelegt mit der Bitte, folgende Fragen zu beantworten:

1. Wie erklären Sie sich den Verlauf der Situation?
2. Wie müsste der Deutsche sich in dieser Situation verhalten, damit Missverständnisse vermieden werden?
3. Für wie typisch für Begegnungen in der Zielkultur schätzen Sie die Situation ein?
4. Gibt es bestimmte politische, religiöse oder gesellschaftliche Gründe, die zur Entwicklung dieses spezifischen Denkens und Handelns geführt haben?
5. Können Sie Literatur empfehlen, in der sich etwas über diese Thematik findet?

Von den Experten zur Beurteilung der kritischen Interaktionssituationen sollten sowohl Personen aus der Herkunfts- als auch welche aus der Zielkultur stammen, diese sollten beide Kulturen gut kennen und, wenn möglich, kulturvergleichend geforscht oder gearbeitet haben. Zu diesen »externen« Experten kommen noch die interviewte Person als »interner« Experte für das von ihr erlebte Geschehen, ihre Gedanken, Gefühle und Interpretationen sowie der Auswerter der Interviews als Experte für das gesamte Interviewmaterial, die Interviewsituationen, die Transkription des Materials und die inhaltsanalytische Bearbeitung des von den externen Experten erhobenen Materials. Zudem bringt der Interviewer noch seine wissenschaftliche Expertise als Psychologe oder Pädagoge mit ein. Die Erfahrung zeigt, dass die zwei internen Experten und vier bis zehn externe Experten ausreichen, um für jede kritische Interaktionssituation Beurteilungsmaterial zu gewinnen, aus dem dann mithilfe einer qualitativen Inhaltsanalyse nach Mayring (2003) Kulturstandards zu generieren sind (Thomas, 1999). In Bezug auf ein Zielland lassen sich so in der Regel sechs bis zehn Kulturstandards formulieren, wobei zu jedem Kulturstandard noch einzelne Merkmale angegeben sind, die eine Klärung der zielkulturspezifischen Ausprägung der Kulturstandards ermöglichen. Abbildung 3 zeigt beispielhaft die aus Interviews mit deutschen Managern gewonnenen Kulturstandards für Frankreich.

■ Kurze Charakterisierung der französischen Kulturstandards

■ Indirekter Kommunikationsstil

- Implizite Kommunikation
- Indirektes Äußern von Kritik und informeller Informationswege

■ Personorientierung

- »Complicité« als Basis für Zusammenarbeit und Geschäftsbeziehungen
- Vorrang von Person und Beziehung vor Aufgabenerledigung

■ Autoritätsorientierung

- Externale Autorität
- Machtkonzentration in der Hierarchiespitze

■ Dynamischer Entscheidungsprozess

- Prozesshafter Charakter bei Entscheidungen, Vereinbarungen und Plänen
- Dissensorientierung bei Meetings und Besprechungen

■ Flexibilität

- Flexibilität bei der Umsetzung von Entscheidungen
- Système D (se débrouiller, »sich zu helfen wissen«)

■ Polychrones Zeitverständnis

- Simultanität bei der Aufgabenerledigung
- Flexibler Umgang mit Zeit

■ Nationalstolz

- Ausgeprägtes historisches Bewusstsein und starke nationale Identität
- Hoher Stellenwert der französischen Sprache

Abbildung 3: Kurze Charakterisierung der französischen Kulturstandards (aus Mayr u. Thomas, 2009, S. 169 f.)

In dem gewonnenen Befragungsmaterial lassen sich Anregungen und Informationen finden, mit deren Hilfe versucht werden kann, die Existenz der Kulturstandards und ihrer Entwicklungsgeschichte kulturhistorisch zu beschreiben. Für den französischen Kulturstandard »Autoritätsorientierung« hier folgendes Beispiel:

»Es können mehrere Faktoren gefunden werden, die zur Herausbildung des französischen Autoritätsverständnisses beigetragen haben. Eine zentrale Rolle kommt dabei der Vereinheitlichung und Zentralisierung in Frankreich zu. Frankreich entwickelte sich bereits früh zum Nationalstaat mit starker zentralistischer Ausrichtung. Der Prozess zur Einheitlichkeit vollzog sich vom Zentrum aus und vertiefte sich unabhängig von den jeweils herrschenden politischen Regimen, wobei auch der Zentralismus kontinuierlich verstärkt wurde. Zudem sei auf die besondere Stellung des höfischen Systems hingewiesen. Der absolutistische Königshof bildete das Zentrum dieser höfischen Gesellschaft, in der jeder Höfling aufgrund eines fehlerhaften Verhaltens gegenüber einem Ehrenträger der Staatsmacht seinen Rang in der Hierarchie verlieren konnte und somit völlig abhängig war. So haben sich die Franzosen im Laufe der Jahrhunderte daran gewöhnt, ›von einer mächtigen und fernen Autorität abhängig zu sein, für die die Hauptstadt Paris ebenso symbolisch ist wie in den Unternehmen die Zentrale oder der nur als PDG bezeichnete ›président directeur général‹ (Pateau, 1997, S. 276).

Auf diesem Hintergrund aufbauend lässt sich auch die geringe Verantwortungsübernahme der französischen Angestellten sowie das Entscheidungsverhalten der Hierarchiespitze erklären. Entsprechend der administrativ-zentralistischen Elite im französischen Staat hat in französischen Unternehmen der Président Directeur Général (PDG) und die Vorgesetzten sämtliche Entscheidungsbefugnisse inne und entscheiden über den Gemeinwillen. Daher liegt es in der Verantwortung dieser Elite bzw. des Patron und nicht des Einzelnen, einen Konsens zwischen den Interessen der verschiedenen Individuen und Gruppen zu finden. Der Einzelne gibt die Verantwortung nach oben in die Hierarchie ab. Die Legitimität der Machtausübung sowie die damit verbundene Entscheidungsgewalt durch die französischen Manager (bzw. im Staat durch die Beamten) werden dabei durch ihre weitgehende Herkunft aus den Grandes Ecoles verstärkt. Trotz einiger Kritik findet die Elitenbildung durch die Grandes Ecoles in der französischen Bevölkerung breite Akzeptanz, da sie dem Prinzip der ›raison‹ entspricht und durch einen (zumindest nach außen) höchst rationalen Selektionsmechanismus die zur Führung erforderliche Elite ausfiltert (Ammon, 1994). Des Weiteren liegt die soziale Aufwertung der geistigen, planend-leitenden Arbeit gegenüber der manuell-technischen, ausführenden Tätigkeit im descartesschen Rationalismus begründet« (Mayr u. Thomas, 2007, S. 90 f.).

Die kulturhistorische Verankerung von Kulturstandards ist insofern bedeutsam, weil Kulturstandards nicht einfach so aus dem kollektiven Bewusstsein erwachsen, sondern eine Entwicklungsgeschichte aufweisen. Es gibt in der Geschichte einer jeden Lebensgemeinschaft, Nation, Gesellschaft, aber auch Organisation und Gruppe Herausforderungen, Bedrohungen, Bereicherungen, Handlungsmöglichkeiten und Handlungsgrenzen und zum Überleben notwendige Entwicklungsschritte, die spezifische, kollektiv geteilte Verhaltensregeln, Lebensstile, Denkmuster und Bezugsmaßstäbe erfordern oder als nützlich erscheinen lassen. Diese haben sich dann im Laufe der Zeit im Wettbewerb mit anderen in der sozialen Gemeinschaft auch noch anzutreffenden Welt- und Menschenbildern, Regelwerken und Denkstilen durchgesetzt und werden allmählich von der Mehrzahl als verbindlich angesehen, festgelegt, durchgesetzt und tradiert.

Abbildung 4 zeigt einige Kulturstandards, alle erhoben an deutschen Managern, die in sehr unterschiedlichen Nationalkulturen tätig waren, im Vergleich zu deutschen Kulturstandards, die aus Befragungsmaterial mit ausländischen Partnern über ihre Erfahrungen im Umgang mit deutschen Managern gewonnen wurden.

US-amerikanische KS	**Chinesische KS**	**Italienische KS**
Slate und Schroll-Machl (2009[2])	Thomas, Schenk und Heisel (2008[3])	Neudecker, Siegl und Thomas (2007)
Gleichheitsdenken	Hierarchie	Hierarchieorientierung
Handlungsorientierung	Strategie und Taktik	Familienorientierung
Gelassenheit (easy going)	Gesicht wahren	Identitätsbewusstsein (bella figura)
Leistungsorientierung	soziale Harmonie	Emotionalität
Individualismus	Guanxi-System (Beziehungsnetzwerke)	Beziehungsorientierung
soziale Anerkennung (nice guy)	Bürokratie	
interpersonale Distanzminimierung	Regelrelativismus	flexibler Umgang mit Regeln

Deutsche KS
Schroll-Machl (2007[3])
Sachorientierung
Wertschätzung von Strukturen und Regeln
regelorientierte, internalisierte Kontrolle
Zeitplanung
Trennung von Persönlichkeits- und Lebensbereichen
„schwacher Kontext“ als Kommunikationsstil
Individualismus

Abbildung 4: Kulturstandards (KS) im Vergleich (Interaktionsverhalten von Managern, Fach- und Führungskräften)

Diese Auflistung und Gegenüberstellung von Kulturstandards in Bezug zu Nationalkulturen ist folgendermaßen zu »lesen«: Wenn deutsche Manager, Fach- und Führungskräfte mit Personen aus den USA, China und Italien interagieren und es keine sprachbedingten Verständigungsprobleme gibt, weil einer die Sprache des anderen spricht oder sich beide in einer Fremdsprache unterhalten können, dann werden sie sich oft untereinander problemlos verständigen können. Bei aller Unterschiedlichkeit in Bezug auf Herkunftskultur, individuelle Lebenserfahrungen, berufliche Spezialisierungen etc. wird es genügend Gemeinsamkeiten im beruflichen Kontext geben, die eine wechselseitige Verständigung ermöglichen. Es wird aber auch häufig kulturelle Überschneidungssituationen geben, in denen erwartungswidriges Verhalten auftritt, das bei einem oder bei beiden Partnern zur gleichen Zeit zu Irritationen, Missverstehen, Ratlosigkeit und Verärgerung führt. In solchen Situationen wird das Verhalten von Kulturstandards gesteuert respektive an ihnen ausgerichtet und nach Kulturstandards bewertet, die der handelnden Person in der gegebenen Situation zwangsläufig als unpassend, unangebracht, ineffizient, beleidigend etc. erscheinen müssen. Wenn ein deutscher Manager in China bei einer Erstbegegnung die Interaktionssituation »sachorientiert« strukturiert, während sein chinesischer Partner dieselbe Erstbegegnungssituation im Sinne »sozialer Harmonie« und eines hohen Maßes an »Gesicht wahren« und »Gesicht geben« steuert und kontrolliert und dies auf der Basis entsprechender Erwartungen, Intentionen und Emotionen, sind erwartungswidrige Reaktionen, Missverständnisse, soziale Konflikte und Befürchtungen von Kontrollverlust unvermeidbar. Hinzu kommt, dass die das Interaktionsgeschehen steuernden und begleitenden psychischen Prozesse nicht bewusstseinspflichtig sind. Jeder Partner denkt, urteilt, attribuiert und handelt so, wie er es aufgrund seiner bisherigen Lebenserfahrung und meist kulturspezifischen Sozialisationsgeschichte gewohnt ist und für richtig hält. Eine Sensibilität, ein Bewusstsein und Einverständnis für die Handlungswirksamkeit eigener Kulturstandards und der Kulturstandards auf Seiten des Interaktionspartners, verbunden mit der Fähigkeit zur bewussten Steuerung und Beeinflussung der sich vollziehenden Prozesse bieten die Grundlage und Chance, die kulturellen Überschneidungssituationen produktiv und für beide Seiten zufrieden stellend zu bewältigen. In Abbildung 4 fällt auf, dass manche Kulturstandards in mehreren Ländern auftreten. Es fällt auch auf, dass für die USA und China, aber auch für Italien Kulturstandards genannt sind, von denen jeder Deutsche sagen würde, dass sie auch in Deutschland wichtig und wirksam sind – wie zum Beispiel Gesicht wahren, Handlungsorientierung und Leistungsorientierung. Generell gesehen thematisieren alle hier aufgelisteten Kulturstandardbezeichnungen verhaltensrelevante Steuerungsmerkmale, die in allen Kulturen zu beobachten sind. Das ergibt sich schon aus der Vielzahl an Situationen und Anforderungen bei der Bewältigung von Lebensaufgaben. Hier kommt es auf die Häufigkeit respektive Wahrscheinlichkeit ihres Auftretens an. Wenn Interaktionssituationen in Erstbegegnungskontexten zwischen Deutschen und Chinesen stattfinden, werden von chinesischen Partnern eben mit viel höherer Wahrscheinlichkeit und Intensität Gesicht wahrende und soziale Harmonie fördernde Aktionen erwartet und gestartet, als das bei deutschen der Fall ist. Wenn solche Erstbegegnungen zwischen Deutschen und US-Amerikanern stattfinden, werden seitens der amerikanischen Partner Distanz minimierende Erwartungsinteraktionen in einer Intensität aktiviert, die den deutschen Partner verblüfft, ihn ratlos macht und fragen lässt, womit er so viel unaufgeforderte und spontane Zuwendung verdient hat. Er macht sich dazu Gedanken über die Zukunft der Zusammenarbeit, ist erfreut, dass er so schnell einen »Freund fürs Leben« gewonnen hat. Aber diese Erwartung kann nur in einer herben Enttäuschung enden, denn für Amerikaner gehört dieses Verhaltensmuster zum selbstverständlichen Begrüßungsritual.

Die Abbildung 5 gibt eine Vorstellung davon, wie handlungsrelevant Kulturstandards in verschiedenen Kulturen sein können.

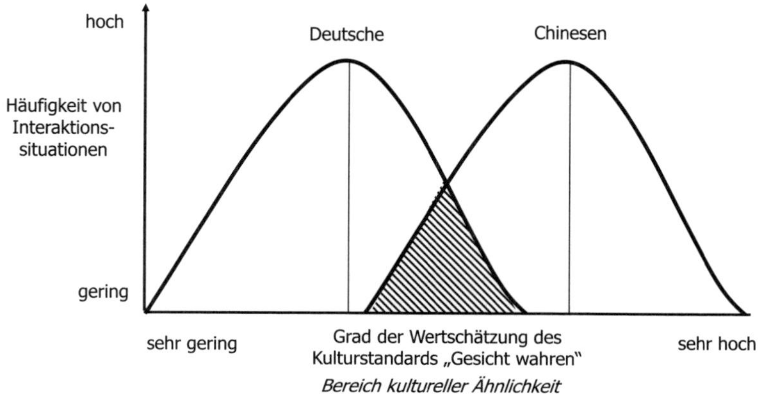

Abbildung 5: Bedeutsamkeit eines Kulturstandards (Gesicht wahren) in zwei Kulturen (Deutschland und China)

Der Kulturstandard »Gesicht wahren« genießt in der chinesischen Kultur einen sehr hohen Stellenwert. Innerhalb Chinas gibt es aber Gruppen und Individuen, für die dieser Kulturstandard extrem hohe Bedeutung hat, und es gibt andere, für die er zwar auch handlungsrelevant ist, aber sehr viel seltener. Jedenfalls von der Mehrzahl der Chinesen wird diesem Kulturstandard in sozialen Interaktionssituationen unter Chinesen und mit Fremden eine weitaus höhere Wertschätzung entgegengebracht, als dies für die Mehrzahl der Deutschen zutrifft. Aber in der Skalenmitte gibt es einen interessanten Bereich kultureller Ähnlichkeit. Dieser wird dann erlebbar, wenn deutsche Manager, die selbst sehr darauf bedacht sind, ihren Geschäftspartnern eine hohe Wertschätzung entgegenzubringen, mit chinesischen Partnern kooperieren, die nach chinesischen Maßstäben diesem Kulturstandard keine so hohe Bedeutung zuerkennen. So ist erklärbar, dass nicht wenige China erfahrene deutsche Manager behaupten die Kulturstandards »Gesicht wahren« und »soziale Harmonie« seien in China keineswegs so verbreitet, wie in Deutschland behauptet wird. Solche Aussagen können sich auch dann ergeben, wenn chinesische Manager sich in der Vorbereitung auf deutsche Partner und deren Kulturstandards einen Verhaltensstil im Umgang mit ihnen angeeignet haben, von dem sie glauben, er sei gegenüber Deutschen angemessen, den sie aber gegenüber ihren Landsleuten nie praktizieren würden, weil er nicht den kulturellen Traditionen der Harmonieorientierung entspricht. Wenn jeder zum Beispiel aufgrund interkultureller Vorbereitungstrainings versucht, sich optimal den Verhaltensgewohnheiten des Partners anzupassen, kann das zu erneuten interkulturellen Missverständnissen aufgrund erwartungswidrigen Verhaltens führen.

Reichweite von Kulturstandards

Kulturstandards werden aus selbst erlebten, authentischen, kulturell bedingt kritischen Interaktionssituationen gewonnen, was zunächst einmal nahelegt, dass sie auch nur auf diese Zielgruppe bezogen sind und nur für sie Gültigkeit beanspruchen können. Untersuchungen mit Interviewstichproben bestehend aus Managern, Sprachdozenten und Studenten in der VR China, Taiwan und Hongkong (Thomas u. Schenk, 1996) und unabhängige Erhebungen an deutschen Studenten und Manager in USA (Hufnagel u. Thomas, 2006, und Slate u. Schroll-Machl, 2009) sowie an deutschen Managern und Entwicklungsexperten in Indien (Mitterer, Mimler u. Thomas, 2006, und Saure, Tillmanns u. Thomas, 2006) haben gezeigt, dass unabhängig von den Zielgruppen die Mehrzahl der erhobenen Kulturstandards identisch ist. Nun werden in den Interviews ja nicht nur kritische Interaktionssituationen aus den Berufs- und Studienfeldern geschildert, sondern auch aus dem Lebensalltag, der ja ein hohes Maß an interkultureller Ähnlichkeit aufweisen könnte. Aber bei einer vergleichenden Analyse im Detail zeigt sich, dass sich die geschilderten Situationen sowohl aus dem Berufsalltag als auch aus dem Lebensalltag zielgruppenspezifisch zwar unterscheiden, aber die daraus generierbaren Kulturstandards zielgruppenübergreifend nahezu identisch sind. In Bezug auf die Erhebungen in der VR China, Taiwan und Hongkong im Jahr 1993 ist anzumerken, dass die Lebens-, Arbeit- und Studiensituationen in diesen drei Regionen zwar sehr unterschiedlich waren, aber auf der Ebene der Kulturstandards eine erstaunlich hohe Übereinstimmung festzustellen ist. Mit diesen Befunden lässt sich begründen, warum es sinnvoll ist, wie in der Definition der Kulturstandards geschehen, zwischen zentralen und peripheren Kulturstandards zu unterscheiden. Die zielgruppen- und regionenübergreifenden Kulturstandards könnte man durchaus als zentrale Kulturstandards bezeichnen. Allerdings beziehen sich Kulturstandards immer auf interaktives Geschehen zwischen Personen aus unterschiedlichen Kulturen. Kulturstandards beschreiben also keine Kultur als Ganzes. Es sind hypothetische Konstrukte, die eine Erklärung dafür liefern, warum Menschen aus unterschiedlichen Kulturen in kulturellen Überschneidungssituationen im kommunikativen und interaktiven Prozessgeschehen unerwartete, fremd erscheinende Interaktionserfahrungen machen. Sie finden dafür keine zutreffenden Erklärungen. Sie sind verunsichert, orientierungslos, bleiben ratlos zurück und brechen gegebenenfalls die Interaktion ab.

Für die Zuverlässigkeit des Verfahrens zur Generierung von Kulturstandards lassen sich zwei mehr zufällig zustande gekommene Forschungsergebnisse anführen. Nach Fertigstellung der Forschungen zur Erfassung von Kulturstandards bei deutschen Manager in Mexiko (Ferres, Meyer-Belitz, Röhrs u. Thomas, 2005) stellte sich heraus, dass unabhängig voneinander zwei weitere Forschergruppen aufbauend auf den Publikationen zum Kulturstandardkonzept (Thomas, 1999; 2003) deutsche Manager in Mexiko interviewt und Kulturstandards entwickelt hatten. Ein Vergleich der Ergebnisse ergab eine achtzigprozentige Übereinstimmung der Kulturstandards. Vergleichbare Befunde zeigten sich auch bei unabhängig durchgeführten Forschungsarbeiten an der Wirtschaftsuniversität Wien zu Kulturstandards in Bezug auf Bulgarien und Österreich. Auch diese Resultate sind ein Beleg für die Stabilität des Kulturstandardkonzepts, insbesondere hinsichtlich der zentralen Kulturstandards.

Es lassen sich aber auch zeit- und entwicklungsbedingte Veränderungen von mehr peripheren respektive zeitgebundenen Kulturstandards nachweisen. Im Jahre 1993 wurden kritische Interaktionssituationen bei deutschen Manager in der VR China erhoben und Kulturstandards generiert, die in der Publikation »Beruflich in China« (Thomas u. Schenk, 2001) in Trainingsmaterialien zur Vorbereitung deutscher Manager auf das Leben und Arbeiten in China eingearbeitet worden. Enthalten darin waren die Kulturstandards: Hierarchie, Gesicht wahren, soziale Harmonie, Guanxi-System, Bürokratie, das Danwei-System, List und Taktik, Etikette. Die Bearbeitung des Materials für die dritte Auflage des Buches (Thomas, Schenk u. Heisel, 2008) ergab folgende Kulturstandards: Hierarchie, Gesicht wahren, soziale Harmonie, Guanxi-System, Bürokratie, Strategie und Taktik, Regelrelativismus.

Das Danwei-System war bis Ende des 20. Jahrhunderts in den chinesischen Staatsbetrieben weit verbreitet. Dazu hieß es in der Publikation von 2001: »Die chinesische ›Danwei‹, Einheit, übernimmt im modernen (kommunistischen) China die Aufgaben, die im traditionellen China von den Familienclans bzw. den Großgrundbesitzern, die kaiserliche Beamtenposten innehatten, wahrgenommen wurden. […] Es läßt sich leicht erkennen, daß viele Elemente der feudalen Verwaltungsstruktur im modernen Danwei-System aufgenommen wurden. Hervorstechendes Merkmal ist hierbei, daß es auch im modernen China v. a. aus politischen Gründen nicht erlaubt ist, untereinander in Kontakt zu treten. […] Die Danwei kümmert sich auch um alle persönlichen Angelegenheiten, die im traditionellen China von der Familie wahrgenommen wurden. Die Danwei-Vorsteher stehen in enger Beziehung zur Partei und zum Amt für öffentliche Sicherheit. So werden auch ganz persönliche Angelegenheiten dort gemeldet, wenn sie irgendwelche politischen Richtlinien verletzen, wie noch vor einigen Jahren der zu häufige Besuch ausländischer Gäste« (Thomas u. Schenk, 2001, S. 33 ff.).

Die Öffnung Chinas für den internationalen Markt, die Konkurrenz der Staatsbetriebe zu ausländischen Joint Ventures und die pragmatische Übernahme westlicher Management- und Unternehmenskonzepte führten dazu, dass das Danwei-System in den chinesischen Betrieben, mit denen deutsche Manager zu tun haben, heute keine Rolle mehr spielt. Zudem ist das in China weit verbreitete Ausnutzen und Schaffen von Gelegenheiten, schnell einen Gewinn zu machen, zum Beispiel bei Verhandlungsschwäche des ausländischen Partners oder Vertragslücken, zwar hier und da noch vorhanden, aber im Begriff zu schwinden. Deshalb heißt es in der dritten Auflage dazu: »Für den heutigen Geschäftsalltag ist vor allem das sich aus den klassischen Überlieferungen ergebende Grundverständnis von Strategien als intellektuelle Herausforderung und nicht als Hinterhältigkeit von Bedeutung. In der klassischen Literatur finden sich zahlreiche Beispiele für ein Ausspielen des Gegners mittels einfallsreicher Listen. Meist beziehen sich die Themen auf den militärischen und kriegerischen Bereich. [...] Das Hauptziel der Verwendung von solchen ›Strategemen‹ (36 Kriegslisten) ist dabei nicht, dem Gegner auf größtmögliche Weise zu schaden, sondern im Gegenteil gerade die Vermeidung von kriegerischen Auseinandersetzungen. Vor allem aber sind List und Taktik nicht zu verstehen als Hinterlist oder übles Intrigantentum, vielmehr muss der Anwender derselben ein moralisch gutes Motiv haben, um im historischen Urteil Gefallen zu finden. Denn auch hier gilt die konfuzianische Ethik mehr als der kurzfristige eigene Vorteil« (Thomas, Schenk u. Heisel, 2008, S. 53).

All dies sind Belege dafür, dass Kulturstandards nicht als völlig statische, unveränderbare kulturspezifische Bezugs- und Urteilsmaßstäbe aufgefasst werden dürfen, sondern als – mal mehr, mal weniger – sich über die Zeiten und sich wandelnde gesellschaftliche Anforderungen hinweg veränderbare Größen.

Handlungswirksamkeit von Kulturstandards

Die Handlungswirksamkeit von Kulturstandards kann unter verschiedenen Gesichtspunkten betrachtet werden. Die Abbildung 6 gibt einen Überblick über das Prozessgeschehen von den Voraussetzungen zur Wahrnehmung und Interpretation einer kulturellen Überschneidungssituation und ihrer Merkmale bis hin zum Handeln. Vieles von dem, was in diesem Prozessablauf auf allen beteiligten psychischen Ebenen geschieht, ist noch wenig erforscht. Das Meiste läuft so automatisiert ab, dass es dem Handelnden nicht bewusst wird und er so auch keine Steuerungsmöglichkeiten zur Verfügung hat, oft nicht einmal in der Lage ist, das Prozessgeschehen zu beschreiben und noch viel weniger zu verstehen.

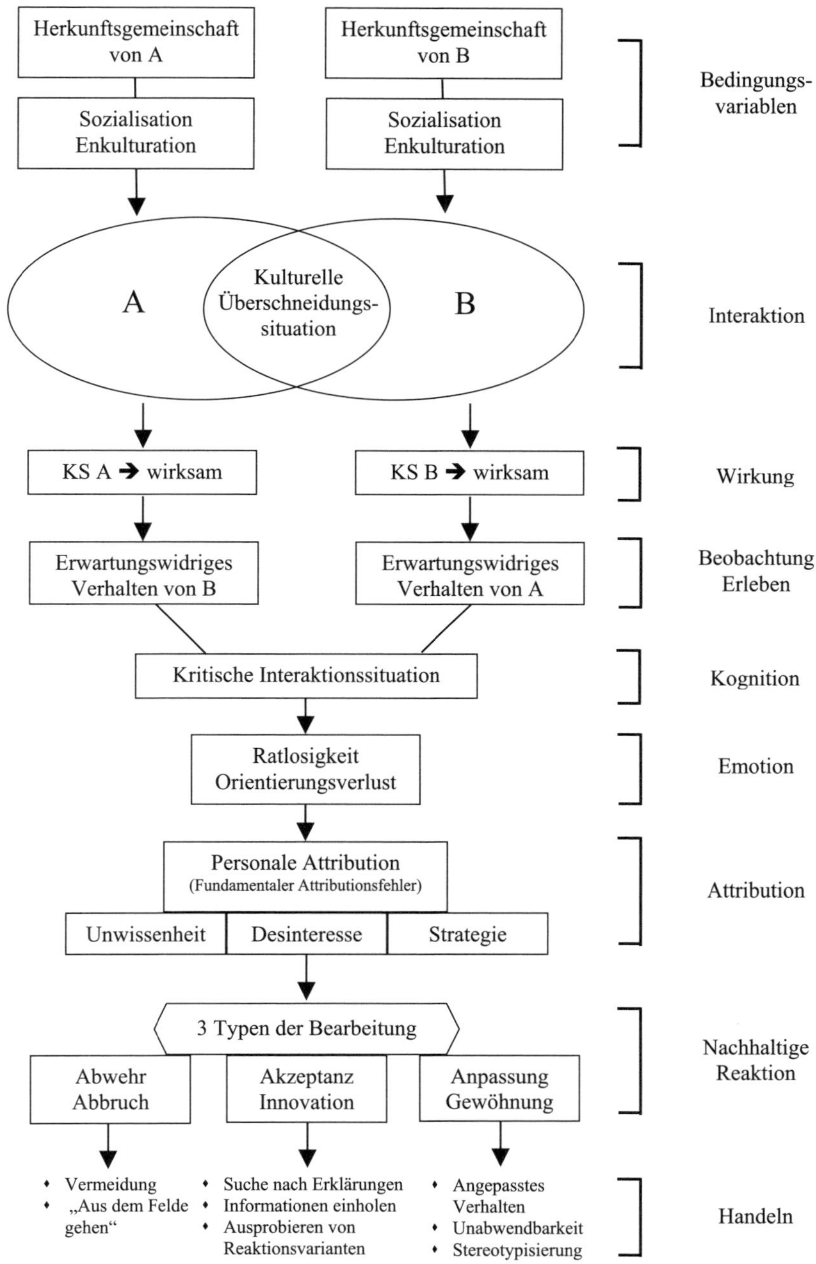

Abbildung 6: Handlungswirksamkeit von Kulturstandards (KS)

Die Handlungswirksamkeit von Kulturstandards beginnt schon mit dem, was in der kulturellen Überschneidungssituation stattfindet, wenn nämlich für beide Interaktionspartner die Aufgabe besteht, dem anderen eine Bedeutung zuzuschreiben, sich mit ihm zu beschäftigen und Hypothesen, Prognosen und Erwartungen bezüglich seiner Intentionen, Motive und Handlungen anzustellen. Da dies alles entsprechend der »Hypothesentheorie der sozialen Wahrnehmung« (Lilli, 1984) zunächst einmal nicht davon bestimmt wird, was tatsächlich interaktiv passiert, sondern von dem, was aus den bisherigen Lebenserfahrungen an kulturellen Determinanten verfügbar ist, wirken hier bereits Kulturstandards handlungsbestimmend.

Das Interaktionsgeschehen ist in seiner Gesamtheit für jeden Partner beeinflusst von den eigenen und den fremden Kulturstandards. Eine kritische Interaktion kommt zwar aus Sicht des Handelnden dadurch zustande, dass beim Partner erwartungswidriges Verhalten zu beobachten ist, aber erwartungswidrig ist das nur deshalb, weil er selbst auf der Grundlage seiner Kulturstandards in der gegebenen Situation vom Partner ein anderes Verhalten erwartet hat. Ein Verständnis für dieses wechselseitige Prozessgeschehen ist nur dadurch zu gewinnen, dass die Partner sich der Handlungswirksamkeit ihrer eigenen kulturell geprägten Orientierungsmuster und der ihres Partners bewusst sind. Hierzu passt gut die Erkenntnis des chinesischen Kriegsphilosophen (ca. 500 v. Chr.) Sun Tsu (1997): »Nur wer den Gegner und sich selbst gut kennt, kann in 1000 Schlachten siegreich sein«, wobei es am schwersten ist, eine ausreichend differenzierte Selbsterkenntnis zu gewinnen.

Weiterhin wirken die Kulturstandards auch auf der Ebene der Attribution, also der Ursachen- und Merkmalszuschreibungen, die völlig automatisch ablaufen und ein erstes Verständnis dafür erzeugen, was passiert. So wird die Frage schnell geklärt, ob das unerwartete Verhalten durch die Person selbst oder durch spezielle personunabhängige Umstände verursacht ist. Im Rahmen interkultureller Begegnungen wird die unerwartete, fehlerhafte Reaktion bevorzugt auf die Person attribuiert. Sie wird als unerfahren, unwissend oder desinteressiert erlebt oder als jemand angesehen, der sich aus taktischen Gründen so »unpassend« verhält, meist um einen zu provozieren oder bewusst zu verunsichern.

Schließlich sind auch drei Verarbeitungstypen und die sich daraus ergebenden Handlungen durch Kulturstandards beeinflusst. *Abwehr/Abbruch* als Verarbeitungsstrategie bedarf vor sich selbst und vor anderen der Rechtfertigung und die wird aus den eigenen kulturellen Bezugsmaßstäben gewonnen. Die *Gewöhnung* an die erwartungswidrigen Verhaltensweisen vollzieht sich nicht durch einen bewusst gefassten Beschluss, wie dies beim Abbruch der Fall ist, sondern ist ein schleichender Prozess, der stark davon lebt, dass unerwünschte Verhaltensweisen den Interaktionspartnern angelastet werden. Ein dazu passender typischer Ausspruch lautet: »Chinesen sind nun einmal unberechenbar, undurchschaubar, durchtrieben und voller List und Tücke, so dass man nie weiß, woran man ist!« Tatsächlich aber kann man sich auch daran gewöhnen. Im Falle der Bereitschaft, den Partner so, wie er sich verhält, zu *akzeptieren*, ihm Wertschätzung entgegenzubringen und sich auf die Suche zu machen, ihn zu verstehen – wenn auch nicht, um so zu werden wie er, das wäre vermessen und würde zu Verhaltensweisen führen, die einen der Lächerlichkeit preisgäben. Wenn man versucht, das Verhalten des Partners aus dessen kulturspezifischem Orientierungssystem, dessen Kulturstandards heraus zu verstehen, dann kann man den Wert hinsichtlich der kulturellen Erfahrungen und Eigenarten, die der Partner mit einbringt, besser erfassen und abschätzen. Man kann davon das eine oder andere übernehmen und man kann sachgerechter einschätzen, wann Inkompatibilitäten auftreten und wie man mit ihnen umzugehen hat.

Schließlich hat sich die Orientierung an Kulturstandards in interkulturellen Trainings bewährt. Sie sind Werkzeuge zum Verständnis derart kritisch erlebter und im Training nachvollzogener Interaktionssituationen mit ausländischen Partnern.

Konsequenzen

Inzwischen wurde eine Fülle von Forschungsarbeiten zur Kulturstandardthematik durchgeführt und es hat sich gezeigt, dass mit der hier beschriebenen Methode Kulturstandards erhoben werden können, dass sie relativ stabil sind und zielgruppenübergreifend interaktives Handeln beeinflussen. In Bezug auf die genannte Definition von Kulturstandards ist allerdings noch eine Reihe von forschungsrelevanten Fragen offen. Hier einige Beispiele:

1. Wie lassen sich zentrale Kulturstandards, die relativ stabil und zielgruppen- und kulturregionenübergreifend wirken, von peripheren Kulturstandards unterscheiden?
2. Wie lassen sich Toleranzbereiche, innerhalb deren Grenzen Abweichungen von Kulturstandards zugelassen sind, feststellen und beschreiben?
3. Es wäre noch zu prüfen, inwieweit das Kulturstandardkonzept auch für die Erfassung und Erklärung von kulturbedingt kritischen Interaktionssituationen zwischen Menschen aus unterschiedlichen Subgruppen innerhalb einer Nationalkultur geeignet ist, zum Beispiel zwischen den Geschlechtern, Vorgesetzten und Mitarbeitern, Technikern und Marketingexperten, Lehrern und Schülern, jungen und alten Menschen, Journalisten und Politikern.
4. Wie wirken sich Kenntnisse über die Handlungswirksamkeit von Kulturstandards auf das interaktive Verhalten in Alltagssituationen aus?

Neben grundlagenwissenschaftlichen Fragen an die Forschung lassen sich auch Konsequenzen aus anwendungswissenschaftlicher Sicht benennen. Hier einige Beispiele:

1. Es hat sich gezeigt, dass das Kulturstandardkonzept sehr gut geeignet ist, gemeinsam mit dem Culture-Assimilator-Trainingskonzept verbunden zu

werden (Thomas, 2007). Es gibt dafür inzwischen eine Fülle von bestätigenden Erfahrungen aus der Trainingspraxis und aus anwendungsbezogenen Publikationen (z. B. die Reihe: »Handlungskompetenz im Ausland«, hrsg. von Alexander Thomas im Verlag Vandenhoeck & Ruprecht mit über 35 Bänden »Beruflich in …«). In diesem Trainingsmaterial zur Vorbereitung auf den beruflichen Einsatz in spezifischen Zielländern werden für jeden Kulturstandard drei bis vier kulturbedingt kritische Interaktionssituationen präsentiert, dann vier alternative mehr oder weniger zutreffende Deutungen über das unerwartete Verhalten des deutschen Partners, dann zu jeder Deutung eine nähere Erläuterung, aus der hervorgeht, welche Bedeutung der jeweiligen Deutung zur Klärung und zum Verständnis der Situation zukommt. Anschließend folgt ein Vorschlag, wie das entstandene Interaktionsproblem gelöst werden kann. Nach der Bearbeitung der drei bis vier kritischen Interaktionssituationen zu jedem Kulturstandard folgt ein Text zur kulturhistorischen Verankerung des in den Situationen handlungswirksam werdenden Kulturstandards. Es wäre dringend nötig, dieses Trainingskonzept mit alternativen Trainingskonzepten vergleichend auf seine Wirksamkeit hin zu überprüfen.

2. Eine Evaluationsstudie im Rahmen des bereits angesprochenen Forschungsprojekts »Handlungswirksamkeit zentraler Kulturstandards in der Interaktion zwischen Deutschen und Chinesen« hat gezeigt, dass nach einem Training mit dem Culture-Assimilator- und dem Kulturstandardkonzept im konkreten Arbeitseinsatz im Zielland zunächst nicht die Kulturstandards erinnert werden, sondern die Ähnlichkeit der aus dem Training bekannten Situationen mit den gerade im konkreten Kontext erlebten Situationen. Dies führte dazu, dass Wissensbestände und im Training erworbene Erkenntnisse sofort in einem eher ganzheitlichen Zusammenhang präsent sind, gleichsam wie ein Skript wirksam werden. Unter Skript versteht man eine im Langzeitgedächtnis verankerte Wissensstruktur, die standardisierte Abfolgen von Verhalten, Ereignissen, Situationen und Zuständen umfasst, wodurch es dem Handelnden möglich ist, auch in komplexen Situationskontexten sofort und ohne erneutes Inspizieren, Erkunden, Abwägen, Ertasten den gegebenen Bedingungen entsprechend zu handeln (z. B. Begrüßungsskript, Kritik-üben-Skript, Konfliktlösungsskript). Das so gespeicherte und vernetzte Wissen dient der Orientierung in häufig auftretenden Situationen. Das Skriptkonzept betrifft die individuelle, kognitive Repräsentation sozialer Situationen und kann als kohärente Sequenz »von Ereignissen definiert werden, die ein Individuum erwartet und in der es als Teilnehmer oder Beobachter in eine bestimmte Situation involviert ist. Wenn man Rollenmuster als Skripte ansieht, so gelangt hier auch wieder die Perspektive eines vorgefertigten, kulturell verfestigten Verhaltensmusters in den Vordergrund. Skripte wie Rollen umfassen Handlungsanweisungen [sic], die zu mehr oder weniger automatischem Verhalten führen« (Fischer u. Wieswede, 2002, S. 463 f.; auch Schwarz, 1985).

Interessant wären weitere Evaluationsstudien zum Aufspüren der Ablaufprozesse und zum Nachweis, wie kritische Interaktionssituationen als Trainingsmaterial und Kulturstandards in ihrer Handlungswirksamkeit im Culture-Assimilator-Training vermittelt kognitiv so verarbeitet werden, dass sie in der konkreten Lebens- und Arbeitssituation zur Orientierung sofort zur Verfügung stehen.

3. Forschungen zur Analyse der Orientierungsfunktion von Kulturstandards, besonders mit Blick auf die eigenen und die von fremden Partnern, zur Bewältigung kulturspezifischer Überschneidungssituationen wären nützlich zur Qualifizierung von Trainingsangeboten.

Literatur

Boesch, E. E. (1980). Kultur und Handlung – Eine Einführung in die Kulturpsychologie. Bern: Huber.

Ferres, R., Meyer-Belitz, F., Röhrs, B., Thomas, A. (2005). Beruflich in Mexiko. Trainingsprogramm für Manager, Fach- und Führungskräfte (2. Aufl.). Göttingen: Vandenhoeck & Ruprecht.

Fiedler, F. E., Mitchell, T., Triandis, H. C. (1971). The culture assimilator: An approach to cross-cultural training. Journal of Applied Psychology, 55 (2), 95–102.

Fischer, L., Wieswede, G. (2002). Grundlagen der Sozialpsychologie (2. überarb. und erw. Aufl.). München; Wien: R. Oldenbourg Verlag.

Flanagan, J. C. (1954). The critical incident technique. Psychological Bulletin, 51 (4), 327–358.

Hofstede, G. (1997). Cultures and Organizations. Software of the Mind. New York: McGraw-Hill.

Hofstede, G. (2001). Lokales Denken, globales Handeln, Kulturen, Zusammenarbeit und Management. München: dtv.

Hufnagel, A., Thomas, A. (2006). Leben und studieren in den USA. Trainingsprogramm für Studenten, Schüler und Praktikanten. Göttingen: Vandenhoeck & Ruprecht.

Kroeber, A. L., Kluckhohn, C. (1952). Culture: A critical review of concepts and definitions. Cambridge, MA: Peabody Museum.

Krüger-Potratz, M. (2005). Interkulturelle Bildung. Eine Einführung (= Lernen für Europa, 10). Münster: Waxmann.

Lewin, K. (1963). Feldtheorie in den Sozialwissenschaften. Bern: Huber.

Lilli, W. (1984). Die Hypothesentheorie der sozialen Wahrnehmung. In D. Frey, M. Irle (Hrsg.), Theorien der Sozialpsychologie. Bd. 1: Kognitive Theorien (S. 19–46). Bern: Huber.

Mayr, S., Thomas, A. (2009). Beruflich in Frankreich. Trainingsprogramm für Manager, Fach- und Führungskräfte. Göttingen: Vandenhoeck & Ruprecht.

Mayring, P. (2003). Qualitative Inhaltsanalyse. Grundlagen und Techniken. 8. Auflage. Deutscher Studien Verlag: Weinheim.

Mitterer, K., Mimler, R., Thomas, A. (2006). Beruflich in Indien. Trainingsprogramm für Manager, Fach- und Führungskräfte. Göttingen: Vandenhoeck & Ruprecht.

Neudecker, E., Siegl, A., Thomas, A. (2007). Beruflich in Italien. Trainingsprogramm für Manager, Fach- und Führungskräfte. Göttingen: Vandenhoeck & Ruprecht.

Pateau, J. (1997). Management. In R. Picht (Hrsg.), Fremde Freunde. Deutsche und Franzosen vor dem 21. Jahrhundert (S. 271–279). München: Piper.

Saure, I. K., Tillmans, A., Thomas, A. (2006). Entwicklungszusammenarbeit in Indien. Trainingsprogramm für Fach- und Führungskräfte. Nordhausen: Verlag Traugott Bautz.

Schroll-Machl, S. (2007). Die Deutschen – Wir Deutschen. Fremdwahrnehmung und Selbstsicht im Berufsleben (3. Aufl.). Göttingen: Vandenhoeck & Ruprecht.

Schwarz, N. (1985). Theorien konzeptgesteuerter Informationsverarbeitung in der Sozialpsychologie. In D. Frey, M. Irle (Hrsg.), Theorien der Sozialpsychologie, Bd. III (S. 269–291). Bern u.a.: Verlag Huber.

Slate, E., Schroll-Machl, S. (2009). Beruflich in den USA. Trainingsprogramm für Manager, Fach- und Führungskräfte (2. Aufl.). Göttingen: Vandenhoeck & Ruprecht.

Sun Tsu (1997). Wahrhaft siegt, wer nicht kämpft. Die Kunst der richtigen Strategie (4. Aufl.). Freiburg: Baker.

Thomas, A. (1999). Kultur als Orientierungssystem und Kulturstandards als Bauteile. In Institut für Migrationsforschung und Interkulturelle Studien (Hrsg.), IMIS-Beiträge 10/1999 (S. 91–130). Bramsche: Rasch Druckerei und Verlag GmbH.

Thomas, A. (2003). Kultur und Kulturstandards. In A. Thomas, E.-U. Kinast, S. Schroll-Machl (Hrsg.), Handbuch Interkulturelle Kommunikation und Kooperation. Bd. 1: Grundlagen und Praxisfelder (S. 19–31). Göttingen: Vandenhoeck & Ruprecht.

Thomas, A. (2007). Probleme interkulturellen Verstehens – Konfliktsituationen zwischen Deutschen und Ostasiaten. Taipei: Tamkang University Press.

Thomas, A., Schenk, E. (1996). Abschlußbericht zum Forschungsprojekt »Handlungswirksamkeit zentraler Kulturstandards in der Interaktion zwischen Deutschen und Chinesen«. Universität Regensburg: Unveröffentlichtes Manuskript.

Thomas, A., Schenk, E. (2001). Beruflich in China. Trainingsprogramm für Manager, Fach- und Führungskräfte. 1. Auflage. Göttingen: Vandenhoeck & Ruprecht.

Thomas, A., Schenk, E., Heisel, W. (2008). Beruflich in China. Trainingsprogramm für Manager, Fach- und Führungskräfte (3. überarb. und erw. Aufl.). Göttingen: Vandenhoeck & Ruprecht.

Triandis, H. C. (1989). Intercultural Education and Training. In P. Funke (Ed.), Understanding the USA – A Cross-Cultural Perspective (pp. 305–322). Tübingen: Gunter Narr Verlag.

Hede Helfrich-Hölter

Kultur und Zeit

Dimensionen kultureller Zeit

Alle Kulturen verfügen über einen Zeitbegriff. Naturereignisse und wichtige Lebensabschnitte werden zeitlich eingeordnet, Arbeitstätigkeiten werden zeitlich koordiniert, und das Sprachverhalten weist zeitliche Muster auf. Doch wie Oswald Spengler in seinem »Untergang des Abendlandes« schreibt, unterscheiden sich die Kulturen voneinander hinsichtlich der gefühlten Bedeutung, die sie intuitiv mit der Zeit verbinden (»dem gefühlten Sinne der Zeit nach unterscheiden sich die einzelnen Kulturen«; Spengler, 1998, S. 170). Die Bedeutungen zeigen sich nicht nur in Vorstellungen und Denkweisen, sondern manifestieren sich auch in der Strukturierung alltäglicher Lebens- und Arbeitsabläufe. Häufig treten sie nicht offen zutage, sondern eher folgen sie ungeschriebenen Regeln – auch als »stumme Sprache« bezeichnet (Hall, 1959; Hall u. Hall, 1990). Die Unkenntnis dieser ungeschriebenen Regeln gibt in internationalen Geschäftsbeziehungen zu vielen Missverständnissen und Friktionen Anlass (siehe Brislin u. Kim, 2003; Fink u. Meierewert, 2004).

Vier grundlegende Dimensionen sind es, auf denen die Bedeutung und Interpretation der Zeit in den verschiedenen Kulturen variieren kann: die *Zeitvorstellung*, der *Zeithorizont*, der *Zeitumgang* und die *Zeitwahrnehmung*. Die *Zeitvorstellung* bezieht sich auf die kulturell geteilten mentalen Konzepte über Verlauf und Struktur der Zeit. Der *Zeithorizont* rekurriert auf die individuelle Zeitperspektive, die das gegenwärtige Verhalten mit zukünftigen Zielen verbindet. Der *Zeitumgang* bezieht sich auf die handlungsmäßige Strukturierung der Zeit im Arbeitsleben und der Freizeit. Die *Zeitwahrnehmung* umfasst die Fähigkeit, Sprech- und Bewegungsabläufe zu koordinieren, aber auch kürzere von längeren Zeitdauern zu unterscheiden.

Zeitvorstellung

In allen Kulturen finden sich Vorstellungen über den Verlauf der Zeit, selbst wenn sich diese nicht immer in entsprechenden sprachlichen Bezeichnungen, sondern nur in beobachtbaren Handlungsmustern niederschlagen (Antweiler, 2007). Die Art der Vorstellung kann jedoch verschieden sein. Vor allem zwei Aspekte sind es, hinsichtlich derer sich die Kulturen unterscheiden: Der Zeitverlauf kann zyklisch oder linear repräsentiert sein, und unterschiedliche Zeitpunkte können abstrakt oder konkret eingeordnet werden.

Zyklischer versus linearer Zeitverlauf

Der Zeitverlauf lässt sich symbolisch durch einen Kreis als Wiederkehr des ewig Gleichen oder durch einen Pfeil als Fortschreiten ohne Wiederkehr darstellen. Im ersten Fall spricht man von einer »zyklischen«, im zweiten von einer »linearen« Vorstellung. Die zyklische Zeit orientiert sich an rhythmischen Naturabläufen wie Tag und Nacht, Sommer und Winter usw. und kennzeichnet archaische Gesellschaftsformen (Eliade, 1953) sowie die Religionssysteme des Hinduismus und Buddhismus (Nakamura, 1968).

Die Vorstellung von einer linearen Zeit in teleologisch geprägter Zukunftsrichtung geht religionsgeschichtlich auf die monotheistischen Systeme wie Judentum und Christentum zurück und ist eng verbunden mit dem westlichen Fortschrittsgedanken. Aber auch dem Konfuzianismus ist eine lineare Zeitauffassung eigen, im Unterschied zum westlichen Denken entfaltet sich die Zeit jedoch »bidirektional«, das heißt, die Vorstellung ist sowohl zukunfts- als auch vergangenheitsbezogen (Hofstede, 2001, S. 241 f.).

In der Regel lässt sich keine Kultur konsistent einem bestimmten Ausprägungsmuster zuordnen. Obwohl in den westlichen Kulturen die Vorstellung einer linearen Zeit dominiert, gibt es Lebensbereiche, die von der zyklischen Zeit geprägt sind (Antweiler, 2007), so wie etwa die Feste des christlichen Kirchenjahres oder die Weihnachtsfeiern im Betrieb. Werden Personen aus westlichen Kulturen aufgefordert, ein vergangenes Ereignis zeitlich zu lokalisieren, spiegeln die Angaben häufig eher eine zyklische Zeit wider: Die Personen wissen noch die Tageszeit, aber nicht mehr das Datum oder den zeitlichen Abstand zur Gegenwart (siehe Friedman, 1990).

Konkrete versus abstrakte Zeit

In traditionellen Kulturen sind zeitliche Unterteilungen eng mit beobachtbaren Ereignissen wie beispielsweise Flussüberschwemmungen oder Mondzyklen verknüpft. Die an unterschiedliche Ereignisse gebundenen Zeitangaben werden oftmals untereinander nicht zur Deckung gebracht. Im Unterschied zu dieser als »konkret« bezeichneten Zeitauffassung, der so genannten »Ereigniszeit«, ist eine als »abstrakt« bezeichnete Auffassung, die so genannte »Uhrzeit«, dadurch charakterisiert, dass die Zeiteinheiten – zum Beispiel Minute, Stunde oder Woche – weitgehend losgelöst von Umweltereignissen existieren und untereinander kompatibel sind (siehe Friedman, 1990). In manchen Ländern (z. B. Indien) beschränkt sich die abstrakte Zeitauffassung auf die urbanen Industriezentren, während in den ländlichen Gegenden die Ereigniszeit dominiert (siehe Srivastava, 2010).

Zeithorizont

Alle Menschen haben Vorstellungen über ihre eigene Lebenszeit, über ihre gegenwärtige Tätigkeit und über ihre zukünftigen Ziele. Diese subjektive Zeitvorstellung, die die Gegenwart mit der Zukunft und vielleicht auch mit der Vergangenheit verbindet, wird als »Zeithorizont« (Ebert u. Piehl, 1973) oder auch als »Zeitperspektive« (Lee u. Liebenau, 1999; Zimbardo u. Boyd, 1999) bezeichnet. Obwohl der Zeithorizont subjektiv insofern ist, als er sich auf das eigene Leben des Individuums bezieht, ist die Art des Zeithorizontes charakteristisch für die jeweilige Kultur (Helfrich, 1996).

Der Zeithorizont steht in enger Beziehung zur Leistungsorientierung (Jones, 1988), die allgemein als Form zielgerichteten Handelns definiert wird. Während das Verhalten immer in der Gegenwart ausgeführt wird, weisen die Ziele auf einen Punkt in der Zukunft hin. Bezogen auf die Gegenwart kann dieser Punkt »proximal« (»nah«) oder »distal« (»fern«) sein. Das gegenwärtige Verhalten kann in unterschiedlichem Ausmaß auf die zukünftigen Ziele ausgerichtet sein. Als zielgerichtet oder »instrumentell« werden solche Verhaltensweisen angesehen, von denen der Handelnde erwartet, dass sie bestimmte von ihm erwünschte Konsequenzen nach sich ziehen. Den Gegensatz dazu bilden »expressive« (Jones, 1988, S. 34) oder »spontane« Verhaltensweisen, die um ihrer selbst willen oder zur Pflege sozialer Beziehungen ausgeführt werden und nicht deswegen, um ein Sachziel zu erreichen. Die expressiv orientierte Zeiteinstellung soll sich vor allem in Agrargesellschaften entwickelt haben, wo in gemeinschaftlichen Bräuchen die Zeit zur Stärkung der sozialen Harmonie eingesetzt wurde. Die instrumentelle Einstellung wird demgegenüber als typisch für industrielle Gesellschaften erachtet, wo die Zeit zu einer knappen Ressource wird, die effektiv genutzt werden muss (siehe Jones, 1988).

Berücksichtigt man sowohl die Art des Verhaltens als auch die Art des Ziels, lässt sich der Zeithorizont als Punkt in einem Koordinatensystem darstellen, dessen eine Achse durch die Art des Verhaltens und die andere durch die Art des Ziels gebildet wird. Nimmt man die Ausprägungen auf beiden Subdimensionen als dichotom an – also instrumentell versus expressiv und proximal versus distal – ergeben sich »vier Typen des Zeithorizonts« (siehe Helfrich, 1996, S. 106). Abbildung 1 zeigt diese vier Typen.

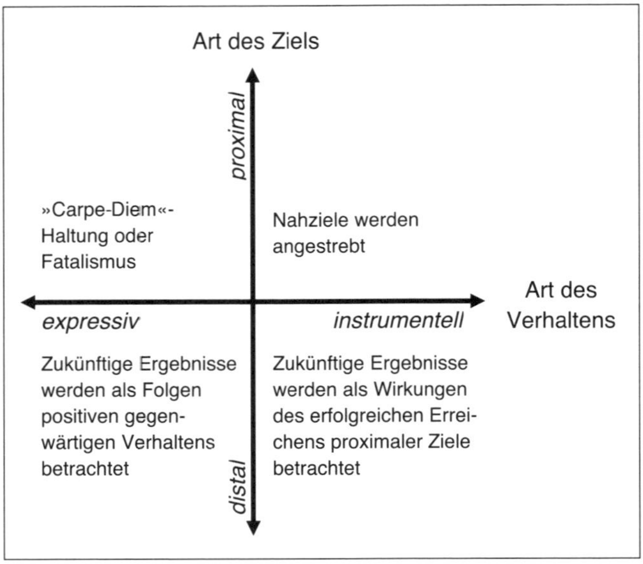

Abbildung 1: Ein Modell des Zeithorizonts

Der eine Extremtypus (oberer linker Quadrant in Abbildung 1) ist durch kurzfristige Ziele und expressives Verhalten charakterisiert, dies kann sich entweder in Form einer »Carpe-Diem«-Haltung (Helfrich, 1996, S. 107) oder als Fatalismus (Shirai, 1996) äußern. Ein Beispiel für eine Carpe-diem-Haltung wäre etwa, wenn jemand meint, dass die gegenwärtige Freude das Hauptziel im Leben sein sollte. Ein Beispiel für Fatalismus wäre, wenn jemand der Meinung ist, dass sowieso alles anders kommt, als man denkt.

Der entgegengesetzte Typus (unterer rechter Quadrant in Abbildung 1) zeichnet sich sowohl durch distale Ziele als auch instrumentelle Verhaltensweisen aus. Die Gegenwart wird der Zukunft gänzlich untergeordnet. Eine solche Orientierung gilt als typisch für westliche Kulturen, also Kulturen amerikanischer und europäischer Prägung, und wird häufig im Sinne Max Webers als »protestantische Ethik« bezeichnet (Helfrich, 1996, S. 107; Hui, 1991, S. 191). Entsprechend dieser Ethik hat der Mensch gelernt, gegenwärtige Belohnungen zugunsten zukünftiger Ziele aufzuschieben. Gleichzeitig ist er selbst verantwortlich für das Erreichen bzw. Verfehlen dieser zukünftigen Ziele (siehe Beck, 2003).

Eine extreme Zukunftsorientierung ist allerdings nur dann rational, wenn das Individuum die Gewissheit hat, dass seine gegenwärtigen Handlungen mit hoher Wahrscheinlichkeit auf sein zukünftiges Schicksal Einfluss haben. So gesehen mag es in manchen Kulturen oder in Zeiten wirtschaftlichen Umbruchs von höherer Rationalität zeugen, wenn proximale Ziele angestrebt werden und ein Verhalten ausgeführt wird, das instrumentell in Bezug auf diese proximalen Ziele ist (oberer rechter Quadrant in Abbildung 1), als wenn das Verhalten auf weit entfernte Ziele ausgerichtet wird.

Auf den ersten Blick scheint die Kombination von expressivem Verhalten und distalen Zielen (linker unterer Quadrant in Abbildung 1) einen Widerspruch zu beinhalten. Dieser ist aber nur scheinbar: Die entsprechende Haltung beinhaltet die Überzeugung, dass ein gegenwärtig als positiv bewertetes Verhalten als Konsequenz auch eine positive Zukunft zur Folge hat. Diese Art des Zeithorizonts wird bisweilen als »konfuzianische Ethik« bezeichnet und scheint typisch für manche östlichen Gesellschaften zu sein (Helfrich, 1996, S. 107 f.). Trotz langfristiger Ziele hat das gegenwärtige Verhalten seinen eigenen intrinsischen Wert. Dieser besteht im Wesentlichen in der Errichtung und Aufrechterhaltung harmonischer Beziehungen. Gleichzeitig damit verbunden ist aber das Vertrauen, dass das richtige Verhalten in der Gegenwart auch eine harmonische Zukunft sichert, also eine Gelassenheit in Bezug auf die Zukunft, die in Kontrast zu der Ungeduld steht, die aus der Haltung der protestantischen Ethik resultiert.

Shirai (1996) fand unter japanischen Jugendlichen im Vergleich zu belgischen Gleichaltrigen eine Dominanz »konfuzianischer« im Vergleich zur »protestantischen« Ethik vor, gleichzeitig war aber bei den japanischen Jugendlichen im Vergleich zu den belgischen Gleichaltrigen der Anteil proximaler Zielorientierung höher.[1] Man kann aufgrund dieser Befunde jetzt allerdings nicht entscheiden, ob sich damit generell ein gesellschaftlicher Wandel andeutet oder ob dieser Befund die relativ ungesicherte Zukunft in Japan reflektiert.

Zeitumgang

Während sich der Zeithorizont auf die individuelle Lebensperspektive bezieht, betrifft der Zeitumgang die Zeitvorgaben und die Zeitpraxis im alltäglichen sozialen Leben. In allen Kulturen existieren Normen darüber, was »pünktlich« und was »zu spät«, was »sofort« und was »später« bedeutet (z. B. Gupte, 2009). Normen gibt es auch darüber, ob verschiedene Dinge gleichzeitig getan werden dürfen oder ob eine Verrichtung nach der anderen abgearbeitet werden muss, das heißt, nur ein Ding pro Mal getan werden darf. Zwei verschiedene Facetten des Zeitumgangs lassen sich unterscheiden: die Zeiteinteilung und das soziale Tempo. Die beiden Facetten sind in den verschiedenen Kulturen nicht immer gleichsinnig ausgeprägt: Während das soziale Tempo stark vom Grad der Industrialisierung und dem Grad der Urbanisierung abhängt, scheinen Unterschiede in der Zeiteinteilung eng verbunden mit der Unterscheidung zwischen westlichen und nichtwestlichen Kulturen.

1 Shirai verwendet andere Bezeichnungen, inhaltlich lassen sich jedoch die von ihm identifizierten Typen der Zeitorientierung den hier beschriebenen zuordnen.

Zeiteinteilung

Bei der Ausführung von Arbeitstätigkeiten lässt sich eine eher »monochrone« mit einer eher »polychronen« Arbeitsweise kontrastieren (Hall, 1959; Hall u. Hall, 1990; Trompenaars, 2006). Bei ersteren besteht eine Präferenz zur sukzessiven Abarbeitung von Einzeltätigkeiten sowie eine Tendenz zur strikten Einhaltung einmal gesetzter Termine, während bei letzteren meistens mehrere Tätigkeiten gleichzeitig ausgeführt und Termine flexibel gehandhabt werden (siehe Tabelle 1).

Tabelle 1: Monochrone versus polychrone Zeiteinteilung

Monochronizität	Polychronizität
Aufgaben werden sukzessiv abgearbeitet.	Mehrere Dinge werden gleichzeitig getan.
Termine und Zeitpläne werden strikt eingehalten.	Flexibler Gebrauch von Terminen und Zeitplänen.
Unterbrechungen werden vermieden.	Unterbrechungen werden in Kauf genommen.
Pünktlichkeit ist wichtig.	Pünktlichkeit hängt von der Beziehung ab.

Ein polychroner Zeitumgang galt lange Zeit als Charakteristikum kollektivistisch geprägter Länder, da hier im Sinne des »Harmoniestrebens« Unterbrechungen der gerade ausgeübten Tätigkeit und flexible Terminhandhabung zu Gunsten sozialer Einschiebsel eher in Kauf genommen werden als in individualistisch orientierten Ländern (siehe Yamaguchi, 1994; Hofstede, 2001). Aber auch im Westen ist ein polychroner Zeitumgang in Abhängigkeit von Tätigkeit, Geschlecht und persönlicher Neigung anzutreffen (siehe Helfrich, 2010) und sogar im Wachsen begriffen (siehe Nonis, Teng u. Ford, 2005). Die Zunahme scheint jedoch weniger am Bedürfnis nach sozialer Harmonie als vielmehr am Wunsch nach Effizienzsteigerung orientiert zu sein. Diese lässt sich – nachdem die Beschleunigungsmechnismen eines monochronen Zeitgebrauchs ausgeschöpft sind – nur noch dadurch erzielen, dass man mehrere Dinge in Form eines »Multitasking« simultan erledigt. Die neuen Informations- und Kommunikationstechnologien wie Mobiltelefon, Videokonferenzschaltungen oder gleichzeitig geöffnete Computerfenster ermöglichen und bestärken eine solche »Zeitverdichtung«. Dabei muss allerdings darauf hingewiesen werden, dass »Multitasking« nicht mit »Polychronie« gleichzusetzen ist (Leonard, 2008). Tatsächlich handelt es sich im Unterschied zu »Multitasking« bei der Polychronie nicht um die simultane Ausführung mehrerer Tätigkeiten, sondern eher um ein kurzfristiges Wechseln zwischen verschiedenen Tätigkeiten, so dass neuerdings zwischen »polychronicity« und »polytasking« unterschieden wird (siehe Palekar u. Glazer, 2010).

Soziales Tempo

Kulturelle Normen existieren auch darüber, wie lange bestimmte Arbeiten oder Verrichtungen dauern müssen bzw. dürfen. Sich an ein solches kulturelles »Lebenstempo« in einem fremden Land anzupassen, ist oft sehr schwer (siehe Levine, 2005). Menschen mit langsamem Lebensrhythmus fühlen sich unter Druck gesetzt, wenn sie mit anderen zusammentreffen, die an ein schnelleres Tempo gewöhnt sind. Umgekehrt werden Menschen auch nicht ruhiger, wenn sie sich von anderen in ihrem Tatendrang gebremst fühlen.

Levine und Wolff (1985; siehe Levine, 1996) haben in Groß- und Mittelstädten von sechs Ländern (England, Italien, Indonesien, Japan, Taiwan und USA) das soziale Tempo mit Hilfe von drei Maßen bestimmt: der durchschnittlichen Fußgängergeschwindigkeit, der Genauigkeit der Bankuhren und der Dauer eines Briefmarkenkaufs am Postschalter. Die Maße korrelierten untereinander ziemlich hoch. Das soziale Tempo hängt, wie man sich vorstellen kann, stark von der Größe der Stadt ab: In Großstädten geht es hektischer zu als in Klein- oder Mittelstädten. Aber es gibt auch beträchtliche Unterschiede zwischen den verschiedenen Ländern. Bei dem Sechs-Länder-Vergleich ergab sich das höchste soziale Tempo in Japan, das geringste in Indonesien (siehe Levine, 1996).

Soziales Tempo und Wohlbefinden

Wie zu erwarten, korreliert das soziale Tempo nicht nur mit dem Grad der Urbanisierung und dem Grad der Industrialisierung, sondern auch mit der Höhe des Wohlstands eines Landes. Abbildung 2 illustriert den Zusammenhang zwischen dem Rangplatz eines Landes hinsichtlich des sozialen Tempos (nach Levine, 2005) und dem Wohlstand, gemessen als Bruttonationaleinkommen pro Kopf. Paradoxerweise steigt auch das subjektive Wohlbefinden mit zunehmendem sozialem Tempo (Garhammer, 2002), obwohl man doch vermuten könnte, dass ein höheres Tempo mit höherem Zeitdruck und dadurch ausgelöstem Stressempfinden einhergeht.

Gleichzeitig ist aber Schnelllebigkeit auch mit einem hohen Gesundheitsrisiko verbunden. Dies geht aus einer Studie hervor, in der in 36 Städten der USA sowohl das soziale Tempo (anhand der Fußgängergeschwindigkeit, der Arbeitsgeschwindigkeit und der Sprechgeschwindigkeit) als auch die Herzinfarktrate ermittelt wurde (siehe Levine, 2005). Es zeigte sich, dass die Städte im Nordosten Amerikas sowohl die höchste Lebensgeschwindigkeit als auch die höchste Herzinfarktrate aufwiesen. Der insgesamt gefundene statistisch signifikante Zusammenhang zwischen sozialem Tempo und Herzinfarktrate ($r = .5$) blieb selbst dann bestehen, wenn man die Daten um Alterseffekte bereinigte.

Aber gilt dieser Zusammenhang überall auf der Welt? Dem widerspricht, dass es in der Sechs-Länder-Studie keinen Zusammenhang zwischen Herzinfarktrate und sozialem Tempo gab. Japan, das Land mit dem höchsten sozialen Tempo, hat

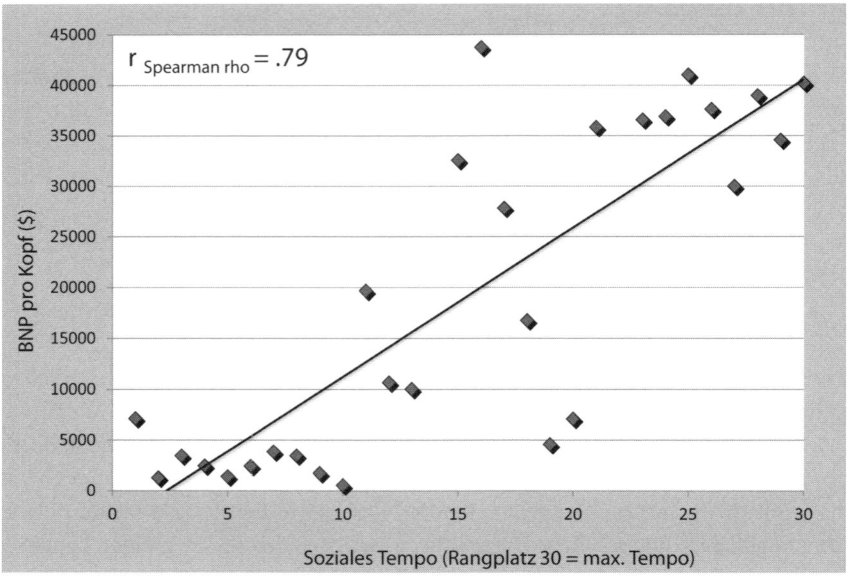

Abbildung 2: Soziales Tempo und Wohlstand (Levine, 2005, sowie http://www.studentsoftheworldinfo /infopays/rank/PNBH2.html [17.10.08])

nach den Unterlagen der Weltgesundheitsorganisation von 54 industrialisierten Ländern sogar die niedrigste Herzinfarktrate.

Einen Hinweis zur Erklärung der widersprüchlichen Ergebnisse liefern Befunde über Japaner, die in den USA leben: Japaner, die amerikanisch erzogen wurden, wiesen eine fast dreimal so hohe Herzinfarktrate auf wie Japaner, die in Familien aufgewachsen waren, die die traditionellen japanischen Sitten beibehalten hatten (siehe Levine, 1996). Fragebogenuntersuchungen (siehe Levine, 1996) brachten weiteren Aufschluss. Sie zeigten, dass in den USA ein hohes Tempo eine ganz andere Bedeutung hatte als in Japan. In den USA rief hohes Tempo die Konnotationen »Konkurrenz«, »Feindseligkeit« und »Ärger« hervor. Dagegen war in Japan hohes Tempo eher mit dem Gedanken an harte Arbeit verknüpft, was nicht im Widerspruch zu gegenseitiger Kooperation und sozialer Harmonie stand. Die soziale Harmonie könnte die Grundhaltung sein, die den zersetzenden Effekt der hohen Lebensgeschwindigkeit entschärft.

Zeitwahrnehmung

Vergeht die Zeit, wie Shakespeare sagt, »bei verschiedenen Menschen verschieden schnell?« Zunächst ist festzuhalten, dass es einen Zeit-»Sinn«, also ein Sinnesorgan, das als Rezeptor für die Zeit dienen könnte, nicht gibt (Grondin, 2001). Ebenso wenig gibt es einen direkten physikalischen Reiz, der eine Zeitempfindung hervorrufen könnte. Wenn wir trotzdem von Zeit-»Wahrnehmung« oder Zeit-»Empfinden« sprechen, so ist dies eher metaphorisch zu verstehen (Friedman, 1990). Es handelt sich also bei der Zeit-»Wahrnehmung« immer nur um eine Zeit-»Schätzung«. Wie aber werden die Schätzungen vorgenommen?

Naheliegend ist die Annahme biologischer Rhythmen als Zeitgeber. Tatsächlich kommt auch eine ganze Reihe von periodisch ablaufenden biologischen Vorgängen als »Taktgeber« in Frage. Beispiele solcher »Rhythmen« sind Puls und Atmung oder der Wach-Schlaf-Zyklus. Am besten erforscht ist der so genannte *zirkadiane* Rhythmus, dessen Periode sich über ungefähr einen Tag erstreckt und auch in Abwesenheit von Umweltreizen wie Sonnenstand oder Helligkeit in etwa erhalten bleibt. Erstaunlich ist aber, dass er durch »sozial angereicherte« Zeitgeber wie zum Beispiel Gongschläge, die als Handlungsaufforderungen erlebt werden, stark beeinflusst werden kann: Der »innere« Tag kann durch soziale Hinweisreize subjektiv gedehnt oder gestaucht werden (Sorokin, Maksimov u. Jermain, 2000).

Völlig andere Mechanismen scheinen wirksam zu werden, wenn es sich um Zeitschätzungen im Minuten-, Sekunden- oder gar Millisekundenbereich handelt (Rammsayer, 2003). Man kann sich nun fragen, ob kulturell geprägte Unterschiede im sozialen Tempo auch mit Unterschieden in der Zeitschätzung im Kurzzeitbereich einhergehen. Zu erwarten wäre, dass bei einem höheren sozialen Tempo im Vergleich zu einem niedrigeren sozialen Tempo die Dauer des »Jetzt« sich verkürzt und das »Später« früher einsetzt, das heißt, dass bereits sehr kurze Zeitunterschiede als solche erkannt werden. Dieser Frage wurde in einer eigenen Untersuchung durch einen Vergleich zwischen Studenten in Tokyo – als einer Stadt mit hohem sozialen Tempo – und Studenten in Regensburg – als einer Stadt mit gemäßigtem sozialem Tempo – nachgegangen (Helfrich, 1996). Hierzu wurden den Probanden kurze Klangsignale vorgespielt, die aus zwei unterschiedlichen Tonbewegungen bestanden. Der zweite Ton konnte hierbei deckungsgleich mit dem ersten einsetzen oder auch bis zu 50 Millisekunden verzögert. Ein paar Millisekunden sind übrigens durchaus von praktischer Bedeutung: Jede Millisekunde zählt, wenn das Gehirn mit enormem Tempo den Sinn gesprochener Sprache entschlüsseln muss.

In einem ersten Versuch sollten die Probanden hinterher angeben, ob die beiden Töne gleichzeitig oder hintereinander erklungen waren. Der Verdacht war, dass die Japaner den zweiten Ton schon bei einem sehr viel geringeren Zeitverzug als »später« erkennen würden, während die Deutschen ihn immer noch als »gleichzeitig« empfänden. Das Jetzt sollte also in Japan schneller vergehen und das Später früher anfangen als in Deutschland. Tatsächlich bedurfte es einer geringeren

Zeitverzögerung bei den Japanern, wenn sie entscheiden mussten, ob die beiden Töne gleichzeitig oder nacheinander erklungen waren. Dies könnte als Beleg dafür genommen werden, dass das vorherrschende soziale Tempo sich tatsächlich im subjektiven Zeitempfinden widerspiegelt.

Aber in einem zweiten Versuch zeigte sich etwas ganz Erstaunliches. Mussten nämlich die einzelnen Klangsignale wahrnehmungsmäßig ohne Benutzung von sprachlichen Bezeichnungen Sprache voneinander unterschieden werden, verschwand der Vorsprung der Japaner und kehrte sich sogar leicht ins Gegenteil um. Die Ergebnisse besagen, dass zwar subjektiv das Später bei den Japanern früher einsetzt, dass aber die grundlegende Wahrnehmungsfähigkeit nicht besser ist. Man kann also den vorläufigen Schluss wagen, dass Unterschiede im vorherrschenden sozialen Tempo zwar mit Unterschieden im subjektiven Zeiterleben einhergehen, nicht aber die grundlegenden Prozesse der zeitlichen Unterscheidungsfähigkeit affizieren. Die kulturellen Prägungen überlagern jedoch die biologische Zeit insofern, als sie unterschiedliche Bewertungen von gleichen Wahrnehmungsleistungen mit sich bringen. Möglicherweise erhöht ein höheres soziales Lebenstempo die Aufmerksamkeit für zeitlichen Wandel und gleichzeitig die Bereitschaft, diesen Wandel auch zu konstatieren.

Ausblick

Die Zeit stellt ein gutes Beispiel für den Antagonismus zwischen gewachsener kultureller Tradition und fortschreitender Globalisierung dar. In weiten Teilen ökonomischen Handelns hat sich lange Zeit die westlich geprägte »lineare Zeit-Metapher« (Hassard, 1966; siehe Helfrich-Hölter, 2005) als verbindliche Norm durchgesetzt. Sie ist durch eine vom Fortschrittsgedanken getragene lineare Zeitvorstellung, einem aus der protestantischen Ethik gewachsenem Zeithorizont, durch monochrone Zeiteinteilung, strikte Einhaltung von Terminen und hohe Arbeitsgeschwindigkeit charakterisiert. Das Scheitern zahlreicher Joint Ventures zeigt aber, dass eine einfache Übertragung westlicher Zeitstrategien in andere Kulturkreise nicht ohne Weiteres möglich ist. Auch hat sich herausgestellt, dass der Zeitumgang entsprechend dem linearen Muster bzw. der protestantischen Arbeitsethik nicht unter allen Bedingungen am effektivsten sein muss. Möglicherweise stellt sich wirtschaftlicher Erfolg nur dann ein, wenn die organisatorischen Zeitstrukturierungen und -normierungen im Einklang mit den individuellen Empfindungen bezüglich der Zeit stehen (Francis-Smythe u. Robertson, 2003).

Selbst im Westen wird das lineare Zeitkonzept neuerdings infrage gestellt. Kern der Kritik ist, dass es bei den mit dem Einzug moderner Informationstechnologien verbundenen Veränderungen von Arbeitsstrukturen und in Zeiten wirtschaftlicher Instabilität nicht flexibel genug ist, um sich an kurzfristige Änderungen anzupassen

(Brislin u. Kim, 2003). Bei zu gründlicher zeitlicher Strukturierung der Arbeitshandlungen führen selbst kleine Störungen der lang- und kurzfristigen Planung leicht zu Frustrationen, die ihrerseits die Arbeitserledigung stark behindern (siehe Strohschneider, 2001). Umgekehrt können kollektivistische Zeitmuster durch die mit ihnen verbundene soziale Unterstützung dazu beitragen, durch Termindruck und Arbeitstempo hervorgerufene Belastungen abzufedern (Gevers, van Eerde u. Rutte, 2001; Levine, 2005).

Während Zeitvorstellungen, Zeithorizont und Zeitumgang durch starke kulturelle, wirtschaftspolitische und auch individuelle Variationen gekennzeichnet sind, scheint dies nicht in gleicher Weise für elementare Prozesse der Zeitwahrnehmung zu gelten. Hier scheint es biologische Konstanten zu geben, die dem Bereich menschlicher Universalien zuzuordnen sind. Bisher ist allerdings noch wenig erforscht, inwieweit die elementaren Wahrnehmungsprozesse durch die kulturell vermittelten Zeitvorstellungen und Zeitumgangsmuster überlagert werden. Erste Befunde legen nahe, dass die kulturellen Muster zwar nicht die elementaren Wahrnehmungsprozesse affizieren, wohl aber die Bewertung der resultierenden Wahrnehmungsergebnisse beeinflussen.

Literatur

Antweiler, C. (2007). Was ist den Menschen gemeinsam? Über Kultur und Kulturen. Darmstadt: Wissenschaftliche Buchgesellschaft.

Beck, U. (2003). Risikogesellschaft. Auf dem Weg in eine andere Moderne. Frankfurt a. M.: Suhrkamp.

Brislin, R. W., Kim, E. S. (2003). Cultural diversity in people's understanding and uses of time. Applied Psychology: An International Review, 52, 363–382.

Ebert, R. J., Piehl, D. (1973). Time horizon: A concept for management. California Management Review, 15, 35–41.

Eliade, M. (1953). Der Mythos der ewigen Wiederkehr. Düsseldorf: Diederichs.

Fink, G., Meierewert, S. (2004). Issues of time in international, intercultural management. East and Central Europe from the perspective of Austrian managers. Journal for East European Management Studies, 9, 61–84.

Francis-Smythe, J. A., Robertson, I. T. (2003). The importance of time congruity in the organisation. Applied Psychology: An International Review, 52, 298–321.

Friedman, W. (1990). About time: Inventing the fourth dimension. Cambridge, MA: MIT Press.

Garhammer, M. (2002). Pace of life and enjoyment of life. Journal of Happiness Studies, 3, 217–256.

Gevers, J. M. P., van Eerde, W., Rutte, C. G. (2001). Time pressure, potency, and progress in project groups. European Journal of Work and Organizational Psychology, 10, 205–221.

Grondin, S. (2001). From physical time to the first and second moments of psychological time. Psychological Bulletin, 127, 22–44.

Gupte, N. (2009). »Yes, Sir! Immediately«: The relation of Indian employees to time at workplace. Vortrag auf der Tagung »Time management in Germany and Russia« in Nizhny Novgorod (Russ. Föderation), September 2009.

Hall, E. T. (1959). The silent language. New York: Doubleday.

Hall, E. T., Hall, M. R. (1990). Understanding cultural differences: Germans, French and Americans. Yarmouth: Intercultural Press.

Hassard, J. (1966). Images of time and work in organisation. In S. R. Clegg, C. Hardy, W. R. Nord (Eds.), Handbook of organisation studies (pp. 581–598). London: Sage.
Helfrich, H. (1996). Psychology of time from a cross-cultural perspective. In H. Helfrich (Ed.), Time and mind (pp. 105–120). Seattle: Hogrefe & Huber Publishers.
Helfrich, H. (2010). Temporal orientation in work context: How Germans manage time. Vortrag auf dem 20. Kongress der International Association of Cross-cultural Psychology (IACCP), Melborne, Australien, Juli 2010.
Helfrich-Hölter, H. (2005). The hidden horizon: Socio-political implications of time in organizations. Information Bulletin NIC SENEX, Oct. 2004–June 2005, 83–88.
Hofstede, G. (2001). Lokales Denken, globales Handeln : Interkulturelle Zusammenarbeit und globales Management (2. Aufl.). München: Deutscher Taschenbuch-Verlag.
Hui, C. H. (1991). Work attitudes, leadership styles, and managerial behaviors in different cultures. In R. W. Brislin (Ed.), Applied cross-cultural psychology (pp. 186–207). Newbury Park, CA: Sage Publications.
Jones, J. M. (1988). Cultural differences in temporal perspectives. In J. E. McGrath (Ed.), The social psychology of time (pp. 21–38). Newbury Park, CA: Sage Publications.
Lee, H., Liebenau, J. (1999). Time in organizational studies: Towards a new research direction. Organization Studies, 20, 1035–1058.
Leonard, K. M. (2008). A cross-cultural investigation of temporal orientation in work organizations: A differentiation matching approach. International Journal of Intercultural Relations, 32, 479–492.
Levine, R. V. (1996). Cultural differences in the pace of life. In H. Helfrich (Ed.), Time and mind (pp. 119–142). Seattle: Hogrefe & Huber Publishers.
Levine, R. V. (2005). Eine Landkarte der Zeit. Wie Kulturen mit Zeit umgehen (11. Aufl.). München: Piper.
Levine, R. V., Wolff, E. (1985). Social time: The heartbeat of culture. Psychology Today, March, 28–35.
Nakamura, H. (1968). Time in Indian and Japanese thought. In J. T. Fraser (Ed.), The voices of time (pp. 77–91). New York: Braziller.
Nonis, S. A., Teng, J. K., Ford, C. W. (2005). A cross-cultural investigation of time management practices and job outcomes. International Journal of Intercultural Relations, 29, 409–428.
Palekar, A., Glazer, S. (2010). Polytasking and job-related stress among Asian Indians and Non-Asian Indians. Vortrag auf dem 20. Kongress der International Association of Cross-Cultural Psychology (IACCP), Melborne, Australien, Juli 2010.
Rammsayer, T. (2003). Sensory and cognitive mechanisms in temporal processing elucidated by a model system approach. In H. Helfrich (Ed.), Time and mind (pp. 97–114). Seattle: Hogrefe & Huber Publishers.
Shirai, T. (1996). Unterschiede in der Zeitorientierung bei belgischen und japanischen Jugendlichen. In G. Trommsdorff, H. J. Kornadt (Hrsg.), Gesellschaftliche und individuelle Entwicklung in Deutschland (S. 289–298). Konstanz: Universitäts Verlag.
Sorokin, A. A., Maksimov, A. L., Jermain, J. (2000). Human circadian rhythm synchronization by social timers: The role of motivation: IV. Individual features of the free-running 24-hour sleep–wake cycle under simulated conditions of vital activity. Human Physiology, 26 (1), 41–47.
Spengler, O. (1998). Der Untergang des Abendlandes. München: C. H. Beck.
Srivastava, B. N. (2010). Perception and managment of time: Perspective from India. Vortrag auf dem 20. Kongress der International Association of Cross-Cultural Psychology (IACCP), Melborne, Australien, Juli 2010.
Strohschneider, S. (2001). Kultur – Strategie – Denken: Eine indische Suite. Bern: Huber.
Trompenaars, F. (2006). Riding the waves of culture: Understanding cultural diversity in business (2nd ed.). London: Brealey.
Yamaguchi, S. (1994). Collectivism among the Japanese: A perspective from the self. In U. Kim, H. C. Triandis, C. Kağitçibaşi, S.-C. Choi, G. Yoon (Eds.), Individualism and collectivism (pp. 175–188). Thousand Oaks, CA: Sage.
Zimbardo, P. G., Boyd, J. N. (1999). Putting time in perspective: A valid, reliable individual-differences metric. Journal of Personality and Social Psychology, 77, 1271–1288.

Ulrike Schwegler

Vertrauen in interkulturellen Kooperationsbeziehungen

Einführung

Alexander Thomas zeigte im Rahmen seines Aufenthaltes an der Katholischen Universität Atma Jaya in Jakarta/Indonesien auf, dass Vertrauen gerade in interkulturellen Kooperationen ein zentraler Erfolgsfaktor ist: Ohne Vertrauen ist der nachhaltige Erfolg internationaler Kooperationen infrage gestellt. Wem es gelingt, Vertrauen zu seinen lokalen Kooperationspartnern aufzubauen, der steht im Wettbewerbsvorteil. Vertrauen wird damit zu einem *Make-or-break*-Faktor und entscheidet demnach über Erfolg und Misserfolg in kulturübergreifenden Kooperationen.

In Anbetracht der zentralen Bedeutung von Vertrauen für den nachhaltigen Erfolg kultur- und grenzüberschreitender Kooperationen sollte angenommen werden können, dass ein konstruktives Vertrauensmanagement für die Akteure von vorrangiger Bedeutung ist. Im Kontrast zu dieser Annahme verdeutlichen und zeigen die Erfahrungen zahlreicher internationaler Fach- und Führungskräfte jedoch, dass der Aufbau und Erhalt von vertrauensbasierten Beziehungen gerade in interkulturellen Kooperationen enormen Herausforderungen unterliegt: Wird dem eigenkulturellen Kooperationspartner tendenziell eher ein Vertrauensvorschuss gewährleistet, muss sich der fremdkulturelle Partner diesen Vorschuss erst erarbeiten und seine Vertrauenswürdigkeit erst einmal unter Beweis stellen. Vertrauen wird speziell unter kulturübergreifenden Kooperationsbedingungen in vielen Fällen als besonders risikoreich, wenn nicht als unmöglich, erachtet.

Unter welchen Bedingungen und Voraussetzungen ist es dennoch möglich, Vertrauen in unsichereren und risikoreichen Situationen zu fremdkulturellen Partnern aufzubauen? Welche Einflussfaktoren fördern bzw. beeinträchtigen eine konstruktive Vertrauensentwicklung? Angeregt durch die Diskussionen mit Alexander Thomas und unterstützt durch dessen Inputs fand eine Auseinandersetzung mit diesen Fragen statt, deren Annäherung im vorliegenden Artikel dargelegt wird.

Das Konzept Vertrauen

Angesichts der aktuellen Brisanz von Vertrauen ist es nicht verwunderlich, dass sich diverse Disziplinen mit dem Thema Vertrauen beschäftigen. Entsprechend liegen vielfältige, teils inkompatible Ansätze zur Konzipierung von Vertrauen vor. Auch wenn bislang kein Konsens erzielt wurde, gilt die Definition von Rousseau, Sitkin, Burt und Camerer dennoch als weitgehend anerkannt: »Trust is a psychological state comprising the intention to accept vulnerability based upon positive expectations of the intentions of behavior of another« (1998, S. 395). Als psychologischer Zustand impliziert Vertrauen positive Erwartungen gegenüber dem Vertrauensgeber und die Bereitschaft, sich verletzbar zu machen. Die positiven Erwartungen beziehen sich auf die wahrgenommene Integrität des Vertrauensnehmers, die wahrgenommenen Fähigkeiten und fachlichen Kompetenzen sowie das wahrgenommene Wohlwollen (Mayer, Davis u. Schoorman, 1995). Diese Konzipierung von Vertrauen basiert auf einer individuellen und einer relationalen Komponente, die sowohl die Charakteristika des Vertrauensgebers und des Vertrauensnehmers als auch die Beziehung zwischen den beiden Parteien berücksichtigt.

Relevanz von Vertrauen in interkulturellen Kooperationsbeziehungen

Die Fähigkeit, Vertrauen zu generieren, wird in der Literatur zunehmend als kritischer Faktor für den langfristigen, nachhaltigen Erfolg angesehen (Dyer u. Chu, 2003; Tomlinson u. Mayer, 2006). Vertrauen in Organisationen beeinflusst die Arbeitszufriedenheit, das »organisational citizenship behavior« sowie die Effektivität von Teams (Chiaburu u. Audrey, 2008). In interorganisationalen Kooperationen reduziert Vertrauen die Transaktionskosten, führt zu einem Wettbewerbsvorteil und festigt die Beziehungen zwischen den Firmen (Doney, Cannon u. Mullen, 1998).

Auch wenn Vertrauen kein Allheilmittel ist und zunehmend auch die kritischen Effekte von Vertrauen thematisiert und untersucht werden (siehe u. a. Gillespie u. Dietz, 2009), zeigt sich die hohe Relevanz von Vertrauen gerade auch für interkulturelle Kooperationen als besonders virulent. Die steigende Internationalisierung und zunehmende Interdependenz zwischen konkurrierenden und kulturfremden Firmen sowie die Veränderungen in organisationalen Strukturen wie zum Beispiel internationales Projektmanagement, temporäre Teams und virtuelle Projektgruppen erfordern von immer mehr Akteuren die Fähigkeit, unbekannte Situationen mit unbekannten und fremdkulturellen Kooperationspartnern effektiv zu gestalten. Solche sich ständig verändernde Situationen erfordern Vertrauen.

Als Reaktion auf die Anforderungen durch die sich rasch ändernden internationalen Bedingungen unternehmerischer Aktivitäten öffnet sich in der organisationalen Praxis eine Schere zwischen dem Anspruch und der dem Vertrauen zugesprochenen Relevanz einerseits und andererseits der Herausforderung, Vertrauen in alltäglichen, interkulturellen Kooperationssituationen tatsächlich aufzubauen. So geht es zunächst darum zu analysieren, durch welche spezifischen Bedingungen Vertrauen gerade in unsicheren Kontexten beeinflusst wird.

Bedingungen von Vertrauen in interkulturellen Kontexten

Unterliegt Vertrauen in interkulturellen Kontexten spezifischen bzw. anderen Bedingungen als in monokulturellen Kontexten? Vertrauen als relationales Konzept, ob interkulturell oder monokulturell generiert, basiert auf der Norm der Reziprozität (Osterloh u. Weibel, 2006; Zand, 1977). Ein Akteur investiert in die Beziehung, zahlt quasi auf ein imaginäres Konto ein und erwartet, dass sich die Investition auszahlen wird. Wie jedoch entsteht die Gewissheit, dass sich die Investition lohnen wird?

Die überwiegende Zahl der empirischen Forschungsarbeiten, die sich mit Vertrauen und Kultur beschäftigen, wählt einen kulturvergleichenden Ansatz. Empirisch belegte Bedingungen von Vertrauen in interkulturellen Kontexten liegen daher erst vereinzelt vor (Saunders, Skinner, Gillespie, Dietz u. Lewicki, 2010; Schwegler, 2009). Allgemein gesprochen, auch für den monokulturellen Kontext, gilt jedoch *Interdependenz* und *Risiko* als konstitutiv für eine Situation des Vertrauens (Lewis u. Weigert, 1985). Ohne eine gewisse Abhängigkeit des eigenen Wohls von den Handlungen und Entscheidungen anderer Akteure würde es keinen Bedarf an Vertrauen geben.

In vertrauensrelevanten Situationen und Beziehungskonstellationen ist Risiko an das Problem der Information und das Problem der Zeit gebunden (Luhmann, 2000). Ein Vertrauensgeber wird stets mit einem gewissen Informationsdefizit konfrontiert sein. Speziell in unbekannten Kooperationskonstellationen ist es nahezu unmöglich, vollständige Informationen über die Motive, Kompetenzen oder Charakteristika eines Interaktionspartners einzuholen. Das Zeitproblem ist eng an das Informationsdefizit gekoppelt. Da Vertrauen nach Luhmann (2000) stets in die Zukunft gerichtet ist, bedarf es der *Überziehung der Informationen* aus der Vergangenheit, auf deren Basis eine Bestimmung der Zukunft gewagt werden kann.

Gerade in interkulturellen Kooperationssituationen ist die Fähigkeit zur Überziehung der Informationen problematisch und die Basis, auf der eine zuverlässige Bestimmung der Zukunft gewagt werden könnte, brüchig (siehe Smith u. Schwegler, 2010). Die Akteure sind mit den Spielregeln der fremden Kultur nicht vertraut. Die Zeichen und Symbole, die eingesetzt werden, um Vertrauen aufzubauen und um Vertrauenswürdigkeit sowohl zu signalisieren als auch zu entschlüsseln, unterliegen einer unbekannten *Grammatik* sozialen Handelns. Thomas (2005) zeigt auf, welche Voraussetzungen gegeben sein müssen, um vertrauensrelevante Zeichen und Symbole adäquat verstehen und signalisieren zu können:

»Dazu bedarf es interkultureller Handlungskompetenz, d. h. der Fähigkeit im Bewusstsein der eigenkulturellen Modalitäten des Aufbaus und Erkennens vertrauensbildender Handlungen die fremdkulturellen Modalitäten zu erkennen, als eigenständig und der Wertschätzung würdig anzuerkennen und auf dieser Basis vertrauensbildend und vertrauensinterpretierend den Interaktionsprozess zu gestalten« (Thomas, 2005, S. 42). Die Gestaltung der Vertrauensbeziehung zu fremdkulturellen Partnern unterliegt somit einer aktiven und interkulturell kompetenten Gestaltung der Beziehung.

Giddens (1996) führt den Begriff des *aktiven Vertrauens* ein, um zu verdeutlichen, dass Vertrauen in unbekannten Situationen und zu unbekannten Personen einem aktiven Investitionsprozess unterliegt: »Bekanntheit ist der Schlüssel zu Vertrauen« (Giddens, 1996, S. 153). In der Interaktion mit dem Fremden muss ein Prozess des Vertrautwerdens stattfinden, wobei das Unbekannte und Fremde in das bereits Bekannte und Vertraute integriert wird.

Ähnlich wie Giddens unterstreicht auch Hardin (2001) das aktive Handeln als konstitutives Merkmal für die Vertrauensentwicklung mit unbekannten Interaktionspartnern. Vertrauen unterliegt entsprechend seines Ansatzes einem Lernprozess. Anhand des Begriffs der *Alltagsepistemologie* verdeutlicht Hardin (2001), dass die optimistische Einschätzung von Vertrauenswürdigkeit auf aggregierten Erfahrungen beruht und erlernbar ist. In einer Studie im chinesischen Kontext (Hong Kong – Mutterland China) bestätigen Child und Möllering (2003) die Bedeutung aktiven Vertrauens in kulturübergreifenden Kooperationssituationen. Die Autoren zeigen auf, dass aktives Vertrauen zwar nicht die kontextuelle Zuversicht (z. B. Vertrauen in die Zuverlässigkeit von Institutionen) ersetzt, aber dennoch eine effektive Strategie zur Unsicherheitsreduktion darstellt.

Die Bereitschaft, auch in unbekannten Kontexten in relevante Beziehungen zu investieren, sowie die optimistische Einschätzung einer risikoreichen und unbekannten Situation unterliegt zwar vielfältigen Einflussfaktoren, ist jedoch durch den Prozess der Erfahrung erlernbar.

Genese von Vertrauen in interkulturellen Kooperationsbeziehungen

In einer eigenen Studie, am Beispiel deutsch-indonesischer Kooperationsbeziehungen in deutschstämmigen, multinationalen Unternehmen in Jakarta/Indonesien, konnte sowohl der Prozess des aktiven Vertrauens bestätigt werden als auch weitere Differenzierungen zur Konzipierung von Vertrauen vorgenommen und kulturspezifische Einflussfaktoren zur Genese von Vertrauen identifiziert werden (Schwegler, 2008).

Der Untersuchung liegt der folgende Ansatz von Vertrauen zugrunde: »Vertrauen ist ein Zustand, der die Erwartung beinhaltet, dass sich eine andere Person wohlwollend verhält und die eigene Person nicht beschädigt. Weiterhin ist die Bereitschaft impliziert, sich auf eine spezifische Person zu verlassen mit dem Gefühl der relativen Sicherheit« (Schwegler, 2008, S. 79). Dieser Vertrauenszustand umfasst drei Ebenen menschlichen Verhaltens: die kognitive (Erwartungen), die affektive (Gefühl der relativen Sicherheit) und die konative (Vertrauenshandlung) Ebene.

Für die empirische Untersuchung wurden 24 deutsche und 24 indonesische Fach- und Führungskräfte deutschstämmiger, multinationaler Unternehmen in Jakarta/Indonesien zur Relevanz von Vertrauen und ihren vertrauensrelevanten Erfahrungen in ihrer alltäglichen Kooperationspraxis befragt (Schwegler, 2008). Die Datenerhebung folgt dem Konzept der Methoden-Triangulation (Denzin u. Lincoln, 2000) und basiert auf sich ergänzenden Datenerhebungsmethoden (teilstrukturierte Interviews, »critical incidents«). Die Auswertung der empirischen Daten orientiert sich an dem Verfahren der Grounded Theory (Strauss u. Corbin, 1990, 1996) und folgt einem stufenweisen und systematischen Vorgehen: (1) Aufbrechen der Daten, (2) Bildung zentraler Kategorien und (3) sequenzielle Analyse.

Vertrauenstypen

Eines der zentralen Ergebnisse der empirischen Erhebung verdeutlicht, dass Vertrauen nicht gleich Vertrauen ist. Zahlreiche Untersuchungen konzipieren Vertrauen als ein metrisches Konzept und unterscheiden zwischen der Zuschreibung des Ausmaßes des jeweiligen Vertrauensniveaus (z. B. »high-trust« vs. »low-trust«) (siehe u. a. Lewicki u. Bunker, 1996). Die Auswertung der Daten zeigt, dass die Annahme eines linearen, metrischen Konzepts von Vertrauen nicht haltbar ist. Die kontrastierenden Vergleiche der Textsegmente und der Klassifikation von vertrauensrelevanten Merkmalen mündetet in die Bildung drei distinkter Vertrauenstypen: *exklusives Vertrauen*, *funktionales Vertrauen* und *negatives Vertrauen*. Diese drei distinkten Typen weisen qualitative Unterschiede auf.

Das *exklusive Vertrauen* zeigt sich als ein Vertrauenstypus, bei dem sich (aus deutscher Sicht) die *Erwartungen* auf die organisationsrelevanten Bereiche und Situationen beziehen. Es ist damit ein Vertrauen, welches relativ viele Domänen impliziert und situationsübergreifend erfahren wird. Es bezieht sich auf eine, maximal zwei Personen. Das *Gefühl der relativen Sicherheit* ist sehr hoch; es wird in vielen Fällen als beinahe blindes oder absolutes Vertrauen beschrieben. Charakteristisch für die *Vertrauenshandlung* ist, dass Risiko quasi ausgeblendet und Kontrollen quasi obsolet erscheinen. Beim *funktionalen Vertrauen* konzentrieren sich die *Erwartungen* auf spezifische Bereiche; es ist ein domänenspezifisches und situationsspezifisches Vertrauen. Im Gegensatz zum exklusiven umfasst das funktionale Vertrauen eine größere Anzahl Personen. Das *Gefühl der relativen Sicherheit* ist abhängig von gemeinsamen Erfahrungen und variiert daher. Insgesamt basiert dieser Vertrauenstypus auf rationalen Überlegungen. Die *Vertrauenshandlungen* werden in kontrollierbare Vorgänge einbettet. Das *negative Vertrauen* impliziert eingeschränkte bzw. negative *Erwartungen*. Das *Gefühl der relativen Sicherheit* variiert und geht in vielen Fällen mit einer hohen Unsicherheit bezüglich des Ausgangs des koordinierten Handelns einher. Je nach Vorerfahrungen (z. B. konkreter Vertrauensmissbrauch respektive mangelnde positive Erfahrungen) sind die *Vertrauenshandlungen* an mehr oder minder rigide Kontrollmechanismen gekoppelt.

Vertrauensdimensionen

Die drei verschiedenen Vertrauenstypen können beschrieben und erklärt werden anhand von zehn Dimensionen wahrgenommener Charakteristika der sozialen Beziehung sowie anhand von acht Dimensionen wahrgenommener Charakteristika des Vertrauensnehmers.

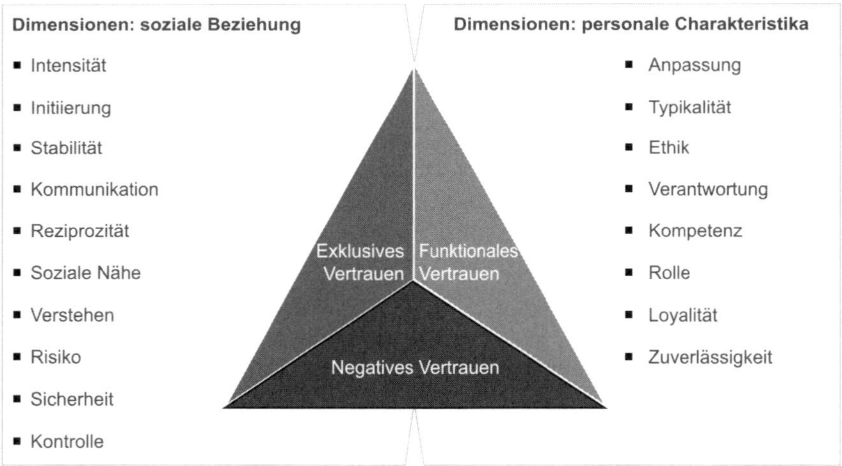

Abbildung 1: Vertrauenstypen und Vertrauensdimensionen (Schwegler, 2008)

Phasenmodell

Basierend auf einer sequenziellen Analyse der Daten kann der Prozess der Vertrauensgenese idealtypisch in einem Vier-Phasen-Modell skizziert werden. Die vier Phasen sind Konfrontation, Konstruktion, Konstitution und Konsolidierung (Schwegler, 2008).

Phase eins: Die Zusammenarbeit wird in der Anfangsphase durch die Wahrnehmung sozialer und kulturbedingter Differenzen dominiert. Die divergierenden Stile bezüglich der Kommunikation, der Problemlösung und des sozialen Umgangs etc. sowie die wahrgenommenen Differenzen hinsichtlich der Werte, Normen und Orientierungen führen sowohl auf deutscher als auch auf indonesischer Seite zu einem vorsichtigen Verhalten. Bereits determiniert wird die Wahrnehmung durch das *Vorwissen*, mit dem die jeweiligen Kooperationspartner in einer erste Interaktionssituation treten. Sowohl auf deutscher als auch auf indonesischer Seite sind so genannte *Wissensvorräte* über den prototypischen Vertreter der jeweils anderen Kultur angelegt. In vielen Fällen sind diese durch stereotype Konzepte konnotiert.

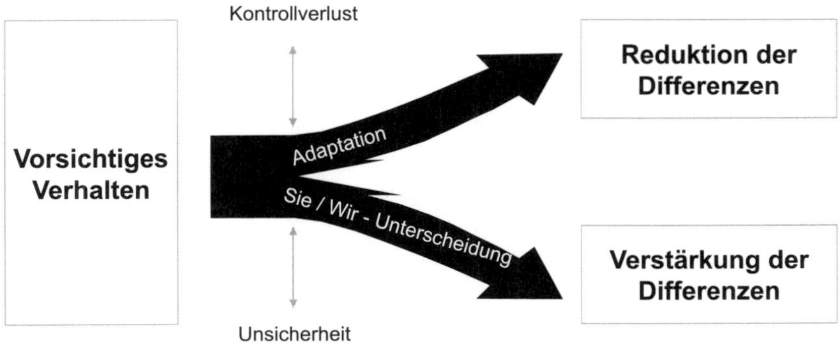

Abbildung 2: Phase zwei – Konstruktion (Schwegler, 2008)

Phase zwei: Die Erfahrung von Unsicherheit und relativem Kontrollverlust evoziert die Bereitschaft und Notwendigkeit zur aktiven Auseinandersetzung mit den wahrgenommenen sozialen und kulturbedingten Differenzen. Diese Differenzen werden mehr oder weniger bewusst wahrgenommen und intersubjektiv ausgehandelt. Es zeigen sich zwei dominante Bewältigungsstrategien (siehe Abbildung 2): Einerseits werden von den Akteuren Strategien gewählt, die zur wahrgenommenen Reduzierung der sozialen und kulturellen Differenzen führen und durch Adaptionsprozesse initiiert und umgesetzt werden. Andererseits werden Strategien gewählt, die zur wahrgenommenen Verstärkung der Differenzen führen und durch eine Sie-Wir-Differenzierung untermauert werden. Beide Strategien zielen darauf ab, die erfahrene relative Unsicherheit und den relativen Kontrollverlust zu minimieren.

Phase drei: Durch die Prozesse der Reduktion respektive der Verstärkung der wahrgenommenen Differenzen in Phase zwei werden die Bedingungen zur Entwicklung von Vertrauen bzw. die Herausbildung der drei distinkten Vertrauenstypen vorbereitet. Bildet sich das negative Vertrauen relativ zügig heraus – Kriterium laut Originalinterviewaussage (mit Personencode:Codierungsstelle): »es reicht ein Vertrauensbruch aus« (P13:0021) –, unterliegt die Entwicklung funktionalen und exklusiven Vertrauens einem längerfristigen Prozess.

Im Folgenden wird die Herausbildung der drei distinkten Typen kurz skizziert. Charakteristisch für das *negative Vertrauen* ist die Fixierung auf die sozialen und wahrgenommenen Differenzen sowie die Übertragung einzelner Erfahrungen auf weitere Vertreter der fremdkulturellen Gesellschaft. Es kann ferner als Kontinuum gedacht werden, wonach eine niedrige bis hohe Ausprägung erlebbar ist.

Die Entwicklung des *exklusiven Vertrauens* wird nicht ausschließlich auf eigene oder fremde aktive Leistungen und bewussten Investitionen zurückgeführt; die Interviewpartner betonen die affektive Komponente der Entwicklung: »Da ist viel Chemie dabei, das kann ich nicht beschreiben« (P9:0023). Ferner wird berichtet, dass, ausgelöst durch ein signifikantes Schlüsselerlebnis, die Person des Vertrauens plötzlich in einem anderen Lichte erscheint und die Vertrauensbeziehung hierdurch eine signifikante Dynamik erfährt.

Das *funktionale Vertrauen* ist der Vertrauenstypus, der am ehesten durch die aktive Aushandlung wahrgenommener Differenzen entwickelt wird und der der Idee des aktiven Vertrauens (Giddens, 1996) nahekommt. »Ich versuche ihn zu verstehen. Und ich denke, auch er versucht sich anzupassen« (P35:5520). Die Fähigkeit, fremdkulturelles Verhalten adäquat zu attribuieren, und die Bereitschaft, eigenkulturelle Denkschemata zu reflektieren und gegebenenfalls zu modifizieren, unterstützen den konstruktiven Prozess der funktionalen Vertrauensentwicklung.

Phase vier: In der letzten Phase zeichnet sich eine Verfestigung der herausgebildeten Vertrauenstypen ab. Für jeden Typus können je unterschiedliche Verstärkungen der wahrgenommenen sozialen und kulturbedingten Differenzen beobachtet werden. Es erfolgt eine weitgehende Stabilisierung der distinkten Vertrauenstypen.

Fazit

Die Bedingungen der Vertrauensgenese in interkulturellen Kooperationsbeziehungen sind komplex und facettenreich. Das Gefühl der relativen Unsicherheit sowie die Dominanz der wahrgenommenen sozialen und kulturbedingten Differenzen in kulturübergreifenden Kooperationen stellen Barrieren für den Aufbau von Vertrauen dar. Dennoch gelingt es Fach- und Führungskräften, in konstruktiven Aushandlungsprozessen Vertrauen zu ihren fremdkulturellen Partnern aufzubauen. Basierend auf einer empirischen Studie können drei distinkte Vertrauenstypen identifiziert werden, die die kulturübergreifende Zusammenarbeit bestimmen und eine weitere Differenzierung des Konzepts des Vertrauens ermöglichen. Bildet sich das negative Vertrauen relativ zügig heraus und unterliegt das exklusive Vertrauen vielfach Bedingungen, die durch die Akteure nicht vollständig gesteuert werden können, so zeigt sich das funktionale Vertrauen als der Vertrauenstypus, der aktiv und intentional hergestellt wird. Aus Sicht der befragten Akteure ist es der Vertrauenstypus, der eine stabile und nachhaltige Kooperation ermöglicht.

Literatur

Chiaburu, D. S., Audrey, L. S. (2008). Manager trustworthiness or interactional justice? Predicting organizational citizenship behaviors. Journal of Business Ethics, 83, 453–467.

Child, J., Möllering, G. (2003). Contextual confidence and active trust development in the Chinese business environment. Organization Science, 14 (1), 69–80.

Denzin, N. K., Lincoln, Y. S. (Eds.) (2000). Handbook of qualitative research. California: Sage Publications.

Doney, P. M., Cannon, J. P., Mullen, M. R. (1998). Understanding the influence of national culture on the development of trust. Academy of Management Review, 23 (3), 601–620.

Dyer, J. H., Chu, W. (2003). The role of trustworthiness in reducing transaction costs and improving performance: Empirical evidence from the United States, Japan and Korea. Organization Science, 14 (1), 57–68.

Giddens, A. (1996). Risiko, Vertrauen und Reflexivität. In U. Beck, A. Giddens, S. Lash (Hrsg.), Reflexive Modernisierung. Eine Kontroverse (S. 316–337). Frankfurt a. M.: Suhrkamp.

Gillespie, N., Dietz, G. (2009). Trust repair after an organization-level failure. Academy of Management Review, 34 (1), 127–145.

Hardin, R. (2001). Die Alltagsepistemologie von Vertrauen. In M. Hartmann und C. Offe (Hrsg.), Vertrauen. Die Grundlage des sozialen Zusammenhalts (S. 295–332). Frankfurt a. M. u. New York: Campus.

Lewicki, R. J., Bunker, B. B. (1996). Developing and maintaining trust in work relationships (p. 114–139). In R. M. Kramer, T. R. Tyler (Eds.), Trust in organizations. Thousand Oaks, CA: Sage.

Lewis, J. D., Weigert, A. J. (1985). Social atomism, holism, and trust. The Sociological Quarterly, 26 (4), 455–471.

Luhmann, N. (2000). Vertrauen. Stuttgart: Lucius (Original: 1968).

Mayer, R. C., Davis, J. H., Schoorman, F. D. (1995). An integrative model of organizational trust. Academy of Management Review, 20, 709–734.

Osterloh, M., Weibel, A. (2006). Investition Vertrauen. Prozess der Vertrauensentwicklung in Organisationen. Wiesbaden: Gabler.

Rousseau, D., Sitkin, S. B., Burt, R. S., Camerer, C. (1998). Not so different after all: A cross-discipline view of trust. Academy of Management Review, 23 (3), 393–404.

Saunders, M., Skinner, D., Gillespie, N., Dietz, G., Lewicki, R. (Eds.) (2010). Organisational trust: a cultural perspective. Cambridge: Cambridge University Press.

Schwegler, U. (2008). Vertrauen zwischen Fremden. Die Genese von Vertrauen am Beispiel deutsch-indonesischer Kooperationen. Frankfurt a. M.: IKO-Verlag.

Schwegler, U. (2009). Herausforderungen der Vertrauensforschung in interkulturellen Kooperationsbeziehungen. Forum Qualitative Sozialforschung / Forum: Qualitative Social Research, 10 (1), Art. 48. Zugriff möglich unter http://nbn-resolving.de/urn:nbn:de:0114-fqs0901486.

Smith, L. R., Schwegler, U. (2010). The role of trust in international cooperation in crisis areas: a comparison of German and US-American NGO partnership strategies (pp. 281–310). In M. Saunders, D. Skinner, N. Gillespie, G. Dietz, R. Lewicki (Eds.), Organisational trust: a cultural perspective. Cambridge: Cambridge University Press.

Strauss, A. L., Corbin, J. (1990). Basics of qualitative research: Grounded theory procedures and techniques. Newbury Park: Sage.

Strauss, A. L, Corbin, J. (1996). Grounded Theory. Grundlagen qualitativer Sozialforschung. Weinheim: Beltz.

Thomas, A. (2005). Vertrauen im interkulturellen Kontext aus Sicht der Psychologie. In J. Maier (Hrsg.), Die Rolle von Vertrauen in Unternehmensplanung und Regionalentwicklung – ein interdisziplinärer Diskurs. Forschungsverbund Ost- und Südosteuropa. FOROST Arbeitspapier Nr. 27, 19–48.

Tomlinson, E. C., Mayer, R. C. (2006). The role of causal attribution dimensions in trust repair.

Zand, D. E. (1977). Vertrauen und Problemlösungsverhalten von Managern. In H. E. Lück (Hrsg.), Mitleid – Vertrauen – Verantwortung (S. 61–74). Stuttgart: Klett.

Elias Jammal und Melanie Leistikow

Vertrauen und Gender im interkulturellen Kontext

Einleitung

Die Fähigkeit, erfolgreich Vertrauen in internationalen Geschäftsbeziehungen aufzubauen und zu erhalten, gilt inzwischen als betriebswirtschaftlicher Wettbewerbsvorteil. Hauptsächlich existieren in interkulturellen Situationen nur unzureichend Erkenntnisse darüber, ob und wie Vertrauen aktiv aufgebaut und erhalten werden kann – insbesondere in Bezug auf den arabischen Raum. Darüber hinaus ist der Aspekt *Gender* in den bisherigen Diskursen über Vertrauen weitgehend ausgeblieben. Deshalb sollen in diesem Beitrag die Ergebnisse einer empirischen Studie zu Vertrauen und Gender im deutsch-arabischen Kontext vorgestellt werden. Die Studie zeigte, dass sowohl die Einschätzung von Risiko als auch die Vertrauensprototypen weniger geschlechtsspezifisch, sondern vielmehr abhängig vom Kontext sind. Zudem konnte in qualitativen Interviews festgestellt werden, dass Geschlechterstereotype einen entscheidenden Einfluss auf die implizite Vertrauenstheorie nehmen.

Forschungsstand

Vertrauen: Ein kurzer Überblick

Vertrauen hat sich in den letzten Jahren zu einem beliebten Forschungsthema der Sozialwissenschaften etabliert. Zu Beginn wurde es von Klassikern wie Durkheim, Weber und Simmel diskutiert, wobei Simmel oftmals als deutscher Gründervater der Vertrauensforschung gilt (Osterloh u. Weibel, 2006; Endress, 2002). Wissenschaftler wie Goffman (1963), Garfinkel (1967) und Giddens (1990) nahmen Einfluss auf die frühen Forschungen zu Vertrauen. In der Soziologie prägten insbesondere die Ansätze von Luhmann (1973, 2000), Coleman (1990) und Sztompka (1999) die Diskurse. Inzwischen erfährt das Thema zunehmendes Interesse in der Psychologie, Soziologie und weiteren wissenschaftlichen Disziplinen, wobei seit den 1960er Jahren ein interdisziplinärer Austausch stattfindet. Auch die wirtschaftswissenschaftliche Forschung zeigt ein steigendes Interesse an dieser Thematik, insbesondere seit den 1990er Jahren (siehe Kramer, 2006; Möllering, 2004).

Allerdings ist die wissenschaftliche Vertrauensliteratur, die das Thema »Gender« behandelt, noch rar und empirische Ergebnisse sind sehr heterogen. Mehrheitlich existieren experimentelle Studien, die Geschlechterunterschiede im Zusammenhang mit Risiko und Reziprozität in Entscheidungssituationen untersuchen und die daraus Annahmen über die Vertrauensdisposition ableiten (Buchan, Croson u. Solnick, 2008; Schwieren u. Sutter, 2008; Golesorkhi, 2006; Maddux u. Brewer, 2005; Wang u. Yamagishi, 2005; Chaudhuri u. Gangadharan, 2003, Stockard, Van de Kragt u. Dodge, 1988). Bislang fehlt es an weiterführender Forschung zu Vertrauen und Gender im interkulturellen Kontext. Der Fokus lag bisher lediglich auf einzelnen Kategorien, das heißt, es wurde mehrheitlich entweder der interkulturelle Kontext oder die Geschlechterunterschiede in Bezug auf Vertrauen untersucht (Schweer, 2009).

Aufgrund der Tatsache, dass unterschiedliche Fachgebiete sich mit der Vertrauensthematik beschäftigen, ist die Literatur hinsichtlich der Erklärung von Vertrauen heterogen. Trotz dieser Heterogenität konnte sich eine nähere Definition durchsetzen: Vertrauen ist ein psychologischer Zustand, der eine positive Erwartung in das Verhalten oder die Absichten anderer Personen ausdrückt, von denen man abhängig ist (Rousseau, Sitkin, Burt u. Camerer, 1998). Ein weiterer Konsens besteht in der Forschung dahingehend, dass Vertrauen immer ein gewisses Risiko der Enttäuschung impliziert (Lewis u. Weigert, 1985; Luhmann, 2000), wodurch die eigene Verwundbarkeit ansteigt (Rousseau et al., 1998; Zand, 1972). Der Grund, ein solches Risiko der Verletzung einzugehen, sind positive Erwartungen, dass der Vertrauensnehmer das geschenkte Vertrauen nicht zu seinen Gunsten ausnutzt und sich wohlwollend verhält (Koller, 1990).

Gender in der Vertrauensforschung

Einige Studien zeigen, dass Frauen soziales Risiko höher einschätzen als Männer (Chaudhuri u. Gangadharan, 2003; Olsen u. Cox, 2001; Powell u. Ansic, 1997). Des Weiteren existieren signifikante Geschlechterunterschiede in der Einstellung gegenüber Ambiguität bzw. Unsicherheit, was sich gleichzeitig auf die Risikoaversion auswirkt (Schubert, Gysler, Brown u. Brachinger, 2000). Daraus wird oftmals abgeleitet, dass Frauen eine niedrigere generalisierte Vertrauenseinstellung besitzen als Männer, da sie Transaktionspartner signifikant skeptischer einschätzen und nach höherer Sicherheit streben (Bohnet, 2007). Abgesehen davon haben experimentelle Untersuchungen gezeigt, dass Frauen in finanziellen Entscheidungssituationen eher bereit sind zu kooperieren (Ortmann u. Tichy, 1999; Frank, Gilovich u. Regan, 1993; Mason, Phillips u. Redington, 1991). Zudem wird Frauen als Vertrauensnehmer von beiden Geschlechtern eine höhere Kooperationsbereitschaft zugesprochen (Solnick, 2001; Bierhoff u. Buck, 1997; Orbell, Dawes u. Schwartz-Shea, 1994).

Diese Tatsache erklärt sich dadurch, dass Frauen verstärkt sozial orientiert wahrgenommen werden und dass aus diesem Grund kooperierendes Verhalten erwartet wird (Croson u. Buchanan, 1999; Eckel u. Grossman, 1998) – entsprechend den in unserer Gesellschaft verankerten Geschlechterstereotypen, wonach Frauen als einfühlsamer und gemeinschaftsorientierter und im Gegensatz dazu Männer als konkurrierender und unabhängiger erachtet werden (Eckes, 1997).

Interkulturelles Vertrauen und Gender

Aufgrund des steigenden globalen Wettbewerbs gewinnt die Vertrauensthematik auch in internationalen Geschäftsbeziehungen zunehmend an Bedeutung. Allerdings beschäftigt sich die Vertrauensforschung erst seit dem letzten Jahrzehnt mit dem interkulturellen Kontext (Doney, Cannon u. Mullen, 1998) und empirische Arbeiten hierzu sind noch rar (siehe Beiträge in Jammal, 2008). Bislang existieren mehrheitlich kulturvergleichende Forschungen, die häufig kulturelle Besonderheiten in Bezug auf die Bedeutung von Vertrauen in einer Gesellschaft untersuchen oder den länderspezifischen Vertrauenslevel messen (siehe Huff u. Kelley, 2003; Yamagishi u. Yamagishi, 1994; Fukuyama, 1996). Es existieren auch nur unzureichend Studien, die internationales Vertrauen[1] (Brewer, Aday u. Gross, 2005), Vertrauen in internationalen Organisationen (Torgler, 2006) oder interkulturelles Vertrauen (Li, 2010) tiefergehend untersuchen.

Bisherige Forschungen zeigen, dass bei der Vertrauensgenese im interkulturellen Kontext vor allem stereotype Annahmen, Erwartungen und Erwartungserwartungen sowie die wahrgenommene soziale Ähnlichkeit eine entscheidende Rolle spielen. Als *Erwartungserwartung* werden solche Erwartungen bezeichnet, die sich auf die Erwartungen des Interaktionspartners[2] beziehen (Luhmann, 1965). Sowohl im deutsch-mexikanischen (Kühlmann, 2005) als auch im deutsch-arabischen Kontext (Jammal, 2008) konnte empirisch nachgewiesen werden, dass der Aufbau von Vertrauen durch positive stereotype Erwartungen, beispielsweise typisch »deutsche Eigenschaften« wie Zuverlässigkeit, Pünktlichkeit und hohe Produktqualität, begünstigt wurde. Dagegen werden negative stereotype Annahmen versucht zu widerlegen (siehe Kühlmann, 2005; Jammal u. Leistikow, 2010).

Des Weiteren konnte festgestellt werden, dass soziale Ähnlichkeit den Vertrauensbildungsprozess begünstigt (Zucker, 1986), da aufgrund der Ähnlichkeit eine geringere Wahrscheinlichkeit von Zielkonflikten angenommen wird (Sitkin u. Roth, 1993). Nach Byrne und Clore (1970) hat die Ähnlichkeit eine Art belohnende

1 Internationales Vertrauen kann als »a generalized believe about whether most foreign countries behave in accordance with normative expectations regarding the conduct of nations« (Brewer et al., 2004, S. 96) definiert werden.

2 Aus Gründen der besseren Lesbarkeit wurde in der Regel die männliche Schreibweise verwendet. Es soll an dieser Stelle darauf hingewiesen werden, dass sowohl die männliche als auch die weibliche Schreibweise gemeint ist.

Wirkung auf ein Individuum, da dadurch die eigene Weltsicht bestätigt wird. Sitkin und Roth (1993) zu Folge besteht bei einer Werteinkongruenz die Gefahr, dass Erwartungen nicht erfüllt werden. Untersuchungen weisen darauf hin, dass Personen mit ähnlichen Werten und Interessen als vertrauenswürdig wahrgenommen werden. Darüber hinaus fördert die soziale Ähnlichkeit die Erwartung, dass man sich aufeinander verlassen kann (Wiedenfels, 2007). Dies führt auch dazu, dass Vertretern der eigenen Kultur grundsätzlich eher Vertrauen entgegengebracht wird als fremdkulturellen Interaktionspartnern, da nur derjenige vertrauenswürdig erscheint, der dem gewohnten bzw. kulturspezifischen Orientierungssystem gemäß handelt (Thomas, 2005). Dies belegen auch die Ergebnisse der von der Europäischen Kommission in Auftrag gegebenen Meinungsumfragen (Eurobarometer), die zeigen, dass der eigenen Gruppe mehr vertraut wird als Personen aus fremden Kulturkreisen (Delhey, 2004).

In Bezug auf das Thema Vertrauen und Gender im interkulturellen Kontext ist Golesorkhi (2006) in einer empirischen Studie der Frage nachgegangen, welche Kriterien Führungskräfte benutzen, um ihre Mitarbeiter als vertrauenswürdig einzuschätzen, und, ob es dabei Geschlechterunterschiede gibt. Die Studie basierte auf dem Vertrauensmodell (»trust model«) von Mayer, Davis und Schoorman (1995), das besagt, dass die Entscheidung, ob einem Interaktionspartner vertraut wird, hauptsächlich auf den Kriterien Kompetenz, Wohlwollen und Integrität beruht. Golesorkhi (2006) erweiterte das Vertrauensmodell zusätzlich um den Faktor »kulturelle Ähnlichkeit« (»cultural similarity«). Die Befragung ergab, dass die Kategorie »Kultur« einen größeren Einfluss auf die Vertrauenswürdigkeit ausübt als die Kategorie »Geschlecht«. Jedoch müsste noch weiter geprüft werden, inwiefern Wechselwirkungen zwischen den beiden soziodemographischen Merkmalen existieren und inwiefern diese die Vertrauensgenese beeinflussen.

Eine empirische Untersuchung

Die nachfolgenden Ausführungen basieren auf dem von der Landesstiftung Baden-Württemberg geförderten Forschungsprojekt »Determinanten deutsch-arabischer Vertrauensbildungsprozesse« des Orient-Instituts für Interkulturelle Studien (OIS) an der Hochschule Heilbronn. Das Projekt startete im Januar 2006 und endete im Juni 2009. Im Anschluss daran wurde eine Follow-up-Studie durchgeführt und die Interviews in Bezug auf das Thema Gender noch einmal erneut analysiert und ausgewertet. Für nähere Angaben zu den vorgestellten Ausführungen wird auf Jammal, Leistikow und Kilian-Yasin (2010) verwiesen.

Fragestellung und methodisches Vorgehen der Follow-up-Studie

Das Projekt untersuchte vermeintliche Unterschiede hinsichtlich der Vertrauenssemantik und Vertrauensgenese zwischen deutschen und arabischen Fach- und Führungskräften sowie zwischen den arabischen Fach- und Führungskräften selbst (bezogen auf die vier Länder Ägypten, Katar, Libyen und die Vereinigten Arabischen Emirate/VAE).

In der Follow-up-Studie erfolgte einerseits eine »vertikale Analyse« der Interviews, wobei es sich um Einzelfallanalysen der weiblichen Befragten handelte. Andererseits wurden die Interviews anhand der »horizontalen Analyse« ausgewertet, indem ausgesuchte Themenfelder einer genauen Betrachtung unterzogen wurden. Die genaue Betrachtung richtete sich auf den Aspekt »Risiko«, der konstitutiv für Vertrauen ist und von dem in der Forschung bisher angenommen wurde, dass Frauen im Gegensatz zu Männern weniger risikobereit seien.

Von den insgesamt 80 Befragten waren 54 männlich und 26 weiblich. Insgesamt wurden 19 deutsche Frauen befragt und sieben arabische Frauen. Der Frauenanteil der deutschen Befragten lag in allen vier Ländern deutlich höher.

Allein aufgrund der geringen Anzahl an weiblichen Interviewpartner (Ip) haben die nachfolgend vorgestellten Ergebnisse keinen Anspruch auf Repräsentativität. Sie dienen eher der ersten Annäherung an ein noch weitgehend unerforschtes Themenfeld.

Ergebnisse der Hauptuntersuchung

Aus den Interviews der Hauptuntersuchung konnten die so genannten Vertrauensprototypen abgeleitet werden. Jammal, Leistikow und Kilian-Yasin (2010) zufolge sind Vertrauensprototypen gewisse Idealvorstellungen in Bezug auf einen vertrauenswürdigen Interaktionspartner und implizieren dadurch auch eine gewisse Erwartungshaltung. Im deutsch-arabischen Kontext existieren drei Vertrauenstypen, die nachfolgend kurz erläutert werden.

Der *erste Prototyp* (Prototyp 1) entspricht in etwa dem berechnungsbasiertem Vertrauen (»calculus-based trust«) von Lewicki und Bunker (1996). Das Vertrauen basiert hauptsächlich auf der Annahme, dass das Verhalten des Interaktionspartners konsistent ist. Darüber hinaus ist das Kosten-Nutzen-Prinzip für die Vertrauensbeziehung entscheidend, wobei Kontrollmechanismen erforderlich sind. Im deutsch-arabischen Geschäftskontext ist der erste Prototyp die »schiere Verlässlichkeit« und basiert auf gelungener Reziprozität. Ein wesentlicher Unterschied zu dem berechnungsbasierten Vertrauen besteht darin, dass der Prototyp 1 strikt zwischen der Privat- und Geschäftssphäre trennt. Eine Vertrauensbeziehung, die über Verlässlichkeit hinausgeht, wird für das geschäftliche Miteinander nicht gewünscht (Jammal et al., 2010).

Der *zweite Prototyp* (Prototyp 2) entspricht dem Ansatz von Rousseau et al.

(1998), wobei Vertrauen auf »an emotional response based on interpersonal attachment and identification« (S. 398) beruht. Vertrauen ist auch beim Prototyp 2 Verlässlichkeit durch gelungene Reziprozität, jedoch wird darüber hinaus ein Gefühl erwartet und angestrebt, welches die Beziehung zu einer Vertrauensbeziehung werden lässt. Dafür dient das Vertrauen zwischen Freunden als Prototyp. Kontrolle wird nicht nur durch gelungene Reziprozität abgebaut, sondern aufgrund der Herstellung einer Beziehung. Im Gegensatz zu Prototyp 1 erfolgt hierbei eine Übertretung der Geschäfts- in die Privatsphäre, wodurch die eigene Verletzbarkeit ansteigt (Jammal et al., 2010).

Der *dritte Vertrauensprototyp* (Prototyp 3) existiert in keinem der bisherigen Vertrauensmodelle oder Vertrauensdefinitionen und differenziert zwischen »echtem« und »unechtem« Vertrauen. Vertrauen in der Geschäftssphäre ist »unechtes«, während Vertrauen innerhalb der engen Familie »echtes« Vertrauen ist. Der Prototyp entstammt der engen Familie. Die Schwierigkeit besteht nun darin, dass die Personen, die dem Prototyp 3 angehören, eine außerordentlich negative Erwartungshaltung zeigen. Zudem ist die Vertrauensgenese erschwert, da gegenüber dem Geschäftspartner kein Vertrauensgefühl entstehen kann, welches dem familiären Vertrauen nahekommt (Jammal et al., 2010).

Insgesamt verwenden die Akteure in unterschiedlichen Kontexten auch unterschiedliche Prototypen, sodass von einem Repertoire an Vertrauensprototypen gesprochen werden muss. Des Weiteren ist ein situativ bedingter Wechsel zwischen den Prototypen möglich. In einigen Situationen geschieht dies unbewusst und in anderen Fällen treffen die Akteure die bewusste Entscheidung, den Vertrauensprototyp zu ändern. In diesem Fall kann der Wechsel zwischen den Prototypen als eine Art Anpassungsstrategie angesehen werden. Insbesondere das Wechseln zwischen den Prototypen hat gezeigt, dass die identifizierten Vertrauensprototypen nicht kulturspezifisch bzw. nationalitätsspezifisch, sondern abhängig vom Kontext sind (siehe zu Prototype-Switching und Prototype-Shifting; Jammal et al., 2010).

Auch nach Projektende sind noch einige Fragen offengeblieben, die nicht das primäre Ziel der Forschung waren und dennoch weiterer Klärung bedürfen. Dazu zählen insbesondere die identifizierten Vertrauensprototypen, die tiefergehend und in unterschiedlichen Kontexten erforscht werden müssten. Bisher ist noch unklar, ob Frauen und Männer unterschiedliche Vertrauensprototypen in ihrem Repertoire haben bzw. unterschiedlich zwischen den einzelnen Prototypen wechseln. Im interkulturellen Kontext ist zu klären, inwiefern zusätzlich zu den Nationsstereotypen auch Geschlechtsstereotype die Erwartungen und Erwartungserwartungen des Vertrauensnehmers beeinflussen.

Ergebnisse der Follow-up-Studie

Risiko und Gender

Die Analyse der Interviews ergab, dass fast alle weiblichen Befragten keinen Vertrauensvorschuss geben und somit das Risiko der Verletzung hoch einschätzen, unabhängig davon, ob sie schon einmal einen Vertrauensbruch erlebt haben oder nicht.[3] Dies würde die Annahme der bisherigen Forschung bestätigen, dass Frauen Risiko eher meiden als Männer (Chaudhuri u. Gangadharan, 2003; Olsen u. Cox, 2001; Powell u. Ansic, 1997).

Allerdings muss bei der Analyse der Risikoeinstellung von Männern und Frauen auch der Kontext berücksichtigt werden (Perrin, 2007). In der vorliegenden Studie ist der deutsch-arabische Kontext zu berücksichtigen, der die Risikoeinstellung der Ip maßgeblich beeinflusste. Insbesondere die Interviews in Dubai haben gezeigt, dass der Kontext einen entscheidenden Einfluss auf die Risikowahrnehmung ausübt und sich somit auch auf die Bereitschaft, interpersonales Vertrauen zu generieren, auswirkt (Jammal u. Leistikow, 2010; Jammal et al., 2010). Misstrauen zwischen Geschäftspartnern ist vor allem in Dubai auf die landesspezifischen wirtschaftlichen Rahmenbedingungen zurückzuführen, was folgende Aussage einer deutschen Ip in Dubai verdeutlicht:

> »Es ist nicht so wie früher, dass ich gesagt habe, ich vertraue jemand von Anfang an. […] das ist meine persönliche Meinung über Dubai. Weil man kann niemand vertrauen. Das ist eine ›Community‹, wo … es ist ein Kommen und Gehen. Menschen haben hier keine Wurzeln und deswegen auch keine Verantwortung.«

Demnach lautet die erste These der Follow-up-Studie: *Die Einschätzung von Risiko ist weniger geschlechtsspezifisch, sondern abhängig vom Kontext.*

Vertrauensprototypen und Gender

Mit Ausnahme der Befragten in den VAE konnten alle weiblichen Ip dem zweiten Vertrauensprototyp zugeordnet werden. Für die weiblichen Ip ist es notwendig, auch die private Seite des Interaktionspartners zu kennen, um ihm vertrauen zu können. Am häufigsten wurde dies von den Frauen in Libyen und Katar betont. Im Gegensatz dazu achteten die Ip in Dubai darauf, dass sich die Privat- und Geschäftssphären nicht überschneiden. Kontrolle spielte in den VAE eine größere Rolle als in den restlichen Ländern, wie folgende Aussage einer deutschen Ip in Dubai zeigt:

3 Lediglich zwei Ip in Ägypten vertrauen so lange, bis das Gegenteil bewiesen wird und sich der Interaktionspartner als vertrauensunwürdig erweist.

»Man muss einfach einen Rahmen setzen für Vertrauen. Deshalb meine ich, Vertrauen im wirtschaftlichen Umfeld hat auch etwas mit Kontrolle zu tun. Denk ich mal, was man von der persönlichen Ebene trennen kann.«

Die strikte Trennung zwischen Privat und Geschäft und die enorme Bedeutung von Kontrolle im Geschäftskontext verdeutlicht noch einmal die erhöhte Risikowahrnehmung der Ip in den VAE, was von den deutschen als auch von den arabischen Befragten gleichermaßen thematisiert wurde (Jammal u. Leistikow, 2010) unabhängig vom Geschlecht. Dies belegt wiederum die erste These, dass der Kontext einen größeren Einfluss auf die Vertrauensbildung (und demnach auch auf die Vertrauensprototypen) nimmt als die soziodemographische Variable »Geschlecht«.

Zum derzeitigen Forschungsstand lässt sich folgende These aus der Hauptuntersuchung und der Follow-up-Studie formulieren: *Die Vertrauensprototypen sind weniger kultur- und geschlechtsspezifisch, sondern vielmehr abhängig vom Kontext.*

Geschlechterstereotype, Erwartungen und Erwartungserwartungen

Des Weiteren hat die Follow-up-Studie gezeigt, dass die Erwartungen und Erwartungserwartungen in Bezug auf stereotype Annahmen im interkulturellen Kontext eine entscheidende Rolle im Zusammenhang mit Vertrauen spielen. Beispielsweise zeigt ein Gespräch mit einer deutschen Frau in Katar, dass sie sich zu Beginn ihres Auslandsaufenthalts besonders formell, zurückhaltend und misstrauisch verhielt:

»Ich war am Anfang viel zu […] formell, das war ganz blöd. Das hat mich gar nicht richtig weitergebracht. Und ich hab dann immer gedacht, ich muss mich so schützen, als Frau, als Alleinerziehende mit zwei Kindern. […] Weil in Deutschland heißt es ja immer: ›Oh Gott, oh Gott, ich schicke keine Frau nach Katar.‹ […] Aber das ist alles Quatsch. Im Prinzip hat eine Frau gute Möglichkeiten, also ich hab schon manche Sachen fertig gebracht, da weiß ich, das hätte ein Mann nicht fertig gebracht. So schnell oder so effizient.«

Im Gegensatz dazu sieht sich eine andere deutsche Ip in Katar in ihrer Erwartung bestätigt und ist der Meinung, dass sich die kulturelle Distanz in Bezug auf die vermeintlich unterschiedlichen Geschlechterrollen auf den Vertrauensaufbau auswirkt:

»Ich denke, die meisten, mit denen ich zu tun habe, die vertrauen mir, die kommen auch immer wieder […]. Ich weiß auch, dass es andere hier gibt, die haben echt Schwierigkeiten. Sie wissen nicht, wie sie mit den Frauen umgehen sollen. Ihre Welt ist ja eine ganz andere Welt […]. Und bei den Männern ist es so … also für mich haben sie teilweise ihre Probleme.«

Die Interviews verdeutlichen, dass der Prozess der Vertrauensgenese auf der

Grundlage von sozialen Wahrnehmungs- und Kategorisierungsprozessen beschrieben werden kann. Schweer (1997) geht dabei von der so genannten »impliziten Vertrauenstheorie« aus. Diese umfasst die individuellen normativen Erwartungen, die ein Individuum an den Interaktionspartner stellt, um diesen als vertrauenswürdig beurteilen zu können. Demnach beinhaltet die implizite Vertrauenstheorie die subjektiven Vorstellungen darüber, wie der »Prototyp des vertrauenswürdigen Menschen« sein sollte. Sofern das Verhalten des Interaktionspartners mit der impliziten Vertrauenstheorie übereinstimmt, findet ein positiver Vertrauensaufbau (»Vertrauenskonkordanz«) statt. In Bezug auf die Kategorie »Geschlecht« kann dies bedeuten, dass ein rollenkonformes Verhalten erwartet wird und bei der Erfüllung dieser Erwartung auch Vertrauen entstehen kann.

Die dritte These, die aus der Follow-up-Studie abgeleitet werden kann, lautet: *Geschlechtsstereotype, die im jeweiligen sozialen und kulturellen Kontext vorherrschen, beeinflussen die implizite Vertrauenstheorie.*

Vertrauensstrategien und Gender

Den Interviews konnte nicht entnommen werden, ob Männer und Frauen unterschiedliche Strategien verfolgen, um im deutsch-arabischen Arbeitskontext Vertrauen aufzubauen bzw. um ihre eigene Vertrauenswürdigkeit zu demonstrieren.

Aus der Literatur lassen sich jedoch unterschiedliche Strategien ableiten. Eine Strategie wäre, dass aufgrund der impliziten Vertrauenstheorie stereotypes Verhalten zu Vertrauen führen kann. Dies zeigt die Studie von Bierach (2001), in der sowohl männliche als auch weibliche Vorstandsvorsitzende beurteilt wurden und die ergab, dass männliche Vorstandsvorsitzende als gut erachtet wurden, sofern sie sich als machtvoll, überzeugend und wettbewerbsorientiert präsentierten. Umgekehrt wurden weibliche Firmenmanager als schlecht beurteilt, sobald sie genau diese Charakteristiken aufwiesen. Als gut eingestuft wurden lediglich die Frauen, die sich als kooperativ und demnach gemäß den vorherrschenden Geschlechterstereotypen präsentierten.

Trotzdem lehnen viele Frauen in Leitungsfunktionen klassische Frauenrollen eher ab. In einer Untersuchung mit Frauen in der Politik, Wirtschaft und Wissenschaft aus Deutschland, Österreich und der Schweiz zählen Frauen weniger »soft skills« zu ihren Führungsqualitäten, sondern vielmehr strategische und analytische Fähigkeiten, die dem traditionell männlichen Manager-Idealbild entsprechen (Accenture, 2002). Da Frauen in Führungspositionen immer noch in der Minderheit sind, wollen sie die Ähnlichkeit zu ihren männlichen Kollegen erhöhen, um Vertrauen aufzubauen (»beige suit syndrome«). Demnach glauben Frauen in Leitungsfunktionen, dass nichttraditionelles Verhalten eher zum Erfolg führt (Rastetter, 2008). Lehnert (1999) zu Folge neigen Frauen in Beschreibungen ihres Verhaltens oder ihrer Leistungen dazu, Differenzen zwischen den Geschlechtern zu minimieren, wohingegen Männer Differenzen im Allgemeinen eher erhalten und betonen. Demnach kann Anpassung als eine mikropolitische Strategie[4] von Frauen im professionellen Kontext erachtet werden (Rastetter, 2008).

Darüber hinaus haben bisherige Studien zu den mikropolitischen Strategien von Frauen gezeigt, dass Frauen in Führungspositionen verschiedene Rollen einnehmen, wie zum Beispiel die Mutterrolle, die Mädchenrolle oder sogar die Rolle der Verführerin. Diese Rollen werden situationsspezifisch benutzt. Beispielsweise wird die Mutterrolle schlichtend bei Konflikten und im Gegensatz dazu die verführerische Rolle bei Verhandlungen mit Geschäftspartnern eingesetzt (Rastetter, 2008).

Offene Forschungsfragen

Ob nun eher die Ähnlichkeit oder doch die Erfüllung von Erwartungen gemäß den Geschlechterstereotypen zu Vertrauen führt, müsste empirisch überprüft werden. Die bisherigen Untersuchungen zu den Vertrauensprototypen im deutsch-arabischen Kontext und die Analyse der Gender-Literatur lassen vermuten, dass sich die Strategien, Vertrauen aufzubauen, je nach Situation und Kontext ändern können.

Bislang fehlt es an empirischen Forschungen, die der Frage nachgehen, welche Strategien Frauen verwenden, um ihre Vertrauenswürdigkeit im Beruf zu demonstrieren und welchen Einfluss dabei der Kontext hat. Insgesamt herrscht noch Forschungsbedarf auf diesem Gebiet und im Nachfolgenden sollen nochmals die wesentlichen Fragen zusammengefasst werden, die in einer weiterführenden Studie der Autoren bearbeitet werden sollen:

- Gibt es Geschlechterunterschiede hinsichtlich der Vertrauensdisposition, der Vertrauensgenese und der Einschätzung von Vertrauenswürdigkeit?
- Welche Rolle spielt der Kontext eines Entscheidungsproblems für die Risikoeinstellung von Frauen und Männern und wie wirkt sich dieser auf deren Vertrauensdisposition aus?
- Welchen Einfluss haben Geschlechterstereotype auf die Vertrauensgenese bzw. welche weiteren sozialen Kategorisierungen beeinflussen den Vertrauensbildungsprozess?[5]
- Verwenden Frauen und Männer unterschiedliche Strategien, um ihre Vertrauenswürdigkeit im professionellen Kontext zu demonstrieren?
- Besitzen Frauen und Männer ein unterschiedliches Repertoire an Vertrau-

4 Mikropolitik wird hier verstanden als den Aufbau und Einsatz von Macht, wobei Macht als Handlungsaspekt betrachtet werden muss, wie z. B. die Tatsache, dass leitende Personen Aufgaben delegieren dürfen oder Mitarbeiter auswählen können etc. (siehe Rastetter, 2008).

5 In Interaktionen spielen nicht nur einzelne Kategorisierungen eine Rolle, sondern eine ganze Reihe von Kategorisierungen (z. B. Alter, Geschlecht, ethnische Herkunft etc.) wirken sich auf die Wahrnehmung von Individuen aus und beeinflussen deren Erwartungshaltung (siehe hierzu die Ausführungen von Schweer zur Konferenz »Trust, Culture and Gender« am 13. November 2009 in Heilbronn).

ensprototypen bzw. gibt es Geschlechterunterschiede hinsichtlich des Prototypen-Switchings?

Fazit

Das hier vorgestellte Forschungsprojekt besitzt in gewisser Weise den Charakter einer Pilotstudie, da es bisher nur unzureichende wissenschaftliche Erkenntnisse in Bezug auf das Thema Vertrauen und Gender im interkulturellen Kontext gibt. Des Weiteren mangelt es weiterhin an Studien zu Vertrauen im arabischen Geschäftskontext und speziell zu Vertrauen in deutsch-arabischen Geschäftsbeziehungen (siehe Jammal et al., 2010).

Zusammenfassend hat die Follow-up-Studie ergeben, dass Frauen seltener einen Vertrauensvorschuss geben als Männer, unabhängig davon, ob sie bereits einen Vertrauensbruch erlebt haben oder nicht. Den Schluss, dass Frauen eine niedriger generalisierte Vertrauenseinstellung haben und Risiko höher einschätzen als Männer, kann dennoch nicht bestätigt werden. Weniger das Geschlecht, sondern vielmehr der Kontext nimmt einen entscheidenden Einfluss auf die Vertrauensbildung und somit auf die individuelle Einschätzung von Risiko. Im deutsch-arabischen Kontext wirkt sich die Unsicherheit, die in Bezug auf die länderspezifischen wirtschaftlichen und institutionellen Rahmenbedingungen vorherrscht, auf die individuelle Vertrauenstendenz aus. Wird der Kontext als risikoreich erachtet, so wird kein Vertrauensvorschuss mehr gegeben und Kontrolle ersetzt das fehlende Vertrauen (siehe Jammal u. Leistikow, 2010).

Darüber hinaus konnte festgestellt werden, dass viele der weiblichen Befragten eine persönliche Beziehung, die über das Geschäftliche hinausgeht, als Voraussetzung für einen erfolgreichen Vertrauensaufbau erachten. Demnach gehören die meisten Frauen dem zweiten Prototyp an – mit Ausnahme der Ip in Dubai, was nochmals den enormen Einfluss des Bezugsrahmens verdeutlicht.

Literatur

Accenture (2002). Aufstiegschancen und -hindernisse für weibliche Führungskräfte. Sulzbach i. Taunus: Accenture.

Bierach, B. (2001). Cherchez la femme! Wirtschaftswoche, 4, 72–77.

Bierhoff, H. W., Buck, E. (1997). Wer vertraut wem? Soziodemographische Merkmale des Vertrauens. In M. Schweer (Hrsg.), Vertrauen und soziales Handeln (S. 99–114). Neuwied u. a.: Luchterhand.

Bohnet, I. (2007). Why Women and Men Trust Others. In B. S. Frey, A. Stutzer (Eds.), Economics and Psychology: A Promising New Cross-Disciplinary Field (pp. 89–110). Cambridge, MA: MIT Press.

Buchan, N., Croson, R., Solnick, S. J. (2008). Trust and gender: An examination of behavior and beliefs in the Investment Game. Journal of Economic Behavior & Organization, 68 (3–4), 466–476.
Brewer, P. R., Aday, S., Gross, K. (2005). Do Americans trust other nations? A panel study. Social Science Quarterly, 86 (1), 36–51.
Byrne, D., Clore, G. L. (1970). Reinforcement model of evaluative response. Journal of Personality, 2, 103–128.
Chaudhuri, A., Gangadharan, L. (2003). Gender differences in Trust and Reciprocity. Working Papers, Economics.
Coleman, J. (1990). Foundations of Social Theory. Cambridge, MA: Harvard University Press.
Croson, R., Buchan, N. (1999). Gender and culture: International experimental evidence from trust games, American Economic Review, 89 (2), 386–391.
Delhey, J. (2004). EU: Identität und Integration. Über Vertrauen in Europa. WZB Mitteilungen, 103, 7–11.
Doney, P. M., Cannon, J. P., Mullen, M. R. (1998). Understanding the influence of national culture on the development of trust. Academy of Management Review, 23 (3), 601–620.
Eckel, C., Grossman, P. (1998). Are women less selfish than men? Evidence from dictator experiments. The Economic Journal, 108 (May), 726–735.
Eckes, T. (1997). Geschlechterstereotypen. Frau und Mann in sozialpsychologischer Sicht. Pfaffenweiler: Centaurus Verlagsgesellschaft.
Endress, M. (2002). Vertrauen. Bielefeld: Transcript.
Frank, R. H., Gilovich, T., Regan, D. T. (1993). Does studying economics inhibit cooperation? Journal of Economic Perspectives, 7 (2), 159–171.
Fukuyama, F. (1996). Trust. New York: Free Press Paperbacks.
Garfinkel, H. (1967). Studies in Ethnomethodology. Englewood Cliffs: Prentice Hall.
Giddens, A. (1990). The Consequences of Modernity. Cambridge: Polity Press.
Goffman, E. (1963). Behavior in Public Places: Notes on the Social Organization of Gatherings. New York, NY: Free Press.
Golesorkhi, B. (2006). Gender differences and similarities in judgements of trustworthiness. Women in Management Review. 21 (3), 195–210.
Huff, L., Kelley, L. (2003). Level of organizational trust in individualist versus collectivist societies: A seven-nation study. Organization Science, 15 (5), 586–599.
Jammal, E. (2008). Vertrauen im interkulturellen Kontext. Wiesbaden: VS Verlag.
Jammal, E., Leistikow, M. (2010). Deutsch-arabische Vertrauensbildungsprozesse. In C. Barmeyer, P. Genkova, J. Scheffer (Hrsg.), Interkulturelle Kommunikation und Kulturwissenschaft (S. 379–398). Stutz: Passau.
Jammal, E., Leistikow, M., Kilian-Yasin, K. (2010). Trust and Culture. Conceptualization and Intercultural Training Implications in German-Arab Business Relationships. Aachen: Shaker Verlag.
Koller, M. (1990). Sozialpsychologie des Vertrauens. Ein Überblick über theoretische Ansätze. Bielefelder Arbeiten zur Sozialpsychologie, 163.
Kramer, R. M. (2006). Organizational Trust: Progress and Promise in Theory and Research. In R. M. Kramer (Ed.), Organizational Trust: A Reader (pp. 1–17). Oxford: Oxford University Press.
Kühlmann, T. M. (2005). Formation of trust in German-Mexican business relations. In K. Bijlsma-Frankema, R. Klein Woolthuis (Eds.), Trust under pressure. Empirical investigations of trust and trust building in uncertain circumstances (pp. 37–53). Cheltenham, Northampton, MA: Edward Elgar.
Lehnert, N. (1999). »Und jetzt wollen Sie uns wieder in die Frauenecke stellen!« Die Bedeutung der Kategorie Geschlecht in den Vorstellungen von Frauenförderung. Bielefeld: Kleine Verlag.
Lewicki, R. J., Bunker, B. B. (1996). Developing and Maintaining Trust in Work Relationships. In R. M. Kramer, T. R. Tyler (Eds.), Trust in Organizations. Thousand Oaks, CA: Sage, 114–139.
Lewis, J., Weigert, A. J. (1985). Trust as a social reality. Social Forces, 63 (4), 967–985.

Li, P. P. (2010). The Integrative Framework of Inter-Organizational Trust: The Micro-Macro and Diversity-Unity Meta-Emergence. Paper presented at the EIASM conference on trust, January 28–29, Madrid, Spain.

Luhmann, N. (1965). Grundrechte als Institution. Ein Beitrag zur politischen Soziologie. Berlin: Duncker & Humblot.

Luhmann, N. (1973). Vertrauen. Ein Mechanismus zur Reduktion sozialer Komplexität. Stuttgart: Enke.

Luhmann, N. (2000). Vertrauen. Stuttgart: Lucius.

Maddux, W., Brewer, M. (2005). Gender differences in the Relational and Collective Bases for Trust. Group Process & Intergroup Relations. 8 (2), 159–171.

Mayer, R. C., Davis, J. H., Schoorman, F. D. (1995). An integrative model of organizational trust. Academy of Management Review, 20 (3), 709–734.

Mason, C. F., Phillips, O. R., Redington, D. B. (1991). The role of gender in a non-cooperative game. Journal of Economic Behavior and Organization, 15 (2), 215–235.

Möllering, G. (2004). Understanding organizational trust – foundations, constellations, and issues of operationalisation. Journal of Managerial Psychology, 19 (6), 556–570.

Olsen, R., Cox, C. (2001). The Influence of Gender on the Perception and Response to Investment. Journal of Psychology and Financial Markets 2, 29–36.

Orbell, J., Dawes, R., Schwartz-Shea, P. (1994). Trust, social categories, and individuals: The case of gender. Motivation and Emotion, 18 (2), 109–128.

Ortmann, A., Tichy, L. K. (1999). Gender differences in the laboratory: evidence from prisoner's dilemma games. Journal of Economic Behavior and Organization, 39 (3), 327–339.

Osterloh, M., Weibel, A. (2006). Investition Vertrauen. Prozesse der Vertrauensentwicklung in Organisationen. Wiesbaden: Gabler.

Perrin, P. J. (2007). Geschlechts- und ausbildungsspezifische Unterschiede im Investitionsverhalten. Dissertation, Universität Bern.

Powell, M., Ansic, D. (1997). Gender in Risk Behaviour in Financial Decision- Making: An Experimental Analysis. Journal of Economic Psychology 18, 605–628.

Rastetter, D. (2008). Mikropolitisches Handeln von Frauen. In R. Haubl, B. Daser (Hrsg.), Macht und Psyche in Organisationen (S. 76–99). Göttingen: Vandenhoeck & Ruprecht.

Rousseau, D., Sitkin, S. B., Burt, R. S., Camerer, C. (1998). Not so different after all: A cross-discipline view of trust. Academy of Management Review, 23 (3), 393–404.

Schubert, R., Gysler, M., Brown, M., Brachinger, H. W. (2000). Gender specific attitudes towards risk and ambuigity. An experimental investigation (Working Paper). Zürich: Center for Economic Research, Swiss Federal Institute of Technology.

Schweer, M. K. W. (1997). Eine differentielle Theorie interpersonalen Vertrauens – Überlegungen zur Vertrauensbeziehung zwischen Lehrenden und Lernenden. Psychologie in Erziehung und Unterricht, 44, 143–151.

Schweer, M. K. W. (2009). Frauen auf dem beruflichen Vormarsch? Zu selektiven Wahrnehmungs- und Bewertungsprozessen im Zuge geschlechtstypischer Karrierewege. In M. K. W. Schweer (Hrsg.), Sex and Gender. Interdisziplinäre Beiträge zu einer gesellschaftlichen Konstruktion (S. 153–170). Frankfurt a. M.: Peter Lang.

Schwieren, C., Sutter, M. (2008). Trust in cooperation or ability? An experimental study on gender differences. Economics Letters 99, 494–497.

Sitkin, S. B., Roth, N. L. (1993). Explaining the limited effectiveness of legalistic »remedies" for trust/distrust. Organizational Science, 4 (3), 367–392.

Solnick, S. J. (2001). Gender differences in the ultimatum game. Economic Inquiry, 39 (2), 189–200.

Stockard, J., Van de Kragt, A. J. C., Dodge, P. J. (1988). Gender roles and behavior in social dilemmas: Are there sex differences in cooperation and its justification? Social Psychological Quarterly, 51, 154–163.

Sztompka, P. (1999). Trust. A sociological theory. Cambridge: Cambridge University Press.

Thomas, A. (2005). Vertrauen im interkulturellen Kontext aus Sicht der Psychologie. In J. Maier (Hrsg.), Die Rolle von Vertrauen in Unternehmensplanung und Regionalentwicklung – ein interdisziplinärer Diskurs. Forschungsverbund Ost- und Südosteuropa. FOROST Arbeitspapiere, Nr. 27, 19–48.

Torgler, B. (2006). Trust in international organizations: An empirical investigation focusing on the United Nations. The Review of International Organizations, 3 (1), 65–93.
Wang, F., Yamagishi, T. (2005). Group-Based Trust and Gender-Difference in China. Asian Journal of Social Psychology, 199–210.
Wiedenfels, G. (2007). Trust matters – Ergebnisse der Online-Befragung zum Vertrauen in PR Agenturen; Zugriff am 18.03.2010 unter http://openpr.de/news/umfrage.html.
Yamagishi, T., Yamagishi, M. (1994). Trust and commitment in the United States and Japan. Motivation and Emotion, 18 (2), 129–166.
Zand, D. E. (1972). Trust and Managerial Problem Solving. Administrative Science Quarterly, 17, 229–239.
Zucker, L. G. (1986). Production of trust: Institutional sources of economic structure, 1840–1920. Research in Organizational Behavior, 8, 53–111.

Kulturspezifische Perspektiven interkultureller Kompetenz

Yong Liang

Gastlichkeit als interkulturelles Problem: Das Beispiel China

Als Konfuzius vor etwa 2500 Jahren einmal von einem hohen Beamten des Fürstenstaates Chu nach dem Wesen der Regierung gefragt wurde, antwortete der Meister mit den folgenden schlichten Worten: 近者说，远者来 (*Lunyu*: »Gespräche des Konfuzius«, Kap. 13,16). In die heutige Sprache übersetzt heißt es: Ein Land ist dann gut regiert, wenn die eigene Bevölkerung zufrieden ist und wenn Gäste aus dem fernen Ausland (gern) kommen.

Das grundlegende Prinzip, das Konfuzius als Kriterium zur Bewertung eines Staatswesens formuliert hat, dürfte im Grunde auch heute seine allgemeine Geltung haben, und zwar nicht nur für internationale Beziehungen, sondern auch, wie der epigrammatische Spruch einst wie heute in China ausgelegt wird, für alle Bereiche unseres sozialen Lebens.

Von Bedeutung sind dann die Fragen, wie man mit dem Anderen und Fremden, der als Gast gesehen wird, umgeht, und wie man sich selbst in der Fremde verhält bzw. als Gast behandelt werden möchte.

Gastlichkeit gilt wohl in allen Kulturen als eine Grundlage des menschlichen Zusammenlebens und stellt damit einen wichtigen Teil des kulturellen Orientierungssystems dar, welches nach Alexander Thomas (2003) aus spezifischen Symbolen gebildet und in der jeweiligen Gesellschaft tradiert wird. Als ein lebensweltliches und/oder professionell-berufliches Handlungssystem weist Gastlichkeit, ob in China oder Deutschland, vieles universell Menschliches auf, soweit sie als Aufnahme eines Anderen und Fremden (um ihn zu speisen, zu nächtigen, zu schützen) verstanden wird, und zwar in Art und Verhalten so, dass sich ein Gast wohlfühlt (siehe u. a. Peyer, 1987).

Neben ihrem universellen Charakter weist Gastlichkeit sehr wohl unterschiedliche soziokulturell spezifische Ausprägungen auf. Wenn China sich seit je als ein »Land der Gastfreundschaft« (好客的民族) versteht und gerade in seinen Außenbeziehungen auch heute gern auf die eigene Jahrtausende lange Tradition zu besinnen pflegt, fällt es umso mehr auf, dass Gastlichkeit bei Begegnungen zwischen Menschen aus China und den europäisch-westlichen Ländern, wie zahlreichen Chinaberichten auch jüngsten Datums zu entnehmen ist, als einer der größten kulturellen Unterschiede gesehen wird (siehe z. B. Lin-Huber, 2006). Die Umgangsformen, die in China als Gastlichkeit verstanden werden, wirken auf den einen Gast aus dem westlichen Ausland wohltuend, auf den anderen wiederum eher unheimlich, und lösen nicht selten gleichzeitig Befremden und Bewunderung aus.

Für die interkulturelle Forschung ist das Thema von besonderem Interesse, weil Gastlichkeit für das Zusammenleben der Menschen in der heutigen stark internationalisierten Weltgemeinschaft eine neue Aktualität gewinnt: Immer mehr Menschen treffen beruflich oder privat mit Menschen anderer Kulturen zusammen. Jede/r von uns muss – insbesondere im internationalen Kontext – wechselnd die Rolle des Gastes oder Gastgebers übernehmen. Infolgedessen spielt Gastlichkeit im Kontext des Globalisierungsprozesses und der interkulturellen Kommunikation eine zunehmend wichtige Rolle in den Verständigungsdiskursen der Kulturen (siehe Wierlacher, 2010).

Gastlichkeit ist ein weites Feld. Es ist ein Thema, das auf der internationalen Bühne der Politik und der Wirtschaft eine große Rolle spielt, wie auch in den gewerblich-professionellen Bereichen (etwa in Hotels oder Restaurants). Traditionell gesehen, gerade im religiösen Bereich, ist Gastlichkeit ein wichtiges Handlungsfeld, und sie ist es selbstverständlich heute noch in unserem alltäglichen Leben.

Im Folgenden wird nicht weiter auf eine politisch dimensionierte oder gewerblich-professionelle Gastlichkeit bzw. Ungastlichkeit eingegangen, sondern meine Beobachtungen und Überlegungen beschränken sich auf einige allgemeine Handlungsregeln der Gastlichkeit, wie sie im heutigen China alltäglich-lebensweltlich ihre Geltung haben dürften.

Handlungsmaximen der Gastlichkeit in China

Gastlichkeit hat in China eine lange Tradition. Bereits im kanonischen »Buch der Lieder« (*Shijing*) finden sich unter den 305 ausgewählten Liedern, die dem zehnten bis siebenten Jahrhundert vor Christus entstammen sollen, zahlreiche Ausführungen über den Umgang mit Gästen. Auch im »Buch der Riten« (*Liji*), einem der fünf konfuzianischen Klassiker, wird Gastlichkeit in Bezug auf verschiedenste Situationskontexte ausführlich und detailgenau beschrieben. Wenn sich die folgenden Darstellungen auf das Handlungssystem der Gastlichkeit in der chinesischen Gegenwartsgesellschaft konzentrieren, das heißt, ohne auf die kulturhistorische Verankerung des Gastlichkeitskonzeptes näher einzugehen, so gilt es immer auch, die Bedeutung und Nachwirkung der kulturellen Tradition zu überprüfen.

Maxime der Rollendifferenzierung

Für die Gastlichkeit in China ist als Allererstes entscheidend, dass sich Gastgeber und Gast ihrer jeweiligen Rolle bewusst sind. »Der Gast sei Gast, der Gastgeber sei Gastgeber«, so lautet die berühmte Anweisung im klassischen »Buch der Riten«

(*Liji*, Kap. 4). Auch in der heutigen Umgangskultur wird, was die Funktion und Verpflichtung des Gastes und des Gastgebers betrifft, stets eine klare Unterscheidung verlangt.

Der Gastgeber, dessen Bezeichnung im Chinesischen (主人, *zhuren*) auch für Herr/Hausherr, Besitzer, Eigentümer etc. steht, muss, neben der Beachtung der allgemeinen Verhaltensregeln der Höflichkeit (wie Respekt, Aufrichtigkeit etc.) vor allem verantwortungsvoll handeln. Die Verantwortung bedeutet, wie wir noch sehen werden, in erster Linie, das Bestmögliche zu unternehmen und nichts zu unterlassen, damit sich der Gast wohlfühlt.

Für die Rolle des Gastes gilt im Allgemeinen, wie es in einem populären Sinnspruch heißt, dass der Gast sich nach dem Gastgeber richten muss (客随主便). Das bedeutet zum einen zu versuchen, dem Gastgeber möglichst wenige Umstände zu bereiten, und zum anderen dem Willen des Gastgebers zu folgen und sich den Sitten und Gebräuchen des Gastlandes zu fügen (入乡随俗). Es geht dabei nicht nur um das Festhalten an stark ritualisierten Verhaltensformen, sondern auch um einige Grundregeln, wie sie bereits in den konfuzianischen Klassikern detailliert beschrieben wurden, wie etwa: »Wenn der Edle in ein fremdes Land kommt, so spricht er nicht von den Dingen, die dort vermieden werden müssen. Er übertritt nicht die Verbote. Er kleidet sich nicht in buntfarbige Gewänder. Er führt keine gefahrbringenden Reden. So heißt es: Lieber zu einfach als zu verschwenderisch, lieber zu wenig als zu viel« (zit. nach Wilhelm, 1981, S. 136).

Es besteht eine grundsätzliche Asymmetrie in dem Gastgeber-Gast-Verhältnis: Der Gastgeber trägt die Verantwortung und der Gast hat sich anzupassen. Es gilt als höchst unangenehm, wenn der Gast beabsichtigt oder unbeabsichtigt versucht, sich zum Wirt/Gastgeber zu machen (反客为主).

Maxime der Herzlichkeit und Freundlichkeit

Der heute in Bezug auf die Gastlichkeit am meisten zitierte Spruch lautet: »Wenn von fernher Freunde kommen – ist das nicht Grund zur Freude?« (有朋自远方来，不亦乐乎？). Das ist ein Zitat aus dem konfuzianischen Klassiker *Lunyu* (Kap. 1,1) und soll heißen, dass die Möglichkeit, Gäste zu empfangen und zu bewirten, nicht als Belastung, sondern als eine fröhliche Angelegenheit zu betrachten ist.

Es gehört sich deshalb, die Gäste mit Herzlichkeit (das Wort 热情 *reqing* bedeutet im Chinesischen auch »warm«, »begeistert«, »leidenschaftlich«) zu empfangen. Ein freundliches Lächeln, welches inzwischen wohl zu den Klischees gehört, die man am häufigsten mit Chinesen (wohl auch Japanern) verbindet, ist eben ein Ausdruck dieser Herzlichkeit. Am Eingang eines jeden guten Restaurants und Kaufhauses, wie auch auf einer Messe oder bei einer internationalen Konferenz stehen schön gekleidete, junge Mädchen, die die Gäste mit einem Lächeln und dem standardisierten Spruch »die Anwesenheit Ihres Glanzes ist herzlich willkommen« (欢迎光临) freundlich begrüßen. Sie sollen das »Gesicht«

des Geschäftes, der Gastgeberinstitution etc. im Sinne der Gastfreundlichkeit repräsentativ zeigen.

Zur Herzlichkeitsmaxime gehört, dass man den Gästen aus dem fernen Ausland eine besonders betonte Gastlichkeit gewährt. Das hat bereits Martino Martini im China des 17. Jahrhunderts beobachtet: »Den Ehrenplatz unter Mitbürgern überlässt man immer dem Älteren, unter Gästen dem, der aus dem entfernteren Ort kommt« (Martini, Novus Atlas sinensis, 1655).

Auch heute gilt: »Unter auswärtigen Angelegenheiten gibt es keine Sache von geringer Bedeutung« (外事无小事). Fast jede Institution (Wirtschaftsunternehmen wie Regierungsbehörde) wie auch jede Universität hat eine große Abteilung für auswärtige Angelegenheiten, die mit einem großen Etat und viel Personal ausgestattet ist. Den ausländischen Gästen, ob Professoren für einen Kurzbesuch oder Studenten während eines längeren Studienaufenthaltes, wird besonders gastfreundlich begegnet, das heißt, es gibt mehr Fürsorge und Betreuung als etwa den eigenen Kollegen und Studierenden gegenüber: Abholen vom Flughafen, Begleitpersonal extra, Luxusunterkunft, Besichtigung von Sehenswürdigkeiten, Essenseinladungen und eine Menge von kleinen Gesten der Höflichkeit.

In der chinesischen Kulturtradition wird Gastlichkeit in diesem Sinne als »Milde gegen die Fremden« begriffen, denn nur »wenn man milde gegen die Fremden ist, so strömen sie einem aus allen vier Himmelsrichtungen«, wie es im *Liji* (Kap. 31) heißt. Der Ausdruck »Milde« (柔 *rou*) ist hier als »Gutherzigkeit« (善*shan*) zu verstehen, ein moralisches Grundprinzip nach der konfuzianischen Lehre der »Mitmenschlichkeit«, das insbesondere für den Umgang mit Gästen aus dem fernen Ausland gilt.

Gastlichkeit bedeutet daher, über persönliche Bedürfnisse des Gastes besorgt zu sein und mitfühlend zu handeln. Der Umgang mit Gästen wird denn auch als »Herzenstausch« zwischen Gastgeber und Gästen verstanden.

Maxime der Großzügigkeit und Freigebigkeit

Es ist nach der chinesischen Tradition eine Selbstverständlichkeit, die Gäste stets mit dem Besten, was man hat, zu empfangen und zu bewirten. Konkret heißt das, den Gästen den bestmöglichen Komfort und die größte Behaglichkeit zu bieten, damit sie ihr »Fremdheitsgefühl« verringern und beseitigen können und schließlich »sich wie zu Hause fühlen«. Für diese auch hierzulande populäre Redewendung gibt es im Chinesischen eine fast wortwörtliche Entsprechung (宾至如归), welche aus *Zuozhuan*, einem im vierten vorchristlichen Jahrhundert entstandenen Klassiker, stammt. Schon dort wird von dem Gastgeber verlangt, alle Einzelheiten des Gastempfangs sorgfältig zu überprüfen, damit sich die Gäste wie im eigenen Zuhause fühlen können.

Dafür gibt man den Anderen und Fremden auch dann das Beste, wenn man es sich selbst sonst nicht leisten kann. Während der Olympischen Spiele im Sommer 2008 in Beijing, um ein konkretes Beispiel zu nennen, hat die Stadt mehrere Dutzend spezielle Buslinien für die Gäste aus dem Ausland eingesetzt, die mit den besten und modernsten Fahrzeugen ausgestattet rund um die Uhr im Einsatz waren, während sich Millionen Einwohner der Stadt in dieser Zeit mit überfüllten alten Bussen begnügen mussten.

Die Maxime der Großzügigkeit gilt nicht nur für das öffentliche Leben, sondern auch für den privaten Bereich, und zwar nicht nur für reiche, sondern auch für arme Leute. Im Allgemeinen gilt es, den Gästen gegenüber großzügig oder gar »verschwenderisch« zu sein, auch wenn man bei sich selbst »sparsam« sein muss.

Diese Art von Gastlichkeit wird zuweilen auch unter dem Aspekt der Gesichtswahrung interpretiert, etwa in dem Sinne, dass chinesische Gastgeber damit nur versuchen wollten, »ihre eigene Familie, ihre Gesellschaft, ihr Heimatland in einem guten Licht erscheinen« zu lassen (Lin-Huber, 2006, S. 74). Außerdem seien Chinesen vom Festland empfindlich, »dass ihre Nation noch in Entwicklung begriffen ist. Der Alltag ist noch beschwerlich und nicht so bequem wie in den Industrieländern. Die chinesischen Gastgeber versuchen aus diesem Grund zu verhindern, dass die westlichen Gäste in direkten Kontakt kommen mit diesen ›unangenehmen‹ Aspekten des täglichen Lebens.«

Das Gesicht bestimmt in China tatsächlich in hohem Ausmaß das soziale Ansehen und Prestige eines Menschen wie einer Institution: Man kann es mehren (wie sozialen Kredit), aber auch verspielen. Der Grundgedanke des Gesichtswahrens lässt sich auf eine für den gesellschaftlichen Umgang der Chinesen zentrale Frage bringen: Wie sehen mich die anderen bzw. wie wirke ich nach außen? Diese Besorgnis ist zwar auch in Deutschland nicht unbekannt, sie gilt hier jedoch als ethisch minderwertig im Vergleich zu einem »ehrlichen« Zu-sich-selbst-Stehen, egal, was andere davon halten mögen. In diesem Sinne verbindet man in den europäischen Kulturen den Hang zur Gesichtswahrung in der Regel eher mit etwas Negativem, etwa der Unwilligkeit, Fehler oder Schuld einzugestehen (siehe Pohl, 2008; Liang, 1998).

Für die Gastlichkeit ist daher ein weiterer Aspekt des chinesischen »Gesicht«-Konzeptes von zentraler Bedeutung, nämlich der Aspekt des »Gesichtgebens«: Es geht hierbei nicht nur darum, das eigene Gesicht zu wahren, sondern auch und vor allem darum, anderen Gesicht zu geben. »Gesicht geben« heißt in diesem Zusammenhang, die Gäste so zu behandeln, dass ihr soziales Dasein gebührend beachtet und – wenn möglich – aufgewertet wird. Es gilt schließlich: Wer nicht in der Lage ist, anderen Gesicht zu geben, verliert selbst sein Gesicht.

So ist zu verstehen, warum während einer internationalen Konferenz im Dezember 2008 in Beijing die ausländischen Gäste in einem Fünf-Sterne-Luxushotel untergebracht wurden, während die chinesischen Tagungsteilnehmer, auch wenn sie von ihrem Status her gleichrangig wie ihre westlichen Kollegen waren, in einem viel bescheideneren Hotel übernachten mussten. Die Bemühungen, den Gästen immer die beste Seite des eigenen Landes, der eigenen Institution, der eigenen Familie zu zeigen und das Bestmögliche zu geben, gelten also auch heute, wenngleich sich sowohl die Ausstattung öffentlicher Institutionen als auch die Lebenssituation privater Haushalte inzwischen wesentlich verbessert hat.

Schwierig ist es dann, wenn chinesische Besucher in Europa eine ähnliche »Gastfreundschaft« erwarten, wie sie es ihren Gästen zuteil werden lassen. Es ist uns ja kaum möglich, unseren Gästen aus China so etwas auch nur annähernd bieten zu können (touristische Programme, Unterkunft, Essen etc.). Dabei kommt es immer wieder zu Frustrationen. Chinesen, welche sich für einige Zeit in Deutschland aufhielten, vermissten, wie sie sagten, das »menschliche Mitgefühl« (siehe Lin-Huber, 2006, S. 75).

Es geht hier vermutlich um ein grundverschiedenes Verständnis zur Gastlichkeit. Als wir im Sommer des letzten Jahres einen chinesischen Universitätskollegen nach seiner Gastvorlesung an unserem Institut – wie es sich in China gehört – zum Frankfurter Flughafen fahren wollten, erkundigte sich ein Mitarbeiter von uns in der Universitätsverwaltung, ob unser Antrag auf Erteilung eines Dienstwagens bereits genehmigt sei. Da ließ sich die Sachbearbeiterin nicht nehmen, ihn darauf hinzuweisen, dass dies doch wohl eigentlich nicht nötig sei, da unser chinesischer Gastprofessor doch wohl wahrscheinlich Englisch spreche und so in der Lage sei, mit den Schalterbeamten der Deutschen Bahn zu kommunizieren.

Maxime der Verantwortung

Aus dem chinesischen Verständnis der Gastlichkeit heraus fühlen sich Gastgeber in China, insbesondere ausländischen Besuchern gegenüber, voll verantwortlich für das Wohlergehen der Gäste (einschließlich ihrer Gesundheit und Sicherheit). Die Funktion des Gastgebers als Beschützer und Betreuer ist viel ausgeprägter als etwa in Deutschland. Nach Beobachtung von Lin-Huber (2006, S. 74) helfen chinesische Gastgeber »nicht nur, wenn Hilfe (explizit) benötigt wird, sondern sie agieren ständig in der Rolle der aktiven Beschützer«. Damit sich ein Gast nicht einsam fühlt in einem fremden Land, begleiten ihn chinesische Gastgeber überall hin und bestimmen, was gut für ihn ist.

Dass diese Rundumbetreuung den ausländischen Gästen nicht immer Freude macht, zeigt das folgende Zitat aus einem Interviewgespräch mit einer deutschen Praktikantin über ihre Erfahrungen in China: »Wir wurden in China von allen Menschen, z. B. den Behörden, dem Auslandsamt, den Kollegen u. a. so sorgfältig betreut, dass ich manchmal den Eindruck hatte, sie behandelten uns wie Kinder. Sie kümmerten sich derartig um uns, dass wir keinen eigenen Freiraum mehr hatten, wo sich unsere eigene Initiative zeigen konnte« (Jin, 1994, S. 179).

Diese Einschätzung ist gar nicht so falsch. Schon im *Menzius* werden die Maximen bezüglich des Umgangs mit Gästen, alten Menschen und kleinen Kindern in einem Gebot zusammen thematisiert: »Das Alter soll man ehren, die Kinder lieben und Fremdlinge und Gäste darf man auf keinen Fall vernachlässigen« (*Menzius*, Kap. VI, Teil B).

Diese Art des Verhältnisses zwischen Gastgeber und dessen Gästen hat wohl mit einer Grundregel der chinesischen Höflichkeit zu tun, die dem deutschen Höflichkeitsverständnis offensichtlich geradezu diametral gegenüber steht. Hierzulande wird die Distanzherstellung bzw. -wahrung als eine Grundkategorie der Höflichkeit verstanden. Die Distanzwahrung dient – neben der Zuwendung, die in der Wertschätzung und Anerkennung ihren Ausdruck findet – im Wesentlichen dazu, dem Partner eine unbehinderte Handlungsfreiheit zu ermöglichen. Demnach können auch Behinderung oder Einschränkungen der Selbstbestimmung und der Handlungsfreiheit von Partnern an sich schon unhöflich sein (siehe Valtl, 1986).

Der genannte Zusammenhang zwischen Höflichkeit und Distanzwahrung ist im chinesischen Höflichkeitsverständnis nicht vorhanden. Ein höflicher Umgang mit Gästen soll dem chinesischen Verständnis zufolge Vertrautheit schaffen und zugleich die Distanz zwischen den Partnern verringern helfen (Liang, 1998). Wenn den Gästen ein Getränkeangebot mit mehrmaliger Wiederholung vonseiten des Gastgebers geradezu aufgezwungen wird, oder wenn der Gastgeber während einer Essenseinladung die Teller oder Schüsseln der Gäste dauernd mit verschiedensten Speisen füllt, ist dies Ausdruck einer aufrichtig gemeinten Herzlichkeit. Auch in dieser Alltagssituation der Gastlichkeit sind »Distanz« und »persönlicher Handlungsfreiraum« offenbar wenig gefragt.

Es ist kein Wunder, dass der aus chinesischer Sicht verantwortungsvolle Umgang mit den Gästen bei den europäisch-westlichen Besuchern teils zwar durchaus als Ausdruck der Gastfreundschaft empfunden, nicht selten jedoch auch als »Überbehütung« oder gar »Nötigung« und nicht zuletzt als »Behinderung der freien Integration« oder »Einmischung in private Angelegenheiten« etc. gesehen und interpretiert wird. Solchen Interpretationsmustern könnte man entgegenhalten, dass es sich hier nicht nur um unterschiedliche Umgangsformen, sondern tatsächlich um grunddifferente Kulturmuster der Gastlichkeit handelt, denen in den zwischenkulturellen Begegnungssituationen im Sinne des interkulturellen Verstehens und Handelns Rechnung getragen werden muss.

Maxime der Beziehungsorientierung

Gastlichkeit ist im Wesentlichen als eine Beziehungskategorie aufzufassen. Das soziale Beziehungsgefüge gilt in China als eine in höchstem Maß zu differenzierende Größe. Auch Gästen gegenüber setzt die Beziehungsgestaltung immer eine Beziehungsdifferenzierung voraus, welche in der hierarchischen Sozialordnung begründet ist, die die Art und Weise der Gästebetreuung mit bestimmt.

Die chinesische Gegenwartssprache kennt zwei Grundwörter, die als »Entsprechungen« zum deutschen Wort »Gast« angesehen werden können. Das eine (客, *ke*) hat eine allgemeine, umfassendere Bedeutung und das andere (宾, *bin*) steht als Bezeichnung für einen ehrwürdigen, hohen Gast. Diese Differenzierung, markiert in erster Linie durch den Höflichkeitswert des jeweiligen Ausdrucks, ist bereits in der Antike Chinas vorhanden. Im heutigen Sprachgebrauch werden die beiden Ausdrücke gelegentlich auch synonym verwendet. Sobald man Statusunterschiede bei den Gästen feststellen kann, muss jedoch eine klare Unterscheidung getroffen werden. Wenn die Bezeichnung für »ehrwürdige Gäste« dann auch den »einfachen Gästen« gegenüber benutzt wird, gilt es als Ausdruck der Höflichkeit, nach dem Prinzip, das Gegenüber aufzuwerten.

Es gilt zwar, allen Gästen mit Freude und Achtung zu begegnen. Dies muss jedoch in unterschiedlicher Form, Intensität und Reihenfolge zum Ausdruck gebracht werden, begründet in der Unterscheidung von verschiedenen sozial relevanten Faktoren wie Alter, Geschlecht, Status usw. Es ist im heutigen China zum Beispiel gängige Praxis, dass den Gästen ein und derselben Besuchergruppe je nach sozialem Status der einzelnen Personen unterschiedliche, das heißt in ihrer Wertigkeit differenzierte Gastgeschenke, überreicht werden. Auch die strenge Beachtung der festgelegten Sitzordnung, die heute beim Empfang oder Bankett nach wie vor eine große Rolle spielt, ist Ausdruck der hierarchischen Sozialordnung der tradierten Gastlichkeit in China.

Eine bestehende Beziehung muss gepflegt werden. Unter »Bekannten« gilt deshalb – neben ausgesprochenen Einladungen – die Devise: »Wer zu mir kommt, ist mein Gast« (来者都是客). Dieses Prinzip der Gastlichkeit, das durch das zitierte, in China weit verbreitete Sprichwort ausgedrückt wird, ist auch in den europäischen Kulturen bekannt, und zwar als ein christliches Gebot, dass jedermann stets jeden Fremden gastlich aufnehmen solle (»jeder, der als Gast kommt, soll wie Christus behandelt werden«).

In China gibt das genannte Prinzip hingegen eine Alltagspraxis wieder. Wenn ein Bekannter, sei es ein Kollege oder ein Freund, unangemeldet an die Tür klopft, wird er gastlich empfangen und, wenn dies während des Essens der besuchten Familie passiert, gleich zum Essen eingeladen. Chinesen würde es schwerfallen, den unerwarteten Gast zurückzuweisen. Man pflegt in einer solchen Situation eher zu sagen, dass es keineswegs Umstände mache, es solle ja lediglich ein Paar Essstäbchen mehr zur Verfügung gestellt werden. Eine solche Situation kann außerdem durchaus als eine willkommene Gelegenheit zur Pflege der bestehenden Beziehung angesehen werden. Die Bemühungen können dann, wie man das in China nennt, als »Gefühlsinvestition« (感情投资) verstanden werden, das heißt, eine derartige Investition in die Beziehungsarbeit kann zwar durch materielle Dinge realisiert werden, etwa durch Essenseinladungen oder Geschenke, sie muss aber vor allem »einen von Sympathie getragenen emotionalen Kontakt zwischen Personen« bewirken können.

Zu beachten ist allerdings, dass es sich hier immer auch um eine Austauschbeziehung handelt. Es geht zwar nicht um ein zeitgleiches Geben und Nehmen, aber um ein gegenseitiges Verpflichtungsdenken. Dabei können die Bemühungen, die darauf abzielen, dass immer der Partner im Vorteil ist, durchaus ambivalent sein. Einerseits wird versucht, möglichst viel und auf jeden Fall mehr in die Beziehung zu investieren, als der im Beziehungsgefüge stehende Andere getan hat. Diese Mehrinvestition könnte andererseits mit der Erwartung verbunden sein, dass die Gunstbezeigungen später einmal von dem Anderen erwidert werden können (Liang, 1998).

Maxime des kultivierten Verhaltens

Die Kultiviertheit in einem gastlichen Umgang drückt sich in China vor allem durch ein bescheidenes Verhalten aus, welches von beiden Seiten, Gast wie Gastgeber, erwartet wird. Es gilt hierbei ein allgemeines Prinzip der traditionellen Umgangskultur, wie es im *Liji* (Kap. 1) formuliert wird: »Wer sich sittlich verhalten will, soll sich selbst erniedrigen und anderen gegenüber Respekt zeigen.«

Bescheidenheit bedeutet in diesem Sinne die Herabsetzung der eigenen Peson und Leistung, welche zusammen mit Respektbezeugung, das heißt Aufwertung des Anderen und seiner Leistung, die Grundpfeiler eines traditionell-sittlichen Verhaltens bilden.

In einem dialogischen Kontext wird durch Austausch von Bescheidenheit und Respektbezeugung ein höfliches Miteinander interaktiv konstruiert. Eine Beispielsituation, die auch im Alltag des heutigen China öfters zu beobachten ist: Der Gastgeber pflegt sich bei einer privaten Essenseinladung, bei der viele kostbare Speisen serviert werden, mit folgenden Worten zu entschuldigen (siehe Liang, 1996, S. 259): »Ich kann überhaupt nicht kochen, und es gibt nichts Gutes zu essen. Greifen Sie bitte zu!«

Diese durch eine sich erniedrigende Äußerung initiierte Gesprächssequenz verlangt eine respektvolle Erwiderung vonseiten des Gastes: »Seien Sie nicht so höflich. So viele wunderbare Speisen haben Sie vorbereitet. Da sagen Sie noch, es gibt nichts Gutes zum Essen. Vielen herzlichen Dank!«

Zum kultivierten Verhalten gehört in einer gastlichen Situation insbesondere die Regel, »dem Andern den Vortritt lassen« (谦让, *qianrang*). Nach der alten Tradition muss diese Regel bei fast jeder Aktivität eines Gastempfangs strengstens gehalten werden. Die Verhaltensmuster, die auch in der heutigen Gesellschaft gelten, wie etwa die höfliche Ablehnung eines Angebots, die mehrfach wiederholt werden muss (»dreimaliges Angebot« bzw. »dreimalige Ablehnung« etwa beim Getränk, Essen oder Geschenk), gehen offenbar auf diese alte Tradition zurück.

Diese Art von Bescheidenheit, die sich in zahlreichen stark ritualisierten Umgangsformen ausdrückt, kann einem Nichteingeweihten verwirrend vorkommen, wie der folgende Bericht deutlich zeigt: »Höflichkeit und gute Manieren wirken bei Chinesen manchmal wie Streit, weil jeder versucht, zuvorkommender als der andere zu sein. So fangen Tischmanieren beim Eintreten ins Esszimmer an, wo jeder dem anderen den Vortritt lassen will. Kaum sind endlich alle drin, geht der Kampf um den schlechtesten Platz los« (Trauffer, 1997, S. 168).

Die Ausdrucksweise der Bescheidenheit mag für einen Europäer sehr gekünstelt oder förmlich wirken und stößt möglicherweise an die Toleranzgrenze einer akzeptablen Selbstdarstellung. Sie ist in China aber gar nicht so »technisch« gemeint, wie es scheint, sondern ist mit ehrlich gemeinter Herzlichkeit und Freundlichkeit verbunden. Die Formen einer so verstandenen Bescheidenheit im gastlichen Umgang mit Mitmenschen werden als Ausdruck der Selbstbildung und inneren Kultiviertheit verstanden.

Schlussbemerkung

Das begriffliche und pragmatische Verständnis von Gastlichkeit im heutigen China liegt, das verdeutlicht der Vergleich mit dem Gastlichkeitskonzept in Deutschland, nicht etwa nur in ihren Ausdrucksformen, sondern auch in kulturspezifischen Ausprägungen der Konstruktionsbedingungen und -prinzipien dieses Konzeptes begründet. Es ist daher sinnvoll, bei allem universell Gültigen die jeweils anders konzipierten und konstruierten Formen und Inhalte der Gastlichkeit zu deuten und zu verstehen. Überprüfungswürdig sind in unserer Forschungsarbeit vor allem die Fragen: Was gilt in der chinesischen Gegenwartskultur als Gastlichkeit? Wird das, was in der chinesischen Kultur als Gastlichkeit gilt, auch in einer anderen Kultur wie in der deutschen als Gastlichkeit wahrgenommen und verstanden?

Diese Forschungsfragen sind für das heutige China von großer Bedeutung, weil das Land, anders als vor dreißig Jahren, als es durch die Selbstisolation noch völlig von der Außenwelt abgeschottet war, längst Teil einer globalisierten Weltgemeinschaft geworden ist. Ein gastlich qualifizierter Umgang mit Anderen und Fremden, der in China als eine alte Kulturtradition verstanden wird, gilt zugleich als eine neue Herausforderung in der sprunghaft erweiterten und intensivierten Kooperation und Kommunikation Chinas mit anderen Ländern der Welt.

Die Gastlichkeit genießt in der chinesischen wie in der deutschen Gegenwartsgesellschaft einen hohen Stellenwert, auch wenn ideale Vorstellung und praktische Anwendung in der chinesischen Kulturtradition – nicht anders als in der christlichen Lehre – oft auseinanderklafften. Nicht jeder, der sich in der Fremde aufhält, wird als Gast gesehen und behandelt, und nicht jeder, der sich in der Fremde aufhält, tritt wie ein Gast auf. Auch staatliche und kirchliche Institutionen konnten die Anforderungen der Gastlichkeit unter tatsächlichen oder vermeintlichen Zwängen in der Regel nur ungenügend erfüllen.

Gerade angesichts der vielförmigen, tatsächlichen oder nur durch kulturelle Unterschiede verursachten Ungastlichkeit in vielen Bereichen unserer Welt müsste Gastlichkeit für das heutige Zusammenleben in einer stark globalisierten Welt um so mehr als ein wichtiger Teilbereich der interkulturellen Kompetenz verstanden werden, wenn diese nach Alexander Thomas (2003, S. 143) die Fähigkeit bedeutet, »kulturelle Bedingungen und Einflussfaktoren im Wahrnehmen, Urteilen,

Empfinden und Handeln bei sich selbst und bei anderen Personen zu erfassen, zu respektieren, zu würdigen und produktiv zu nutzen im Sinne einer wechselseitigen Anpassung«.

Literatur

Jin, X. F. (1994). Kontakte, Konflikte und Kompromisse: Interkulturelle Kommunikation zwischen Deutschen und Chinesen in einem Joint-Venture. Saarbrücken: Verlag für Entwicklungspolitik Breitenbach.

Konfuzius (2009). Die Lehren des Konfuzius. Zweisprachige Ausgabe (Chinesisch und Deutsch). Übersetzt und erläutert von Richard Wilhelm. Frankfurt a. M.: Zweitausendeins.

Liang, Y. (1996). Sprachroutinen und Vermeidungsrituale im Chinesischen. In A. Thomas (Hrsg.), Psychologie interkulturellen Handelns (S. 247–268). Göttingen: Hogrefe.

Liang, Y. (1998). Höflichkeit im Chinesischen. Geschichte, Konzepte, Handlungsmuster. München: Iudicium.

Lin-Huber, M. A. (2006). Chinesen verstehen lernen. Wir – die Anderen, erfolgreich kommunizieren (2. akt. u. erw. Aufl.). Bern: Huber.

Martini, M. (1665). Novus Atlas Sinensis. Amsterdam: J. Blaeu.

Peyer, H. C. (1987). Von der Gastfreundschaft zum Gasthaus. Studien zur Gastlichkeit im Mittelalter. Schriften der Monumenta Germaniae Historica, Bd. 31. Hannover: Hahnsche Buchhandlung.

Pohl, K.-H. (2008). China für Anfänger. Eine faszinierende Welt entdecken (3. Aufl.). Freiburg: Herder.

Thomas, A. (2003). Interkulturelle Kompetenz. Grundlagen, Probleme und Konzepte. Erwägen – Wissen – Ethik, 14 (1), 137–150.

Trauffer, R. (1997). Manger en Chine, Essen in China. Vevey: Alimentarium.

Valtl, K. (1986). Erziehung zur Höflichkeit. Dissertation, Universität Regensburg.

Wierlacher, A. (2010). Einführung. Palatum. Zeitschrift für Kulinaristik. Wissenschaft – Kultur – Gastlichkeit, 2, 5–6.

Wilhelm, R. (Übers. u. Hrsg.) (1981). Li Gi – Das Buch der Riten, Sitten und Gebräuche. Diederichs Gelbe Reihe: China, Band 31. Düsseldorf: Eugen Diederichs Verlag.

Hora W. Tjitra and Wenjun Deng

Chinese Intercultural Sensitivity in Contemporary China

Intercultural sensitivity (IS) is the ability to discriminate and experience relevant cultural differences (Hammer, Bennett and Wiseman, 2003). Our research aims at discovering the indigenous intercultural sensitivity of the Chinese people working in the international tourism industry. Qualitative in-depth interviews were conducted, 32 Chinese professionals (general manager, tour guide, tour leader, etc.) from the industry took part. Interview data was fully transcribed and then analyzed using the grounded theory approach. The results demonstrated that Chinese IS exhibits particular characteristics, which reflects the uniqueness of the Chinese culture in dealing with cultural differences. Harmonized differences, change accommodation, relationship optimization, culture comprehension and ethno-identification as well as the push (e. g., values) and pull (e. g., goals) factors are the central characteristics of the Chinese IS. Based on these findings, a generic model of Chinese intercultural sensitivity will be introduced and discussed.

Intercultural Sensitivity in Culture Encounter Situations

Culture Encounter Situations in International Tourism

International tourism is one of the world's largest industries where people from different cultural backgrounds meet each other. Through travel, people are temporally migrating to other destinations and cultures, and tourism provides an opportunity for improving international understanding. China is a big market for the international tourism. The World Tourism Organization (UNWTO) forecasts that China will generate 100 million outbound tourists and become the fourth largest country of tourist origin in the world by 2020.

When an individual establishes contact with a person from a different culture, he is faced with two different orientation systems, i. e. one of a foreign culture and the one of his own, and therefore there are two types of definitions for a given situation. In such a situation of intercultural overlapping, action is governed not only by one's own but also by the foreign system of orientation. In a situation of cultural overlapping, both will behave and act differently to the way they would behave towards their own compatriots. Even though the possibilities, perspectives and strategies of action in the framework of co-operation with others are determined by one's own cultural orientation system, they are co-determined, completed and delimited by experience, knowledge and the attitude towards the foreign culture, the expected role-behavior and the location of the events (see also Thomas, 1996; Tjitra, 2001b).

Thus, in general, the various abilities and characteristics used by individuals to work in intercultural setting are called intercultural competence. Bennett (1993) defines it more clearly as the ability to think and act in interculturally appropriate ways. Taylor (1994) classifies intercultural competency as an adaptive capacity based on an inclusive and integrative world view which allows participants to effectively accommodate the demands of living in a host culture. Bhawuk and Brislin (1992) suggested that »to be effective in another culture, people must be interested in other cultures, be sensitive enough to notice cultural differences, and then also be willing to modify their behavior as an indication of respect for the people of other cultures« (p. 416).

Indigenous Approach in Intercultural Sensitivity

Intercultural competency is a concept that has been explored and researched under many different labels (see also Deng, Ma and Tjitra, 2006), such as cross-cultural effectiveness, cross-cultural adjustment, cross-cultural competence, cross-cultural communication effectiveness, intercultural effectiveness, intercultural communication competence, and intercultural sensitivity. This study is focused on the term of intercultural sensitivity (IS), which is the ability to discriminate and experience relevant cultural differences (Hammer et al., 2003).

To reveal comprehensive and culturally sensitive models of IS, research from a non-western perspectives is indispensable. Using an indigenous approach, Panggabean (2004) showed that there are culturally specific characteristics in dealing with cultural differences in German-Indonesian workgroups. Compared with Indonesia, China represents an Asian culture where culture diversity is still relatively homogenized while its international exposures are increased rapidly. In Confucian-heritage cultures, compromise, moderation and the maintenance of harmonious relationships are core values (Bond, 1996). Keeping »face«, having status in front of others, is another important behavior standard in Chinese culture which significantly influences how the Chinese act and react in culture encounter situations.

Research Methods

Research Objectives and Interviewees

Our research aims at discovering the indigenous intercultural sensitivity of the Chinese people. Chinese respondents working in the international tourism industry were chosen with the assumptions that they do have intensive experiences working together with people from other cultural backgrounds but are not necessarily strongly influenced by them such as the one who is working in multinational companies.

This study is guided by the following three research questions:

- How well did Chinese professionals in the tourism industry deal with situations encountering different cultures? What kind of strategies did they follow?
- What are the particularities of Chinese intercultural behaviors in dealing with cultural differences?
- What do Chinese professionals believe to be the success factors and effective intervention strategies in culture encountering situations?

A 90-minute qualitative in-depth interview was conducted: 32 Chinese professionals (general manager, manager, tour guide, tour leader and tour operator) from the international tourism industry took part. All participants have at least three years of working experience and different language specialization (English, German, French, Indonesian, Thais, etc.). In most cases the interviews took place in the working places of the interviewees and lasted around 90 minutes. It was conducted either in English and/or Chinese by one of the authors.

Grounded Theory Approach

From a research methodology perspective, the qualitative analytical method based on the grounded theory paradigm aims at theory development without being tied to special data types, research directions, or theoretical interests. The qualitative analytical approach assumes that researchers need to address different levels of generalization in order to better understand social phenomena (Glaser and Strauss, 1967) and that they should regard themselves as instruments in the development of the grounded theory (cited in Krewer, 1996).

After each interview, a summary and a note was taken. The interview summary was then sent back to the interviewee for confirmative validation and the note was later used for better understanding during the analysis. Interview data was than fully transcribed and analyzed using the grounded theory approach supported by atlas.ti QDA software. Three steps of coding process were applied as proposed by Strauss and Corbin (1998), inclusive the open, axial and theoretical coding. Finally, after a generic model of the Chinese intercultural sensitivity (see Figure 1) had emerged, an additional comparative case study was conducted to modify, improve the accuracy and reliability of the model. In this second analysis step, the quantitative frequency of the coding data of the internationally experienced interviewees was compared with the less experienced one. Based on this second analysis, a stage model at the sub-dimension level was proposed.

The Five Dimensions of Chinese Intercultural Sensitivity

The results of our interview analysis reveal that Chinese IS exhibits particular characteristics, which reflects the uniqueness of the Chinese culture. As Panggabean (2004) proposed, the concept of intercultural sensitivity exhibits a multidimensional and dynamic concept (see also Bennett, 2004; Dinges and Baldwin, 1996). In our study, five main dimensions were identified as the central characteristics of the Chinese IS in dealing with cultural differences: *harmonization of differences, relationship optimization, change accommodation, culture comprehension and ethno-identification.*

Three of the five dimensions reflected the behavioral elements of the Chinese IS (harmonization of differences, relationship optimization, and change accommodation), and the two others point out the cognitive (culture comprehension) and affective elements (ethno-identification). The *pull* (personal goals, tasks objectives, and »face«) and the *push* factors (value, education, philosophy, tradition, etc.) and were identified also as the principal properties besides the five dimensions of the Chinese IS. The pull factors indicate the strong future orientation and the push suggest the substantial influences of the past components (see Figure 1).

Chinese professionals in the tourism industry are strongly pragmatic and goal oriented. Most of them assume and are aware that the »others« are somehow different, and showing different degrees of understanding, respect and demarcation towards those differences. »Pulled« by task objectives, personal goals and »face«, the purposes to learn about the other cultures for them primarily are to attain a better relationship, secure more suitable cooperation, and enhance working efficiency.

> »If you understand the cultures and customs of people from this country, […] you will be able to work more easily and solve problems smoothly.«

> »Otherwise you will be excluded in the business and you will not win.«

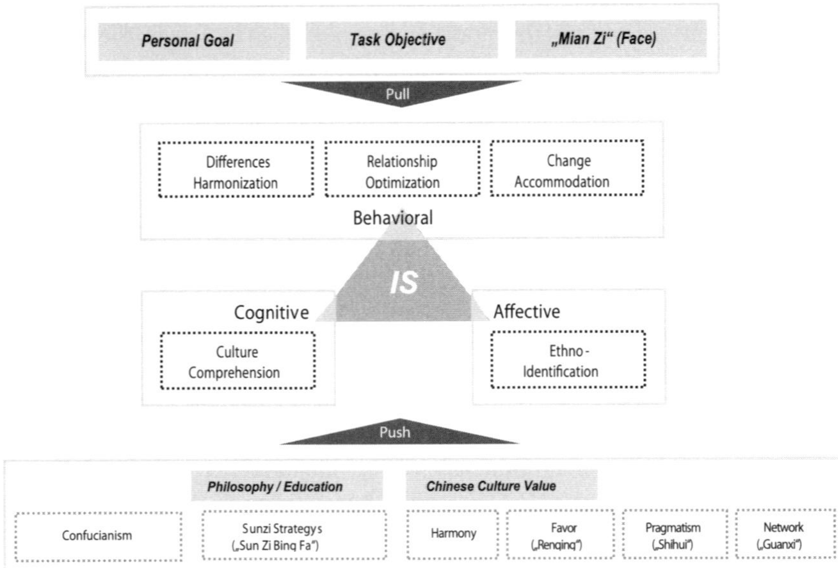

Figure 1: Indigenous model of Chinese intercultural sensitivity (IS) in contemporary China

One quotation most often mentioned by the interviewee in explaining their strategy on how they deal with cultural differences is from Sunzi's Art of War (Wu, Wu and Lin, 2007). This strategy illustrates perfectly how the pull and push factors work together in the culture encounter situations. On the one side, Sunzi is Chinese tradition and philosophy, whereas on the other side; the content indicates the important process of getting the job done.

> »[…], know your enemy and yourself well, and you can fight a hundred battles with no danger of defeat« (a quotation from Sunzi's Art of War, which was very often mentioned during the interviews).

The Cognitive Dimension – Culture Comprehension

Culture comprehension is the cognitive dimension of the Chinese IS. It refers largely to learning, identifying, understanding, and utilizing cultural differences. This dimension describes the degree of awareness and differentiation to attribute specific behaviors to cultural differences. Culture comprehension consists of four developmental stages: *being aware of cultural differences, willingness to learn the differences, shifting cultural perspectives, and self-enhancing by learning from other cultures* (Figure 2).

Figure 2: Cognitive dimension – culture comprehension

Being aware of cultural differences means the practitioners are aware of the existence of cultural differences, but they do not necessarily discern or comprehend the dimensions or connotation of the differences.

Willingness to learn different cultures is a further step, it means having the desire and willingness to learn a different culture, and this includes customs, people, history, values, and other cultural components. Practitioners learn by observation, communication, experiencing, and joining in common activities with the intercultural counterparts. Viewing from the code frequency perspective, communication is one of the most important approaches of learning another culture. We found in the analysis that Chinese people possess a characteristic in their learning: They are objective-oriented.

»[…] go to their daily life, to understand and observe their culture more, then you can cooperate with your customer well.«

»[…] join more activities with them and try more food of their country. That will help you a lot.«

Shifting the cultural perspective means being able to give attribution to cultures. To interpret and understand the other party's behaviors or points of view from his/her cultural perspective, and being able to view both cultures relatively. The relatively low coding frequency of «shifting cultural perspective« shows that there are not many practitioners who have achieved this level. In this stage, the ability to identify cultural differences correctly, interviewees showed that they were able to identify how their own culture is different from the other one, and can explain and summarize the differences according to certain dimensions.

»I think westerners they are more independent individuals, individualism is their spirit. […] we Chinese we are collectivism, everybody wants to be sticked together.«

»They think the details of the process are important, but we don't. This is because of different kinds of cultures.«

The most advanced stage in the culture comprehension dimension is the *self-enhancement* stage. The Chinese value learning highly and are strongly pragmatic in achieving their goals. Learning the advantages from other cultures to broaden one's own perspectives and enhance one's understanding is the main characteristic of this stage. Some of the Chinese professionals in our study demonstrate strong appreciation and willingness to learn from the other cultures; particularly, if it may help them to recognize, reflect or even criticize their own cultural aspects and behaviors for the better. It's not exactly the same with the western concept of intercultural synergy (see Tjitra, 2001a) but they do have something in common.

> »What I see as ideal is to use the western system, and combine with the harmony, renqing (reciprocity) and flexibility. That will be perfect.«

> »Sometimes you may know something that you never know before.«

The Affective Dimension – Ethno-Identification

The affective dimension of the Chinese IS is the ethnic identification which indicates the degree of openness, acceptance and respect towards other cultures. As Rhoads Murphey noted, China never suffered an identity crisis (»who are we?«) as it faced the unfamiliar cultural and material challenges of the modern West (Seligman, 1999). The manifestation of ethnic self-identification consists of three sub-dimensions, inclusive *evaluating other culture(s)*, *self-other discrimination*, and *valuing (and defense of) the own culture* (Figure 3). It is the only dimension among the five which does not apply a developmental pattern (compare with the ethnocentrism from Bennett, 2004).

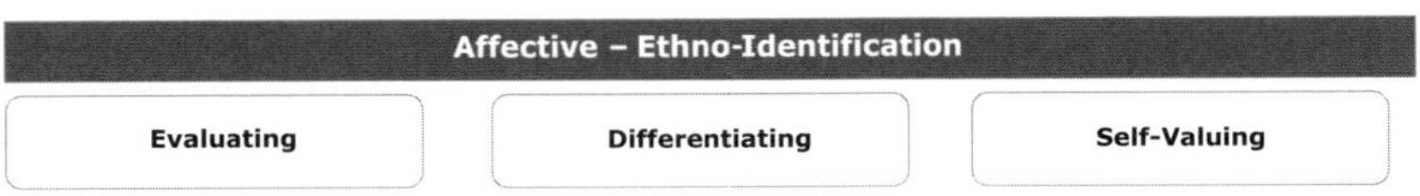

Figure 3: Affective dimension – ethno-identification

Evaluating others indicates that in culture encounter situations, the Chinese tend to perceive, compare and evaluate others from a perspective which is strongly filtered by their own cultural value and norm system. This sub-dimension is in line with other studies, for which Chinese college students were asked to describe their acquaintances; 75,6 % of the words they used were evaluative (Wang and Cui, 2000). So in describing other cultures, our interviewees often use evaluating vocabulary, which mostly reflect the virtues valued highly in Chinese society, rather than a neutral one, e. g., how smart others are (or diligence, lazy, hard-work, friendly, modesty, etc.). When the other party fits into the expectation and demonstrate the virtues, the participants praise them high. Otherwise, their perceptions are negative.

> »I think the people there are little bit lazy compared with people in China.«

> »Among all the countries, I feel American are most friendly.«

Another sub-dimension identified is *differentiating* (in- and out-group discrimination). Most of the interviewees reported that even when there is no obvious difficulty in working with »the« foreigners, or even when they are both satisfied with the cooperation, the Chinese still feel the »in-group« and »out-group« differentiation. They feel that the others – no matter how hard they try – won't be able to understand them fully. Therefore, the foreigner will be categorized as the »outsider«, which also means that there exist high barriers to build a deeper friendship.

> »Those foreigners, I mean the ›Lao Wai‹ […].«

> »As time passes by, it's difficult for us to build a long-time and close interpersonal friendship.«

Valuing one's own culture is the third sub-element of Chinese IS affective dimension. Most interviewees showed personal passions to the strong points in Chinese virtues, such as diligence, smartness, etc. They insisted that Chinese people should consistently keep, maintain, and be proud of them. They were mostly delighted when foreigners recognize and appreciate the Chinese culture. Meanwhile, they perceived the criticism from others as an attack and expressed behaviors that maintain and defend that image as well as maintaining their self-esteem in Chinese culture and tradition.

> »I think the Chinese culture exceeds the average culture in the world. It has strong and lingering charm.«

> »First of all, we must remember that we are Chinese, not to lose our dignity.«

The First Behavioral Dimension – Harmonization of Differences

Harmonization of differences is the first behavioral dimension of Chinese IS. The behavioral dimension suggests the degree of the appropriateness of one's behaviors in a certain cultural context. We believe the harmonization of differences to be the most significant dimension, which exhibits the unique way of the Chinese in dealing with cultural differences. It is manifested as harmonizing cultural values and beliefs, work styles, mentalities, and behavioral norms so that they can coexist and apparent differences among them do not form a threat for such coexistence. Harmonization of differences consists of four developmental stages: *imitating, following, adapting, and maximizing* (see Figure 4).

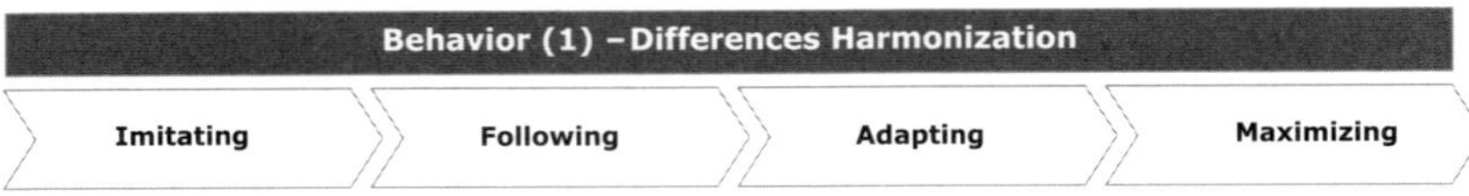

Figure 4: First behavioral dimension of CIS – harmonization of differences

In entering a new and unknown situation, one of the strategies most often observed, which are used by the Chinese, is *imitating* others. In order to reach and maintain harmony, Chinese interviewees said they would imitate the dressing, gesture, etiquette, or even the way of verbal expression. And this will shorten the distance between the two parties and minimize the »obvious« differences.

> »I think that if I live or work with certain party of people in a certain country, I would act and move closer to them and act more similar to them.«

> »Use their way of communication, talk in a tone like the Europeans do.«

Following others is the next stage in the process of harmonization of differences. It differs from imitating and is more a proactive initiative in unknown situations. Following refers to intercultural behaviors which you might not agree with but finally you accept and follow.

> »It is better to accept the way they are talking, accept the way they are doing, and better to do according to what they wish.«

> »You have got to respect their customs and religions. You can't go against them or violate any.«

The third stage – *adapting* – is comparable with the construct of adaptation, proposed by Bennett (2004). He describes adaptation as the state in which the experience of another culture yields perception and behavior appropriate to that culture.

> »Tend to be more adaptable to the foreign food because we think that's a way to know their cultures and to be part of that culture.«

> »That means be direct. Must be more direct, because most westerner when they do something they are more direct.«

In the last stage, the more internationally experienced interviewees display differentiated strategies in *maximizing* the common ground. They will try actively to find things in common, something that everybody can share with, and put them in the focus of the interaction and proactively avoid the potential differences.

> » [...] if the difference is smaller and smaller in communication, we can get along more and more friendly.«

> »I'll try to not to display my own cultural things. Right?«

The Second Behavioral Dimension – Relationship Optimization

Relationship optimization refers to using certain strategies to enhance the relationship between oneself and another party from a different culture to be maximally effective. Consistent with previous research conclusions, relationship acts as the basic principle of interacting with others in Chinese society (Yang, 1989). The concept of relationship and its property in Chinese culture (Guanxi) serve as a root of intercultural behaviors. The steps in optimizing relationships consists four stages: *assessing relationships, taking specific roles (e. g., by displaying hospitality), nourishing relationships, and building trust* (see Figure 5).

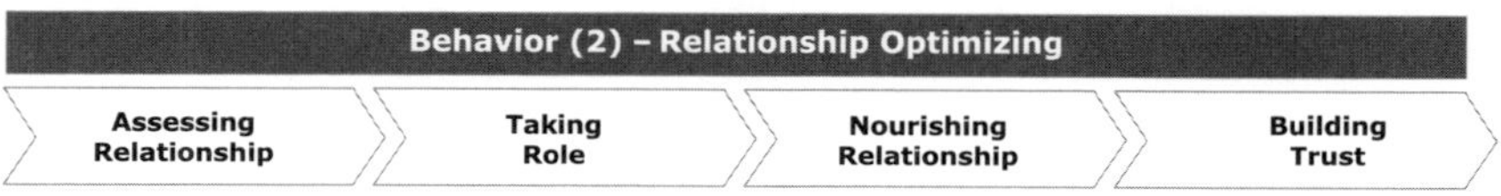

Figure 5: Second behavioral dimension of CIS – relationship optimization

Relationship assessing is the first step and then people would host friendliness and nourish relationships in order to gain better results. Chinese people tend to use different standards to treat others according to their relationship and one's interpersonal relationship and/or network is an important factor that defines his/her social status or position. Thus, most of our interviewees demonstrated a visible interpersonal sensitivity in culture encounter situations, which include assessing the power, interests, personal relationship (feeling and trust) among different parties.

> »Who is in charge of this project, who can make the decisions? This kind of things we must know [...].«

> »The first impressions you must make your working colleagues know that you are honest, you never cheat them.«

Next stage in this behavioral dimension, after the relationship has been cleared up, is the *taking role* stage**.** In our current study context, the role is being the host toward foreign guests coming in to the host's country; therefore another term we use for this stage is *host friendliness*. Chinese interviewees possess the characteristic of being a caring, warm and friendly host towards the foreigners visiting their home. They show more friendliness and pay more attention to foreigners by giving them premium privilege or showing strong empathy.

»Foreigners they are our guest. It takes them a long way and cost them a lot to come to China. We must put ourselves in their shoes.«

»If Chinese meet some foreigner, they would pay much attention to him.«

Nourishing relationships means to fathom and get to know what would please others (e. g., the foreigners) and do that accordingly to enhance and build the interpersonal relationship.

»Right, try to fathom him according to what he says«

» […] in Chinese we have a saying ›投其所好‹« (catering for the other's preferences).

A deeper characteristic we found in relationship optimization is *building trust.* It means the awareness of and belief in the importance of trust. Along with the growth of intercultural experiences, participants move their focus from nourishing interpersonal relationships to building mutual trust and personal integrity.

»If you want to maintain the relationship and the business in the long run, you must rely on integrity.«

»Honesty is the most important.«

The Third Behavioral Dimension – Change Accommodation

Change accommodation is the third behavioral dimension of the Chinese IS. It mainly refers to adaptability and flexibility, which is manifested in adjusting strategies and behaviors depending on the specific cultural target, relationship, occasion, and situation. Changes to Chinese are inevitable and the ability to adapt and accommodate to changes is indispensible. This could be traced back to the Chinese classic concept of Yi (I Ching, Confucius) that includes »change« and »not change« and indicates the mindset of changing with certain principles. The behavioral dimension change accommodation includes *valuing flexibility, readiness to changes, and accommodating to (changing) situations* (Figure 6).

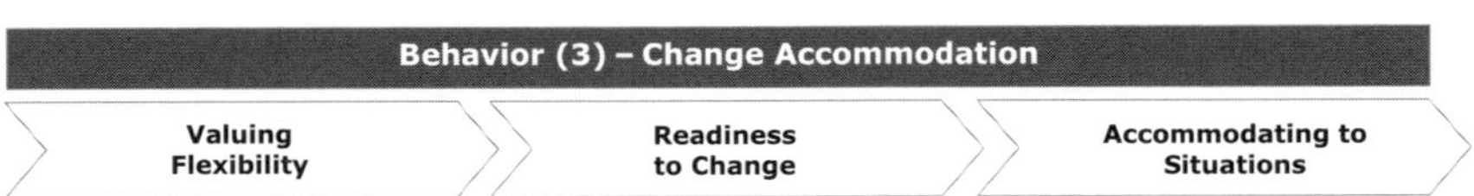

Figure 6: Third behavioral dimension of CIS – change accommodation

Valuing flexibility means the Chinese practitioners showed that they believe in flexibility, they are very proud of being flexible and pragmatic, and frown on inflexibility. The Chinese attach great value to flexibility, and react differently to context e. g., time, occasion and people involved. Thus »short cuts« to achieve something are popular because they are seen as being practical in Chinese mentality.

> »Our way of thinking is more flexible (compare with them).«

> »Their (foreign counterparts) weakness is they are too inflexible. Too inflexible! They can't think of alternatives or think outside the box.«

Readiness to changes means Chinese interviewees believe that changes are inevitable; they tend to leave room for changes so as to adapt to the environment neatly.

> »China is such a big country, and there are so many changes happening. You can't avoid changes. This is very normal.«

> »But more likely we adapt ourselves. It's much easier for us to change ourselves than asking our clients to change.«

The objectives of achieving business goals or personal wins cannot be changed, but the way of making it happen can be changed according to the concrete environment and condition. Thus *accommodating to changing* situations, cultural environment and different individuals are an important virtue in Chinese society.

> »Things can't be generalized, you should know what is appropriate to say in an appropriate context.«

> »I'll use different approach to deal with different individuals, according to his temper, his hobby [...].«

Discussion and Conclusion

With its strong relationship-oriented cultural background, the Chinese practitioners exhibit the behavior to actively build and maintain a good relationship, not only among them, but also in an intercultural context. In a cultural encounter with others, Chinese professionals learn about the other cultures with specific external and pragmatic objectives. To have better relationships, cooperation and achievements is more interesting than to gain logical understanding about the cultural differences themself. This reflects the Chinese Confucius learning pattern and is consistent with previous researches (see also Tweed and Lehman, 2002).

The Chinese have always believed that »harmony« is the most beautiful and ideal state (Yang, 1989). Avoiding direct confrontation is the most appropriate and common behavior in the Chinese culture (Tweed and Lehman, 2002; Li, 2002). Different from the Indonesian concept of *tepa selira* and *tenggang rasa* (Tjitra and Thomas, 2006), Chinese do not rely much on controlling self-display or passive tolerance; they exhibit a proactive approach to maintain harmony and achieve their goals.

The five dimensions of the Chinese intercultural sensitivity – emerged in our analysis – show the uniqueness of the Chinese IS characteristics in contemporary China. It points out the strong cultural identity of the Chinese in dealing with others (ethno-identification); while they do have high needs on knowing more about them, and subsequently learn something from them (culture comprehension). Chinese IS indicates the different behavioral strategies the Chinese have in dealing with culture differences such as optimizing relationship, harmonizing differences, and accommodating to changes.

However, the generalization of our study also has some limitations which need further research to confirm:

- The model only reflects the Chinese perspective on its own intercultural sensitivity. As all of the respondents are working in the Chinese organizations they do not necessarily have experiences in working with foreign bosses, direct reports or colleagues.
- Our respondents are all working in the tourism industry so that their experiences are mostly based in dealing with foreign tourists, tour leaders and managers, hence they take a specific role in this culture encounter setting, which is being the host in dealing with its guests.
- Only one of the respondents has experiences in working and living abroad for more than one year, so that there is some limitation of the depth of intercultural exposure.

References

Bennett, M. J. (1993). Toward Ethno relativism: A Developmental Model of Intercultural Sensitivity. In R. M. Paige (Ed.), Education for the Intercultural Experience. Yarmouth: Intercultural.

Bennett, M. J. (2004). Becoming interculturally competent. In J. Wurzel (Ed.), Toward multiculturalism: A reader in multicultural education (2nd ed., pp. 62–77). Newton, MA: Intercultural Resource Corporation.

Bhawuk, D. P. S., Brislin, R. W. (1992). The Measurement of Intercultural Sensitivity Using the Concepts of Individualism and Collectivism. International Journal of Intercultural Relations, 16, 413–436.

Bond, M. H. (1996). The Handbook of Chinese Psychology. Hong Kong u. New York: Oxford University Press.

Deng, W., Ma, J., Tjitra, H. W. (2006). A Review of Current Research on Intercultural Competence and Sensitivity. Chinese Journal of Ergonomics, 4 (in Chinese).

Dinges, N. G., Baldwin, K. D. (1996). Intercultural Competence: A Research Perspective. In D. Landis, R. S. Bhagat (Eds.), Handbook of Intercultural Training (2nd ed., p. 106–123). Thousand Oaks: Sage.
Glaser, A., Strauss, A. (1967). The discovery of grounded theory: Strategies for qualitative research. New York: de Gruyter.
Hammer, M. R., Bennett, M. J., Wiseman, R. L. (2003). Measuring Intercultural Sensitivity: The Intercultural Development Inventory. International Journal of Intercultural Relations, 27, 421–443.
Krewer, D. (1996). Kulturstandards als Mittel der Selbst- und Fremdreflexion. In A. Thomas (Hrsg.), Psychologie interkulturellen Handelns (S. 147–164). Göttingen: Hogrefe.
Li, J. (2002). Learning models in different cultures. New Directions for Child and Adolescent Development, 96, 45–6.
Panggabean, H. (2004). Characteristics of Intercultural Sensitivity in Indonesian-German Work Groups. Fatoklesar: Jakarta, Indonesia.
Seligman, S. D. (1999). Chinese business etiquette: a guide to protocol, manners, and culture in the People's Republic of China (2nd rev. ed.). New York: Warner Books (a revised and updated edition of »Dealing with the Chinese«, 1989).
Strauss, A., Corbin, J. (1998). Basic of qualitative research: Techniques and procedures for developing grounded theory. Thousand Oaks: Sage.
Taylor, E. W. (1994). A learning model for becoming intercultural competent. International Journal of intercultural relations, 18, 389–408.
Thomas, A. (1996). Analyse der Handlungswirksamkeit von Kulturstandards. In A. Thomas (Hrsg.), Psychologie interkulturellen Handelns (S. 107–135). Göttingen: Hogrefe.
Tjitra, H. W. (2001a). Synergy Potentials and Intercultural Problems: Chances and Challenges on Example of German-Indonesian Teams. Wiesbaden: DUV/Gabler (in German).
Tjitra, H. W. (2001b). Psychology of Intercultural Action: an Encounter of Cultures. In SOS-Kinderdorf-Forum-Zeitschrift, Vol. 22, 27–30 (in German, English, French, Spanish, Russian).
Tjitra, H. W., Thomas, A. (2006). Intercultural Competence and Synergy Development. In H. Niklas, B. Müller, H. Kordes (Eds.), Intercultural Thinking and Action (pp. 249–257). Frankfurt a. M.: Campus (in German).
Tweed, R., Lehman, D. (2002). Learning considered within a cultural context: A Confucian and Socratic approaches. American Psychologist, 57 (2), 89–99.
Wang, D., Cui, H. (2000). Culture, language, and personality. Journal of Peking University (Humanities and Social Sciences Edition), 37, 38–46 (in Chinese).
Wu, R., Wu, X., Lin, W. (2007). Library of Chinese Classic: Sunzi Art of War (2nd ed.). Beijing: Foreign Language Press (Chinese-English edition).
Yang, G. (1989). The Psychology and Behaviors of Chinese. Taibei: Laureate Publishing company.

Juliana Murniati Tjaya

Developing Intercultural Competence in Indonesia: Opportunities and Challenges

Introduction

Indonesia is one of the most culturally diverse countries in the world, encompassing more than 250 ethnic groups with their own culture and language. Religious diversity is also an issue of heterogeneity in Indonesia. The state acknowledges religions such as Islam, Christianity, Catholicism, Hinduism and Buddhism, Confucianism and spiritual faiths such as indigenous spiritualism.

On the one hand diversity is a national asset that will bring many benefits to the country. But on the other hand it can be seen as a latent conflict potential, if such a vast diversity is not well managed. The conflicts that occurred in Ambon a few years ago are only one example. Many other conflicts that involve different ethnic and religious groups still exist in Indonesia.

Apparently intercultural competence as »the necessary precondition for an adequate, successful, mutually satisfactory communication, encounter and cooperation between people from different cultures« (Thomas, 1996, p. 4) would be a critical success factor for dealing with the diversity issues. Intercultural competence enables an effective face to face interaction between people who are culturally diverse. Individuals who have intercultural competence are capable of developing intercultural understanding and sensibility, and willingly adapt themselves to local culture. In the end, interculturally competent individuals are able to adequately attributebehaviors to people from different cultures.

Such competencies are not always intuitive. When people with different cultural backgrounds live together, they are supposed to learn about each other's culture. A learning process only takes place if people gain an insight into how culture influences behaviour. In fact most people only try to live in harmony by avoiding conflicts. Developing intercultural competence is therefore vitally needed in Indonesia. This paper focuses on providing an overview of the opportunities for developing intercultural competences in Indonesia, some challenges, and illustrative cases.

Opportunities in Developing Intercultural Competence

Cross-cultural interactions have been taking place for hundreds of years in Indonesia. The cultural and religious diversity offers plenty of opportunities to get into contact with people from different cultures and religious faiths.

The advance in transportation and also the recent massive government transmigration program, moving people from the overpopulated Java, Madura, and Bali to other less densely populated islands, provide a means to making intercultural interaction possible. In addition, the migration tendency of some ethnic groups serves as an opportunity for them to have contacts with many other ethnic groups in the country (see Warnaen, 2002).

Internationally, we find the world becoming less and less bound by borders. It has become a global village, where encounters with people from different cultural backgrounds are more and more unavoidable. Globalization opens a wide opportunity for international cooperation and among rather diverse people.

This cross-cultural working forces people to develop cultural self awareness and tolerance of ambiguity in dealing with cultural differences. As each culture develops its own pattern of thinking, value systems and norms, people tend to rely on their own standard to judge other people's behaviors. Culture as an orientation program (Thomas, 2003) determines behavior appropriate to one's culture; categorizing it to be normal or abnormal, ethical or unethical, proper or improper.

As an example, a direct and blunt expression may be understood as an expression of openness and honesty by an individual with a certain cultural background, but to others coming from different backgrounds it may be considered an expression to shame the other party. In general we also know that a loud and direct belch after a meal is considered a bad manner but the Arabs do belching intentionally to show their appreciation for the good meal prepared by the host.

Challenges in Developing Intercultural Competence

When looking at the internalization process of values and norms that takes place in the early life of a child, it is easy to understand why intercultural competence should be developed systematically. It is not an automatic learning outcome. In his or her life the child who has primarily experienced a single culture developed his or her own cultural lens. He or she tends to exclude alternative behavior that might be more appropriate in another culture. In other words, he or she recognizes his or her own orientation system as the only right one. The child does not have other cultural worldviews.

Two descriptions below show the potential conflict that may arise because of differences in orientation systems. A word having a certain meaning in one culture has a very different meaning in other cultures. Similarly, lineage and kinship systems that have been accepted in one culture have an entirely different orientation in another culture.

Same words with very different meaning

Language diversity in Indonesia in many cases brings about intercultural issues. The same words may have a different meaning to different ethnic groups. For instance, the word »amis« in Indonesian language means stink (smell of fish, fishy), but it has the very different meaning of »sweet« in the local Sundanese language. Such a difference creates problems when a Sundanese meets and interacts with people from a different culture as described in the following critical incident: A Sundanese man visited his Javanese girlfriend's house and met with her parents. He sipped a cup of sweet tea offered to him and he complimented the good drink with an appreciative expression of »hm … amis«. His girlfriend's parents were not happy at all with the words chosen since it means »stink« in Javanese language. They never thought their daughter's boyfriend would have the courage to insult them.

Geographically close, but very different in lineage: Matrilineal in Minangkabau and Patrilineal in Batak

As has been described before, culture as a system of orientation determines what kind of behavior is expected from individuals in social interactions. The repertoire of behaviors entails only the behavior appropriate to one's own culture, and in many cases does not accomodate culturally different points of view. The following paragraph shows a very different lineage system between Minang culture and Batak culture. While geographically they are very close neighbors, culturally they are very different.

a) *Matrilineal Minangkabau:* While Indonesia is a masculine society according to Hofstede's study (2001), it is unique that the Minangkabau (or Minang for short) people, that can be found in West Sumatra, is the only ethnic group in Indonesia where people put forward the mother's role in family life.
   In the Minang matrilineal culture a mother plays very important roles in nurturing her children. She takes all important decisions for her children (Navis, 1984; Junus, 2002). If a mother is absent or not reliable, her role will be taken over by her mother (the children's grandmother) or by the mother's eldest sister (the children's eldest aunt). The mother side of the family has a prominent position. A mother will take all important family matters to her brothers; in Minang culture they are called *ninik mamak* or *mamak* for short. A *mamak* shall take care of his older and younger sisters' family interests; he plays a father's role as it is found in other cultures (Loeb, 1972).

The father's role in Minang culture is neglected. Even a father is not included in the *keluarga batih* (nucleus family; Junus, 2002). He is not the man to seek for solutions of the family's problems. Their children's problems will not be presented to him; instead, his wife will bring them to her side of the family (Navis, 1984). In short, a father always belongs to his original family. If we look at his role as a *mamak*, he is rather involved in taking care of his sisters' family members.

Considering the various roles played by various parties in a big family, they categorize several family circles; close circle *(kerabat dekat)*, far circle *(kerabat jauh)*, ethnic group circle or village circle *(kaum senagari)* and the big circle of the people of Minangkabau *(urang awak)*. Problems related to a close circle will be solved within this circle first. If it cannot be solved in the close circle, the problem will be escalated to the members of *kerabat jauh*. The intensity of interactions and the group cohesiveness is highest among members of the *kerabat dekat* compared to members of the *urang awak*.

b) *Patrilineal in Batak:* Studying the Minang culture becomes more interesting since geographically it is close neighbors with the patriarchal Batak culture that is found in the North Sumatra province. In the Batak culture, close family members are the offspring from one grandfather. A nucleus family consists of a father, a mother, and their children, and all direct brothers and sisters of the father (Bangun, 2002). They are called minimal clan *(Klan kecil)*. In a certain way, they extend this family membership to the identified patrilineal group creating a bigger group known as *marga* group. Therefore a person is counted a member of a clan not by genetic factors, but merely by *marga* or name.

This kinship is also expanded to the clan of a wife. A husband is obliged to put his wife's relatives (known as *Kalibumbu* in Karo language) in a higher position and pay respect to them more than to relatives of his sister's husband (called *anak beru* in Karo language; Junus, 2002). Therefore a marriage is never a personal matter; it belongs to the whole clan.

c) *Culture Overlapping Situation on meeting between Minang and Batak:* Since the characteristics of a matriarchal culture are very different from a patriarchal culture, a potential conflict between the two cultures is ever present. In the following a critical incident between a Batak girl and a Minang man is illustrated. A Minang man is courting a Batak girl and they come to a point where they decide to go further into a marriage. In a discussion the Batak girl asks the Minang man to come to her parent house and propose a marriage. The request is turned down by the Minang man since in the Minang culture a man never proposes a marriage to any woman; the woman is the one who comes to his parent house and proposes (buys) a man to her house. Since he knows his parents strongly hold the *adat istiadat Minang* (Minang cultural rules), he is sure his parents will never propose the girl for him.

On the other hand, it is impossible for a Batak woman to propose to a man. In the Batak culture, a man and his family are the party who propose a marriage to a woman's family by following a certain ritual.

Following Thomas' (2003) dynamic of culture overlapping situation, there is a situation known to each party, that is, rituals of proposing as regulated by *adat istiadat.* But the ritual is meaningful only to their own ethnic group. Both parties perceive their way of thinking is the right one and the other party has to follow it. For a Minang man it is not acceptable that decisions are taken by the father and the father's side of the family, including the grandfather. Quite to the contrary a Batak woman regards her Minang boyfriend as not having any decisive role and as tending to rely on her. Lack of knowledge about the other party's culture tends to produce biased attributions of other people's behaviors.

The Meaning of Social Harmony

Hofstede's (2001) study on IBM employees in 72 countries found Indonesia as a country with a collectivistic culture. This culture is characterized by close relationship and interdependency between individuals and society. In this culture, society teaches individuals how to behave properly and social sanctions apply to those who do not conform to the generally accepted traditional rules. The individual's obedience brings social rewards; they can expect social support for the individual and his or her family (see Magnis-Suseno, 1993).

Another characteristic of such a culture is the striving for social harmony. As the most important value in Indonesian society social harmony must always be pursued and maintained within a group. For the sake of social harmony, open conflict should be avoided. Relations which emphasize on *musyawarah* (collective decision making process), *mufakat* (unanimous decision), *gotong royong* (cooperativeness) and loyalty are strongly requested from the society. A disturbed social harmony in the group shows an imbalance in the group function.

The following paragraphs discuss different expressions of social harmony found in Javanese and Minang cultures. While both cultures consider social harmony important to them, they develop their own specific and unique way of achieving it.

a) *Social Harmony in Javanese Culture:* The concept of social harmony in Javanese culture is best understood with the concept of *rasa* (feeling). The meaning of *rasa* spans a wide spectrum from physical sensory (such a feeling as pain) to the sense of a position in a social domain and in the universe at large, and a sense related to individual self existence (Jatman, 1999). *Rasa* has a very deep meaning. An individual will never be considered as Javanese if he doesn't understand *rasa* and doesn't have a proper behavior as expressed in this popular saying »wong Jawa iku nggone rasa« (»a Javanese is the place of *rasa*«; Jatman, 1997). Panggabean (2004) even sees it as a concept that describes intercultural sensitivity, a key characteristic of intercultural competence.

A person with developed *rasa* can demonstrate proper respect to those with whom he or she comes into social contact (Magnis-Suseno, 1993). He or she will honor those in higher position by choosing the proper high language, namely Javanese *kromo*, whereas with those in lower position they use Javanese *ngoko*. The form of address to someone outside the family also clearly shows the typical social rank relation. Terminologies from familial hierarchy are used in the society. An old man will be called *Mbah* (grandfather) or *Pak* (father), a person of the same age or a little bit older is *Mas* or *Kang* (older brother) or *Mbak* (older sister). In other words people know exactly their position in relation to the position of the speaker.

Rasa is developed by *semadi* or *tapa* (meditation or ascetic act; Magnis-Suseno, 1993). The so called refinement process of *rasa* is a common practice in the Javanese culture for a person leaving his or her daily life and going to a secluded place where he can peacefully do spiritual exercises. With these he wants to become an *eling* (fully aware) human being, a man in full control of himself or *mawas diri*. Such spiritual excercises bring positive implications for the person, inner tranquility without any emotional distresses.

Therefore, social harmony in Javanese context means rather internal processes of the inner self than the external ones. Self exercises enable individuals to control their open emotion expression. Social interactions that involve high-pitched voices in an uncomfortable situation for involved parties will certainly disturb social harmony. This kind of disturbance to social balances must always be avoided by Javanese people.

b) *Social Harmony in Minang Culture:* The expression *raso jo pareso* (in Minang language) correctly shows how the harmony is developed in Minang culture, that is with careful consideration of *perasaan (raso)* and with conscientious judgement (*pareso*).

Raso (expressed as *rasa* in Javanese culture) is determined by »sick (hurt) or joy feelings« (Navis, 1984). An indigenous expression in Minang language to represent sick feelings is *hukum piciak jangek, sakik dek awaksakik dek urang* (p. 73), which directly translates into »if we feel hurt by someone else's action toward us then we should never do the same toward others«. A joy feeling is expressed as *lamak dek awak, katuju dek urang* (p. 73), meaning »our joy is also somebody else's joy«. In other words, it reflects the sensitivity to the feeling of others.

Pareso or judging process is following *alur jo patuik* (procedures and properness; Navis, 1984, p. 73). *Alur* refers to a set of procedures in analysing problems, while *patut* is properness and appropriateness. A decision may be right by procedures followed but can be considered as wrong if the process doesn't follow applicable *adat-istiadat* (traditional and cultural rules). An improper way of reaching a decision, such as violation of *adat* law, will disturb social harmony in the end. Social harmony can be achieved if it is laid on the *raso* and *pareso* strong bases, meaning we have to balance our intuitions and logics. A Minang proverb »*raso dibao naiek; pareso dibao turun*« perfectly explains the relation between both of them (Pahlawan, 2005). *Raso* is subjective in nature, sometimes emotional, therefore a more logical thinking is required to come to a good decision (*raso dibao naiek*). On the other hand, a decision making process that solely relies on logical judgement will be better if affection is taken into consideration, resulting in the best truth with good consideration of people's feelings, meaning there is empathy in it (»*pareso dibao turun*«).

The teaching of *raso jo pareso* can be found in the following *pantun* (traditional poetry) (Navis, 1984, p. 73):

Kaluak paku kacang balimbiang,
Tempuruang lenggang-lenggangkan
Bao manurun ke Saruaso
Anak dipangku kamanakan dibimbing
Urang kampuang dipatenggangkan,
Tenggang dengan raso jo pareso

The essence of a *pantun* can be found in the second half of it (the last two to three lines), the first half usually consists of ornamental lines to produce beautiful sound harmony with the second half. In the above *pantun,* the last three lines are the teaching of a proper way to treat children and nephews: to his own children a man must give love by taking them on his lap, to nephews a man must give guidance and hold their hands. The balance and harmony of life in the society and village must be preserved and nurtured by *raso jo pareso* teaching.

A *pantun* is a specific way of communication in Malay cultures, the Minang culture included. To Minang people a *pantun* has many functions (Marnita and Oktavianus, 2008). First, *pantun* is a tool for sensitivity and critical attitude training. As a way to express something, *pantun* uses indirect language, with analogy, or full of allusions and parables. Therefore, *pantun* pushes people to develop sensitivity to understand the true meaning of the *pantun*'s lines. The expression *kok jo inyo sama jo mampicayoan batuang kak bubuak mampataruhan atah ka macik* means »if you deal with him means you trust your bamboo to woodborers and your rice to rat« (Marnita and Oktavianus, 2008). This indirect way to send a message is generally more acceptable as it doesn't put a person in a shameful situation, compared with a direct and blunt expression such as »he is an untrustworthy person« (Marnita and Oktavianus, 2008).

The second function of *pantun* is to exercise self control and social solidarity. In line with *pantun* of *raso jo pareso,* there are many *pantun* about correct conducts that must be socially nurtured, and bad and improper ones that must be left behind. Behaviors that are not to be nurtured include forgetting other person's merit, talking big, giving order, inconsistence, and so on (Marnita and

Oktavianus, 2008). Third, *pantun* contains teaching to develop a person's self-esteem and includes harmonic values, persistence, and humility.

A careful study of Minang culture teachings shows a form of social harmony that emphasizes harmony between an individual and another person: to never hurt other people, mutual or group happiness; to always follow group standard procedures and to act appropriately to others. As reflected in the contents of the teaching, *pantun* also emphasizes living together in harmony with other people, and *pantun* delivers such a message indirectly, in a relatively more acceptable way, without disgracing others.

Generally, it can be said that values related to social harmony are highly respected in Java and Minang culture. They see such values as highly important but achieve them by different processes. Javanese processes are more internal in nature, through spiritual exercises in *semadi or tapa.* Such a social harmony is not achieved by interpersonal skill mastery, like developed intercultural sensitivity that can be found in the western literature (see Thomas, 2003). A Javanese person must go through a specific process of self control or *mawas diri.*

Unlike in the Javanese culture, striving to social harmony in Minang is carried out in teachings that govern properness and fairness of social behaviors. The teachings are delivered in indirect forms (*pantun*) and this pushes people to become sensitive in order to get implicit messages within the *pantun*. A person can express his feelings and thinking without hurting other people's feelings since *pantun* uses abstract language, such as abstract sentences, parables, or satiric sentences.

To relate the above explanations to the development of intercultural sensitivity which is a key quality in intercultural competence, the difference between the Minang and Javanese way of expressing and achieving social harmony is interesting for further in-depth studies. Both cultures regard harmony in the social life as very important but they differ in the way they achieve it. Javanese culture develops self-control and self-awareness, while Minang culture rather emphasizes the interpersonal relationship or sensitivity to external parties.

Epilog

Developing intercultural competence in a very heterogeneous country such as Indonesia is challenging. The many examples discussed above show that culture overlapping situations happen in many Indonesian cultures. While many similar values exist in each culture, such as social harmony, every culture has typical and specific expressions of these values. Therefore, it is of utmost importance to identify the typical orientation system of each ethnic group in Indonesia. Beside finding out the local concept comparable to the meaning of sensitivity in Western cultures, it is also interesting to elaborate on the different proccess to reach such competences. It will be a huge study for scientists in the field of intercultural psychology.

References

Bangun, P. (2002). Kebudayaan Batak. Dalam Koentjaraningat, Manusia dan kebudayaan di Indonesia (hal. 94–117). Jakarta: Djambatan.

Hofstede, G. (2001). Culture's Consequences (2nd ed.). Thousand Oak: Sage Publication.

Jatman, D. (1997). Psikologi Jawa. Yogyakarta: Yayasan Bentang Budaya.

Junus, U. (2002). Kebudayaan Minangkabau. Dalam Koentjaraningat, Manusia dan kebudayaan di Indonesia (hal. 248–265). Jakarta: Djambatan.

Kodir (2002). Kebudayaan Jawa. Dalam Koentjaraningat, Manusia dan kebudayaan di Indonesia (hal. 329–352). Jakarta: Djambatan.

Loeb, E. M. (1972). Sumatra: its history and people. Oxford: University Press.

Magnis-Suseno, F. (1993). Etika Jawa. Sebuah Analisa Falsafi tentang kebijaksanaan Hidup Jawa. Jakarta: Gramedia Pustaka Utama.

Marnita, R., Oktavianus (2008). Perilaku berbahasa Masyarakat Minangkabau dan pengaruhnya terhadap Pemakaian Ungkapan sebagai Media Pendidikan Informal Keluarga. Linguistik Indonesia, 26, 2, 219–232.

Navis, A. A. (1984). Alam terkembang jadi guru: adat dan kebudayaan Minangkabau. Jakarta: PT Pustaka Grafitipers.

Pahlawan, E. D. (2005). Alua Patuik, Anggo Tanggo, Raso jo pareso.Makalah dalam rangka Forum Silaturahmi dan Komunikasi Masyarakat Minangkabau (www.cimbuak.net; accessed on March 27th 2010).

Panggabean, H. (2004). Charateristics of intercultural sensitivity in Indonesian-German Work Groups. Jakarta: Fatoklesar.

Thomas, A. (1996). Development intercultural competence-contributions of Psychology. Unpublished paper. University of Regensburg, Institut of Psychology.

Thomas, A. (2003). Theoretische Grundlagen interkultureller Kommunikation und Kooperation. In A. Thomas, E.-U. Kinast, S. Schroll-Machl (Hrsg.). Handbuch Interkulturelle Kommunikation. Band 1: Grundlagen und Praxisfelder. Göttingen: Vandenhoeck & Ruprecht.

Warnaen, S. (2002). Stereotip Etnis dalam Masyarakat Multietnis. Yogyakarta: Mata Bangsa.

Carmen Maurial de Menzel

Peruanische Kulturstandards: Fremdwahrnehmung aus der Sicht der Deutschen

Einleitung

In Peru existiert heute eine kleine deutsche Kolonie. Seit über 150 Jahren sind die Deutschen im Lande. Hier leben zum einen Nachfahren alter Einwandererfamilien sowie Personen, die seit Jahrzehnten in Peru leben, und zum anderen solche, die erst vor kurzem ankamen: Lehrer, Diplomaten, Entwicklungshelfer, Experten, Angestellte und Facharbeiter von Firmen und Unternehmen (Krächan-Jochum u. Millies, 2003). Beide Gruppen von Deutschen teilen »das Erleben Perus«, als Alltag oder als vorübergehende Herausforderung.

Die hier dargelegten Ausführungen zu peruanischen Kulturstandards dienen der Absicht, das Potenzial aus beiden kulturellen Orientierungssystemen zu optimieren: Sowohl für Deutsche, die Peru nicht kennen, als auch für den peruanischen Partner sollen sie zur Verbesserung der Zielerreichung (Effizienz) und zur Erhöhung der Lebensqualität (Zufriedenheit) beitragen (Thomas, 2003).

Um eine Anpassung an die fremden Lebensverhältnisse, an die Denk- und die Handlungsgewohnheiten der Gastlandbewohner zu erreichen, sind die gegenseitigen Erwartungen in Bezug auf Verschiedenartigkeit sowie das jeweilige kulturelle Bewusstsein von entscheidender Bedeutung. »Eine effektive Kooperation zwischen verschieden kulturell sozialisierten Partnern erfordert ein gewisses Maß an Fähigkeit und Bereitschaft, fremde Kulturstandards in das eigene Wahrnehmungs-, Denk-, Bewertungs-, und Handlungsmuster zu integrieren« (Thomas, 1993, S. 381 f.). An dieser Stelle besteht für ein erfolgreiches interkulturelles Lernen Trainingsbedarf. Um dies möglich zu machen, ist es notwendig, die Erfahrungen anderer Deutscher im Ausland spezifisch auszuwerten und die Ergebnisse in Form der so genannten Kulturstandards je nach Land aufzubereiten.

Die peruanischen Kulturstandards aus deutscher Sicht

Anhand der Methode der qualitativen, inhaltsanalytischen Auswertung von Interviews (nach Mayring, 2003), bei der Aussagen deutscher Interviewpartner in

Peru den Ausgangspunkt bilden, wurden folgende peruanische Kulturstandards identifiziert (Maurial de Menzel, 2008, S. 66 ff.):

a) Zentrale Kulturstandards Perus:
   - Beziehungsorientierung,
   - Personbezogene Hierarchie,
   - Flexibler Umgang mit Regelsystemen,
   - Polychrones Zeitverständnis,
   - Diffusion von Persönlichkeits- und Arbeitsbereichen,
   - »Starker Kontext« als Kommunikationsstil.

b) Bereichspezifischer Kulturstandard Perus:
   - Reziprozität.

Beschreibung der peruanischen Kulturstandards

Beziehungsorientierung

Mit dem Begriff Beziehungsorientierung wird die Gegebenheit beschrieben, dass die Beziehungsebene in der sozialen Interaktion der peruanischen Kultur wichtiger ist als die Sachebene. Der Partner als Mensch ist wichtiger als der geschäftliche Grund, der beide Seiten näher zusammengeführt hat.

Hintergrundinformation: Um besser zusammenarbeiten zu können, benötigt der Peruaner eine gewisse Vertrauensbasis mit seinem Partner. Dabei sind Peruaner vor allem gegenüber ihren eigenen Landsleuten überaus misstrauisch (Ortiz de Zevallos, 2002). Schon in den Jahren der Eroberung waren mit den damals nach Peru gelangten Spaniern auch deren Wertvorstellungen und Umgangsformen ins Land gekommen. Es handelte sich um Spanier, die den Auftrag hatten, das Maximum aus dem Land herauszuholen, also um Menschen, die sich in erster Linie bereichern wollten, und das so schnell und so einfach wie möglich. Die Wertvorstellungen dieser »neuen Herren Perus« fanden natürlich neben dem traditionellen Wertesystem der ursprünglichen Bewohner Perus Eingang in das Alltagsleben der dortigen Menschen. In den nachfolgenden Generationen blieb die vollständige kulturelle Vermischung jedoch aus; es bildete sich viel mehr eine neue »parallele« Kultur, die mehr oder weniger spanisch bzw. traditionell blieb (Garcia, 1973). Während des Vizekönigreiches erfolgte die Ausbeutung Perus ohne Rücksicht auf den Nächsten. Seitens der Spanier war die Zeit von absolutem Misstrauen geprägt, sowohl gegenüber den eigenen Landsleuten als auch gegenüber den Einheimischen, handelte es sich doch bei allen um potenzielle Konkurrenten. Die Eingeborenen, die größte Bevölkerungsgruppe Perus, lebten seit der Ankunft der Spanier am Rand der Gesellschaft in sozialer und wirtschaftlicher Notlage. Daran änderte auch die Unabhängigkeit des Landes nichts. Die wirtschaftlichen Vorteile dieser Epoche ergeben sich nur für die Nachkommen der Spanier (Kornberger, 1987). Das Misstrauen untereinander ist auch bis heute bei den Peruanern immer noch vorhanden, weil sich Ausbeutung bzw. ungleiche Behandlung der Peruaner untereinander immer weiter fortgeschrieben haben. Dabei befinden sich die »weißen« Peruaner mit überwiegend europäischen Wurzeln gegenüber dem Rest der Peruaner fast immer in der besseren Position, sei es vor Gericht, beim Abschließen von Verträgen oder in Bezug auf Privilegien. In einem mehr an der ursprünglichen Bevölkerung orientierten kulturellen Kontext ist dieses ausgeprägte Misstrauen gegenüber einem Fremden als eine Reaktion auf die historische Eroberung und die anschließende Ausbeutung Perus zu deuten. Allerdings resultiert für den deutschen Geschäftspartner daraus heute ein »Vorteil«, da er an diesem traurigen Teil der Geschichte Perus nicht teilgenommen hat. »Weiß« zu sein repräsentiert für die Peruaner Macht und Wohlstand. Von »Weißen« akzeptiert zu sein, ein Freund von ihnen zu sein, bedeutete auch die Minderwertigkeit des »ursprünglichen« Peruaners los zu werden. Man ist dann mit dem »Weißen« auf einer Ebene (Varcárcel, 2006). Der Peruaner bringt somit dem »weißen« Ausländer weitgehende Wertschätzung entgegen. Aber das macht den Ausländer auch angreifbar, das heißt zu einem möglichen Opfer eines mehr oder weniger enttäuschenden oder sogar gefährlichen Opportunismus.

Personbezogene Hierarchie

Die Hierarchie ist in Peru vertikaler als in Deutschland. Es gibt wesentlich mehr Organisationen oder Firmen, die nur von Einzelpersonen geführt werden. Dies führt dazu, dass die Kommunikation weitgehend auf den einzelnen Chef ausgerichtet ist. Der Chef muss sowohl die Kontrolle über die Mitarbeiter haben als auch für deren Zufriedenheit und Motivation sorgen. Das Personal erwartet, dass es gut geführt wird, da es sich eine positive Entwicklung der Firma wünscht, um seine Arbeit nicht zu verlieren. In diesen Führungspositionen gibt es allerdings sowohl qualifizierte als auch weniger qualifizierte Personen. Somit kann es vorkommen, dass der Chef nur unzureichend über die Materie und Abläufe der gesamten Arbeit Bescheid weiß. Allerdings hilft ihm dann trotz dieser Defizite seine Machtposition innerhalb der Hierarchie, und er tut einfach das, was er für richtig hält. »Positionsmacht« geht vor »Expertenmacht«. Auch wenn seitens der Firmenleitung viel improvisiert wird, die Mitarbeiter werden es akzeptieren.

Hintergrundinformation: Peru ist ein zentralistisch ausgerichtetes Land. Mit dieser Zentralisierung konzentrieren sich auch die Entscheidungen und die Macht auf die Hauptstadt Lima, und liegen dort in den Händen der Politiker, der reichen Familien und der privaten Besitzer der Industrie. In der peruanischen Geschichte gab es immer Hierarchien und die Macht teilten sich wenige. In der Zeit des Inkareiches war die Landwirtschaft die Basis der Wirtschaft; es gab eine zentrale Planung und straffe Organisation. Wenn diese nicht befolgt wurden, drohten harte

Strafen (Kornberger, 1988). Nach der Eroberung durch die Spanier kamen andere Personen an die Macht und innerhalb einer steilen Hierarchie vergrößerte sich ihr Abstand zur Bevölkerung. Die massenhafte Einwanderung aus Spanien hatte zu einem kulturellen Wandel in der neuen peruanischen Gesellschaft geführt. Selbst arbeiten zu müssen, galt für die neue Führungsschicht lange Zeit als Blamage, standen ihr doch in großer Zahl die fleißigen »Indios« zur Verfügung (Villarán zit. n. Mariátegui, 1986). Dieses Erbe der Spanier in der peruanischen Kultur lässt sich noch heute deutlich spüren: Der heutige Peruaner vergleicht häufig die Manager oder die reichen Peruaner der Gegenwart mit den Großgrundbesitzern des 19. Jahrhunderts. In der Vergangenheit wie in der Gegenwart gab es sicherlich qualifizierte und wenig qualifizierte Personen in Entscheidungspositionen. Es scheint, dass die wenig qualifizierten in der Mehrheit waren, denn Peru ist heute immer noch ein Entwicklungsland. Es gibt noch die »schlechten Manager« und es gibt noch »die Indios«. Letztere sind die arme Bevölkerung Perus, zahlreich, geduldig und fleißig. Aber es gibt auch die »guten peruanischen Manager« in leitenden Positionen. Obwohl gebunden an gewisse formale Strukturen, konkurrieren sie gegen die Informalität, den Schmuggel und die Billigprodukte der Industrie aus China oder Indien: Sie kämpfen gegen die Pleite. Wichtig ist dabei, dass diese Manager der peruanischen Industrie die Notwendigkeit erkannt haben, im heutigen Peru mit der Bevölkerung und nicht gegen sie zu arbeiten. Um sich zu verbessern, sind nicht nur die Arbeitgeber gezwungen, sich zu ändern, auch die peruanischen Arbeitnehmer müssen es (Bustamante, 2002). Dabei sind die Peruaner selbst ein Großteil des Problems Perus. Es ist eine Grundeinstellung der meisten Peruaner, irgendetwas oder irgendjemandem die Schuld für einen Missstand zu geben. So sind zum Beispiel die Globalisierung oder die Privatisierung schuld an der Pleite von peruanischen Firmen. Der Präsident Perus ist schuld an der Armut der Peruaner; gemeint ist damit vor allem seine »Holschuld«. Diese Art zu denken ist ein Charakteristikum der eher passiven Peruaner, die nicht erkennen, dass ein jeder in sich auch einen Teil dieser Schuld mitträgt (Talavera, 2002).

Flexibler Umgang mit Regelsystemen

Regeln und Strukturen gelten in Peru als Richtlinien, die flexibel erscheinen, wenn der Kontext entsprechend günstig ist. Strukturen, Regelsysteme, allgemeine Regeln, Abmachungen, Absprachen, Pläne usw. sollen lediglich als Orientierung dienen. Selten wird mit zeitlichem Vorlauf geplant, vieles wird einfach spontan gemacht. Es wird dann auch je nach Situation unter Zeitdruck gehandelt. Diese Fähigkeit zur Flexibilität und Improvisation hilft den Peruanern, ihre Zeit effektiver zu nutzen.

Hintergrundinformation: In der Kolonialzeit bestand für die ursprünglichen Bewohner das Problem, ihre traditionelle Kultur zu bewahren; die Spanier verboten jeden Ausdruck dieser Kultur. Aber dennoch entwickelten sie Methoden, um ihre eigene Kultur und Sprache zu leben. So erhielten sie sich 300 Jahre lang eine gewisse innere Freiheit. Obwohl der spanische König alle seine Untertanen schützen sollte, wurden die »Indios« von den Spaniern sehr brutal behandelt. Zahlreiche Auslegungen der spanischen Gesetze wurden mit viel Kreativität von den spanischen Untertanen des Königs erdacht, um sich formell bestimmte Objekte in Peru anzueignen. Es war alles so kalkuliert, dass die ursprünglichen Bewohner den dahinter stehenden Opportunismus nicht verstehen konnten (Wachtel, 1973). Später kämpften die spanischen Siedler bzw. ihre Nachfahren für eine nationale Souveränität, einzig um die Unabhängigkeit von der spanischen Krone zu erlangen. Diese Spanier, die sich nicht mehr als Spanier fühlten, wünschten sich ein Leben nach dem Vorbild der französischen Revolution, ohne eine strikte Kontrolle durch den spanischen König. Sie fühlten sich als die Herren, nicht aber als die Führer, die Peru eine wirtschaftliche Zukunft geben wollten (Mariátegui, 1986). Ganz im Gegenteil, die Nachkommen der europäischen Einwanderer unterdrückten weiter die »indianische« Bevölkerung. Die peruanische Geschichte ist somit bis in die Gegenwart von markanten sozialen Unterschieden und ungleichen Lebenschancen durchzogen. Auch in der demokratischen Republik hat sich bis heute nicht viel daran geändert. Gerade dieser ständig ausgeübte Druck und die daraus resultierende Unzufriedenheit haben die massive Migration aus dem Andenbergland an die Küste, vor allem nach Lima erzeugt. Die Stadt ist chaotisch eng, äußerst laut und ohne Planung gewachsen (Salazar Bondy, 1964). Die Menschen sind mit der ständigen Gewalt der ungleichen Lebenschancen konfrontiert. In dieser schwierigen Lage sind Improvisationskunst und Flexibilität wieder gefragt. Dabei verhält sich der Peruaner eher pragmatisch. Derjenige, der sein Ziel verfolgt, hat das Interesse, etwas zu erreichen. Man hat keine Zeit, um enttäuscht, beleidigt oder frustriert zu sein. Man sucht gute oder schlechte Wege. Alles ist relativ, alles ist in dieser Notlage erlaubt. Der arme Peruaner will besser verdienen, wird erfinderisch, opportunistisch und umgeht auch die Legalität (Villanueva, 2006). Der Peruaner ist ein Multitalent, der kurzfristig reagieren kann, um sich bei der Suche nach Lösungen immer wieder rasch an Veränderungen anzupassen. Aber ihm ist nicht bewusst, worin die Abläufe eines effizienten Staates bestehen (Alosilla, 2002).

Polychrones Zeitverständnis

Wenn Menschen ihre Aufgaben erledigen möchten, können sie sich strikt an den vorgegebenen Zeitrahmen und zeitlichen Ablauf halten oder auch flexibel damit umgehen. Normalerweise passen Peruaner sich an die Situation an, die sie gerade erleben, sodass eine exakte Zeitplanung in Peru häufig eher unrealistisch ist. Allerdings planen Peruaner durchaus, meist aber mit vielen Zeitpuffern für die einzelnen Aufgaben. Für die Peruaner ist das »ständige Umplanen« etwas Alltägliches. Eine einmal vorgenommene und auch beschlossene Zeitplanung darf somit noch nicht als endgültig angesehen werden, wobei die Peruaner mit Änderungen sehr flexibel und gelassen umgehen. Hinzu kommt, dass die Realität des Landes seinen Einwohnern selten ein langfristiges Planen erlaubt.

Peruaner reagieren auf Notwendigkeiten, die sie im Moment erleben. Sie setzen für ihre Planungsschritte unterschiedliche Prioritäten. Sie denken in diesem Zusammenhang wie Deutsche, dass nämlich die Zeit ein kostbares Gut ist, und sie versuchen zumindest mit der Erfüllung ihrer Arbeitsschritte termingerecht zu sein. Allerdings erreichen sie dabei bei Weitem nicht die Effizienz der Deutschen.

Hintergrundinformation: Der flexible Umgang mit Zeit lässt sich insbesondere mit der speziellen geographischen Lage Perus in Verbindung bringen. Peru verfügt über fast alle Klimazonen, die es auf der Welt gibt. Dies führt zu einem weltweit einzigartigen Angebot an Nahrungsmitteln. Bei der landwirtschaftlichen Produktion muss man sich nicht nur auf eine Ernteperiode beschränken. Es gibt fast immer alles, was in der Küche verarbeitet werden kann. Da es die Natur so gut meint mit Peru, muss in dieser Hinsicht nicht geplant werden. Dies gilt natürlich auch für die großen Städte an der Küste, also auch für die riesige peruanische Metropole Lima. Die Menschen haben eine Art naives Vertrauen in das Leben: In das, was sich von alleine regelt, und in das, was andauert, ohne gepflegt zu werden. Also weshalb die Präzision, der Zwang, pünktlich zu sein? Das Unbestimmte, die Teilnahmslosigkeit, ein gewisses Zurücklassen der Dinge, die Unterbrechung der Abläufe ist ein verborgener Pakt mit Gott, der die korrekte und bezaubernde Art des Peruaners festlegt (Velarde, 1966). Ein anderer Grund ist, dass Peru fast keine Industrie hat. Die meisten Bewohner tragen in sich noch die Ruhe der Arbeit in den Anden oder im Urwald. In der Hauptstadt Lima kommt ein Drittel der Bevölkerung aus der Provinz und fast alle sind Teil der Informalität Perus. So kommt es, dass die meisten auch ihre eigenen Arbeitgeber sind. Sie müssen weder Arbeitszeiten respektieren noch Überstunden machen. Ein anderes Phänomen findet sich im Gebrauch der spanischen Sprache, die die Peruaner mit vielen Verkleinerungen versehen. Ein kleiner Augenblick (»un momentito«) kann dabei allerdings auch eine lange Wartezeit bedeuten. Ähnlich können die Leute aus den Anden die Städter verwirren, wenn sie über Distanzen sprechen. »Hier gleich gegenüber« (»aquisito, al frente«) könnte eine kurze Strecke, zum Beispiel die Überquerung einer Straße bedeuten. Tatsächlich kann aber gemeint sein »gegenüber auf dem anderen Berg« und der Weg dorthin entspricht einem Fußmarsch von mehreren Stunden. Aus all diesen Tendenzen resultiert ein eher schwaches Zeitmanagement bzw. ein geringes Pflichtbewusstsein gegenüber der Einhaltung eines geplanten Zeitrahmens. In Peru benötigen Projekte meist das Doppelte an veranschlagter Zeit und Kosten, manchmal bleiben sie unvollendet oder werden einfach aufgegeben. Der Mangel an Beharrlichkeit ist leider weit verbreitet, was man an zahlreichen Bauwerken ablesen kann (Ortiz de Zevallos, 2002).

Diffusion von Persönlichkeits- und Arbeitsbereichen

Peruaner führen keine Trennung der verschiedenen Bereiche ihres Lebens durch. Diese Regel wird auch auf Deutsche übertragen, die in Peru arbeiten und eher dazu neigen, eine strikte Trennung der verschiedenen Bereiche ihres Lebens vorzunehmen; denn Peruaner nehmen auch bei Deutschen die verschiedenen Lebensbereiche diffus wahr.

Hintergrundinformation: Die Lebensbedingungen der Urbevölkerung waren in der Zeit der Kolonisierung sehr reduziert. Es gab so gut wie keine »indianischen« Arbeiter oder Sklaven, die nicht Leibeigene waren (Villarán zit. n. Mariátegui, 1986). Diese Untergeordneten mussten sich also stets parallel vertrauenswürdige, gleichgestellte Menschen suchen, um ihr Schicksal erträglich zu machen. So entwickelten sich nach und nach während ihres Lebens in der Zwangsarbeit ein Gemeinschaftswille sowie ein innerer Zusammenhalt. Auch während der ersten 100 Jahre der peruanischen Republik änderte sich an dieser Situation wenig. Die bäuerliche »indianische« Bevölkerung bestand aus den Leibeigenen bzw. Quasileibeigenen der Haziendas (Quijano zit. n. Kornberger, 1988), und die Fabrikarbeiter, Kleinhändler, Handwerker oder Hausangestellten in den Städten verbrachten weitaus mehr Zeit an ihren Arbeitsplätzen als mit ihren Familien. Der Gedanke einer unzertrennlichen Verbindung zwischen Arbeit und privatem Lebensbereich ist somit schon lange Bestandteil des Lebens der breiten Bevölkerung in Peru. Auch heute lebt der Peruaner weitaus mehr in seiner Arbeitssphäre, als dies zum Beispiel die Menschen in den nördlichen Ländern tun, wo eine stärkere Trennung zwischen Privatleben und Arbeit existiert. Es ist für Peruaner nichts Ungewöhnliches, familiäre Feste mit Arbeitskollegen zu feiern und sich gegenseitig persönliche Freuden und Leiden zu erzählen. Persönlichkeits- und Arbeitsleben sind unzertrennlich verbunden. Zu dieser Art zu leben sind inzwischen weitere Phänomene hinzugekommen, die auf die übersteigerte Wertschätzung eher westlicher Einflüsse in der peruanischen Gesellschaft zurückzuführen sind. So hat der Peruaner eine starke internalisierte Distanzregulierung entwickelt. In Peru existiert auf der einen Seite die Diskriminierung der Peruaner untereinander und auf der anderen Seite die ständige Suche nach dem Erfolg im Leben, denn: Wer Status hat, hat es einfacher im Leben. Daraus resultiert heutzutage eine immer stärker werdende soziale Verschiebung innerhalb der Gesellschaft, da ein höherer Status bedeutet, bessere Möglichkeiten zu haben, um neue Stellen zu finden, gute Geschäfte zu machen und einflussreiche Personen für sein effizientes persönliches Beziehungsnetzwerk kennenzulernen. Die Peruaner, die einen höheren Status suchen und dies auf Kosten von anderen tun, werden in Peru »Arribistas« genannt. Das Phänomen des »Arribismo« ist nichts anderes als ein rücksichtsloses Streben nach Status (Delgado, 1971).

»Starker Kontext« als Kommunikationsstil

Der peruanische Kommunikationsstil ist bekannt dafür, implizit und indirekt zu sein. Die meisten Peruaner formulieren zuerst, was nicht wichtig ist. Sie formulieren zunächst das Wie und am Ende erst das Was. Der Peruaner denkt an die Person, an ihre Empfindlichkeit (siehe Beziehungsorientierung). Er versucht, diplomatisch zu sein, allerdings mit Hintersinn, erst über Umschweife und Umwege kommt er auf den Punkt.

Hintergrundinformation: Die indirekte Kommunikation der Peruaner ist ein Phänomen, dessen Erklärung mit der Wertschätzung der Wahrheit zu tun hat. Die Wahrheit war einer der wichtigsten ethischen Werte der Inkas überhaupt und Basis für einen direkten Kommunikationsstil. In der Inkazeit wurden die »Indios« für Lügen streng bestraft: »ama llulla« (man lügt nicht) (vgl. Kornberger, 1988). Für die Menschen in der Inkazeit war es eine Verpflichtung, die Wahrheit zu sagen. Mit der Eroberung wurde die Lüge ein alltägliches Phänomen. Dieser Prozess hat seine Wurzeln in den kontinuierlichen Enttäuschungen, die der »Indio« durch die Spanier erfuhr: Lügen, Betrug, Vortäuschungen und Ausreden seitens der Spanier gehörten zum Alltag. Dazu hatte die Christianisierung begonnen, die die ursprünglichen Bewohner Perus als eine sehr irrationale und verwirrende Religion der Liebe erlebten, die die Ureinwohner unter Androhung von Strafe und dem Verlust ihrer eigenen Götter erlernen mussten. Die heutige indirekte Kommunikation oder auch der implizite Kommunikationsstil sind Phänomene dieser Irrationalität; sie sind psychologische Konsequenzen der Eroberung. Eine unterdrückte andine Bevölkerung versuchte ihre Traditionen durch ihre Erzählungen in der verbotenen Muttersprache des Inkareiches zu retten. In der neu eingeführten offiziellen Sprache konnten sie nur äußerst vorsichtig ihre Botschaften formulieren. Die spanische Sprache veränderte sogar deren eigene Namen, als Ausdruck einer neuen Identität. Umbenennungen seitens der Spanier ließen viele der alten peruanischen Originalbezeichnungen fast verschwinden (Varcárcel, 2006). So wurde der Raum für irrationale Aspekte immer größer. Die Tatsache, dass »Spanisch« heute die offizielle Landessprache ist, bedeutet auch eine selbstverständliche Konsolidierung in der peruanischen Identität aus der Zeit der Eroberung Perus. Und alle Peruanismen (peruanische Wörter im Spanischen) sind ein Versuch, sich als Nichtspanier zu bestätigen (Hildebrandt, 1994). Der implizite Kommunikationsstil wird von Peruanern häufig benutzt und dies sowohl im neutralen als auch im negativen Sinne. Im neutralen Sinne versteht man als Peruaner, was gemeint ist, obwohl nicht alles gesagt wurde, während im negativen Sinne der Verhandlungspartner hierdurch bewusst getäuscht werden soll. Diese Art der Verständigung wird auch mittels übertriebener Wortkaskaden eingesetzt, die sogar von der armen und nicht gebildeten Bevölkerung bewundert wird (Villanueva, 2006). Die nonverbale Kommunikation war in den verschiedenen Zeiten der Geschichte Perus immer wichtig und wurde ständig benutzt. Kleidung und Accessoires signalisieren Status und Position. Sie gaben zusätzliche Informationen über die Person. Die sozial erwünschte »Höflichkeitsverwirrung« hat ihre Wurzeln in der gesellschaftlichen Beziehung der Menschen in den Anden: den »Runas« (»Menschen«). Ihre ökonomischen Beziehungen erwachsen und festigen sich über Prozesse eines ständigen Austausches. So tauschen sie auch Höflichkeitsgeschenke aus, die eigentlich frei von Hintergedanken sind, die aber doch gezielt gemacht werden (Mayer, 2004). Diese Art des Handelns ist vor allem in den Städten Perus weit verbreitet, bezieht sich dabei aber nicht nur auf ökonomische Beziehungen und den Austausch von Geschenken. Peruaner sind in der Regel sehr freundlich und aus Höflichkeit immer sehr interessiert am Wohlbefinden des Partners, was Ausländer zunächst einmal leicht verwirren kann. Aus Freundlichkeit kann ein Peruaner sogar die vom Partner erwünschten Antworten geben, obwohl das Gesagte nicht seiner wirklichen Meinung entspricht.

Bereichsspezifischer Kulturstandard »Reziprozität«

Die peruanische Reziprozität ist eine verbreitete und althergebrachte Art zu handeln, die gerade den armen Peruanern hilft, vielen verschiedenen Notwendigkeiten gerecht zu werden. Es handelt sich um ein System von Wechselseitigkeit, einen Dienstaustausch ohne Geld, der in der Soziologie auch mit dem Prinzip der Gegenseitigkeit (Otto, 2003) bezeichnet wird. Für die meisten Menschen in den Anden sowie auch im Urwald stehen grundlegende Notwendigkeiten des Lebens im Zentrum ihrer täglichen Arbeit, um wenigstens ein Minimum an Lebensqualität zu erreichen. Hierzu gehören zum Beispiel alle Arbeiten, die zur Sicherung einer ausreichenden Ernährung für die Familie oder die Gemeinde beitragen. Traditionell folgen diese Arbeiten dem System einer wechselseitigen Hilfe durch die Gemeinschaft: Zunächst helfe ich dir, dann hilfst du mir. Hierzu gehört dann auch das gemeinschaftliche Arbeiten, zum Beispiel beim Bau, der Instandhaltung oder Säuberung von allen Installationen, die zu einer Gemeinde gehören und gemeinschaftlich genutzt werden. Diese Idee hat auch die großen Städte erreicht, wie zum Beispiel Lima, wo sich die Zuwanderer aus verschiedenen Provinzen in ihren Vierteln wiedertreffen und niederlassen.

Hintergrundinformation: Die »Reziprozität« oder gegenseitige Hilfe ist nichts Neues in Peru. Bereits in der Inkazeit war sie ein fester Bestandteil der andinen Gesellschaft. Zwei repräsentative Systeme der Gegenseitigkeit aus dieser Zeit sind die »Minka« und der »Ayni«. Bei den Bewohnern der Anden oder den Stämmen des Urwalds findet man teilweise noch heute diese Methoden der gegenseitigen Hilfe. Diese Art der Gegenseitigkeit ist großzügig und wird in der Arbeitswelt der großen Städte normalerweise nicht praktiziert. Viele Menschen sind in der Zeit der Diktatur nach Lima oder in andere große Städte an der Küste geflohen. In den achtziger Jahren haben Millionen von Menschen aus der Provinz ihre Häuser zurückgelassen und diese Reziprozität in die Städte mitgebracht. Allerdings gilt dort dieses System der gegenseitigen Hilfe heutzutage nur noch beschränkt.

Staats- und Kirchenländereien wurden in Form der »Minka«, das heißt von der gesamten Lokalgruppe in Gemeinschaftsarbeit, bestellt. Bei der Bebauung der Familienparzellen fand grundsätzlich die gegenseitige Nachbarschaftshilfe (»Ayni«) Anwendung. Sie gewährleistete auch die Betreuung der Ländereien zeitweise abwesender, das heißt zum Militär- oder Arbeitsdienst eingezogener Gruppengenossen (Kornberger, 1988). Die Reziprozität war für die Inkas wichtig, um das Entstehen und Wachstum ihres Reiches, des Tawantinsuyo, zu ermöglichen (Rostworowski de Diez Canseco, 2006). Die Reziprozität der Menschen in den Anden oder im Urwald ist auch heutzutage anzutreffen. Man braucht nur eine Reise auf den Straßen durch Peru zu machen und die Bewohner der kleinen Gemeinden bei ihrer Arbeit zu beobachten. Es ist beeindruckend, wie präsent die Zeit der Inkas noch im Leben der armen Menschen ist und die Existenz von zwei Perus manifestiert hat (Matos, 1988).

Literatur

Alosilla, J. (2002). Gamarra: el Perú es de los peruanos. Quehacer. La hora del lobo, 22 (136), 66–71.

Bustamante, V. (2002). Un empresario en la pelea. Quehacer. La hora del lobo, 22 (136), 57–65.

Delgado, C. (1971). Problemas sociales en el Perú contemporáneo. Lima: Instituto de Estudios Peruanos (IEP) y Campodonico Ediciones S.A.

Garcia, U. (1973). El nuevo Indio. Lima: Editorial Universo S. A.

Hildebrandt, M. (1994). Peruanismos. Lima: Biblioteca Nacional del Perú y Epígrafe S.A. editores.

Kornberger, R. (Hrsg.) (1988). Peru. Materialien zur Landeskunde. Frankfurt a. M.: Vervuert Verlagsgesellschaft.

Krächan-Jochum, A., Millies, D. (2003). Wer sind wir eigentlich, und wie sind wir so geworden, wie wir sind? In A. Krächan-Jochum, D. Millies (Hrsg.), Deutsch-Peruanisches Kaleidoskop. Lima: Punto Impreso S.A.

Mariátegui, J. (1986). Sieben Versuche, die peruanische Wirklichkeit zu verstehen. Berlin u. Freiburg (Schweiz): Argument Verlag und Genossenschaft Edition Exodus.

Matos, J. (1988). Desborde Popular y crisis del Estado. El nuevo rostro del Perú en la década de 1980 (7. Ed.). Lima: José matos Mar. Lima: CONCYTEC.

Maurial de Menzel, C. (2008). Identifikation der zentralen Kulturstandards für Peru – Fremdwahrnehmung aus der Sicht der Deutschen sowie Selbstsicht der Peruaner. Unveröffentlichte Masterarbeit. Hochschule Regensburg.

Mayer, E. (2004). Casa, chacra y dinero. Economías domésticas y ecología en los Andes. Lima: IEP Ediciones.

Mayring, P. (2003). Qualitative Inhaltsanalyse. Grundlagen und Techniken (8. Aufl.). Weinheim: Deutscher Studien Verlag.

Ortiz de Zevallos, F. (2002). Liderazgo a la peruana. Quehacer. La hora del lobo, 22 (136), 44–49.

Otto, U. (2003). Der Stellenwert von Reziprozität. Anmerkungen zu Austauschkalkülen in zwischenmenschlicher Hilfe. Text vom 29.01.2003. Zugriff am 22.05.2008 unter http://w210.ub.uni-tuebingen.de/dbt/volltexte/2003/689/pdf/reziprozitaet_170103.pdf

Rostworowski de Diez Canseco, M. (2006). Historia del Tahuantinsuyu (2. Ed.). Lima: IEP Ediciones.

Salazar Bondy, S. (1974). Lima la horrible. Lima: Promoción Editorial Inca S. A. (PEISA).
Talavera, J. (2002). Universidad, competencia y globalización. Quehacer. La hora del lobo, 22 (136), 36–43.
Thomas, A. (1993). Psychologie interkulturellen Lernens und Handelns. In A. Thomas (Hrsg.), Kulturvergleichende Psychologie. Eine Einführung. Göttingen u. a.: Verlag für Psychologie.
Thomas, A. (2003). Einführung. Kulturelle Inkompetenz. In A. Thomas, E.-U. Kinast, S. Schroll-Machl (Hrsg.), Handbuch Interkulturelle Kommunikation und Kooperation. Band 1: Grundlagen und Praxisfelder. Göttingen: Vandenhoeck & Ruprecht.
Varcárcel, L. (2006). Tempestad en los Andes. Lima: Editora Universitaria Latina S. A. C.
Velarde, H. (1966). Obras Completas. Lima: Francisco Moncloa Editores.
Villanueva, P. (2006). Los Peruanoides. Lima: Editorial e Imprenta DESA S. A.
Wachtel, N. (1973). Sociedad e ideología: ensayos de historia y antropología andinas. Lima: IEP Ediciones.

Perspektiven interkultureller Kompetenz für Schule und Hochschule

Heike Abt und Ulrike de Ponte

Interkulturelle Handlungskompetenz im Inland: Ansatz für ein Trainingsprogramm zur eigenkulturellen Sensibilisierung im schulischen Kontext

Interkulturelle Handlungskompetenz kann schon lange nicht mehr lediglich außerhalb von Deutschland erlangt werden, auch im Inland eröffnen sich dazu vielfältigste Gelegenheiten. Doch anders als im Ausland wird der Erwerb im Inland oftmals nicht als freiwillig, sondern als notgedrungen erfahren. Menschen, die sich im Inland – vornehmlich in ihrer täglichen Arbeit – einer solchen Herausforderung gegenübersehen, fühlen sich oftmals damit allein gelassen, erleben Stress bis hin zu Angst vor dem Fremden und fühlen sich in ihrem Arbeitsalltag dadurch beeinträchtigt.

Daher erlangt der hier skizzierte Entwurf zur Generierung von Trainingsmaterialien in einem spezifischen Berufsfeld seine Relevanz für Praktiker.

Dieser Artikel bewegt sich im Kontext Schule und fokussiert auf die Vorbereitung und Weiterbildung von deutschem Schulpersonal auf kulturelle Überschneidungssituationen sowie die Handlungswirksamkeit deutscher Kulturstandards (hier: Sachorientierung) im (Inland-)Kontakt mit Eltern aus nichtdeutschen Kulturen. Exemplarisch an drei Fallbeispielen wird ein Entwurf zur Entwicklung von Trainingsmaterialien für deutsche Lehrer(innen), Erzieher(innen), Sozialpädagog(inn)en und Sozialarbeiter(innen) analog zum Culture-Sensitizer-Format aus der Vandenhoeck-&-Ruprecht-Reihe »Beruflich in …« (hrsg. von A. Thomas) vorgestellt.

Die Fälle entstammen den Trainingsmaterialsammlungen von Abt (2010) und de Ponte (2009). Die Deutungen wurden größtenteils von den Teilnehmenden selbst generiert und die Erläuterungen in den Trainingskursen miteinander erarbeitet.

Interkulturelle Weiterbildung am Beispiel Grundschullehrkräfte

Unter dem Stichwort »interkulturelles Lernen im schulischen Kontext« wird oftmals nur der Erwerb interkultureller Kompetenz bei Schülerinnen und Schülern und hier meist im Zusammenhang der Themenbereiche Migrationshintergrund und Gewaltprävention gesehen. Doch nicht nur für Schüler(innen) hält der schulische Kontext dies bereit, sondern auch für das Umfeld (z. B. Eltern) und die

Weiterbildung von Schulpersonal eröffnen sich hier Lern- und Handlungsfelder (de Ponte, 2008).

So erleben z. B. Grundschullehrkräfte den unumgänglichen Einbezug von Eltern fremdkultureller Schüler(innen) vielfach belastend und oftmals erscheint es ihnen »neben […] emotionalen Widerständen […] verständlicherweise unmöglich bis unzumutbar, sich auf die Vielzahl von Kulturen, mit denen sie es täglich zu tun haben, einzustellen« (Abt, 2008, S. 228). Nun kann kein(e) Lehrer(in) sich für alle an ihrer Schule befindlichen spezifischen Kulturen sensibilisieren, hingegen stellen die Autorinnen in ihrer praktischen Arbeit fest, dass allein eine Sensibilisierung für die eigene kulturelle Geprägtheit (Selbstbild) die unbewusste Handlungswirksamkeit deutscher Kulturstandards abschwächen kann und von den Teilnehmenden erleichternd erlebt wird. In der Arbeit mit völlig im deutschen Kulturkreis sozialisiertem (heißt: deutsche Eltern und Großeltern, deutsche Schulausbildung und Ausbildung) Personal aus dem schulischen Kontext erwiesen sich insbesondere eigene Fallbeispiele, die die Teilnehmenden aus ihrem Schulalltag mitbrachten, als zielführend zur Herausarbeitung zentraler deutscher Kulturstandards (nach Schroll-Machl, 2007), und so entstand der hier vorgestellte Trainingsmaterial-Entwurf.

Elternarbeit an Grundschulen und Elternarbeit mit anderskulturellen Eltern

Unter Elternarbeit wird hier das Anstreben eines partnerschaftlichen Miteinanders von Lehrkraft und Eltern verstanden, das zum Ziel hat, pädagogische Interventionen gemeinsam oder zumindest einvernehmlich bei deren Kind durchzusetzen. Impliziert wird hierbei, dass die Lehrkraft dies nicht allein zu leisten vermag oder zumindest ein solches Gefühl hat. Die Kooperation der Eltern wird dabei als Unterstützung der täglichen Lehrarbeit an deutschen Schulen eingefordert und/oder erwartet. Auslöser für die Elternarbeit ist dabei ein Konflikt zwischen Lehrkraft und Schüler(in).

Der Einbezug von Eltern ist im Grundschulalter aufgrund zweier Faktoren besonders wirksam:

1. *kulturunabhängiger Faktor*: Schüler(innen) sind im Alter von fünf bis zehn Jahren durch ihre psychische und physische Abhängigkeit von ihren Eltern noch stark beeinflussbar, was unabhängig von der kulturellen Zugehörigkeit der Eltern gilt.
2. *kulturell geprägter Faktor*: Die kulturelle Herkunft der Familienangehörigen resp. der Eltern von Grundschüler(inne)n wird wirksam in Inhalt und Vermittlung von Verhaltensmustern, die Schüler(innen) dieser Altersklasse entwicklungsadäquat erlernen (müssen).

Der Einfluss hinsichtlich der Erziehungsarbeit liegt in Deutschland in der Grundschule noch eher gleichverteilt bei Lehrer(inne)n und Eltern. Dies ändert sich in den Sekundarstufen durch das deutsch-kulturelle Erziehungsziel »Selbstständigkeit« zunehmend und wird auf die Beziehung zwischen Schüler(in) und Lehrkraft bzw. auf die Peergroup verlagert bei gleichzeitiger Abschwächung des elterlichen Einflusses. Die genannten zwei Aspekte verdeutlichen die Rolle eines Einbezugs von Eltern bei Problemen mit Schüler(inne)n im Grundschulalter.

In der Elternarbeit mit Eltern anderskultureller Herkunft kommt nun noch Folgendes hinzu: Haben die Eltern eine anderskulturelle Herkunft, verlaufen Interaktionen oftmals erwartungswidrig und die Lehrkräfte sind mit irritierendem Elternverhalten konfrontiert (kulturelle Überschneidungssituation). Sofern die deutschen Lehrkräfte ihr eigenes Verhalten und ihre Erwartungen als selbstverständlich erleben, kommt es zu Stress hervorrufenden kritischen Interaktionssituationen (siehe Thomas in diesem Band), in denen das pädagogische Ziel der Lehrkraft auch vollständig unterlaufen werden kann.

Das nachfolgend dargestellte Trainingsmaterial hat das Lernziel »eigenkulturelle Sensibilisierung«, wobei gilt: Wenn im Umgang mit Menschen anderer Kulturen das eigenkulturelle Orientierungssystem als eines von vielen möglichen Systemen der Welterfassung und Weltinterpretation reflektiert und anerkannt wird, hat interkulturelles Lernen als Grundlage des Erwerbs interkultureller Kompetenz stattgefunden (Relativierung). Interkulturelles Lernen ist dann erfolgreich, wenn es gelingt, das als (bis dahin als einzig) richtig und zutreffend angesehene eigenkulturelle Orientierungssystem für fremdkulturelle Orientierungssysteme zu öffnen, diese als wertvoll anzuerkennen und sie mit Wertschätzung zu behandeln.

Themenbereich: »Sachorientierung«

Beispiel 1: Nicht ohne meinen Dolmetscher

Situation

Frau Lange ist Lehrerin an einer bayerischen Grundschule. Sie hat ein ernstzunehmendes Autoritätsproblem mit Celik, einem türkischen Schüler aus ihrer dritten Klasse. Als Celiks Vater zum Abholen kommt und dieser sein Gespräch mit einem deutschen Vater beendet, geht sie zu ihm und erklärt ihm kurz die Problematik. Sie bittet ihn um ein Elterngespräch und vereinbart einen Termin.

Zum Gesprächstermin erscheint Celiks Vater pünktlich, allerdings nicht allein: Er bringt einen türkischen Freund mit, der für ihn dolmetschen soll. Frau Lange ist gekränkt und verärgert: Was soll denn das? Sie hat doch mitbekommen, dass Celiks Vater deutsch spricht, als er sich mit dem deutschen Vater unterhielt.

Was soll Frau Lange vom Mitbringen des Dolmetschers halten?
- Lesen Sie nun die Antwortalternativen nacheinander durch.
- Bestimmen Sie den Erklärungswert jeder Antwortalternative für die gegebene Situation und kreuzen Sie ihn auf der darunter befindlichen Skala an. Es ist möglich, dass mehrere Antwortalternativen den gleichen Erklärungswert besitzen.

Deutungen

a) Frau Lange soll merken, dass das Mitbringen eines – noch dazu männlichen – Dolmetschers eine Machtdemonstration des Vaters ist. Im Grunde will er damit nur zeigen, dass er völlig hinter dem Verhalten seines Sohnes steht und auch nichts von einer weiblichen Lehrerin hält.

sehr zutreffend | eher zutreffend | eher nicht zutreffend | nicht zutreffend

b) Der Dolmetscher spricht nicht nur besser deutsch als Celiks Vater, sondern lebt auch so lange in Bayern, dass er den bayerischen Dialekt gut versteht. Da Celiks Vater zwar deutsch spricht, jedoch mit dem Bayerischen so seine Probleme hat, bringt er ihn zur Verstärkung mit.

sehr zutreffend | eher zutreffend | eher nicht zutreffend | nicht zutreffend

c) Celiks Vater ist sich unsicher, ob sein Alltagsdeutsch für komplexere Sachverhalte ausreicht. Deshalb hat er seinen exzellent deutsch sprechenden Freund gebeten, für ihn alles zu dolmetschen.

sehr zutreffend | eher zutreffend | eher nicht zutreffend | nicht zutreffend

d) Da Frau Lange eine Frau ist und Celiks Vater ein Mann, gebietet es ihm die Ehre, sie nicht durch ihr Gespräch zu zweit zu kompromittieren. Besser, er nimmt eine dritte Person mit.

sehr zutreffend | eher zutreffend | eher nicht zutreffend | nicht zutreffend

- Versuchen Sie, Ihre Einstufung jeder Antwortalternative zu begründen. Halten Sie die Begründung in schriftlicher Form stichpunktartig fest.
- Lesen Sie nun die Erläuterungen zu jeder Antwortalternative durch und vergleichen diese mit Ihren eigenen Begründungen.

Bedeutungen

Erläuterung zu a):
Diese Vermutung entspringt Frau Langes Halbwissen darüber, dass in der Türkei eine Frau weniger wert ist als ein männliches Familienmitglied. Dies ist zwar in der ländlichen Türkei innerfamiliär oftmals noch so, gilt jedoch nicht außerhalb der Familie. Außerdem genießt der Berufsstand »Lehrer« *Saygı* (Respekt) und steht in der Hierarchie sehr weit oben. Ob es sich dabei um einen Mann oder eine Frau handelt, ist dabei unerheblich. Es ist also sicherlich keine Machtdemonstration von Celiks Vater. Diese Antwort trifft nicht zu.

Erläuterung zu b):
Die Annahme, dass Frau Lange als Lehrerin an einer bayerischen Schule auch stark bayerisch spricht, beruht auf einem Vorurteil und ist reine Spekulation. Auch dass für Celiks Vater darin das Problem liegt, ist sehr unwahrscheinlich. Wir können vielmehr davon ausgehen, dass eine Wahrnehmung regional-kultureller Unterschiede für fremdkulturelle Personen zunächst nicht im Vordergrund steht und eher von national-kulturell geprägten Verhaltensweisen überdeckt wird, da die Fremdgruppe hoch generalisiert wird (Fremdgruppenhomogenisierung, vgl. Tajfel, 1982). Bayerischer Dialekt könnte somit zwar ein Verständigungshemmnis sein, hätte aber sicherlich keine solche argumentative Grundlage für das Mitbringen des Dolmetschers, wie sie hier unterstellt wird. Diese Antwort trifft eher nicht zu.

Erläuterung zu c):
Celiks Vater bringt seinen sehr gut deutsch sprechenden türkischen Freund mit, da er erwartet, dass er nicht nur verstehen muss, was Frau Lange ihm zu sagen hat, sondern auch »Rede und Antwort« stehen muss. Dies ist die deutsche Art, Lösungen für Probleme zu finden. Er weiß, dass seine Ausdrucksweise in der deutschen Sprache sehr eingeschränkt ist, da ihm viele Vokabeln fehlen und er auch manchmal Wortbedeutungen nicht vollständig erfasst. Somit wollte er seinerseits alles tun, um eine Lösung des Problems mit seinem Sohn voranzubringen. Gerade weil er Frau Lange als Lehrerin achtet, käme er nie auf die Idee, hier seine Kompetenz zu überschreiten. Sein Freund hat das Dilemma von Celiks Vater vielleicht mitbekommen, will konkret Anteil nehmen und handelt aus Verbundenheit zu ihm. Dies ist die beste Erklärung dafür, warum sich Celiks Vater und dessen Freund die Mühe machen, gemeinsam zum Termin zu kommen.

Erläuterung zu d):
Es ist zwar richtig, dass in der Türkei die Ehre eines Mannes durch die Ehrhaftigkeit seiner Frauen (Ehefrau, Töchter) bedingt ist (*namus*), jedoch gilt dies nur innerfamiliär, das heißt, die Verteidigung der Ehre einer Frau außerhalb der Familie ist unwahrscheinlich. Wo jedoch der Ehrbegriff mit hineinspielt, ist in der signa-

lisierten Hilfsbereitschaft des Vaters, durch Mitbringen eines Dolmetschers das Problem mit Celik, seinem Sohn, schnellstmöglich zu mindern. Hiermit vergrößert Celiks Vater sein Ansehen (*seref*) und dies ist etwas, um das man sich ein Leben lang bemühen muss. Insofern ist diese Antwort nicht ganz verkehrt, nur der Fokus des Ehraspekts ist falsch gewählt.

Eigenkultureller Hintergrund für Frau Langes Irritation

a) Analyse der »Sachlage« für Frau Langes Irritation

Frau Langes Irritation resultiert aus einem Gemisch an Erfahrungen, Vermutungen und bisherigem Wissen, die für sie die Tatsachenlage ausmacht: So hatte Frau Lange beobachtet, dass Celiks Vater sich recht selbstverständlich mit einem deutschen Vater unterhalten hatte. Außerdem hatte sie schon mehrfach gehört, dass Frauen in der Türkei weniger wert seien. Deshalb vermutete sie, dass Celik dies »zu Hause vorgelebt« bekommt. Sie interpretierte, dass dies immer und grundsätzlich gegenüber Frauen so gilt.

b) Analyse der Gefühlslage zu Frau Langes Irritation

Frau Lange ist verärgert, dass Celiks Vater nicht selbst mit ihr sprechen wollte und stattdessen einen Freund, der alles übersetzen soll, mitbringt. Sie empfindet das Mitbringen des Dolmetschers kränkend, da dies dem Vorgeben gleichkommt, nicht deutsch sprechen zu können, was nicht den Tatsachen entspricht und damit eine Lüge ist. Das ist für Frau Lange keine Basis für ein Miteinander: Sie sieht den gesamten Lösungsprozess unterhöhlt, weil sie nicht an ein ernsthaftes gemeinsames Lösungsinteresse glaubt und stellt sich daher auf einen »Kampf zwei gegen eine« ein.

c) Erläuterung des handlungswirksamen Kulturstandards

Bei Frau Lange ist der Kulturstandard »Sachorientierung« handlungswirksam geworden: Fakt ist, dass Celiks Vater deutsch sprechen kann, er sich aber dennoch dolmetschen lässt, und daran orientiert sie sich. Zwei Menschen interagieren immer auf beiden Kommunikationsebenen, der Sach- und der Beziehungsebene, jedoch sprechen Deutsche der Sachebene im Kontakt mehr Bedeutung zu und empfinden diese als entscheidend. Um Frau Langes Gefühlslage zu verstehen, »ist es wichtig, auch die Art, in der Deutsche *beide* Ebenen zusammenbringen, zu verstehen« (Schroll-Machl, 2002, S. 58). Durch das Mitbringen des Dolmetschers entzieht Celiks Vater Frau Lange die sachliche Kooperation: Weder begründet noch entschuldigt er, warum er nicht selbst mit ihr spricht, und lässt Frau Lange in einem Informationsloch hängen. Das macht ihn alles andere als vertrauenswürdig und signalisiert für eine Deutsche: Ich will nicht kooperieren! Dass der Dolmetscher ein Freund des Vaters ist, kommt als relevante Information bei Frau Lange gar nicht an.

Lösungsstrategie

Frau Lange sollte ihre Irritation zur Sprache bringen und versuchen, wertschätzend die Deutschkenntnisse von Celiks Vater zu loben. Falls sie daraufhin auch keine ausreichende Antwort erhält, warum Celiks Vater dann einen Dolmetscher mitbringt, könnte sie ihrer Verwunderung darüber Ausdruck verleihen. Kurze Antworten des dolmetschenden Freundes, wie beispielsweise »ich will ihn unterstützen«, sollten ihr signalisieren, dass Celiks Vater vielleicht verunsichert ist und Frau Lange sollte den Dolmetscher möglichst selbstverständlich mit einbeziehen. Alltagsdeutsch sprechen ist etwas anderes, als während komplexer, vielleicht emotional belastender Gespräche nicht die Muttersprache zu benutzen. Im Prinzip ist Celiks Vater Frau Lange diesbezüglich »einen Schritt voraus« und wollte dieses Problem vielleicht nicht auch noch zwischen sie bringen.

Beispiel 2: Gut, dass wir darüber gesprochen haben

Situation

Herr Brey ist seit sechs Jahren Lehrer an einer Grundschule. Seit Beginn dieses Schuljahres unterrichtet er eine zweite Klasse. Inzwischen ist Frühjahr geworden und mit Radu hat er immer noch dasselbe Problem: Er hat nie die passenden Schulsachen dabei, angefangen von den Hausaufgaben über das halb gefüllte Federmäppchen bis hin zu den richtigen Heften.

Mit Radus Eltern, einem bulgarischen Ehepaar, hat Herr Brey schon alles versucht: Er hat Radu einen Zettel für die Eltern mitgegeben, ihnen das Problem telefonisch erklärt, sie in die Sprechstunde bestellt, sie vor dem Unterricht sowie beim Abholen für den nächsten Tag gebeten, darauf zu achten – nichts ändert sich. Er hat lange Geduld gezeigt, denn er weiß, dass Radu im Sommer ein Geschwisterchen bekommen hat und sein Vater, der gut deutsch spricht, viel arbeiten muss, aber das Gefühl, nicht ernst genommen zu werden, wird immer stärker.

Warum bewegt Herr Brey Radus Eltern nicht zur Mitarbeit?

- Lesen Sie nun die Antwortalternativen nacheinander durch.
- Bestimmen Sie den Erklärungswert jeder Antwortalternative für die gegebene Situation und kreuzen Sie ihn auf der darunter befindlichen Skala an. Es ist möglich, dass mehrere Antwortalternativen den gleichen Erklärungswert besitzen.

Deutungen

a) Herr Brey hat richtig vermutet: Radus Eltern gehen gerade völlig in der Versorgung des halbjährigen Geschwisterchens auf. Herr Brey muss nur noch ein bisschen länger warten, dann löst sich das Problem von allein.

sehr zutreffend | eher zutreffend | eher nicht zutreffend | nicht zutreffend

b) Herr Brey hat zwar auf verschiedene Weise Radus Eltern informiert, auf die Vollständig- und Richtigkeit von Radus Schulsachen zu achten, was er jedoch versäumt hat, ist, mit Radus Eltern einen intensiven persönlicheren Kontakt herzustellen, der über ein Treffen in der Sprechstunde hinaus geht. Radus Eltern fühlen sich ihm gegenüber nicht verpflichtet und wissen auch von Herrn Breys Sorge nichts, dass er nur unter geeigneten Arbeitsbedingungen ihrem Sohn Radu etwas beibringen kann.

sehr zutreffend | eher zutreffend | eher nicht zutreffend | nicht zutreffend

c) Radus Eltern kümmern sich mit Radu darum, für den nächsten Tag alles vorzubereiten und seine Schultasche zu packen. Daher wundern sie sich, dass Herr Brey keine Ruhe gibt. Dass Radu die Tasche abends umräumt, weil er sich seit dem Baby vernachlässigt fühlt und auf sich aufmerksam machen möchte, wissen sie nicht.

sehr zutreffend | eher zutreffend | eher nicht zutreffend | nicht zutreffend

d) Herr Brey hat die Deutschkompetenzen von Radus Vater völlig überschätzt: Radus Vater hat verstanden, dass etwas mit Radus Heften nicht in Ordnung ist, und vermutet dahinter die deutsche Rechtschreibung. Durch sein Nichteingreifen will er Herrn Brey indirekt zu verstehen geben, dass er zur Verbesserung der Rechtschreibleistung seines Sohnes leider nichts beitragen kann.

sehr zutreffend | eher zutreffend | eher nicht zutreffend | nicht zutreffend

- Versuchen Sie, Ihre Einstufung jeder Antwortalternative zu begründen. Halten Sie die Begründung in schriftlicher Form stichpunktartig fest.
- Lesen Sie nun die Erläuterungen zu jeder Antwortalternative durch und vergleichen diese mit Ihren eigenen Begründungen.

Bedeutungen

Erläuterung zu a):
Wie stark Radus Eltern durch die Versorgung des Babys eingespannt sind, bleibt hier unbekannt. Außerdem würden Radus Eltern – wie auch deutsche Eltern – trotzdem dem Drängen des Lehrers nachkommen und die Sachen ihres Sohnes ordnen, wenn es ihnen wichtig genug wäre. Warum sie es nicht so bewerten, bleibt mit dieser Deutung offen.

Erläuterung zu b):
Herr Breys Versuche, Radus Eltern einzubinden, lagen alle auf der Ebene der sachlichen Information. Es ist zu vermuten, dass die bulgarischen Eltern diese Situationen eher unangenehm empfunden haben, da Herr Breys sachliche Art eher kühl bis anklagend auf sie gewirkt haben wird. Der Aufbau einer tragfähigen Beziehung, die für Radus Eltern im Vordergrund steht, ist bisher wohl nicht geglückt. Eine gute Beziehung würde in Radus Eltern ein Verpflichtungsgefühl Herrn Brey gegenüber etablieren, das dann auch in den von ihm erhofften Handlungen hinsichtlich der geordneten Schulsachen wirksam werden könnte. Diese Vermutung erklärt die Situation am besten.

Erläuterung zu c):
Natürlich ist nicht auszuschließen, dass sich Radu von seinen Eltern vernachlässigt fühlt und so versucht, Aufmerksamkeit zu erlangen. Allerdings ist diese Antwort mehr als spekulativ. Warum sollte Radu ausgerechnet über die falschen, unordentlichen Schulsachen auf die mangelnde Fürsorge seiner Eltern aufmerksam machen wollen? Eine Vielzahl anderer Verhaltenweisen innerhalb der Familie wäre nahe liegender. Diese Antwort trifft den Kern der Situation nicht.

Erläuterung zu d):
Es ist fraglich, ob der erste Gedanke von Radus Vater wirklich der Rechtschreibung gelten würde, da im Vergleich zu Deutschland vermutlich die Wahrnehmung der Orthographie bei Bulgaren nicht derartig im Vordergrund steht (Regelrelativierung). Auch wenn in der bulgarischen Kultur eher indirekt kommuniziert wird, ist nicht anzunehmen, dass der Vater in dieser Sache nichts unternehmen will, da die Schulausbildung der Kinder sehr hoch bewertet wird.

Eigenkulturelle Erklärung für Herrn Breys Irritation

a) Analyse der »Sachlage« für Herrn Breys Irritation
Herrn Brey ist bekannt, dass zumindest Radus Vater gut deutsch spricht, und kann davon ausgehen, dass er sprachlich gut verstanden wurde. Außerdem weiß er, dass Radu vor ungefähr einem halben Jahr ein Geschwisterchen bekommen hat. Wie

bei anderen Eltern erlebt vermutet er, dass die Aufmerksamkeit der Eltern vom Baby eingefordert wird. Das ist auch der Grund, warum er auf sehr viele Arten versucht, seine Information an die Eltern zu platzieren. Er investiert damit viel Zeit und Mühen.

b) Analyse der Gefühlslage zu Herrn Breys Irritation

Herr Brey hat zunehmend das Gefühl, nicht ernst genommen zu werden, denn das Problem besteht in unverändertem Ausmaß weiterhin. Die häufigen Rückmeldungen müssten den Eltern doch Herrn Breys Bereitschaft zeigen, die Sache für Radu zu einem guten Ende zu bringen, und verdeutlichen, wie wichtig Herrn Brey diese Sache ist. Aber es kommt zu keinem Miteinander. So wird auch hier der gesamte Lösungsprozess unterhöhlt, weil Herr Brey inzwischen nicht mehr an ein gemeinsames Lösungsinteresse glaubt.

c) Erläuterung des handlungswirksamen Kulturstandards

Bei Herrn Brey ist der Kulturstandard »Sachorientierung« handlungswirksam geworden: Fakt ist, dass Radus Eltern in vielfacher Weise und über einen langen Zeitraum informiert wurden, sich um die Ordnung der Schulsachen ihres Sohnes zu kümmern, und diese dem nicht nachkommen. Daran orientiert er sich. Auch hier muss das Zusammenbringen beider Ebenen bei dem deutschen Lehrer betrachtet werden: Er teilt den Eltern alle relevanten Fakten mit und investiert über das normale Maß hinaus Zeit. Auf der Beziehungsebene signalisiert er damit höchste Kooperationsbereitschaft und »stellt sich […] somit sozusagen ganz zur Verfügung« (Schroll-Machl, 2002, S. 58). Auf Seiten der Eltern gibt es jedoch keinerlei Erklärungen oder Entschuldigungen für das Versagen der sachlichen Kooperation, das bedeutet auch für den Deutschen, dass eine positive Beziehung jeglicher Grundlage entbehrt und nicht installiert werden kann. Dieses Vorhaben ist so auch von deutscher Seite gescheitert.

Lösungsstrategie

Herr Brey sollte innehalten und die Situation als Stoppschild begreifen, wenn ein Mehr desselben keine Wirkung zeigt. Auf der reinen Informationsebene erreicht er die Eltern nicht.

Wenn so etwas passiert, sollte in einer kulturellen Überschneidungssituation immer die kulturelle Komponente in die Analyse mit einbezogen werden. Herr Brey sollte bei Kollegen nachfragen, ob irgendjemand bulgarische Personen besser kennt und ihm einen Tipp geben kann, warum er bei Radus Eltern nichts bewirkt, oder/und kulturspezifische Literatur dazu lesen.

Vermutlich würde so sehr schnell klar, dass Herr Brey sein Vorhaben einer guten Elternmitarbeit von der anderen Seite anfangen muss: Er muss zunächst persönlicher auf Radus Eltern zugehen und sich für deren Leben interessieren, da sich

Vertrauen für Bulgaren über persönliche Beziehungen aufbaut. Dann würde Herr Brey auch mehr Hilfsbereitschaft erfahren und in die Handlungsplanung der Eltern einbezogen, was Herr Brey dann wiederum als Kooperation wahrnehmen würde.

Beispiel 3: Vaters Berufswunsch

Situation

Frau Grün arbeitet als leitende Erzieherin im Hort einer Grundschule und ist im laufenden Betrieb sehr eingespannt. Da erhält sie unangemeldet Besuch von einem Vater eines Mädchens, das in ihren Hort geht. Es ist der Vater von Salila, die Frau Grün neulich erzählt hat, dass ihr Vater aus Indien stammt.

Salilas Vater erklärt, dass er gerade einen anderen Termin an der Schule hatte, und beginnt auf Frau Grün einzureden, dass seine Tochter unbedingt ein Gymnasium besuchen soll. Er fordert, dass seine Tochter daher nicht mehr so viel spielen, sondern lernen soll. Salila sei der Hoffnungsträger der Familie und solle Ärztin werden!

Frau Grün reißt sich zusammen und antwortet, dass der Hort nicht für Nachhilfe zuständig ist und sie außerdem Salila sowieso schon des Öfteren wegen einer schlechten Note habe trösten müssen. Sie findet das Verhalten von Salilas Vater unverschämt und ist wirklich verärgert.

Was soll Frau Grün vom Gebaren von Salilas Vater halten?

- Lesen Sie nun die Antwortalternativen nacheinander durch.
- Bestimmen Sie den Erklärungswert jeder Antwortalternative für die gegebene Situation und kreuzen Sie ihn auf der darunter befindlichen Skala an. Es ist möglich, dass mehrere Antwortalternativen den gleichen Erklärungswert besitzen.

Deutungen

a) Der indische Vater ist sehr ehrgeizig. Er selbst hat den beruflichen Durchbruch in Deutschland nicht geschafft und will daher nun, dass die Tochter seine Träume erfüllt, auch wenn sie sich dabei schwertut.

sehr zutreffend | eher zutreffend | eher nicht zutreffend | nicht zutreffend

b) Salilas Vater teilt die deutsche Sicht nicht, dass freies Spielen für Kinder förderlich ist. Er ist ein strenges, auf Leistung und Reproduktion von Lerninhalten ausgerichtetes Schulsystem gewohnt. Daher versteht er das pädagogische Konzept der deutschen Horte nicht und fordert mehr Lernen am Nachmittag.

sehr zutreffend | eher zutreffend | eher nicht zutreffend | nicht zutreffend

c) Für Salilas Vater ist die Verantwortungsaufteilung im deutschen Schulsystem nicht klar. Er denkt, dass Schule und Hort die Verantwortung für den Notenerfolg der Kinder tragen und daher deren Lernpensum überwachen sollten. Er selbst sieht sich nicht in der Verantwortung, da in den Einrichtungen die entsprechenden Experten sind, die mehr wissen als er.

sehr zutreffend | eher zutreffend | eher nicht zutreffend | nicht zutreffend

d) Salilas Vater erhofft sich durch die schulische und berufliche Karriere der Tochter statusbezogene Vorteile für die ganze Familie. Für den Vater würde »die Welt untergehen«, wenn seine Pläne nicht aufgehen, und er verleiht seiner Sorge darüber wortreich Ausdruck.

sehr zutreffend | eher zutreffend | eher nicht zutreffend | nicht zutreffend

- Versuchen Sie, Ihre Einstufung jeder Antwortalternative zu begründen. Halten Sie die Begründung in schriftlicher Form stichpunktartig fest.
- Lesen Sie nun die Erläuterungen zu jeder Antwortalternative durch und vergleichen diese mit Ihren eigenen Begründungen.

Bedeutungen

Erläuterung zu a):
Natürlich ist es denkbar, dass der indische Vater von seiner Tochter etwas erwartet, was er selbst nicht schaffte. Dieses Phänomen ist international und häufig anzutreffen. Dabei steht dann nicht das Wohlergehen des Kindes und dessen Interessen und Fähigkeiten im Vordergrund, sondern der Ehrgeiz der Eltern ist Triebfeder für die kindliche Förderung/Überforderung. Unter kulturellen Gesichtspunkten ist eine andere Erklärung treffender.

Erläuterung zu b):
Die Vorstellungen über Stoffvermittlung und Lernen sind international sehr unter-

schiedlich. Dennoch ist es für einen Inder völlig undenkbar, derart einen Konflikt anzuzetteln. Inder bevorzugen einen positiven Kommunikationsstil, damit eine bestehende Beziehung nicht gefährdet wird. Konfrontation ist nicht das Ziel des indischen Vaters. Diese Antwort trifft nicht zu.

Erläuterung zu c):
Die Erwartungen an Schule, Lehrer(innen) und Erzieher(innen) sind international sehr verschieden. In vielen Ländern tragen Eltern nicht so viel Verantwortung für den schulischen Erfolg der Kinder wie in Deutschland. Vielmehr begreifen sich dort Pädagogen als Fachleute, die den Lernprozess mit den Kindern steuern, sie zu Leistung antreiben, belohnen und bestrafen. Salilas Vater ist wahrscheinlich über die Leistungen eines deutschen Horts nicht ausreichend informiert und kennt die Erwartungen nicht, die das deutsche Schulsystem an die Eltern hat. Warum Salilas Vater so emotional reagiert, wird hier jedoch nicht deutlich.

Erläuterung zu d):
Tatsächlich macht Frau Grün hier gleich mit vier indischen Kulturstandards Bekanntschaft: (1) Inder versuchen sich beruflich zu etablieren, um ihre gesellschaftliche, von der Herkunft festgelegte Position aufzubessern (»starke hierarchische Strukturen«), (2) in Indien trifft das Familienoberhaupt (= Vater) alle wichtigen Entscheidungen (»Paternalismus«), (3) Inder definieren sich sehr stark selbst über ihre Familie (»Familienorientierung«) sowie (4) bei Herzensangelegenheit (= exzellente Ausbildung der Tochter) wird Gefühlen Ausdruck verliehen, was in Indien auch sozial akzeptiert ist (»Emotionalität«). Das erklärt die Interaktion am besten.

Eigenkulturelle Erklärung für Frau Grüns Irritation

a) Analyse der »Sachlage« für Frau Grüns Irritation
Frau Grün hört in den Worten von Salilas Vater »die Sache«: Er fordert, dass Salila statt spielen mehr lernen und dass der Hort dafür Sorge tragen soll. Das gehört aber nicht in ihre Arbeitsbeschreibung. Außerdem ist es eine Tatsache, dass Salila schon jetzt unter Leistungsdruck leidet.

b) Analyse der Gefühlslage zu Frau Grüns Irritation
Frau Grün empfindet zum einen die Art von Salilas Vater, ihr »etwas anschaffen zu wollen, was gar nicht zu ihrer Leistungsbeschreibung gehört«, übergriffig; noch dazu, wo er ihre Arbeit und Zeit nicht wertschätzt und einfach ohne Termin kommt. Außerdem sieht sie es als ihre Pflicht, Salila gegen weitere Überforderung zu verteidigen, und weil sie hofft, den Vater damit zu treffen und zu überzeugen, »knallt« sie ihm den Fakt mit Salilas Überforderung hin.

c) Erläuterung des handlungswirksamen Kulturstandards

Bei Frau Grün ist der Kulturstandard »Sachorientierung« handlungswirksam geworden: Fakt ist, dass sie jetzt eigentlich vorrangig andere Sachen zu erledigen hat und es nicht »ihr Job ist«, die Tochter zum Abitur zu bringen. Daran orientiert sie sich. Die Verbindung zwischen Sach- und Beziehungsebene liegt hier in der Art, wie mit Schwierigkeiten umgegangen wird: Deutsche bemühen sich – wie an der Reaktion von Frau Grün zu erkennen –, stets auf der Sachebene zu bleiben; ein Problem wird angesprochen, analysiert und ein Plan zur Beseitigung entwickelt. Wenn jemand in eine Problemlösung Zeit investiert, sich beide Seiten anhört und eine für beide Seiten passende Lösung zu finden versucht oder sachlich argumentativ überzeugt, verdient sich Respekt und somit kann eine Beziehung aufgebaut oder weiter gepflegt werden. Aber Salilas Vater macht es sich da »ganz schön einfach« und deshalb fehlt jede Bereitschaft, auf ihn einzugehen.

Lösungsstrategie

Frau Grün sollte sich bewusst machen, dass sie sich in einer kulturellen Überschneidungssituation befindet und dem Vater einen Vertrauensvorschuss zukommen lassen: Sie könnte sich Zeit beschaffen, vielleicht indem sie ihre Aufgaben einer Kollegin überträgt oder dem Vater einen zeitnahen Termin in Aussicht stellt, um dieses wichtige Gespräch fortzusetzen. Sie sollte dabei Verständnis für seine Situation zeigen, also »weich zur Person« bleiben, aber natürlich auch umsichtig die Aufgaben eines deutschen Horts erläutern.

Ausblick

Dieser Artikel gewährt einen kurzen Einblick in die Aufbereitungsmöglichkeit von Trainingsmaterial für Berufsgruppen im Schulkontext mit Schwerpunkt auf eine eigenkulturelle Sensibilisierung. Über eine Fragebogenerhebung könnte im Weiteren eine große Anzahl solcher Alltagssituationen erhoben und ausgewertet werden.

Zur Ergänzung des Trainingsmaterials sind kulturspezifische Kurzeinführungen zu den in den Situationen vorkommenden fremdkulturellen Kulturstandards aus deutscher Sicht sowie ein einführender Vergleich der Schulsysteme und Erziehungsstile der vorgestellten Länder vorstellbar, da sich oftmals hieraus fremdkulturelle Erwartungen an die Rolle des deutschen Schulpersonals ableiten lassen.

Die Verdeutlichung, dass – wie hier dargestellt – Beziehungsorientierung in allen Kulturen vorhanden ist, nur mit unterschiedlicher Einflussstärke und zu anderen Zeitpunkten der Beziehungsentwicklung wirksam wird oder auch in den Vordergrund der Wahrnehmung »rutscht«, wurde von Teilnehmenden als ein besonders hilfreiches Element zum Aufbau von Ambiguitätstoleranz rückgemeldet; diese gaben an, dass sie es nun selbstverständlich empfänden, dass Menschen gleiche Dinge auf unterschiedliche Weise tun und erreichen. Außerdem fiele es ihnen nun leichter, eine wertschätzendere Perspektive bei zukünftigen Handlungsentwürfen einzunehmen. Daher werden die Autorinnen diesen Ansatz weiterverfolgen.

Literatur

Abt, H. (2008). Interkultureller Dialog mit Migranten in sozialen und öffentlichen Einrichtungen. In A. Thomas (Hrsg.), Psychologie des interkulturellen Dialogs (S. 228–247). Göttingen: Vandenhoeck & Ruprecht.

Abt, H. (2010). Unveröffentlichte Materialsammlung aus eigenen Trainingsdurchführungen.

de Ponte, U. (2008). Von der interkulturellen Begegnung über den interkulturellen Dialog zur interkulturellen Kompetenz. »Dialog-Räume« in der Schule. In A. Thomas (Hrsg.), Psychologie des interkulturellen Dialogs (S. 90–106). Göttingen: Vandenhoeck & Ruprecht.

de Ponte, U. (2009). Unveröffentlichte Materialsammlung aus eigenen Trainingsdurchführungen.

Schroll-Machl, S. (2007). Die Deutschen - Wir Deutsche. Fremdwahrnehmung und Selbstsicht im Berufsleben (3. Aufl.). Göttingen: Vandenhoeck & Ruprecht.

Tajfel, H. (1982). Gruppenkonflikt und Vorurteil. Entstehung und Funktion sozialer Stereotypen. Bern u. Stuttgart: Huber.

Thomas, A. (Hrsg.) (2001–2010). Beruflich in ... Trainingsprogramm für Manager, Fach- und Führungskräfte. Reihe »Handlungskompetenz im Ausland«, aktuell 37 Bände (hier: Türkei, Bulgarien und Indien). Göttingen: Vandenhoeck & Ruprecht.

Ulf Over

Umgang mit Vielfalt in der Schule: Kritische Interaktionen aus Sicht von Lehrkräften

Die Zukunft der Gesellschaft beginnt in ihren Kindergärten und Schulen. Dies ist eine Erkenntnis, die im Zuge der PISA-Diskussionen wieder große Beachtung in öffentlichen, politischen und fachlichen Diskussionen gefunden hat. Eine andere Erkenntnis zeigt sich in der politischen Akzeptanz der Tatsache, dass Deutschland ein Einwanderungsland ist und kulturelle Vielfalt ein Merkmal der Gesellschaft darstellt. Die Beachtung dieser kulturellen Vielfalt in der Schule wurde angemahnt, diskutiert und beschworen (z. B. KMK, 1996), aber nur selten tatkräftig umgesetzt. Schon 2001 kamen 21,7 % der 15-Jährigen aus Familien mit Migrationshintergrund (siehe Deutsches PISA-Konsortium, 2001), diese Zahl nimmt weiter zu. Die bekannten Ergebnisse der PISA-Studien machten die schulischen Defizite gerade dieser Populationsgruppen deutlich. Auernheimer (2003) konstatierte dann auch folgerichtig eine »Schieflage des Bildungssystems«. Die enge Kopplung zwischen sozialer Herkunft und schulischer Kompetenz (siehe Deutsches PISA-Konsortium, 2004) wirft ein zusätzliches Licht auf die bildungspolitische Dimension dieser Bildungskrise. Zwar nehmen die höher qualifizierenden Schulabschlüsse von Jugendlichen mit Migrationshintergrund stetig zu, liegen aber immer noch deutlich unter denen der Population ohne Migrationshintergrund. Eine Wissensgesellschaft wie die deutsche kann sich den Verzicht auf 30 bis 40 % ihres geistigen Potenzials kaum leisten. Gogolin forderte schon 2003, dass »Wege gefunden werden, die Heterogenität in der Schülerschaft produktiv zu machen, statt (sie) durch Selektion beseitigen zu wollen« (S. 48). Diese Wege müssen auf allen Ebenen des Bildungssystems gefunden werden. Und sie müssen schließlich auch Lösungen für die Herausforderungen an die Lehrkräfte und Schulen anbieten, nicht nur, um Eskalationen, wie sie im Falle der Rütli-Schule in Berlin-Neukölln erstmals in die breite Öffentlichkeit kamen, zu verhindern. Hier sind die Interkulturelle Psychologie und die Pädagogische Psychologie noch stärker als bisher gefordert, Beiträge zum Umgang mit kulturell bedingter Heterogenität in den Bildungseinrichtungen der Einwanderungsgesellschaft zu leisten.

In diesem Artikel wird der Fokus auf den Umgang von Lehrkräften mit kulturell bedingter Heterogenität gerichtet. Lehrkräfte haben bis heute in der Mehrzahl keine adäquate Ausbildung im Umgang mit Diversität oder kulturell bedingter

Heterogenität. Der Integrationsauftrag, der mehr oder weniger unbemerkt zu ihrem Bildungs- und Erziehungsauftrag dazukam, fordert sie in ihrer professionellen Tätigkeit und als (möglichst: integrierende) Rollenvorbilder in der multikulturellen Schule. Um besser verstehen zu können, worin eigentlich die Besonderheiten der Lehrertätigkeit in Schulen mit großer (kultureller) Vielfalt/Diversität bestehen, welche besonderen Anforderungen hier bewältigt werden, welche positiven Aspekte Diversität zum Schulalltag beiträgt und wie interkulturelle Konflikte in Schulen bewältigt werden und, aus Sicht der befragten Lehrkräfte, bewältigt werden könnten, wurden in der hier dargestellten Studie Lehrkräfte nach bedeutsamen Interaktionssituationen in ihrem Schulalltag befragt. Aus den Ergebnissen der Analyse dieser »critical incidents« (Flanagan, 1954) soll hier die Kategorisierung der erhobenen Situationen dargelegt sowie ein gezielter Blick auf die benannten Teilkompetenzen interkultureller Kompetenz geworfen, die zur Bewältigung dieser Situationen herangezogen wurden, geworfen werden. Vorangestellt ist aber zunächst einmal eine Auseinandersetzung mit der interkulturellen Kompetenz von Lehrkräften und der Vorschlag für eine diesbezügliche Begriffsdefinition. Anschließend folgt die Darstellung des Erhebungsdesigns und der Stichprobe. Nach der Darstellung der Auswertung und Ergebnisse schließe ich mit einem Fazit und Ausblick.

Interkulturelle Kompetenz von Lehrkräften

Um interkulturelle Kompetenz von Lehrkräften definieren zu können, ist es sinnvoll, die Anforderungen an Lehrkräfte in multikulturellen Schulen genauer zu betrachten. Es geht hier um eine berufsspezifische Kompetenz, ihre Voraussetzungen und ihre Bestandteile. Dabei wird interkulturelle Kompetenz als eine prozesshafte Qualität betrachtet. Sie existiert nicht als genuines Persönlichkeitsmerkmal, sondern unterliegt einem ständigen Entwicklungsprozess. Dieser Entwicklungsprozess ist ein individueller, der aber immer in einem spezifischen Umfeld geschieht und in bestimmte, zum Beispiel organisationale Prozesse eingebunden ist. Erst hier wird dieser Entwicklungsprozess erleb- und überprüfbar. Die Entwicklung interkultureller Kompetenz von Lehrkräften in einer Schule ist aus dieser Sicht auch eher eine Aufgabe der (themenspezifischen) Schulentwicklung als ein Thema für nur kurzfristige Fortbildungen Einzelner. Folgende Definition schlagen wir für interkulturelle Kompetenz von Lehrkräften vor:

> Interkulturelle Kompetenz von Lehrkräften bezeichnet die spezifischen Kompetenzen, die Lehrkräfte im Umgang mit Heterogenität im multi- bzw. interkulturellen Schulalltag benötigen. Sie beinhaltet methodische, fachliche, soziale und personale Teilkompetenzen, die im Umgang mit Heterogenität benötigt werden und bezieht sich auf alle Aufgabenbereiche der jeweiligen

Lehrkraft. Die einzelnen Teilkompetenzen unterscheiden sich dabei bezüglich der schulspezifischen Umgebungsbedingungen.

Damit wird betont, dass sich Vielfalt in allen Bereichen des Schulalltags niederschlägt und entsprechend vielfältige Anforderungen an die Lehrkräfte gestellt werden, zumindest dann, wenn der Integrationsauftrag nicht zu einem simplen Assimilationsauftrag umgedeutet wird. Nehmen Lehrkräfte die Integrationsaufgabe wahr, heißt das für sie, dass interkulturelle Kompetenz in allen Aufgabenbereichen im Schuldienst benötigt wird. Dies betrifft die inhaltliche und die methodische Unterrichtsgestaltung genauso wie den Umgang mit Konflikten zwischen oder mit Schülern, die Elternarbeit, die Gestaltung der Schule als Lern- und Lebensraum, Netzwerkarbeit und die kooperative Zusammenarbeit mit Einrichtungen im Stadtteil, die Vorbereitung von Klassenfahrten usw. In allen diesen Bereichen drückt sich interkulturelle Kompetenz im Verhalten und in den Handlungen der Lehrkräfte aus. Dabei bedarf neben der Qualität der Handlungen die besondere Vorbild-Funktion von Lehrkräften der besonderen Aufmerksamkeit. Lehrkräfte werden immer auch als Personen wahrgenommen, die zum Beispiel gerechte oder ungerechte Entscheidungen treffen, eventuell bestimmte Schüler(innen) bevorzugen oder benachteiligen und generell Verhalten zeigen, das durchaus normierend auf das Verhalten in der Klasse wirkt. Verhalten und Handeln von Lehrkräften wird dabei durch verschiedene kulturelle Einflüsse geprägt. Neben den individuellen Voraussetzungen der einzelnen Lehrkraft kommen situativ unterschiedliche Einflüsse der Gegenüber (Schülern, Eltern, Kollegen usw.) zur Geltung. Dies alles geschieht im Rahmen der Schulkultur, die wiederum verschiedenen gut und weniger gut steuerbaren Einflussfaktoren unterworfen ist. Sicherlich ist die bewusste Arbeit an einer auf den positiven Umgang mit kultureller Vielfalt ausgerichteten Schulkultur ein wesentlicher Baustein auf dem Weg zur Schule der Zukunft. Schulprogramme, Leitlinien und Netzwerkprojekte sind Beispiele für die Möglichkeiten, so eine Schulkultur bewusst zu entwickeln.

Die Schulkultur spiegelt sich immer auch in den Interaktionen und Handlungen der Lehrkräfte im Schulalltag wider. In den im Folgenden dargestellten Alltagssituationen aus Sicht von Lehrkräften wird dies deutlich. Sie entstammen allerdings aus verschiedenen Schulen, so dass hier explizit keine einheitliche Kultur dargestellt wird und auch kein einheitliches Bild vom Umgang mit kulturellen Unterschieden entsteht, sondern vielmehr ein Überblick über spezifische Situationen an Schulen der Sekundarstufe I und II mit hohem Anteil an Schülern und Schülerinnen mit Migrationshintergrund. Darüber hinaus bietet sich die Möglichkeit, mit entsprechenden Fragen aus Sicht der befragten Lehrkräfte zu erheben, welche Kompetenzen benötigt werden, um diesen Anforderungen gerecht werden zu können.

Erhebung von bedeutsamen Interaktionen im multikulturellen Schulalltag

Interkulturelle Kompetenz mittels operationalisierter Messmethoden zu erfassen, ist im deutschsprachigen Raum heute noch nahezu unmöglich. Und hinsichtlich der berufsspezifischen Ausprägungen dieser Kompetenz bzw. ihrer Teilkompetenzen trifft dies umso mehr zu. Einzelne Versuche (z. B. Maas, Over u. Mienert, 2009 oder Lichtblau, Over u. Mienert, 2009), dies mittels Fragebögen zu tun, sind noch nicht ausgereift. Ein systemisches Assessment-Center, welches sich neben der Förderung explizit der Diagnostik der interkulturellen Kompetenz von Lehrkräften auf sechs empirisch fundierten Dimensionen widmet, ist zurzeit in der Entstehung (Over u. Mienert 2010). Insofern bietet sich mit der Critical-Incident-Technik (Flanagan, 1954) eine Möglichkeit, sich über die Erhebung von bedeutsamen Situationen aus dem Schulalltag den Anforderungen, die an Lehrkräfte in multikulturellen Lernumgebungen gestellt werden, zu nähern.

Die Critical-Incident-Methode wurde im Kontext der US-amerikanischen Luftwaffenforschung in den 1940er Jahren entwickelt (Flanagan, 1954) und kam in der Ausbildung und Auswahl unter anderem von Piloten zum Einsatz. Dabei kann eigentlich nicht von einer einheitlichen Methode gesprochen werden, da es unterschiedliche Erhebungsmöglichkeiten gibt. Heute wird sie in den Bereichen Medizin, Lehrerausbildung, Beratung, Organisationsentwicklung, interulturelles Training und in der interkulturellen Forschung angewendet (Göbel, 2003; Over u. Mienert, 2009). Die Beschreibung von Fähigkeiten, die Mitarbeiter in einen spezifischen Arbeitskontext haben müssen, ist das besondere Kriterium, welches den Einsatz im Feld der pädagogischen und interkulturellen Psychologie attraktiv macht.

Die Critical-Incident-Technik wurde mit dem Ziel entwickelt, solch kritische Vorfälle, Konfliktsituationen u. Ä. zu sammeln und zu beschreiben, die in besonderem Maße zum Gelingen oder Misslingen im Arbeitsprozess beitragen. Dabei werden in dem entsprechenden Feld tätige Professionelle befragt und diese so erhobenen Daten anschließend analysiert. So können nicht nur Fehler analysiert und vorhergesagt werden, es entsteht dabei auch ein Bild von konkreten Anforderungen in diesem speziellen Berufsfeld. Des Weiteren wird durch die strukturierte Analyse der kritischen Situationen Einsicht in die Bewältigungs- und Verarbeitungsstrategien der Beteiligten möglich. Neben der hier vorgestellten Möglichkeit, Critical Incidents in der Forschung zu erheben, besteht darüber hinaus die Möglichkeit, die Critical Incidents so aufzubereiten, dass sie in der tätigkeitsbezogenen Fortbildung angewendet werden können. Dazu entwerfen Experten anhand der dargestellten Situationen Antwortmöglichkeiten, die dann den Teilnehmern in interkulturellen Trainings vorgelegt werden (siehe Thomas, Kinast, u. Schroll-Machl, 2000).

Während der Erhebungsphase haben wir in der hier dargestellten Studie statt von *kritischen* von *bedeutsamen* Interaktionssituationen gesprochen, um den Eindruck zu vermeiden, dass es uns ausschließlich um Konflikte oder konflikthafte Situationen geht. Die Befragten wurden darüber hinaus auch explizit um Situationsbeschreibungen gebeten, in denen positive Erlebnisse mit kultureller Vielfalt thematisiert werden. Dahinter steht auch die Erkenntnis, dass es zwar heute sozial erwünscht und politisch korrekt ist, von den Vorzügen der multikulturellen Gesellschaft zu sprechen, die Problemperspektive gerade auch im Schulalltag aber immer noch überwiegt. Konflikte scheinen nach wie vor leichter erzählt als Beispiele für ein gelungenes Miteinander.

Das Ziel unserer Studie mit dem Titel »Anforderungen an Lehrkräfte in multikulturellen Lernumgebungen« war, aus Sicht von Lehrkräften *bedeutsame Interaktionen im Schulalltag* zu erheben, anhand derer spezifische (Teil-)Kompetenzen expliziert werden können, die Lehrkräfte in entsprechenden Schulen benötigen.

Die Studie selbst begann mit der Zusammenstellung der Erhebungsfragen. Die Daten wurden zum Teil in Form einer Fragebogenerhebung und zum Teil in Form strukturierter halbstündiger Interviews erhoben. Dabei wurden sowohl die Fragebogenerhebung als auch die Interviews als Einzelbefragung durchgeführt. Im ersten Falle wurden die Antworten schriftlich gegeben, im zweiten durch die Interviewer mitgeschnitten und später transkribiert. Die Fragen wurden sowohl in der Durchführung von Interviews als auch in den schriftlichen Befragungen stringent eingesetzt und ermöglichen somit Objektivität und Vergleichbarkeit der Daten. Folgende Fragen wurden entsprechend des Untersuchungszieles hier eingesetzt:

1. Worum geht es in der Situation?
2. Wer ist an dieser Situation beteiligt?
3. Was sind wichtige Rahmenbedingungen für das Verständnis der Situation?
4. Wie verhält sich ein kompetenter Lehrer in dieser Situation?
5. Wie verhält sich ein weniger kompetenter Lehrer in dieser Situation?
6. Welche Überschrift würden Sie dieser Situation geben?

Der Untersuchungskontext umfasst solche Interaktionen, die die befragten Lehrkräfte aus der Sekundarstufe I und II als bedeutsame interkulturelle Interaktionen erlebt haben.

Dabei gab es folgende Anforderungen an die Zielpopulation: Lehrertätigkeit mit mindestens zehn Jahren Berufserfahrung, ein Klassenanteil von über 15 % an Schülern mit Migrationshintergrund und eine Tätigkeit in der Sekundarstufe I oder II. Die Stichprobe bestand aus Lehrkräften von Schulen der Sekundarstufe I und II in Bremen und Niedersachsen. Insgesamt stellten sich 50 Lehrkräfte zur Verfügung, 32 Frauen und 18 Männer. Sie waren zwischen 35 und 63 Jahren alt, wobei 13 zwischen 35 und 45 Jahre alt waren, 21 zwischen 46 und 55 Jahren sowie 16 zwischen 56 und 63 Jahren. Die Vorgabe der Berufserfahrung wurde in elf Fällen unterschritten, wobei vier der Befragten eine Berufserfahrung unter fünf Jahren und sieben weitere eine Berufserfahrung zwischen sechs und zehn Jahren aufwiesen.

Jede Lehrkraft konnte mehrere Situationen benennen. Jeweils zwei Befragte benannten vier bzw. fünf Situationen, 31 Befragte benannten eine Situation. Insgesamt wurden so 87 Situationen aufgezeichnet. Bei einer Situation fehlen soziodemografische Angaben (Berufserfahrung in Jahren), eine Person hat die Fragen 5 und 6 nicht beantwortet. Bevor hier die Auswertung der erhobenen Daten dargestellt wird, sollen exemplarisch zwei Situationen aufgeführt werden.

Zwei Beispiele für bedeutsame Interaktionen in multikulturellen Lernumgebungen

Die beiden hier ausgewählten Beispiele geben die Aussagen von zwei Lehrkräften wieder. Sie können weder als idealtypische Schilderungen noch als deren Gegenteil verstanden werden, sondern stellen tatsächlich nur einen sehr kleinen Ausschnitt der realen Alltagssituationen in den befragten Schulen dar. Doch gerade um diese Alltagswirklichkeiten aus Sicht der Lehrkräfte geht es uns hier, um jenseits abstrakter Konzeptionen von Kompetenzen über die von Lehrkräften erlebten Anforderungen ein realistisches Bild der hier benötigten Kompetenzen nachzeichnen zu können.

Die erste beispielhafte Situation stammt von einer Lehrerin, die zum Zeitpunkt der Befragung 43 Jahre alt ist und seit 12 Jahren als Lehrerin arbeitet. In diesem Zeitraum hat sie immer in multikulturellen Klassen unterrichtet. Dabei hat sie, durchaus beispielhaft, nie an einer Fortbildung zur interkulturellen Kompetenz oder interkulturellen Kommunikation teilgenommen. Sie arbeitet in einer Schule, die das berufsvorbereitende Jahr anbietet. An dieser Schule gibt es zum Befragungszeitpunkt keine Leitlinien zur interkulturellen Kompetenz bzw. zum Umgang mit kultureller Vielfalt an der Schule.

Die sechs Fragen beantwortet die Lehrerin folgendermaßen:

1. Der Schüler erhält eine Klassenarbeit zurück, die mit mangelhaft bewertet wurde. Er reagiert darauf, indem er die schlechte Bewertung auf seine Nationalität schiebt: »Das machen Sie nur, weil ich schwarze Haare habe und weil ich Ausländer bin.« Im folgenden Unterricht verweigert er sämtliche Mitarbeit.
2. Beteiligt waren die Lehrkraft, der betroffene Schüler (Albaner) und Mitschüler.
3. Der betroffene Schüler hat mangelnde Deutschkenntnisse, die sich vor allem im Durchführen schriftlicher Arbeitsaufträge auswirken. Zudem hat er mangelndes Lese-Sinn-Verständnis. Weiter zeigt er kaum Reflexionsbewusstsein, ist uneinsichtig und schiebt alle Misserfolge auf eine angebliche Benachteiligung auf Grund seiner Nationalität. Die Eltern sprechen kein bzw. kaum deutsch, daher stehen sie nur unzureichend bzw. gar nicht als Ansprechpartner zur Verfügung.
4. Die Lehrkraft fordert den Schüler auf, sich dennoch aktiv im Unterricht einzu-

bringen. Dies erfolgt zunächst durch angemessene Erarbeitungsmöglichkeiten, die auch dieser Schüler erfolgreich durchführen kann. Sollte der Schüler sich dennoch demotiviert und oder leistungsverweigernd verhalten, erfolgen Einzelgespräche zur Verdeutlichung und Klärung der Situation, gegebenenfalls mit Hinweis auf Erziehungsmaßnahmen. Weiterhin werden dem Schüler Hilfen angeboten, um diesem Problem entgegenzuwirken. Für die Unterstützung durch die Familie wird, falls vorhanden, eine Schwester oder ein Bruder angesprochen. Dies ist allerdings nur möglich, wenn diese älter sind und die schulischen Vorgehensweisen unterstützen. Leider ist es oft so, dass die Schüler sehr selten und wenig kontinuierlich an der Förderung ihrer Fähigkeiten arbeiten. Bislang sind sie »so durchgekommen« und haben immer die Entschuldigung in ihrer Nationalität gefunden. »Eltern sprechen kaum oder kein deutsch, wurden daher nicht von der Schule angesprochen oder einbezogen. Wofür überhaupt deutsch sprechen, das ist im Kiosk des Onkels eh nicht nötig« usw. Zeigt sich der Schüler motiviert, erhält er neben der Differenzierung im Unterricht zusätzliche Hilfestellung, zum Beispiel bei Bewerbungen, durch den Sozialarbeiter.
5. Er fühlt sich eventuell in dieser Situation überfordert und reagiert entweder nur durch »Tadel« gegenüber dem Schüler oder durch Einzelgespräche, in denen er den Schüler motivieren will. Allerdings sollte hier die Situation erfasst werden, in der der Schüler sich nur noch »beratungsresistent« verhält und ihm die entsprechenden Erziehungs- oder Ordnungsmaßnahmen aufgezeigt werden, gerade dann, wenn dadurch die Mitschüler und der Unterricht erheblich negativ beeinflusst werden.
6. Schlechte Noten wegen schwarzer Haare.

In dieser Situation werden zwei typische Themen angesprochen. Vordergründig geht es um das Gefühl der Diskriminierung, dahinter steht die Sprachproblematik, die weitere Problemfelder eröffnet. Hier sind auf Seiten der Lehrkraft einerseits didaktische Fähigkeiten gefordert, andererseits zum Beispiel Konflikt- und Führungsfähigkeit.

Die zweite Situation stammt von einem Lehrer, der zum Zeitpunkt der Befragung 57 Jahre alt ist und 29 Jahre Berufserfahrung nachweisen kann. Auch dieser Lehrer hat während seiner gesamten beruflichen Tätigkeit keine Fortbildung zum Thema Interkulturalität wahrgenommen bzw. wahrnehmen können. Er unterrichtet in einer Hauptschule, an der es keine expliziten Leitlinien zum Umgang mit kultureller Vielfalt gibt, die aber eine Deutsch-als-Zweitsprache-Klasse (DAZ-Klasse) eingerichtet hat, in denen Schüler, die so wenig Deutsch können, dass sie noch nicht am Regelunterricht teilnehmen können, in der altersübergreifenden Klasse zunächst die deutsche Sprache lernen sollen. Die sechs Fragen beantwortet dieser Lehrer folgendermaßen:

1. Auseinandersetzungen, wenn in der DAZ-Klasse einige Schüler mit den Sprachkenntnissen noch nicht so weit sind (im Verstehen und Anwenden der Sprache).

Ein guter Schüler der DAZ-Klasse ist oft genervt und stört. Vielleicht ist er auch unterfordert.
2. Schüler.
3. Die Schüler haben unterschiedliche Ansprüche, da einige erst in der siebenten Klasse und andere in der neunten Klasse sind. Von der anderen Altersgruppe fühlen sie sich dann gestört. Der Lehrer gibt in der Klasse Naturwissenschaften. Vier der dort unterrichtenden Lehrer haben zum Thema Ausländerbetreuung etwas gelernt, die anderen, darunter er, nicht. Der Unterricht dort kostet viel Kraft.
4. Er muss Themen wählen, in denen sich die Schüler nicht allzu viel produzieren müssen (eher lesen oder aussprechen als erzählen). Die Schüler sollen sich nicht überfordert fühlen. Oft ist aber allein die Vermittlung schwer; zum Thema Körper zum Beispiel arbeitet er mit Kärtchen und dem Skelett. Wenn Schüler dann stören, reglementiert er sie und bittet sie, leise zu sein. Dies wiederholt er danach. Ein Schüler ist erst still, wenn direkt der Trainingsraum droht (in anderen Unterrichtsstunden muss er in den Trainingsraum).
5. Wenn in der DAZ-Klasse einige Schüler mit den Sprachkenntnissen noch nicht so weit sind im Verstehen und Anwenden der Sprache, kommt es öfter zu Auseinandersetzungen. Ein guter Schüler der DAZ-Klasse ist oft genervt und stört. Vielleicht ist er auch unterfordert. Durch die mangelnden Sprachkenntnisse werden die Schüler in diesen Klassen zudem »ghettoisiert«.
6. Als Nichtausgebildeter mit unterschiedlichen Lernniveaus umgehen; Binnendifferenzierung.

Auch in dieser Situation geht es wieder um die Sprachproblematik sowie den Umgang damit (Binnendifferenzierung). Darüber hinaus wird der Umgang mit Schülerkonflikten innerhalb der Klasse thematisiert. Die Frage, ob der hier praktizierte Umgang mit den Schülern mit sprachlichen Defiziten in Form einer Extra-Klasse nicht auch Nachteile für die Schüler bringt, beschäftigt den befragten Lehrer zusätzlich.

Diese beiden hier ausgewählten Situationen verweisen beide auf zentrale Themen der interkulturellen Schule, nämlich die Schwierigkeiten, die sich aus mangelnden Sprachkenntnissen in der Unterrichtssprache Deutsch ergeben, und die Frage der Konfliktbewältigung im multikulturellen Schulalltag. Im Folgenden werden die Situationskategorien vorgestellt, die wir in der Analyse der von uns erhobenen Situationen gefunden haben.

Auswertung der bedeutsamen Interaktionen im multikulturellen Schulalltag

Die Situationen wurden nach der Transkription in der Auswertungsgruppe nach inhaltlichen Gesichtspunkten zu Themengruppen geordnet und anschließend wurden die Häufigkeiten dieser Themen bestimmt. Dabei ergaben sich dann insgesamt 13 Themenklassen, von denen auch mehrere in einer Situation vorkommen können.

Tabelle 1: Situationsklassen der bedeutsamen Interaktionen (nach Häufigkeit)

Themenklasse	Anzahl der Nennungen	Themenklasse	Anzahl der Nennungen
Thema Erziehung	36	Glaube	14
Bedürfnisse und Wünsche der Schüler/Eltern	36	Ehre/Rivalitäten	12
Umgang mit Konflikten	28	Rolle des Mannes	12
Rolle der Frau	21	Körperlichkeit/Sexualität und damit verbundene Verhaltensweisen	10
(kulturelle) Identitätsprobleme	18	Diskriminierung	9
Abgrenzung zwischen Kulturen	17	Sozialer Status	5
Sprache	16		

Die Darstellung der Themenklassen in der Tabelle 1 zeigt, dass die meisten Situationen sich mit den Themen Erziehung (36 Nennungen) und Bedürfnisse der Schüler und Eltern (36) beschäftigen, gefolgt von den Themen Umgang mit Konflikten (28) und Rolle der Frau (21).

Das Thema sozialer Status wird insgesamt nur in fünf Situationen benannt. Diese geringe Zahl an Nennungen ist wahrscheinlich mit der Ähnlichkeit bezüglich der sozialen Herkunft in den befragten Schulen zu erklären. Trotzdem kann vermutet werden, dass der soziale Status der Schülerinnen und Schüler einer Schule Einfluss auf die vorhandenen Konfliktfelder und die Schulkultur nimmt.

An dieser Stelle wollen wir einen Blick auf die thematisierten Kompetenzen der Lehrkräfte werfen: Dem klassischen Kompetenzmodell folgend haben wir die genannten Situationen auf die Vorkommenshäufigkeit der einzelnen Kompetenzbereiche untersucht. Analog der oben formulierten Definition gehen wir dabei davon aus, dass interkulturelle Kompetenz Teilkompetenzen beinhaltet, die sich in die entsprechenden Kompetenzbereiche des klassischen Kompetenzmodells einordnen lassen und sich durch spezifische Merkmale auf den interkulturellen Kontext beziehen. Dabei haben wir methodische und fachliche Kompetenz zusammengefasst und daneben nach sozialer Kompetenz und personaler Kompetenz analysiert. Insgesamt ergab sich dabei folgendes Bild: 42-mal wurden fachliche/

methodische Kompetenzen benannt, 51-mal personale Kompetenzen und 61-mal soziale Kompetenzen.

Aus Sicht der Lehrkräfte werden im multikulturellen Schulalltag damit also besonders häufig Anforderungen an sie gestellt, die soziale Teilkompetenzen der interkulturellen Kompetenz erfordern. Dazu zählen Kommunikationsfähigkeit im interkulturellen Kontext, Führungskompetenz, Empathie und Beratungskompetenz.

Ebenfalls sehr häufig greifen die Lehrkräfte auf solche personalen Kompetenzen wie Flexibilität, Belastbarkeit, Ambiguitätstoleranz, Entscheidungskompetenz zurück.

Wenn interkulturelle Kompetenz als Querschnittsaufgabe in allen Unterrichtsfächern betrachtet wird (siehe KMK, 1996), dann kann dies mit diesem Ergebnis noch weitgehender formuliert werden: Interkulturelle Kompetenz von Lehrkräften ist eine Aufgabe, die in allen Bereichen des Schulalltags in allen Tätigkeits- bzw. Kompetenzbereichen gleichermaßen entwickelt werden muss.

Immer noch recht häufig, aber nur in insgesamt 42 der hier erfassten 87 Situationen, werden methodische und fachliche Kompetenzen herangezogen.

Als Beispiel für eine Situation, in der alle drei Kompetenzbereiche benötigt werden, kann eine Situation dienen, die die befragte Lehrerin mit dem Titel »Kopftuchtag« versehen hat. Hier reagiert die Lehrerin auf eine Auseinandersetzung zwischen den Schülern in ihrer Klasse mit einer pädagogischen Intervention. Einige Schüler der Klasse hatten Mädchen vorgeworfen, dass sie keine richtigen Türkinnen seien, da sie keine Kopftücher tragen würden. Am folgenden Tag brachte die Lehrerin daraufhin Röcke und Tücher mit und die ganze Klasse kleidete sich damit ein. Anschließend diskutierte die Klasse darüber. Mit dieser sehr kreativen Variante des Konfliktmanagements und der Thematisierung des Konfliktthemas in einer Unterrichtseinheit hat die Lehrerin somit ein Thema aus der Lebenswelt der Schüler direkt aktiv zum gemeinsamen Unterrichtsthema gemacht.

Dass insgesamt auch in dieser Studie soziale Kompetenzen im Vordergrund stehen, darf nicht darüber hinwegtäuschen, dass gerade auch bei methodischen und fachlichen Kompetenzen ein mindestens ebenso großer Entwicklungsspielraum vorhanden ist. Dies trifft für Lehrformen genauso zu wie für Unterrichtsinhalte. Die geringeren Nennungen können eventuell auch damit erklärt werden, dass die routinemäßig praktizierte Unterrichtsgestaltung nicht so stark ins Blickfeld gerät wie zum Beispiel im Unterricht oder im Schulalltag auftretende Konflikte.

Fazit

In der hier dargestellten Untersuchung zu Anforderungen an Lehrkräfte in multikulturellen Lernumgebungen wurden 50 Lehrkräfte in Schulen der Sekundarstufen I und II mit höherem Anteil an Schülern mit Migrationshintergrund zu bedeutsamen Interaktionen in ihrem Schulalltag befragt. In den 87 ausgewerteten Situationen wurden 13 Themenklassen spezifiziert, zu denen *Erziehung, kulturspezifische Bedürfnisse und Wünsche von Kindern und Eltern, Umgang mit Konflikten, Ehre und Rivalität* gehören, aber auch die häufig diskutierten Themen *Glaube, Geschlechterrollen, Diskriminierung* und *Sprache.* Diese geschilderten Situationen wurden bezüglich der benannten Teilkompetenzen analysiert. Dabei wurde deutlich, dass soziale und personale Kompetenzen häufiger benannt wurden als fachliche und methodische. Dies sollte aus unserer Erfahrung in der Arbeit mit Schulen nicht dazu führen, dass sich Schulentwicklungs- und Fortbildungsmaßnahmen auf die Arbeit mit Konflikt- und Kommunikationskompetenzen konzentrieren, sondern vielmehr die Frage aufwerfen, ob nicht gerade auch die weniger häufig benannten Bereiche einer vermehrten Aufmerksamkeit bedürfen. Hier könnten sowohl die Pädagogische als auch die Interkulturelle Psychologie Anregungen zur Unterrichtsgestaltung und zum Umgang mit Interkulturalität im sozialen System Schule liefern.

Eine weitere Auswertung der vorliegenden Daten bezüglich der Lösungsstrategien der hier untersuchten Situationen ist in Vorbereitung. Einblicke, wie sie die Forschung mit der Critical-Incident-Methode in den Schulalltag und somit in den professionellen Arbeitsalltag der Lehrkräfte ermöglicht, sind dabei von unschätzbarem Wert.

Literatur

Auernheimer, G. (2003). Schieflagen im Bildungssystem. Die Benachteiligung der Migrantenkinder. Wiesbaden: VS Verlag für Sozialwissenschaften.

Deutsches PISA-Konsortium (Hrsg.) (2001). PISA 2000. Basiskompetenzen von Schülerinnen und Schülern im internationalen Vergleich. Opladen

Deutsches PISA-Konsortium (2004). PISA 2003: Der Bildungsstand der Jugendlichen in Deutschland – Ergebnisse des zweiten internationalen Vergleichs. Münster, Waxmann.

Flanagan, J. C. (1954). The critical incident technique. Psychological Bulletin, 51 (4), 327–358.

Gogolin, I. (2003). Chancen und Risiken nach PISA – über die Bildungsbeteiligung von Migrantenkindern und Reformvorschläge. In Auernheimer, G. (2003). Schieflagen im Bildungssystem. Die Benachteiligung der Migrantenkinder (S. 33–50). Wiesbaden: VS Verlag für Sozialwissenschaften.

Göbel, K. (2003). Critical Incidents – aus schwierigen Situationen lernen. Vortrag im Rahmen der Fachtagung Lernnetzwerk Bürgerkompetenz, 17./18. Dezember 2003 in Bad Honnef (Online-Dokument). Verfügbar unter http://www2.dipf.de/publikationen/volltexte/vortrag_goebel_critical_incidents_2003.pdf

Kultusministerkonferenz (KMK) (1996). Empfehlung interkulturelle Bildung und Erziehung in der Schule. Beschluß der KMK vom 25. Oktober 1996. Bonn.

Over, U., Mienert, M. (2009). Interkulturelle Kompetenz im Unterricht – der Fragebogen zur Erfassung der interkulturellen Unterrichtsgestaltung von Lehrkräften (FIUG). In T. Ringeisen, P. Buchwald, C. Schwarzer (Hrsg.), Interkulturelle Kompetenz in Schule und Weiterbildung (S. 93–107). Münster: Lit.

Maas, R., Over, U., Mienert, M. (2009). Dimensionen interkultureller Kompetenz von Lehrern: Eine Fragebogenuntersuchung. In T. Ringeisen, P. Buchwald, C. Schwarzer (Hrsg.), Interkulturelle Kompetenz in Schule und Weiterbildung (S. 78–92). Münster: Lit.

Over, U., Mienert, M. (2009). Trainings interkultureller Kompetenz für Berufsschüler. In T. Ringeisen, P. Buchwald, C. Schwarzer (Hrsg.), Interkulturelle Kompetenz in Schule und Weiterbildung (S. 138–151). Münster: Lit.

Over, U., Mienert, M., Grosch, C., Hany, E. (2009). Interkulturelle Kompetenz: Begriffsklärung und Methoden der Messung. In T. Ringeisen, P. Buchwald, C. Schwarzer (Hrsg.), Interkulturelle Kompetenz in Schule und Weiterbildung (S. 63–77). Münster: Lit.

Over, U., Mienert, M. (2010). Das FACIL. Unveröffentlichter Projektbericht.

Gundula Gwenn Hiller

Schlüsselqualifikation Interkulturelle Kompetenz – ein Bildungsauftrag der deutschen Hochschulen?

Einleitung

Die deutschen Hochschulen befinden sich seit Jahren in einem starken Veränderungsprozess. Dieser ist hauptsächlich durch zwei Faktoren bedingt: die Bologna-Reform als Bestandteil des Europeanization-Prozesses (siehe Borneman u. Fowler, 1997) und einer Internationalisierung, die zwar durch die Reform mit vorangetrieben wird, aber über die europäische Perspektive hinaus eher dem Phänomen »Globalisierung« zuzuordnen ist.

Mit den daraus entstehenden strukturellen Veränderungen für die Hochschulen sowie für die Arbeitswelt gehen auch inhaltliche Verschiebungen des Studiums einher, die das traditionelle Bildungsverständnis der deutschen Hochschulen infrage stellen. In diesem Beitrag möchte die Autorin Überlegungen anführen, die nahelegen, dass die Vermittlung interkultureller Kompetenz angesichts gesellschaftlicher Entwicklungen ein integrativer Bestandteil eines zeitgemäßen Bildungsauftrags von Hochschulen sein könnte. Dabei schildert sie – ausgehend vom Humboldt'schen Bildungsideal – neue Perspektiven im Bildungsverständnis allgemein und explizit in Bezug auf Hochschulen. Die neuen Lernziele sind nicht mehr nur auf Wissen bzw., je nach Institution, auf Fachwissen beschränkt, sondern erfordern darüber hinaus die Vermittlung von Kompetenzen. Ein Blick auf die zentralen Forderungen der Bologna-Dokumente zeigt, dass einerseits Employability (Beschäftigungsfähigkeit) zu einem wichtigen Bestandteil der Hochschulausbildung werden muss. Andererseits zielt die Bologna-Reform auf vielfältige Internationalisierungsprozesse, die nach Ansicht der Autorin nur gelingen können, wenn interkulturelle Kompetenz an Hochschulen großgeschrieben wird (siehe Hiller, 2010a). Da mit »Bologna« auch der Diskurs über den Erwerb von Schlüsselqualifikationen an die Hochschulen gelangte, werden hier die Termini Schlüsselqualifikationen bzw. -kompetenzen kurz erörtert und in diesem Zusammenhang das Verständnis von interkultureller Kompetenz, entstanden im Hochschulkontext, dargelegt. Ein Abriss über die vielschichtigen Veränderungen und Herausforderungen, die die Internationalisierungsprozesse auf das System Hochschule ausüben, soll die Relevanz von interkultureller Kompetenz in diesem Kontext aufzeigen. In den abschließenden Überlegungen wird dargelegt, wo der

Platz für interkulturellen Kompetenzerwerb innerhalb der Hochschulausbildung sein könnte.

Neue Bildungsziele durch Bologna

Im Juni 1999 haben 29 europäische Bildungsminister im italienischen Bologna eine Erklärung unterzeichnet, deren Ziel die Schaffung eines einheitlichen europäischen Hochschulraums mit vergleichbaren Hochschulabschlüssen bis 2010[1] ist. Im Zuge dieser Hochschulreform wurden neue Postulate an das Studium formuliert, die im Wesentlichen auf die Förderung von Mobilität, von internationaler Wettbewerbsfähigkeit und von Beschäftigungsfähigkeit (employability) zielen (Bologna, 1999). Seit der Bologna-Erklärung wurden die Ziele auf den nachfolgenden Ministerkonferenzen immer weiter ergänzt. In Wesentlichen bestehen diese aus folgenden Punkten:

1. Einführung eines Systems leicht verständlicher und vergleichbarer Abschlüsse (Bachelor und Master);
2. Definition eines Rahmens vergleichbarer und kompatibler Hochschulabschlüsse auf nationaler und europäischer Ebene und Einführung eines Leistungspunktsystems (ECTS);
3. Förderung der Mobilität durch geeignete Maßnahmen, zum Beispiel durch die Einführung und Intensivierung von Hochschulkooperationen und Doppelabschlüssen;
4. Verbesserung der Anerkennung von Abschlüssen und Studienleistungen;
5. europäische Zusammenarbeit im Bereich der Qualitätssicherung;
6. Förderung der europäischen Dimension in der Hochschulausbildung;
7. Einbettung in das Konzept des Lebenslangen Lernens durch Schaffung von flexiblen Lernangeboten im Hochschulbereich;
8. Beteiligung der Studierenden am Bologna-Prozess; Stärkung der sozialen Dimension der Hochschulbildung durch mehr Chancengerechtigkeit (»participative equity«).
9. Steigerung der Attraktivität des Europäischen Hochschulraums im globalen Maßstab: Der Europäische Hochschulraum will attraktiv und offen für die Welt bleiben.
10. Berufsqualifizierung/Beschäftigungsfähigkeit der Absolventinnen und Absolventen aller drei Stufen muss stärker in den Fokus gerückt werden. Die Hochschulen müssen für eine breite Wissensgrundlage sorgen, aber auch auf den

---

1 Im März 2010 allerdings erklärten viele deutsche Medien die Reform als nicht vollzogen bzw. als »mehr als Vision denn Realität« (siehe z. B. Focus unter http://www.focus.de/wissen/campus/tid-17488/die-bologna-reform-mit-deutscher-gründlichkeit-vermurkst_aid_487805.html).

Arbeitsmarkt vorbereiten. Die besten wissenschaftlichen Talente müssen exzellent auf eine wissenschaftliche Karriere vorbereitet werden (BMBF, o. J.).

Betrachtet man diese Ziele mit Blick auf die Fragestellung, inwieweit der Bedarf an interkultureller Kompetenz im Hochschulbereich implizit mit der Bologna-Reform zusammenhängt, so fällt zunächst Folgendes auf:

Sechs der hier formulierten Ziele haben eine internationale bzw. interkulturelle Dimension. Die Förderung der Mobilität (Punkt 3) und der europäischen Zusammenarbeit auf verschiedenen Feldern der Hochschulausbildung (Punkt 3 und 5) weisen dies ganz explizit auf, wie auch die Vorgabe, dass die europäischen Hochschulen insgesamt weltoffen bleiben sollen (Punkt 9). Sowohl die angestrebte Förderung der europäischen Dimension in der Hochschulausbildung (Punkt 6) als auch die Forderung der gegenseitigen Angleichung und Anerkennung von Abschlüssen (Punkt 1, 2 und 4) wie auch die Entwicklung gemeinsamer Parameter für eine europäische Studienqualitätssicherung (Punkt 5) erfordern ein übergreifendes interkulturelles Verständnis und Verhandlungsfertigkeiten.

Auf Lerninhalte nehmen Punkt 7 und 10 Bezug. So fordert der Erstere flexible Lernangebote in Bezug auf lebenslanges Lernen und der Letztere rückt die Beschäftigungsfähigkeit als Lernziel in den Fokus. Dieser Punkt enthält also die Forderung, dass über das Fachwissen hinaus auch für Employability[2] der Absolventen gesorgt werden sollte. Wie Employability erreicht werden soll, ist in den Bologna-Dokumenten nicht explizit dargelegt. Kohler (2004) zeigt in seiner Analyse der Bologna-Dokumente jedoch auf, dass die Vermittlung von Employability dort ein »zentrales Anliegen« ist. Über die Bologna-Dokumente hinaus wird die Forderung nach Employability aber auch in anderen Zusammenhängen formuliert: § 2 Abs. 1 Satz 2 HRG macht es gar zur gesetzlichen Pflicht der Hochschulen:

> »Sie [die Hochschulen] bereiten auf berufliche Tätigkeiten vor, die die Anwendung wissenschaftlicher Erkenntnisse und wissenschaftlicher Methoden oder die Fähigkeit zu künstlerischer Gestaltung erfordern« (zit. nach Kohler, 2004, S. 5).

Insgesamt zeigt Kohler auf, dass die Vermittlung von Employability Teil eines grundsätzlichen europäischen Verständnisses von Hochschulaufgaben ist. So weist er nach, dass entsprechende Verlautbarungen des Europarates wiederholt eine Aufzählung von Hochschulfunktionen enthalten, die die Relevanz der Hochschulen für die Gesellschaft hervorheben, wobei die Berücksichtigung von Employability zu den zentralen Aufgaben gehört (siehe Kohler, 2004). Kohler folgert, dass dies über die Vermittlung von Schlüsselqualifikationen (s. u.) erfolgen soll, und dies

2 Hier wird der Begriff »Employability« statt »Beschäftigungsfähigkeit« verwendet, da er in diesem Diskurs der Geläufigere ist (siehe Kohler, 2004; Busch, 2007).

wiederum der Wahrung der wissenschaftlichen Qualität der universitären Ausbildung nicht im Wege steht.

Auch wenn die Bologna-Dokumente den Erwerb von Schlüsselkompetenzen nicht explizit fordern, so wird der Begriff dort nachhaltig wiederholt. Entsprechend werden die Begriffe Schlüsselkompetenzen und Employability zwar nicht unter den primären Zielen der oben angeführten Auflistung aufgeführt, doch implizit ist die Forderung danach in den beiden zuletzt zitierten Punkten (9 und 10) vorhanden. Nach einem kurzen Blick auf Veränderungsprozesse im allgemeinen Verständnis von Bildung wird nun auf Schlüsselqualifikationen bzw. -kompetenzen näher eingegangen.

Aktuelle Bildungsdebatten – von Humboldt bis zum »competence turn«

In der Debatte über den Bildungsauftrag an deutschen Hochschulen beruft man sich in aller Regel auf das Humboldt'sche Bildungsideal (von Humboldt, 1793/2002). Besonders die Kritiker der Bologna-Reform sehen in dieser eine Bedrohung der »guten, alten« Humboldt'schen Universität. Schaut man etwas genauer hin, so fällt jedoch auf, »dass das Konzept der Humboldt'sche Universität oft idealisiert bzw. instrumentalisiert wird, um eigene Interessen durchzusetzen«, so der Bildungshistoriker Tenorth (Die Zeit, 2009).[3] Hierbei beruft man sich oft darauf, dass die deutschen Hochschulen dem mit Idealismus und Neuhumanismus verbundenen Ideal einer umfassenden Allgemein- und Geistesbildung verpflichtet sind. Allgemein hin wird unter dem Humboldt'schen Ideal ein Universitätssystem verstanden, das es als seine Aufgabe sieht, Persönlichkeitsbildung bzw. Ausbildung der Individualität zu vermitteln, indem universelles Wissen gelehrt wird. Eine Grundmaxime der Humboldt'schen »Theorie der Bildung der Menschen ist die *Einheit von Forschung und Lehre*, eine weitere die *Freiheit von Forschung und Lehre*, die implizierte, dass die forschende Selbstentfaltung der Wissenschaft nur möglich sei, wenn sie frei von Zweckbestimmungen sei« (Bleek, 2001, S. 98). So wird die deutsche Hochschultradition unter Berufung auf Humboldt gern auch heute noch als Institution, in der Forschung, Lehre und Bildung zu einer Einheit verschmelzen, gesehen. Zu diesem Bild gehört die Auffassung, dass hier junge Menschen zu individuellen, selbstständigen, flexiblen und kritisch denkenden Charakteren ausgebildet werden sollten. Professoren seien demnach sowohl der

3 So heißt es in dem Zeitartikel von 2009: »Die freiheitlich forschende Universität ist eine Erfindung des 20. Jahrhunderts. Seither diente der Rekurs auf den Preußen als eine Art Allzweckwaffe, mit der Professoren meist gegen aktuelle Reformen polemisierten, heute mehr denn je. So kritisiert der Bildungshistoriker Heinz-Elmar Tenorth: ›Humboldt wurde und wird missbraucht […].‹«

Forschung wie der Lehre verpflichtet, und sollten die philosophische Reflexion auf das Ganze in den Vordergrund stellen. Denn Studenten sollten studieren mit »Neugier und Interesse anstelle von Karriereerwartungen und Gentlemenkultur« (Nipperdey, zitiert n. Vorländer, 2003, S. 430). Wie Bleek (2001) schildert, ist diese idealistische Auffassung von freier Bildung und Wissenschaft in Deutschland nie ganz verwirklicht worden, hält sich aber bis in die Neuzeit (z. B. Habermas, 1981). Mehrere aktuelle Studien weisen darauf hin, dass das Humboldt'sche Bildungsideal missdeutet wird. So wird im Zuge der Diskussion um die Bologna-Reformen oft das Argument angeführt, dass mit einem Studium, das eine pragmatischere und berufsvorbereitende Ausrichtung hat, die jahrhundertelang hochgehaltene Humboldt'sche Tradition verraten wird. In diesem Zusammenhang wird gern betont, dass Wilhelm von Humboldt »Brotstudien« verabscheute (Bleek, 2001, S. 97). Jedoch weist Welbers (2009) darauf hin, dass Humboldt keinen völligen Gegensatz gesehen hat zwischen dem Studium als Selbst- und Bildungszweck und dem Erwerb von Fähigkeiten, die dem Berufsleben dienen. Paletschek zeigt in ihrer Schrift »Die Erfindung der Humboldtschen Universität« (2002) weiterhin auf, wie eine deutsche Universitätsidee in der ersten Hälfte des 20. Jahrhunderts konstruiert wurde. So blieb laut ihrer Aussage die Berufsausbildung weit über die Jahrhundertwende hinaus die wichtigste Bestimmung der Universität. Selbst die Gründung der Philologischen und Mathematisch-Physikalischen Seminare war demnach motiviert durch das Interesse an einer besseren Ausbildung der angehenden Schullehrer (Paletschek, 2002). Auch wenn diese Debatte nicht im Zentrum des vorliegenden Artikels stehen soll, so finde ich sie interessant im Hinblick darauf, dass die Bologna-Ziele und das Humboldt'sche Bildungsideal im bolognakritischen Diskurs als unvereinbar dargestellt werden. Für die hier gestellte Frage, ob das Vermitteln von interkultureller Kompetenz und somit letztlich von Schlüsselkompetenzen an Hochschulen gehört, bedeutet dies, dass diese zwar in ihrer Begrifflichkeit neue Konzepte darstellen. In ihrer Funktion aber als Beitrag zur »Persönlichkeitsbildung« sowie als Vorbereitung auf das Berufsleben scheinen sie gut mit dem traditionellen Bildungsauftrag zu vereinbaren zu sein.

Unabhängig von Bologna zeichnet sich seit einiger Zeit ein Paradigmenwechsel in der Bildungslandschaft ab. In einem knappen Abriss möchte ich einige Punkte anführen, die zeigen, dass sich das Verständnis von Bildung und Lernen in den letzten 20 Jahren sehr stark verändert hat. Generell herrscht eine Verschiebung vom Faktenlehren zum Kompetenzenvermitteln, wobei hier die Kompetenz, sich Wissen anzueignen, eine zentrale Rolle eingenommen hat. Aufgrund der rasanten Entwicklung der Informationstechnologien befindet sich also die Lernkultur bzw. das Verständnis von »Lernen« und »Lehren« insgesamt im Wandel (siehe Heuer, Botzat u. Meisel, 2001). Die Tendenz geht von einer traditionellen Lehrkultur nun zu einer »Lernkultur«. Siebert spricht vom Lehrenden als »Lernermöglicher« (Siebert, 1996, 1998), das heißt, der Lernende muss Kompetenzen erwerben, die ihm ermöglichen, zu lernen bzw. sich neues Wissen zu erschließen. Da Wissen heutzutage eine weit geringere Halbwertszeit als beispielsweise vor 50 Jahren hat, muss der Lernende immer weiter lernen. Auch sind insgesamt die Anforderungen an das Individuum gewachsen. Der Faure-Report von 1973 führte das Konzept des lebenslangen bzw. lebensbegleitenden Lernens ein (vgl. Knoll, 1996). Dieser Begriff wurde auf der UNESCO-Konferenz 1997 aufgegriffen und zu einem neuen Paradigma der Bildung erklärt. Ende 2006 haben der Europäische Rat und das Europäische Parlament einen Europäischen Rahmen mit Schlüsselkompetenzen für das lebenslange Lernen ratifiziert. In diesem Rahmen werden auf europäischer Ebene die Schlüsselkompetenzen genannt und definiert, die die Bürger für ihre persönliche Entfaltung, soziale Integration, aktive Bürgerschaft und Beschäftigungsfähigkeit in unserer wissensbasierten Gesellschaft benötigen (EU-Amtsblatt, 2006).

Wie oben bereits angedeutet, nimmt der Kompetenzbegriff eine immer zentralere Rolle im Bildungsdiskurs ein. Otten (2006) spricht bewusst anspielend von einem bildungstheoretischen »competence turn«, wobei er sich anlehnt an Veith (2004), der argumentiert, dass die klassischen Begriffe »Bildung und ›Qualifikation‹ vom Kompetenzbegriff ergänzt bzw. verdrängt werden. Begründet wird dieser Prozess mit einer Neuorientierung des lernenden Subjekts auf handlungsrelevante Fähigkeiten, Erfahrungen und Wissensformen« (Otten, 2006, S. 57). Dies ist zum Beispiel in der gegenwärtigen Akkreditierungsrhetorik bemerkbar, die von kompetenzorientierter Modulentwicklung redet und nicht etwa von Bildungszielen. So breitet sich insgesamt eine am »Kompetenzbegriff orientierte Bildungssemantik« aus (S. 57).

Schlüsselkompetenzen bzw. -qualifikationen

Der Begriff wurde in den 70er Jahren des vergangenen Jahrhunderts im Rahmen der vom Institut für Arbeitsmarkt- und Berufsforschung der Bundesanstalt für Arbeit (IAB) entwickelten Flexibilitätsforschung von Mertens geprägt (Mertens, 1974). Angesichts der Nichtprognostizierbarkeit der aktuellen Entwicklungen fragte Mertens, welche Qualifikationen sich zur Bewältigung zukünftiger Anforderungen eignen. Schlüsselqualifikationen nannte er die Qualifikationen, die Schlüssel zur Erschließung von sich immer schneller änderndem Fachwissen darstellen können. Diese können sowohl berufsspezifischer als auch berufsübergreifender Art sein. Gleichzeitig verwendete er aber auch den Begriff Kompetenz, wobei Qualifikation eher etwas Objektives ist und Kompetenz eine individuelle Eigenschaft darstellt.

Eine umfassende Schlüsselqualifikationen-Definition für den Begriff Schlüsselqualifikationen hat Beck formuliert:

> »Schlüsselqualifikationen sind relativ lange verwertbare Kenntnisse, Fähigkeiten, Fertigkeiten, Einstellungen und Werthaltungen zum Lösen gesellschaftlicher Probleme. Als Berufsqualifikationen sind es funktions- und berufsübergreifende Qualifikationen zur Bewältigung beruflicher

Anforderungssituationen. Diese Fähigkeiten, Einstellungen und Haltungen reichen über die fachlichen Fähigkeiten und Kenntnisse hinaus und überdauern sie. Qualifikationsziel ist die berufliche Flexibilität und Mobilität« (Beck, 1993, S. 17 f.).

Die Begriffe Schlüsselkompetenz, -qualifikation oder »soft skills« werden im allgemeinen Sprachgebrauch häufig nicht klar voneinander abgegrenzt bzw. synonym verwendet (Nünning, 2008). Gemeinsam haben sie folgende Eigenschaften:
- Sie beziehen sich nicht (wie Fachkompetenzen) auf eine bestimmte Disziplin oder beruflichen Sektor, sondern sind übergreifend.
- Sie stellen Fähigkeiten dar, die transferierbar sind.
- Individuen qualifizieren sich durch diese für eine Vielzahl unterschiedlicher Anforderungen, Berufe, Funktionen und Positionen (Nünning, 2008, S. 5).

Sie können auch als Metakompetenzen verstanden werden, die es »dem Individuum ermöglichen, sich immer wieder neue Qualifikationen – und damit lebenslang Handlungsfähigkeit in möglichst vielen Bereichen – zu erschließen« (Honolka u. Härtel, 2003, S. 5). In ihrem Band »Schlüsselkompetenzen: Qualifikationen für Studium und Beruf« stellt Nünning eine lange Liste von über 20 Schlüsselkompetenzen für Studium und Beruf vor.[4] Interkulturelle Kompetenz nennt sie als einzige Kompetenz explizit in ihrer Einleitung und hebt diese als eine zentrale Kompetenz hervor:

> »Auf dem von Globalisierung geprägten europäischen Arbeitsmarkt sind neben sehr guten Fremdsprachenkompetenzen auch Fähigkeiten im Umgang mit interkulturellen, national geprägten Unterschieden in den Unternehmens- und Wissenschaftskulturen erforderlich« (Nünning, 2008, S. 7).

Auf die besondere Bedeutung von interkultureller Kompetenz innerhalb des Kanons der Schlüsselkompetenzen werde ich noch einmal zurückkommen. Zunächst möchte ich jedoch ein Konzept von interkultureller Kompetenz, das an Hochschulen impliziert werden kann, darlegen.

Interkulturelle Kompetenz

Es gibt eine große Anzahl unterschiedlicher Konzepte von »Interkultureller Kompetenz«, die einerseits abhängen vom Kulturverständnis, aber auch vom Kompe-

4 Beispielsweise Zeit- und Projektmanagement, Recherchieren, Begriffsbildung, Analysieren, wissenschaftliches Schreiben, Lerntechniken, Medienkompetenzen, Rhetorik, Kommunikation, Moderation, Kreativitätstechniken sowie soziale und organisatorische Kompetenzen.

tenzverständnis des jeweiligen Verfassers. Die Reichweite der gängigen Modelle erstreckt sich dabei von Listenmodellen (die eine Aufzählung von Einzelkompetenzen beinhalten) über Strukturmodelle, die beispielsweise in kognitive, affektive und behavioristische Teilkompetenzen aufgeteilt sind, bis hin zu integrativen Prozessmodellen (vgl. Bolten, 2006). Eine Übersicht über die gängigen Kompetenzmodelle liefern beispielsweise Deardorff (Bertelsmann Stiftung, 2006) und Scheitza (2007).

Das Verständnis von interkultureller Kompetenz, das im Folgenden erörtert wird, ist entstanden im Kontext einer internationalen Universität[5], die aufgrund ihrer besonderen Lage, der Ausrichtung und der Studierendenzusammensetzung schon seit ihrer Gründung Anfang der 90er Jahre in hohem Maße mit Internationalisierung konfrontiert war (mehr zu den Hintergründen in Hiller, 2010a, 2010b). Das dem Modell zugrunde liegende Kulturverständnis (ausführlich in Hiller u. Woźniak, 2009) bezieht sich auf Kulturen als offene, durchlässige, diffuse, widersprüchliche und fluide Konstrukte, die diskursiv produziert werden, abhängig von den Hierarchien und den vorhandenen Machtstrukturen, aber auch innewohnenden Faktoren wie Genderrollen, Bildungsniveau, Generationen, Religion, Status etc. (vgl. Breidenbach u. Zukrigl, 1998; Moosmüller, 2004). In diesem Sinne ist Kultur eine Sammlung von gleichzeitig existierenden, divergenten Angeboten (vgl. Rathje, 2006). Diese werden von Individuen als Reaktion auf ihre Umwelt, Bedürfnisse und Interessen produziert. So entstehen gewisse kollektive Phänomene, die sich reproduzieren, weil sie sich im jeweiligen Kontext bewähren (etwa, indem sie zu Erfolg, Anerkennung etc. führen). Diese können sich auf folgenden Ebenen manifestieren:

- als materielle Artefakte (Architektur, Essgewohnheiten, Medien, Kleidungsstil, Statussymbole, »Lifestyle« etc.),
- als wahrnehmbare soziale Artefakte (Sprachen, Dialekte, Traditionen, soziale Strukturen, Rituale etc.),
- als internalisierte Artefakte (Einstellungen, Weltanschauungen, Bedürfnisse, Werte etc.) (Bolten, 2007, S. 94).

Diese Angebote sind einem ständigen Wandel unterworfen, sie werden modifiziert, verworfen und wieder erschaffen, je nach gesellschaftlicher Ausdifferenzierung, die beeinflusst wird durch globale Entwicklungen. Welche dieser Angebote akzeptiert werden und in gesellschaftliche Normen übergehen, hängt von den vorherrschenden gesellschaftlichen, politischen und ökonomischen Machtstrukturen ab. Das Hervorstechen bestimmter Normen schließt nicht notwendigerweise weitere Angebote aus, die auch widersprüchlich oder abweichend sein können. Die dynamische Auffassung von Kultur ist vereinbar mit dem Konzept, dass Menschen innerhalb eines zeitweise konstituierten Kollektivs ein gemeinsames Wissen und die Vertrautheit mit Phänomenen teilen, die im Kollektiv eine Bedeutung haben,

5 Europa-Universität Viadrina in Frankfurt (Oder) an der deutsch-polnischen Grenze.

auch wenn einzelne Mitglieder unterschiedlich zu den oben genannten Angeboten stehen. Folglich wird innerhalb dieses Kollektivs eine Kohäsion durch ein geteiltes Gefühl von »Normalität« erzeugt, das heißt, auch das Spektrum der Differenzen ist bekannt und gehört zur Normalität[6] (vgl. Rathje, 2006; Hansen, 2003).

So können kulturelle Faktoren eine interkulturelle Interaktionssituation beeinflussen, das heißt, unterschiedliche kulturspezifische Kommunikationsstile und Handlungspräferenzen können gleichermaßen Störfelder darstellen wie abweichende Wahrnehmungen, Interpretationen und Beurteilungen von Situationen. Auch unterschiedliche Werte stellen eine Quelle für potenzielle Missverständnisse dar. Aber darüber hinaus können individuelle, strukturelle, institutionelle oder machtverteilungsbedingte Ursachen Kommunikationssituationen zum Scheitern bringen. Eine wichtige Rolle spielen auch psychologische Faktoren wie Vorannahmen und Attribuierungen sowie der Umgang mit Fremdem, Unerwartetem. So lässt sich feststellen, dass viele Konflikte nicht aufgrund der kulturellen Prägung der Interagierenden entstehen, sondern aufgrund ihres Zusammenspiels mit anderen hier genannten Faktoren.

Berücksichtigt man die Vielschichtigkeit des Phänomens, so kommt man zu dem Schluss, dass sich letztlich keine eindimensionalen kulturspezifischen Kompetenzen bestimmen lassen, die eine erfolgreiche interkulturelle Interaktion gewährleisten. Zudem muss ein tragfähiges Konzept interkultureller Kompetenz berücksichtigen, dass etwas Neues entsteht, wenn Vertreter zweier Kulturen sich begegnen, also eine »Interkultur« (Bolten, 2007, S. 138) bzw. eine Transkultur. Deshalb muss interkulturelle Kompetenz als komplexes Konstrukt gedacht werden und ineinandergreifende Komponenten beinhalten, die dem Individuum helfen, sowohl den Interaktionspartner als auch die Situation bzw. den Kontext einzuschätzen und flexibel und adäquat darauf zu reagieren.

So sind interkulturelle Begegnungen Situationen, in denen Individuen mit unterschiedlichen kulturellen Hintergründen neue Standards für ihre Interaktion aushandeln. Diese Begegnungen können höchst uneindeutig sein, da die eigenen Kommunikations- und Verhaltensregeln den Erwartungen des Anderen eventuell nicht entsprechen. Also geht es darum, einen neuen Kontext zu schaffen, indem die Lücke zwischen den auseinanderklaffenden Konventionen überbrückt werden kann: Gleichzeitig müssen unterschiedliche Erwartungen und Interpretationen ausbalanciert und adjustiert werden bzw. potenzielle Konflikte und Missverständnisse ohne Gesichtsverlust für beide Seiten bewältigt werden.

Auf der Basis des oben dargestellten Konzepts versteht die interkulturell kompetente Person Kultur als einerseits prägendes, andererseits aber als dynamisches Konstrukt, und sie weiß, dass sich kulturelle Unterschiede auf unterschiedlichen

6 Der von Thomas (1996#) geprägte Begriff von Kultur als »Orientierungssystem« stellt keinen Widerspruch zu diesem Konzept dar. Jedoch wird hier in Erweiterung dessen betont, dass sich nicht jedes Individuum an die vom Orientierungssystem vorgegebenen Handlungsmuster hält.

Ebenen manifestieren können. Sie ist sich bewusst über ihre eigene kulturelle Prägung und deren möglichen Einfluss auf Interaktionssituationen, aber auch darüber, dass situative, strukturelle Faktoren, genauso wie Vorannahmen die Situation bestimmen. Darüber hinaus weiß die Person, dass interkulturelle Interaktion gleichzeitig immer ein Aushandlungsprozess ist, der neue kommunikative Muster und Verhaltensstandards schaffen kann, die die Beteiligten situativ als geeignet empfinden und die Interaktion ihrem Ermessen nach gelingen lässt. Die interkulturell kompetente Person verfügt also über ein Set an Fertigkeiten (skills), Handlungs- und Reflexionskompetenzen, Wissen und Einstellungen, die sie befähigen, in einer selbstorganisierten, effektiven und angemessen Weise in interkulturellen Begegnungen zu handeln. Grundsätzlich ist sie offen und lernbereit. Darüber hinaus verfügt sie über die Bereitschaft, interkulturelles Lernen als anhaltenden Lernprozess zu sehen und in neuen Situationen immer wieder die eigenen Fähigkeiten in formellen und informellen Kontexten zu erweitern, den Willen, die eigene Kommunikations- und soziale Kompetenz zu trainieren und mit den Interaktionspartnern Situationen zu kreieren, die adäquat, gesichtswahrend und effektiv sind.

Da die Lernspirale »Interkulturelle Kompetenz« (Bertelsmann Stiftung, 2006, S. 7) sowohl das Prozesshafte als auch das Ineinandergreifen der einzelnen Teilkomponenten gut zum Ausdruck bringt, dient sie unserem Modell[7] als Basis. Sie wurde erweitert um die mit »+« versehenen Aspekte.

Handlungskompetenz
- Umfassendes kulturelles Wissen
- Kommunikationsfähigkeiten; z.B. Fragen und »Nichtwissen« offenbaren
- Konfliktlösungsfähigkeit
+ Kreativität
+ Verhaltensflexibilität

Haltungen und Einstellungen
- Wertschätzung von Vielfalt
- Ambiguitätstoleranz
+ Akzeptanz, Toleranz, Respekt für das/den »Andere/n«
+ Respektieren eigener Grenzen
+ »open-mindedness«

Interne Wirkung: Reflexionskompetenz
- Relativierung von Referenzrahmen
- Empathiefähigkeit
+ Bewussheit über Komplexität von Interaktion und möglichen Einflüssen
+ Fähigkeit zu Perspektivwechsel
+ Bereitschaft, scheinbar alltägliche Dinge und erworbene Kenntnisse immer wieder in Frage zu stellen und zu erneuern

Externe Wirkung: Konstruktive Interaktion
- Vermeidung von Regelverletzungen
- Zielerreichung
- erfolgreiches »Teamwork«

* Lernbereitschaft bildet die Basis im Sinne einer expansiven Lernmotivation (Holzkamp, 1995)

Abbildung 1: Lernspirale »Interkulturelle Kompetenz« (Bertelsmann Stiftung auf Basis des Interkulturellen Kompetenzmodells von Deardorff, 2006), ergänzt um die mit »+« versehenen Aspekte. Grafik: Jan Hoffmann

7 Das Modell wurde entwickelt als theoretische Grundlage zum Programm für interkulturellen Kompetenzerwerb an der Europa-Universität Viadrina (vgl. Hiller u. Vogler-Lipp, 2010).

Als Bildungsziel für Studierende stellt interkulturelle Kompetenz also ein Konstrukt dar, das nicht nur Wissen und kommunikative Fähigkeiten beinhaltet, sondern auch Reflexions- und Handlungskompetenzen. In diesem Verständnis bietet interkulturelle Kompetenz nicht per se Lösungen für interkulturelle Kommunikationsprobleme an. Das Training dieser Kompetenzen soll die Studierenden vielmehr befähigen, mit den Herausforderungen einer zunehmend komplexer und internationaler werdenden Gesellschaft, Studien- und Berufswelt zurechtzukommen.

Interkulturelle Kompetenz vor dem Hintergrund von Bildungsreformen und Internationalisierung

Parallel zu den Veränderungen und Reformen im Bildungswesen verlaufen auf zahlreichen Ebenen des öffentlichen wie auch privaten Lebens Internationalisierungsprozesse. Globalisierung bedeutet, dass wirtschaftliche und politische internationale Verflechtungen, neue Kommunikationstechnologien sowie Migrationsprozesse zu kulturellem Wandel allerorts führen.

Im akademischen Bereich wurde die Internationalisierung in den letzten Jahren auf allen Ebenen in Studium, Forschung und Lehre deutlich sichtbar und stellte die Institution Hochschule vor neue Herausforderungen. Wie oben gezeigt wurde, zielt die Bolognareform auf eine Europäisierung der Hochschulen ab. So hat die Studierendenmobilität in den letzten Jahren drastisch zugenommen, es gibt immer mehr internationale Studiengänge, internationale Wissenschaftskooperationen werden vermehrt gefördert. Doch auch die Tatsache, dass Deutschland ein Migrationsland ist, verändert die akademische Landschaft. Ein weiterer Faktor ist das demographische Tief, das die Hochschulen in den kommenden einen drastischen Studierendenrückgang erwarten lässt, wenn nicht vermehrt internationale Studierende angeworben werden.

Angesichts dieser Perspektiven gehört interkulturelle Kompetenz als Lernziel an die deutschen Hochschulen. Denn die Anforderungen, die die hier genannten Internationalisierungsprozesse in Studium, Wissenschaft und Lehre an Studierende wie auch an Hochschulmitarbeiter stellen, erfordern ein hohes Maß an interkultureller Kompetenz, so wie sie im vorigen Kapitel dargestellt wurde. Die Erkenntnis ist nicht neu, aber der Bedarf war vielleicht noch nie so akut wie heute. Im Zuge der Debatte um die »Internalisation at home« [8] (Crowther, Joris, Otten, Nilsson, Teekens, Wächter, 2000) hat sich bereits vor zehn Jahren zunehmend die

8 Dieser Begriff steht für das Potenzial, das die Internationalisierungsprozesse auf dem eigenen Campus mit sich bringen, etwa in Bezug auf internationale Erfahrungen, die (nichtmobile) Studierende auch vor Ort machen können. Dies heißt unter anderem, dass interkulturelle Kompetenzen, die durch ein Auslandsstudium erlangt werden sollen, bereits vor Ort erworben werden.

Erkenntnis durchgesetzt, dass die strukturellen Internationalisierungsprozesse mit einer Förderung der interkulturellen Kompetenz der Studierenden, aber auch der Mitarbeiter und Lehrenden eingehen müssen. In der täglichen Praxis zeigt sich, dass der Faktor »Kultur« neben den inhaltlichen, organisatorischen und strukturellen Anforderungen die Prozesse häufig behindern kann, deshalb brauchen die Akteure sowohl Sensibilisierung für Interkulturalität als auch interkulturelle Kompetenz. So werden (inter)kulturelle Aspekte in der Internationalisierung an Hochschulen beispielsweise auf folgenden Ebenen relevant:
- Unterschiede in den Lern- und Lehrgewohnheiten,
- Sprachbarrieren,
- Umgang mit Betreuungs- und Beratungsstrukturen sowie Hierarchien,
- administrative Vorgänge,
- unterschiedliche Kommunikationsprozesse und -erwartungen.

Diverse jüngere Studien aus dem deutschen Hochschulkontext zeigen, dass sowohl Studierende als auch deren Lehrende im Umgang mit der in internationalen Strukturen vorhandenen Diversität oft überfordert sind.[9] Noch immer tun sich zwar gerade Hochschulmitarbeiter, sowohl Wissenschaftler und Lehrende als auch das nichtwissenschaftliche Personal, schwer damit, sich hier Lernbedarf einzugestehen. So begegnet man des Öfteren der Auffassung, wenn überhaupt, dann sei dies ein Thema für die Studierenden. Dennoch bieten manche Hochschulen bereits interkulturelle Trainings für Mitarbeiter an,[10] und diejenigen Akteure, die im Alltag den Herausforderungen der zunehmenden Diversität gerecht werden müssen und nach Lösungen suchen, beginnen oft »aus der Not heraus« dann doch, sich für Fragen der interkulturellen Kommunikation zu öffnen. Etwas einfacher geht hier die allmähliche Förderung von Angeboten zum interkulturellen Kompetenzerwerb für Studierende voran. Hilfreich wirken derzeit beispielsweise Förderprogramme des DAAD[11], die integrative und interkulturelle Maßnahmen unterstützen. Solange jedoch der Bedarf nach interkultureller Kompetenz auf der höheren Ebene gesehen wird, ist es schwierig, das Thema an den Hochschulen zu etablieren (siehe auch Thomas, 2010; Kammhuber, 2010).

In den letzten 20 Jahren wurden vor allem Auslandsaufenthalte und -studien, Schüler- und Studentenaustausch als Maßnahme zur Förderung von interkultureller Kompetenz erachtet (kritisch dazu z. B. Breitenbach, 1979; Bosse u. Harms, 2004). Die Möglichkeiten zum interkulturellen Kompetenzerwerb auf dem eigenen Campus sind dabei, wie es scheint, übersehen worden. So könnten die Kompeten-

9 Ein Überblick hierzu findet sich bei Schumann (2008), einzelne Beispiele in Knapp und Schumann (2008) und von Queis (2008).

10 Mitarbeitertrainings gibt es beispielsweise an der Europa-Universität Viadrina und an der Hochschule Bremen, auch wurden sie ins hochschuldidaktische Weiterbildungsangebot einzelner Bundesländer aufgenommen.

11 PROFIS 1 + 2 sowie PROFIN.

zen, die durch ein Auslandsstudium erlangt werden sollen, bereits vor Ort erworben werden.[12] Gleichzeitig wird die Integration ausländischer Studierender nach wie vor als defizitär bewertet (Hiller, 2007; Heublein Özlikic u. Sommer, 2007; Isserstedt u. Schnitzer, 2002; Bosse u. Harms, 2004). Im März 2008 alarmierte der Zeit-Artikel »Zu Gast bei Fremden« schließlich auch breitere Kreise, indem er Studienergebnisse veröffentlichte, die darauf hinweisen, dass jeder zweite internationale Studierende in Deutschland sein Studium abbricht (mehr dazu in Heublein et al., 2007; Die Zeit, 2008). Es liegt auf der Hand, dass neben gezielten Betreuungsmaßnahmen interkultureller Kompetenzerwerb ein wichtiger Faktor im Integrationsprozess ist. Integration bedeutet die Einbeziehung aller Beteiligten in ein bestehendes soziales System. Auch im System Hochschule kann meines Erachtens Integration nur stattfinden, wenn sowohl die Verantwortlichen als auch die zu Integrierenden interkulturell kompetent sind. Wenn sich auch viele Hochschulen zunehmend um Integration und interkulturelle Integrations- und Fortbildungsmaßnahmen bemühen,[13] so gibt es hier noch viel Nachholbedarf (siehe Leenen u. Groß, 2007; Thomas, 2010; Kammhuber, 2010). Auch auf europäischer Ebene wird dieser Bedarf inzwischen anerkannt. So formulierte Wächter im Rahmen der Konferenz des Europarates »Intercultural dialogue on the University Campus« acht Empfehlungen, die im Zuge des Internationalisierungsprozesses europäischer Hochschulen berücksichtigt werden sollten. Zu seinen Empfehlungen gehören auch die Forderungen »Intercultural dialogue is part of institutions' mission«, »Intercultural literacy should be a core aim of higher education«, »Intercultural learning should be available«, »A set of learning should be developed« (Wächter, 2009, S. 139).

Interkulturelle Kompetenz ist unbestritten zu einer der bedeutendsten Qualifikationen im Kanon der Schlüsselkompetenzen geworden ist (Nünning, 2008). Die Bertelsmann Stiftung fragt rhetorisch, ob sie *die* Schlüsselqualifikation des 21. Jahrhunderts darstellt (Bertelsmann Stiftung, 2006), das Europäischen Parlament sieht in ihr einen wichtigen Bestandteil von Sozialer Kompetenz und Bürgerkompetenz (EU-Amtsblatt, 2006). Nach Straub nimmt interkulturelle Kompetenz »eine Spitzenposition auf der Skala der vielfach erwünschten Qualifikationen« ein (Straub, 2007, S. 34).

Bologna hat der interkulturellen Kompetenz den Weg an die Hochschulen geebnet. Wie oben dargelegt wurde, ist eine der eingreifendsten Neuerungen, die die Reform neben der Europäisierung mit sich bringt, die Forderung, dass das Studium mehr auf die Vorbereitung auf den Arbeitsmarkt zielen soll, wozu auch die Vermittlung von berufsbefähigenden Schlüsselkompetenzen während

12 »Wichtigstes Ziel des Auslandsstudiums ist die Kompetenzerweiterung für deutsche Studierende. Internationale Kompetenz soll dazu beitragen, dass sich deutsche Absolventen in den Austauschbeziehungen eines weltweit vernetzten Lebensraumes verständig, aktiv und offen bewegen können« (Isserstedt u. Schnitzer, 2002, S. 57).

13 Dies zeigt beispielsweise die große Zahl der Anträge, die nach der Ausschreibung des Programms PROFIN beim DAAD eingingen (weit über 100).

des Studiums zählt. Wenn auch für die Reformkritiker die Vereinbarung dessen mit den herkömmlichen Bildungsidealen inkompatibel ist, fühlten sich die deutschen Hochschulen von jeher auch der beruflichen Ausbildung verpflichtet (Paletschek, 2002). Insgesamt zeichnet sich im gegenwärtigen Bildungsverständnis eine Kompetenzorientierung ab, das heißt die Vermittlung von Kompetenzen, die das Lernen in der immer komplexer werdenden Welt unterstützen. Diese Schlüsselqualifikationen werden nicht allein erworben, sondern müssen auf der »Grundlage organisierter Lern- und Lehrprozesse« vermittelt werden (Thomas u. Hößler, 2008). So müssen strukturelle Wege gefunden werden, auf denen diese Kompetenzen vermittelt werden.

Die Bologna-Reform ermöglicht es, neue gesellschaftliche Anforderungen curricular zu berücksichtigen und einzubinden. Hier gibt es verschiedene Varianten, beispielsweise werden Veranstaltungen, in denen solche Schlüsselkompetenzen erworben werden können, modular in Studiengänge integriert (z. B. an der Europa-Universität Viadrina). Andere Hochschulen bieten entsprechende Zusatzqualifikationen an.[14] Oder aber Career Center und andere fakultätenübergreifende Einrichtungen nehmen entsprechende Kurse in ihr Programm auf. Noch handelt es sich in der deutschen Hochschullandschaft um ein Experimentierfeld mit löblichen Einzelinitiativen. Dies wird sich erst ändern, wenn die Vermittlung von Interkultureller Kompetenz als Bestandteil eines Bildungsauftrags an Hochschulen wahrgenommen wird.

Literatur

Beck, H. (1993). Schlüsselqualifikationen. Bildung im Wandel. Darmstadt: Winklers.

Bertelsmann Stiftung (2006). Interkulturelle Kompetenz – Schlüsselkompetenz des 21. Jahrhunderts? Thesenpapier der Bertelsmann Stiftung auf der Basis der Interkulturellen-Kompetenz-Modelle von Dr. Darla D. Deardorff. Zugriff am 09.09.2010 unter http://www.bertelsmann-stiftung.de/bst/de/media/xcms_bst_dms_17145_17146_2.pdf

Bleek, W. (2001). Geschichte der Politikwissenschaft in Deutschland. München: C. H. Beck. Zugriff unter http://books.google.de/books?id=g5dCCH-8jGEC&pg=PA98&lpg=PA98&dq=frei+von+Zweckbestimmungen+Bleek&source=bl&ots=e_sTDtTTUa&sig=xhGJ_ovtu8PmgSLDVrwd5ZzEmNs&hl=de&ei=HEOWTNLGMtCLswaI7sVk&sa=X&oi=book_result&ct=result&resnum=2&ved=0CBoQ6AEwAQ#v=onepage&q&f=false

BMBF (o. Jahr). Der Bologna-Prozess. (Online-Dokument). Zugriff am 10.03.2010 unter http://www.bmbf.de/de/3336.php

Bologna (1999). Der Europäische Hochschulraum. Gemeinsame Erklärung der Europäischen Bildungsminister 19. Juni 1999, Bologna. (Online-Dokument). Zugriff am 10.03.2010 unter http://www.bmbf.de/pub/bologna_deu.pdf

Bolten, J. (2006). Interkulturelle Kompetenz. In L. R. Tsvasman (Hrsg.), Das große Lexikon Medien und Kommunikation (S. 163–166). Würzburg: ERGON Verlag.

14 So etwa das Zusatzstudium Internationale Handlungskompetenz an der Hochschule Regensburg.

Bolten, J. (2007). Einführung in die Interkulturelle Wirtschaftskommunikation. Göttingen: Vandenhoeck & Ruprecht.

Borneman, J., Fowler, N. (1997). Europeanization. Annual Review of Anthropology, Vol. 26, 487–514.

Bosse, E., Harms, M. (2004). Förderung interkultureller Kompetenz von Studierenden: Ein hochschulübergreifendes Projekt in Hamburg. In Bolten, J. (Hrsg.), Interkulturelles Handeln in der Wirtschaft. Positionen – Perspektiven – Modelle (S. 318–329). Sternenfels: Wissenschaft und Praxis.

Breidenbach, J., Zukrigl, I. (1998). Tanz der Kulturen. Kulturelle Identität in einer globalisierten Welt. München: Rowohlt Tb.

Breitenbach, D. (Hrsg.) (1979). Kommunikationsbarrieren in der internationalen Jugendarbeit. Forschungsprojekt im Auftrag des Bundesministeriums für Jugend, Familie und Gesundheit, Band 5, Ergebnisse und Empfehlungen. Saarbrücken u. Fort Lauderdale: Verlag Breitenbach.

Busch, D. (2007). Welche interkulturelle Kompetenz macht beschäftigungsfähig? Interculture Journal 6 (3), 5–32. Zugriff am 25.01.2007 unter http://www.interculture-journal.com

Crowther, P., Joris, M., Otten, M., Nilsson, B., Teekens, H., Wächter, B. (2000). Internationalisation at Home. A Position Paper. Amsterdam: EAIE. Letzter Zugriff am 08.09.2009 unter http://www.eaie.nl/IaH/IAHPositionPaper.pdf

Kirchgessner, K. (2008). Auslandsstudenten. Zu Gast bei Fremden. Warum fast jeder zweite ausländische Student seinen Aufenthalt in Deutschland abbricht. Die Zeit, 14/2008, sowie Zugriff am 01.10.09 unter http://www.zeit.de/2008/14/C-Auslaendische-Studenten

Spiewak, M. (2009). Falsches Vorbild. Die Zeit, 26/2009, sowie Zugriff am 18.06.2009 unter http://www.zeit.de/2009/26/B-Wilhelm-von-Humboldt

Erl, A., Gymnich, M. (2007). Interkulturelle Kompetenzen. Stuttgart: Klett.

EU-Amtsblatt (2006), 30. Dezember 2006 Nr. L 394. Letzter Zugriff unter http://eur-lex.europa.eu/LexUriServ/site/de/oj/2006/l_394/l_ 39420061230de00100018.pdf

Habermas, J. (1981). Konzept des herrschaftsfreien Diskurses. Theorie des kommunikativen Handelns, Band 1. Frankfurt a. M.: Suhrkamp.

Hansen, K. P. (2003). Kultur und Kulturwissenschaft. Eine Einführung (3. Aufl.). Tübingen u. Basel: UTB.

Heublein, U., Özkilic, M., Sommer, D. (2007). Aspekte der Internationalität deutscher Hochschulen; Internationale Erfahrungen deutscher Studierender an ihren heimischen Hochschulen. DAAD. Zugriff am 11.09.2010 unter http://www.his.de/pdf/21/daad_band63.pdf

Heuer, U., Botzat, T., Meisel, K. (Hrsg.) (2001). Neue Lehr- und Lernkulturen in der Weiterbildung/ Deutsches Institut für Erwachsenenbildung. Bielefeld: Bertelsmann.

Hiller, G. G. (2007). Interkulturelle Kommunikation zwischen Deutschen und Polen an der Europa-Universität Viadrina. Eine empirische Analyse von Critical Incidents. Frankfurt a. Main u. London: IKO – Verlag für Interkulturelle Kommunikation.

Hiller, G. G. (2010a). Einleitung: Überlegungen zum interkulturellen Kompetenzerwerb an deutschen Hochschulen. In G. G. Hiller, S. Vogler-Lipp (Hrsg.), Schlüsselqualifikation Interkulturelle Kompetenz an Hochschulen. Grundlagen, Konzepte, Methoden (S. 29–34). Wiesbaden: VS Verlag.

Hiller, G. G. (2010b). »Was machen Sie denn da eigentlich?« oder: FAQ – 10 Fragen zu Interkulturellen Trainings an Hochschulen. In G. G. Hiller, S. Vogler-Lipp (Hrsg.), Schlüsselqualifikation Interkulturelle Kompetenz an Hochschulen. Grundlagen, Konzepte, Methoden (S. 35–56). Wiesbaden: VS Verlag.

Hiller, G. G., Vogler-Lipp, S. (Hrsg.) (2010). Schlüsselqualifikation Interkulturelle Kompetenz an Hochschulen. Grundlagen, Konzepte, Methoden. Wiesbaden: VS Verlag.

Hiller, G. G., Woźniak, M. (2009). Mastering the Gap between Theory and Practice in Academic Intercultural Training. Theoretical Considerations concerning a Best Practice-Program. In J. Berninghausen, C. Gunderson (Eds.), Lost in Transnation –Towards an Intercultural Dimension on Campus; Intercultural Studies: Edition 8. Bremen u. Boston: ZIM Center for Intercultural Management u. University of Applied Sciences Bremen.

Honolka, H., Härtel, A. (2003). Schlüsselqualifikationen – Das Plus eines universitären Studiums. Informationen für Studierende, Lehrende und Arbeitgeber. München: Ludwig-Maximilians-Universität.

Humboldt, W. von (1793/2002). Theorie der Bildung der Menschen. Textfragment. In Schriften zur Politik und zum Bildungswesen, Studienausgabe Band IV. (Hrsg., komm. und mit Anm. vers. von A. Flitner, K. Giel et al.). Stuttgart: WBG.

Isserstedt, W., Schnitzer, K. (2002). Internationalisierung des Studiums -Ausländische Studierende in Deutschland, Deutsche Studierende im Ausland. Ergebnisse der 16. Sozialerhebung des Deutschen Studentenwerks (DSW) durchgeführt durch HIS Hochschul-Informations-System, Bonn, Bundesministerium für Bildung und Forschung.

Kammhuber, S. (2010). Interkulturelles Lernen und Lehren an der Hochschule. In G. G. Hiller, S. Vogler-Lipp (Hrsg.), Schlüsselqualifikation Interkulturelle Kompetenz an Hochschulen. Grundlagen, Konzepte, Methoden (S. 57–72). Wiesbaden: VS Verlag.

Knapp, A., Schumann, A. (Hrsg.) (2008). Mehrsprachigkeit und Multikulturalität im Studium. Frankfurt a. Main: Peter Lang.

Knoll, J. (1996). Internationale Weiterbildung und Erwachsenenbildung. Darmstadt: Wissenschaftliche Buchgesellschaft.

Kohler, J. (2004). Schlüsselkompetenzen: Schlüssel zu mehr (Aus-)Bildungsqualität und Berufsbefähigung? Konferenzbeitrag Heidelberg, 22. und 23. Januar 2004. Zugriff unter http://www.stifterverband.info/publikationen_und_podcasts/positionen_dokumentationen/schluesselkompetenzen_und_beschaeftigungsfaehigkeit_2004.pdf

Leenen, W. R., Groß, A. (2007). Internationalisierung aus interkultureller Sicht: Diversitätspotentiale der Hochschule. In M. Otten, et al. (Hrsg.), Interkulturelle Kompetenz im Wandel. Bd. 2: Ausbildung, Training und Beratung (S. 185–214). Frankfurt a. M.: IKO – Verlag für Interkulturelle Kommunikation.

Mertens, D. (1974). Schlüsselqualifikationen. Thesen zur Schulung für eine moderne Gesellschaft. Mitteilungen aus der Arbeitsmarkt- und Berufsforschung, 7. Jg., 36–43.

Moosmüller, A. (2004). Das Kulturkonzept in der interkulturellen Kommunikation aus ethnologischer Sicht. In H.-J. Lüsebrink (Hrsg.), Konzepte der Interkulturellen Kommunikation. Theorieansätze und Praxisbezüge in interdisziplinärere Perspektive. St. Ingbert: Röhrig Universitätsverlag.

Nünning, V. (2008). Schlüsselkompetenzen: Qualifikationen für Studium und Beruf. Stuttgart: Metzler.

Otten, M. (2006). Profession und Kontext. Rahmenbedingungen der interkulturellen Kompetenzentwicklungen. In M. Otten, A. Scheitza, A. Cnyrim (Hrsg.), Interkulturelle Kompetenz im Wandel. Band 1: Grundlegungen, Konzepte und Diskurse. Frankfurt a. M. u. London: IKO – Verlag für Interkulturelle Kommunikation.

Paletschek, S. (2002). Die Erfindung der Humboldtschen Universität. Die Konstruktion der deutschen Universitätsidee in der ersten Hälfte des 20. Jahrhunderts. Historische Anthropologie 10, 183–205.

Rathje, S. (2006). Interkulturelle Kompetenz – Zustand und Zukunft eines umstrittenen Konzepts. Zeitschrift für Interkulturellen Fremdsprachenunterricht 11(3), 15. Letzter Zugriff am 09.09.2010 unter http://zif.spz.tu-darmstadt.de/jg-11-3/docs/Rathje.pdf

Scheitza, A. (2007). Interkulturelle Kompetenz: Forschungsansätze, Trends und Implikationen für interkulturelle Trainings. In M. Otten, A. Scheitza, A. Cnyrim (Hrsg.), Interkulturelle Kompetenz im Wandel. Band 1: Grundlegungen, Konzepte und Diskurse (S. 91–117). Frankfurt a. M. u. London: IKO – Verlag für Interkulturelle Kommunikation.

Schumann, A. (2008). Interkulturelle Freiheitserfahrungen ausländischer Studierender an einer deutschen Hochschule (S.). In A. Knapp, A., Schumann (Hrsg.), Mehrsprachigkeit und Multikulturalität im Studium. Frankfurt a. M.: Peter Lang.

Siebert, H. (1996). Didaktisches Handeln in der Erwachsenenbildung. Didaktik aus konstruktivistischer Sicht. Neuwied u. a.: Luchterhand.

Siebert, H. (1998). Konstruktivismus – Konsequenzen für Bildungsmanagement und Seminargestaltung. Materialen für Erwachsenenbildung 14. Frankfurt a. M.: DIE. Zugriff am 09.09.2010 unter http://www.die-bonn.de/esprid/dokumente/doc-1998/siebert98_01.pdf

Straub, J. (2007). Kompetenz. In J. Straub, A. Weidemann, D. Weidemann (Hrsg.), Handbuch interkulturelle Kommunikation und Kompetenz (S. 35–46). Stuttgart u. Weimar: Metzler.

Thomas, A. (1996). Analyse der Handlungswirksamkeit von Kulturstandards. In A. Thomas (Hrsg.), Psychologie interkulturellen Handelns (S. 107–135). Göttingen: Hogrefe.
Thomas, A. (2010). Geleitwort. In G. G. Hiller, S. Vogler-Lipp (Hrsg.), Schlüsselqualifikation Interkulturelle Kompetenz an Hochschulen. Grundlagen, Konzepte, Methoden (S. 5–8). Wiesbaden: VS Verlag.
Thomas, A., Hößler, U. (2008). Interkulturelle Handlungskompetenz fördern als Teil des Bildungsauftrags der Hochschulen. In M. Szurawitzki, C. M. Schmidt (Hrsg.), Interdisziplinäre Germanistik im Schnittpunkt der Kulturen (S. 317–337). Festschrift für Dagmar Neuendorf zum 60.Geburtstag. Würzburg: Königshausen & Neumann.
Veith, H. (2004). Zum Wandel des theoretischen Selbstverständnisses vergesellschafteter Individuen. In D. Geulen, H. Veith (Hrsg.), Sozialisationstheorie interdisziplinär. Aktuelle Perspektiven (S. 349–370). Stuttgart: Lucius & Lucius.
von Queis, D. (2009). Interkulturelle Kompetenz. Praxis-Ratgeber zum Umgang mit internationalen Studierenden. Darmstadt: Wissenschaftliche Buchgesellschaft.
Vorländer, H. (2003). Radikale Reform ohne Staat. Humboldt und die Universitätsreform heute. Eine Erinnerung in polemischer Absicht. Forschung und Lehre, 10 (8), 429–431.
Wächter, B. (2009). Intercultural dialogue on the University Campus. In S. Bergan, J.-P. Testoueix (Eds.), Intercultural dialogue on campus (pp. 105–112). Strasbourg: Council of Europe.
Welbers, U. (2009) Humboldts Herz. Zur Anatomie eines Bildungsideals. In R. Schneider, B. Szczybra, U. Welbers, J. Wildt (Hrsg.), Wandel der Lehr-Lernkulturen (S. 21–41). Bielefeld: Bertelsmann.

Alexandra Nikitopoulos und Astrid Utler

Bedeutung und Einfluss kultureller Unterschiede im Hochschulkontext

»The educational environment is a microcosm of the larger society, reflecting its values, traditions, and practices« (Zhang u. Brunton, 2007, p. 126).

Internationalisierung an Hochschulen und Universitäten

Die Internationalisierung, die im wirtschaftlichen Bereich schon seit Jahrzehnten gleichsam unaufhaltsam voranschreitet, hat auch an Universitäten und Hochschulen Einzug gehalten. Während in den USA und Australien zahlreiche Studien (z. B. Ramburuth u. McCormick, 2001; Hwang, Francesco u. Kessler, 2003) von einer internationalen Realität des Universitätskontexts zeugen, stehen in Europa verschiedenste Programme für das Bemühen, Internationalität zu etablieren.

Der Bologna-Prozess beispielsweise zielt auf die Schaffung eines einheitlichen europäischen Hochschulwesens bis zum Jahr 2010. Neben der Vereinheitlichung von Studienabschlüssen und Lehrplänen sollen dabei insbesondere die Mobilität von Studierenden sowie die internationale Wettbewerbs- und Beschäftigungsfähigkeit gefördert werden. Während der Bologna-Prozess auf eine erhöhte Mobilität europäischer Studierender abzielt, wurden in den letzten Jahren auch Studienprogramme, wie beispielsweise das Erasmus-Mundus-Programm, ins Leben gerufen, das es europäischen, aber auch Studierenden aus aller Welt ermöglicht, ein Master-Studium in bis zu sieben verschiedenen (europäischen) Ländern zu absolvieren.

Angesichts der angestrebten und auch tatsächlich zunehmenden Internationalität allein an Universitäten in Europa und Deutschland stellt sich die Frage, ob und wie sich kulturelle Unterschiede in Denken, Wahrnehmen, Fühlen und Handeln im universitären Kontext manifestieren und inwieweit diesen auch Rechnung getragen wird. Dieser Beitrag widmet sich eben dieser Fragestellung, wobei exemplarisch zwei Bereiche herausgegriffen werden, die im Universitätskontext als besonders bedeutsam erachtet werden: Die unmittelbare Interaktion zwischen Dozent und Studierenden sowie Präferenzen im Lernstil von Studierenden. Im Folgenden werden zunächst die kulturtheoretischen Grundlagen dargelegt, derer sich die Studien bedienen, um davon ausgehend die genannten Bereiche genauer zu beleuchten. Dabei fokussieren die Untersuchungen der Interaktionen von Dozenten und Studierenden insbesondere auf das *Wie* der Interaktion, sind also meist qualitativ angelegt. Die Studien zum Lernstil wiederum konzentrieren sich eher auf die Bestimmung von Wirkfaktoren, also zum Beispiel welchen Einfluss der kulturelle Hintergrund auf das Lernverhalten oder die Arbeitsweise hat, was vor allem mithilfe einer quantitativen Herangehensweise nachgewiesen werden kann. Den Abschluss dieses Beitrags bilden konkrete Hinweise für die Umsetzung der Ergebnisse in die universitäre Praxis, wobei auch auf bestehende Maßnahmen eingegangen wird.

Kulturunterschiede und ihre Auswirkungen im Hochschulkontext

Theoretischer Hintergrund

Um die Rolle kultureller Unterschiede im Hochschulkontext nachvollziehen zu können, bedarf es zunächst einer theoretischen Grundlage, auf deren Basis kulturbedingte Unterschiede erfasst und beschrieben werden. Die Forschung verwendet hier zum einen eine kulturvergleichende und zum anderen eine interkulturelle Herangehensweise.

Bei den kulturvergleichenden Konzepten handelt es sich zumeist um die Kulturdimensionen von Hofstede (2001) und zwar insbesondere Machtdistanz, Individualismus/Kollektivismus und Unsicherheitsvermeidung. Des Weiteren wird auch das aus dem kulturanthropologischen Kontext stammende Modell von Hall (1976) den Überlegungen zu kulturellen Unterschieden im universitären Kontext zugrunde gelegt. Im Hinblick auf die Student-Dozent-Interaktion ist hierbei vor allem das Prinzip »high context vs. low context« von Bedeutung (Hall, 1976), das beschreibt, in welchem Ausmaß (zusätzliche) Kontextinformationen (nonverbale Kommunikation, Hierarchie, Vorinformation) für die Entschlüsselung einer Botschaft notwendig sind bzw. inwieweit die Botschaft in erster Linie über den rein verbalen Weg gesendet wird. In diesem Zusammenhang ist auch das »face«-Prinzip von Interesse (Durkin, 2008; Hwanget al., 2003; Oetzel u. Ting-Toomey, 2003): Gemäß der »face-negotiation theory« (Ting-Toomey, 1988) sind Personen je nach Kultur auf unterschiedliche Art und Weise bestrebt, ein positives Bild der eigenen Person gegenüber anderen Personen zu etablieren oder aufrechtzuerhalten. Dieses Verhalten basiert auf dem Bedürfnis nach Anerkennung und sozialer Akzeptanz und zeigt sich entweder in einem Bestreben nach »face-gain«, also nach Zuwachs an Ansehen oder einem Vermeiden von »face-loss«, also von Verlust von Ansehen.

Anders als die kulturvergleichende Herangehensweise, beansprucht die interkulturelle Forschung, die im deutschsprachigen Raum maßgeblich von Thomas und dessen Kulturstandardkonzept geprägt ist, keinen allumfassenden Vergleich aller Kulturen. Vielmehr konzentriert sich die Forschung auf die Beschreibung kultureller Besonderheiten einer Kultur aus der Sicht einer anderen. Diese Herangehensweise basiert auf der Annahme, dass die Interagierenden in interkulturellen Begegnungssituationen unterschiedliche kulturspezifische Orientierungsmerkmale aktivieren, die dann ihre Reaktion leiten: die so genannten Kulturstandards (Thomas, 2005). Kulturstandards sind demnach »alle Arten des Wahrnehmens, Denkens, Wertens und Handelns [...], die von der Mehrzahl der Mitglieder einer bestimmten Kultur für sich persönlich und andere als normal, selbstverständlich, typisch und verbindlich angesehen werden. Eigenes und fremdes Verhalten wird auf der Grundlage dieser Kulturstandards beurteilt und reguliert« (Thomas, 1993, S. 381).

Wie sich in den folgenden Teilkapiteln zeigen wird, findet die interkulturelle Herangehensweise insbesondere in der Forschung zur Interaktion zwischen Dozenten und Studierenden Anwendung, während die Untersuchungen zu Lernstilen fast ausschließlich auf Kulturdimensionen und damit auf kulturvergleichende Modelle zurückgreifen.

Interkulturelle Interaktionen zwischen Dozenten und Studierenden

Das Ausmaß, in dem internationale Studierende mit Dozenten bzw. Professoren in Interaktion treten, variiert beträchtlich. Während für viele Bachelor-Austauschstudierende der Kontakt zu einem Professor oder Dozenten kaum über Seminarkonversationen hinausgeht, treten internationale Master-Studierende im Rahmen von Abschlussarbeiten oder mündlichen Prüfungen schon stärker mit ihnen in Kontakt, und Ph.D. (Philosophiae Doctor)-Studenten arbeiten meist sogar eng mit ihren Betreuern zusammen. Eine verbreitete Überzeugung ist, dass die Notwendigkeit interkultureller Sensibilität und Kompetenz für Studierende wie Professoren erst mit zunehmender Kontaktintensität gegeben ist, doch diese Konklusion wäre sicherlich zu kurz gegriffen. Kultur- und/oder ethnisch bedingte Unterschiede manifestieren sich bereits in den Vorlesungssälen und Seminarräumen. Eine Untersuchung von Sanders und Wiseman (1990) beispielsweise kam schon Anfang der 1990er Jahre zu dem Ergebnis, dass amerikanische Studierende mit asiatischem Hintergrund das verbale Kommunikationsverhalten ihrer Dozenten als aggressiver wahrnehmen als Vergleichsgruppen amerikanischer Studierender mit europäischen und lateinamerikanischen Wurzeln. Studien in Schulen wiederum zeigten, Schüler mit verschiedenen ethnischen Hintergründen unterscheiden sich auch in der Wahrnehmung dominanten oder kooperativen Verhaltens bei ihren Lehrern (z. B. den Brok, Levy, Wubbels u. Rodriguez, 2003; Levy, Wubbels, Brekelmans u. Morganfield, 1997).

Aber auch aus derartigen kulturell bedingten Wahrnehmungsunterschieden, lässt sich noch kein Qualifizierungsbedarf für Studenten und Dozenten ableiten. Der Bedarf entsteht erst dadurch, dass Wahrnehmungen affektive, kognitive oder

Verhaltens-Reaktionen bedingen und darüber hinaus nie unbewertet und uninterpretiert bleiben. Die Interpretationen erfolgen dabei auf der Grundlage des verfügbaren eigenen kulturellen Orientierungsrahmens. Folgendes Zitat illustriert dies; es handelt sich dabei um die Aussage des australischen Dozenten Dr. Telfer über Miki, eine japanischen Studentin in seinem Seminar (Nakane, 2006, S. 1816):

> »I would have thought – because she never asked me, because she never volunteers any comments, I would have automatically probably, until discussing with you [the researcher], (inaudible) I would have automatically said oh she is an unconfident shy person.«

Anhand des angeführten Zitats lässt sich nun exemplarisch der von Dr. Telfer vorgenommene Interpretationsvorgang analysieren. Die japanische Studentin stellte im Seminar keine Fragen und meldete sich nie freiwillig. Da dieses Verhalten einem für Dr. Telfer in Seminaren unüblichen Verhalten entsprach, war seine intuitiv vorgenommene Interpretation, Miki sei eine schüchterne und unsichere Studentin, er führte ihr Verhalten also auf persönliche Eigenschaften zurück. Unter Berücksichtigung situativer oder eben kultureller Faktoren, wäre der Dozent, wie sich auch in der angeführten Interviewpassage andeutet, vielleicht zu anderen, in jedem Fall aber zu differenzierteren Interpretationen gekommen. So könnten situative Faktoren mit ausschlaggebend für Mikis Verhalten gewesen sein, das heißt, möglicherweise fand sie das Seminar oder die Inhalte langweilig oder der Zeitpunkt des Seminars war gegen Abend, am Ende eines für Miki anstrengenden Universitätstags. Die kulturelle Interpretationsfolie wiederum wäre, dass es sich bei Mikis Schweigen um eine, im japanischen Kontext übliche, Höflichkeitsstrategie handelt.

Diese Höflichkeitsstrategien wurden von Nakane (2006) systematisch untersucht. Ihre Studie, durchgeführt an zwei australischen Universitäten in Sydney, setzte sich aus 19 halbstrukturierten Interviews mit japanischen Studierenden, aus Befragungen von 34 Universitätslektoren und aus Audio- und Videomitschnitten von Seminaren zusammen. Nakane konnte insgesamt drei verschiedene Strategien hinter dem Schweigen japanischer Studenten ausmachen. Japanische Studenten vermieden eine aktive und freiwillige Teilhabe aus Angst, ihre sprachlichen Fähigkeiten seien ungenügend oder sie könnten sich vor dem Dozenten blamieren, Hintergrund war hier die Bewahrung eines »positiven« Gesichts (siehe auch 2.1 »face-negotiation theory«). Außerdem wurde Schweigen in Situationen angewandt, in denen der Dozent durch verbales Verhalten hätte kritisiert oder herausgefordert werden können. In diesen Fällen stand der Schutz des Gesichts des Dozenten im Vordergrund. Eine letzte Strategie wird von Nakane (2006) als »off-record«-Strategie bezeichnet: Diese bezieht sich auf Schweigen in Situationen, in denen die Studenten aufgerufen worden waren zu antworten, die Antwort aber nicht sicher wussten. Diese Strategien sollten allerdings nicht als starre Attribute aufgefasst werden, vielmehr kommt es darauf an, wie diese Höflichkeitsstrategien in den jeweiligen Kommunikationssituationen verhandelt werden.

Ähnliches gilt auch für die Art der auftretenden Unterschiede selbst, die, je nachdem, welche kulturellen Hintergründe die Interagierenden haben, verschieden sind. Es zeigt sich zwar, dass Themen wie »Hierarchien«, die auch in den genannten Kulturdimensions-Modellen abgebildet werden, oder »Personorientierung« oft eine Rolle spielen (z. B. Brökelmann, Fuchs, Kammhuber u. Thomas, 2005), allerdings beeinflussen sowohl der situative Kontext als auch die jeweiligen beteiligten Kulturen die Art, wie sich eine kulturelle Begegnungssituation im Detail gestaltet.

Die folgenden beiden Beispiele aus dem amerikanisch-brasilianischen und deutsch-amerikanischen Kontext geben einen Einblick, wie sich derartige Unterschiede im universitären Umfeld manifestieren können. Beide Beispiele beinhalten die Themen »Hierarchie« und »Trennung von beruflichem und privatem Kontext«, die jedoch unterschiedlich wirksam werden.

Crabtree (Crabtree u. Sapp, 2004) schildert ein für ihn irritierendes Erlebnis, das er als amerikanischer Dozent in Brasilien häufiger hatte. Begegnete er Studenten beim Einkaufen in der Stadt, so erwarteten diese neben einer herzlichen Begrüßung, dass er sich bei ihnen nach ihrem Wohlbefinden und privaten Angelegenheiten erkundigte. Die Autoren begründen die entstandene Verwirrung mit der Vermischung des privaten und beruflichen Bereichs, die in den USA in dieser Form nicht praktiziert wird.

Markowsky und Thomas (1995) wiederum beschreiben im Culture Assimilator der Reihe »Studienhalber in« die kritische Interaktionssituation zwischen dem amerikanischen Studenten Bob und seinem deutschen Professor: Bob wollte ein paar offene Fragen mit seinem Professor klären, was jedoch nur im Rahmen der wöchentlichen Sprechstunde des Professors möglich war. In der Sprechstunde selbst stellte der Professor lediglich ein paar akademische Fragen, schien davon abgesehen jedoch völlig uninteressiert an Bob als Person, was dieser als sehr verunsichernd und ablehnend empfand.

Anders als im vorausgegangen Beispiel des amerikanischen Dozenten in Brasilien, erwartet der amerikanische Student hier vom deutschen Professor, dass dieser stärker auf ihn als Person eingeht, was aus Bobs Sicht eine höfliche Geste darstellt. Der deutsche Professor wiederum trennt sachlich die beruflichen von den persönlichen, privaten Belangen. Die Autoren führen als Gründe hierfür eine höhere Hierarchieorientierung an deutschen Universitäten an; verweisen jedoch auch darauf, dass im deutschen Studiensystem keine vergleichbar intensive Betreuung der Studierenden erfolgen kann, da die Professoren für mehr Studierende verantwortlich sind als ihre Kollegen in den USA. Die von Markowsky und Thomas (1995) herausgestellte Hierarchieorientierung auf deutscher Seite könnte möglicherweise auch im vorherigen Beispiel von Bedeutung sein. Eine Studie aus deutscher Sicht belegt nämlich für den wirtschaftlichen Bereich (Brökelmann et al., 2005), dass in Brasilien eine stark paternalistische Orientierung vorherrscht, das heißt aus deutscher und damit wohl ebenfalls aus amerikanischer Sicht, sind die hierarchischen Strukturen stärker ausgeprägt, was jedoch für den Vorgesetzten auch eine Fürsorgepflicht für seine Untergebenen bedingt, die wiederum eine Sorge um persönliche Belange mit einschließt.

Zum umfassenden Verständnis der kulturellen Besonderheiten, die in der Interaktion zwischen Dozenten und Studenten auftreten, müssen also auch derartige Wechselwirkungen wie hier zwischen »Hierarchieorientierung« und »Trennung beruflich – privat« berücksichtigt werden.

Wie wichtig eine von beiden Seiten als wertschätzend empfundene Interaktion zwischen Lehrenden und Studierenden ist, zeigt eine Untersuchung von Zhang und Brunton (2007). Die wahrgenommene Sicherheit bzw. ein »Wohlfühlen« im akademischen Kontext führte hier zu erhöhter Zufriedenheit und größerem Lernerfolg. Im nächsten Abschnitt soll eine spezielle Form der Interaktion, nämlich Lehr-Lern-Situation und die damit verbundenen kulturellen Werte genauer analysiert werden.

Unterschiede in Lernstilen

Viele theoretische und wissenschaftliche Beiträge in der psychologischen, pädagogischen und soziologischen Forschung beschäftigten sich mit der Frage, in welchem Ausmaß die Kultur einer Person ihr Lernverhalten, ihre Arbeitsweise und in Kombination zum Beispiel auch ihren akademischen Erfolg bestimmt (Charles, 2002; Gutierrez u. Rogoff, 2003; Joy u. Kolb, 2009; Reid, 1987; Valiente, 2008; Yamazaki, 2005). Häufig wird in diesem Zusammenhang zwischen westlichen und asiatischen Bildungskonzepten differenziert, wobei sich »westlich« hier auf Zentraleuropa, USA, Canada und Australien bezieht und »asiatisch« meist als Sammelbegriff für Länder wie China, Japan, Indonesien und Taiwan verwendet wird (Durkin, 2008). Ein Großteil dieser Forschung untersucht Unterschiede in Lernstilen, wie sie durch den Lernzyklus von Kolb (Kolb, 1984) beschrieben werden. Dieses Modell beschreibt auf der einen Dimension, wie Erfahrungen gesammelt werden (konkretes Erfahren vs. analytisches Begreifen) und auf der anderen Dimension, wie diese Erfahrungen dann weiterverarbeitet werden (reflektiertes Beobachten vs. aktives Experimentieren). Je nach Kombination der Modi aus der ersten und zweiten Dimension entstehen vier verschiedene Lerntypen, die grundsätzlich alle als gleichwertig betrachtet werden: Divergieren, Assimilieren, Konvergieren und Akkomodieren. *Divergieren* beschreibt dabei die Kombination aus konkreter Erfahrung und reflektiertem Beobachten. *Assimilieren* verbindet reflektiertes Beobachten und analytisches Begreifen. Aktives Experimentieren verknüpft mit analytischem Begreifen wird als *Konvergieren* bezeichnet, und die Verknüpfung mit konkretem Erfahren als *Akkomodieren*. Effektives Lernen findet dann statt, wenn der Lernende alle vier Stile beherrscht und sie den Anforderungen entsprechend einsetzen kann. Es wird aber angenommen, dass jeder Mensch, geprägt durch seine Anlagen, frühere Erfahrungen und aktuelle Anforderungen in seiner Umwelt eine gewisse Präferenz ausbildet (Kolb, Boyatzis u. Mainemelis, 2000). Neben einigen demographischen Variablen wie Geschlecht, Alter, Ausbildungsgrad und -richtung fand der Zusammenhang zwischen Kultur und Lernstil in den letzten Jahren zunehmende Beachtung. In Anlehnung an Joy und Kolb (2009) können folgende Unterschiede bei der Aufnahme und Verarbeitung von Erfahrungen durch die Kulturdimensionen Kollektivismus, Unsicherheitsvermeidung und Machtdistanz vermutet werden:

Kollektivismus

In kollektivistischen Kulturen bildet die Gruppe (Familie, Organisation) die entscheidende Orientierungsnorm. Kommunikation und Verhalten sind darauf ausgerichtet, dass die Harmonie innerhalb der Gruppe gewahrt wird und niemand einen Gesichtsverlust erleidet. Dafür ist es notwendig, vor allem das nonverbale Verhalten genau zu beobachten, reiflich zu reflektieren und unter Einbeziehung vieler Kontextinformationen zu interpretieren. Im Gegensatz dazu bildet in individualistischen Kulturen das Individuum selbst als intellektuell und affektiv autonomes Wesen die Bezugsnorm. Verbale Kommunikation, Objektivität, eine lineare Argumentationskette und die Wertschätzung von Logik und Beweisen sind hier die Grundlage jeglicher Kommunikation und Interaktion. Bezogen auf die Dimensionen von Kolb könnte somit angenommen werden, dass eine Sozialisierung in kollektivistischen Kulturen eher konkretes Erfahren und reflektiertes Beobachten als Lernmodi prägen.

Unsicherheitsvermeidung

Bei der Unsicherheitsvermeidung handelt es sich um das Ausmaß, in dem Personen versuchen, Unsicherheit oder Ambiguität zu vermeiden. Dementsprechend existieren in Kulturen mit hoher Unsicherheitsvermeidung meist viele Gesetze und Regeln, die Klarheit und Struktur schaffen sollen; Regelverstöße werden nicht toleriert. Bezogen auf den Lernkontext existieren meist klar strukturierte Stundenpläne und definierte Lernziele. Idealerweise gibt es immer eine korrekte Antwort und Genauigkeit wird hier hoch bewertet. Dies legt die Vermutung nahe, dass bei hoher Unsicherheitsvermeidung eher analytisches Begreifen und Reflektieren gefördert werden. Im Gegensatz dazu wird in wenig Unsicherheit vermeidenden Kulturen eher Lernen durch konkretes Erfahren und aktives Experimentieren bevorzugt. Da in diesen Kulturen alles Neue und Doppeldeutige eher als spannend und interessant wahrgenommen wird, sind Personen hier offener für Veränderungen und Innovationen und gehen mehr Risiken ein. Im Lernkontext zeigt sich dies beispielsweise darin, dass originelle und unkonventionelle Ideen gefördert werden und ein möglichst breiter und offener Lernrahmen vorgegeben wird.

Machtdistanz

In Gesellschaften mit hoher Machtdistanz werden soziale Hierarchien toleriert und wertgeschätzt, auch wenn das bedeutet, dass der Einzelne oft nicht selbstbestimmt entscheiden und handeln kann. Zwischen höher und niedriger gestellten Personen existieren reziproke Verbindungen und es ist wichtig, sich sozial korrekt und seiner Position angemessen zu verhalten. Von einer Lehrperson werden Autorität und Weisheit erwartet; in ihren Händen liegt die Verantwortung für den persönlichen und akademischen Erfolg der ihr zugeteilten Schüler, die dankbar und widerspruchslos an ihrem Wissen teilhaben. Ganz anders wird in Gesellschaften mit niedriger Machtdistanz gedacht. Hier wird jeder respektiert und für das wertgeschätzt, was er leistet oder anzubieten hat. Die schulische Ausbildung ist eher auf den Schüler ausgerichtet, er soll zum Mitdenken, kritischen Hinterfragen und Experimentieren angeregt werden. Dementsprechend wird bei niedriger Machtdistanz Lernen durch aktives Experimentieren bevorzugt und bei hoher Machtdistanz eher reflektiertes Beobachten.

Diese rein theoretisch abgeleiteten Zusammenhänge erscheinen im ersten Moment durchweg plausibel. Bislang existieren allerdings erst wenig empirische Arbeiten, die diese Zusammenhänge umfassend untersuchen. Die meisten Studien vergleichen die Lernstile von Studierenden aus zwei oder drei verschiedenen Ländern. Auch wenn sich darin häufig Unterschiede zeigen (Barmeyer, 2004; Yamazaki u. Kayes, 2004), lassen sich diese nur schwer auf ein allgemeines Niveau generalisieren. Die bislang umfangreichste Analyse wurde von Joy und Kolb (2009) anhand von sieben Ländern aus unterschiedlichen kulturellen Clustern durchgeführt. Darin ergibt sich nur für die Dimension Unsicherheitsvermeidung der erwartete Zusammenhang, nämlich je höher die Unsicherheitsvermeidung ist (z. B. Singapur, Deutschland), desto stärker zeigt sich eine Präferenz für analytisches Begreifen und reflektiertes Beobachten. In wenig Unsicherheit vermeidenden Kulturen (Italien, Polen) werden eher konkretes Erfahren und aktives Experimentieren bevorzugt. Hinsichtlich Kollektivismus bestätigen sich die angenommenen Zusammenhänge nur für den Bereich der Informationsverarbeitung, nämlich in der Form, dass in kollektivistischeren Kulturen (Indien, Polen) eher aktives Experimentieren bevorzugt wird und in individualistischeren Kulturen (Deutschland, USA) eher reflektiertes Beobachten. Auf der Dimension Machtdistanz konnten keinerlei Zusammenhänge festgestellt werden.

Dennoch scheint es gerade zwischen asiatischen und westlichen Kulturen immer wieder zu Missverständnissen und Schwierigkeiten in der Zusammenarbeit zu kommen (Nguyen, Terlouw u. Pilot, 2006; Valiente, 2008). Dies ist nicht weiter verwunderlich. Schließlich zeigt der »ideale Lernende« gemäß der westlichen, sokratisch geprägten Denkweise Verhaltensweisen wie ein hohes Maß an Eigenmotivation und Initiative beim Wissenserwerb oder eine analytische, kritische Arbeitsweise. Er sollte seine eigene, auf Fakten begründete Meinung im argumentativen Austausch mit konträren Ansichten verteidigen können (Valiente, 2008). In konfuzianisch geprägten Kulturen wird ein anderes Bild vom »idealen Lernenden« gezeichnet (Nguyen et al., 2006):

- Der Lehrende/Dozent wird in seinem Wissen und seiner Weisheit nicht infrage gestellt.
- Der Schüler/Studierende konsumiert das vermittelte Wissen, ohne es infrage zu stellen.
- Erfolgreich ist der, der viel von dem vermittelten Wissen im Gedächtnis behalten kann.
- Eine Frage ist erst möglich, nachdem umfangreiches Wissen vermittelt und reflektiert wurde.
- Kritik und Widerspruch gegenüber dem Lehrer ist keine übliche Interaktionsform.
- Lernziele, Denk- und Arbeitsweise werden stark durch den Lehrer/Dozenten vorgegeben.
- Der Lehrer ist dafür verantwortlich, dass alle Schüler/Studenten ihm folgen können.

Diese vom Konfuzianismus geprägten Verhaltensweisen wirken für Vertreter westlicher Kulturen oft irritierend und können, wenn sie diesen nicht bekannt sind, zu falschen Interpretationen verleiten (siehe auch Abschnitt »Interkulturelle Interaktionen zwischen Dozenten und Studierenden«, S. 257). Zudem lässt beispielsweise der stärker bildhafte Schreibstil, mit langen Sätzen und einer zirkulären Argumentationsweise den westlichen Leser im Unklaren über die zentralen Aussagen des Textes (Valiente, 2008). Außerdem wird von Dozenten aus westlichen Kulturen häufig angemerkt, dass Studenten aus dem ost- und südasiatischen Raum eine starke Tendenz zeigen, Inhalte komplett auswendig zu lernen und alles als »wahr« zu akzeptieren, was in Büchern und Zeitschriften geschrieben steht oder vom Dozenten selbst gesagt wird (Ramburuth, 2001). Das Bild eines passiven, unbeteiligten Studenten, der sich nie öffentlich vor der Klasse äußert, geschweige denn dem Lehrer widerspricht und der in erster Linie oberflächlich lernt, also ungefiltert alles wiedergibt, was er zuvor auswendig gelernt hat (Barron u. Arcodia, 2002; You u. Jia, 2008) wird von vielen westlichen Dozenten gezeichnet. Folgende Zitate veranschaulichen dies:

> »I believe overseas/migrant students rely more heavily on memorisation and less on understanding than Australian students« (Computer Science Lecturer, in Samuelowicz, 1987, p. 123).

> »They take down every blessed word you say. I mean, they're good students, in a way, but you don't get much reaction out of them. I've given up trying to discuss different ways of approaching the problems in tutorials. They just want me to give them the best and quickest method for reaching an answer and no wasting time« (Economics Lecturer, in Ballard u. Clanchy, 1991, p. 2).

Allerdings zeigen einige Untersuchungen, dass die Behauptung, asiatische Studenten würden oberflächlicher lernen als ihre westlichen Kommilitonen und hätten deswegen weniger akademischen Erfolg, nicht den empirischen Ergebnissen entspricht. Im Vergleich mit australischen Studenten konnten beispielsweise keine signifikanten Unterschiede festgestellt werden (Ramburuth u. McCormick, 2001). In einer anderen Studie zeigten chinesische Studierende mitunter mehr Interesse, verarbeiteten und verstanden Wissen gründlicher als amerikanische Studierende, die in erster Linie versuchten, die Bewertungsmaßstäbe zu erfüllen (You u. Jia, 2008).

Welches Fazit kann nun aus dieser Ergebnislage gezogen werden und wie lassen sich diese Unterschiede zwischen Wahrnehmung der Dozenten und empirischer Datenlage erklären? Entgegen aller kulturellen Kategorisierungen und Versuche, kulturspezifische Gemeinsamkeiten zu beschreiben, zeigt sich immer wieder, dass es innerhalb einer Kultur ähnlich viele Unterschiede wie Gemeinsamkeiten gibt (Guild, 1994). Das bedeutet also, dass eine Auffälligkeit in der Verhaltensweise eines ausländischen Studenten nicht zwangsläufig auf alle anderen Studenten seiner Kultur generalisiert werden kann. Des Weiteren sind Lernstile mehr eine ausgeprägte Lerngewohnheit als eine unveränderbare genetische Ausstattung, die beispielsweise in Abhängigkeit von der Intelligenz das Lernverhalten einer Person prägt. Das heißt, der Lernstil einer Person ist veränderbar und kann der jeweiligen Aufgabe oder einem neuen Kontext angepasst werden. Somit lässt sich gut erklären, wieso Studien, die zwischen Lerngewohnheiten einheimischer und ausländischer Studenten differenzieren, nicht die erwartet starken Unterschiede zeigen; hier hat bei den ausländischen Studierenden bereits eine Anpassung an den neuen Lernkontext und die Aufgabenstellung stattgefunden (Reid, 1987). Es kann aber dennoch behauptet werden, dass im Zusammenspiel zwischen Person und Umwelt der kulturelle Hintergrund einer Person, neben ihrer Persönlichkeit, schulischer Ausbildung, beruflichen Karriere, aktueller Tätigkeit und Anpassungskompetenz ihren Lernstil zusätzlich formt (Yamazaki, 2005).

Im Umgang mit ausländischen Studierenden können Unterschiede in der Interaktion, Kommunikation oder dem Lehr- und Lernverhalten salient werden. Einige dieser Unterschiedlichkeiten lassen sich durchaus über alte Traditionen (Konfuzianismus) oder gesellschaftliche Entwicklungen (Konstruktivismus) erklären. Andere kann man erst verstehen, wenn viele mögliche Einflussfaktoren wie Kultur, Persönlichkeit, Lernumgebung, Fachgebiet, Aufgabenstellung etc. gleichzeitig berücksichtigt werden. Diese Vorgehensweise erfordert allerdings ein gutes Beobachtungs- und Reflexionsvermögen auf beiden Seiten, das nicht jeder Person unmittelbar zugänglich ist. Im nächsten Abschnitt sollen deswegen Perspektiven aufgezeigt werden, wie sich interkulturelle Lehr-Lern-Situationen so gestalten lassen, dass kulturelle Unterschiede respektvoll und produktiv mit einbezogen werden.

Perspektiven interkultureller Zusammenarbeit an Hochschulen und Universitäten

Die Ausführungen zu interkulturellen Interaktionen zwischen Professoren und Studenten legen ebenso wie die beschriebenen Unterschiede in den Lerngewohnheiten nahe, dass interkulturelle Sensibilität bereits im Rahmen von Vorlesungen und Seminaren wichtig ist und mit zunehmender Interaktionshäufigkeit und -intensität noch an Bedeutung gewinnt. Daher sollen im Folgenden einige Vorschläge gemacht werden, wie an der Verbesserung der interkulturellen Interaktionen zwischen Dozenten und Studierenden gearbeitet werden kann. Um möglichst nachhaltige und erfolgreiche Verbesserungen zu erzielen, ist es dabei entscheidend, dass sowohl internationale Studenten als auch Professoren und Dozenten einbezogen werden. Denn erst das Ansetzen auf beiden Seiten schafft die Möglichkeit für interkulturelle Synergien und Innovationen im Umgang miteinander. Während eine ausschließliche Konzentration auf internationale Studenten zwangsläufig auf deren Anpassung abzielt (Zeutschel, 1998), birgt die einseitige Betonung kultureller Besonderheiten gegenüber Lehrkräften die Gefahr, dass dies zu Stereotypisierungen und einer ungleichen Behandlung im Unterricht führt (Guild, 1994).

Für internationale Studierende gibt es bereits zahlreiche vielversprechende Maßnahmen, deren Wirkung teilweise auch wissenschaftlich belegt ist. Westwood und Barker (1990) beispielsweise entwickelten und untersuchten ein Peer-Pairing-Programm, bei dem jeweils ein internationaler Studierender von einem einheimischen Studierenden begleitet wurde. Die einheimischen Studierenden erhielten vorab ein intensives Training, das sowohl die Vermittlung von Kommunikationsfähigkeiten, kulturellen Wissens als auch universitärer Abläufe beinhaltete. Die gemeinsamen Treffen zwischen den internationalen wie einheimischen Studierenden erfolgten dann mindestens zweimal monatlich, wobei die Paare die Inhalte je nach Bedarf selbst festgelegten, so dass die Aktivitäten vom Familienabend, über die Erledigung bürokratischer Angelegenheiten, bis zur Bearbeitung von Seminararbeiten reichen konnten. Das Peer-Pairing-Programm wirkte sich nachweislich positiv auf die untersuchte akademische Leistung aus und führte zu einer geringeren Abbrecherquote als im Vergleichssample. In Deutschland werden Studierende an manchen Universitäten bereits studiumsbegleitend auf eine interkulturelle Zusammenarbeit vorbereitet. So gibt es beispielsweise an der Hochschule Regensburg die zweisemestrige Zusatzausbildung »Internationale Handlungskompetenz«, in der die Studierenden intensiv ihre eigene kulturelle Identität reflektieren und sich davon ausgehend mit anderen Kulturen beschäftigen. Die Studierenden können ihr Wissen dann sowohl im Umgang mit ausländischen Studierenden, aber auch im Falle eines eigenen Auslandsaufenthaltes nutzen. Dadurch wird eine wichtige Forderung erfüllt, nämlich auch einheimische Studierende auf den Umgang mit Interkulturalität an der Universität vorzubereiten (Otten, 2003).

Eine andere Herangehensweise praktiziert die Ludwig-Maximilans-Universität

München. Dort existiert seit über zwei Jahren ein Projekt, das den Austausch zwischen China und München stärken soll (China Scholarship Council). Die chinesischen Studierenden, die im Rahmen dieses Programms nach München kommen, werden in einem vierwöchigen Kurs auf ihre Zeit in Deutschland vorbereitet. Neben Unterstützung bei allen administrativen und organisatorischen Aufgaben (Immatrikulation, U-Bahnticket etc.) werden die Studierenden durch ein Training speziell auf den deutschen akademischen Kontext vorbereitet. Zudem werden frühere Teilnehmende des Programms eingeladen, um von ihren Erfahrungen zu berichten und diese mit den Neuankömmlingen zu teilen. Auf diese Weise sollen die Studierenden dafür sensibilisiert werden, dass es Unterschiede in akademischen Abläufen und den an sie gestellten Erwartungen geben kann.

Ein weniger vielseitiges Angebot existiert bislang hinsichtlich der Ausbildung und Vorbereitung von Dozenten und Professoren in Bezug auf ausländische Studierende. Da Dozenten einer Universität in der Regel allgemein keine sozialen, didaktischen oder methodischen Kompetenzen nachweisen oder erlernen müssen, gibt es nur wenige Universitäten, die ihren Angestellten in diesem Bereich Weiterbildung und Unterstützung anbieten. Durch die Gründung des LMU Center for Leadership and People Management im Jahr 2007 bot sich erstmals ein Forum, um wissenschaftliches Personal in Führungs-, Kommunikations- und Lehrkompetenzen weiterzubilden. Im Bereich der interkulturellen Zusammenarbeit und Lehre existieren hier Angebote, die zunächst eine eingehende Reflexion der Rolle des Dozenten und Professors im eigenen Land ermöglichen, um darauf aufbauende konkrete Handlungsempfehlungen für interkulturelle Lehrsituationen abzuleiten. So erfolgt beispielsweise anhand diverser kritischer Interaktionssituationen eine Auseinandersetzung mit Art und Einfluss kultureller Besonderheiten. Um neben einer reinen Wissensvermittlung auch die Übertragung in die Praxis zu erleichtern, ist es ratsam in der Konzeption der Trainingseinheiten auf Ergebnisse der interkulturellen Lehr- und Lernforschung zurückzugreifen (Kammhuber, 2000). Einige Autoren betonen, dass erfolgreiches Lernen immer einer vertrauenfördernden Lernumgebung bedarf und es durchaus Sinn macht, sich zum Beginn des Semesters etwas intensiver und persönlicher mit seinen Studierenden zu beschäftigen (Nguyen et al., 2006). Mit dem nötigen kulturellen Hintergrundwissen lassen sich dann Lehrmethoden entwickeln, die es allen ermöglichen, am Unterricht teilzuhaben. Unterstützendes Feedback, Sicherstellen der sprachlichen Kenntnisse und regelmäßige Analyse des Lernerfolgs sind weitere wichtige Schritte. Eine etwas genauere und stark praxisorientierte Checkliste findet sich bei Bond, Qian und Huang (2006).

Die Internationalisierung von Studiengängen im Rahmen der Bologna-Konferenz und ein enges Netzwerk zwischen Universitäten weltweit erfordert eine sorgfältige Vorbereitung und Sensibilität auf allen Seiten, damit interkulturelle Erfahrungen und Kollaborationen auch wirklich positive Konsequenzen nach sich ziehen. Wissen über andere Kulturen, deren Werte, Interaktionsweisen und

Lerngewohnheiten ist dann von Vorteil, wenn es umsichtig in die Planung und Durchführung von Lehrangeboten einbezogen wird. Schließlich genügt es nicht lediglich die Zahl ausländischer Studierender an deutschen Universitäten zu erhöhen, vielmehr sollte das mit dieser kulturellen Diversität einhergehende Potenzial für alle Seiten gewinnbringend genutzt werden.

Literatur

Ballard, B., Clanchy, J. (1991). Teaching students from overseas: A brief guide for lecturers and supervisors. Melbourne: Longman Cheshire.

Barmeyer, C. I. (2004). Learning styles and their impact on cross-cultural training: An international comparison in France, Germany and Quebec. International Journal of Intercultural Relations, 28 (6), 577–594.

Barron, P., Arcodia, C. (2002). Linking learning style preferences and ethnicity: international students studying hospitality and toursim management in Australia. Journal of Hospitality, Leisure, Sport and Tourism Education, 1 (2), 15–27.

Bond, S., Qian, J., Huang, J. (2006). Good practices for internationalizing the curriculum [Electronic Version]. Teaching and Learning in Higher Education, 43, 1–4. Zugriff unter http://www.stlhe.ca/en/publications/newletters/STLHE%20Newsletter%2043%202006%20Summer.pdf

Brökelmann, S., Fuchs, C.-M., Kammhuber, S., Thomas, A. (2005). Beruflich in Brasilien. Trainingsprogramm für Manager, Fach- und Führungskräfte. Göttingen: Vandenhoeck & Ruprecht.

Charles, F. A. (2002). Academic success and the international student: Research and recommendations. New Directions for Higher Education, 117, 13–20.

Crabtree, R. D., Sapp, D. A. (2004). Your Culture, My Classroom, Whose Pedagogy? Negotiating Effective Teaching and Learning in Brazil. Journal of Studies in International Education, 8, 105–132.

den Brok, P., Levy, J., Wubbels, T., Rodriguez, M. (2003). Cultural influences on students' perceptions of videotaped lessons. International Journal of Intercultural Relations, 27(3), 355–378.

Durkin, K. (2008). The Middle Way: East Asian Master's Students' Perceptions of Critical Argumentation in U.K. Universities. Journal of Studies in International Education, 12 (1), 38–55.

Guild, P. (1994). The Culture/Learning Style Connection. Educational Leadership, 16–21.

Gutierrez, K. D., Rogoff, B. (2003). Cultural Ways of Learning: Individual Traits or Repertoires of Practice. Educational Researcher, 32 (5), 19–25.

Hall, E. T. (1976). Beyond Culture. New York: Anchor Books/Doubleday.

Hofstede, G. (2001). Culture's Consequences. Comparing Values, Behaviors, Institutions, and Organizations across Nations (2 ed.). California: Sage Publications.

Hwang, A., Francesco, A. M., Kessler, E. (2003). The Relationship Between Individualism-Collectivism, Face, And Feedback And Learning Processes In Hong Kong, Singapore, And The United States. Journal of Cross-Cultural Psychology, 34 (1), 72–91.

Joy, S., Kolb, D. A. (2009). Are there cultural differences in learning style? International Journal of Intercultural Relations, 33 (1), 69–85.

Kammhuber, S. (2000). Interkulturelles Lernen und Lehren. Wiesbaden: DUV.

Kolb, D. A. (1984). Experiential learning: Experience as a source of learning and development. New Jersey: Prentice-Hall Inc.

Kolb, D. A., Boyatzis, R. E., Mainemelis, C. (2000). Experiential Learning Theory: Previous Research and New Directions. In R. J. Sternberg, L. F. Zhang (Eds.), Perspectives on cognitive, learning, and thinking styles (pp. 227–247). Mahwah, NJ: Lawrence Erlbaum.

Levy, J., Wubbels, T., Brekelmans, M., Morganfield, B. (1997). Language and cultural factors in students' perceptions of teacher communication style. International Journal of Intercultural Relationships, 21 (1), 29–56.

Markowsky, R., Thomas, A. (1995). Studienhalber in Deutschland. Interkulturelles Orientierungstraining für amerikanische Studenten, Schüler und Praktikanten. Heidelberg: Asanger Verlag.

Nakane, I. (2006). Silence and politeness in intercultural communication in university seminars. Journal of Pragmatics, 38 (11), 1811–1835.

Nguyen, P.-M., Terlouw, C., Pilot, A. (2006). Culturally appropriate pedagogy: the case of group learning in a Confucian Heritage Culture context. Intercultural Education, 17 (1), 1–19.

Oetzel, J. G., Ting-Toomey, S. (2003). Face Concerns in Interpersonal Conflict: A Cross-Cultural Empirical Test of the Face Negotiation Theory. Communication Research, 30 (6), 599–624.

Otten, M. (2003). Intercultural learning and diversity in Higher Education. Journal of Studies in International Education, 7, 12–26.

Ramburuth, P. (2001). Cross-Cultural Learning Behaviour in Higher Education: Perceptions versus Practice. Paper presented at the Seventh International Litracy and Education Research Network (LERN) Conference on Learning.

Ramburuth, P., McCormick, J. (2001). Learning diversity in higher education: A comparative study of Asian international and Australian students. Higher Education, 42 (3), 333–350.

Reid, J. M. (1987). The Learning Style Preferences of ESL Students. TESOL Quarterly, 21 (1), 87–111.

Samuelowicz, K. (1987). Learning problems of overseas students: Two sides of a story. Higher Education Research and Development, 6 (2), 121–133.

Sanders, J. A., Wiseman, R. L. (1990). The effects of verbal and nonverbal teacher immediacy on perceived cognitive, affective and behavioral learning in the multicultural classroom. Communication Education, 39, 341–353.

Thomas, A. (1993). Psychologie interkulturellen Lernens und Handelns. In A. Thomas (Hrsg.), Kulturvergleichende Psychologie. Eine Einführung (S. 433–485). Göttingen: Hogrefe.

Thomas, A. (2005). Kultur und Kulturstandards. In A. Thomas, E.-U. Kinast, S. Schroll-Machl (Hrsg.), Handbuch Interkulturelle Kommunikation und Kooperation. Band 1: Grundlagen und Praxisfelder (2. Aufl., S. 19–31). Göttingen: Vandenhoeck & Ruprecht.

Ting-Toomey, S. (1988). Intercultural conflict styles: A face-negotiation theory. In Y. Y. Kim, W. Gudykunst (Eds.), Theories in intercultural communication (pp. 213–235). Newbury Park, CA: Sage.

Valiente, C. (2008). Are students using the ›wrong‹ style of learning?: A multicultural scrutiny for helping teachers to appreciate differences. Active Learning in Higher Education, 9 (1), 73–91.

Westwood, M. J., Barker, M. (1990). Academic achievement and social adaptation among international students: a comparison groups study of the peer-pairing program. International Journal of Intercultural Relations, 14, 251–263.

Yamazaki, Y. (2005). Learning styles and typologies of cultural differences: A theoretical and empirical comparison. International Journal of Intercultural Relations, 29 (5), 521–548.

Yamazaki, Y., Kayes, D. C. (2004). An Experiential Approach to Cross-Cultural Learning: A Review and Integration of Competencies for Successful Expatriate Adaptation. Academy of Management Learning & Education, 3 (4), 362–379.

You, Z., Jia, F. (2008). Do they learn differently? An investigation of the pre-service teachers from US and China. Teaching and Teacher Education, 24 (4), 836–845.

Zeutschel, U. (1998). Kooperation in internationalen Teams – Potentiale, Beobachtungen, Empfehlungen. Projektinformation 3 (Abschlusspräsentation). Unveröff. Arbeitspapier des Forschungsprojekts Interkulturelle Synergie in Arbeitsgruppen. Universität Regensburg.

Zhang, Z., Brunton, M. (2007). Differences in living and learning: Chinese International Students in New Zealand. Journal of Studies in International Education, 11, 124–140.

Gabriele Blod, Susanne Elze und Claudia Woerz-Hackenberg

Bachelor »International Relations and Management« – ein interdisziplinärer und interkultureller Studiengang an der Hochschule Regensburg

Einleitung

Erfolgreich mit Menschen unterschiedlicher kultureller Herkunft zu kommunizieren und zu kooperieren, ist vor allem in international operierenden Unternehmen und Organisationen gefragt, in denen multikulturelle Arbeitsgruppen und multinationale Projektteams die Regel bilden. Doch auch in regional oder national ausgerichteten kleineren und mittelständischen Unternehmen spielt die Zusammenarbeit mit Menschen anderer Kulturen in einer exportorientierten Wirtschaft wie der deutschen eine zunehmend wichtige Rolle. Für das Berufsleben der künftigen Generation wird interkulturelle Kompetenz daher eine unverzichtbare Schlüsselqualifikation darstellen.

Während sich bei Master-Studiengängen seit einigen Jahren ein deutlicher Trend zu interkulturellen Zusatzqualifikationen abzeichnet, gibt es in Deutschland nur wenige grundständige Studiengänge mit interkulturellem Profil. Als Pionier ist hier in erster Linie der Bachelor-Studiengang »Kulturwirtschaft/International Cultural and Business Studies« der Universität Passau zu nennen.

Mit dem Bachelor-Studiengang »International Relations and Management« bietet nun die Hochschule Regensburg erstmals einen interkulturellen Studiengang an, der auch Absolventen von Berufs- und Fachoberschulen offensteht. Der Studiengang ist interdisziplinär angelegt; er richtet sich an Studieninteressierte mit ausgeprägter sprachlicher Begabung und Interesse an anderen Kulturen, die einen Berufstart in Unternehmen oder Organisationen mit internationalem Bezug anstreben.

Der Studiengang umfasst Fach- und Methodenkenntnisse der Disziplinen Betriebs- und Volkswirtschaftslehre, Rechts-, Politik- und Sozialwissenschaft. Er vermittelt die wissenschaftlichen Grundlagen und die praktischen Implikationen interkultureller Kompetenz, wobei er auf dem Kulturstandardkonzept von Alexander Thomas aufbaut (Thomas, Kammhuber u. Schroll-Machl, 2003; Thomas, Kinast u. Schroll-Machl, 2003 sowie Thomas in diesem Band). Eine intensive Sprachenausbildung mit Englisch als Pflichtsprache sowie einer weiteren Fremdsprache als Wahlpflichtfach schafft die sprachlichen Voraussetzungen für das angestrebte

Qualifikationsprofil. Schließlich wird großes Augenmerk auf die Vermittlung von Schlüsselqualifikationen wie Kommunikationsfähigkeit, soziale Kompetenz, Teamarbeit und analytisches Denkvermögen gelegt. Dabei wird die interkulturelle Komponente immer mit berücksichtigt. Um das Sprachenniveau zu steigern, werden ab dem 2. oder 3. Semester Vorlesungen auch auf Englisch gehalten.

Eine Spezialisierung auf den Bereich Wirtschaft oder den Bereich Politik ist ab dem zweiten Studienabschnitt möglich und erwünscht. Desgleichen ermöglicht der Studiengang eine exemplarische Vertiefung auf Weltregionen, idealerweise kombiniert mit den zugehörigen Sprachen:

- Westeuropa (mit romanischer Sprache),
- Osteuropa (mit osteuropäischer Sprache),
- USA/Australien/Neuseeland (mit Zweitsprache zur Wahl),
- Lateinamerika (mit Spanisch bzw. Portugiesisch),
- China (mit Chinesisch),
- Arabische Länder (mit Arabisch) – geplant für Ausbaustufe.

Der Studiengang enthält ein verpflichtendes Auslandsstudiensemester sowie ein Praxissemester in einem international tätigen Unternehmen oder einer multinationalen Organisation im In- oder Ausland.

Der Studiengang startete erstmals im Wintersemester 2009/2010. Für den ersten Jahrgang bewarben sich weit über 500 Absolventen und Absolventinnen von Gymnasien, Fach- und Berufsoberschulen; aufgrund der beschränkten Anzahl an Studienplätzen war für die Zulassung ein Abschlusszeugnisdurchschnitt von 2,0 (Numerus clausus) erforderlich. 35 Studierende nahmen im Wintersemester 2009/2010 ihr Studium auf. Bei dieser überschaubaren Gruppengröße können die Studierenden von der Hochschule intensiv betreut werden.

Ziel und Zielgruppen des Studiengangs

Ziel des Studiums ist es, einen theoretisch fundierten und an der Praxis orientierten Bachelor of International Relations and Management auszubilden, der einen Berufstart in Unternehmen oder Organisationen mit internationalem Bezug anstrebt und kreative Organisations-, Koordinations-, Kommunikations- und Leitungsaufgaben in einem internationalen Umfeld übernehmen möchte. Um die Wünsche der Zielgruppen (Studieninteressierte, Unternehmen/Organisationen) und deren Anforderungen an einen Studiengang dieser Art zu analysieren, wurde während der Konzeption eine Marktanalyse als Diplomarbeitsthema vergeben (Elze, 2009); darüber hinaus wurden weitere Befragungen im Rahmen von Firmenkontaktmessen durchgeführt. Nach dem erfolgreichen Start des Studiengangs bot eine Befragung des ersten Studienjahrgangs die Möglichkeit, die Motive der

Studierenden für ihre Studienwahl zu eruieren. Die Ergebnisse werden im Folgenden dargestellt.

Anforderungen der Studieninteressierten

Der Studiengang wendet sich an Absolventen von Gymnasien und Fach- bzw. Berufsoberschulen. 94 Regensburger und Münchener Schülerinnen und Schüler aus je zwei Klassen von je einem dieser Schultypen wurden nach ihrer Einschätzung dieses Studienganges befragt. Das Ergebnis: Der Studiengang sprach Absolventen aller drei Schultypen an, insbesondere die befragten Fachoberschüler. Dabei zeigten 61 % der Fachoberschüler Interesse, gegenüber 43 % bei den Gymnasiasten und 44 % bei den Berufsoberschülern (Elze, 2009, S. 29). Das Ergebnis der Stichprobe entsprach damit den Ergebnissen einer Studie, die im Auftrag des Bayerischen Staatsinstituts für Hochschulforschung und Hochschulplanung erstellt wurde: Sie stellte fest, dass je außergewöhnlicher der angebotene Studiengang ist, die Art der Hochschule keine entscheidende Rolle bei der Studienwahl spielt, wohingegen bei klassischen Studiengängen Gymnasiasten sich eher für ein Universitätsstudium entscheiden (Gensch u. Schindler, 2003; Elze, 2009).

Befragt zu den Eigenschaften eines Wunschstudienganges ergab sich folgendes Bild: Die Schülerinnen und Schüler erwarten von einem Studium in erster Linie fundierte Fachkenntnisse, darüber hinaus die Vermittlung von Schlüsselqualifikationen und Praxiserfahrung. Bei den Sprachen stuften die Befragten Englisch, Spanisch, Französisch, Russisch und Chinesisch/Mandarin als wünschenswerte Fremdsprachen ein. Hier decken sich die Einschätzungen der Schüler und die der befragten Unternehmen, welche die genannten Fremdsprachen in genau der gleichen Reihenfolge angeben (Elze, 2009).

Ein Auslandsstudiensemester oder praktische Erfahrungen im Ausland hingegen wurden von den befragten Schülerinnen und Schülern als nicht so wichtig angesehen. Lediglich die Berufsoberschüler würden gern praktische Erfahrungen im Ausland sammeln, allerdings nicht zwingend (Elze, 2009). Da der Studiengang »International Relations and Management« ein verpflichtendes Auslandsstudiensemester vorschreibt und ein Praxissemester im Ausland unterstützt, wurde durch dieses Ergebnis deutlich, dass das Marketing diese Eigenschaften des Studiengangs besonders würde hervorheben müssen, um gezielt auslandsinteressierte Studienbewerber anzusprechen.

Nach den Ergebnissen der Befragung des ersten Studienjahrgangs zu urteilen, ist dies gelungen. Die 35 Studierenden stammen ihrer Herkunft nach überwiegend aus Bayern (29), doch sind auch Baden-Württemberg, Hessen, Niedersachsen, Sachsen und Berlin vertreten. Die Schulabschlüsse (Abitur, Fachoberschule, Berufsoberschule) sind fast gleich verteilt. 14 Studierende besitzen eine abgeschlossene Berufsausbildung.

Als Gründe ihrer Studienwahl nannten die Studierenden:

1. Der Studiengang wird als anspruchsvoll empfunden. Die interessante und vielseitige Kombination der Fächer aus Wirtschaft, Politik, Sprachen und interkulturellen Angeboten überzeugte. Insbesondere wird das Angebot von Politik hervorgehoben, das an Hochschulen bislang ungewöhnlich ist: »Nach einem solchen Studiengang habe ich an vielen Hochschulen in ganz Deutschland gesucht«, lautet eine der Aussagen.
2. Das breite Fächerangebot trifft die breite Interessensgrundlage der Studierenden. Sie würdigen die Möglichkeit, sich mit unterschiedlichen Bereichen zu befassen, ihre Stärken und Vorlieben herauszufiltern, diese im zweiten Studienabschnitt zu vertiefen und gegebenenfalls ein spezialisierendes Masterstudium anzuschließen.
3. Die internationale Ausrichtung und die interkulturellen Module des Studiengangs überzeugen. Entsprechend positiv werden das integrierte und verpflichtende Auslandsstudiensemester und die Möglichkeit zum Praxissemester im Ausland gesehen. Interesse an anderen Kulturen, Neugierde auf neue Länder und der Wunsch, später international zu arbeiten, haben die Studierenden dazu bewogen, sich für dieses Studium zu entscheiden.
4. Die Sprachausbildung – die Möglichkeit, eine neue Sprache von Grund auf zu lernen – wurde als weiteres Motiv genannt. Bei der Wahl der zweiten Fremdsprache folgen die Studierenden des ersten Jahrgangs fast genau der bereits genannten Rangfolge. Lässt man Englisch als Pflichtsprache unberücksichtigt, so sind die Wahlsprachen folgendermaßen vertreten: Spanisch (25), Italienisch (5), Französisch (3), Chinesisch (1) und Portugiesisch (1). Zusätzlich belegen einige Studierende des ersten Studienjahres aus Interesse freiwillig eine weitere Wahlsprache.
5. Mit der Entscheidung für dieses Studium wollen sich die Studierenden für ein breites Spektrum an späteren Berufsfeldern mit internationalem Bezug vorbereiten. In einem Fall baut das Studium auf der vorigen Berufsausbildung (Fremdsprachenkorrespondent) auf. In Richtung »Berufsorientierung« weisen auch die angegebenen Motive »Praxisbezug des Studiengangs« und »Angebot an Schlüsselqualifikationen«.
6. Schließlich trugen die Hochschule Regensburg selbst (»gute Bewertung im Hochschul-Ranking«) und der Ruf Regensburgs als attraktive Studentenstadt zur Studienentscheidung bei.

Als vorrangige Informationsquelle wurde von den Studierenden die Website des Studiengangs und der Hochschule genutzt (24 Nennungen), gefolgt von Information durch Freunde (6), Besuch des Hochschulinformationstags (2) sowie Zeitung und Radio (je 1).

Anforderungen der Unternehmen

Aufgrund der weit gefächerten beruflichen Einsatzmöglichkeiten der künftigen Absolventen des Studiengangs wurde die übergeordnete Leitfrage bei der Befragung der Unternehmen und Organisationen bewusst allgemein gefasst: »Wie sieht der ideale Absolvent für Sie aus?« 35 Unternehmen und 11 Organisationen beantworteten den Fragebogen, was einer Rücklaufquote von 34 bzw. 50 % entspricht (Elze, 2009). Bei je zwei Unternehmen und Organisationen wurden zudem Experteninterviews durchgeführt. Darüber hinaus wurden von der Studiengangleitung im Rahmen der Firmenkontaktmessen »Bayhost« und »Karriere-Kontakte« im Sommersemester 2008 weitere Unternehmen nach ihrer Einschätzung befragt.

Vor allem international tätige Unternehmen und Konzerne verlangen von ihren künftigen Mitarbeitern interkulturelle Kompetenzen, das heißt »nicht nur die Akzeptanz anderer fachlicher Sichtweisen, sondern auch die Akzeptanz fremder Verhaltens- und Arbeitsweisen« (Hell, 1997, S. 56). 60 % der befragten Unternehmen sowie alle Organisationen gaben an, dass sie diese Kompetenzen von ihren Mitarbeitern erwarten. Desgleichen spielen Schlüsselkompetenzen eine wichtige Rolle: Kommunikationsfähigkeit, analytisches Denkvermögen, Teamarbeit und soziale Kompetenz wurden vorrangig genannt. Die im Studiengang explizit angebotenen Fächer bewerteten die befragten Unternehmen und Organisationen als sehr wichtig bis wichtig, in dieser Reihenfolge: »Teamarbeit«, »IT-Grundlagen«, »Projektmanagement«, »Präsentation«, »Schreibkompetenz«, »Methodenkompetenzen wie Moderationstechniken«, »Verhandlungstechniken« (Elze, 2009, S. 26).

Der Einwand, ein künftiger Absolvent sei ein Generalist, der nur Grundkenntnisse aus jedem Bereich aufweisen könne, jedoch kein Spezialist für ein bestimmtes Gebiet, kam in der Befragung von Elze in erster Linie von großen Unternehmen, die für Fachabteilungen speziell qualifiziertes Personal benötigen, wohingegen sich mittlere und kleinere Unternehmen an Absolventen mit einem breiten Fachwissen interessiert zeigten, die flexibel einsetzbar sind.

Bei der Befragung von Unternehmen im Rahmen der Firmenkontaktmessen »Bayhost« und »Karriere-Kontakte« signalisierten auch große Unternehmen Interesse an Absolventen dieses Studiengangs und bewerteten die Fächerkombinationen sehr positiv. Einsatzgebiete sehen diese befragten Unternehmen vor allem im Vertrieb sowie in den Bereichen Personalwesen und -entwicklung, berufliche Weiterbildung/Trainings, Marketing, Werbung, Öffentlichkeitsarbeit, Event-Management, Projektierung, Logistik/Organisation, Einkauf, Managementassistenz.

Alle befragten Firmen wiesen ausdrücklich darauf hin, dass es nicht so sehr auf die Art des Abschlusses ankomme, sondern auf Auftreten, sozialkommunikative Fähigkeiten sowie die klar erkennbare Motivation, in welche Richtung der Absolvent/die Absolventin sich beruflich entwickeln möchte. Dieser »rote Faden« solle von den Studierenden schon während des Studiums angelegt werden – beispielsweise durch die Wahl der vertiefenden Schwerpunkte, durch Praktika,

Nebentätigkeiten und Praxissemester. Aus Sicht der befragten Unternehmen sollten Praxissemester beziehungsweise Praktika am besten beim jeweiligen Unternehmen absolviert werden, wobei eine Dauer von drei bis sechs Monaten erwartet wird.

Besonders begrüßt wurde das Auslandsstudiensemester; desgleichen die Sprachenausbildung. Englisch gilt als Lingua Franca und ist unabdingbare Voraussetzung. Viele Unternehmen begrüßen darüber hinaus jede weitere Fremdsprache – wie Spanisch, Französisch, Russisch und Chinesisch sowie mittel- und osteuropäische Sprachen.

Der hohe Anteil an Schlüsselqualifikationen, besonders die Vermittlung interkultureller Kompetenzen, wurde ausdrücklich gewürdigt.

Als Fazit der Befragungen der Unternehmen und Organisationen ergab sich, dass der Studiengang als sehr interessant eingestuft wird. Aufgrund der neuartigen Kombination der Fächer und des neuen Namens sei es jedoch ratsam, die Inhalte und das Qualifikationsprofil breiter bekannt zu machen. Dies wird im künftigen Zielgruppenmarketing des Studiengangs berücksichtigt werden.

Aufbau des Studiengangs

Der Studiengang »International Relations and Management« umfasst sieben Semester, davon ein verpflichtendes Auslandsstudiensemester und ein Praxissemester. Er ist in zwei Studienabschnitte gegliedert; der erste Abschnitt umfasst das 1. und 2. Semester, der zweite Abschnitt das 3. bis 7. Semester.

Das Studium bietet den Studierenden Wahlmöglichkeiten zur spezifischen Vertiefung der einzelnen Bereiche: Bereits im 1. Semester wählen die Studierenden ihre zweite Sprache. Ab dem 4. Semester können die Studierenden ihren Schwerpunkt in den Bereichen Wirtschaft oder Politik vertiefen, indem sie Wahlpflichtfächer belegen. Das Auslandsstudiensemester verbringen sie an einer Hochschule ihrer Wahl, hier belegen alle Studierenden Wahlpflichtfächer aus dem Bereich »Sprachen/interkulturelle Kompetenz« und je nach Schwerpunkt Wahlpflichtfächer »Wirtschaft« und/oder »Politik« sowie Allgemeinwissenschaftliche Wahlpflichtfächer. Das Praxissemester verbringen sie in einem international tätigen Unternehmen oder einer Organisation im In- oder Ausland. Nach der Rückkehr vertiefen sie in zwei Projektseminaren ihre gewonnenen Kenntnisse und Erfahrungen. Für die Abschlussarbeit (Bachelorarbeit) wird ein Thema mit interkulturellem Bezug gewählt und eigenständig bearbeitet.

Das Studium ist nach folgender Systematik aufgebaut: Zum einen werden die Grundlagen der Fächer in den ersten Semestern gelegt und in den Folgesemestern Zug um Zug vertieft. Zum anderen gibt es in gestufter Reihenfolge Wahl- und Vertiefungsmöglichkeiten, mit denen die Studierenden ihr gewünschtes Qualifikationsprofil erreichen können. Dabei sind die Themen der einzelnen Blöcke zum einen nach der Logik der Fachwissenschaft und nach dem Schwierigkeitsgrad angeordnet, zum anderen aber auch nach Berührungsmöglichkeiten zu den im gleichen Semester gelehrten Inhalten der Nachbardisziplinen.

Die aufeinander aufbauenden gemeinsamen Kernfächer und die gestuften Wahlmöglichkeiten für die individuellen Vertiefungen im Studienablauf sind in Tabelle 1 dargestellt.

Tabelle 1: Übersicht des Studiengangs »International Relations and Management«

Semester	Kernfächer	Wahlmöglichkeiten
1. Semester	Grundlagen Betriebs- und Volkswirtschaft Grundlagen Soziologie – Politik Interkulturelle Handlungskompetenz Englisch (fortgeführt bis zum Schluss) Sozial- und Methodenkompetenz: IT-Grundlagen, Arbeitstechniken	2. Fremdsprache (i. d. R. fortgeführt bis zum Schluss)
2. Semester	Internationale Betriebs- und Volkswirtschaft (International Business Administration and Economics) Europäische Politik Vertiefung Interkulturelle Handlungskompetenz Einführung in europäisches und internationales Recht Sozial- und Methodenkompetenz: Empirische Methoden Vorbereitendes Seminar für Auslands- und Praxissemester	Interkult. Handlungskompetenz: exemplarische regionale Vertiefung
3. Semester	Fachthemen BW: International Marketing and Sales Internationale Politik und internationale Institutionen (International Politics and International Institutions) Einführung in europäisches und internationales Wirtschaftsrecht Sozial- und Methodenkompetenz: Präsentation, Moderation/Teamarbeit, Projektmanagement	Wahl der und Bewerbung für Hochschule für das Auslandsstudiensemester Wahl und Bewerbung für das Praxissemester Allgemeinwissenschaftliche Wahlpflichtfächer (hier schon möglich)
4. Semester		Auslandsstudiensemester: Vertiefung der Bereiche – Interkulturelle Kompetenz/Sprachen, – Wirtschaft/Recht oder Politik/Recht durch selbst gewählte und mit der Studiengangleitung abgestimmte Wahlpflichtfächer Allgemeinwissenschaftliche Wahlpflichtfächer
5. Semester	Praxissemester	in Unternehmen oder Organisation

6. Semester	Projektseminar interkulturelle Kompetenz Fachthemen BW: Finance & Accounting, Corporate Governance & Business Ethics Recht: Comparison of Different Legal Systems Sozial- und Methodenkompetenz: Presentation, Negotiation, Schreibkompetenz	Wahlpflichtfächer Wirtschaft oder Politik
7. Semester	Sozial- und Methodenkompetenz: Writing Skills	Projektseminar Wirtschaft oder Politik Bachelor-Arbeit

Der Studiengang »International Relations and Management« ist gemäß den Elementen des »European Credit Transfer and Accumulation System (ECTS)« aufgebaut und umfasst insgesamt 210 Credit Points (CP) nach ECTS. Die Vergabe der CP wurde nach der zu erwartenden Arbeitsbelastung des durchschnittlich zu erwartenden Studierenden festgelegt, wobei Eigenstudium, schriftliche und mündliche Arbeiten sowie Projektarbeiten in vielen Fächern einen gewichtigen Anteil einnehmen und damit das selbstständige Erarbeiten von Themen von Anfang an fördern. Aus dem gleichen Grund schließen nicht alle Module mit einer schriftlichen Prüfung (Klausur) am Ende des Semesters ab, sondern wo möglich mit einem sinnvollen mündlichen oder schriftlichen Leistungsnachweis während des Semesters. Ein Beispiel aus dem 1. Semester: Das theoretische Grundlagenfach »Wissenschaftliche Grundlagen interkultureller Kompetenz« schließt mit einer schriftlichen Prüfung ab, das praktische Vertiefungsfach »Analyse kulturell bedingter Konfliktsituationen« mit einer semesterbegleitenden Projektarbeit. Dass Projektarbeit von Beginn des Studiums an eine tragende Rolle spielt, zeigt beispielsweise der Kurs »Einführung in empirische Methoden«. Er ist konzipiert als erfahrungsorientierte Projektwerkstatt, in der die Studierenden von der Themenfindung bis zur Ergebnispräsentation eigenständig ein Forschungsprojekt durchführen.

Organisatorische Verankerung des Studiengangs

Der Studiengang »International Relations and Management« ist eine Kooperation der Fakultäten Allgemeinwissenschaften, Betriebswirtschaft und Angewandte Sozialwissenschaften. Die Studiengangsleitung liegt bei der Fakultät Allgemeinwissenschaften; hier sind die Professuren für die Lehrgebiete Angewandte Rhetorik und Kommunikation, Interkulturelle Sozial- und Handlungskompetenz und Sprachen organisatorisch verankert. Eine Professur für das Lehrgebiet Internationale Politik- und Sozialwissenschaften kann voraussichtlich zum Wintersemester 2010/11 besetzt werden. Die Fakultät bietet ein lang etabliertes und breit gefächertes Programm für Schlüsselqualifikationen und Fremdsprachen (zertifiziert nach UNIcert®) an. Die Fakultät Betriebswirtschaft betreut das Lehrgebiet Wirtschaftswissenschaften und trägt zum Bereich Methodenkompetenz bei. Die Fakultät Angewandte Sozialwissenschaften trägt zum Thema internationale Konfliktforschung sowie Methodenkompetenz bei.

Besonderheiten des Studiengangs

Der Bachelor-Studiengang »International Relations and Management« soll Studierenden einen erfolgreichen Berufsstart in einem globalisierten Umfeld ermöglichen. Absolventen des Studiengangs werden flexible Generalisten mit fundierter Ausbildung in grundlegenden Disziplinen (Betriebs- und Volkswirtschaft, Politik, Recht) sein, die bereits während ihres Studiums ein hohes Maß an Eigeninitiative, Organisationsfähigkeit und Flexibilität bewiesen haben werden: durch ihre Organisation des Auslandsstudiensemesters, durch ihre Auswahl der vertiefenden Schwerpunkte an der Auslandshochschule, durch ihre Entscheidung für die Art und den Ort des Praktikums sowie durch die in das Studium integrierten Projekte.

Durch die Wahl der Schwerpunkte und der Entscheidung für ein Praxissemester in einem Unternehmen oder einer Organisation werden die Studierenden in die Lage versetzt, ihr eigenes Qualifikationsprofil zu schärfen und einen »roten Faden« auf dem Weg ihrer beruflichen Qualifizierung zu legen.

Der Studiengang ist bereits durch die Fächerkombination interdisziplinär angelegt: Wirtschaftswissenschaften, Politikwissenschaften, Sozialwissenschaften, Fremdsprachenausbildung. Das Lehrgebiet Interkulturelle Kompetenz stellt selbst wissenschaftsgeschichtlich eine Symbiose aus mehreren Disziplinen dar (Psychologie, Pädagogik, Soziologie, empirische Kulturwissenschaft, Kulturanthropologie, Ethnologie, Philologie). Interdisziplinäres Denken wird im Studium zudem gefördert, indem innerhalb der einzelnen Fächer Querverbindungen zu den anderen Disziplinen gezogen werden (Beispiel: Querverbindungen zwischen internationaler Politik – internationalem Recht – internationaler Wirtschaft). Der Studiengang fördert also »Querdenker« im besten Sinne des Wortes – Personen, die fähig sind, über ein Fachgebiet hinaus Verbindungen zu erkennen und für ihre Arbeit zu nutzen.

Das Auslandssemester, die durch das Studiensemester an einer internationalen Hochschule ins Studium verpflichtend integriert ist, kann als ein herausragendes Merkmal dieses Bachelor-Studiengangs gelten.

Im Studiengang »International Relations and Management« werden Methodenkompetenzen für Studium, wissenschaftliches Arbeiten und für die spätere berufliche Praxis vermittelt. Zu diesen Kompetenzen zählen das Durchdringen komplexer Zusammenhänge, die intelligente Recherche, die zielorientierte Hypothesenbildung, der angemessene Einsatz von qualitativen und quantitativen empirischen Methoden, die empfängerorientierte Aufbereitung und (schriftliche wie mündliche) Präsentation von Informationen. Der überdurchschnittlich hohe Anteil an Schlüsselkompetenzen in diesem Studiengang trägt der Notwendigkeit von lebenslangem Lernen Rechnung: Die Studierenden werden befähigt, sich neue Inhalte eigenständig, effektiv und effizient anzueignen und in ihren jeweiligen Arbeitsbereichen einzusetzen. Damit sind sie gut vorbereitet auf wechselnde Aufgaben und die Berufsbiographien der heutigen Zeit.

Insbesondere die interkulturellen Fächer bieten einen geschützten Raum für die Studierenden, soziale Kompetenzen auch in fremdkulturellen Kontexten zu erproben. Dem Lehrgebiet Interkulturelle Kompetenz liegt das Konzept der Kulturstandards zugrunde, das darauf abzielt:

- ein Bewusstsein dafür zu entwickeln, wie kulturspezifische Orientierungssysteme Wahrnehmung, Denken, Empfindungen sowie menschliches Verhalten beeinflussen,
- Unterschiede zwischen dem eigenkulturellen und fremdkulturellen Orientierungssystemen zu kennen, zu verstehen und zu würdigen,
- und zudem darauf aufbauend die Fähigkeit zu entwickeln, produktiv und sozial verträglich damit umzugehen (Thomas u. Hößler, 2007).

Somit sind sozialkommunikative und interkulturelle Aspekte einerseits expliziter Teil der Lehrinhalte und können andererseits in interaktiven Lehrveranstaltungen von Beginn des Studiums an erprobt und reflektiert werden. Dem ersten »Praxistest« stellen sich die Studierenden bereits im ersten Semester, indem sie ein Interview mit ausländischen Mitbürgern und Mitbürgerinnen führen, und schließlich während ihres Auslandsstudiensemesters und ggf. Praxissemesters. Nach ihrer Rückkehr an die Hochschule erhalten sie in einem interkulturellen Projektseminar Gelegenheit, die gewonnenen Erfahrungen weiterführend zu reflektieren und für ihren künftigen (Berufs-)Weg zu nutzen.

Damit dienen die Fächer des Studiengangs »International Relations and Management« der berufsbefähigenden Qualifizierung der Studierenden. Durch die Interdisziplinarität des Studiengangs und das breite Fundament der vermittelten Themen vertiefen aber viele der Kernfächer gleichzeitig auch das zur Verfügung stehende Orientierungswissen und geben Impulse für eine über den beruflichen Nutzen hinausgehende Bildung.

In diesem Sinne ist das eingangs genannte Ziel des Studiengangs zu erweitern: Der interdisziplinäre und interkulturelle Studiengang »International Relations and Management« vermittelt zum einen Kenntnisse und Kompetenzen, die den Absolventen einen erfolgreichen Berufstart und Berufsweg in einem globalisierten Umfeld ermöglichen sollen. Zum anderen aber bietet er den Studierenden die größtmögliche Wahl- und Gestaltungsfreiheit unter den derzeitigen Rahmenbedingungen, er gibt ihnen Raum zur Weiterentwicklung ihrer persönlichen Fähigkeiten und Stärken. Wenn es richtig ist, wie es häufig von Personalverantwortlichen betont wird, dass Unternehmen keine Abschlüsse einstellen, sondern Persönlichkeiten, werden die künftigen Absolventinnen und Absolventen gute Chancen haben.

Literatur

Elze, S. (2009). Marktanalyse und Marketingkonzeption für den Bachelor-Studiengang »International Relations and Management« der Hochschule Regensburg, Diplomarbeit zur Erlangung des akademischen Grades Diplom-Betriebswirtin (FH), Regensburg.

Gensch, S. K., Schindler, G. (2003). Bachelor- und Masterstudiengänge an den staatlichen Hochschulen in Bayern. Bayerisches Staatsinstitut für Hochschulforschung und Hochschulplanung, Monographien: Neue Folge, Band 64. München.

Hell, W. (1997). Die Zukunft für Hochschulabsolventen auf dem europäischen Markt - Aus Sicht der Wirtschaft. In Hochschulrektorenkonferenz (Hrsg.), Hochschulabsolventen für den europäischen Arbeitsmarkt - eine Herausforderung für die Universitäten. Tagung vom 5. Mai bis 8. Mai in Rostock, Beiträge zur Hochschulpolitik, 4/1997, Bonn.

Thomas, A., Hößler, U. (2007). Interkulturelle Qualifizierung an den Regensburger Hochschulen: Das Zusatzstudium Internationale Handlungskompetenz. Interculture Journal - Online-Zeitschrift für Interkulturelle Studien. Jahrgang 6, 3: Interkulturelle Kompetenz und Employability, 73–95. Download unter http://www.interculture-journal.com/

Thomas, A., Kammhuber, S., Schroll-Machl, S. (Hrsg.) (2003). Handbuch Interkulturelle Kommunikation und Kooperation. Band 2: Länder, Kulturen und interkulturelle Berufstätigkeit. Göttingen: Vandenhoeck & Ruprecht.

Thomas, A., Kinast, E.-U., Schroll-Machl, S. (Hrsg.) (2003). Handbuch Interkulturelle Kommunikation und Kooperation. Band 1: Grundlagen und Praxisfelder. Göttingen: Vandenhoeck & Ruprecht.

Siegfried Stumpf, Stefanie Gruttauer und Arno Bitzer

Plurikulturelle studentische Arbeitsgruppen als Ansatz zur Förderung der Integration ausländischer Studierender

Vorbemerkung

Am Campus Gummersbach der FH Köln betrug der Anteil ausländischer Studierender im Wintersemester 2008/09 18,6 % (Anteil FH Köln gesamt: 17,8 %). Dieser relativ hohe Anteil weist zum einen auf eine Aufgabe in Richtung von Betreuung und Unterstützung ausländischer Studierender hin, zum anderen stellt dies eine wichtige Ressource und Chance für interkulturelles Lernen am Campus dar. Die täglichen Erfahrungen in der Lehre legen allerdings den Eindruck nahe, dass die unterschiedlichen kulturellen Gruppen eher neben- als miteinander studieren, wobei die Intergruppenbeziehungen zwar nicht durch Ressentiments und Konflikte geprägt sind, wohl aber durch Distanz. Wissenschaftliche Studien belegen diesen Eindruck, so zum Beispiel Untersuchungen des HIS (Heublein, Özkilic u. Sommer, 2007) und eine im Jahr 2006/07 unter der Leitung von Prof. Leenen durchgeführten Diversity-Erhebung an der FH Köln (Stumpf, Leenen u. Scheitza, 2008). Statt dieses Nebeneinanders wäre ein wirkliches »integratives« Miteinander von deutschen und ausländischen Studierenden wünschenswert. Integration erfordert sozialpsychologisch gesehen kein Nebeneinander-Agieren (Ko-Aktion), sondern ein aufeinander bezogenes Handeln, Zusammenarbeit und intensiven Austausch unter den Studierenden (Inter-Aktion). Das Zusammenwirken von Personen in einer Arbeitsgruppe sollte einen geeigneten Rahmen darstellen, um diesen intensiven interpersonalen Austausch zu fördern. Unter »Arbeitsgruppe« oder »Team« wird dabei eine Form sozialer Organisation verstanden, bei der mehrere Personen gemeinsam die Verantwortung für eine Aufgabe übernehmen und zur Erledigung dieser Aufgabe miteinander kooperieren (Stumpf u. Thomas, 2003). Die Grundidee, das Miteinander von deutschen und ausländischen Studierenden durch das Arbeiten in plurikulturell zusammengesetzten Gruppen zu fördern, wird am Campus Gummersbach im Rahmen des PROFIN-Projektes[1] realisiert. Kern des Projektes

1 Das PROFIN-Projekt wird vom DAAD für zwei Jahre gefördert. Die Leitung des Projektes liegt beim Betriebswirtschaftlichen Institut Gummersbach der FH Köln; die Durchführung erfolgt in Zusammenarbeit mit dem International Office der FH Köln sowie der Kompetenzplattform Migration, interkulturelle Bildung und Organisationsentwicklung der FH Köln. PROFIN steht für »Programm zur Förderung der Integration ausländischer Studierender«.

ist ein Entwicklungsprogramm zum Ausbau interkultureller Teamkompetenz, an dem Studierende unterschiedlicher kultureller Herkunft teilnehmen, auf das Arbeiten in mehrkulturell zusammengesetzten Gruppen vorbereitet werden, in mehrkulturellen Gruppen Studienleistungen aus ihren Fachdisziplinen erbringen und dabei systematisch begleitet werden.

Im Folgenden wird in Abschnitt 2 ein kurzer Überblick zu wissenschaftlichen Erkenntnissen gegeben, die grundsätzlich die Eignung plurikultureller Gruppen zum Zwecke der Integrationsförderung betreffen. In Abschnitt 3 wird dargestellt, wie die Ausgangslage im Hinblick auf die Internationalisierung unter den Studierenden am Campus Gummersbach ist, und die Ziele des Entwicklungsprogramms zur Förderung interkultureller Teamkompetenz werden beschrieben. Aufbau und Ablauf des Entwicklungsprogramms sind Gegenstand von Abschnitt 4. Erfahrungen und erste Evaluationsergebnisse werden in Abschnitt 5 dargestellt und in Abschnitt 6 folgen ein Fazit sowie ein Ausblick zum weiteren Projektverlauf.

Plurikulturelle Gruppen als Integrationsunterstützung? Zur wissenschaftlichen Erkenntnislage

Wann würde man sagen, dass es einem ausländischen Studierenden gelungen ist, sich während des Auslandsaufenthaltes gut zu integrieren? In Orientierung an einer Taxonomie von Verhaltenskriterien für erfolgreiches Studieren im Ausland (Guzman u. Burke, 2003) lassen sich drei zentrale Kriterien unterscheiden:

1. *Studienerfolg*: Der Studierende nimmt an den Lehrveranstaltungen teil, zeigt Einsatz und Anstrengung im Studium, erbringt Leistungen im Studiensystem des Gastlandes, …
2. *Interaktionsaufbau*: Kooperation mit anderen Studierenden, Kommunikation mit Einheimischen, Aufbau und Pflege sozialer und persönlicher Beziehungen (z. B. Freundschaften) zu Einheimischen, die sowohl für den Gaststudent als auch die Einheimischen wechselseitig bereichernd sind, …
3. *Allgemeine Anpassung*: Mit den allgemeinen Lebensumständen (z. B. Klima, Ernährung) im Gastland zurechtkommen, die Sprache des Gastlandes in Wort und Schrift benutzen, das Regelsystem des Gastlandes befolgen, …

Diese Aufzählung ist nicht erschöpfend, gerade auch im Hinblick auf die politischen und wirtschaftlichen Aspekte internationalen Austausches wäre zum Beispiel auch wünschenswert, dass ein ausländischer Studierender ein realistisches, differenziertes und positiv akzentuiertes Bild des Gastlandes erwirbt, das er in sein eigenes Land transferiert, oder dass Kontakte zwischen Einheimischen und Gast auch langfristig den Auslandsaufenthalt überdauern und zum Beispiel auch im Sinne weiterer Austauschbeziehungen (z. B. ökonomisch, technisch) genutzt werden. Ist die Mitwirkung an mehrkulturell zusammengesetzten studentischen Arbeitsgruppen in dem Sinne produktiv, dass dadurch Integration in einem weiten Verständnis gefördert wird? Zur Beantwortung dieser Frage kann man Erkenntnisse aus unterschiedlichen psychologischen Forschungsfeldern heranziehen und muss dann konstatieren, dass es angesichts der Forschungslage sowohl Pro- als auch Contra-Argumente für den Einsatz plurikultureller studentischer Gruppen zur Integrationsförderung gibt.

In der *Akkulturationsforschung* geht man davon aus, dass sich die gelungene Akkulturation einer Person (z. B. Gaststudent, Expatriate) auf zwei Ebenen zeigt (siehe Ward, 1996):

1. *Psychische Ebene*: Die Person fühlt sich in dem für sie neuen soziokulturellen System wohl und entwickelt Zufriedenheit (emotionale Ebene).
2. *Soziokulturelle Ebene*: Die Person besitzt das erforderliche kulturadäquate Wissen und die entsprechenden Fähigkeiten, um in der anfangs unvertrauten soziokulturellen Umgebung effektiv handeln zu können (Verhaltensebene).

Die Erkenntnisse der Akkulturationsforschung zeigen (siehe Ward, 1996), dass der intensive Kontakt mit Angehörigen der Kultur, in der eine Person zu Gast ist, eine wichtige Quelle für den Erwerb kulturadäquater Wissensbestandteile und Fähigkeiten ist. Wenn auch dieser Kontakt belastend im Sinne von Stress sein kann, so gibt es dennoch zahlreiche Befunde, die zeigen, dass nicht nur das soziokulturelle Lernen von einem intensivierten Kontakt profitiert, sondern auch das psychische Wohlergehen gefördert wird. Plurikulturell zusammengesetzte Arbeitsgruppen von Studierenden ermöglichen intensive Kontakte unter den Gruppenmitgliedern und – sofern an einer Arbeitsgruppe sowohl deutsche als auch ausländische Studierende mitwirken – bietet dies ausländischen Studierenden zumindest die Chance zum soziokulturellen Lernen und sollte, zum Beispiel durch das Erleben von Zusammengehörigkeit, auch positive Wirkungen auf das psychische Wohlergehen ausländischer Studierender haben.

Aus der *Intergruppenforschung* (siehe Waldzus, 2003) weiß man, dass der bloße Kontakt mit Angehörigen einer anderen Gruppierung noch längst nicht zur Vorurteilsreduktion und zum Aufbau wechselseitiger positiver gruppenbezogener Einstellungen führt, sondern dass hier mehrere Bedingungen zusammenkommen müssen. Nach der Intergruppen-Kontakttheorie (Allport, 1954; Pettigrew, 1998) sind hier zentrale Bedingungen:

- Vorhandensein einer gemeinsamen Zielsetzung beider Gruppierungen;
- Notwendigkeit, dass beide Gruppierungen zur Erreichung der Zielsetzung kooperieren müssen;
- intensive Kontaktmöglichkeiten mit Potenzial für das Herausbilden gruppierungsübergreifender persönlicher Freundschaften;
- Statusgleichheit der interagierenden Mitglieder dieser Gruppierungen;
- Unterstützung dieser Aktivitäten durch anerkannte Autoritäten oder Richtlinien.

Mehrkulturell zusammengesetzte studentische Arbeitsgruppen bieten sich demnach als Begegnungsformen für produktive Intergruppenkontakte zwischen deutschen und ausländischen Studierenden an. Gerade die ersten drei Bedingungen sollten immer bei Gruppenarbeit realisiert sein: Die gemeinsame Zielsetzung und eine erforderliche Kooperation zur Erreichung des Zieles sind zentrale Bestimmungsstücke von Gruppendefinitionen (siehe z. B. Sundstrom, De Meuse, Futrell, 1990) und mit der Kooperationsnotwendigkeit ist die Chance auf intensive Kontaktmöglichkeiten mit dem Potenzial der Freundschaftsbildung verbunden. Problematischer ist dagegen die Statusgleichheit unter den deutschen und ausländischen Studierenden. Rein formal im Hinblick auf die legitime Macht (siehe French u. Raven, 1959) dürfte diese gegeben sein, da ein ausländischer Studierender genau die gleichen Rechte hat wie ein deutscher Studierender. In mehrkulturellen Arbeitsgruppen dürfte aber auch die Beherrschung der Arbeitssprache der Gruppe ein Machtfaktor sein. An einer deutschen Hochschule wird diese Arbeitssprache, eventuell mit Ausnahme einiger internationaler Studiengänge, vielfach das Deutsche sein und damit haben Deutsche einen Heimvorteil, was zum Beispiel die Verwertbarkeit vorliegender deutschsprachiger Informationen oder die Einflussnahme und Beteilungsquote im Rahmen von Gruppendiskussionen betrifft (z. B. Stumpf, Michel, Sokolowski u. Wenzl, 2003). Wirkliche Statusgleichheit würde einen reflektierten Umgang insbesondere seitens der deutschen Gruppenmitglieder mit dieser Arbeitssprachenproblematik voraussetzen. Auch die fünfte Bedingung, dass Autoritäten (z. B. Professoren) oder Richtlinien (z. B. zum Diversity Management an der Hochschule) interkulturelle Gruppenarbeit unterstützen, ist nicht selbstverständlich, scheint aber herstellbar. Geht man also von der Intergruppenforschung aus, so bieten sich mehrkulturelle studentische Arbeitsgruppen zum Aufbau positiver Einstellungen und Beziehungen zwischen ausländischen und deutschen Studierenden an, wobei aber das hierfür notwendige Bedingungsgefüge nicht durchweg als gegeben vorausgesetzt kann, sondern einzelne Bedingungen wie Statusgleichheit in der Gruppe sowie die Unterstützung durch Autoritäten oder Richtlinien gezielt geschaffen werden müssen.

Gegenstand der *Gruppeneffektivitätsforschung* ist auch die Untersuchung der Leistungsfähigkeit mehrkultureller Arbeitsgruppen. Die Erkenntnislage hierzu ist noch bruchstückhaft. Grundsätzlich wird davon ausgegangen, dass die mehrkulturelle Gruppenzusammensetzung die potenzielle Produktivität (Steiner, 1972) einer Gruppe fördert (z. B. Adler, 1997), dass damit aber auch gesteigerte Prozessrisiken zum Beispiel aufgrund von Kommunikationsproblemen, Vorurteilen und Diskriminierung sowie Konfliktkonstellationen einhergehen. Mit Maznevski (1994) kann man hinsichtlich der potenziellen Produktivität einer Gruppe spezifische Potenzialzuwächse von generellen Potenzialzuwächsen unterscheiden. Spezifische Potenzialzuwächse liegen vor, wenn die unterschiedliche Kulturzugehörigkeit direkte Vorteile bei der Bewältigung bestimmter Teilaufgaben mit sich bringt und so unmittelbar mit aufgabenrelevantem Wissen und aufgabenrelevanten Fähigkeiten zusammenhängt. Generelle Potenzialzuwächse ergeben sich im Gegensatz dazu aus dem einfachen Vorhandensein unterschiedlicher Vorstellungen und Ideen, die zu einem größeren Spielraum beim Entscheiden und Handeln führen sowie Kontroversen begünstigen, die die Kreativität der Gruppe stimulieren (siehe Johnson u. Johnson, 1982; Tjosvold, 1985). Ob spezifische und generelle Leistungsvorteile realisiert werden oder ob die Prozessrisiken durchschlagen, hängt maßgeblich vom Heterogenitätsmanagement in der Gruppe ab (Adler, 1997; Maznevski, 1994; Thomas, 1999). Anzustreben ist die Realisierung des Leistungspotenzials der Gruppe (Steiner, 1972; Hackman, 1998), Belege für darüber hinausgehende Prozessgewinne im Sinne von Synergieeffekten sind in der Forschung kaum vorhanden (Stumpf u. Zeutschel, 2001). Untersuchungen zur Effektivität mehrkultureller Arbeitsgruppen (zu einem Überblick siehe Stumpf, 2005) lassen den Schluss zu, dass mehrkulturelle Gruppen gegenüber monokulturellen Gruppen anfangs eine geringere Prozessqualität aufweisen und hinsichtlich der Leistung schlechter abschneiden, unter günstigen Rahmenbedingungen wie dem Vorhandensein von zwischenzeitlichem Leistungs- und Prozessfeedback an die Gruppe in beiden Aspekten aber aufholen und schließlich das Niveau von monokulturellen Gruppen erreichen (Watson, Kumar u. Michaelsen, 1993). Auf die Bedeutung des zeitlichen Aspektes weist auch eine Studie von Earley und Mosakowski (2000) hin, in der davon ausgegangen wird, dass mehrkulturelle Gruppen auf der Grundlage der verschiedenen kulturell geprägten Orientierungen der Gruppenmitglieder eine funktionsfähige spezifische »hybride« Teamkultur aufbauen müssen, um effektiv sein zu können. Der Aufbau dieser Teamkultur erfordert Zeit, in der gemeinsame Erfahrungen gemacht und diese reflektiert werden können. Dabei ist aber auch die spezifische Heterogenitätsverteilung in der Gruppe von Bedeutung: Der Aufbau einer tragfähigen Teamkultur gelingt in Gruppen, die hoch heterogen, das heißt »bunt« zusammengesetzt sind (z. B. vier Personen aus vier unterschiedlichen Kulturen) sind, besser als in Gruppen, die moderat heterogen zusammengesetzt sind (z. B. ausgewogen bikulturell, d. h. vier Personen, wobei jeweils zwei aus derselben Kultur kommen). Hinsichtlich der Leistungswerte sind in dieser Untersuchung die hoch heterogenen Gruppen auf längere Sicht den monokulturellen Gruppen sogar überlegen, während die moderat heterogenen Gruppen am schlechtesten abschneiden. Kulturelle Subgruppen sind bei moderat heterogenen Gruppen salient und bieten den Gruppenmitgliedern so sichtbare und bequeme Rückzugsmöglichkeiten und somit Gelegenheit dazu, den Aufbau einer gemeinsamen Gruppenkultur zu umgehen. In moderat heterogenen Gruppen kommt es so zu stärkerer Subgruppenbildung, zu einer geringeren Ausprägung von Gruppenidentität, zu schlechterer Kommunikation im Team, niedrigerer Zufriedenheit sowie schlechteren Leistungswerten. Insgesamt ist somit davon auszugehen, dass plurikulturelle studentische Arbeitsgruppen keine Selbstläufer sind, die mühelos effektiv werden, sondern dass gerade diese Gruppen Entwicklungszeit, Feedback, Reflexion und Unterstützung benötigen. Die Effektivität im Sinne guter Gruppenleistungen dürfte sowohl für deutsche als auch ausländische

Studierende eine wichtige Zielgröße sein, die diese berücksichtigen, wenn sie sich dazu entschließen, eine Gruppenarbeit aufzunehmen. Erbringen mehrkulturelle studentische Gruppen schlechtere Leistungen als monokulturelle Gruppen, so ist dies ein Grund, solche Gruppen zu vermeiden.

Aus der Skizzierung der Erkenntnisse in diesen drei Forschungsfeldern wird deutlich, dass mehrkulturell zusammengesetzte studentische Arbeitsgruppen ein vielversprechender Ansatzpunkt sind, um die Integration ausländischer Studierender in einem umfassenden Sinne zu fördern. Andererseits wird aber auch deutlich, dass es nicht damit getan ist, solche Gruppen einfach einzurichten, sondern dass produktive Rahmenbedingungen (z. B. Sensibilisierung der Gruppenmitglieder für Prozessrisiken, Begleitung im Sinne von Feedback und Unterstützung) für das Gelingen mehrkultureller studentischer Teamarbeit geschaffen werden müssen.

Ausgangslage und Ziele des Entwicklungsprogramms zur Förderung interkultureller Teamkompetenz

An der Fachhochschule Köln studieren circa 17.000 Studierende in mehr als 60 unterschiedlichen Studiengängen. Die Pilotfunktion für das hier beschriebene Projekt übernimmt die Fakultät für Informatik und Ingenieurwissenschaften am Standort Gummersbach. Hier studieren etwa 2700 Studierende ein relativ breites Spektrum von Informatikstudiengängen sowie Studiengänge aus dem Maschinenbau, der Elektrotechnik und dem Wirtschaftsingenieurwesen.

Neben dem in der Hochschulstatistik erfassten Anteil ausländischer Studierender von 18,6 % findet sich in der Fakultät für Informatik und Ingenieurwissenschaften auch ein sehr großer Anteil von Studierenden mit Migrationshintergrund, der aber statistisch nicht zu belegen ist. Einen Hinweis liefert eine zu Beginn dieses Projektes durchgeführte Eingangsbefragung, in der 148 Studierende zur Quantität und Qualität studentischer Teamarbeit am Campus Gummersbach befragt wurden: Die erhobenen Daten zur kulturellen Herkunft lassen bei rund einem Viertel der Befragten auf einen Migrationshintergrund schließen, wobei diese Studierendengruppe aufgrund ihres mehrkulturell geprägten Herkunftsgefüges einen reichen Erfahrungsschatz für die Arbeit in plurikulturellen Arbeitsgruppen einbringen dürfte.

Die Eingangsbefragung zeigt, dass studentische Gruppenarbeit am Campus Gummersbach in vielfältiger Weise stattfindet (z. B. Referatsgruppen, Lerngruppen, Projektgruppen, Übungsgruppen, Planspielgruppen). Die durchschnittliche Gruppengröße liegt zumeist bei drei bis vier Mitgliedern und die Gruppenlebensdauer ist überwiegend kurz, da diese am häufigsten lediglich zwischen ein bis drei Wochen liegt; ein Umstand, der gerade der Entwicklung der Potenziale einer mehrkulturellen Gruppe abträglich ist. Weiterhin wurde deutlich, dass eine systematische Förderung des Zustandekommens mehrkultureller Arbeitsgruppen nicht stattfindet. Wechselseitige Sympathiewahrnehmungen und bereits bestehende Bekanntschaften spielen bei der Gruppenbildung eine wesentliche Rolle, was leicht dazu führen kann, dass sich Deutsche mit Deutschen zusammentun, und die ausländischen Studierenden unter sich bleiben. Auch bei der Bildung von Freundschaften am Campus kommt der kulturellen Zugehörigkeit eine wichtige Funktion zu: Deutsche sind bevorzugt mit Deutschen befreundet, Ausländer eher mit Ausländern. Außerdem zeigte die Befragung, dass Studierende den Lastcharakter mehrkultureller Zusammenarbeit, wie zum Beispiel die schwierigere sprachliche Verständigung, eher sehen und erfahren, als die damit verbundenen interkulturellen Lernchancen, und somit mehrkulturelle Gruppen eher als zusätzliche Hürde auf dem Weg zur Erfüllung von fachspezifischen Studienanforderungen wahrgenommen werden. Eine Aussage wie »Wenn Gruppen gebildet werden, versuche ich gezielt in eine Gruppe zu kommen, in denen Menschen aus anderen Kulturen/Ländern sind« stimmen nur 8 % der Befragten zu. Die Studierenden bewerteten in der Befragung anhand von 13 bipolaren Kriterien sowohl das letzte monokulturelle studentische Team, an dem sie mitwirkten, als auch das letzte plurikulturelle Team, an dem sie teilnahmen. Bei allen 13 Kriterien wird das monokulturelle Team besser beurteilt, bei sieben dieser Kriterien (siehe Tabelle 1) werden diese Unterschiede statistisch signifikant: Das Gruppenklima wird in monokulturellen Teams als angenehmer eingestuft, Ziele werden als klarer empfunden und als von allen Gruppenmitgliedern stärker geteilt, die Leistungen werden deutlich positiver beurteilt und die Gruppenarbeit wird nicht nur fachlich, sondern sogar auch als in persönlicher Hinsicht bereichernder als in plurikulturellen Gruppen gesehen.

Tabelle 1: Vergleich von Prozessen und Ergebnissen monokultureller und plurikultureller Teams

Kriterium	MKT	PKT	P
angenehmes Gruppenklima vs. unangenehmes Gruppenklima	1,93	2,21	<.01
intensive Kooperation vs. keine Kooperation	2,31	2,55	<.05
klare Teamzielsetzung vs. keine klare Teamzielsetzung	1,91	2,15	<.05
hohe Zielübereinstimmung vs. keine Zielübereinstimmung	2,25	2,61	<.01
sehr gute Ergebnisse vs. sehr schlechte Ergebnisse	1,88	2,39	<.001
fachlich bereichernd vs. fachlich nicht bereichernd	2,22	2,55	<.01
persönlich bereichernd vs. persönlich nicht bereichernd	2,11	2,38	<.05

Anmerkung: N=103 Studierende mit Erfahrungen in monokulturellen Teams (MKT) und plurikulturellen Teams (PKT). Eingetragen sind Mittelwerte auf einer fünfstufigen bipolaren Skala von 1 (= linker Pol, z. B. angenehmes Gruppenklima) bis 5 (= rechter Pol, z. B. unangenehmes Gruppenklima). P = Wahrscheinlichkeitswert aus Signifikanztest.

Von den Dozenten werden Mitglieder studentischer Arbeitsgruppen in der Regel lediglich fachliche Rückmeldungen zum Gruppenergebnis erhalten, aber keine Rückmeldung oder Unterstützung zu gruppendynamischen und interkulturellen Prozessaspekten, da den Dozenten der Einblick in das gruppenspezifische Prozessgeschehen fehlt. Mit dem hier dargestellten Projekt soll diese Ausgangslage am Campus verändert werden. Die Integration von deutschen und ausländischen Studierenden soll gestärkt werden, indem

1. die Etablierung von mehrkulturellen studentischen Arbeitsgruppen am Campus gefördert und so die Quantität des Arbeitens in mehrkulturellen Gruppen gesteigert wird;
2. Studierende auf das Arbeiten in mehrkulturellen Gruppen gezielt vorbereitet werden, eine Prozessbegleitung beim Arbeiten in mehrkulturellen Gruppen durchgeführt und schließlich die abschließende Erfahrungsreflexion unterstützt wird, und so die Qualität des Arbeitens in mehrkulturellen Gruppen verbessert wird.

Diese Ziele korrespondieren durchaus mit den Vorstellungen der Studierenden bezüglich der sie im Beruf erwartenden Anforderungen. In der Eingangsbefragung gehen 96,6 % der Antwortenden davon aus, dass Teamarbeit dort wichtig oder zumindest eher wichtig ist. Der Frage, ob interkulturelle Teamarbeit als Bereicherung der Teamprojekte im eigenen Studium angesehen wird, stimmen immerhin noch 52,6 % der Befragten zumindest eher zu.

Zusammenfassend können folgende Zielsetzungen als Leitvorstellungen des Projektes benannt werden:

1. *Integrationsförderung:* Förderung produktiver Kooperation zwischen deutschen und ausländischen Studierenden sowie Studierenden mit Migrationshintergrund.
2. *Kompetenzzuwachs bei den Studierenden:* Ausbau interkultureller Teamkompetenzen bei ausländischen und deutschen Studierenden sowie Studierenden mit Migrationshintergrund.
3. *Kompetenzzuwachs bei der Hochschule:* Entwicklung praxistauglicher und auf andere Hochschulen übertragbarer Prozeduren und Instrumentarien zur Förderung interkultureller Zusammenarbeit in mehrkulturellen studentischen Arbeitsgruppen.

Aufbau und Ablauf des Entwicklungsprogramms zur Förderung interkultureller Teamkompetenz

Das Entwicklungsprogramm zur Förderung interkultureller Teamkompetenz verbindet Trainingselemente in Seminarform mit erfahrungsorientiertem Lernen (z. B. Kolb, 1984). Der Begleitung der Gruppenprozesse in mehrkulturellen Teams kommt dabei eine wichtige Funktion zu, da davon ausgegangen wird, dass erwünschte Konsequenzen wie hohe Gruppenleistung, Prozessqualität und wechselseitiges interkulturelles Lernen so besser gefördert werden können (siehe Abschnitt 2 und

Stumpf u. Zeutschel, 2001). Eingebaut in das Programm sind Interventionen zur Reflexion der persönlichen Voraussetzungen, die jedes Gruppenmitglied in die Gruppe einbringt, sowie der Erfahrungen in den mehrkulturellen Gruppen, ganz nach dem Grundsatz »experience itself does not teach; people learn from reflecting on their experience« (Tjosvold, 1991, S. 189). Abbildung 1 gibt einen Überblick zum Ablauf des Entwicklungsprogramms. Die einzelnen Komponenten des Programms werden im Folgenden in zeitlicher Reihenfolge beschrieben.

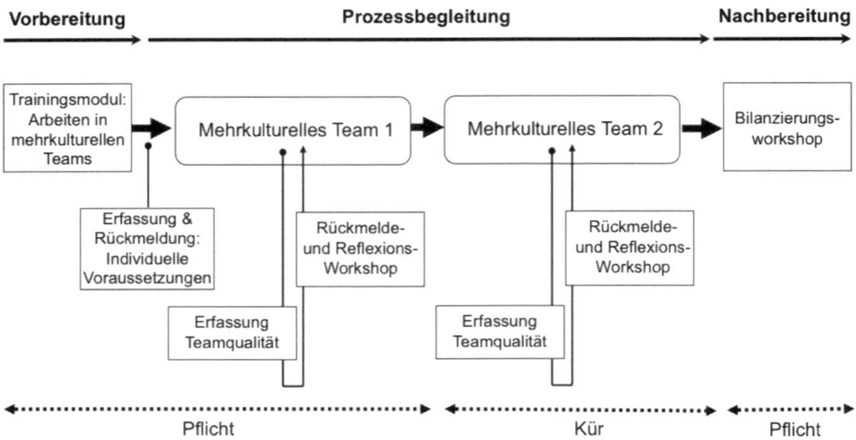

Abbildung 1: Entwicklungsprogramm Interkulturelle Teamkompetenz

Trainingsmodul: Den Einstieg in das Programm bildet ein auf die interkulturelle Teamarbeit vorbereitender zweitägiger Einführungsworkshop. Die teilnehmenden Studierenden werden für interkulturelle Aspekte sensibilisiert und ihnen werden Fähigkeiten für eine funktionierende interkulturelle Teamarbeit vermittelt. Den Teilnehmenden wird nahegebracht, was man unter »Kultur« verstehen kann, worin kulturelle Unterschiede bestehen und welche grundsätzlichen Umgangsformen mit kulturellen Unterschieden es gibt. Chancen und Risiken in mehrkulturellen Teams werden deutlich gemacht, Modelle zu Entwicklungsprozessen mehrkultureller Teamarbeit dargestellt sowie ein mehrstufiges Teambuildingkonzept nach Maznevski und DiStefano (2000) eingeführt und in Gruppenübungen erprobt. Didaktisch ist das Trainingsmodul eine Kombination aus direkter Wissensvermittlung von wissenschaftlich fundierten Konzepten, Modellen und empirischen Befunden einerseits und praxisnah angelegten Übungen (Simulationsübungen, Gruppenarbeiten, Analyse von Videofilmen) andererseits.

Erfassung und Rückmeldung individueller Voraussetzungen für interkulturelle Teamarbeit: Die teilnehmenden Studierenden sollen Einblick gewinnen in ihre individuellen Dispositionen, mit denen sie die interkulturelle Teamarbeit aufnehmen. Zwei Verfahren werden hierzu eingesetzt: zum einen der dem Big-Five-Ansatz zuzuordnende Persönlichkeitsfragebogen NEO-FFI (Borkenau u. Ostendorf, 2008), der die fünf Persönlichkeitsmerkmale »Neurotizismus (emotionale Stabilität)«, »Extraversion«, »Offenheit«, »Verträglichkeit« und »Gewissenhaftigkeit« misst; zum zweiten den ISK, das Inventar sozialer Kompetenzen (Kanning, 2009), ebenfalls ein Fragebogen zur Selbstbeurteilung, mit dem situationsübergreifende soziale Kompetenzen erfasst werden, welche in einer Vielzahl sozialer Situationen wirken sollen und Bestandteil der Persönlichkeit eines Menschen sind. Mit dem ISK werden 17 Dimensionen erfasst, von denen einige insbesondere für interkulturelle Situationen als wichtig erachtet werden können (siehe z. B. Kealey, 1996; Stahl, 1998), so zum Beispiel Perspektivenübernahme, Wertepluralismus, Handlungsflexibilität oder Internalität. Jeder Teilnehmende füllt die beiden Fragebögen aus und die Auswertungsergebnisse werden in einem individuellen Gespräch rückgemeldet und ausführlich besprochen.

Praxiserfahrung in mehrkulturellen Teams: Die Teilnehmenden suchen sich selbst eine mehrkulturell zusammengesetzte studentische Arbeitsgruppe, mit der sie im Rahmen ihres Fachstudiums eine Studiumsleistung erbringen (z. B. Projektarbeit innerhalb eines Pflichtmoduls eines ingenieurwissenschaftlichen Studiengangs; Ausarbeitung und Präsentation eines Fachreferats). Die Gruppenaufgabe soll für die Studierenden eine reale und damit ernste Aufgabenstellung sein und nicht lediglich eine »Spielwiese«, um interkulturelle Bedingungen wie im Training testen zu können. Die Teilnehmenden sollen so in die Lage versetzt werden, ihre Fähigkeiten zur interkulturellen Teamarbeit unter »harten« Realitätsbedingungen zu erproben. Die Gruppe soll dabei kulturell möglichst heterogen zusammengesetzt sein und die Gruppenarbeit soll langfristig angelegt sein und sich im Idealfall über ein ganzes Semester erstrecken. Die Teilnahme an mindestens einer interkulturellen Gruppe ist Pflichtbestandteil, darüber hinaus ist die Teilnahme an weiteren Gruppen (z. B. im Folgesemester) möglich.

Reflexionsworkshop zur interkulturellen Teamarbeit: Im Zuge ihrer Arbeit wird jedes interkulturelle Team begleitet. Nach Gersicks (z. B. 1989) Modell der Gruppenentwicklung durchlaufen Gruppen gegen Mitte ihrer Laufzeit eine Umbruchphase und sind in dieser Phase besonders empfänglich für Veränderungsimpulse. Hiervon ausgehend wird gegen Mitte der Laufzeit der Gruppenarbeit eine Teamdiagnose durchgeführt, um die Qualität der Zusammenarbeit im Team zu ermitteln und Anstöße zur Verbesserung der Zusammenarbeit zu geben. Dabei kommen zwei Instrumente zum Einsatz: zum einen das Teamklimainventar von Brodbeck, Anderson und West (2000), mit dem über eine Befragung der Gruppenmitglieder die vier Dimensionen des Teamklimas »Vision (Zielausrichtung)«, »Aufgabenorientierung«, »Partizipative Sicherheit (Vertrauen)« und »Unterstützung für Innovation« gemessen werden können; zum anderen die SYMLOG-Adjektiv-Ratingskala (Bales, Cohen u. Williamson, 1982) zur Erfassung wechselseitiger interpersonaler Wahrnehmungen der Gruppenmitglieder hinsichtlich der Variablen »Emotionale

Zuwendung (freundlich vs. unfreundlich)«, »Kooperationsverhalten (zielgerichtet/kontrolliert vs. gefühlsbestimmt/ausdrucksvoll)« und »Einflussnahme (Einfluss ausübend vs. auf Einfluss verzichtend«. Die Ergebnisse werden dem jeweiligen Team in einem ebenfalls gegen Mitte der Laufzeit der Gruppenarbeit stattfindenden Reflexionsworkshop zurückgemeldet und mit den Gruppenmitgliedern im Hinblick auf Lern- und Optimierungschancen reflektiert. Abschließend treffen die Gruppenmitglieder Vereinbarungen zur Optimierung ihrer Teamzusammenarbeit.

Bilanzierungsworkshop: Den Abschluss bildet ein eintägiger Bilanzierungsworkshop in derselben Teilnehmerzusammensetzung wie das einführende Trainingsmodul. Die Erfahrungen aus den unterschiedlichen mehrkulturellen Teams werden ausgetauscht, in der Gesamtgruppe diskutiert, gewonnene Einsichten aus der Teamarbeit werden formuliert und das gesamte Programm wird abschließend reflektiert.

Das Entwicklungsprogramm ist an zahlreiche Studiengänge des Campus angebunden, so dass die Studierenden durch die Absolvierung aller Pflichtteile des Programms Leistungspunkte für ihr Fachstudium erwerben können.

Erfahrungen und Ergebnisse aus der Erstdurchführung des Entwicklungsprogramms zur interkulturellen Teamkompetenz

Im Wintersemester 2009/2010 wurde das Entwicklungsprogramm am Campus Gummersbach erstmalig durchgeführt. Folgende Tabelle zeigt die Teilnehmerzusammensetzung in den verschiedenen Programmkomponenten.

Tabelle 2: Teilnehmerzusammensetzung im Entwicklungsprogramm Interkulturelle Teamkompetenz im Wintersemester 2009/10

	Studierende gesamt	deutsche Studierende ohne Migrationshintergrund	Studierende mit Migrationshintergrund	ausländische Studierende
Einführungsworkshop	37	14	8	15
Persönlichkeitsdiagnostik	51	18	18	15
Team-Reflexion	50	18	17	15
Bilanzierungsworkshop	34	14	7	13
Absolvierung aller Programmbestandteile	31	14	7	10

Insgesamt nahmen 37 Studierende in zwei Durchführungsgruppen am Einführungsworkshop teil. Bei der Zusammensetzung der Studierenden wurde im Vorfeld für die Workshops ein Mindestanteil von einem Drittel ausländischer Studierender definiert. Dies diente der Zielsetzung, im Workshop nicht nur theoretisch über interkulturelle Aspekte zu sprechen, sondern sogleich praktische interkulturelle Erfahrungen bei den Studierenden zu initiieren. Darüber hinaus sollte schon der Einführungsworkshop für die ausländischen Studierenden als erste Integrationshilfe genutzt werden, indem explizit deutsche Kulturmerkmale behandelt wurden. Mit 14 deutschen, 15 ausländischen und acht Studierenden mit Migrationshintergrund konnte die gewünschte heterogene Zusammensetzung in den beiden Einführungsworkshops erreicht werden.

Insgesamt wurden im Laufe des Semesters 15 mehrkulturelle studentische Teams aus verschiedenen Fächergruppierungen von zwei Diplom-Psychologen begleitet. Da die Teamarbeiten nicht aus dem Entwicklungsprogramm heraus konzipiert waren, sondern aus den regulären Fachveranstaltungen stammten, war es zulässig, dass in den Teams auch Studierende mitarbeiteten, die nicht am Entwicklungsprogramm teilnahmen. Aus diesem Grund waren insgesamt 51 Studierende (davon 17 mit Migrationshintergrund und 15 ausländische Studierende) in die Prozessbegleitung involviert, wodurch eine größere Breitenwirkung am Campus Gummersbach erzielt wurde.

Am Ende des Semesters fanden sich 34 der 37 Studierenden wieder ein, um in dem Bilanzierungsworkshop ihre gewonnenen Erfahrungen während des Semesters noch einmal in der Gesamtgruppe des ursprünglichen Teilnehmerkreises des Einführungsworkshops zu reflektieren. Das gesamte Programm mit allen einzelnen Bestandteilen absolvierten in diesem Semester 31 Studierende.

Im Anschluss an die Einführungs- und Bilanzierungsworkshops wurde jeweils eine Evaluierung mittels Teilnehmerbefragung durchgeführt. Diese beinhaltete nach dem Bilanzierungsworkshop auch Fragen zum Gesamtprogramm und zur Prozessbegleitung, die anhand einer fünfstufigen Ratingskala zu bewerten waren.

Folgende Tabelle stellte einzelne Evaluationsergebnisse zu den Workshopveranstaltungen dar. Es ist zu erkennen, dass die Einführungs- und Bilanzierungsworkshops von den Studierenden ausnahmslos positiv beurteilt wurden. Unter anderem wurde von den Teilnehmenden auch die angestrebte gemischte Zusammensetzung aus ausländischen und deutschen Studierenden als persönlich gewinnbringend eingestuft.

Tabelle 3: Teilnehmerbewertung der Workshops

Fragebogenitem	**Einführungs-workshop** (n=35 von 37)	**Bilanzierungs-workshop** (n=33 von 34)
Der inhaltliche Aufbau der Veranstaltung war übersichtlich gegliedert und nachvollziehbar.	4,57	4,39
Die Dozenten führten die Veranstaltung engagiert durch.	4,91	4,85
Das Klima in der Seminargruppe empfand ich als angenehm.	4,46*	4,58

Den Workshop würde ich einem Freund weiterempfehlen.	4,46*	4,09
Die gemischte Zusammensetzung aus deutschen und ausländischen Studierenden im Workshop war für mich gewinnbringend.	4,47	4,39*
Mein Interesse, mehr mit Vertretern aus einen anderen Kultur zusammenzukommen, wurde bestärkt.	3,91*	-
Ich fühle mich auf die Zusammenarbeit mit Menschen aus anderen Kulturen besser vorbereitet.	4,09*	-

Anmerkung: Beurteilungen auf fünfstufiger Ratingskala (1 = »trifft nicht zu« bis 5 = »trifft sehr zu«). In Zellen sind die Mittelwerte aufgeführt. * = signifikanter Unterschied zwischen erster und zweiter Durchführungsgruppe. n = Anzahl Befragungsteilnehmer.

Signifikante Unterschiede gab es bei einzelnen Einschätzungen zwischen den beiden Durchführungsgruppen. So beurteilte die erste Durchführungsgruppe fünf Aspekte signifikant positiver als die zweite Durchführungsgruppe. Davon bezogen sich vier Aspekte auf den Einführungsworkshop, wie beispielsweise das durch den Workshop gestärkte Interesse, mehr mit anderen Kulturen zusammenzukommen, die gefühlte bessere Vorbereitung auf die Zusammenarbeit mit Menschen anderer Kulturen sowie das Empfinden einer gewinnbringenden Zusammensetzung aus ausländischen und deutschen Studierenden beim Bilanzierungsworkshop. Obwohl im Mittel immer noch mit »eher bis sehr zustimmend« eine positive Bewertung stattfand, drückte sich bei der zweiten Durchführungsgruppe eine gewisse Skepsis aus.

Die Unterschiede zwischen den Durchführungsgruppen waren auch aus Dozentensicht zu beobachten. Die erste Durchführungsgruppe war in der kulturellen wie geschlechtlichen Zusammensetzung sehr heterogen. Die englische Sprache wurde, ohne von einem Studierenden Muttersprache zu sein, unter den ausländischen Studierenden wie auch zwischen allen Studierenden oft als gemeinsam am besten beherrschte Sprache gewählt. In der zweiten Durchführungsgruppe waren überwiegend männliche deutsche Studierende und unter den ausländischen Studierenden eine Fünfergruppe von jordanischen Studierenden mit drei weiblichen und zwei männlichen Studierenden vertreten. Dies hatte eine Kombination von Eigenschaften zur Folge, die eine Subgruppenbildung begünstigte (siehe die Ausführungen in Abschnitt 2 sowie Gratton, Voigt u. Erickson, 2007). Insbesondere die Sprache führte immer wieder zu Abgrenzung, da auch wenn die jordanischen Studierenden gut deutsch und englisch sprachen, die Kommunikation innerhalb dieser Gruppe auf Arabisch stattfand. Diese Sprache wurde weder von deutschen noch von dem Großteil der anderen ausländischen Studierenden verstanden. Zwar konnte durch die Durchmischung aller Studierenden in den Gruppenübungen übergreifende Kontakte ermöglicht werden, doch ganz konnte diese Subgruppenbildung nicht aufgebrochen werden. Allerdings bildete dies auch einen guten Anlass, das Phänomen der Subgruppenbildung aufzugreifen und mit den Studierenden zu reflektieren.

Neben den Workshopveranstaltungen bildete die Prozessbegleitung den entscheidenden Bestandteil des Entwicklungsprogrammes. Diese wurde ebenfalls am Ende der Veranstaltungsreihe von den Teilnehmenden evaluiert. Betrachtet man alle Komponenten des Entwicklungsprogrammes, so wurde von den Studierenden die Persönlichkeitsdiagnostik gefolgt von dem Einführungsworkshop am positivsten bewertet. Auch wurde der persönliche Lernwert der Prozessbegleitung bei allen Studierenden als sehr hoch eingeschätzt, ebenso wie die empfundene kompetente Durchführung (siehe Tabelle 4). Dies ist als Bestärkung der didaktischen Ausrichtung der Entwicklungsprogrammes zu werten, welche auf Reflexivität und Persönlichkeitsentwicklung abzielt.

Tabelle 4: Bewertung von Persönlichkeitsdiagnostik und Teamreflexion

Fragebogenitem	**Persönlichkeitsdiagnostik** (n=29 von 31)	**Teamdiagnostik** (n=29 von 31)
Die Diagnostik und die Rückmeldung/Teamreflexion hatte für mich einen hohen Lernwert.	4,48	4,07
Rückmeldung/Teamreflexion wurde kompetent durchgeführt.	4,47	4,63

Anmerkung: Beurteilungen auf fünfstufiger Ratingskala (1 = »trifft nicht zu« bis 5 = »trifft sehr zu«). In Zellen sind die Mittelwerte aufgeführt. n = Anzahl Befragungsteilnehmer.

Abschließend führt die Tabelle 5 Mittelwerte zu Einschätzungen des Gesamtprogramms auf.

Tabelle 5: Beurteilung der gesamten Veranstaltungsreihe

Fragebogenitem	**Gesamtprogramm** (n=29 von 31)
Insgesamt war ich mit den Inhalten und Bestandteilen des Entwicklungsprogrammes zufrieden.	4,41
Ich empfinde das Programm als sinnvolle Ergänzung zum regulären Studium.	4,59
Ich gehe davon aus, dass ich die in diesem Programm erworbenen Erkenntnisse in der Praxis (Beruf, Studium, Alltag etc.) anwenden kann.	4,52
Das gesamte Entwicklungsprogramm würde ich einem Freund weiterempfehlen.	4,52
Ich werde versuchen bei meinem nächsten Teamprojekt gezielt eine interkulturelle Zusammensetzung der Mitglieder zu wählen.	3,48

Anmerkung: Beurteilungen auf fünfstufiger Ratingskala (1 = »trifft nicht zu« bis 5 = »trifft sehr zu«). In Zellen sind die Mittelwerte aufgeführt. n = Anzahl Befragungsteilnehmer.

Es ist zu erkennen, dass das Gesamtprogramm ausnahmslos positiv bewertet wurde. Dies spricht dafür, dass das gesamte Programm in Inhalt und Form studentischen Bedarfen entspricht. Lediglich bei einem Aspekt, nämlich beim nächsten

Teamprojekt eine interkulturelle Zusammensetzung gezielt zu wählen, stimmen die Studierenden mit im Mittel 3,48 zurückhaltender zu. Interessant ist hier die Tatsache, dass die ausländischen Studierenden dieses Item mit einem Mittelwert von 3,92 positiver einstufen als die deutschen Studierenden. Dies mag auf den Aspekt zurückzuführen sein, dass viele der deutschen Studierenden am Campus wenig Auslandserfahrung aufweisen. Eine bewusste Interaktion mit den ausländischen Studierenden wurde oft erst im Zusammenhang mit dem Entwicklungsprogramm erfahren. Diese geringe Vorerfahrung kann aufgrund der Reflexions- und Persönlichkeitsorientierung des Programms erst einmal das Problembewusstsein einiger Studierender geweckt haben, was in ersten Reaktionen zu Verunsicherung führen kann. Doch gerade auch die Thematisierung von Unterschiedlichkeiten ist wichtig (siehe Maznevski u. DiStefano, 2000), um die meist unbewussten kulturellen Herangehensweisen und Vorlieben in einem ersten Schritt erst einmal bewusst zu machen. Mit der Vorgehensweise des Mapping, Bridging und Integration kann dann über die Thematisierung von Unterschieden und Gemeinsamkeiten eine gemeinsame Normfindung und Vorgehensweise im interkulturellen Team erarbeitet werden. Dies ist entscheidend für die Gruppenkohäsion und damit auch für die Leistungseffizienz in heterogenen Teams (siehe Podsiadlowski, 2002). In dem Programm werden die Studierenden an diese Vorgehensweise herangeführt, welche natürlich auch der Übung bedarf.

Fazit und Ausblick

Grundanliegen des hier beschriebenen Ansatzes ist es, die Quantität und Qualität mehrkultureller studentischer Teamarbeit am Campus zu fördern und so einen Beitrag zur Integration ausländischer Studierender zu leisten. Die zum Programmstart durchgeführte Fragebogenbefragung von 148 Studierenden belegt, dass interkulturelle Teamarbeit am Campus von Studierenden nicht gezielt gesucht wird und dass die studentischen Erfahrungen in monokulturellen Teams hinsichtlich vieler Aspekte (Teamklima, Gruppenleistung, Lernen etc.) besser sind als in mehrkulturellen Teams. Mit dem Entwicklungsprogramm zur Förderung interkultureller Teamkompetenz soll dies verändert werden. Die Erfahrungen im ersten Durchlauf zeigen, dass das Programm bei deutschen Studierenden mit und ohne Migrationshintergrund sowie ausländischen Studierenden auf Akzeptanz trifft und die verschiedenen Programmkomponenten positiv bewertet werden. In der verbleibenden Projektlaufzeit soll die Verstetigung des Programms am Campus vorbereitet werden sowie erste Erfahrungen in der Übertragung dieses Konzeptes auf andere Fakultäten gemacht werden. Die Evaluierung der Programmwirkung soll über Akzeptanzmaße hinausgehen und Aussagen zu Veränderungsprozessen erlauben, so im Hinblick auf die angestrebte Verbesserung des Integrationsprozesses ausländischer Studierender, den Ausbau von Teamkompetenzen sowie die Quantität und Qualität mehrkultureller Teamarbeit am Campus. Zudem sollen die im Programm erhobenen vielfältigen Daten zur Teamzusammensetzung, zu Teamprozessen und auch zur Teamleistung analysiert werden, um die Erkenntnisse zur Dynamik mehrkultureller Arbeitsgruppen auszubauen.

Literatur

Adler, N. J. (1997). International dimensions of organizational behavior (3rd ed.). Cincinnati: South-Western College Publishing.

Allport, G. W. (1954). The nature of prejudice. Reading, MA: Addison-Wesley.

Bales, R. F., Cohen, S. P., Williamson, S. P. (1982). SYMLOG. Ein System für die mehrstufige Beobachtung von Gruppen. Stuttgart: Klett-Cotta.

Borkenau, P., Ostendorf, F. (2008). NEO-FFI: NEO-Fünf-Faktoren-Inventar nach Costa und McCrae (2. neu norm. u. vollständig überarb. Aufl.). Göttingen: Hogrefe..

Brodbeck, F., Anderson, N., West, M. (2000). TKI. Teamklima-Inventar. Göttingen: Hogrefe.

Earley, P. C., Mosakowski, E. (2000). Creating hybrid team cultures: An empirical test of transnational team functioning. Academy of Management Journal, 43, 26–49.

French, J. R. P., Raven, B. H. (1959). The bases of social power. In D. Cartwright (Ed.), Studies in social power (pp. 150–167). Ann Arbor: University of Michigan.

Gersick, C. J. G. (1989). Marking time: Predictable transitions in task groups. Academy of Management Journal, 32 (2), 274–309.

Gratton, L., Voigt, A., Erickson, T. (2007). Bridging Faultlines in Diverse Teams. MITSloan Management Review, 48 (4), 21–30.

Guzman, E., Burke, M. J. (2003). Development and test of an international student performance taxonomy, International Journal of Intercultural Relations, 27 (6), 659–681.

Hackman, J. R. (1998). Why teams don't work. In R. S. Tindale, L. Heath, J. Edwards, E. J. Posavac, F. B. Bryant, Y. Suarez-Balcazar, E. Henderson-King, J. Myers (Eds.), Social psychological applications to social issues, Vol. 4, theory and research on small groups (pp. 245–267). New York: Plenum Press.

Heublein, U., Özkilic, M., Sommer, D. (2007). Aspekte der Internationalität deutscher Hochschulen. Internationale Erfahrungen deutscher Studierender an ihren heimischen Hochschulen. Band 63. Bonn.

Johnson, D. W., Johnson, F. P. (1982). Joining together: Group theory and group skills (2nd ed.). Englewood Cliffs, New Jersey: Prentice-Hall.

Kanning, U. P. (2009). ISK: Inventar sozialer Kompetenzen. Göttingen: Hogrefe.

Kealey, D. J. (1996). The challenge of international personnel selection. In D. Landis, R. S. Bhagat (Eds.), Handbook of intercultural training (2nd ed., pp. 81–105). Thousand Oaks: Sage.

Kealey, D. J., Ruben, B. D. (1983). Cross-cultural personnel selection: Criteria, issues, and methods. In D. Landis, R. Brislin (Eds.), Handbook of intercultural training (Vol. 1, pp. 155–175). Elmsford, NY: Pergamon.

Kolb, D. A. (1984). Experiential learning. Englewood Cliffs: Prentice-Hall.

Maznevski, M. L. (1994). Understanding our differences: Performance in decision-making groups with diverse members. Human Relations, 47, 531–552.

Maznevski, M. L., DiStefano, J. J. (2000). Global leaders are team players: Developing global leaders through membership on global teams. Human Resource Management, 39, 195–208.

Pettigrew, T. F. (1998). Intergroup contact theory. Annual Review of Psychology, 49, 65–85.

Podsiadlowski, A. (2002). Multikulturelle Arbeitsgruppen in Unternehmen: Bedingungen erfolgreicher Zusammenarbeit am Beispiel deutscher Unternehmen in Südostasien. Münster: Waxmann Verlag GmbH.

Stahl, G. K. (1998). Internationaler Einsatz von Führungskräften. München: Oldenbourg.

Steiner, I. D. (1972). Group process and productivity. New York: Academic Press.

Stumpf, S. (2005). Synergie in multikulturellen Arbeitsgruppen. In G. K. Stahl, W. Mayrhofer, T. M. Kühlmann (Hrsg.), Internationales Personalmanagement. Neue Aufgaben, neue Lösungen (S. 115–144). Mering: Rainer Hampp Verlag.

Stumpf, S., Leenen, W. R., Scheitza, A. (2008). Interkultureller Dialog in Organisationen. In A. Thomas (Hrsg.), Psychologie des interkulturellen Dialogs (S. 150–174). Göttingen: Vandenhoeck & Ruprecht.

Stumpf, S., Michel, T., Sokolowski, M., Wenzl, A. (2003). Training interkultureller Kompetenz mit dem Verhaltensplanspiel Atlanticon. Wirtschaftspsychologie aktuell, 10 (2), 47–53.

Stumpf, S., Thomas, A. (2003). Einleitung. In S. Stumpf, A. Thomas (Hrsg.), Teamarbeit und Teamentwicklung (S. IX-XXXV). Göttingen: Hogrefe.

Stumpf, S., Zeutschel, U. (2001). Synergy effects in multinational work groups: What we know and what we don't know. In M. E. Mendenhall, T. M. Kühlmann, G. K. Stahl (Eds.), Developing global business leaders: Policies, processes, and innovations (pp. 175–194). Westport: Quorum Books.

Sundstrom, E., De Meuse, K. P., Futrell, D. (1990). Work teams: Applications and effectiveness. American Psychologist, 45, 120–133.

Thomas, A. (1999). Gruppeneffektivität: Balance zwischen Heterogenität und Homogenität. Gruppendynamik, 30 (2), 117–129.

Tjosvold, D. (1985). Implications of controversy research for management. Journal of Management, 11, 21–37.

Tjosvold, D. (1991). Team organization. An enduring competitive advantage. Chichester: John Wiley and Sons.

Waldzus, S. (2003). Intergruppenbeziehungen. In S. Stumpf, A. Thomas (Hrsg.), Teamarbeit und Teamentwicklung (S. 477–504). Göttingen: Hogrefe.

Ward, C. (1996). Acculturation. In D. Landis, R. S. Bhagat (Eds.), Handbook of intercultural training (2nd ed., pp. 124–147). Thousand Oaks: Sage.

Watson, W. E., Kumar, K., Michaelsen, L. K. (1993). Cultural diversity's impact on interaction process and performance: Comparing homogeneous and diverse task groups. Academy of Management Journal, 36 (3), 590–602.

Interkulturelle Kompetenz in spezifischen Praxisfeldern

Christoph Barmeyer und Eric Davoine

Kontextualisierung interkultureller Kompetenz in einer deutsch-französischen Organisation: ARTE

Organisationen werden internationaler und müssen Mitarbeiter mit unterschiedlichen kulturellen Hintergründen und Orientierungssystemen (Bolten, 2010; Thomas, 2004) integrieren. Diese »intraorganisationale Interkulturalisierung« führt dazu, dass zunehmend Kulturspezifika in interkultureller Interaktion erfahrbar werden.

Interkulturelle Forschung, die Kulturspezifika in interkulturellen Interaktionen analysiert, fokussiert dabei häufig auf problematische Elemente von Interkulturalität (»critical incidents«), jedoch seltener auf konstruktiv komplementäre. Dabei kann die Entwicklung und Existenz interkultureller Kompetenz dazu beitragen, Interkulturalität als bereichernd wahrzunehmen und konstruktiv »zu nutzen« (Barmeyer, 2000).

Obwohl in der interkulturellen Forschung zahlreiche Definitionen und Modelle Interkultureller Kompetenz (Bolten, 2001; Deardorff, 2009; Scheitza, 2007; Straub, 2007; Thomas, 2003a) existieren, weist Thomas (2003b) auf die Problematik hin, dass sich interkulturelle Kompetenz nicht isoliert am einzelnen Menschen und seinen Persönlichkeitseigenschaften verorten lässt, sondern in sozialen Interaktionen, die in bestimmten Kontexten wie zum Beispiel Arbeitskontexten stattfinden (Otten, 2007; Barmeyer, 2007, 2010a). Organisationen, in denen Menschen innerhalb sozialer Systeme interagieren, um gemeinsam Ziele zu erreichen, bilden solche Kontexte. Der seit 1991 bestehende europäische Fernsehkanal ARTE, insbesondere seine Zentrale in Strasbourg, ARTE G.E.I.E[1], stellt als ein besonderes »Laboratorium von Interkulturalität« eine interkulturelle Organisation dar (Schlie, 2010).

Somit ist es ein Ziel dieses Beitrags, eine Konkretisierung und Kontextualisierung von interkultureller Kompetenz am Beispiel von ARTE vorzunehmen.[2] Zu

1 Groupement Européen d'Intérêt Économique. Aus Gründen der Einfachheit wird im Folgenden nur die Bezeichnung ARTE verwendet, auch wenn es sich um die Zentrale in Strasbourg handelt und ARTE Deutschland und ARTE France nicht betroffen sind.

2 Vorliegender Beitrag basiert auf einem mehrmonatigen Forschungsprojekt mit dem Titel »Komparative und interkulturelle Aspekte zur Wahrnehmung von Mitarbeiterführung und Arbeitsmethoden von Führungskräften bei ARTE Strasbourg«, das von den beiden Autoren als »interkulturelles Tandem« von Mai bis Juli 2008 durchgeführt wurde.

diesem Zweck werden Aussagen von Führungskräften bei ARTE, die auf interkulturelle Kompetenz verweisen, einem spezifischen Handlungskontext zugeordnet.

Theoretischer Rahmen: Kontextualisierung Interkultureller Kompetenz

In den letzten Jahren hat sich vor allem die angelsächsische Forschung (Deardorff, 2009; Dinges u. Baldwin, 1996) mit Modellen, Konzepten und Definitionen interkultureller Kompetenz und deren Entwicklung beschäftigt. Auch in Deutschland interessieren sich Wissenschaftler und Praktiker für interkulturelle Kompetenz (Barmeyer, 2010b; Bolten, 2001; Müller, 1993; Scheitza, 2007; Straub, Weidemann u. Weidemann, 2007; Thomas, 2003b). Insbesondere von deutscher Seite werden die vorherrschenden Definitionen interkultureller Kompetenz kritisch diskutiert und auch infrage gestellt (Rathje, 2006; Straub, 2007; Thomas, 2003b; Scheitza, 2007).

Ursprünglich im Rahmen nordamerikanischer Forschung im Bereich der interkulturellen Kommunikation und der Auslandsentsendung entwickelt (Deardorff, 2009; Landis, Bennett u. Bennett, 2004; Knapp u. Knapp-Potthoff, 1990), ist das Konzept der interkulturellen Kompetenz nur grob umrissen und fasst Einstellungen, Persönlichkeitsmerkmale, Wissen und Eignungen zusammen, die einer Person die Kommunikation oder Interaktion mit Individuen, die aus anderen kulturellen Umwelten stammen, erleichtern.

> »Interkulturelle Kompetenz zeigt sich in der Fähigkeit, kulturelle Bedingungen und Einflussfaktoren im Wahrnehmen, Urteilen, Empfinden und Handeln bei sich selbst und bei anderen Personen zu erfassen, zu respektieren, zu würdigen und produktiv zu nutzen im Sinne einer wechselseitigen Anpassung, von Toleranz gegenüber Inkompatibilitäten und einer Entwicklung hin zu synergieträchtigen Formen der Zusammenarbeit, des Zusammenlebens und handlungswirksamer Orientierungsmuster in Bezug auf Weltinterpretation und Weltgestaltung« (Thomas, 2003b, S. 143).

Nach Bergemann und Bergemann (2005), Brislin und Yoshida (1994) und Thomas (2005) trägt interkulturelle Kompetenz dazu bei, dass die interkulturell Interagierenden trotz kultureller Unterschiedlichkeit eine subjektive Zufriedenheit empfinden, erfolgreich ihre Ziele erreichen und wechselseitig tragfähige soziale Kontakte eingehen.

Ebenso ist interkulturelle Kompetenz das Resultat eines Lern- und Entwicklungsprozesses (Bennett, 1993; Bennett u. Bennett, 2004; Thomas, 2005) und kann aufbauend auf dem Beitrag von Thomas (2003b) und über 30 Stellungnahmen anderer Wissenschaftler in der Zeitschrift »Erwägen – Wissen – Ethik« grundsätzlich zwei Konzepten zugeordnet werden (Rathje, 2006), die jedoch nicht unbedingt getrennt werden müssen, sondern auch wechselseitig ineinandergreifen können. Zum einen existiert ein eher ökonomisch ausgerichtetes Konzept der Zielerreichung und Effizienzsteigerung, das im weitesten Sinne auf einem »reibungslosen« Gelingen interkultureller Kommunikation und Kooperation basiert: Kompetenz und Performanz sind eng verknüpft (Bergemann u. Bergemann, 2005). Zum anderen existiert ein eher kulturwissenschaftliches, humanistisches Konzept, das die menschliche Weiterentwicklung des Individuums durch Kulturkontakte betont und für ein harmonisches und friedvolles Miteinander plädiert (Barmeyer, 2004, 2010b).

Eine eingängige und allgemein akzeptierte Strukturierung von Eigenschaften und Fähigkeiten (*Komponenten*) stammt aus der US-amerikanischen sozialpsychologischen Forschung (Rosenberg u. Hovland, 1960), die sich auf interkulturelle Kompetenz beziehen lässt. Demnach setzt sich interkulturelle Kompetenz aus emotionalen, kognitiven und verhaltensbezogenen Komponenten zusammen (Bolten, 2001; Landis u. Bhagat, 1996; Scheitza, 2007). Tabelle 1 stellt eine Übersicht von Komponenten interkultureller Kompetenz als Listenmodell dar, die anhand einer Synthese der Literatur erstellt und entsprechend der drei genannten Komponenten eingeteilt ist. Diese Einteilung wird im empirischen Teil als Strukturierung der Aussagen dienen.

Tabelle 1: Schlüsselkomponenten interkultureller Kompetenz (Barmeyer, 2000; Bolten, 2001; Scheitza, 2007)

emotional Einstellungen, Werte, Sensibilität	**kognitiv** Begriffe, Wissen, Verständnis	**verhaltensbezogen** Fähigkeiten, Eignungen, Handeln
Empathie Offenheit Flexibilität Respekt Rollendistanz wertfreie Haltung Polyzentrismus Ambiguitätstoleranz Frustrationstoleranz	Kenntnis der politischen, sozialen, wirtschaftlichen und Managementsysteme Kenntnis von Kulturdimensionen und Kulturstandards Fremdsprachenkenntnisse Selbstkenntnis	Fähigkeit, die kognitiven Kenntnisse anzuwenden Kommunikationsfähigkeit Fähigkeit, Sprachkenntnisse in die Praxis umzusetzen Fähigkeit zur Metakommunikation flexibles Verhalten Selbstdisziplin

Die in tabellarischen Listen abgebildeten Eigenschaften werden in der Forschung kritisiert (Scheitza, 2007; Straub, 2007). Hierzu formuliert Thomas (2003b): »Oft lesen sich diese Listen wie das Persönlichkeitsprofil des modernen Menschen, mit stark idealisierten, von allen angestrebten, aber von niemand erreichten Leistungsmerkmalen« (S. 142). Allgemein ist es also schwierig, die Grenzen des spezifisch interkulturellen Charakters bestimmter Eigenschaften wie Empathie oder Selbstkenntnis zu definieren, was dazu führt, dass interkulturelle Kompetenz als in der Gesamtheit allgemeiner interpersoneller Kommunikations- oder Sozialkompetenzen verankert bzw. als damit verbunden angesehen ist. Des Weiteren erfordert interkulturelle Kompetenz, wie auch Interkulturalität, eine Kontextualisierung. Als

Kontextualisierung wird hier die Berücksichtigung von sinnstiftenden Elementen des organisationalen Umfeldes der Interagierenden verstanden, die auf den Handlungsrahmen, also auf die Interaktionen Einfluss haben und zu einer Erschließung und Interpretation derselben beitragen. » [...] es ist für interkulturelle Kompetenz folglich zu bestimmen, unter welchen Umständen und mit welchen Ergebnissen eine Person dieses Potenzial zur Bearbeitung kultureller Differenzerfahrung einsetzt« (Otten, 2007, S. 66). Ebenso weist Scheitza darauf hin, dass sich die »Konzeptionalisierungen interkultureller Kompetenz [...] eher der Intuition interkultureller Experten bedienen als einer theoriegeleiteten und empirisch fundierten Analyse menschlichen Handelns in interkulturellen Begegnungen« (Scheitza, 2007, S. 95).

Der theoretische Rahmen hat deutlich den Forschungsbedarf im Bereich interkultureller Kompetenz aufgezeigt: Interkulturelle Kompetenz entwickelt sich in bestimmten Handlungskontexten (Thomas, 2003b). Darauf aufbauend wird die These formuliert, dass die Entstehung, Entwicklung und Anwendung interkultureller Kompetenz in spezifischen Kontexten, wie der Organisation ARTE, gelingen kann. Hierfür werden auf der Basis einer Fallstudie Aussagen von französischen und deutschen ARTE-Führungskräften präsentiert und kommentiert.

Untersuchungskontext: ARTE – eine binationale Organisation

In diesem Abschnitt wird anfangs auf den spezifischen Untersuchungskontext, das Unternehmen ARTE G.E.I.E, eingegangen. Dabei werden kontextuelle Elemente dieser Organisation beschrieben.

Diese Kontextualisierung und Konkretisierung interkultureller Kompetenz und komplementärer Interkultur erfolgt durch ein konkretes Fallbeispiel: Die Zentrale des europäischen Fernsehsenders ARTE in Strasbourg ist seit 1991 ein Ort intensiver interkultureller Zusammenarbeit und interkultureller Entwicklung (Schlie, 1990, 2010; Schroeder, 1998), an dem etwa 600 französische und deutsche Fach- und Führungskräfte zusammenarbeiten.

Am 30. April 1991 wurde in Straßburg der Europäische Kulturkanal mit dem Namen ARTE (Association Relative à la Télévision Européenne) in Form einer Europäischen Wirtschaftlichen Interessenvereinigung (Groupement Européen d'Intérêt Économique: G.E.I.E.) gegründet. Artikel 2 des Gründungsvertrags von ARTE G.E.I.E. legte Mission und Auftrag des Senders fest: »Gegenstand der Vereinigung ist es, Fernsehsendungen zu konzipieren, zu gestalten und durch Satellit oder in sonstiger Weise auszustrahlen oder ausstrahlen zu lassen, die in einem umfassenden Sinne kulturellen und internationalen Charakter haben und geeignet sind, das Verständnis und die Annäherung der Völker in Europa zu fördern«.[3]

3 http://www.arte.tv/de/alles-ueber/ARTE-Gruppe/2153580.html

Als Gesellschafter bzw. Stakeholder sind der ehemalige französische Kultursender La SEPT, heute ARTE France mit Sitz in Paris, und die ARTE Deutschland TV GmbH mit Sitz in Baden-Baden, die als deutscher Koordinierungspol für die beiden gleichberechtigten öffentlich-rechtlichen Fernsehanstalten ARD und ZDF gegründet wurde, gleichberechtigt.[4]

Die ARTE-Zentrale in Straßburg erhält »die Kompetenz für die Entwicklung der Programmphilosophie, die Ausarbeitung des Programmschemas, die Planung des Programms, die Programmpräsentation und Leitung des Sendebetriebes sowie für Informationssendungen« (Arbeitsgemeinschaft Rundfunkwerbung, 1989). Sie trägt ebenfalls die Verantwortung für die Aktualität (Nachrichtenredaktion), Themenabende sowie die Produktion von bestimmten Magazinen. Darüber hinaus ist das deutsch-französische Team der Zentrale für die Erstellung der unterschiedlichen Sprachfassungen der Beiträge, die allgemeine Verwaltung, die Presse- und Öffentlichkeitsarbeit und die Beziehungen zu den europäischen Partnern zuständig.

> »Die Wahl Straßburgs als gemeinsamen Gesellschaftssitz ist eine ›Kompromisslösung‹ zwischen dem französischen Vorschlag Paris, der Stadt, in der nationale Politik und Wirtschaft zentralisiert sind, und der deutschen Ablehnung des Vorschlags, da mit Paris das Risiko einer zu starken französischen Einfärbung des Projekts verbunden wurde« (Schlie, 1990).

Die so genannte Zentrale von ARTE in Straßburg, die in diesem Beitrag den Kontext bildet, zählt »430 deutsche und französische Mitarbeiter [...] bei ARTE GEIE [...] Hinzu kommen freie Journalisten und freie Mitarbeiter sowie verschiedene Dienstleister. Die Mitarbeiter sind im Durchschnitt 42 Jahre alt und haben eine Betriebszugehörigkeit von 9 Jahren« (ARTE-Broschüre, 2010). Davon sind 63 % Frauen und 37 % Männer. Was die Nationalitätenaufteilung angeht, so sind 72 % der Beschäftigten Franzosen und 24 % Deutsche. Die übrigen Mitarbeiter kommen aus Drittländern.

Neben den für das Programm zuständigen Mitarbeitern, dem Personal der gemeinsamen Verwaltung und der Technik besteht die Zentrale in Straßburg aus vier Leitungsorganen:

- Der *Vorstand* wird aus dem Präsidenten, dem Vizepräsidenten, dem Programmdirektor und dem Verwaltungsdirektor gebildet.
- Die *Mitgliederversammlung* entspricht dem obersten Organ des Unternehmens. Sie setzt sich aus sechs französischen und sechs deutschen Vertretern von ARTE France und ARTE Deutschland zusammen.

4 ARTE Deutschland TV GmbH koordiniert die Programmbeiträge von ARD und ZDF (jeweils 50 %) vom Programmvorschlag über die Programmfinanzierung (Verwaltung des Gebührenaufkommens der deutschen Seite) bis hin zur Programmlieferung an die Zentrale in Straßburg. ARTE France dagegen ist aus La SEPT (1986 gegründet), eine Art Vorläufer eines Kulturfernsehens mit europäischem Auftrag, hervorgegangen und koproduziert und erwirbt Programme für ARTE G.E.I.E.

- Die *Programmkonferenz* setzt sich aus Vertretern der Zentrale und der nationalen Pole zusammen und tagt unter Vorsitz des Programmdirektors. Sie legt die redaktionelle Linie des Senders fest.
- Der *Programmbeirat* hat die Aufgabe, den Vorstand und die Mitgliederversammlung in allen Programmfragen zu beraten. Er setzt sich zusammen aus jeweils acht deutschen und acht französischen Persönlichkeiten des kulturellen Lebens (aus Kultur, Wissenschaft und Politik) der beiden Länder.

Die vier beschriebenen Organe, wie auch einzelne andere Abteilungen bei ARTE (z. B. die Rechtsabteilung), sind *paritätisch* besetzt. Die Parität ist aber nicht in allen Bereichen des Unternehmens gewährleistet. Dies ist darauf zurückzuführen, dass sich die Zentrale in Straßburg befindet und somit dem französischen Arbeitsrecht unterworfen ist. Zudem müssen untergeordnete Funktionen bzw. Abteilungen wie Logistik oder Technik nicht unbedingt paritätisch besetzt werden. Das Beispiel der Personalabteilung – einer Abteilung von großer Bedeutung – überrascht in einem deutsch-französischen Kontext. Diese Abteilung besteht fast ausschließlich aus französischen Mitarbeitern.

Methodik: Forschungsdesign und Durchführung – interkulturelle Objektivierung

Die empirische Untersuchung wurde nach der Fallstudienmethodik durchgeführt (Yin, 2003a). Der Fall ARTE kann als Musterfall ausgeschildert werden, aus dem eine Theorie illustriert und weiterentwickelt werden kann (Eisenhardt, 1989). In der *Vorbereitungs- und Konzeptionsphase* des Forschungsprojekts im Vorfeld wurde eine umfangreiche Dokumentarstudie zum Kontext durchgeführt, um die Entstehungsgeschichte von ARTE, seine strukturellen Besonderheiten und politischen Herausforderungen zu erfassen und zu verstehen. Ebenfalls in der Vorbereitungs- und Konzeptionsphase am Anfang des Forschungsprojekts wurde als Erhebungsinstrument der Interview-Leitfaden[5] ausführlich mit den Verantwortlichen der Personalabteilung und einigen Führungskräften von ARTE diskutiert. Auf diese Weise wurden bestimmte Fragen dem spezifischen Kontext von ARTE Strasbourg angepasst. Der Interview-Leitfaden wurde aus Elementen verschiedener vergleichender Studien zum Thema Manager-Verhalten zusammengestellt (Stewart, Barsoux, Kieser, Ganter u. Walgenbach, 1994; Walgenbach, 1994; Winch, 2000; Davoine, 2002).

5 Dieser Leitfaden beinhaltet Fragen zur Rollenwahrnehmung von Führungskräften: der Beziehung zu Mitarbeitern und Vorgesetzten, der Terminpläne, der Kommunikationsmittel und Koordinations- und Kontrollmethoden.

In der *Erhebungsphase* im Mai und Juni 2008 wurden 30 französische und deutsche Führungskräfte einzeln befragt, um ihnen Gelegenheit zu möglichst »freien« Aussagen zu geben. Befragt wurden 11 deutsche und 19 französische Manager von ARTE in Straßburg, 13 Frauen und 17 Männer, 16 Befragte sind in der Programmarbeit von ARTE tätig, 14 in Management und Verwaltung. Die Interviews wurden von beiden Autoren dieses Beitrags, einem Franzosen und einem Deutschen, gemeinsam geführt, um zum einen das Interview in der Muttersprache der befragten Führungskräfte durchzuführen und um zum anderen selektive Wahrnehmungen durch den kulturellen Bias des jeweiligen Forschers zu minimieren. Alle Interviews, die insgesamt fast 60 Stunden dauerten, wurden transkribiert, von beiden Forschern gegengelesen und anschließend an die Interview-Partner zur Validierung und Genehmigung der anonymen Veröffentlichung ihrer Aussagen verschickt. In einigen Fällen wurden von den Interview-Partnern Textpassagen verändert bzw. ganz gestrichen, unter anderem weil es sich um Informationen handelte, die Rückschlüsse auf den Interview-Teilnehmer hätten geben können. In zwei Fällen, jeweils ein deutscher und ein französischer, mussten aussagekräftige Passagen, die hoch interessante interkulturelle – teils konfliktuelle – Informationen enthielten, komplett gestrichen werden.

In der *Analysephase* wurde der Inhalt der 500 Textseiten Interviews thematisch mithilfe von *Wortfeldern und Kategorien* analysiert mit besonderem Augenmerk auf die Antworten der Fragestellungen, die für die Hypothesen des Forschungsprojekts von Interesse waren. Analyse und Interpretation der Daten erfolgte mittels einer Inhaltsanalyse (Mayring, 2008). Diese ermöglichte, die Existenz interkultureller Kompetenz und deren unterschiedlichen Komponenten herauszukristallisieren: kognitive, emotionale sowie verhaltensbedingte.

Der Validierungsprozess endete in der *Abschlussphase* mit einer mehrere Stunden dauernden Abschlusspräsentation durch die Autoren und eine Diskussion mit den Interview-Teilnehmern sowie weiteren interessierten ARTE-Fach- und Führungskräften im September 2008. Die Präsentation löste eine Art *Spiegel-Effekt* aus und ermöglichte die Schlussfolgerungen der Studie nach dem Prinzip einer internen Validation der Ergebnisse (Yin, 2003b) differenzierter zu bewerten.

Die interkulturelle Kompetenz von ARTE-Führungskräften

In diesem Abschnitt werden aufbauend auf dem Theorie-Teil zur interkulturellen Kompetenz Ergebnisse der empirischen Erhebung präsentiert. Dies geschieht durch die Präsentation und Interpretation der Aussagen der französischen und deutschen Führungskräfte.[6] Als Struktur dient das bereits präsentierte Drei-Komponenten-Modell von Rosenberg und Hovland (1960).

Emotionale Komponente

Die emotionale Komponente betrifft das Bewusstsein über Eigen- und Fremdkultur und damit die Fähigkeit, sich von seiner eigenkulturellen *Programmierung* zu distanzieren und bewusst anderskulturelle Verhaltensweisen zu akzeptieren.

Fast alle interviewten Führungskräfte haben ein klares Bewusstsein für die jeweils andere Kultur geäußert, wie es die Berichte über erste Erfahrungen und Konfrontationen belegen.

Vielen Befragten wurden durch diese Konfrontationen ihre eigenen nationalen Arbeitsmuster bewusst. Allerdings sind diese Konfrontationen keine einmaligen, sondern rekurrierende Erfahrungen im Alltag der bikulturellen Organisation ARTE, die dazu beitragen, die eigenen nationalen Arbeitsmuster infrage zu stellen.

> »Der Managementstil, den ich heute habe, ist das Ergebnis der Auseinandersetzung, die ich zu Beginn mit meinen deutschen Kollegen hatte.« FM30

> »Als die Sitzung vorbei war, kam die Mitarbeiterin zu mir und sagte: ›Wissen Sie, ich kenne Sie ja nun schon lange und Sie haben heute zum ersten Mal entschieden, wie ein Franzose in dieser Situation entscheiden würde. Sie hätten früher, als Sie zu uns kamen, noch als reiner Deutscher, nie so entschieden.‹« DM13

Die meisten Befragten haben ihre Arbeitsstile angepasst und neue Verhaltensweisen entwickelt. Mehrere Aussagen belegen allerdings, dass »interkulturelle Überraschungen« immer wieder präsent sind, und dass Mitarbeiter in diesem ARTE-Umfeld immer wieder die Erfahrung machen, in einer »nichtheimischen« Organisation zu agieren. In diesem Umfeld sind nationale Verhaltensweisen nicht immer erkennbar, weil Deutsche und Franzosen gegenseitige Anpassungsprozesse vornehmen. Einige Mitarbeiter halten aber auch nach vielen Jahren beruflicher Sozialisation bei ARTE an alten Arbeitsstilen fest:

6 Hinter den anonymisierten Zitaten steht ein Buchstaben-Zahlen-Kürzel, dass auf zwei demographische Merkmale der interviewten Person hinweist: Dabei steht der erste Buchstabe »D« für deutsch bzw. »F« für französisch; der zweite Buchstabe »F« für weiblich bzw. »M« für männlich, die anschließende Zahl gibt die Nummer der – insgesamt 30 – interviewten Person an. FF13 ist eine französische weibliche Führungskraft, DM25 ist eine deutsche männliche Führungskraft.

»Es ist witzig zu sehen, wie manche doch so an ihren Mustern und Strukturen festhalten, die sie von vorher kennen und auch zehn Jahre, nachdem sie hier angekommen sind, immer noch sagen: ›Ja, bei uns beim ZDF da war das so und so.‹ Und andere, die haben das total abgelegt und sich dann hier wunderbar integriert und picken sich natürlich von beiden Eigenheiten das Beste raus. Also so ein bisschen das französische … Durchschlängeln.« DF6

Auch die Sensibilität, die die Grenzen der eigenen Sprach- und Ausdrucksfähigkeit betrifft, ist ein wiederkehrendes Thema der Selbstreflexion:

»Es führt manchmal in Besprechungen zu ganz komischen Effekten, wenn ich mich auf Französisch ausdrücke. Es fühlt sich dann jemand angegriffen, obwohl ich das ganz und gar nicht in der Art gemeint habe, weil ich einen ganz anderen deutschen Hintergedanken dabei hatte. Vielleicht auch, weil ich die deutsche Formulierung direkt ins Französische übersetzt habe, die dann aber eine ganz andere Nuance kriegt. Und das ist ein Punkt, den viele Franzosen total unterschätzen, bei Leuten, die Französisch sprechen, denken sie, der weiß genau, was er sagt, und das ist genau das hundertprozentig, was er sagen will, und das trifft oft nicht zu.« DM14

Wichtig für die interkulturelle Kompetenz ist hier der Interaktionskontext von ARTE, in dem regelmäßige Überraschungen und Konfrontationen mit Interaktionspartnern aus der anderen Kultur einen permanenten Reflexionsprozess über eigen- und anderskulturelle Normen auslösen.

Kognitive Komponente

Die kognitive Komponente der interkulturellen Kompetenz ermöglicht es, Gemeinsamkeiten und Unterschiede in interkulturellen Situationen zu verstehen und zu beurteilen. Dieses Wissen kann allgemein das Bildungssystem des anderskulturellen Kollegen betreffen, wie die Bedeutung beruflicher Ausbildung und *Kaminlaufbahnen*[7], die Bewertung und die Legitimierung fachlicher Kompetenzen, aber auch divergierende Professions- und Branchenkultur. Überraschend bei den Interviewpartnern war auch das Ausmaß an Wissen über Arbeitsstile und Berufskulturen des anderen Landes. Viele in den Interviews erhobene Elemente betreffen die Kenntnisse über unterschiedliche Arbeits- und Verhaltensweisen. Dies kann die Organisation und Strukturierung von Aufgaben betreffen, aber auch die Beschäftigung mit und das Fällen von Entscheidungen und das Verfassen von Protokollen.

»Es gibt eine deutsche Art von Effizienz, die den Franzosen nicht eigen ist, und eine französische Art von inhaltlicher Beharrlichkeit, die den Deutschen nicht so eigen ist. […] Franzosen sind viel mehr bereit, länger zu arbeiten und sich an einer Sache aufzuhalten und alles noch mal um

7 Kaminlaufbahn bezeichnet den Karriereweg einer Führungskraft innerhalb einer Fachabteilung oder eines Funktionsbereichs wie Marketing, Personal oder Finanzen.

und um zu wenden, was den Deutschen schnell unstrukturiert vorkommt. Aber gerade in so einem kreativen Bereich hat das oft zur Folge, dass man auf Ideen und Möglichkeiten kommt, auf die man sonst nicht gekommen wäre.« DF12

»Um eine Entscheidung zu treffen, brauchen die Deutschen Zeit. Das heißt, bevor eine Entscheidung getroffen wird, setzt man sich zusammen, untersucht alle Möglichkeiten – und zwar viel tiefgreifender als auf französischer Seite. Das ist sehr, sehr eindeutig. Aber wenn der Zug auf deutscher Seite einmal abgefahren ist, dann wird er auch nicht mehr aufgehalten.« FM24

»Wenn ich in eine Sitzung gehe, dann habe ich eine Tagesordnung. Das ist ja nett, das ist ja nice to have. Den Deutschen ist die Tagesordnung die Bibel und wenn die nicht eingehalten wird, ist das der Weltuntergang. Der Franzose sagt erst mal, was wichtig ist. Und das muss jeder Franzose sagen. Beim Deutschen ist das nicht so. Dann haben sie anschließend ein Protokoll, da schreiben sie auf, was da gesagt worden ist. Für den Deutschen gilt das, bis zum Tag der Auferstehung. Es sei denn, der Präsident hat das Protokoll geändert oder irgendwas ändert das Protokoll. Und für den Franzosen ist das eine Beschreibung eines Zustandes, der gestern war und die nächste Sitzung ist morgen. Die Entscheidung von heute ist für einen Franzosen morgen eine von gestern.« DM13

Die Kenntnisse des anderskulturellen Systems betreffen auch die Art der Mitarbeiter-Führung und des Führungsstils. Aus deutscher Sicht wird die französische Führung autoritärer wahrgenommen, aus französischer Sicht die deutsche zwar formalisierter, aber partizipativer.

»Das gibt es einen größeren Druck, wenn französische Führungskräfte im Raum sind, die Hierarchie einzuhalten. Es ist dann eine größere Kontrolle da samt der Selbstkontrolle der Anwesenden.« DM7

»Der Unterschied im Führungsstil? Der besteht darin, dass der Deutsche nach einem schriftlichen Protokoll verlangt, eine Entscheidung einfordert und mehr zu delegieren versucht: ›Du machst das, und du das.‹ Damit man in der Sache weiterkommt.« FM10

Diese Aussagen kamen von Befragten unterschiedlichster Abteilungen. Die Befragten zeigten vor allem ein ausgeprägtes Wissen über die nationalen Spezifika in den jeweiligen Berufen. Durch die Zusammenarbeit in jeder Abteilung mit Journalisten, Produzenten, Übersetzern, Verwaltungsangestellten oder Juristen und durch die Notwendigkeit gemeinsame Lösungsansätze zu entwickeln, haben sich ARTE-Mitarbeiter ein fundiertes Wissen über die Berufskulturen des anderen Landes angeeignet:

»Die ›Volljuristen‹ […] haben mehr Erfahrung, sie haben mehr Praxisbezug im Studium.« DF12

»Wir [Journalisten] arbeiten über Wörter, Menschen, Geschichten … Wir sind alle Geschichtenerzähler, haben aber nicht dieselbe Art, zu erzählen.« FM24

»Die Filmproduktion ist überall gleich, in der ganzen Welt und deswegen arbeiten die Leute, die Produzenten auch im Wesentlich gleich. Natürlich gibt es Unterschiede. Z. B. ist in Frankreich ganz extrem, dass man alles, was aus Paris kommt, für wichtiger hält. Das ist natürlich ein Unterschied. In Deutschland weiß man natürlich auch: der wichtigste, größte deutsche Sender sitzt in Mainz. Aber ein französischer Produzent, der würde dann erstmal sagen, wenn er nach Mainz fährt, ok, das ist nicht so wichtig.« DM29

Einige Befragte betonen sogar, dass Berufe in den jeweiligen Ländern eine andere Bedeutung und ein anderes Ansehen haben.

»Nach meiner Wahrnehmung ist die deutsche Berufskultur eine echte Institution. Man hat etwas erreicht, wenn man die Leiter erklommen hat, und das ohne Umwege. Man kommt ans Ziel und steigt beruflich auf, wenn man auf dem einmal gewählten Weg bleibt. In dieser Berufskultur erwächst die Legitimierung aus der Erfahrung. Wenn man angekommen ist, dann ist jedem klar, dass man auch den Rest durchlaufen hat und also nur gut sein kann. Die Franzosen sind eher wie ich Fallschirmspringer, Tausendsassa. Und die Legitimierung ist nie ein für allemal erreicht. […] In Frankreich haben wir keine Berufslegitimierung oder zumindest weniger, viel weniger.« FF11

Interkulturelles Wissen über das andere Land und die andere Kultur ist erforderlich, nicht nur, weil die Organisationsmitglieder Deutsche und Franzosen sind, sondern auch, weil andere Kontextakteure wie Geschäftspartner und Stakeholder (Rundfunkanstalten, Zuschauer) aus beiden Ländern kommen. Die Zentrale in Strasbourg ist auch ein Interface zwischen deutschen und französischen Stakeholdern des Senders. Der Auftrag des Senders, die Rolle und die Arbeitsinhalte der Abteilungen machen deshalb interkulturelles Wissen unabdingbar.

Verhaltenskomponente

Die dritte Komponente interkultureller Kompetenz betrifft die Fähigkeit der Interagierenden, sich den Erwartungen der anderen Kultur anzupassen und eigene Verhaltensmuster zu modifizieren.

Besonders betont wurde der Aspekt der zwischenmenschlichen Kommunikation. Die befragten Deutschen versuchen, indirekter zu kommunizieren, die Franzosen dagegen geben sich Mühe, sich direkter auszudrücken.

»Der Umgang mit Deutschen ist sachlicher, sagen wir, vernünftiger. Beim Umgang mit Franzosen muss ich mehr Subtext einbeziehen und mehr Irrationales.« DM7

»Auf Deutsch viel direkter, auf die Gefahr hin, dass es viel kürzer und weniger ausgeschmückt ist. Aber es muss direkter sein, sonst denkt der Deutsche, es sei nur Blabla.« FF1

»Ich denke, die französische Kultur will es schon, dass man mit sehr viel nicht Ausgesprochenem arbeitet. Das war für mich sehr schwer, herauszufinden, was nun derjenige, der mir gegenüber sitzt, nun eigentlich von mir will. [...] Und auf der anderen Seite ist diese deutsche direkte Art, erschreckt einfach sehr oft auch französische Mitarbeiter. [...] Und da kommt es öfter zu Konflikten und Mailaustausch härterer Form, die härtere Formen annehmen, wo überhaupt kein Problem zugrunde liegt, sondern einfach eine andere Art der Kommunikation.« DF5

Zur Kommunikation in bikulturellen Kontexten gehört es auch, Ausdruck und Präsentationsstil anzupassen, wie es eine deutsche Führungskraft betonte.

»Ich selber habe Elemente der französischen Kommunikation übernommen ... dass man mehr miteinander redet, dass man so erstmal drum herum redet, bis man zum Punkt kommt. Ein Deutscher verliert viel weniger Zeit. Zeit ist Geld. Auch das Briefeschreiben, Mails schreiben. Ich musste auch lernen, dass man da sehr viel mehr Schönes drum herum machen muss. Die Message muss gut verpackt werden, wo man als Deutscher also auch erstmal denkt: ›Gott, auch verlorene Zeit‹.« DF16

Ein weiterer Aspekt betrifft die Anpassung des Führungsverhaltens an den anderskulturellen Mitarbeiter. Das Anpassen des Führungsstils an die Erwartungen der Mitarbeiter wurde sowohl von deutschen als auch von französischen Führungskräften realisiert. Franzosen sagten, sie würden ihren Führungsstil etwas partizipativer gestalten, um den deutschen Mitarbeitern mehr Autonomie zu lassen, deutsche Führungskräfte sagten, sie seien direktiver im Umgang mit französischen Mitarbeitern, um ihnen mehr Sicherheit und Klarheit zu geben.

»Ich habe einfach gespürt, als ich mit dem französischen Team angefangen habe, dass der klare Wunsch da war, dass ich Kontrolle ausübe, was ich für nicht so nötig hielt. [...] Mitarbeiter, die sich vor einem Feiertag oder dem Wochenende wünschen: »Est-ce qu'on peut faire le point?« [...] Denn es kommt erstaunlicherweise dann immer von den Franzosen, die gerne mehr Kontrolle haben möchten und erwarten, dass der Chef sich hinstellt und sagt: ›Wie weit seid ihr?‹ und ›Ist das gemacht?‹. Das habe ich nicht so im Blut und dem entsprechend muss ich mich manchmal ein bisschen dazu durchringen.« DF12

»Ich bin hier angekommen und war selbstsicher, es hat sich jetzt in der Managementlehre an der Hochschule wahrscheinlich geändert. Aber damals im BWL-Studium war der Manager der aufgeklärte Despot, der alle Probleme regeln konnte. Und dann musste ich mir von Mitarbeitern anhören: ›Einen Moment mal, du solltest trotzdem zuhören, was man dir vielleicht gerne sagen will.‹« FM30

»Mein persönlicher Führungsstil ist schon eher der, an den Konsens zu appellieren – das ist ja auch eher deutsch. Es wird sehr über die Sache argumentiert. Aber ich habe mir auch Französisches angeeignet: dass man Inhalte in ein nettes Gespräch verpackt, dass man erstmal gute Stimmung schafft.« DF16

Interessant ist, dass keiner der beiden nationalen Führungsstile sich durchgesetzt hat, sondern beide ein Spannungsfeld definieren, in dem beide nationale Verhaltensweisen bewusst und erkennbar bleiben und in dem sich die Organisationsmitglieder frei bewegen. Ein Grund für diese Freiheit liegt wahrscheinlich in der Hierarchie-Symmetrie und dem Paritätsprinzip, die in der Satzung der ARTE G.E.I.E. festgelegt wurde. Im Gegensatz zu anderen bi- oder multikulturellen Joint Ventures und Fusionen existiert bei ARTE keine dominante Kultur des Vorstands, des Headquarters oder der Hauptaktionäre, die einen nationalen Führungsstil als Norm durchsetzten könnte.

Auf der Basis des empirischen Materials lässt sich allerdings konstatieren, dass die befragten *deutschen* Führungskräfte stärkere Anpassungsprozesse vornehmen, was sicherlich durch den Ort Strasbourg in Frankreich, die französische Sprache, ein französisches Rechtssystem und letztendlich durch eine gewisse Frankophilie der deutschen Führungskräfte begründet ist. Einige Abteilungen, wie Personal und Logistik, weisen keine deutsch-französische Parität auf.

Trotzdem gestalten Paritätsprinzip und Machtsymmetrien bei den Stakeholdern einen besonderen Kontext, in dem beide nationale Gruppen gleichgestellt sind und sich interkulturell entwickeln müssen.

Sozialisierung als Entwicklungsprozess interkultureller Kompetenz

Die Studienergebnisse zeigen die Bedeutung unterschiedlicher Sozialisierungsprozesse für die Entwicklung interkultureller Kompetenz. Hier lassen sich zwei Arten von Sozialisierung unterscheiden: zum einen die interkulturelle *organisationsinterne* Sozialisierung und zum anderen die interkulturelle *organisationsexterne* Sozialisierung.

Zum einem sind viele ARTE-Mitarbeiter seit Gründung der Organisation in den 1990er Jahren bei ARTE beschäftigt und haben ihre Arbeitsweisen und Managementstile sozusagen *mit* der Organisation entwickelt, das heißt, eine interkulturelle *organisationsinterne* Sozialisierung erfahren.

Diese Mitarbeiter haben ihre berufliche Laufbahn in diesem spezifischen Interaktionskontext aufgebaut mit wechselnden Konstellationen in Führung und Management, das heißt, sie hatten mal einen deutschen, mal einen französischen Vorgesetzten, mal französische Teamkollegen, mal deutsche Teamkollegen sowie jeweils französische und deutsche Mitarbeiter. Insofern haben sie selbst ihren eigenen beruflichen interkulturellen Sozialisierungsprozess und den Organisationskontext mitgestaltet und sind »zusammengewachsen«.

> »Ich denke, dass die französisch-deutschen Unterschiede nicht etwa wegen des Tätigkeitsbereiches, sondern wegen der langjährigen Zusammenarbeit abgenommen haben. Ich denke, wir haben gelernt, uns gegenseitig zu verstehen. Wir Franzosen gehen langsamer mit Entscheidungen um, und versuchen alles gründlicher abzusprechen, und die Deutschen versuchen, ihre Vorgehensweise zu beschleunigen, und bestehen weniger auf Formalismus.« FM3

Zum anderen haben viele ARTE-Mitarbeiter auch eine interkulturelle *organisationsexterne* Sozialisierung erfahren, die sich in verschiedenen Ländern oder Regionen vollzieht, etwa in Frankreich *und* Deutschland und so zu einer bikulturellen Sozialisation führen kann. Auf diese Personengruppe übt die Mission der Völkerverständigung und das Kultur-Projekt ARTE eine starke Anziehungskraft aus. Die persönliche Motivation und Einstellung der interkulturell Interagierenden stellt eine wesentliche Triebfeder zum Erfolg der interkulturellen Organisation ARTE dar.

Diese interkulturelle organisationsexterne Sozialisierung führt auch zur Entwicklung von Fremdsprachenkompetenz beziehungsweise zu Zwei- oder Mehrsprachigkeit. Ebenso weisen die Akteure interkulturelle Interaktionserfahrung, ein gewisses Wissen über sowie Interesse für die andere Kultur auf. Dies trifft insbesondere auf viele ARTE-Mitarbeiter zu, weil sie bereits durch den Personalauswahl- und Einstellungsprozess, der gewisse Eigenschaften und Kompetenzen fordert, die für eine deutsch-französische Organisation nötig sind, verfügen. Die interkulturelle organisationsexterne Sozialisierung »entwickelt« Menschen mit Interface-Eigenschaften. Ein interkulturelles Interface vermittelt bewusst oder unbewusst zwischen Personen und Organisationen, die aus mindestens zwei unterschiedlichen kulturellen Systemen stammen und hilft somit, dass kommunikativ-kooperative Prozesse reibungsloser funktionieren (Barmeyer, 1996). Bei ARTE finden sich viele Mitarbeiter, die Funktionen des Interface ausüben, oft auch die befragten Führungskräfte. Es handelt sich in der Regel um zweisprachige Personen, die eine hohe Sympathie für und Wissen über die andere Kultur mitbringen.

Einen Sonderfall nimmt die organisationsexterne Sozialisierung in Grenzgebieten wie dem Elsass ein, die als indirekte bikulturelle Sozialisierung bezeichnet werden könnte. Diese bei ARTE arbeitenden – zweisprachig aufgewachsenen und Dialekt sprechenden – Elsässer, die Zugang zu beiden Sprachen und Kulturen haben, weisen somit eine Quasi-Bikulturalität auf. Sie nehmen Kulturunterschiede wahr, verstehen die Logiken beider Systeme besser als »reine« Deutsche oder Franzosen und können so französische und deutsche Stärken besser nutzen. Interkulturelle Interfaces leisten – oft unbewusst – wertvolle Beiträge zum Verständnis und zum Funktionieren von ARTE.

Fazit

Anhand der Aussagen wurde deutlich, dass die befragten ARTE-Führungskräfte beider Länder ein gegenseitiges Verständnis für die andere Kultur aufweisen, um das tägliche Miteinander – im Sinne der zwischenmenschlichen Ausrichtung von interkultureller Kompetenz – angenehm zu gestalten und Ziele – im Sinne der ökonomischen Ausrichtung – effizient zu erreichen. Die ARTE-Führungskräfte sind im Arbeitsalltag in hohem Maße zu gegenseitigen Anpassungs- und Integrationsprozessen bereit, was auf Eigenschaften interkultureller Kompetenz hinweist: Hierzu gehören sowohl das Bewusstsein über eigenkulturelle Verhaltensweisen (Self-Awareness) und die Kenntnis über das jeweils andere kulturelle System (Kognition) als auch die Bereitschaft, Vorstellungen, Ziele und Arbeitsverhalten anzupassen oder zu revidieren (Verhalten).

Diese interkulturelle Kompetenz konstituiert sich aus einer komplexen Kombination von interkultureller Sensibilität und Vorwissen, regelmäßigen interkulturellen Interaktionen, einer Organisationsstruktur, in der Abteilungs- und Teamleiter aus beiden Ländern stammen, und ständigen gegenseitigen Anpassungsprozessen der Akteure.

Interkulturelle Kompetenz geht weit über die individuelle Ebene hinaus und betrifft die ganze Organisation als Handlungskontext, wie es von Thomas (2003b) thematisiert wurde.

Zur Entwicklung interkultureller Kompetenz der ARTE-Mitarbeiter wurden folgende unterstützende Kontextfaktoren gefunden: Der erste Faktor betrifft die strategische Mission und die Zielsetzung von ARTE – nämlich der öffentliche Auftrag der Vermittlung und Völkerverständigung in Europa –, die ARTE-Mitarbeiter zu einem selbstverständlichen Reflexionsprozess über ihre eigene Kultur und über interkulturelle Herausforderungen zu führen. Der zweite Faktor betrifft die formellen Regeln der strukturellen Parität und Machtsymmetrie: Jeder Abteilungsleiter muss einen Stellvertreter der anderen Nationalität haben, so kann keiner der beiden nationalen Führungsstile die herrschende Norm stellen. Der dritte Faktor ist die Gemeinschaft ARTE als Interkultur, in der nationale Verhaltensmuster ein komplexes Spannungsfeld bilden und in der Mitarbeiter aus Deutschland und Frankreich gemeinsam sozialisiert wurden und zusammengewachsen sind. Diese drei Kontextfaktoren unterscheiden die Organisation ARTE von anderen Joint Ventures und Fusionen, die zwar mit Interkulturalität konfrontiert sind, die aber selten erfolgreich interkulturell kompetent sind.

Literatur

Arbeitsgemeinschaft Rundfunkwerbung (Hrsg.) (1989). Deutsch-französische Erklärung zum Europäischen Kulturkanal [Gemeinsame Erklärung zum Europäischen Fernsehkanal]. In Media Perspektiven, Reihe Dokumentation, II, 94.

ARTE-Broschüre (2010). arte – Der Europäische Kulturkanal. Zugriff am 18.07.2010 unter http://download.www.arte.tv/permanent/u6/plaquette2010/2010_Plaquette_DE.pdf

Barmeyer, C. (1996). Interkulturelle Qualifikationen im deutsch-französischen Management kleiner und mittelständischer Unternehmen. St. Ingbert: Röhrig Universitätsverlag.

Barmeyer, C. (2000). Interkulturelles Management und Lernstile. Frankfurt a. M.: Campus.

Barmeyer, C. (2004). Interkulturelle Kommunikation im deutsch-französischen Management – Entwicklungen, Methodik und Forschungsperspektiven. In Deutsch-Französisches Institut (Hrsg.), Frankreich Jahrbuch 2003. Kulturelle Vielfalt gestalten (S. 79–99). Wiesbaden. Verlag für Sozialwissenschaften.

Barmeyer, C. (2007). Coaching von Führungskräften in interkulturellen Kontexten. In M. Otten, A. Scheitza, A. Cnyrim (Hrsg.), Interkulturelle Kompetenz im Wandel. Band 1. Grundlagen, Konzepte, Diskurse (S. 217–235). Frankfurt a. M.: IKO-Verlag.

Barmeyer, C. I. (2010a). Das Passauer 3-Ebenen-Modell. Von Ethnozentrismus zu Ethnorelativismus durch kontextualisierte interkulturelle Organisationsentwicklung. In C. I. Barmeyer, J. Bolten (Hrsg.), Interkulturelle Personal- und Organisationsentwicklung (S. 31–56). Sternenfels u. Berlin: Wissenschaft und Praxis.

Barmeyer, C. I. (2010b). Interkulturalität. In C. I. Barmeyer, P. Genkova, J. Scheffer (Hrsg.), Interkulturelle Kommunikation und Kulturwissenschaft. Grundbegriffe, Wissenschaftsdisziplinen, Kulturräume (S. 34–71). Passau: Verlag Karl Stutz.

Bennett, M. J. (1993). Towards Ethnorelativism: A Developmental Model of Intercultural Sensitivity. In R. M. Paige (Ed.), Education for the Intercultural Experience (pp. 21–71). Yarmouth: Intercultural Press Inc.

Bennett, J. M., Bennett, M. J. (2004). Developing Intercultural Sensitivity. An integrative approach to global and domestic diversity. In D. Landis, J. M. Bennett, M. J. Bennett (Eds.), Handbook of Intercultural Training (pp. 147–165). London: Sage.

Bergemann, B., Bergemann, N. (2005). Interkulturelle Managementkompetenz. Anforderungen und Ausbildung. Heidelberg: Physica-Verlag.

Bolten, J. (2001). Interkulturelle Kompetenz. Erfurt: Landeszentrale für politische Bildung Thüringen.

Bolten, J. (2010). Können Organisationen interkulturelle Kompetenz ausbilden? Zum Zusammenspiel von interkultureller Organisations- und Personalentwicklung und interkulturellen Wissensmanagement. In C. I. Barmeyer, J. Bolten (Hrsg.), Interkulturelle Personal- und Organisationsentwicklung (S. 91–114). Sternenfels u. Berlin: Wissenschaft und Praxis.

Brislin, R. W., Yoshida, T. (Eds.) (1994). Improving Intercultural Interactions: Modules for Cross-Cultural Training Programs. London: Sage Publications.

Davoine, E. (2002). Zeitmanagement deutscher und französischer Führungskräfte. Wiesbaden: Gabler.

Deardorff, D. K. (Ed.) (2009). The SAGE Handbook of Intercultural Competence. Thousand Oaks, CA: Sage.

Dinges, N. G.; Baldwin, K. D. (1996). Intercultural Competence. A Research Perspective. In D. Landis, R. D. Bhagat (Eds.), Handbook of Intercultural Training (pp. 106–123). Thousand Oaks, CA: Sage.

Eisenhardt, K. (1989). Building Theory from case study research, Academy of Management Review, 14 (4), 532–550.

Knapp, K., Knapp-Potthoff, A. (1990). Interkulturelle Kommunikation. Zeitschrift für Fremdsprachenforschung, 1, 62–93.

Landis, D., Bhagat, R. S. (Eds.) (1996), Handbook of Intercultural Training. Thousand Oaks, CA: Sage.

Landis, D., Bennett, J. M., Bennett, M. J. (Eds.) (2004). Handbook of Intercultural Training. London: Sage.

Mayring, P. (2008). Qualitative Inhaltsanalyse – Grundlagen und Techniken. Weinheim u. Basel: Beltz.

Müller, B.-D. (1993). Interkulturelle Kompetenz. Annäherung an einen Begriff. Jahrbuch Deutsch als Fremdsprache, 19, 63–76.

Otten, M. (2007). Profession und Kontext. Rahmenbedingungen der interkulturellen Kompetenzentwicklung. In M. Otten, A. Scheitza, A. Cnyrim (Hrsg.), Interkulturelle Kompetenz im Wandel. Band 1: Grundlagen, Konzepte, Diskurse (S. 57–89). Frankfurt a. M.: IKO-Verlag.

Rosenberg, M. J., Hovland, C. I. (1960). Cognitive, affective, and behavioural components of attitudes. In C. I. Hovland, M. J. Rosenberg, M. J. (Eds.), Attitude Organisation and Change: An Analysis of Consistency Among Attitude Components (pp.1–14). New Haven, CT: Yale University Press.

Rathje, S. (2006). Interkulturelle Kompetenz – Zustand und Zukunft eines umstrittenen Konzepts. Zeitschrift für interkulturellen Fremdsprachenunterricht [Online] 11, 3.

Scheitza, A. (2007). Interkulturelle Kompetenz: Forschungsansätze, Trends und Implikationen für interkulturelle Trainings. In M. Otten, A. Scheitza, A. Cnyrim (Hrsg.), Interkulturelle Kompetenz im Wandel. Band 1. Grundlagen, Konzepte, Diskurse (S. 91–120). Frankfurt a. M.: IKO-Verlag.

Schlie, H.-W. (1990). Die Entstehung des deutsch-französischen Kulturkanals. Dokumente, Nr. 46, Februar 1990, 32–36.

Schlie, H.-W. (2010). Interkulturelle Kommunikation in einer deutsch-französischen Organisation. Der Europäische Kulturkanal ARTE. In C. I. Barmeyer, P. Genkova, J. Scheffer (Hrsg.), Interkulturelle Kommunikation und Kulturwissenschaft. Grundbegriffe, Wissenschaftsdisziplinen, Kulturräume (S. 429–441). Passau: Verlag Karl Stutz.

Schroeder, M. (1998). Herausforderungen des Interkulturellen Managements für den deutsch-französischen Kulturkanal ARTE. In C. Barmeyer, J. Bolten (Hrsg.), Interkulturelle Personalorganisation (S. 49–58). Sternenfels u. Berlin: Verlag Wissenschaft und Praxis.

Straub, J. (2007). Kompetenz. In J. Straub, A. Weidemann, D. Weidemann (Hrsg.), Handbuch Interkulturelle Kommunikation und Kompetenz (S. 35–46). Stuttgart u. Weimar: Metzler.

Straub, J., Weidemann, A., Weidemann, D. (Hrsg.) (2007). Handbuch Interkulturelle Kommunikation und Kompetenz. Stuttgart u. Weimar: Metzler.

Stewart, R., Barsoux, J.-L., Kieser, A., Ganter, H.-D., Walgenbach, P. (1994). Managing in Britain and Germany. London and New York: Palgrave Macmillan.

Thomas, A. (2003a). Das Eigene, das Fremde, das Interkulturelle. In A. Thomas, E.-U. Kinast, S. Schroll-Machl (Hrsg.), Handbuch Interkulturelle Kommunikation und Kooperation. Band 1: Grundlagen und Praxisfelder (S. 44–59). Göttingen: Vandenhoeck & Ruprecht.

Thomas, A. (2003b). Interkulturelle Kompetenz. Grundlagen, Probleme und Konzepte. Erwägen – Wissen – Ethik. Streitforum für Erwägungskultur, 14 (1), 137–150.

Thomas, A. (2004). Kulturverständnis aus der Sicht der interkulturellen Psychologie: Kultur als Orientierungssystem und Kulturstandards als Orientierungshilfen. In H.-J. Lüsebrink (Hrsg.), Konzepte Interkultureller Kommunikation (S. 145–156). St. Ingbert: Röhrig Universitätsverlag.

Thomas, A. (2005). Grundlagen der interkulturellen Psychologie. Nordhausen: Traugott-Bautz.

Walgenbach, P. (1994). Mittleres Management: Aufgaben – Funktionen – Arbeitsverhalten. Wiesbaden: Gabler Verlag.

Winch, G. M. (2000). Organization and Management in an Anglo-French Consortium: The case of Transmanche-Link. Journal of Management Studies, 37 (7), 663–665.

Yin, R. K. (2003a). Case study research: Design and methods. Thousand Oaks: Sage.

Yin, R. K. (2003b). Applications of case study research. Thousand Oaks: Sage.

Ulrich Hößler

Wege zu grenzregionaler Identität – interkulturelle Kompetenz bei grenzüberschreitenden Kooperationen in Europas Regionen

Seit Ende des Zweiten Weltkriegs sind die Völker Europas bestrebt, ihre Interessen politischer, wirtschaftlicher oder militärischer Art untereinander abzustimmen, zu bündeln und gemeinsam zu vertreten, um so eine Nationalgrenzen übergreifende europäische Gemeinschaft zu bilden. Bereits 1946 vertrat Winston Churchill in einer Rede an der Universität Zürich die Idee einer »europäischen Völkerfamilie« und einer Art »Vereinigte Staaten von Europa« (Holtz, 2000, S. 308) und seit dem Fall des Eisernen Vorhangs erstreckt sich diese Idee nicht nur auf den westlichen Teil des Kontinents, sondern auf ganz Europa. Die Europäische Union in ihrer jetzigen Gestalt ist wohl der überzeugendste Nachweis für die in großen Teilen erfolgreiche Umsetzung dieses Gedankens, auch wenn die Entwicklung hin zur paneuropäischen Gemeinschaft bei Weitem noch nicht abgeschlossen ist und keineswegs reibungslos verläuft, wie die jüngsten Schwierigkeiten bei der Ratifizierung einer europäischen Verfassung zeigten.

Politische und wirtschaftliche Akteure in grenznahen Gebieten haben früh erkannt, dass die europäische Einigung eine Chance bietet, die klassischen Nachteile von Grenzregionen wie weite Entfernung von nationalen Entscheidungszentren, schwache Infrastruktur, niedrige Wirtschaftsleistung und hohe Arbeitslosigkeit durch grenzüberschreitende Zusammenarbeit auszugleichen. So organisierte sich zum Beispiel bereits in den 1950er Jahren die kommunale Arbeitsgemeinschaft EUREGIO im deutsch-niederländischen Grenzgebiet, die als eine der ältesten grenzüberschreitenden Organisationen im modernen Europa gilt (Breuer, 2002).

Am 21. Mai 1980 verabschiedete der Europarat in Madrid das Europäische Rahmenübereinkommen über die grenzüberschreitende Zusammenarbeit von Gebietskörperschaften, auch bekannt als Madrider Konvention, und legte damit einen gesetzlichen Rahmen vor, der die Zusammenarbeit zwischen benachbarten Grenzregionen in Europa strukturieren, erleichtern und fördern sollte (Europarat, 1981). Heute hat sich neben den europäischen Institutionen und den Nationalstaaten das Europa der Regionen als dritte Ebene des europäischen Integrationsprozesses etabliert und es existieren über 250 offizielle grenzübergreifende *Euroregionen* (Breuer, 2002).

Bei all diesen positiven Entwicklungen ist die grenzüberschreitende Zusammenarbeit in Europas Regionen dennoch mit einer Reihe erheblicher Herausforderungen konfrontiert, als da wären: unterschiedliche nationale Rechtssetzung, unterschiedliche Planungssysteme und Entscheidungsstrukturen, Sprachbarrieren, unterschiedliche Mentalitäten, fehlendes Vertrauen zwischen den Akteuren, fehlendes Wissen über die jeweiligen Partner sowie fehlendes Bewusstsein über gemeinsame Ziele und Interessen (Janssen, 2006).

Rechtliche und strukturelle Probleme werden mit Unterstützung der EU und des Europarats nicht erst seit der Madrider Konvention konsequent angegangen, zum Beispiel durch Ausarbeitung transnationaler rechtlicher Rahmenrichtlinien sowie Einrichtung und finanzielle Förderung institutionalisierter grenzübergreifender Regionspartnerschaften (Breuer, 2002). Doch mit der quasi »von oben« gesteuerten, kooperationsförderlichen Veränderung von Strukturen und Regulierungen ist es nicht getan. Die interdisziplinäre Grenzraumforschung, die sich aus verschiedenen Wissenschaftsdisziplinen wie Geographie, Geschichte, Sozial-, Politik-, Rechts- oder Wirtschaftswissenschaften speist, kommt zu dem Schluss, dass der Wille und die Fähigkeit zur Kooperation vor allem bei den Grenzraumbewohnern selbst vorhanden sein müssen, um grenzüberschreitende Zusammenarbeit erfolgreich zu gestalten (Janssen, 2006). Grenzübergreifende Kooperation ist stets auch interkulturelle Kooperation zwischen Vertretern unterschiedlicher Nationalkulturen. Damit diese gelingen kann, bedarf es interkultureller Kompetenz bei den beteiligten Kooperationspartnern auf beiden Seiten der Grenze (Raasch, 2005). Der vorliegende Beitrag will an dieser Stelle ansetzen und Bedingungen, Prozesse und Erfolg versprechende Maßnahmen für den Aufbau einer interkulturellen Kompetenz unter Berücksichtigung grenzraumspezifischer Anforderungen erläutern. Wie zu zeigen sein wird, liegen diese spezifischen Anforderungen im Kern darin, neben den beteiligten nationalen sozialen und kollektiven Identitäten beidseits der Grenze ein attraktives grenzübergreifendes transnationales Identitätsangebot für die Grenzraumbevölkerung zu etablieren. Man spricht hierbei von *grenzregionaler Identität* (Weigl, Weidenfeld, Houzvicka u. Novotný, 2008).

Gewissermaßen handelt es sich dabei um ein Henne-Ei-Problem, das eine bedingt das andere:

- Der allseits erwünschte europäische Einigungsprozess wird durch grenzüberschreitende Kooperation in europäischen Grenzregionen gefördert.
- Grenzüberschreitende Kooperation erfordert Kooperationsbereitschaft und -fähigkeit bei der der Bevölkerung.
- Grenzüberschreitende Kooperationsbereitschaft und -fähigkeit ist nur mit einer gewissen interkulturellen Kompetenz möglich.
- Interkulturelle Kompetenz erfordert und fördert eine gemeinsame, transnationale grenzregionale Identität.
- Eine solche grenzregionale Identität wiederum fördert Kooperationsbereitschaft und -fähigkeit, erleichtert grenzüberschreitende Kooperation und ist Motor für den europäischen Einigungsprozess.

Im Folgenden wird der Begriff Identität näher erläutert und geklärt, was im vorliegenden Text unter grenzregionaler Identität verstanden werden kann. Anschließend werden die Chancen und Probleme für die Ausbildung grenzregionaler Identität erörtert und Modelle interkultureller Kompetenz vorgestellt, die bei diesem Entwicklungsprozess hilfreich sein können. Darauf aufbauend werden Maßnahmen abgeleitet, wie der Kontakt und die Interaktion zwischen den Mitgliedern der in Grenzregionen vertretenen Nationalkulturen gestaltet werden kann, um den Weg zu einer grenzregionalen Identität zu ebnen.

Grenzregionale Identität

Mit Identität werden sämtliche Vorstellungen zur eigenen Person bezeichnet, wie zum Beispiel die eigenen Wünsche, Werte, Ziele, Motive, Fähigkeiten und Einstellungen. Diese Vorstellungen setzen sich zu einem Selbstkonzept oder Selbstbild zusammen, gleichsam die »gelebte und nur zum Teil reflektierte Antwort auf die Frage ›*Wer bin ich?*‹« (Rosa, 2007, S. 47). Die Ausbildung einer Identität geschieht allerdings nicht im sozialen Vakuum, das Selbst entfaltet sich stets auch in sozialen Beziehungen. So wird die personale Identität als Ausweis einer ganzheitlichen, einzeln identifizierbaren Person, die autonom handlungsfähig und rational selbstbestimmt ist, ergänzt durch eine *soziale Identität.* Diese besteht aus von sozialen Kollektiven bereitgestellten, gebündelten, generalisierten Rollen- und Verhaltenserwartungen, die eine Person erfüllt (z. B. »ich bin Katholik«) (Rosa, 2007, S. 51).

Die soziale Umwelt, mit der ein Individuum interagiert, ist äußerst vielschichtig, heterogen und komplex. Zahlreiche unterschiedliche, zum Teil sich überlappende oder widersprüchliche soziale Kollektive oder Gruppen, denen eine Person angehört oder potenziell angehören kann, bieten ebenso unterschiedliche, zum Teil sich überlappende und widersprüchliche Rollen an. Man denke hierbei zum Beispiel an die gleichzeitige offiziell bescheinigte, allgemein anerkannte oder auch individuell gefühlte Zugehörigkeit zu einer Nation, Religion, politischen Bewegung, sozialen Schicht, Firma, Familie etc. Aufgrund dieser Komplexität ist es nahezu unmöglich, die soziale Identität in all ihren Facetten beziehungsweise sämtliche soziale Identitäten eines Menschen komplett zu erfassen. Dies gilt sowohl für das Individuum selbst als auch für Außenstehende. In der sozialen Interaktion werden jeweils diejenigen Identitätselemente salient (d. h. dem Bewusstsein zugänglich), die im aktuellen Kontext bedeutsam sind. So kann sich zum Beispiel ein katholischer Elektroingenieur aus Regensburg in einer Diskussion über Religion als Katholik fühlen, in einem beruflichen Fachgespräch als Elektroingenieur bezeichnen und beim Kennenlernen als Einwohner Regensburgs vorstellen. Layes (2005) bezeichnet den situationsabhängigen Prozess der Aktivierung von und der Vermittlung zwischen verschiedenen sozialen Identitäten als *Identitätsmanagement* (S. 117).

Die Bausteine sozialer Identität sind kategorialer Natur und beziehen sich stets auf soziale Kollektive. Deshalb kann man auch von einer *kollektiven Identität* sprechen, die analog zur personalen Identität die Antwort auf die Frage »Wer sind *wir*?« darstellt (als kulturelle, ethnische, religiöse, politische etc. Gruppe) (Rosa, 2007, S. 47). Denn soziale Identität kann nur entstehen, wenn mit der jeweiligen Identifikationskategorie gewisse charakterisierende Vorstellungen und Inhalte verbunden sind. Kollektive Identität ist dabei nicht als normierende oder ideologische Gleichschaltung aller Gruppenmitglieder zu verstehen, sondern als das Selbstverständnis einer Gruppe, bestehend aus von den Gruppenmitgliedern weitgehend geteilten Werten, Normen und Verhaltensstandards (Rosa, 2007).

Nach diesen Ausführungen kann grenzregionale Identität einerseits als Teil der sozialen Identität von individuellen Grenzraumbewohnern gesehen werden (»ich bin Grenzraumbewohner«), andererseits aber auch als kollektive Identität einer Grenzraumbevölkerung (»wir Grenzraumbewohner zeichnen uns durch bestimmte Merkmale aus«). Im Sinne der eingangs beschriebenen anzustrebenden grenzüberschreitenden Kooperation will der vorliegende Text grenzregionale Identität nicht getrennt auf die einzelnen Grenzräume zu beiden Seiten der Grenze beziehen, sondern stets als gemeinsame, transnationale grenzübergreifende Identität einer Grenzregion verstanden wissen.

Bedingungen für die Entwicklung grenzregionaler Identität

Da es hier um Nationalgrenzen geht, sind Grenzräume dadurch gekennzeichnet, dass Menschen zweier oder mehrerer nationaler Entitäten und in den meisten Fällen unterschiedlicher Sprachen in unmittelbarer geographischer Nachbarschaft zusammenleben. Daraus ergeben sich zwei gegensätzliche Thesen, wie die gegenseitige Wahrnehmung und der Umgang miteinander gestaltet sein könnten:

1. Gute grenzübergreifende Kenntnis voneinander führt zu besserem Verstehen, optimierter Kooperation und grenzübergreifender regionaler Zielerreichung.
2. Nationale Unterschiedlichkeit wird besonders deutlich, möglicherweise bedrohlich, was zur Akzentuierung der kulturellen Eigenheiten und der Gruppengrenzen führt.

Für beide Thesen gibt es entsprechende Beispiele. Für die erste These, die eine positive Entwicklung aufzeichnet, steht zum Beispiel die Region *Saar-Lor-Lux*, bestehend aus dem Saarland auf deutscher und Lothringen auf französischer Seite sowie dem Großherzogtum Luxemburg. Entstanden aus der Montanunion bildete die Region auch nach dem Rückgang des Kohlebergbaus und der Stahlindustrie ein grenzübergreifendes Ganzes und wurde 1980 durch eine Vereinbarung der beteiligten Teilregionen offiziell zur Euroregion Saar-Lor-Lux erklärt. Überdurchschnittlich viele grenzüberschreitende lokale Aktivitäten, Projekte auf kommunaler Ebene und Wirtschaftskooperationen, starke Pendlerströme über die Grenzen, das institutionalisierte Erlernen der Nachbarsprache vom Kindergarten an sowie die systematische Inszenierung als Grenzregion, als *Europa im Kleinen* zeugen von einer ausgeprägten gemeinsamen grenzregionalen Identität (Raasch, 2008).

Die zweite, negative These wird durch das Beispiel des Ostbayerisch-böhmischen Grenzraums gestützt, wie eine kürzlich erschienene Studie zeigt (Weigl et al., 2008). Nach einer kurzen Euphorie nach der Grenzöffnung 1989/90 herrschen trotz der in den 1990er Jahren gegründeten Euroregionen *Egrensis* (im Kern das frühere Egerland) im Norden und *Bayerischer Wald-Böhmerwald* im Süden weitgehend immer noch tendenziell negative nationalkulturelle Stereotype vor. So werden die tschechischen Nachbarn als Bedrohung für Eigentum und Arbeitsplatz wahrgenommen, während die Deutschen in Tschechien als reiche, arrogante Invasoren gelten, die den Besonderheiten der tschechischen Kultur keinerlei Wertschätzung entgegenbringen.

Das Ausbleiben einer gemeinsamen grenzregionalen Identität kann historisch gut begründet werden: Zum einen existierte seit 1764 eine stabile Grenze zwischen Bayern und Böhmen. Zum anderen hinterließ die brutale Besetzung Tschechiens durch das deutsche NS-Regime während des Zweiten Weltkriegs und die anschließende Vertreibung der deutschstämmigen Bevölkerung, die sich größtenteils in Ostbayern niederließ, traumatisierende Erfahrungen und tiefes Misstrauen gegenüber der jeweils anderen Seite. Schließlich wurde dieser Zustand des gegenseitigen Misstrauens und Abwendens quasi konserviert und zementiert durch die jahrzehntelange Kontaktsperre des Eisernen Vorhangs zu Sowjetzeiten (Weigl et al., 2008).

Mittlerweile liegt die Grenzöffnung immerhin schon 20 Jahre zurück und die Rahmenbedingungen haben sich mit dem Beitritt Tschechiens zu verschiedenen internationalen und europäischen Organisationen, denen auch Deutschland angehört, stetig verbessert (Beitritte: 1993 Europarat, 1995 OECD, 1999 NATO, 2004 EU). Insbesondere die deutsch-tschechische Erklärung von 1997, in der sich beide Seiten verpflichten, »daß sie ihre Beziehungen nicht mit aus der Vergangenheit herrührenden politischen und rechtlichen Fragen belasten werden« (Die Regierungen der Bundesrepublik Deutschland und der Tschechischen Republik 21.1.1997, § IV), der Wegfall von Grenzkontrollen durch das Schengener Abkommen, das seit 2007 auch für Tschechien gilt sowie die Gründung zahlreicher grenzübergreifender regionaler Städtepartnerschaften und Verbünde (wie die oben erwähnten Euroregionen) sollten eigentlich den Weg für eine bayerisch-böhmische grenzregionale Identität geebnet haben. Doch auch unter nicht ganz so widrigen Umständen gestaltet sich der Aufbau grenzregionaler Identität offenbar schwierig, was sich psychologisch durch die Theorie der sozialen Identität (Tajfel, 1982) gut erklären lässt.

Grenzregionale Identität als soziale Identität

Henri Tajfel (1919–1982) konnte in verschiedenen sozialpsychologischen Experimenten nachweisen, dass bereits die willkürliche Zuordnung zu einer Gruppe bzw. minimale wahrgenommene Unterscheidungsmerkmale zwischen Gruppen einen Identifikationsprozess einleiten verbunden mit Aufwertung der eigenen und Abwertung fremder Gruppen. So bewerteten Untersuchungsteilnehmer, die per Münzwurf in eine von zwei Gruppen eingeteilt wurden, die Mitglieder der eigenen Gruppe, obwohl sie sich untereinander nicht kennen lernten, als sympathischer, leistungsfähiger und charakterlich höherwertig und bedachten sie mit höheren Belohnungen als die Mitglieder der Fremdgruppe. Auf diesen Erkenntnissen aufbauend formulierte Tajfel die Theorie der sozialen Identität, die neben seinen anderen wissenschaftlichen Leistungen in der Sozialpsychologie sehr anschaulich in seinem kurz nach seinem Tod 1982 erschienen Hauptwerk »Social Identity and Intergroup Relations« (auf Deutsch erschienen als »Gruppenkonflikt und Vorurteil«; Tajfel, 1982) dargestellt wird und auf die sich die folgenden Ausführungen beziehen.

Soziale Identität entsteht automatisch durch die Mitgliedschaft in verschiedenen Gruppen. Es spielt dabei eine untergeordnete Rolle, ob die Gruppenmitgliedschaft selbst gewählt ist wie bei politischen Bewegungen, Freundeskreisen, Vereinen etc. oder durch biologische, familiäre oder gesellschaftliche Rahmenbedingungen zugewiesen wird wie bei Nationalität, Religion, sozialer Schicht etc. Um das Gefühl der subjektiven Zugehörigkeit zu diesen Gruppen zu kontrollieren, bedarf es großer Anstrengungen und intensiver Reflexion. So verteidigen viele Deutsche, die sich aufgrund der NS-Vergangenheit nicht mit ihrem Deutschsein identifizieren wollen, dann doch deutsche Errungenschaften gegenüber Kritik aus dem Ausland, fiebern mit der deutschen Fußballnationalmannschaft mit oder freuen sich einfach, wenn Lena aus Hannover den Eurovision Song Contest gewinnt (ganz zu schweigen von den Hannoveranern). Das bewusste Ausscheiden aus einer Gruppe wie beim Austritt aus der Kirche ist oft mit einem langwierigen, bisweilen schmerzhaften Entscheidungs- und Loslösungsprozess verbunden.

All die unterschiedlichen Gruppen, denen man angehört oder nicht, stellen soziale Kategorien dar, die es dem Individuum ermöglichen, die hochkomplexe soziale Umwelt ökonomisch zu erfassen und produktiv mit ihr umzugehen. Diese *soziale Kategorisierung* findet dabei aufgrund einfach wahrnehmbarer, deutlich hervortretender Merkmale statt. Ein Polizist in Uniform wird in erster Linie als Polizist wahrgenommen (und nicht als Familienvater, der er womöglich auch ist), weil er durch die Uniform ein äußerst markantes äußeres Merkmal aufweist, das ihn als Angehörigen der Polizei kennzeichnet. Die folgenden psychodynamischen Phänomene, die in Verbindung mit sozialer (Selbst-)Kategorisierung auftreten, die individuelle Orientierung erleichtern, aber auch die Kooperation zwischen Gruppen erschweren können, sind wissenschaftlich hinreichend gesichert (siehe Tajfel, 1982):

1. Die Mitglieder von Fremdgruppen werden als untereinander viel ähnlicher wahrgenommen als die Eigengruppenmitglieder. Dieses Phänomen wird als *Fremdgruppenhomogenisierung* bezeichnet.
2. Durch *Stereotypisierung* entsteht ein vereinfachtes, generalisiertes und schematisiertes Bild der Fremdgruppe aufgrund vorhandener Erfahrungen und Wissensbestände, auch wenn die Informationsbasis noch so klein oder unsicher ist. Vermeintliche Eigenheiten bestimmter Gruppen werden all ihren Mitgliedern unterstellt (Top-down-Stereotypisierung) und Eigenschaften und Verhaltensweisen Einzelner werden der Gruppe zugeschrieben, der sie augenscheinlich angehören (Bottom-up-Stereotypisierung).
3. *Soziale Distinktheit* bezeichnet das Phänomen, dass Unterschiede zwischen den Gruppen betont werden, vor allem um die Eigengruppe von Fremdgruppen abgrenzen zu können (Tajfel beschreibt dies treffend mit den Worten: »We are what we are, because they are not what we are«; Tajfel, 1979, S. 183).
4. Da der Mensch ein grundlegendes Bedürfnis nach positiver Selbstbewertung hat, stellt er *soziale Vergleiche* zwischen Eigen- und Fremdgruppe an, wobei er die Gruppen, denen er angehört, bewusst oder unbewusst positiver bewertet.
5. Dieses *Streben nach positiver sozialer Distinktheit* (auch Eigengruppenfavorisierung genannt) ist sehr ausgeprägt. Findige Strategien werden angewandt und soziale Vergleichsdimensionen so gewählt, dass sie es erlauben, die Eigengruppe in günstiger Weise von den Fremdgruppen zu unterscheiden. Hat eine Gruppe keine Aussicht auf Erfolg, in Leistungen ökonomischer, technischer, intellektueller, sportlicher etc. Art besser zu sein als eine andere Gruppe, wird sie sich zum Beispiel bezüglich moralischer Kriterien besser beurteilen.

Auch wenn all diese Prozesse womöglich wie schnellstmöglich zu behebende menschliche Schwächen wirken, so erfüllen sie doch fundamentale psychodynamische Funktionen und laufen weitgehend automatisiert und unbewusst ab. Sie dienen dem Aufbau und Erhalt sozialer Identität, die wiederum Orientierung, Sicherheit und positiven Selbstwert ermöglicht. Sie gänzlich zu unterbinden, ist aus psychologischer Sicht unmöglich, ihre bewusste Kontrolle ist wünschenswert, erfordert aber ausgeprägte Willenskraft, Reflexionsfähigkeit, Selbstbewusstsein und Frustrationstoleranz. Sich dieser Prozesse bewusst zu sein und sie kontrollieren zu können, verhindert die Ausbildung beziehungsweise ermöglicht den Abbau von Vorurteilen. Im Gegensatz zu Stereotypen sind Vorurteile nicht nur kognitiver Natur, sondern von starken (meist negativen) Gefühlen geprägt, sehr veränderungsresistent und resultieren in diskriminierenden Handlungen (Tajfel, 1982).

Nach diesen Ausführungen wird deutlich, dass sich eine transnationale grenzregionale Identität erst einmal als alternatives Identitätsangebot gegenüber den nationalen sozialen Identitäten etablieren muss. Denn bei aller Heterogenität und Diversität innerhalb von Nationen, stellen sie doch mächtige, weil historisch gewachsene und klar definierte Identitätsräume dar, die unter anderem eindeutige geographische Grenzen, zentrales Gründungsdokument (Verfassung), beurkundete Mitgliedschaft (Pass) und starke nationale Symbole (Flagge, Hauptstadt etc.) aufweisen. In den meisten Fällen kommt noch ein äußerst salientes und dominantes Merkmal hinzu, das eine schnelle und treffsichere Zuordnung zu einer bestimmten Nation erlaubt: die Sprache.

Besonders Bedingungen, wie sie an der deutschen Grenze zu ehemaligen Ostblockstaaten herrschten und seit der Grenzöffnung zum Teil noch herrschen wie Informationsdefizite, Angst, Unsicherheit, drohender Orientierungsverlust, Gefahr der Unterlegenheit, vermuteter Selbstwertverlust, Ressourcenknappheit sowie Konflikt- und Wettbewerbsbedingungen verstärken bestehende soziale Identitäten und fördern die oben beschriebenen, kooperationshinderlichen Intergruppenprozesse. Im Folgenden wird beschrieben, wie interkulturelle Kompetenz den Aufbau grenzregionaler Identität unterstützen kann.

Interkulturelle Kompetenz als Wegbereiter grenzregionaler Identität

Wie bereits erwähnt, erfordert soziale Identität auch eine kollektive Identität, denn um sich mit einer Gruppe identifizieren zu können, braucht es eine Vorstellung davon, was diese Gruppe charakterisiert. Die Antwort auf die Frage »Wer sind wir?« bietet also Orientierung für die Identitätsfindung. Daraus erschließt sich die Verbindung zum Kulturbegriff nach Thomas, der Kultur als ein für ein soziales Kollektiv typisches Orientierungssystem definiert (Thomas, 2005). Das Thomas'sche Kulturstandardkonzept (siehe sein Beitrag in diesem Band) wiederum liefert nach wissenschaftlichen Maßstäben empirisch ermittelte Anhaltspunkte für die Interpretation erwartungswidrigen kulturell bedingten Verhaltens von Angehörigen anderer Nationen und bietet dadurch wertvolle konkrete Orientierungshilfen für die grenzüberschreitende interkulturelle Kooperation in Grenzräumen.

Aufgrund der oben beschriebenen relativ stabilen nationalen sozialen Identitäten, den daraus resultierenden Intergruppenprozessen zwischen Grenzraumbewohnern verschiedener Nationalkulturen mit unterschiedlichen kulturellen Orientierungssystemen und voneinander abweichenden Kulturstandards kann die grenzübergreifende Kooperation häufig zu Problemen und Missverständnissen führen. Andererseits bieten Interaktionen zwischen Personen aus verschiedenen Kulturen, wie bereits ausführlich erläutert, wertvolle Chancen, wenn sich die Interaktionspartner ihrer unterschiedlichen Orientierungssysteme bewusst sind und die nützlichen und kompatiblen Elemente daraus zu etwas Neuem verbinden, das den vielgewünschten Mehrwert bietet. Damit es zu dieser wünschenswerten Entwicklung kommt, braucht es allerdings auf allen beteiligten Seiten eine gewisse interkulturelle Kompetenz, die allgemein als die Fähigkeit bezeichnet werden kann, in kulturellen Überschneidungssituationen erfolgreich und angemessen agieren zu können (siehe Hößler, 2008). Detaillierter und differenzierter und damit für die Entwicklung grenzregionaler Identität zielführender ist die Definition von Thomas:

> »Interkulturelle Kompetenz ist eine Schlüsselqualifikation, die sich in der Fähigkeit zeigt, kulturelle Einflussfaktoren im Wahrnehmen, Denken, Empfinden, Urteilen und Handeln bei sich selbst und bei fremden Personen zu erfassen, zu respektieren, zu würdigen und produktiv zu nutzen im Sinne einer wechselseitigen Anpassung, Toleranz gegenüber Inkompatibilitäten und Entwicklung synergetischer Formen des Zusammenlebens und der Weltorientierung« (Thomas, 2003, S. 143).

Hier finden sich die notwendigen Elemente, die zu einem synergetischen, also gemeinsamen, und neuartigen transnationalen Orientierungssystem führen, das als soziales Identitätsangebot für Grenzraumbewohner attraktiv ist und als grenzregionale Identität dienen kann.

Raasch (2005) überträgt das Konzept der interkulturellen Kompetenz direkt auf grenzraumspezifische Anforderungen und formuliert ein Modell der *Grenzkompetenz*, das sich in die folgenden fünf Stufen gliedert:

1. *Landeskundliche Kompetenz* bezeichnet das Wissen über die andere Kultur jenseits der Grenze.
2. Unter *kontrastiv-landeskundlicher Kompetenz* wird das Wissen über die eigene Kultur verstanden und darüber hinaus die Fähigkeit, die eigene Kultur mit der fremden zu vergleichen.
3. *Empathie-Kompetenz* ist erreicht, wenn für die andere Kultur Verständnis aufgebracht werden kann, wobei damit nicht notwendigerweise ein Sympathieempfinden zur fremden Kultur einhergehen muss.
4. *Interkulturelle Kompetenz* zeigt sich in der konstruktiven Interaktion und Kooperation mit den Vertretern der anderen Kultur.
5. Die fünfte und höchste Stufe repräsentiert eine Kompetenz, die grenzüberschreitend in gemeinsamer Willensbildung gemeinsam verantwortete Räume schafft und somit durch die Auflösung der nationalkulturellen Grenzen als eine neue *intrakulturelle Kompetenz* bezeichnet werden muss.

Diese fünfte Stufe, die die Entwicklung einer neuen transnationalen Kultur beinhaltet, mit der sich die Bewohner eines Grenzraumes identifizieren können, bezeichnet nichts anderes als eine grenzregionale Identität. Wenn auch mit unterschiedlichen Begrifflichkeiten nennen Thomas und Raasch die gleichen Bausteine für interkulturelle Kompetenz und somit für den Aufbau grenzregionaler Identität: Das Wissen um die eigene und die fremde Kultur, Verständnis und Wertschätzung der unterschiedlichen Orientierungssysteme, eine produktive Nutzung und schließlich die Entwicklung von Synergien. Auch andere Forscher, die sich mit interkultureller Kompetenz befassen, kommen zu ähnlichen Faktoren (z. B. das

Stufenmodell interkultureller Sensibilität von Bennett u. Bennett, 2004, oder das Akkulturationsmodell von Berry, 2004).

Maßnahmen zum Aufbau grenzregionaler Identität

Interkulturelle Kompetenz zum Aufbau grenzregionaler Identität kann erlernt werden; dies gelingt vor allem im Rahmen formeller Qualifizierungsmaßnahmen (Hößler, 2008). Allerdings ist es weder durchführbar noch produktiv, sämtliche Grenzraumbewohner zum Besuch interkultureller Trainings zu verpflichten. Die folgenden Vorschläge für Maßnahmen zur Entwicklung interkultureller Kompetenz in Grenzregionen und zum Aufbau grenzregionaler Identität orientieren sich am anfangs beschriebenen positiven Beispiel der Region Saar-Lor-Lux und wurden aus den bisherigen Ausführungen abgeleitet:

1. *Erlernen der Sprache des Nachbarn*: Es ist äußerst wichtig, dass eines der dominantesten Merkmale der Fremdgruppe reduziert wird, indem man sich dieses Merkmal selbst aneignet. Dadurch wird die soziale Distinktheit der beiden Nationalkulturen reduziert. Dies kann jedoch nur gelingen, wenn sich beide Gruppen um die jeweils andere Fremdsprache bemühen, damit keine Dominanz- oder Assimilationstendenzen entstehen. Das Erlernen der Nachbarsprache kann zum Beispiel im Schulunterricht verankert werden, wie es auch schon häufig der Fall ist.
2. *Systematische, offizielle Inszenierung*: Die Grenzraumbewohner müssen erst einmal ein Bewusstsein dafür entwickeln, dass sie nicht nur Deutsche, Franzosen oder Tschechen sind, sondern eben auch bayerisch-böhmische Grenzraumbewohner, die gezielt gefördert werden und die die Chance haben, die Pioniere für eine europäische Identität zu sein. Dies kann zum Beispiel durch offizielle Festakte, Studientage in Schulen, Plakate, Zeitungsberichte etc. erfolgen.
3. *Vermittlung von Wissen über den Nachbarn*: Die Informationsbasis, auf der sich Stereotype bilden, muss maximal erweitert werden, damit ein möglichst differenziertes Bild der Nachbarnation entsteht. Dies könnte gefördert werden durch Maßnahmen wie Landeskundekurse, Unterrichtsblöcke in den sozialwissenschaftlichen Fächern (Geographie, Geschichte etc.), gemeinsame Hochschulangebote, historische Darbietungen und Theaterstücke, Publikationen zur gemeinsamen Geschichte, Exkursionen zu Kultur- und Industrieeinrichtungen jenseits der Grenze usw.
4. *Vermittlung von interkulturellen Wissensbeständen und Kompetenzen*: Sofern Ressourcen und Interesse vorhanden sind, könnte man interkulturelle beziehungsweise bi- oder trikulturelle Trainings anbieten, um für fremdkulturelle Orientierungssysteme und den Einfluss von Kultur auf menschliches Verhalten zu sensibilisieren und darauf aufbauend interkulturelle Kompetenz zu fördern.

5. *Intensiver Kontakt mit Mitgliedern der Nachbarnation*: Ein differenziertes Bild der anderen darf nicht nur theoretisch-kognitiv bleiben, sondern muss mit Leben gefüllt werden. Dazu ist es unerlässlich, dass sich die Vertreter beider Nationen persönlich treffen und Zeit miteinander verbringen, um sich besser kennen zu lernen. Mögliche Plattformen könnten hierfür folgende sein: gemeinsame Feste, Jugendzeltlager, Reisen, Kooperationen auf Institutions- und Vereinsebene und überschaubare gemeinsame Projekte auf kommunaler Ebene, bei denen ein sicherer, schneller Erfolg gewährleistet werden kann, damit die Bemühungen verstärkt werden und keine Frustration entsteht.

Diese Liste ist wohl kaum vollständig und soll als erste Anregung gedacht sein, die auch sicherlich noch Diskussionsspielraum bietet. Abschließend soll noch darauf eingegangen werden, welche Regeln beim organisierten Kontakt fremdkultureller Partner zu beachten sind. Empirische Studien (z. B. Allport, 1954) haben gezeigt, dass der Kontakt allein noch keine Förderung des gegenseitigen Verständnisses und der produktiven Kooperation garantiert. Manchmal verstärken sich Vorurteile sogar noch durch den grenzübergreifenden Kontakt. Wie er zu gestalten ist, damit eine positive Entwicklung wahrscheinlich ist, wird in den folgenden Bedingungen deutlich (nach Layes, 2005):

1. *Kooperation statt Wettbewerb*: Kooperation zwischen den sich begegnenden Personen begünstigt den Abbau von Vorurteilen, Wettbewerb behindert ihn. Bei einem lokal organisierten grenzübergreifenden Fußballspiel wäre also darauf zu achten, dass nicht nationale Teams gegeneinander antreten, sondern gemischtkulturelle, so dass Ähnlichkeiten und Gemeinsamkeiten die soziale Distinktheit der nationalkulturellen Gruppen überdecken können.
2. *Statusähnlichkeit*: Der Abbau von Vorurteilen wird begünstigt, wenn die sich begegnenden Personen einen gleichen oder ähnlichen hierarchischen oder sozioökonomischen Status aufweisen. Dies ist zum Beispiel im deutsch-tschechischen Kulturkontakt bisweilen noch nicht gewährleistet.
3. *Enger statt oberflächlicher Kontakt*: Je oberflächlicher der Kontakt zwischen den Personen aus verschiedenen Kulturen ist, desto eher droht die Gefahr einer scheinbaren Bestätigung und somit Verfestigung von Vorurteilen. Je enger und intensiver der Kontakt ist, desto eher besteht die Chance zu einer möglichst unverzerrten und differenzierten Wahrnehmung des Partners.
4. *Positives soziales Klima*: Der Abbau von Vorurteilen wird dadurch begünstigt, dass die beteiligten Gruppen grenzübergreifende Kontakte als positiv, wünschenswert und förderungswürdig erachten.
5. *Kontaktförderliche Vorbilder*: Der Abbau von Vorurteilen wird dadurch gefördert, dass kontaktfreudige und kooperationsfähige Personen vorhanden sind, die in vorbildhafter Weise interkulturell kompetent handeln und dadurch zum Modelllernen anregen.
6. *Überlappende Kategorisierung*: Da bei internationalen Begegnungen eine Kate-

gorisierung entsprechend der Nationen zunächst unvermeidbar ist (»wir Deutsche treffen die Franzosen«), sollte eine Möglichkeit gegeben werden, eine so genannte Drittkategorie zu bilden. Dabei handelt es sich um Kategorien, zu denen Teile beider Nationen gehören. So ist beispielsweise denkbar, dass sich bei einem deutsch-französischen interdisziplinären Workshop die Gruppe der Wirtschaftswissenschaftler gegenüber der Gruppe der Sozialwissenschaftler herausbildet, die für ihre Mitglieder jeweils identitätsstiftender sind als die nationale Zugehörigkeit.

7. *Keine extrem negativen gegenseitigen Einstellungen*: Wenn die gegenseitigen Einstellungen zu wichtigen Themenfeldern zu negativ sind, ist der Abbau von Vorurteilen durch Kontakt nahezu unmöglich. In diesem Fall sollte versucht werden, vor der Begegnung eine zumindest teilweise Einstellungsänderung zu bewirken, zum Beispiel durch gezielte Informationen über die Fremdgruppe.

Abschließend kann man festhalten, dass die Chancen zur Entwicklung grenzregionaler Identitäten durchaus als gut eingestuft werden können, sofern gewisse Bedingungen erfüllt sind, für die man allerdings mit überschaubarem Aufwand Sorge tragen kann.

Literatur

Allport, G. W. (1954). The nature of prejudice. Cambridge, MA: Addison-Wesley.

Bennett, J. M., Bennett, M. J. (2004). Developing Intercultural Sensitivity: An Integrative Approach to Global and Domestic Diversity. In D. Landis, J. M. Bennett, M. J. Bennett (Hrsg.), Handbook of Intercultural Training (3rd ed., pp. 147–165). Thousand Oaks, CA: Sage Publications.

Berry, J. W. (2004). Fundamental Psychological Processes in Intercultural Relations. In D. Landis, J. M. Bennett, M. J. Bennett (Hrsg.), Handbook of Intercultural Training (3rd ed., pp. 166–184). Thousand Oaks, CA: Sage Publications.

Breuer, C. (2002). Europäische Integration und grenzüberschreitende Zusammenarbeit. Konsens oder Konflikt? Das Beispiel EUREGIO. Dissertation. Bochum. Ruhr-Universität Bochum, Sozialwissenschaftliche Fakultät. Zugriff am 22.04.2010 unter http://d-nb.info/965161366

Die Regierungen der Bundesrepublik Deutschland und der Tschechischen Republik (1997). Deutsch-tschechische Erklärung über die gegenseitigen Beziehungen und deren künftige Entwicklung [vom 21.1.1997]. Zugriff am 12.08.2010 unter http://www.bundestag.de/kulturundgeschichte/geschichte/gastredner/havel/havel2.html

Europarat (1981). Europäisches Rahmenübereinkommen über die grenzüberschreitende Zusammenarbeit von Gebietskörperschaften [vom 21.05.1980]. In Bundesgesetzblatt, Jg. 1981, Nr. II, S. 965–997. Zugriff am 22.04.2010 unter http://conventions.coe.int/Treaty/ger/Treaties/Html/106.html

Holtz, U. (Hrsg.) (2000). 50 Jahre Europarat. Schriften des Zentrums für Europäische Integrationsforschung, 17. Baden-Baden: Nomos.

Hößler, U. (2008). Qualifizierung zum interkulturellen Dialog. In A. Thomas (Hrsg.), Psychologie des interkulturellen Dialogs (S. 33–50). Göttingen: Vandenhoeck & Ruprecht.

Janssen, G. (2006). Grenzübergreifende Kooperationsverbünde – zur Einführung. In G. Janssen (Hrsg.), Europäische Verbünde für territoriale Zusammenarbeit (EVTZ) (S. 916). Juristische Schriftenreihe, 258. Berlin: LIT.

Layes, G. (2005). Interkulturelles Identitätsmanagement. In A. Thomas, E.-U. Kinast, S. Schroll-Machl (Hrsg.), Handbuch interkulturelle Kommunikation und Kooperation. Band 1: Grundlagen und Praxisfelder (2. überarb. Aufl., S. 117–125). Göttingen: Vandenhoeck & Ruprecht.

Raasch, A. (2005). Grenzkompetenz – ein Weg nach Europa. In R. Denk (Hrsg.), Nach Europa unterwegs. Grenzüberschreitende Modelle der Lehrerbildung im Zeichen von europäischer Identität, Kultur und Mehrsprachigkeit (S. 119–130). Schriftenreihe der Pädagogischen Hochschule Freiburg, 18. Herbolzheim: Centaurus.

Raasch, A. (2008). Die Funktion sprachlicher und interkultureller Kompetenzen in einer Grenzregion. Beispiel: Saar-Lor-Lux. In B. Blahak, C. Piber (Hrsg.), Deutsch als fachbezogene Fremdsprache in Grenzregionen (S. 205–220). Bratislava: Vyd. Ekonóm. Wieder abgedruckt in dem Mitteilungsblatt des Gesamtverbandes moderne Fremdsprachen-Landesverband Saar (red. Gustav Dettmer), Nr. 52, Dezember 2009, 2010, 55–64.

Rosa, H. (2007). Identität. In J. Straub, A. Weidemann, D. Weidemann (Hrsg.), Handbuch interkulturelle Kommunikation und Kompetenz. Grundbegriffe – Theorien – Anwendungsfelder (S. 47–56). Stuttgart: Metzler.

Tajfel, H. (1979). Individuals and groups in social psychology. In British Journal of Social and Clinical Psychology, 18, 183–190.

Tajfel, H. (1982). Gruppenkonflikt und Vorurteil. Entstehung und Funktion sozialer Stereotypen. Bern u. Stuttgart: Huber.

Thomas, A. (2003). Interkulturelle Handlungskompetenz. Grundlagen, Probleme und Konzepte. Dritte Diskussionseinheit. Erwägen – Wissen – Ethik. Streitforum für Erwägungskultur 14 (1), 137–150.

Thomas, A. (2005). Kultur und Kulturstandards. In A. Thomas, E.-U. Kinast, S. Schroll-Machl (Hrsg.), Handbuch interkulturelle Kommunikation und Kooperation. Band 1: Grundlagen und Praxisfelder (2. überarb. Aufl., S. 19–31). Göttingen: Vandenhoeck & Ruprecht.

Weigl, M., Weidenfeld, W., Houzvicka, V., Novotný, L. (2008). Tschechen und Deutsche als Nachbarn. Spuren der Geschichte in grenzregionalen Identitäten. Baden-Baden: Nomos.

Monika Kraemer

Abschied vom Adjustment-Paradigma – Expatriates ohne Anpassungserfordernis

Ergebnisse der Erforschung deutscher und japanischer Expatriate Communitys

Vorbemerkung

Seit einigen Jahrzehnten beschäftigt das Thema der Anpassung an andere Kulturen Wissenschaftler aus unterschiedlichen Disziplinen. Unter Schlagworten wie Kulturschock, Adjustment, Adaptation oder Akkulturation werden Ansätze und Modelle diskutiert, die beschreiben und erklären sollen, wie und unter welchen Voraussetzungen sich Menschen an eine neue Kultur anpassen. Insbesondere die Betrachtungsweise, was Expatriates, also hochqualifizierte Auslandsentsandte (Firmenentsandte, Botschaftsangehörige, Wissenschaftler und Lehrer) im neuen Umfeld erfolgreich werden lässt, nimmt dabei großen Raum ein. Angesichts zunehmender internationaler wirtschaftlicher Verflechtung scheint diesem Thema tatsächlich wachsende Bedeutung zuzukommen.

Insgesamt ist die einschlägige Forschung überwiegend quantitativ ausgerichtet und beruht auf der Selbsteinschätzung von Expatriates in Bezug auf diverse Skalen. Auf diese Weise können relevante Faktoren isoliert werden. Allerdings wird die tatsächliche Lebenssituation der Expatriates und deren Familien dabei nur unzureichend erfasst. Sofern das Thema Expatriate Community in diesem Kontext gestreift wird, tauchen durchaus mit pejorativer Konnotation Ausdrücke auf wie »expatriate bubble« (Ward u. Kennedy, 1993), »expatriate enclave« (Bell u. Harrison, 1996), »expatriate ghetto« (O'Reilly, 2003) oder »expatriate refuge« (Selmer, 1999).

Zwar berücksichtigt die Adjustment-Forschung zunehmend auch den Einfluss sozialer Kontakte und Interaktionen (z. B. Black u. Gregersen, 1991; Caligiuri u. Lazarova, 2002; Toyokawa, 2006), doch findet die Bedeutung und Funktion von Expatriate Communitys nach wie vor kaum Berücksichtigung. Hier setzt der vorliegende Beitrag an und trägt der Forderung von Harrison, Shaffer und Bhaskar-Shrinivas (2004, S. 238) Rechnung, »the expatriate's social environment« zu untersuchen. Auf der Grundlage der durch die ethnographische Erforschung deutscher und japanischer Expatriate Communitys gewonnenen Erkenntnisse zur lebensweltlichen Situation und eigenen Selbstverortung von Expatriates kann eine Neubewertung des Anpassungserfordernisses von Expatriates vorgenommen werden.

Adjustment-Forschung

Konzepte – Ansätze – Modelle

Bislang gibt es in der Wissenschaft keinen Konsens bezüglich einer Begriffsdefinition für Adjustment. Frühe Ansätze konzeptualisieren Adjustment als Überwindung von Kulturschock (Oberg, 1960) und der damit einhergehenden Stresssymptome. Diese Konzeptualisierung liegt dem Ansatz von Black und Gregersen (1991) zugrunde; sie definieren Adjustment als »degree of a person's psychological comfort with various aspects of a new setting« (S. 498). Andere verstehen unter Adjustment eine allgemeine Zufriedenheit mit dem eigenen Leben in der neuen Umgebung (Hippler, 2000) oder psychologisches Wohlbefinden und soziokulturelle Kompetenz (Searle u. Ward, 1990), um nur einige hier exemplarisch aufzuführen. Gemeinsam ist fast allen Ansätzen, dass die definitorisch beschriebenen Zustände durch die Anpassung an die neue Kultur zu erreichen sind. Bisweilen ist es nicht unüblich, dass Begriffe wie Adjustment, Adaptation oder Akkulturation mehr oder weniger synonym verwendet werden (Harrison et al., 2004) oder Adjustment gar nicht explizit definiert wird.

In der Forschung zu Adjustment überwiegen multidimensionale Ansätze, wobei im Wesentlichen folgende zwei Ansätze dominieren: der von Black und Kollegen (Black, 1988; Black u. Gregersen, 1991; Black, Mendenhall u. Oddou, 1991) sowie jener von Searle und Ward (1990). Ersterer nimmt eine Unterscheidung in General, Interaction und Work Adjustment vor. Wenngleich dieser Ansatz mittlerweile in der Wissenschaft als axiomatisch akzeptiert wird (Thomas u. Lazarova, 2006) und eine Fülle von Studien diesen Ansatz aufgegriffen hat, ist er doch mit einer Reihe von Schwachstellen behaftet. Für eine Übersicht dazu sei auf Thomas und Lazarova (2006) verwiesen.

Der zweite, auch in der Forschung breit vertretene Ansatz von Searle und Ward (1990) besteht in einer Unterscheidung von Psychological Adjustment, womit psychologisches und emotionales Wohlbefinden sowie Zufriedenheit mit der Situation gemeint ist, und Sociocultural Adjustment, das auf die kulturelle Anpassung im Sinne einer Aneignung entsprechender Sozialkompetenzen abhebt und daran gemessen wird, inwiefern man beispielsweise in der Residenzkultur mit alltäglichen Problemen klarkommt und persönliche Beziehungen mit Angehörigen der Residenzkultur eingeht.

Zu diversen Ansätzen und Dimensionen von Adjustment existiert mittlerweile eine immense Zahl an Studien. Die Operationalisierungen sind unterschiedlich und die Ergebnisse teilweise widersprüchlich. Zumindest hinsichtlich ihrer theoretischen Zugänge und der der jeweiligen Forschung zugrundeliegenden Modelle lassen sich jedoch folgende Typen von Adjustment-Modellen identifizieren (Mendenhall, Kühlmann, Stahl u. Osland, 2002): Stressbewältigungsmodelle, Lernmodelle, persönlichkeitsbasierte Modelle und Entwicklungsmodelle. Meist stehen Aspekte der Stressbewältigung im Zentrum der einschlägigen Forschungen, gefolgt von Hypothesen über den Zusammenhang von Trainings oder Persönlichkeitsfaktoren (beispielsweise die Big Five) und Adjustment. Entwicklungsmodelle hingegen kommen nachgeordnet vor und beinhalten eine umgekehrte Perspektive. Sie untersuchen nicht, was Adjustment begünstigen kann, sondern gehen davon aus, dass interkulturelle Erfahrung zu positiver Persönlichkeitsentwicklung führt.

Zur Operationalisierung werden je nach Fachdisziplin und Fragestellung unterschiedliche Skalen verwendet; nicht selten wird Adjustment dabei implizit als subjektive Einschätzung der Zufriedenheit von Expatriates mit diversen Aspekten ihres Aufenthaltes definiert (Mendenhall et al., 2002). Insgesamt untersucht die Adjustment-Forschung eine ganze Reihe von Faktoren in ihrer Wirkung auf Adjustment (Harrison et al., 2004; Thomas, 1998). Dazu gehören: persönliche Faktoren wie Kenntnisse der Landessprache, frühere Auslandserfahrung, Vorbereitungstrainings, Persönlichkeitseigenschaften, demographische Aspekte und diverse Social Skills, Faktoren im Zusammenhang mit dem Arbeitsplatz (Rollenklarheit, Verhältnis zum Hauptsitz, Mentoring usw.), Faktoren wie Familie, Freunde und Social Support und schließlich Faktoren, die im Zusammenhang mit der Umgebung stehen: »cultural novelty« (Black et al., 1991) oder Kulturdistanz und allgemeine Lebensbedingungen (Wohnsituation, öffentlicher Verkehr usw.). Insgesamt werden immer wieder Kenntnis der Landessprache sowie Kontakte mit Angehörigen der Residenzkultur als elementar für Adjustment herausgestellt (z. B. Selmer, 1999; Ward u. Kennedy, 1994).

In den letzten Jahren lag in der Adjustment-Forschung ein starkes Augenmerk auf dem Zusammenhang zwischen Expatriate Adjustment und professioneller Performance. Obwohl die Ergebnisse dazu widersprüchlich sind, gehen viele Studien von einem positiven Zusammenhang aus und trachten herauszufinden, welche Faktoren das Adjustment von Expatriates und damit deren Performance begünstigen können. In diesem Kontext liegt der Hauptfokus auf den Faktoren für das Adjustment der Familie und in der neuesten Literatur insbesondere auch der mitreisenden Ehefrauen (z. B. Toyokawa, 2006; Mohr u. Klein, 2004). Infolge dieser Erweiterung der Forschungsperspektiven verändert sich auch das Bild des Expatriates vom Einzelkämpfer, der sich in der fremden Kultur durchschlagen muss hin zu einem, der mit Ehepartnerin und Familie und durch sie in sozialen Beziehungen lebt, die für das Adjustment von erheblicher Bedeutung sind. Trotz dieser Veränderung der Sichtweise besteht gerade hinsichtlich der sozialen Einbettung von Expatriates erheblicher Forschungsbedarf.

Probleme – Defizite – Forschungsbedarf

Die Forschungsliteratur zu Adjustment beschäftigt sich überwiegend mit der Identifizierung derjenigen Variablen, die Adjustment beeinflussen. Insofern dominiert die Vorstellung eines linearen Zusammengangs zwischen Voraussetzungen und Ergebnissen. Damit wird die Forschung allerdings kaum der psychischen Dynamik und lebensweltlichen Situation von Expatriates gerecht. Andere, beispielsweise hermeneutische Zugänge könnten hier zu einem größeren Verständnis beitragen (Mendenhall et al., 2002).

Bisweilen sind die Studien ohne ausreichende theoretische Fundierung (Mendenhall et al., 2002) und oft kaum vergleichbar, da ihnen unterschiedliche Konzepte zugrunde liegen und Skalen an das jeweilige Sample angepasst werden. Zudem gibt es in diesem Zusammenhang nur vereinzelt Aussagen über Mechanismen und Strategien (Zimmermann, Holman u. Sparrow, 2003; Thomas u. Lazarova, 2006) sowie über den zeitlichen Verlauf des Adjustments (Harrison et al., 2004). Außerdem fehlen Langzeitstudien (Adelman, 1988; Mendenhall et al, 2002; Harrison et al., 2004).

Insgesamt werden eine stärkere Einbeziehung qualitativer Methoden (z. B. Tiefeninterviews, teilnehmende Beobachtung, Grounded Theory) und die Berücksichtigung des sozialen Umfeldes von Expatriates gefordert (Harrison et al., 2004). Insofern vermögen also gerade Erkenntnisse der ethnographischen Erforschung des Expatriate-Daseins aus der Akteursperspektive, wie sie hier präsentiert werden, einen wesentlichen Beitrag zur Adjustment-Forschung zu leisten.

Expatriate Communitys

Sample und Methode

Das von der Deutschen Forschungsgemeinschaft geförderte Forschungsprojekt »German and Japanese Elite Migrants«, dessen Ergebnisse in den vorliegenden Beitrag einfließen, hat die kulturvergleichende ethnographische Erforschung der japanischen Expatriate Communitys in Deutschland (Düsseldorf und München) und der deutschen Communitys in Japan (Tokyo und Kobe) zum Gegenstand. Die empirischen Daten wurden in zwei Erhebungsphasen 2007 und 2008 gewonnen mit Hilfe von 72 qualitativen, leitfadengestützten und narrativen Interviews mit Expatriates, mitreisenden Ehefrauen und Experten (Vertretern von Institutionen wie Auslandsschulen, Industrie- und Handelskammern, Vereinen und Clubs), ergänzt um Beobachtungsprotokolle von Veranstaltungen, in denen die Methode der teilnehmenden Beobachtung angewandt wurde, sowie um in den Communitys zirkulierende Informationsmaterialien. Das Forschungsprojekt dient gewissermaßen als Fallstudie, dennoch dürften die Ergebnisse durchaus auf andere Expatriate Communitys übertragbar sein.

Entstehung und Perpetuierung von Expatriate Communitys

Wie eine ganze Reihe von Untersuchungen zeigt, entstehen gerade in Global Citys (Sassen, 1991) Expatriate Communitys. Nicht nur externe Faktoren und Risiken wie zum Beispiel Sicherheit (Roth u. Roth, 2002) oder kulturelle Fremdheit (Moser-Weithmann, 2002) führen zur Community-Bildung, sondern Communitys existieren auch in einer Umgebung, die nicht als so fremd erlebt wird und in der kaum eine Sprachhürde besteht (z. B. Beaverstock, 2005; Meier, 2006).

Sie sind im Inneren durch ein starkes Aufeinander-Bezogensein und Miteinander-Vernetztsein der in ihr lebenden Expatriates gekennzeichnet und nach außen durch eine mehr oder weniger große Tendenz zur Abgrenzung von der Residenzkultur. Hierfür ist das Zusammenspiel von psychologischen Prozessen und der Lebenssituation und Bedürfnislage von Expatriates ausschlaggebend. Dies lässt sich durch Rückgriff auf einschlägige Theorien erklären und empirisch belegen. Für eine ausführliche Darstellung der theoretisch-empirischen Grundlegung von Expatriate Communitys sei auf Kraemer (2009) verwiesen. Hier können nur die zentralen Aspekte skizziert werden. Im Wesentlichen geht es dabei um Homophily in Netzwerken sowie um die im Zusammenhang mit der Social Identity Theory stehenden Prozesse der Eigengruppenfavorisierung und Fremdgruppendiskriminierung.

Homophily[1] in Netzwerken

Sowohl andere Forschungen (z. B. Beaverstock, 2005; Fechter, 2007) als auch die Ergebnisse des diesem Beitrag zugrundeliegenden Forschungsprojektes belegen, dass die Lebenssituation und Bedürfnislage von Expatriates bei einem Auslandseinsatz grundsätzlich sehr ähnlich ist – unabhängig von der Herkunft der Expatriates und dem Residenzland. Insbesondere während der Anfangsphase eines Auslandsaufenthaltes fühlen sich Expatriates verunsichert auf Grund von Erfahrungen von Differenz und Irritationen. Sie suchen (und benötigen) Hilfe, Information und Unterstützung. Überdies verspüren sie das Bedürfnis nach Vertrautem und Gewohntem. Alle diese Erfahrungen und Bedürfnisse lassen Expatriates die Nähe anderer, eventuell bereits etwas erfahrenerer Expatriates suchen.

Auch aus der Netzwerkperspektive ist das Eingebundensein von Expatriates in Netzwerke zu Landsleuten erklärbar: Auf Grund unter anderem auch kognitiver Prozesse, denen zufolge man Menschen für attraktiver hält, die als ähnlich wahrgenommen werden (Huston u. Levinger, 1978), ist Homophily ein prägen-

1 Um Verwechslungen mit dem auf Deutsch anders konnotierten (und synonym zu Homosexualität gebrauchten) Begriff Homophilie zu vermeiden, wird die englische Schreibweise verwendet. Homophily, ein prägendes Merkmal von Netzwerken und Fachterminus in der Netzwerkforschung, bezeichnet die Ähnlichkeit von Mitgliedern in Netzwerken.

des Merkmal von Netzwerken (z. B. McPherson, Smith-Lovin u. Cook, 2001). Das heißt, Menschen bilden Netzwerke mit anderen, die ihnen in bestimmten Merkmalen ähnlich sind. Bei Expatriates sind dies unter anderem eine ähnliche Lebenssituation, ähnliche Differenzwahrnehmungen und -erfahrungen, ein ähnlicher Background (nationale Herkunft, Erfahrungshintergrund), die gleiche Sprache und geteilte Werte.

Zentrale Institutionen der Expatriate Communitys wie etwa Auslandsschulen, Kirchen, Vereine oder Industrie- und Handelskammern, die ab einer kritischen Größe eingerichtet werden, bieten in diesem Zusammenhang geeignete Gelegenheitsstrukturen (Stokman u. Vieth, 2006) für die Bildung und Perpetuierung von Netzwerken.

Social Identity Theory

Gemäß der Social Identity Theory definieren sich Menschen nicht nur über individuelle Merkmale (personale Identität), sondern auch über die Zugehörigkeit zu Gruppen und damit über sozial geteilte Merkmale (soziale Identität) (Mummendey u. Otten, 2002). Außerdem versuchen sie aus der Zugehörigkeit zu Gruppen eine positive soziale Identität zu beziehen. Diese ergibt sich, wenn soziale Vergleiche zwischen Gruppen, denen sie angehören (Ingroups), und Gruppen, denen sie nicht angehören (Outgroups), zu positiven Ergebnissen zugunsten der Ingroups führen. Auch aus der ethnologischen Theoriebildung (Kohl, 1998) resultiert, dass die Etablierung eines Wir-Bewusstseins der Interaktion mit einer anderen sozialen Gruppe bedarf, die als von der eigenen in bestimmten Aspekten verschieden wahrgenommen wird.

Gerade Differenz- und Irritationserfahrungen wie sie in interkulturellen Begegnungen und bei längeren Auslandsaufenthalten auftreten können, erhöhen die Wahrnehmung für die Bedeutung der eigenen sozialen Identität. Insofern ist nachvollziehbar, dass Expatriates sich nicht nur miteinander vernetzen, sondern auch eine eigene soziale Identität als Ingroup ausprägen. So sprechen sie in Interviews auch von der »Community«, der sie angehören, oder konstatieren: »Wir sitzen alle im gleichen Boot.« Die Analyse von Interviewaussagen über die Expatriate Community beziehungsweise die Residenzkultur bestätigen zudem die Tendenz einer relativen Aufwertung der Ingroup (Expatriate Community) und Abwertung der Outgroup (Residenzkultur). Auch die Abgrenzung der Expatriate Community von der Residenzkultur ist damit erklärbar.

Bedeutung und Funktion von Expatriate Communitys

Der klar definierte Zeitraum des Expatriate-Assignments ist prägend für die Lebensgestaltung und den Umgang mit Differenzerfahrungen sowie für die Selbstverortung in der Residenzkultur. Expatriates leben mit dem Selbstverständnis explizit einer transitorischen Gemeinschaft anzugehören und sind kaum bereit in der Residenzkultur Fuß zu fassen oder sich die Residenzkultur in größerem Maße zu Eigen zu machen. Expatriates sprechen von sich als »Dauertouristen« und vom »Leben in einer Plastikwelt«. Obwohl sie in ihrer »eigenen Welt« in der Residenzkultur leben, fühlt sich die Mehrzahl der Expatriates wohl – so zahlreiche Interviewaussagen. Dazu ist bisweilen nicht einmal die Kenntnis der Landessprache erforderlich, wie das Beispiel der deutschen Expatriates in Japan zeigt. Auch die Tatsache, dass nicht wenige Expatriates (deutsche ebenso wie japanische) versuchen eine Verlängerung des Aufenthaltes zu erwirken, ist ein Indiz dafür. Offensichtlich erreichen Expatriates durchaus eine stabile und solide Anpassung an ihre Lebenssituation im jeweiligen Residenzland. Zu einem ähnlichen Ergebnis kommen auch Zimmermann et al. (2003) für deutsche Expatriates in China.

Im Folgenden wird dargelegt, wie Expatriates in ihren Communitys leben, welche Funktionen Expatriate Communitys dabei erfüllen, und inwiefern sie einen Beitrag zur Anpassung von Expatriates an ihre Lebenssituation im Ausland leisten.

Unterstützung

Wie bereits dargestellt, sehen sich Expatriates und ihre Familien insbesondere in der Anfangsphase eines Auslandsaufenthaltes vor große Herausforderungen gestellt. Der ganz normale Alltag muss sowohl im Unternehmen als auch für die Familie wieder hergestellt und organisiert werden. Vieles vor Ort funktioniert aber nicht in der gewohnten Weise, Abläufe und Verhaltensweisen sind bisweilen deutlich verschieden oder vollkommen fremd. Hinzu kommen nicht selten Verständigungsschwierigkeiten, da Expatriates am Anfang oft über keine oder nur geringe Kenntnisse der Landessprache verfügen. Hier können andere Expatriates wertvolle Informationen und Hilfestellung geben bezüglich bürokratischer Vorgänge, Einkaufsmöglichkeiten, medizinischer Versorgung, Freizeitaktivitäten, Schule oder Kinderbetreuung. Neben rein praktischen Informationen werden innerhalb der Communitys auch Erläuterungen zu Werten und Normen sowie Interpretationen über das Verhalten der Angehörigen der Residenzkultur weitergegeben. Allerdings kann es sich dabei bisweilen auch um Wissenskonstrukte handeln, die dennoch im Sinne interkultureller Routinen (Moosmüller, 2003) helfen, im privaten und beruflichen Alltag klarzukommen. Insofern bietet das Netzwerk von Expatriates innerhalb der Expatriate Communitys genau die Unterstützung durch Informationen und Serviceleistungen, wie sie in der Adjustment-Forschung vielfach als positiv für Adjustment identifiziert wurde (z. B. Black, 1990; Black u. Gregersen,

1991; Caligiuri u. Lazarova, 2002; Copeland u. Norell, 2002; Toyokawa, 2006), weil sie Stress reduziert und zum psychischen Wohlbefinden beiträgt (Thomas, 1998).

Rückzugsraum

Soziale Kontakte und insbesondere freundschaftliche Kontakte auch unter Expatriates sind wesentliche stabilisierende und die Anpassung an die Lebenssituation fördernde Faktoren. Dies ist mittlerweile ein in zahlreichen Studien (z. B. Caligiuri u. Lazarova, 2002; Copeland u. Norell, 2002) bestätigter Zusammenhang. Institutionen der Expatriate Communitys wie beispielsweise Schulen, Kirchen, Clubs, Industrie- und Handelskammern bilden den Rahmen, innerhalb dessen sich derartige Kontakte unter Expatriates realisieren und auf vielfältige Weise und durch diverse gemeinschaftsbildende kulturelle Praktiken ein Rückzugsraum für sie entsteht. Dieser bietet »stability zones« (Ratiu, 1983), in denen sich Expatriates zuhause fühlen können. Sie erleben die Zugehörigkeit zu einer Gemeinschaft von Landsleuten, die sich mehr oder weniger in der gleichen Situation befinden, auch wenn es sich überwiegend um eine Zweckgemeinschaft mit negativen Seiten wie Klatsch und Tratsch handelt. In diesem Rückzugsraum finden sie beispielsweise durch die Rekonstruktion kulturtypischer Feste im Jahreslauf Gewohntes und Vertrautes vor. Es ist ein sozialer Raum, in dem sie sich entspannt bewegen, in ihrer Muttersprache reden – Usunier (1998) nennt es »oral pleasure« – und sich beispielsweise über Erlebnisse, Irritationen oder Frustrationen aus dem beruflichen oder sonstigen lebensweltlichen Alltag austauschen können. Dies dient der Psychohygiene und ist als emotionale Unterstützung äußerst bedeutsam (so auch Sykes u. Eden, 1987). Ferner spielen in diesem Zusammenhang Aspekte wie Verhaltensbestätigung, Anregung und die gemeinschaftliche Produktion von Erinnerung und Identität (Lindenberg, 2000) eine wesentliche Rolle.

Unter dem Blickwinkel dieser Rückzugsräume und unter Rückgriff auf einen Ausdruck aus der Diaspora-Forschung sind Expatriate Communitys als »home away from home« (Clifford, 1994) zu charakterisieren. Nicht nur, weil sich dies in Interviewaussagen widerspiegelt – Expatriates sprechen in Tokyo vom »deutschen Dorf« und mit Blick auf die Community in Düsseldorf von »little Tokyo« –, sondern weil Expatriate Communitys über das hinausgreifen, was als »emotional support« (Caligiuri u. Lazarova, 2002), »stability zones« (Ratiu, 1983) oder unter Verwendung des breiter gefassten japanischen Konzeptes Ibasho (Herleman, Britt u. Hashima, 2008) in der Forschung bislang beschrieben und in der Bedeutung für Adjustment herausgearbeitet wurde. Es geht nicht nur um »a sense of comfort and psychological security that a person feels in specific locations they regularly visit«, wie Herleman et al. (2008, S. 284) Ibasho umschreiben.

In Expatriate Communitys wird unter anderem durch kommunikative Prozesse gemäß der Communication Theory of Identity (Hecht, 1993) eine kollektive Identität ausgebildet (Kraemer, 2009). Gemeint ist eine Wir-Identität im Sinne eines Bildes, das eine Gruppe von sich entwickelt und mit dem sich deren Mitglieder identifizieren (Assmann, 1992). Diese Wir-Identität stellt ein Konstrukt gemeinsamen Selbst- und Weltverständnisses dar, das sich auf gemeinsame Praktiken stützt und mit identitätsstiftender Ein- und Ausgrenzung einhergeht (Assmann u. Friese, 1998). Mit Blick auf Expatriates sind in diesem Zusammenhang insbesondere die Betonung der kulturellen Identität und die Abgrenzung von der Residenzkultur als Aspekte kollektiver Identität von Relevanz, denn sie tragen wesentlich zur Selbstverortung in der Residenzkultur bei.

Selbstverortung

Kulturelle Identität: In Expatriate Communitys – so Interviewaussagen – könne man vollkommen deutsch bzw. japanisch leben. Neben dem Vorhandensein bekannter Speisen und Medien wie Bücher und Zeitungen tragen auch die durch Internet jederzeit verfügbaren Kontakte in die Herkunftskultur (einschließlich deutschem bzw. japanischem Fernsehen) dazu bei. Wie Touristen bewahren Expatriates ihre kulturelle Identität und leben zuhause entsprechend den mitgebrachten Gewohnheiten in ihrer »miniature home culture« (Fry, 2007). Nicht selten heißt es sogar: »Ich bin hier deutscher als in Deutschland« oder »I live here more Japanese than in Japan«, was die Tendenz einer Verstärkung der eigenen nationalkulturellen Identität durch einen längeren Auslandsaufenthalt (Kosmitzki, 1996) bestätigt. Eine Rückbesinnung auf die eigene Herkunft, insbesondere wenn sie in Gemeinschaft stattfindet, wie in Expatriate Communitys, verleiht ebenso emotionale und kognitive Stabilität wie die Realisierung kultureller Identität in diversen Alltagspraktiken und Ritualen. Auch Ward und Rana-Deuba (2000) bestätigen den Zusammenhang zwischen kultureller Identität und psychischem Wohlbefinden.

Eine derart gemeinschaftlich ausgeprägte und geteilte kulturelle Identität verleiht zudem Sicherheit, dass man nach dem Auslandsaufenthalt wieder im Herkunftsland anknüpfen kann, insbesondere auch hinsichtlich der Schulbildung der Kinder. Japanische Expatriates sind daher besonders darauf bedacht, dass ihre Kinder »Japanischsein« lernen und sie selbst es sich bewahren. Selbst für diejenigen Expatriates, die an einen anderen Einsatzort wechseln, gibt kulturelle Identität Stabilität, weil sie leicht die Anbindung an neue Expatriate Communitys bewerkstelligen können.

Die Bewahrung oder gar Betonung der eigenen kulturellen Identität stellt sich daher eher als realistische Folge der Lebenssituation von Expatriates dar als eine wie auch immer beschaffene Anpassung an die Residenzkultur. Gerade vor dem Hintergrund des Bewusstseins über die temporäre Begrenztheit des Expatriate-Aufenthaltes sowie der Prozesse innerhalb der Expatriate Communitys ist dies in besonderem Maße verständlich und sinnvoll.

Abgrenzung von der Residenzkultur: Insgesamt lässt sich konstatieren, dass deutsche wie japanische Expatriates und insbesondere die begleitenden Partnerinnen deutlich dazu neigen, unter sich zu bleiben. Sie leben weitgehend isoliert von der Residenzkultur und sind stark mit anderen Expatriates derselben Nationalkultur vernetzt. Das kommt auch in Interviewäußerungen über das Selbstbild von Expatriates zum Ausdruck: »Wir leben irgendwie außen vor. Japan ist die Kulisse.« Und: »Wir leben hier am Rande der Gesellschaft.«

Für japanische Expatriates scheint diese Abgrenzung sogar in etwas stärkerem Maße zuzutreffen. Institutionalisierte Verflechtungen mit der Residenzkultur, wie sie beispielsweise in Tokyo durch deutsch-japanische Frauenvereine existieren, gibt es kaum – abgesehen von einigen Zirkeln im professionellen Kontext wie dem Deutsch-Japanischen Wirtschaftskreis. Glebe (2003) schreibt über die japanische Community in Düsseldorf daher treffend, dass diese ein »privileged life of exclusion« führe (S. 113). Sowohl deutsche als auch japanische Expatriates wünschen zwar Kontakte zu Angehörigen der Residenzlandgesellschaft, allerdings werden diese nur in relativ bescheidenem Maße realisiert.

Sofern Kontakte zu Host Nationals existieren, werden diese von Expatriates und deren Familien durchaus als bereichernd erlebt und tragen zum Verständnis der Residenzkultur bei, doch kommt ihnen bei weitem nicht die Bedeutung zu, wie sie von der Adjustment-Forschung für die Anpassung von Expatriates an die neue Lebenssituation vor Ort postuliert wird. Gerade auch aus Sicht der Social Identity Theory hat diese Abgrenzung einen selbstwertstützenden Effekt und kann damit negativen Konsequenzen des Assignments entgegenwirken.

Exkurs: Transnationale Netzwerke

Nur am Rande berühren transnationale Netzwerke Expatriate Communitys, doch für das Expatriate-Dasein sind sie zentral. Neben den Kontakten zu Landsleuten vor Ort (und vereinzelt auch zu Host Nationals) sind es sowohl für deutsche als auch für japanische Expatriates vor allem Grenzen überschreitende transnationale Netzwerke zu Freunden und Familie in der Heimat oder in anderen Ländern (z. B. früheren Einsatzorten), die emotionale Stabilität verleihen, Gefühle der Isolation lindern und die Sicherheit vermitteln, persönlich bedeutsame Kontakte nicht über die zeitliche und räumliche Distanz zu verlieren, um nach der Rückkehr wieder daran anknüpfen zu können. Gerade bei Japanern werden Netzwerkkontakte im professionellen Kontext der Firma auf besondere Weise gepflegt. Technische Errungenschaften wie Internet, E-Mails, Webcams und billiges Telefonieren über Internet tragen in einem ganz erheblichen Maße zur Aufrechterhaltung dieser Netzwerkkontakte und zu einer soliden Selbstverortung der Expatriates während ihres Auslandsaufenthaltes bei.

Fazit

Wenngleich in der Adjustment-Forschung zunehmend die Bedeutung des Kontaktes zu anderen Expatriates der gleichen kulturellen Herkunft – gerade für mitreisende Ehefrauen – Berücksichtigung findet, so zieht sich doch als Grundtenor durch die meisten Studien, dass der Rückzug in Expatriate Communitys als negativ zu bewerten ist und der Kontakt zu Angehörigen der Residenzkultur gesucht werden solle. Die Tatsache, dass Expatriates »may feel satisfied with the assignment and may wish to remain longer without being truly adjusted« (Zimmermann et al., 2003, S. 46) wird ebenso mit Erstaunen konstatiert wie folgendes Ergebnis: »Women who spent more of their time with others of their own nationality did not differ in adjustment from those who spent more time with host or third-country nationals« (Copeland u. Norell, 2002, S. 269).

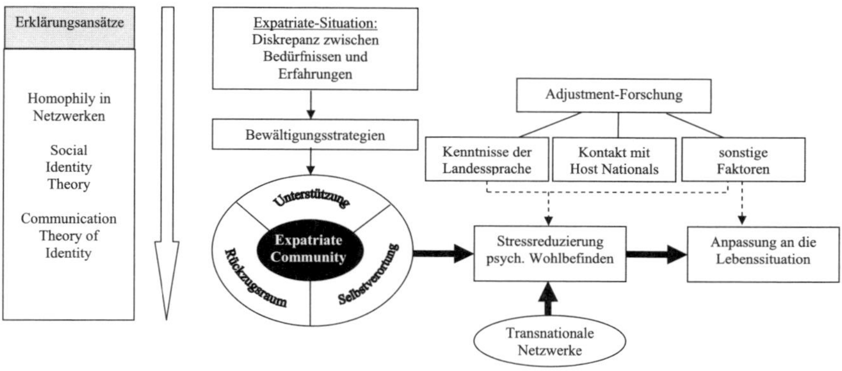

Abbildung 1: Anpassungsprozess bei Expatriates

Die Berücksichtigung der Erkenntnisse zu Expatriate Communitys führt zu einer anderen Einschätzung, was Adjustment bedeuten und wie es erreicht werden kann. Abbildung 1 veranschaulicht dies.

Das in und durch Expatriate Communitys realisierte Zusammenspiel der drei Aspekte Unterstützung, Rückzugsraum und Selbstverortung ermöglicht zusammen mit transnationalen Netzwerken Stressreduktion und psychisches Wohlbefinden, wodurch Expatriates zu einer soliden Etablierung während des Assignments im Sinne einer Anpassung an die Lebenssituation gelangen. Weitere Faktoren, wie sie in der Adjustment-Forschung diskutiert werden – insbesondere Kenntnisse der Landessprache und Kontakte zu Host Nationals –, können diesen Prozess unterstützen. Im Lichte von Expatriate Communitys relativieren sich jedoch die in der Adjustment-Forschung postulierten Zusammenhänge. Einen paradigmatischen Beschreibungs- und Erklärungsstatus können sie damit nicht mehr beanspruchen. Mendenhall et al. (2002) erkennen in dieser Hinsicht den entscheidenden Schwachpunkt, wenn sie feststellen, dass Modelle des Expatriation-Prozesses zu starkes Gewicht auf die Anpassung an andere Kulturen legen. Denn in diesem Sinne – Anpassung an die Residenzkultur – besteht kein Anpassungserfordernis für Expatriates.

Literatur

Adelman, M. B. (1988). Cross-cultural adjustment: A theoretical perspective on social support. International Journal of Intercultural Relations, 12 (3), 183–204.

Assmann, J. (1992). Das kulturelle Gedächtnis: Schrift, Erinnerung und politische Identität in frühen Hochkulturen. München: Beck.

Assmann, A., Friese, H. (1998). Einleitung. In A. Assmann, H. Friese (Hrsg.), Identitäten. Erinnerung, Geschichte, Identität (S. 11–23). Frankfurt a. M.: Suhrkamp.

Beaverstock, J. V. (2005). Transnational elites in the city: British highly-skilled inter-company transferees in New York City's financial district. Journal of Ethnic and Migration Studies, 31 (2), 245–268.

Bell, M. P., Harrison, D. A. (1996). Using intra-national diversity for international assignments: a model of bicultural competence and expatriate adjustment. Human Resource Management Review, 6 (1), 47–74.

Black, J. S. (1988). Work role transitions: a study of American expatriate managers in Japan. Journal of International Business Studies, 19 (2), 277–294.

Black, J. S. (1990). Locus of control, social support, stress and adjustment in international transfers. Asia Pacific Journal of Management, 7 (1), 1-29.

Black, J. S., Gregersen, H. B. (1991). Antecedents to cross-cultural adjustment for expatriates in Pacific Rim assignments. Human Relations, 44 (5), 497–515.

Black, J. S., Mendenhall, M., Oddou, G. (1991). Toward a comprehensive model of international adjustment: An integration of multiple theoretical perspectives. Academy of Management Review, 16 (2), 291–317.

Caligiuri, P., Lazarova, M. B. (2002). A model for the influence of social interaction and social support on female expatriates' cross-cultural adjustment. The International Journal of Human Resource Management, 13 (5), 761–772.

Clifford, J. (1994). Diasporas. Cultural Anthropology, 9 (3), 302-338.

Copeland, A. P., Norell, S. K. (2002). Spousal adjustment on international assignments: the role of social support. International Journal of Intercultural Relations, 26 (3), 255–272.

Fechter, A.-M. 2007: Transnational Lives. Expatriates in Indonesia. Aldershot: Ashgate.

Fry, R. (2007). Perspective shifts and a theoretical model relating to kaigishijo and kikokushijo, or third culture kids in a Japanese context. Journal of Research in International Education, 6 (2), 131–150.

Glebe, G. (2003). Segregation and the ethnoscape: the Japanese business community in Düsseldorf. In R. Goodman, C. Peach, A. Takenaka, P. White (Eds.), Global Japan. The experience of Japan's new immigrant and overseas communities (S. 98–115). London u. New York: RoutledgeCurzon.

Harrison, D. A., Shaffer, M. A., Bhaskar-Shrinivas, P. (2004). Going places: roads more and less traveled in research on expatriate experiences. In J. J. Martocchio (Ed.), Research in personnel and human resources management (S. 199–247). Amsterdam u. a.: Elsevier.

Hecht, M. L. (1993). 2002 – A research odyssey: toward the development of a communication theory of identity. Communication Monographs, 60, 76–82.

Herleman, H. A., Britt, T. W., Hashima, P. Y. (2008). Ibasho and the adjustment, satisfaction, and well-being of expatriate spouses. International Journal of Intercultural Relations, 32 (3), 282–299.

Hippler, T. (2000). European assignments: international or quasi-domestic? Journal of European Industrial Training, 24 (9), 491–504.

Kohl, K.-H. (1998). Ethnizität und Tradition aus ethnologischer Sicht. In A. Assmann, H. Friese (Hrsg.), Identitäten. Erinnerung, Geschichte, Identität (S. 269–287). Frankfurt a. M.: Suhrkamp.

Kosmitzki, C. (1996). The reaffirmation of cultural identity in cross-cultural encounters. Personality and Social Psychology Bulletin, 22 (3), 238–248.

Kraemer, M. (2009). Identitäts- und Differenzkonzepte deutscher und japanischer Expatriates. Empirische Ergebnisse und theoretische Grundlegungen. In A. Moosmüller (Hrsg.), Konzepte kultureller Differenz (S. 211–230). Münster u. a.: Waxmann.

Huston, T. L., Levinger, G. (1978). Interpersonal Attraction and Relationships. Annual Review of Psychology, 29, 115–156.

Lindenberg, S. (2000). It takes both trust and lack of mistrust: the workings of cooperation and relational signaling in contractual relationships. Journal of Management and Governance, 4, 11–33.

McPherson, M., Smith-Lovin, L., Cook, J. M. (2001). Birds of a feather: homophily in social Networks. Annual Review of Sociology, 27, 415–444.

Meier, L. (2006). Den Ort spüren, Distanz erfahren – Irritationen der alltäglichen Handlungen deutscher Finanzbeschäftigter in London. In F. Kreutzer, S. Roth (Hrsg.), Transnationale Karrieren. Biografien, Lebensführung und Mobilität (S. 224–239). Wiesbaden: Verlag für Sozialwissenschaften.

Mendenhall, M., Kühlmann, T. M., Stahl, G., Osland, J. (2002). Employee development and expatriate assignments: A review of the expatriate adjustment theory literature. In M. Gannon, K. Newman (Eds.), The Blackwell handbook of cross-cultural Management (pp. 155–183). Oxford, UK: Blackwell.

Mohr, A. T., Klein, S. (2004). Exploring the adjustment of American expatriate spouses in Germany. The International Journal of Human Resource Management, 15 (7), 1189–1206.

Moosmüller, A. (2003). Interkulturelle Routinen in deutschen und amerikanischen Unternehmen in Japan. In Deutsches Institut für Japanstudien (Hrsg.), Japanstudien 15 (S. 199–218). München: Iudicium.

Moser-Weithmann, B. (2002). Familien deutscher Entsandter in Istanbul: Alltagsleben und Beziehungen zur türkischen Bevölkerung. In A. Moosmüller (Hrsg.), Interkulturelle Kommunikation in der Diaspora. Die kulturelle Gestaltung von Lebens- und Arbeitswelten in der Fremde (S. 143–161). Münster u. a.: Waxmann.

Mummendey, A., Otten, S. (2002). Theorien intergruppalen Verhaltens. In D. Frey, M. Irle (Hrsg.), Theorien der Sozialpsychologie. Band II: Gruppen-, Interaktions- und Lerntheorien (Zweite, vollständig überarbeitete und erweiterte Auflage) (S. 95–119). Göttingen u. a.: Hans Huber.

Oberg, K. (1960). Cultural shock: adjustment to new cultural environments. Practical Anthropology, 7, 177–182.

O'Reilly, C. (2003). The expatriate life. A study of German expatriates and their spouses in Ireland. Issues of adjustment and training. Frankfurt a. M. u. a.: Peter Lang.

Ratiu, I. (1983). Thinking internationally: A comparison of how international executives learn. International Studies of Management and Organization, 13, 139–150.

Roth, J., Roth, K. (2002). Leben in Moskau: Deutsche Entsandte und die »deutsche Gemeinde« in der russischen Hauptstadt. In A. Moosmüller (Hrsg.), Interkulturelle Kommunikation in der Diaspora. Die kulturelle Gestaltung von Lebens- und Arbeitswelten in der Fremde (S. 77–111). Münster u. a.: Waxmann.

Sassen, S. (1991). The global city. New York, London, Tokyo. Princeton, N. J.: Princeton University Press.

Searle, W., Ward, C. (1990). The prediction of psychological and sociocultural adjustment during cross-cultural transitions. International Journal of Intercultural Relations, 14 (4), 449–464.

Selmer, J. (1999). Effects of coping strategies on sociocultural and psychological adjustment of western expatriate managers in the PRC. Journal of World Business, 34 (1), 41–51.

Stokman, F. N., Vieth, M. (2006). Was verbindet uns wann mit wem? Inhalt und Struktur in der Analyse sozialer Netzwerke. In A. Diekman (Hrsg.), Methoden der Sozialforschung. Kölner Zeitschrift für Soziologie und Sozialpsychologie, Sonderheft 44/2004, 274–302.

Sykes, I. J., Eden, D. (1987). Transitional stress, social support, and psychological strain. Journal of Occupational Behavior, 6, 293–298.

Thomas, D. C. (1998). The expatriate experience: a critical review and synthesis. Advances in International Comparative Management, 12, 237–273.

Thomas, D. C., Lazarova, M. B. (2006). Expatriate adjustment and performance: a critical review. In G. K. Stahl, I. Björkman (Eds.), Handbook of research in international human resource management (pp. 247–264). Cheltenham, UK, Northampton, MA: Edward Elgar.

Toyokawa, N. (2006). The function of the social network formed by Japanese sojourners' wives in the United States. International Journal of Intercultural Relations, 30 (2), 185–193.

Usunier, J.-C. (1998). Oral pleasure and expatriate satisfaction: an empirical approach. International Business Review, 7, 89–110.

Ward, C., Kennedy, A. (1993). Where's the »culture« in cross-cultural transition? Comparative studies of sojourner adjustment. Journal of Cross-Cultural Psychology, 24 (2), 221–249.

Ward, C., Kennedy, A. (1994). Acculturation strategies, psychological adjustment, and sociocultural competence during cross-cultural transitions. International Journal of Intercultural Relations, 23 (4), 659–677.

Ward, C., Rana-Deuba, A. (2000). Home and host culture influences on sojourner adjustment. International Journal of Intercultural Relations, 24 (3), 291–306.

Zimmermann, A., Holman, D., Sparrow, P. (2003). Unravelling adjustment mechanisms: Adjustment of German expatriates to intercultural interactions, work, and living conditions in the People's Republic of China. International Journal of Cross-Cultural Management, 3 (1), 45–66.

Philip Anderson

Eine doppelte Ausgrenzung: Zur Bedarfslage von Migrant(inn)en mit Behinderung

Eine Studie in München

Vorbemerkungen

Im Folgenden werden die Ergebnisse einer qualitativen Studie im Auftrag des Sozialreferats der LHS München zur Situation von Migranten mit Behinderung vorgestellt. Ausgangspunkt für die Untersuchung war die Feststellung, dass man sowohl über Beschaffenheit als auch über die Bedarfslage dieser Zielgruppe der Behindertenhilfe sehr wenig weiß. Aufgrund der mangelhaften Datenlage wurde ein qualitativer methodischer Ansatz auf der theoretischen Grundlage der *Grounded Theory* gewählt.

Es fanden insgesamt 26 halbstrukturierte qualitative Interviews statt, 16 davon waren mit Expert(inn)en, die Kenntnisse und Einschätzungen zur Thematik aus unterschiedlichen Perspektiven geliefert haben. Es fanden neun Gespräche mit Menschen mit Behinderung und Migrationshintergrund statt. Ein Gespräch mit einem Angehörigen wurde vermittelt. Zitate aus Interviews werden entsprechend gekennzeichnet, beispielsweise: EXP4.

Aufgrund der allgemeinen demographischen Entwicklung in Deutschland kann man von einem *steigenden Bedarf seitens der behinderten Menschen mit Migrationshintergrund* ausgehen. Dies ist einerseits auf die zunehmende absolute Zahl der älter werdenden Migrant(inn)en in den nächsten Jahren zurückzuführen. Viele dieser ehemaligen »Gastarbeiter(innen)« sind noch nicht sehr alt. Aber darüber hinaus: Man muss von überproportional vielen erworbenen Behinderungen und schweren Krankheiten dieser Zielgruppe im hohen Alter aufgrund der erhöhten Belastungen ihrer Berufs- und Migrationsbiographien ausgehen (Marschalck, 2000). Nur sind leider unter gegenwärtigen Bedingungen seriöse quantitative Aussagen dazu nicht möglich.

Es gibt aber eine andere Facette der demographischen Entwicklung, die mit den nachfolgend beschriebenen qualitativen Aspekten des erschwerten Zugangs zu Versorgungssystemen für Migrant(inn)en zusammenhängt: Jüngere und künftige Generationen von Zugewanderten werden dank ihrer verbesserten Bildung und Integration viel eher ihre *sozialen Rechte und Wohn- und Versorgungsoptionen einfordern.*

Zur Bedarfslage der behinderten Menschen mit Migrationshintergrund

Nun werden die verschiedenen Themen zur Bedarfslage der behinderten Menschen mit Migrationshintergrund aus der qualitativen Empirie dieser Studie aufgegriffen und einzeln dargelegt. Sie sollen auch eine Antwort auf die folgende forschungsrelevante Frage geben: Woran liegt es, dass behinderte Menschen mit Migrationshintergrund sich bisher als deutlich definierbare Interessengruppe in Deutschland kaum artikulieren? Die besonderen Probleme der Flüchtlinge mit Gestattung oder Duldung werden dann anschließend gesondert betrachtet.

Parallelität der Strukturen und fehlende Effektivität für die Klienten

Die Parallelität der Strukturen für die Beratung und Versorgung von Menschen mit Behinderung und Menschen mit Migrationshintergrund führt zu einem bedeutenden Verlust in der Effektivität in der Arbeit mit dem Klientel mit Migrationshintergrund *und* Behinderung. Dies wurde von Experten in den jeweiligen Tätigkeitsfeldern bestätigt: Man wisse wenig über den jeweils anderen Arbeitsbereich und verfüge nur in Ausnahmefällen über eine gute Vernetzung mit den entsprechenden Kolleg(inn)en.

Die im *Migrationsbereich* Tätigen besitzen differenzierte Kenntnisse über das große Angebot für Zuwanderer(innen), welches auf verschiedene Gruppen nach Aufenthaltsstatus zugeschnitten ist und den Migrantenfamilien, allem voran aufgrund der niederschwelligen Migrationsberatung und des Kontakts zu beratenden Vertrauenspersonen, bekannt ist. Die überragende Wichtigkeit des Vertrauensverhältnisses zu den Klienten als Grundlage für eine erfolgreiche Arbeit gerade im Migrationsbereich bestätigte sich immer wieder in den Interviews im Rahmen dieser Studie.

Die Kolleg(inn)en auf dem breit angelegten Feld der *Behindertenhilfe* dagegen haben in der Regel während ihrer Ausbildung keine oder nur wenige Informationen zur Thematik Migration und Behinderung bzw. zu kulturellen Aspekten des Umgangs mit Behinderung erhalten. Dies hat zur Konsequenz, dass sie nur in Ausnahmefällen Kenntnisse über außereuropäische Sichten auf körperlich/geistig/psychische Beeinträchtigungen erlangt oder für sich eine Auseinandersetzung mit Anforderungen der kultursensiblen Pflege geführt haben.

Daraus resultiert, wie die Gründerin des bundesweit einmaligen *Netzwerks Migration und Behinderung*, Cornelia Kauczor, in einem Tagungsbeitrag treffender Weise feststellte, dass gerade die Klienten, die aufgrund ihres Hintergrundes und ihrer Behinderung(en) es am schwersten haben, sich im Dickicht des Versorgungssystems eines mitteleuropäischen Landes zurechtzufinden, am wenigsten eine angemessene Lotsenhilfe durch die Institutionen erhalten:

> »Die KollegInnen der Migrantensozialberatung verweisen [die Klientin] womöglich an die KollegInnen der Behindertenberatung. Diese wiederum berücksichtigen ohne bösen Willen, vielmehr aus Unkenntnis, zumeist nicht die tatsächlichen migrationsrelevanten Faktoren im Kontakt oder verweisen [sie zurück] an die KollegInnen der Migrantensozialberatung« (Kauczor, 2004, S. 137).

Bedarf an mehr Informationen und Aufklärung

Grundsätzlich wurde von Gesprächspartner(inne)n mit guter Kenntnis der Strukturen stark zwischen behördlichen Informationspolitiken unterschieden: Die städtischen Stellen seien oft gut informiert (und informieren entsprechend), die Bundesbehörden (z. B. Renten- und Sozialversicherungsanstalten) seien dagegen problematischer.

Der Kern des Problems betrifft aber die »Nachfrageseite«: Es gibt große Informationsdefizite seitens der Zugewanderten mit Behinderung hinsichtlich der hiesigen Hilfen und Unterstützung. Dies wird einhellig von Gesprächspartner(inne)n in der Beratung, Bildungs- und Lobbyarbeit und in anderen Bereichen festgestellt. Diese Lücken beziehen sich nicht nur auf fehlendes Wissen über Wohn- und Versorgungsstrukturen, sondern setzen oft viel früher und elementarer an. Auch über *Krankheitsbilder und Behinderungsarten* besteht großer Informationsbedarf für Menschen aus verschiedenen Ländern und Kulturen. Dies hängt damit zusammen, dass in vielen Herkunftsregionen den Betroffenen (ob neu zugewandert oder schon länger wohnhaft in Deutschland) eine differenzierte Auskunft über ihr Leiden nicht zur Verfügung gestanden hat. Oder: Die Einzelperson/die Familie hat sich bildungs- und/oder affektiv bedingt oder aufgrund eines Tabus nicht oder nur wenig mit der Thematik auseinandergesetzt.

Daher wird die Notwendigkeit einer kultursensiblen Aufklärungs- und Informationspolitik zu diesen Themen betont. Anschauliches, leicht verständliches Material in der Muttersprache gekoppelt mit entsprechenden persönlichen Beratungsangeboten von (zusatz)qualifizierten Personen (Stichwort Zugang durch Vertrauenspersonen) wäre wünschenswert.

Neben solchen eingängigen Informationen in der Muttersprache (d. h., so wurde es empfohlen, in den Sprachen v. a. der größten Zuwanderergruppen) über Krankheitsbilder und Behinderungen wären Faltblätter/Material über die *Strukturen der Behindertenhilfe* für die Beratungs- und Aufklärungsarbeit sehr hilfreich. Ein Leitfaden über die Palette der Angebote, die Leistungen und mit Hinweisen auf Antragswege wäre zum Beispiel – so die Vorstellung – ein guter Ansatz.

Aber auch zu einem Kernthema dieser Untersuchung, *Wohnen, Wohnmodelle und Wohnformen für Menschen mit Behinderung* in Deutschland, herrscht bei vielen von der Behindertenthematik betroffenen Einzelpersonen und Migrantenfamilien relative Unkenntnis über die Bandbreite der denkbaren Optionen. Viele der interviewten behinderten Menschen mit Migrationshintergrund sind mit ihrer Wohnsituation sehr unzufrieden. Für diejenigen mit gesichertem Status gäbe es oft andere Möglichkeiten, aber die Informationen über Zugang zu besonders geförderten (z. B. genossenschaftliche) Wohnmodellen, über Formen des betreuten Wohnens, Wohngemeinschaften etc. erreichen diese Zielgruppe häufig nicht. Solche Optionen sind in der Regel aus den Herkunftsländern unbekannt. Logischerweise kann man sich nicht für das einsetzen, was man nicht kennt. Deswegen wäre die sachliche Erläuterung über die Angebotspalette so wichtig.

Schließlich betrachten wir das Kapitel *Hilfsmittel.* Die Bandbreite der zur Verfügung stehenden Hilfsmittel in Deutschland und die dafür notwendigen Antragswege sind vielen Menschen mit Migrationshintergrund nicht bekannt. Dies bedeutet, dass es lange dauern kann, bis ein Antrag zum Beispiel auf einen für die Mobilität existenziell entscheidenden elektrischen Rollstuhl positiv beschieden wird. Dabei ist die tatkräftige Unterstützung von professioneller (z. B. sozialpädagogischer) Seite oft unverzichtbar. Gesprächspartner(inn)en mit Bedarf an Prothesen zum Beispiel berichteten von langen Wartezeiten und notwendiger Unterstützung von Fachkräften, um ihr Anliegen überhaupt durchzusetzen.

Die Überwindung eines negativen Selbstbildes als Migrant(in) – die Rolle von kulturellen Faktoren

Es war schwer, Gesprächspartner(inn)en mit Migrationshintergrund und Behinderung mit der Bereitschaft, über ihre Lage zu sprechen, zu finden. Diese Scheu oder Zurückhaltung kann vor einem breiteren Hintergrund der Thematisierung der eigenen Situation für diese Menschen gesehen werden. Viele Menschen mit Behinderung und Migrationshintergrund erlebten nicht nur das oben angesprochene Informationsdefizit zu ihrem Krankheitsbild oder ihrer Behinderung. Durch eine Mischung aus Faktoren wie Bildungsprofil und fehlenden Informationen, starker traditioneller familiärer Prägung sowie (aber)glaubens- und kulturspezifischen Sichtweisen (z. B. das »böse Auge« im türkischen Sprachraum; siehe Becker, Wunderer u. Schulz-Gambard, 2001) sehen sich viele Migrant(inn)en von klein auf mit einem *negativen Selbstbild* konfrontiert, das schwer zu überwinden ist.

Die bewusste Auseinandersetzung mit dem abwertenden Bild wird unter Umständen dadurch erschwert, dass manche *Familien in eine Isolation* in ihren *Communitys* geraten: Schuld- und Schamgefühle über die »Strafe« durch eine Behinderung eines Kindes können durch kränkende Äußerungen Dritter verstärkt werden. Umso mehr können sie deswegen in die Defensive vor ihrem Kind gegen die Außenwelt gehen; ein Schutzwall muss dann – so die stark affektiv geprägte Erfahrung – gegen alle Außenstehenden errichtet werden. Darüber hinaus gibt es den innerfamiliären *Gender*-Aspekt. Eine in der Beratungsarbeit Tätige berichtete davon, dass insbesondere die Mütter in traditionell geprägten Familien die Zielscheiben solcher Beschuldigungen aus der näheren Verwandtschaft sein können: Sie seien vor allem daran schuld, dass die Familie so bestraft wird (EXP4).

Junge Menschen mit Behinderung und Migrationshintergrund befinden sich hiermit in einem komplexen familiär-ethnischen Spannungsfeld, wenn sie sich individuell (emotional, psychotherapeutisch, gesellschaftspolitisch) mit ihrer »doppelten Benachteiligung« als Migrant(in) und Mensch mit Behinderung auseinandersetzen wollen. Die Suche nach einem *positiven Selbstbild und einem offenen, wertschätzenden Austausch* über die eigene Lage gestaltet sich für sie unter solchen Bedingungen sehr schwer.

Ein Gesprächspartner mit Migrationshintergrund und Behinderung, der in der Beratungsarbeit tätig ist, formulierte diese Verletzlichkeit des Selbst bezüglich des Lebens mit Behinderung in der Migration wie folgt: Er wies darauf hin, dass die *Schamgefühle* eine große Rolle bei diesen Menschen spielen. Behinderte würden eher von den Landsleuten als »Krüppel« abgestraft, Blinde würden als defizitär angesehen – dies seien nämlich gängige Muster für die Menschen im Herkunftsland. Es dauere auch lange, bis man als Migrant(in) diese Gefühle überwinde. Es habe für ihn selbst lange gedauert, bis er seine Behinderung im Laufe eines Prozesses positiver habe einordnen können. Für die Landsleute sei es oft viel schwieriger, diese Seite von sich selbst überhaupt zu akzeptieren (EXP2).

An dieser Stelle muss aber angesichts eines sehr brisanten Sachverhalts eindeutig festgehalten werden: Es geht nicht darum, ethnische Communitys mit niedrigem sozialökonomischen und Bildungsprofil pauschal als weniger tolerant den Menschen mit Behinderung gegenüber *per se* zu verurteilen. Es wird allerdings immer wieder beobachtet, dass dieser Zusammenhang in vielen Fällen nicht zu verleugnen ist. Dabei handelt es sich *nicht* grundsätzlich um ethnisch-kulturelle (oder gar sozialökonomische) Faktoren als ausschlaggebend an und für sich: Die oben beschriebenen Vorurteile und Formen der Ausgrenzung kennt man tendenziell (zumindest rückblickend) fast überall.

Man sollte bedenken, dass in »aufgeklärten« westlichen Gesellschaften offenere Einstellungen hinsichtlich Behinderung in der heutigen Zeit (die sowieso längst nicht überall im »toleranten Westen« selbstverständlich anzutreffen sind) das Resultat eines komplexen Prozesses von legislativen Reformen, zivilgesellschaftlichem Diskurs, energischer Lobbyarbeit und Selbsthilfe von Betroffenengruppen und neueren familiären und gesellschaftlichen Umgangsformen sind. Dieser Prozess – so könnte man dies sozialhistorisch datieren – setzte aber erst vor circa 30 bis 40 Jahren in den reichen (Post-)Industrienationen ein.

Eine weitere Komponente, welche das Selbstbild vieler Menschen mit Behinderung aus ärmeren Ländern negativ tangieren kann, ist, dass man dadurch sozial und auch ökonomisch »ganz unten« sein kann: kaum selbstständig, oft ökonomisch untätig und sozial ausgegrenzt.

Es war daher auffallend im Rahmen der Gespräche mit Betroffenen (die alle mit Menschen aus Ländern außerhalb von Westeuropa stattfanden), dass – bei aller Frustration über die Aufenthalts-, Wohn- und Versorgungsschwierigkeiten – eine Dankbarkeit über andere Hoffnungen, Optionen und auch Umgangsformen hier in Deutschland im Vergleich zur Herkunftsregion oft zu hören und zu spüren war.

Besondere Belastungen der Familien mit Migrationshintergrund: »Aufopferungsbereitschaft« und »Loslassen«

Ein weiteres Thema der Bedarfsanalyse lässt sich unmittelbar an das letzte anschließen. Traditionell geprägte Migrantenfamilien mit zu pflegenden Angehörigen neigen stärker als andere dazu, eine große Geborgenheit für den Menschen mit Behinderung zu schaffen. Das Schutzbedürfnis gegen die als feindselig erlebte Außenwelt kann, wie schon angedeutet, stark ausgeprägt sein. Dies kann darin münden, wie manche Experten berichteten, dass solche Familien (vor allem die weiblichen pflegenden Angehörigen) sich »aufopfern« für das behinderte Kind. Dies bedeutet, die gesamte Familienstruktur wird physisch, organisatorisch und auch emotional sehr stark gefordert und auch belastet, um eine gute Pflege, Versorgung und Betreuung zu gewährleisten.

Solche Familien sind dann – nicht nur aufgrund ihrer »fehlenden Institutionskunde« – für Angebote der Behindertenhilfe schwer zugänglich. Sie hegen unter Umständen eine grundsätzliche Skepsis Familien entlastenden und ambulanten Pflegediensten gegenüber. Sie empfinden diese als zu nüchtern und fremd – mit ihrem wechselnden Personaleinsatz, manchmal fehlender geschlechtsspezifischer Pflege, Zeitkorridoren, Abrechnungseinheiten und Dienstleistung im Minutentakt. Dieses Angebot hat aus der Sicht solcher Familien herzlich wenig mit »Liebesdienst am Nächsten« zu tun, wie sie sich es vorstellen (Dietzel-Papakyriakou u. Olbermann, 2001). Solche Kritik kennt man natürlich genauso aus deutschen Familien. Die migrationsspezifischen Erfahrungen, kulturelle Faktoren und Sprachbarrieren verstärken aber das Befremden seitens dieser potenziellen Zielgruppe.

In der Beratung und im Bildungsbereich arbeitende Professionelle machten auf eine weitere Konsequenz dieser zum Teil kulturell bedingten Distanz seitens solcher Familien mit Migrationshintergrund hinsichtlich der Angebote aufmerksam. Es hieß in Expert(inn)eninterviews, dass diese Kinder zwar eine sehr stark emotionale innerfamiliäre Zuwendung erlebten, damit aber verwöhnt seien. Die Problematik ist analog zum Thema »Loslassen« seitens mancher (deutscher) alt gewordener Eltern von behinderten, in der Familie gebliebenen Kindern generell. Nur hat man hier wieder mit der besonderen Variante der migrationsspezifischen und kulturellen Faktoren zu tun, welche die Zusammenarbeit mit Einrichtungen erschweren.

Die Wichtigkeit von kulturspezifischen Kenntnissen und kultursensibler kommunikativer Kompetenz in der Behindertenhilfe

Die zitierten Beispiele zeigen einen wichtigen Aspekt des Bedarfs mit behinderten Menschen mit Migrationshintergrund: die Umgangsformen. Nicht selten fehlen Kenntnisse über jene kulturspezifischen Faktoren, welche Einstellung und Verhalten der Zugewanderten prägen *können*. Dabei ist es wichtig zu betonen, dass Klient(inn)en nicht durch stereotype Vorstellungen aufgrund des ethnisch-kulturellen Hintergrundes festgelegt und zwangsweise analytisch zugeordnet werden. Vielmehr soll die Aneignung von kulturspezifischen Kenntnissen – im Rahmen zum Beispiel einer Fort- oder Weiterbildung zur interkulturellen Kompetenz – eine Orientierungshilfe geben, welche die Bewusstwerdung von eigenen Klischees, Vorurteilen und Stereotypen ermöglicht und die Unsicherheit in kulturellen Überschneidungssituationen mit Klienten zum Thema macht (Roth u. Köck, 2004).

Da die Kommunikation in so vielen interaktiven Situationen entscheidend ist, handelt es sich auch um die Entwicklung und Verstärkung der interkulturellen kommunikativen Sensibilität und Fähigkeit. Gerade die Abläufe von Gesprächen und Telefonaten oder sonstigen Kommunikationssituationen (z. B. schriftlichen Mitteilungen) können darüber entscheiden, ob vertrauensvolle Beziehungen entstehen können. Ein Gesprächspartner aus der Behindertenhilfe war sich sehr bewusst, wie schwer es ist, Migrantenfamilien für die Angebote und noch viel mehr für eine langfristige Zusammenarbeit zu gewinnen. Er betonte im Interview die Notwendigkeit, über »Schnittstellen« wie Familien entlastende Dienste (z. B. Familienhelferinnen, ambulante Pflegedienste) Auskunft über die Angebote in die Familien zu tragen und durch persönliche Beziehungen Vertrauen in die Strukturen aufzubauen (EXP16).

Daraus wird ersichtlich, wie wichtig *Fortbildungsangebote über kulturelle Hintergründe* (Krankheitsbilder, familiärer »Liebesdienst«, andere Zeitvorstellungen in Umgang mit zu Pflegenden u. Ä. m.) und *interkulturelle Kommunikation* (sprachliche und andere Verständigungsschwierigkeiten, Schulung in Gesprächsführung usw.) gerade für die Menschen wären, die eine potenzielle Multiplikatorenrolle übernehmen könnten (Yenice-Calar, 2004).

Bisherige Unterschätzung der Bedeutung der fehlenden sprachlichen Verständigung als Zugangsbarriere

In den Interviews wurde häufig darauf hingewiesen, dass die fehlenden Sprachkenntnisse seitens der betroffenen Person oder der Familie ein manchmal gravierendes Problem darstellen. Was aber oft dabei vergessen wird: Die sprachbezogene Verständigung ist eine vielschichtige Angelegenheit. Dolmetschen und Übersetzen ist nämlich zugleich Sprach-, Fachkontext- und Kulturvermittlung.

Für unseren Zusammenhang bedeutet dies: Sprachvermittler(innen) in diffizilen gesundheitlichen und sozialen Konstellationen müssen von den zu übersetzenden Sprachen, vom jeweiligen kulturellen Hintergrund und aber auch vom fachlichen Kontext (z. B. auf medizinischem Hintergrund) fundierte Kenntnisse besitzen. Zudem müssen sie in der Lage sein, sich sensibel auf den besonderen (familiären, individuellen und auch institutionellen) Zusammenhang der Interaktion einzulassen – und dabei eine professionelle, sachbezogene Neutralität wahren.

Dies ist aber in der Praxis ein Problem. Beispielsweise in der Schmerztherapie, wenn es um die Anamnese und Behandlung geht, wie eine Psychologin berichtete, die immer wieder diese Verständigungsproblematik bei ihren Klientinnen erlebt. Nach ihrer Aussage ist die Situation bei der *Schmerzambulanz* ernüchternd: Dort sei es kaum möglich, fremdsprachige Patienten zu behandeln, da sie bei der Anamnese die Situation und die Differenzen zwischen verschiedenen Zuständen nicht beschreiben können. Dies betreffe viele Menschen, die das vierwöchige Schmerzbehandlungsprogramm deswegen nicht durchlaufen können. Dolmetscherdienste könne man kaum für diesen Zeitraum einsetzen. Aber auch für die *Erstgespräche* – so die Erfahrung aus der Praxis – seien die Dolmetscher(innen) meist nicht vorhanden. So werde deutlich, welche gravierende Auswirkung es für die Patient(inn)en hat, dass muttersprachige Fachkräfte für die »großen Sprachgruppen« der Arbeitsmigrant(inn)en (aus der Türkei, dem ehemaligen Jugoslawien, Italien, Griechenland, Spanien) nicht vorhanden seien.

Aus anderen medizinischen Bereichen kennt man indessen auch diese Problematik: Im Krankenhaus und in der Klinik erschwert die Sprachproblematik eine angemessene Diagnose und Behandlung sowie *Compliance* (die Bereitschaft, mitzuwirken) des Patienten. In der Rehabilitation, zum Beispiel Logopädie für türkische Schlaganfallpatienten, zeigt sich das Fehlen von speziellen Fachkompetenzen, die sich für die Genesung langfristig gravierend auswirken können (EXP4).

Aus diesen Beispielen können wir konstatieren, dass Migrant(inn)en manchmal aufgrund der fehlenden differenzierten Sprachverständigung eine qualitativ hochwertige Behandlung ihrer schweren Erkrankungen nicht erhalten (können).

Darüber hinaus aber gibt es einen auf die *Heimunterbringung* bezogenen Faktor in puncto Sprache, welcher kaum Beachtung findet: Wie geht es den behinderten Menschen mit Migrationshintergrund in den stationären Einrichtungen der Behindertenhilfe, wenn Fachkräfte mit entsprechendem sprachlichem Hintergrund fehlen? Eine Gesprächspartnerin mit guter Kenntnis einer großen Wohneinrichtung außerhalb Münchens – die Landeshauptstadt gehört hingegen zu deren Einzugsgebiet – stellte Folgendes fest: Dort gebe es zwar türkische Kinder, jedoch kein türkischsprachiges Personal. Die Gesprächspartnerin fragte sich, wie es wäre, ein Leben in der Fremdsprache zu führen – in dieser katholischen Einrichtung würden wohl keine Muslime eingestellt. Daraus werde ersichtlich, wie wichtig das Thema *interkulturelle Kompetenz und Fremdsprachen der Bewohner(innen)* in solchen stationären Einrichtungen der Behindertenhilfe wäre (EXP10).

Die Verwendung der Muttersprache bedeutet oft Geborgenheit und zu Hause sein (können). Affektiv zumindest erschwert es den Eltern die Entscheidung für eine Einrichtung, wenn sie wissen, dass ihr Kind in einem Heim diese Rückzugsmöglichkeit in die Muttersprache nicht zur Verfügung hat. Interviewpartner aus einer Einrichtung mit Förderstätte und Wohnheim waren sich dieses Bedürfnisses seitens der Bewohner(innen) türkischer Herkunft sehr bewusst. Deswegen nahmen etliche Mitarbeiter(innen) an Türkischunterricht teil. Dieses Beispiel für das Ernstnehmen der muttersprachigen Verständigung für die Bewohner(innen) in der Behindertenhilfe dürfte eher eine Ausnahme darstellen (EXP13).

Wir können daher abschließend festhalten, dass es sich hier um eine generelle Schwierigkeit handelt: Es fehlen sowohl die sprachliche Kompetenz als auch muttersprachige Fachkräfte an verschiedensten Stellen. Dies wird immer wieder für unterschiedliche, für den Umgang mit Behinderung relevante, Arbeitsbereiche konstatiert.

Die weitreichenden Konsequenzen einer strukturellen Exklusion von Flüchtlingen/Asylbewerber(inne)n aus der Regelversorgung

Die Versorgungslage der *Menschen mit Fluchthintergrund und Behinderung* ist besonders prekär. Nach dem Asylbewerberleistungsgesetz werden nur »akute«, sehr schmerzhafte und lebensbedrohliche Leiden behandelt. Dies schließt für behinderte Flüchtlinge eine ganze Reihe von Behandlungs-, Unterbringungs- und Versorgungsmöglichkeiten aus. Es geht oft um für die Mobilität und Lebensqualität der betreffenden Personen sehr elementare Fragen wie: Wird ein Rollstuhl (mechanisch oder elektrisch) genehmigt oder nicht? Vieles hängt vom Einsatz einzelner Betreuer(innen), Sozialarbeiter(innen) und ebenso von der Kulanz der jeweiligen Sachbearbeiter(innen) (Sozialamt, Ausländerbehörde usw.) ab.

Weiter gibt es die Schwierigkeit, die Gewährleistung des *Pflegebedarfs der Migrant(inn)en* mit Behinderung in geregelte Bahnen zu lenken. Nach Aussage von Kennern der Versorgungslage in den Flüchtlingsunterkünften herrscht ein »Wildwuchs« des ungeregelten Einsatzes der ambulanten Pflegedienste in den Flüchtlingsunterkünften. Unseriöse ambulante Pflegedienste könnten, so wird es weitergegeben, nicht vollbrachte Leistungen manchmal durch Erzwingen einer Unterschrift von über ihre Rechte nicht aufgeklärten Flüchtlingen problemlos abrechnen. Die Flüchtlinge mit Behinderung wüssten sich häufig nicht dagegen zu wehren. Umgekehrt weigerten sich Dienste mit hohem professionellem Anspruch, ihre Pflegekräfte in die Unterkünfte zu schicken – aufgrund gerade solcher Umstände.

Die Probleme bezüglich des Bedarfs von Flüchtlingen können summa summarum so zusammengefasst werden: Der *verwehrte Zugang zur Regelversorgung* ist die größte grundsätzliche Schwierigkeit, woraus sich vieles anderes herleiten lässt. Daraus können sie in der Regel keine angemessene Förderung als Person mit Behinderung (z. B. in Regeleinrichtungen der Behindertenhilfe) erhalten. Die

Wohnsituation der Flüchtlinge in den Unterkünften ist nicht mit Vorstellungen einer behindertengerechten Wohnumgebung kompatibel. Die *Versorgung* von diesen Menschen ist sehr dem Zufall eines gewissenhaften Pflegedienstes, eines ehrenamtlichen Engagements von Einzelpersonen oder des Einsatzes von Sozialdiensten der Verbände überlassen. In all solchen Fällen handelt es sich aber aus der Sicht der Helfenden häufig um einen zermürbenden Kampf gegen Windmühlen, um die sozialen und Menschenrechte dieser Gruppe gegen viele Widrigkeiten durchzusetzen.

Auch die Verweigerung der Erteilung des Schwerbehindertenausweises (eingeführt für Neuankömmlinge in Bayern ab 2007) verstärkt die Exklusion aus Förderungs-, Versorgungs- und Betreuungssystemen. Dies ist nach Ansicht mancher langjähriger Kenner der Flüchtlings- und Asylarbeit auch Absicht – im Sinne einer gründlichen *abschreckenden Wirkung* auf die Betroffenen.

Aber die größte Schwierigkeit – dies wurde immer wieder von verschiedenen Interviewpartner(inne)n betont – ist das Leben als Flüchtling mit *dauerhafter Aufenthaltsunsicherheit*. Einige Beispiele aus den Gesprächen: Wozu soll man die deutsche Sprache lernen, wenn man sowieso abgeschoben wird? Oder: Eine Therapie macht von vornherein Angst – warum sollte man sich die Mühe der Beantragung machen, wenn sie sowieso abgelehnt wird? Schließlich: Warum sollte man den Rollstuhl überhaupt beantragen, den man sowieso bei der Abschiebung nicht mitnehmen darf?

Unter diesen Bedingungen der mehrfachen sozialen Ausgrenzung ist ein würdiges Leben als Mensch mit Behinderung und mit Fluchthintergrund gegenwärtig – wenn ein Aufenthaltstitel mit einer Aussicht auf eine Zukunft in Deutschland fehlt – kaum möglich.

Fazit

In diesem Artikel wurden die Hürden zur Regelversorgung von Migrant(inn)en mit Behinderung im Rahmen der Behindertenhilfe in Deutschland dargestellt. Etliche Hinderungsfaktoren sind politischer und rechtlicher Art. Andere aber können durch sprach- und kultursensible Maßnahmen sowie Weiterbildungsansätze behoben werden. Am stärksten sind Flüchtlinge und Asylbewerber(innen) von struktureller Exklusion betroffen.

Literatur

Dietzel-Papakyriakou, M., Olbermann, E. (2001). Gesundheitliche Lage und Versorgung alter Arbeitsmigranten in Deutschland. In P. Marschalck, K. H. Wiedl (Hrsg.), Migration und Krankheit (S. 283–311). IMIS-Schriften, Bd. 10. Osnabrück: Universitätsverlag Rasch (2., unveränd. Aufl. 2005, Universitätsverlag Osnabrück bei V&R unipress).

Kauczor, C. (2004). Migration, Flucht und Behinderung – eine transkulturelle Behindertenhilfe als gesellschaftliche und institutionelle Herausforderung für Deutschland. In C. Kauczor, S. Lorenzkowski, M. Al Munaizel (Hrsg.), Migration, Flucht und Behinderung (S. 131–138). Essen: Behinderung und Entwicklungszusammenarbeit e. V.

Marschalck, P. (2000). Öffentliche Gesundheitspflege und die Einwanderung: »Gastarbeiter«, Aussiedler und Flüchtlinge in Deutschland. In J. Gardemann, W. Müller, A. Remmers (Hrsg.), Migration und Gesundheit: Perspektiven für Gesundheitssysteme und öffentliches Gesundheitswesen. Tagungsdokumentation und Handbuch (S. 31–42). Düsseldorf: Akademie für öffentliches Gesundheitswesen.

Roth, J., Köck, C. (Hrsg.) (2004). Culture Communication Skills. Interkulturelle Kompetenz: Handbuch für die Erwachsenenbildung. München: Bayerischer Volkshochschulverband e. V.

Becker, S. A., Wunderer, E., Schulz-Gambard, J. unter Mitarbeit von Seyfart-Metzger, I., Wesselmann, E. (2001). Muslimische Patienten – Ein Leitfaden zur interkulturellen Verständigung in Krankenhaus und Praxis (2. Aufl.). München u. a.: W. Zuckschwerdt Verlag.

Yenice-Calar, Y. (2004). Kultursensible Beratungs- und Begleitungsangebote in kommunaler Trägerschaft am Beispiel der Koordination der Behindertenhilfe Düsseldorf. In C. Kauczor, S. Lorenzkowski, M. Al Munaizel (Hrsg.), Migration, Flucht und Behinderung (S. 139–148). Essen: Behinderung und Entwicklungszusammenarbeit e. V.

Stefan Schmid und Stefan Kammhuber

Interkulturelle Trainings im Dienste der Integrationsförderung

»Woher kommst Du?«, fragten mich die Holländer. »Aus Deutschland«, antwortete ich. »Nazi, Nazi!«, riefen sie daraufhin – und ich wurde von einem großen Glücksgefühl durchflutet: Endlich wurde ich als Deutscher anerkannt!« (Feridun Zaimoğlu)

Unter zehn Personen, die in Deutschland leben, ist eine Person ausländischer Herkunft. Betrachtet man Ballungsräume wie München, Köln oder Berlin, so sind es sogar zwei bis drei. Mit diesem Anteil an ausländischen Mitbürgern liegt Deutschland im europäischen Vergleich an dritter Stelle – in absoluten Zahlen sogar an der Spitze (7,3 Millionen) (Bade, Dietzel-Papakyriakou, Hoffmann-Nowotny, Nauck u. von Schweitzer, 2000). Trotz dieser Zahlen eröffnete erst ein verändertes Bewusstsein in Politik und Gesellschaft seit Ende der neunziger Jahre Raum für die Einsicht, dass das Land in Europa mit den meisten ausländischen Mitbürgern wohl oder übel als Einwanderungsland bezeichnet werden muss. Diese langjährige Realitätsverweigerung führte dazu, dass sich erst in den letzten Jahren nicht nur Spezialisten aus Sozialberufen, sondern größere Teile der Gesellschaft mit der Frage befassen, welche Formen der Integrations- und Akkulturationsförderung wirkungsvoll, finanzierbar und ideologisch erwünscht sind.

Man muss eingestehen, dass für die Erforschung von Themen wie Akkulturation, interkulturelles Lernen und interkulturelle Trainings Globalisierung und Internationalisierung die maßgeblichen Antriebsfedern waren – weniger Problemkonstellationen im eigenen Land. Der Schwerpunkt dieser Forschung lag und liegt darauf ausgerichtet, die gewonnenen Erkenntnisse vor allem für zeitlich begrenzte Auslandsaufenthalte von Schülern, Studenten, Soldaten, Fach- und Führungskräften in Wirtschaft und der Entwicklungszusammenarbeit zu nutzen. Als ein besonders fruchtbares und erfolgreiches Modell für die direkte Umsetzung von Forschungsergebnissen in Trainings erwiesen sich Kulturstandards und deren Manifestation in kritischen Interaktionssituationen (Thomas, Kinast u. Schroll-Machl, 2003).

Die im Entsendungskontext untersuchten Problemstellungen und Herausforderungen an die Akkulturationsfähigkeit der Entsandten werden nun zunehmend auf die Situation von Migranten in Deutschland übertragen, die bei dem Versuch hier

Fuß zu fassen durchaus mit vergleichbaren Problemen konfrontiert werden. Damit stellt sich die Frage, inwieweit Konzepte und Materialien aus der Trainings- und Kulturstandardforschung in diesem Einsatzfeld nutzbar gemacht werden können.

In der öffentlichen Debatte steht das Beherrschen der deutschen Sprache im Vordergrund und wird oft als *der* Indikator für die Integrationsbereitschaft von Einwanderern in Deutschland bewertet. Dass es mit dieser unbestritten grundlegenden Kompetenz jedoch nicht getan ist, belegen Untersuchungen aus der Migrationsforschung (z. B. Silbereisen, Lantermann u. Schmitt-Rodermund, 1999) und der Entsendung von Fach- und Führungskräften (Thomas, Kinast u. Schroll-Machl, 2003; Thomas, Kammhuber u. Schroll-Machl, 2003). Neben sprachlichen Defiziten können kulturelle Unterschiede zwischen Herkunfts- und Aufnahmegesellschaft Vorurteile und Ängste auf beiden Seiten schüren und eine Separation von Migranten und Angehörigen der Aufnahmegesellschaft begünstigen, wenn nicht durch geeignete Maßnahmen ein Bewusstsein und Verständnis für die jeweilige kulturelle Prägung gefördert und Möglichkeiten zum Umgang mit solchen Differenzen erlernt werden. Der Gesetzgeber will dem gerecht werden, indem er im Zuwanderungskompromiss neben Sprachkursen Orientierungskurse vorsieht, die Einwanderern die Integration erleichtern sollen. Die Entscheidung über die Inhalte fiel in den letzten Monaten des Jahres 2004. Integrationsförderung sollte sich jedoch darüber hinaus an andere Personen als die Migranten selbst richten.

Mögliche Ansatzpunkte für Trainingsmaßnahmen

In der psychologischen Migrationsforschung der achtziger und frühen neunziger Jahre wurde der Akkulturationsprozess vor allem als einseitiger Prozess verstanden: Der Migrant bewegt sich in einem Spannungsfeld zwischen Aufnahme- und Herkunftskultur, dessen Bewältigung von Persönlichkeitsfaktoren, Stressverarbeitungsstrategien und der kulturellen Distanz, aber nicht zuletzt durch die gewählte Akkulturationsstrategie bedingt wird (Berry, Kim, Power, Young u. Bujaki, 1989). Je nachdem, ob der Einwanderer eher zur Beibehaltung oder Aufgabe seiner kulturellen Wurzeln und zur Annäherung oder Separierung von der Aufnahmegesellschaft neigt, ergaben sich nach dem einflussreichen Modell von Berry vier mögliche Formen der Akkulturation: Integration, Assimilation, Separation und Marginalisierung. Dieser tendenziell einseitigen Überlegung entspringt auch die Vorstellung, sich nur mit den Einwanderern, deren Kompetenz und Motivation zu befassen, wenn man das Gelingen von Integration fördern will.

Spätestens seit der Formulierung des interaktiven Akkulturationsmodells von Bourhis und Kollegen wird der Prozess des Einlebens in eine neue Gesellschaft als ein wechselseitiger zwischen aufnehmender Gesellschaft und den Migranten beschrieben (Bourhis, Moise, Perreault u. Senécal, 1997; Berry, 2001): Es ist nicht allein der Migrant mit seinen Vorstellungen und Fertigkeiten der Verlauf und Gelingen seiner Akkulturation bestimmt, sondern die aufnehmende Gesellschaft fordert bestimmte Formen der Akkulturation bzw. lässt nur Raum für bestimmte Formen. So kann ein Migrant durchaus anstreben, seine kulturellen Wurzeln beizubehalten, während er das kulturelle Orientierungssystem in seinem neuen Aufenthaltsort erlernt (Integrationsstrategie) – allein, wenn in diesem Land erwartet wird, dass Migranten ihre Herkunftskultur aufgeben, wenn sie dort leben (Assimilation), wird es dem Einwanderer schwerfallen, seine Strategie zu verwirklichen.

Konsequenterweise müssen integrationsfördernde Maßnahmen auf beiden Seiten ansetzen – sowohl bei den Migranten als auch bei den Deutschen. Moderne Lerntheorien gehen davon aus, dass Menschen jedoch nur dann lernen, wenn sie eine Notwendigkeit dafür sehen. So unterscheiden sich Angehörige der Aufnahmegesellschaft und Migranten gerade in puncto dieser Lernmotivation: Deutsche können sich auf ihr »Heimrecht« und auf ihr deutsches kulturelles Orientierungssystem zurückziehen, während Migranten einen stärkeren Leidensdruck und eine Notwendigkeit zu lernen erleben, um überhaupt zurechtzukommen (Schmid, 2010; Thomas, Kammhuber u. Schmid, 2005).

Es bietet sich also auf deutscher Seite an, mit Integrationsförderungsmaßnahmen bei einem Personenkreis anzusetzen, der aufgrund seines häufigen professionellen Kontaktes und den dort erlebten Problemstellungen motiviert ist, die Interaktion mit Migranten befriedigender für beide Seiten zu gestalten (z. B. Migrationsberater, Lehrer, Erzieher, Behördenmitarbeiter, Mitarbeiter im Gesundheitswesen).

Auf der Migrantenseite fördert die »Diaspora« im fremden Land, dass sich Einwanderer aus ähnlichen kulturellen Räumen in Vereinen/Gruppierungen organisieren. Diese Gruppierungen eröffnen die Möglichkeit, einen größeren Personenkreis von Migranten für Workshops/Trainings zur Integrationsförderung zu erreichen und dabei spezifisch auf Problemkonstellationen der jeweiligen Einwanderergruppe eingehen zu können.

Die folgenden zwei Projekte zeigen exemplarisch, wie bei solchen unterschiedlichen Zielgruppen mit unterschiedlicher inhaltlicher Schwerpunktsetzung, Didaktik und zeitlichem Aufwand Trainings/Workshops zur Integrationsförderung durchgeführt wurden.

Einsatzfelder und Erfahrungen

Bei den beiden vorgestellten Trainingsmaßnahmen handelt es sich zum einen um eine interkulturelle Weiterbildung für Migrations- und Asylberater und zum anderen um eine Workshopreihe, die von einem Migrantenverein initiiert wurde und sich sowohl an Migranten als auch an Kontaktpersonen von Migranten richtet.

TIK – Training interkultureller Kompetenz in der Migrationsberatung

In Kooperation mit der Diakonie Bayern wurde vom Institut für Kooperationsmanagement an der Universität Regensburg (IKO) eine achtteilige Qualifizierungsreihe entwickelt, die mittlerweile mehrfach durchgeführt wurde und fortlaufend evaluiert wird. Zielgruppe sind Personen, die in der Flüchtlings- und Asylberatung generell und in Beratung, Sozial- und Jugendarbeit mit Spätaussiedlern tätig sind.

Die Ziele der Veranstaltungsreihe liegen auf drei Ebenen:

1. *Fachliche* Weiterqualifizierung: Erweiterung des Handlungsrepertoires in Beratungssituationen hin zu einer kulturadäquaten Beratung.
2. Förderung der *persönlichen* interkulturellen Kompetenz der Teilnehmer.
3. *Gesellschaftliche* Auswirkung: Die Veranstaltung soll die Teilnehmer befähigen und ermutigen, als Multiplikatoren in ihrem Wirkungsumfeld tätig zu werden und Integrationsprojekte zu initiieren.

Das Ausmaß der Verwirklichung dieser Ziele war Gegenstand der Evaluation, deren Ergebnisse im Anschluss auszugsweise vorgestellt werden. Die Evaluation erfolgte zu vier verschiedenen Zeitpunkten:

1. formative Evaluation mit standardisiertem Fragebogen nach jedem Seminarblock;
2. Zwischenevaluation (Fragebogen) nach dem Auslandsaufenthalt;
3. summative Gesamtevaluation direkt nach der Veranstaltungsreihe durch individuelle Darstellung des persönlichen Lernerfolges und Dokumentation geplanter Praxisprojekte;
4. Transferevaluation in teilstrukturierten Interviews nach sechs Monaten.

Das didaktische Konzept ist gekennzeichnet durch Elemente interaktions- und self-awareness-orientierter Trainings, die auf der Basis einer Vorbefragung (Fragebögen, Einzelinterviews, Besuch am Arbeitsplatz) spezifisch auf den Arbeitsbereich Migrationsberatung zugeschnitten wurden. Die einzelnen Veranstaltungsblöcke werden durch Praxisaufgaben, die zwischen den Veranstaltungen von den Teilnehmern bewältigt werden müssen, verknüpft. Das der Veranstaltungsreihe zugrundeliegende Verständnis von interkultureller Kompetenz orientierte sich an der Definition von Thomas (2003):

> »Fremdheit und Andersartigkeit müssen in ihrer kulturellen Bedingtheit wahrgenommen und als bedeutsam für das interaktive Geschehen bewertet werden. Es müssen Kenntnisse über das fremdkulturelle Orientierungssystem und die Art und Weise seiner kulturellen Handlungswirksamkeit erworben werden. […] Er (der Handelnde) muss auch bereit sein, diese Denk- und Verhaltensgewohnheiten zu respektieren und im Kontext der fremden Kulturentwicklung zu würdigen. Weiterhin muss er wissen, reflektieren und nachvollziehen können, wie sein eigenkulturelles Orientierungssystem beschaffen ist, wie es das eigene Denken und

Verhalten bestimmt und welche Konsequenzen sich aus dem Aufeinandertreffen der eigenen und der fremden kulturspezifischen Orientierungssysteme für das interaktive und gegenseitige Geschehen ergeben« (S. 141).

Dieses Wissen darf allerdings nicht auf einer rein deklarativen Ebene bleiben, sondern es muss in ein prozedurales Wissen überführt werden, wie kulturadäquat mit fremdem Verhalten umgegangen werden kann. »Nur so ist es möglich den interkulturellen Handlungsprozess so mit zu gestalten, dass Missverständnisse vermieden oder aufgeklärt werden können und gemeinsame Problemlösungen kreiert werden, die von allen Beteiligten akzeptiert und produktiv genutzt werden können« (Thomas, 2003, S. 141).

Dieser Definition folgend setzt sich der Inhalt der acht Veranstaltungen so zusammen:

- *Block I: Das Fremde und das Eigene (14 Stunden)*: Im Zentrum dieser Auftaktveranstaltung steht die Klärung von Grundbegriffen wie Kultur, Kulturstandards und interkultureller Kompetenz und deren Einfluss auf das individuelle Handeln, Denken, Werten und Fühlen der Teilnehmer. In Übungen reflektierten die Teilnehmer, wie sie auf fremdartiges Verhalten und in unberechenbaren Situationen reagieren, und entwickeln eine Vorstellung darüber, was an ihrem Verhalten als »deutsch« bewertet werden könnte. Flankiert werden diese Erkenntnisse durch Ergebnisse aus der Kulturstandardforschung (deutsche Kulturstandards, Schroll-Machl, 2002), Akkulturationsforschung und Theorien zur Entwicklung und Wirkung von Stereotypen. In der Evaluation wurde diese Einheit von den Teilnehmern als sehr wichtig und qualitativ sehr gut eingeschätzt. Insbesondere die Reflexion des eigenen kulturellen Orientierungssystems wurde von den Teilnehmern als besonders hilfreich und wirkungsvoll im Arbeitskontext bewertet.
- *Block II: Kulturen im Vergleich (14 Stunden)*: In der zweiten Veranstaltung liegt der Schwerpunkt auf dem Kennenlernen und Anwenden unterschiedlicher Kulturdimensionen-Modelle bei der Analyse kritischer Interaktionssituationen. Durch die Bearbeitung verfilmter Videosequenzen nach dem Anchored-inquiry-Ansatz (Kammhuber, 2000; Thomas, Layes u. Kammhuber, 1998) erwerben die Teilnehmer eine generalisierte Kompetenz zur Analyse interkultureller Situationen. Im Setting kollegialer Beratung wird diese dann auf Fallbeispiele aus dem Arbeitsalltag der Teilnehmer angewandt und mögliche neue Handlungsweisen für solche Situationen erarbeitet. In der Evaluation wurde auch dieser Block von den Teilnehmern als sehr wichtig und qualitativ hochwertig eingeschätzt. Das hierbei vorgestellte SPATEN-Modell zur Analyse interkultureller Überschneidungssituationen (Thomas, Layes u. Kammhuber 1998) wurde von den Teilnehmern in Verbindung mit den Kulturdimensionen als *das* Instrument beschrieben, das sie in ihrem Alltag verwenden.
- *Block III: Kultur und Sprache (14 Stunden)*: Eine besondere Problematik in interkulturellen Überschneidungssituationen entsteht aufgrund unterschiedli-

cher sprachlicher Kompetenzen und Präferenzen. Um die Teilnehmer dafür zu sensibilisieren und Möglichkeiten für den Umgang mit reduziertem sprachlichem Ausdrucksvermögen zu erlernen, wurde diese Thematik zum Kernpunkt der dritten Veranstaltung. Kulturvergleichende nonverbale Kommunikation und die Grenzen eigener Anpassungsfähigkeit stellen weitere Facetten dieser Veranstaltung dar. In der Evaluation wurde dieser Block von den Teilnehmern als äußerst wichtig und als qualitativ gut eingeschätzt.

- *Block IVa: Kulturen verstehen lernen (6 Stunden)*: Diese Veranstaltung ist auf die direkte Vorbereitung des Auslandsaufenthaltes ausgerichtet. Sie dient der knappen kulturspezifischen Vorbereitung auf das Ausreiseland (hier Italien) und der Klärung organisatorischer Fragen. Die Evaluation erfolgte gemeinsam mit der Bewertung des Auslandsaufenthaltes und dessen Nachbereitung.
- *Block IVb*: *Auslandsaufenthalt*: Der zehntägige Auslandsaufenthalt in Italien bietet den Teilnehmern die Möglichkeit, 24 Stunden am Tag »Fremdheit« und die eigene Reaktion darauf zu erleben, da sie bei italienischen Familien untergebracht waren und in italienischen Einrichtungen der Migrationsberatung hospitierten. Die Hospitation bietet den Teilnehmern außerdem die Möglichkeit, fachlich von diesem Auslandsaufenthalt zu profitieren, da sie direkt an Arbeitsweisen und Problemen der italienischen Kollegen partizipieren. Diese Erlebnisse wurden in einem Reflexionstag vor Ort und einem Reflexionstag nach der Rückkehr bearbeitet und zu dem bisher Erlernten in Verbindung gestellt. Diese Einheit erhielt die niedrigste Bewertung aller Module: Die Bedeutsamkeit wurde aber immer noch als »wichtig« eingestuft und die Qualität als »gut«. Der Aufenthalt wurde als eine sehr intensive Einheit eingestuft, dessen interkulturelle Dynamik und Konflikte von den Teilnehmern so herausfordernd eingestuft wurden, dass eine außerplanmäßige Sitzung zur Bearbeitung ergänzt wurde.
- *Block V: Kultur und Konflikt (22 Stunden)*: Kulturelle Unterschiede im Umgang mit Konflikten, die Reflexion des eigenen Konfliktverhaltens und die kulturelle Bedingtheit des eigenen Beratungsverhaltens standen im Zentrum dieses Bausteins. Neben Selbstreflexion und Wissensvermittlung wurde dem Erlernen von kulturadäquaten Mediationstechniken in Rollenspielen viel Zeit eingeräumt. Die Teilnehmer stuften diese Veranstaltung als sehr wichtig ein und qualitativ gut. Die Vertiefung des SPATEN-Modells und die Reflexion des eigenen Beratungsverhaltens wurden als die Hauptgewinne aus der Veranstaltung beschrieben.
- *Block VI: Kultur und Religion (22 Stunden)*: Im letzten inhaltlichen Block wird den Teilnehmern Grundwissen zu den Weltreligionen und vertiefte Kenntnisse zum Islam vermittelt. Ergänzt wird dies durch die Reflexion eigener Religiosität, den Einfluss von Religion auf das individuelle Handeln und die gesellschaftliche Situation in Deutschland. Diese Einheit wurde von den Teilnehmern als sehr wichtig und sehr gut bewertet. Diese sehr positive Bewertung lässt sich mit einem deutlichen Wissenszuwachs über nicht christliche Religionen erklären, den die Teilnehmer auf die Veranstaltung zurückführen.

- *Block VII: Transfersicherung (14 Stunden)*: Kern dieser Abschlusseinheit war die Entwicklung von Praxisprojekten, die in Teilnehmerteams nach der Veranstaltung weitergeführt werden, und so im Sinne des dritten, gesellschaftlichen Ziels der Veranstaltungsreihe, integrationsfördernde Maßnahmen außerhalb der Veranstaltung zu initiieren. Darüber hinaus erfolgen eine Zusammenführung der Inhalte der vorangegangenen Blöcke und deren summative und qualitative Evaluation. Die Planung der Praxisprojekte wurde dokumentiert, um deren Umsetzung bei dem späteren Evaluationszeitpunkt überprüfen zu können. Die Qualität dieser Einheit wurde als gut und wichtig eingestuft.

Die Teilnehmer bewerteten die Inhalte der gesamten Weiterbildung als äußerst relevant für ihre Tätigkeit. Die Teilnehmer gaben an, dass sie durch die Veranstaltung Anregungen zur Veränderung ihrer beruflichen Arbeit bekommen haben und diese sich tatsächlich durch die Fortbildung verändert habe. Von den 31 in der Veranstaltung geplanten Projekten waren nach sechs Monaten 20 umgesetzt – ein deutlicher Indikator für das hohe Maß an Motivation, das Erlernte anzuwenden.

Die Erfahrungen und die Evaluation der Seminarreihe bestätigen die Annahme, dass Methoden und Konzepte, die bisher vor allem in der Entsendungspraxis verwendet wurden, bei einer anderen Zielgruppe/einem anderen Arbeitsumfeld (Sozialbereich) und einem neuen Einsatzfeld, nämlich der Förderung interkultureller Kompetenz für den Einsatz im eigenen Land erfolgreich adaptiert werden können. Es zeigte sich aber auch, dass noch Bedarf besteht an qualitativ hochwertigen zielgruppenspezifischem Lehr- und Lernmaterial für das Anwendungsfeld. So würden zum Beispiel verfilmte kritische Interaktionssituationen aus dem Beratungskontext oder Ergänzungen der vorliegenden Kulturstandards zu Lebensbereichen wie Familie, Erziehung, Freundschaft und Partnerschaft Akzeptanz und Transfer in den Maßnahmen weiter erhöhen.

Workshopreihe im Afrika-Zentrum München: Interkulturelle Kommunikation – Kulturen verstehen lernen

Diese Workshopreihe entspringt einem Projekt, das im Rahmen der soeben beschriebenen Fortbildung konzipiert wurde. Gemeinsam mit dem Afrika-Zentrum München e. V. entwickelte IKO eine Reihe von Workshops, die als offene Veranstaltungen im Afrika-Zentrum München angeboten wurden. Die Veranstaltungen sollten unterschiedliche Facetten interkultureller Kommunikation abdecken, dabei aber nicht so sehr aufeinander aufbauen, dass »Quereinsteiger« nicht mehr folgen könnten. So ist zwar der inhaltliche Aufbau stark am TIK-Curriculum angelehnt – Ziele, Didaktik und Zielgruppe unterscheiden sich aber teilweise deutlich.

Die Veranstaltung richtete sich an Migranten, Afrikaner, die nach Deutschland eingewandert sind, und an Angehörige der Aufnahmegesellschaft mit häufigerem Kontakt oder Interesse an der Situation von Afrikanern in Deutschland. Durch diese multikulturelle Zusammensetzung der Teilnehmergruppe bot sich verstärkt die Möglichkeit, interkulturelles Lernen durch den Austausch von Wissen, Perspektiven und Erfahrungen der deutschen und afrikanischen Teilnehmer im Workshop zu fördern und in der Kommunikation im Workshop neues Verhalten zu erproben. Eine weitere Veränderung war der deutlich reduzierte Zeitrahmen. Für die Konzeption und Zielrichtung der Veranstaltung bedeutete dies, dass Abstriche im theoretischen Bereich und im Bereich der Rollenspiele gemacht werden mussten – dafür stellte aber jeder Workshop an sich eine interkulturelle Lernsituation dar, die für die Teilnehmer nutzbar gemacht werden konnte. Fragen über den jeweils »fremden« Kulturraum konnten an Repräsentanten des Kulturraumes selbst verwiesen werden und so die reduzierte formale Wissensvermittlung oft kompensiert werden. Die multikulturelle Zusammensetzung der Teilnehmergruppe stellte neue Anforderungen an das didaktische Konzept und den Trainer, da unterschiedliche kulturelle Vorstellungen und Erwartungen an Lehr- und Lernsituationen integriert werden mussten: Auf der einen Seite zeigte sich bei den deutschen Teilnehmern das Bedürfnis nach Strukturierung und Lernen vom Experten/Dozenten, während auf afrikanischer Seite die Übungen, deren Auswertung und der gegenseitige Austausch stärker im Vordergrund standen.

Ziel war die Förderung und Differenzierung des Verständnisses des deutschen kulturellen Orientierungssystems – als Selbstreflexion auf Seiten der Deutschen, als Erklärwerkzeug für missverständliche Situationen auf Seiten der afrikanischen Einwanderer. Umgekehrt sollte auf deutscher Seite Wissen und Verständnis unterschiedlicher afrikanischer Orientierungssysteme erworben und detailliert werden. In diesem Prozess wurde auch ein größeres Bewusstsein auf Seiten der Afrikaner für die kulturelle Bedingtheit ihres eigenen Verhaltens gefördert.

Die siebenteilige Workshopreihe erstreckte sich über ein Jahr und die Teilnehmerzahlen schwankten zwischen 30 und 10 Personen. Aufgrund eines häufig wechselnden Teilnehmerkreises wurde von einer Evaluation der Maßnahme abgesehen. Die Themen verteilten sich auf die Workshops wie folgt:

- *Workshop I und II*: Das Fremde und das Eigene (jeweils 3 Stunden),
- *Workshop III und IV*: Kulturen im Vergleich (jeweils 3 Stunden),
- *Workshop III*: Kultur und Sprache (3,5 Stunden),
- *Workshop VI*: Kultur und Konflikt (3 Stunden),
- *Workshop VII*: Kultur und Religion (3 Stunden).

Im Gegensatz zum TIK-Curriculum lag bei diesem Workshop der Schwerpunkt nicht auf der Wissensvermittlung zum Islam und anderen Weltreligionen. Der Austausch und die Selbstreflexion der Teilnehmer, die von ganz unterschiedlichen Religionen und abweichenden Ausübungsformen geprägt waren, standen viel stärker im Vordergrund.

Betrachtet man im Rückblick diese Veranstaltungsreihe zeigen sich eine Reihe von Besonderheiten, die spezifisch für offene gemischtkulturelle Trainings/Workshops zur Integrationsförderung sind:

1. *Leidensdruck und Frustration der Migranten*: Für die Einwanderer stellen solche Veranstaltungen eine Möglichkeit dar, außerhalb der Gruppe ihrer Landsleute dem Frust und der Enttäuschung über ihre Situation und über missverstandenes oder diskriminierendes Verhalten (gerade bei Afrikanern) von Deutschen Luft zu verschaffen. Dies erweiterte für die teilnehmenden Deutschen das Wissen um die Situation von Migranten teilweise beträchtlich und stellt Anforderungen an die Moderation, diesen emotional aufgeladenen Statements genügend Raum zu lassen, ohne dabei den inhaltlichen Faden außer Acht zu lassen. Diese stärkere Emotionalität und Expressivität beschleunigt den gruppendynamischen Prozess und die Aktivierung der gesamten Teilnehmergruppe.
2. *Innerfamiliäre Probleme*: Häufig wurden von Migrantenseite innerfamiliäre Probleme thematisiert, wie Spannungen mit dem deutschstämmigen Partner oder den Kindern, die sich schneller akkulturieren und die Sprache besser beherrschen, wodurch oft die Rollenverteilung in der Familie in Frage gestellt wurde.
3. *Heterogenität der Teilnehmer*: Neben der kulturellen Unterschiedlichkeit (Deutsche und Teilnehmer aus einer Vielzahl afrikanischer Länder) führten Bildungshintergrund und berufliches Umfeld (von Sozialarbeitern hin zu Polizisten) zu einer äußerst heterogenen Teilnehmergruppe. Dies wurde von den Teilnehmern als sehr bereichernd empfunden, da schon von der Ausschreibung her nicht die Erwartungshaltung bestand, eine direkt auf die eigene Gruppe zugeschnittene Veranstaltung zu besuchen.
4. *Selektionsphänomen*: Bei solch offenen Veranstaltungen besteht auf deutscher Seite die recht hohe Wahrscheinlichkeit, dass sich ein Personenkreis einfindet, der der Migrantensituation ohnehin schon sehr empathisch gegenübersteht. Deswegen ist verstärkt darauf zu achten, dass wenn eine abwertende »Wir-gegen-den-Rest-der-kalten-deutschen-Gesellschaft«-Atmosphäre auftritt, dieses als ein ethnozentrisches Phänomen in Sinne von Bennett (1993) zu benennen und dessen negative Folgen aufzuzeigen.
5. *Sprachwahl*: Als Workshopsprache wurde in diesem Fall Deutsch gewählt, mit gelegentlichen Übersetzungen ins Englische. Diese Sprachenwahl führte zu einer Selektion unter den afrikanischen Teilnehmern, da diejenigen mit schwächeren Deutsch- und keinen Englisch-Kenntnissen der Veranstaltung bald fernblieben oder sich weniger zu Wort meldeten. Häufigere Kleingruppenarbeit, die Möglichkeit zur Übersetzung und zu informellerem Austausch boten, erwies sich als hilfreich, um dem etwas Abhilfe zu verschaffen.

Es zeigte sich in der Durchführung dieser Workshopreihe, dass Konzepte wie Kulturstandards oder Kulturdimensionen ebenso wie self-awareness-orientierte Trainingsbausteine in solchen multikulturellen Integrationsworkshops sehr gut eingesetzt werden können. Die Gewichtung von formalisierten Lernangeboten, wie Vortrag oder Übungen verschob sich allerdings hin zu einem Format der interkulturellen Encounter Group: Der kulturell geprägte Umgang der Teilnehmer miteinander wurde selbst Gegenstand der Analyse und des interkulturellen Lernens.

Ausblick

Das TIK-Konzept hat sich in den ersten Durchläufen als Grundlage zur Qualifizierung für Kontaktpersonen von Migranten bewährt und wird nun auf Arbeitsbereiche außerhalb der Migrationsberatung übertragen. So konzipierten der Islambeauftragte der evangelischen Kirche und IKO eine zehnteilige Fortbildung zur »Interreligiösen und interkulturellen Moderation«, die sich an Personen richtet, die ehrenamtlich oder hauptberuflich an der Schnittstelle zwischen unterschiedlichen Kulturen und Religionen in Deutschland tätig sind (z. B. Religionslehrer, Pfarrer, Theologen, deutsch-türkische Vereine etc.). Der Wissenserwerb zu nicht christlichen Weltreligionen, insbesondere dem Islam, wurde in diesem Curriculum deutlich ausgebaut (fünf von zehn Bausteinen). Ähnlich wie im TIK-Konzept finden sich Trainingseinheiten zur eigenen kulturellen Identität, Methoden zur Analyse interkultureller Situationen und zur Konfliktberatung/Mediation. Ebenso wurde an der Struktur der verbindenden Praxisaufgaben und des Praxisprojektes am Ende der Veranstaltungsreihe festgehalten. Die Zwischenevaluation wird gerade ausgewertet und es zeigen sich bis jetzt ähnlich erfreuliche Ergebnisse wie in der Migrationsberater-Fortbildung.

Trotz der fehlenden formellen Evaluation der Workshops mit afrikanischen Migranten und Deutschen zeigte sich in den Rückmeldungen, dass diese Veranstaltungsreihe ein sehr geeignetes Format darstellt, um Verständnis und Wissen auf beiden Seiten übereinander zu fördern und Möglichkeiten für einen befriedigerenden Umgang miteinander zu entwickeln.

Das neue Zuwanderungsgesetz sieht neben Sprach- auch so genannte Orientierungskurse für Migranten vor. Dabei sollen wesentliche Aspekte deutscher Geschichte, deutschen Rechts und deutscher Kultur an Einwanderer vermittelt werden. Leider wird in der gegenwärtigen Form mehr auf ein traditionelles Lehr-Lern-Modell zurückgegriffen, in dem Migranten Fakten zu den drei Bereichen abprüfbar erlernen. Die vorliegenden unbefriedigenden Evaluationsergebnisse sind wenig überraschend, ob der eher abstrakten, lebensfernen Wissensvermittlung – ein integrationsfördernder Effekt solcher Maßnahmen darf stark bezweifelt werden (Bundesministerium des Inneren, 2006). Dies ist bedauerlich, denn der Unterstützungsbedarf auf Seiten der Migranten steht außer Frage, doch liegt dieser deutlich mehr im Bereich des Verstehens und Bewältigens alltäglicher Probleme: Welchen Einfluss hat die deutsche Kultur auf das Verhalten der Deutschen, mit denen ich zu tun habe, wie habe ich sie zu verstehen? Wie sollte ich mich in bestimmten Situationen verhalten? Warum arbeitet die Behörde, mit der ich so viel zu tun habe, so und nicht anders? Methoden und Konzepte, um diese Fragen zu beantworten, liegen vor, Erfahrungswerte und Evaluationsstudien dazu ebenso. Das interaktive Modell von Bourhis und Kollegen (1997) gilt auch hier: Die Motivation der Lernenden ist nicht die einzige Erklärung für enttäuschende Ergebnisse – es könnte auch mit am Lehrangebot liegen. Die Süddeutsche Zeitung titelte am 23.11.2004: »Kinder von Gastarbeitern sind nicht verwurzelt in Deutschland.« So lange wir sie als solche sehen – kein Wunder.

Literatur

Bade, K. J., Dietzel-Papakyriakou, M., Hoffmann-Nowotny, H.-J., Nauck, B., von Schweitzer, R. (2000). Sechster Familienbericht: Familien ausländischer Herkunft in Deutschland. Leistungen – Belastungen – Herausforderungen (Rep. No. 6). München: Deutsches Jugendinstitut e. V.

Bennett, M. J. (1993). Towards Ethnorelativism: A developmental model of intercultural sensitivity. In R. M. Paige (Ed.), Education for the intercultural experience (2nd ed., pp. 21–71). Yarmouth: Intercultural Press.

Berry, J. W. (2001). A Psychology of Immigration. Journal of Social Issues, 57, 615–631.

Berry, J. W., Kim, U., Power, S., Young, M., Bujaki, M. (1989). Acculturation attitudes in plural societies. Applied Psychology, 38, 185–206.

Bourhis, R. Y., Moise, C., Perreault, S., Senécal, S. (1997). Towards an interactive acculturation model: A social psychological approach. International Journal of Psychology, 32, 369–386.

Bundesministerium des Inneren (2006). Evaluation der Integrationskurse nach dem Zuwanderungsgesetz. Abschlussbericht und Gutachten über Verbesserungspotenziale bei der Umsetzung der Integrationskurse. Zugriff am 08.09.2010 unter http://www.integration-in-deutschland.de/nn_1640754/SharedDocs/Anlagen/DE/Integration/Downloads/Integrationskurse/Kurstraeger/Sonstiges/abschlussbericht-evaluation,templateId=raw,property=publicationFile.pdf/abschlussbericht-evaluation.pdf

Kammhuber, S. (2000). Interkulturelles Lernen und Lehren. Wiesbaden: DVU.

Schmid, S. (2010). Integration als Ideal – Assimilation als Realität. Vorstellungen von jungen Deutschen und türkischstämmigen Migranten über Leben in Deutschland. Göttingen: Vandenhoeck & Ruprecht.

Schroll-Machl, S. (2002). Die Deutschen – Wir Deutsche. Fremdwahrnehmung und Selbstsicht im Berufsleben. Göttingen: Vandenhoeck & Ruprecht.

Silbereisen, R. K., Lantermann, E.-D., Schmitt-Rodermund, E. (1999). Aussiedler in Deutschland. Akkulturation von Persönlichkeit und Verhalten. Opladen: Leske & Buderich.

Thomas, A. (2003). Interkulturelle Kompetenz. Grundlagen, Probleme und Konzepte. Erwägen – Wissen – Ethik. Streitforum für Erwägungskultur, 14 (1), 137–150.

Thomas, A., Kammhuber, S., Schmid, S. (2005). Interkulturelle Kompetenz und Akkulturation. In U. Fuhrer, H.-H. Uslucan (Hrsg.), Familie, Akkulturation und Erziehung. Stuttgart: Kohlhammer.

Thomas, A., Kammhuber, S., Schroll-Machl, S. (2003). Handbuch interkulturelle Kommunikation und Kooperation. Band 2: Länder, Kulturen und interkulturelle Berufstätigkeit. Göttingen: Vandenhoeck & Ruprecht.

Thomas, A., Kinast, E.-U., Schroll-Machl, S. (2003). Handbuch interkulturelle Kommunikation und Kooperation. Band 1: Grundlagen und Praxisfelder. Göttingen: Vandenhoeck & Ruprecht.

Thomas, A., Layes, G., Kammhuber, S. (1998). Sensibilisierungs- und Orientierungstraining für die kulturallgemeine und kulturspezifische Vorbereitung von Soldaten auf internationale Einsätze. Bundesministerium der Verteidigung, 33. Untersuchungen des psychologischen Dienstes der Bundeswehr. München: Verlag für Wehrwissenschaften.

Stefan Kammhuber

Sicherheitspolitik und interkulturelle Expertise

Einführung

Die brennenden Türme des World Trade Center am 11.09.2001 waren ein schockierendes Zeichen, dass sich die Bedrohungslagen in einer globalisierten Welt dramatisch verändert haben. Die Welt ist seit 1945 keineswegs friedlicher geworden, sondern die Anzahl der Konflikte steigt im Gegenteil kontinuierlich an. Inzwischen auf 365 weltweit im Jahr 2009 (HIIK, 2010, S. 1). Die klassischen nationalen Auseinandersetzungen werden vermehrt von so genannten asymmetrischen Konflikten abgelöst, in denen Gegner und Partner nicht mehr klar voneinander unterscheidbar sind und die nach neuen sicherheitspolitischen Antworten verlangen. Auch Deutschland kann sich aufgrund seiner politischen Bedeutung der Beteiligung an friedensstiftenden oder -erhaltenden Missionen nicht entziehen.

Frieden als Ziel verlangt das konstruktive und geschickte Engagement von Politikern und militärischen und zivilen Entscheidungsträgern, Konflikten mit einem erweiterten Sicherheitsbegriff (militärische, ökonomische und soziale Sicherheit) präventiv zu begegnen bzw. ausgebrochene Konflikte in einer dem jeweiligen kulturellen Kontext angemessenen Weise zu lösen. Nicht zuletzt die Debatte um den Afghanistaneinsatz zeigt, wie unangemessene oder nur unscharf definierte politische Erwartungen, verfehlte militärische Strategien oder mangelhafte Kooperation zwischen den militärischen und zivilen Kräften zu einer verfahrenen Gesamtlage geführt haben, die ohne Gesichtsverlust kaum noch zu lösen ist.

In diesem Kapitel werde ich mich vor allem auf den militärischen Bereich konzentrieren und dort herausarbeiten, wie interkulturelle Sicherheitspolitik produktiv gestaltet werden kann. Der Autor arbeitet seit 15 Jahren an interkulturellen Ausbildungskonzepten für und mit Bundeswehrsoldaten und ist deshalb mit diesem Feld der Sicherheitspolitik gut vertraut.

Die These in diesem Beitrag ist, dass die von vielen Entscheidungsträgern fortwährend ignorierte interkulturelle Expertise einen entscheidenden Einfluss auf den Erfolg der Militärstrategie, die operative Umsetzung und taktische Ausarbeitung von Militäreinsätzen ausüben kann. Die interkulturelle Psychologie kann auf diesen Ebenen wertvolle Beiträge liefern und gleichzeitig eine ethische Leitlinie vorgeben, wie dieses Wissen einzusetzen ist.

Definition interkultureller Expertise

Die deutsche Bundeswehr war Mitte der 1990er Jahre die weltweit erste Armee, die sich – nach den ersten Erfahrungen mit aus heutiger Sicht eher harmlosen internationalen Missionen – detailliert und intensiv mit interkultureller Kompetenz beschäftigt hat (Thomas, Kammhuber u. Layes, 1997; Thomas, Layes u. Kammhuber, 1998; Thomas u. Lulay, 1999; Kammhuber, 2000; Winslow, Kammhuber u. Soeters, 2004; Kammhuber u. Layes, 2007). Leider muss man heute, im Jahr 2010, aber feststellen, dass es noch nicht gelungen ist, das Thema so zu institutionalisieren, dass es auch tatsächlich die Soldaten im Einsatz erreicht. Das ist insofern bedauerlich, als es in der Bundeswehr eine Vielzahl an in dieser Thematik kompetenten Personen und sinnvollen Konzeptionen gibt (Tomforde, 2010; Berns, 2004). Es gibt für diesen Zustand eine Vielzahl an Gründen, die zu suchen sind zum Beispiel in innermilitärischen Entscheidungsprozessen, organisationsstrukturellen Defiziten und vor allem dem strategischen Vakuum, das Politik und Militär aus unterschiedlichen Interessen nicht aufzulösen bereit sind.

So konnte es bezüglich der interkulturellen Thematik dazu kommen, dass ausgerechnet die Streitkräfte der Vereinigten Staaten von Amerika, die in der Vergangenheit eher wenig zimperlich waren, was die kulturspezifischen Besonderheiten von Einsatzregionen anbetraf, eine neue Militärdoktrin unter der Federführung von General Petraeus (Petraeus, Amos u. Nagl, 2007) entwarfen. In ihr geht es im Prinzip um nichts anderes, als den Soldaten zu vermitteln, wie entscheidend es ist, das kulturspezifische Denken, Fühlen und Handeln der Menschen in der Einsatzregion zu verstehen, um angemessene Operationen durchführen zu können. Die zentrale Prämisse ist darin nicht mehr der Sieg über den Feind, koste es was es wolle, sondern die Herstellung von militärischer und ökonomischer Sicherheit für die Zivilbevölkerung. Auch wenn man den durchklingenden funktionalen Gedanken, mit dem hier interkulturelle Expertise eingeführt wird, eher ablehnt, so kommt man nicht umhin anzuerkennen, dass die Grundüberlegung richtig ist und noch dazu formuliert wurde von dem zu diesem Zeitpunkt wichtigsten General der Vereinigten Staaten von Amerika, also auf höchster militärpolitischer Ebene.

Demgegenüber wirkt die interkulturelle Thematik in der Bundeswehr neben anderen Themen unscheinbar und austauschbar, trotz ihrer Erwähnung im Weißbuch der Bundeswehr 2006 (Bundesministerium der Verteidigung, 2006) und der sinnvollen Gründung einer Zentralstelle für die Koordinierung interkultureller Kompetenz am Zentrum für Innere Führung in Koblenz im Jahr 2008. Interkulturelle Kompetenz gilt für viele Entscheidungsträger immer noch als Luxusthematik für »sozialromantische Weicheier«, wohingegen einsatzerfahrene Soldaten die existenzielle Notwendigkeit kulturspezifischer Kenntnisse betonen und beklagen, dass ihnen diesbezüglich kaum vernünftige Ausbildungsangebote gemacht werden. Hier ein Beispiel für eine typische, tatsächlich erlebte Situation eines Soldaten im Afghanistaneinsatz:

> »In Afghanistan haben wir den Auftrag, Informationen zu gewinnen über das komplexe Stammessystem, das für uns sehr schwierig ist zu durchschauen. Wir müssen es aber kennen, um unseren Auftrag zielgerichteter ausführen zu können. Deshalb nehmen wir häufig Kontakt zu den Stämmen auf und werden immer wieder bei Streitigkeiten zwischen den Stämmen als ›neutrale Beobachter‹ dazu gezogen. So war ich neulich bei einer Versammlung von zwei Stämmen, es ging um die Regelung eines Wasserzugangs, über den sie offensichtlich in Streit geraten waren, dessen nachhaltige Lösung aber auch in unserem Interesse lag. Ich fühlte mich in dieser Situation ehrlich gesagt ein wenig überfordert. Zunächst schien alles ganz friedlich, wir saßen zusammen beim Tee, irgendwelche Spannungen waren für mich nicht auszumachen. Wir redeten über dies und das, aber nach einer gewissen Zeit begannen die einzelnen Parteien mich zu bedrängen, um mich auf ihre Seite zu ziehen. Das war fast überfallartig, und immer gekoppelt mit Angeboten, mir für eine Zustimmung auch weiterzuhelfen mit für uns wichtigen Informationen, z. B. zu Personen oder Waffenlagern. Es war für mich sehr schwer neutral zu bleiben, keine schnellen Zugeständnisse zu machen bzw. überhaupt der Diskussion folgen zu können. Da wurde in einer Detailliertheit über lange zurückliegende, historische Fakten gestritten, die ich alle nicht wirklich beurteilen konnte, die mir auch teilweise als vollkommen überflüssig erschienen für die Lösung des aktuellen Problems. Zudem hatte ich natürlich die Befürchtung, etwas falsch zu machen. Um mich herum saßen ja 40 bis 50 gut bewaffnete Männer. Ich habe dann erst einmal meinen erfahrenen Vorgesetzten angefunkt und seinen Rat eingeholt« (Kammhuber u. Fuchs, 2008, S. 263 f.; Übers. d. A.).

Deutlich wird in dieser Situation zunächst, dass der Soldat unter Druck angemessen handeln muss. Ansonsten bringt er sich und seine Kameraden in Lebensgefahr. Wie aus der Lernforschung bekannt ist, wird der Mensch beim Handeln unter Druck auf diejenigen kognitiven, affektiven und konativen Handlungen zurückgeworfen, die am frühesten in der Sozialisation erlernt worden sind (Wahl, 1991), also zutiefst verhaftet sind in einer kulturspezifisch deutschen Perspektive. Doch diese wird dem Soldaten in der Situation nicht wirklich weiterhelfen, um zu begreifen, was sich gerade um ihn herum abspielt.

Die Erfüllung schwieriger Aufträge in internationalen Einsätzen setzt eine umfassende Analyse der Lage voraus. Die interkulturelle Komponente gehört untrennbar dazu. Die Kenntnis kulturspezifischer Denk- und Verhaltensmuster der eigenen Gesellschaft sowie der fremden Gesellschaft hilft,

- Orientierung zu gewinnen und damit die eigene Urteilsfähigkeit und Verhaltenssicherheit zu verbessern;
- Gefahr für Leib und Leben zu vermeiden, zum Beispiel bei der Unter- oder Überschätzung von Gefahrenlagen;
- die Menschen im Einsatzland und die eigenen Soldaten sowie entsendende Gesellschaft vom Sinn des Einsatzes zu überzeugen, die »Herzen und Köpfe zu gewinnen«;
- Informationen zu erlangen, um proaktiv handeln zu können und »vor die Lage zu kommen«;

- Sicherheit durch Akzeptanz in der Gastbevölkerung zu gewinnen;
- die politische Gestaltungskraft nicht zu verlieren.

Interkulturelle Expertise ist demnach keine Luxusthematik, sondern hilft, den Auftrag zu erfüllen, vertrauensvolle und damit schutzbietende Beziehungen aufzubauen und zu erhalten sowie die psychischen Belastungen für die eigene Person besser regulieren zu können. Interkulturelle Expertise beinhaltet

- generelle Fähigkeiten und Dispositionen, wie zum Beispiel die Fähigkeit zum Perspektivenwechsel, Ambiguitätstoleranz, Emotionsregulierung etc.;
- kulturspezifische Fähigkeiten, die mit einem hohen Anteil an Handlungswissen über die fremde Kultur verknüpft ist, zum Beispiel in Form von Kulturstandards (Thomas in diesem Band; Kammhuber u. Schroll-Machl, 2007), ethnologisches Wissen etc., sowie
- domänenspezifische Fähigkeiten wie zum Beispiel die Informationsgewinnung in einem militärischen Einsatz.

Interkulturelle Expertise zeichnet sich aber nicht nur durch Handlungswissen, sondern auch durch umfangreiche Erfahrung aus, genauer, durch die Verknüpfung des Handlungswissens mit reichhaltigen Anwendungskontexten, durch die ein Experte in der Lage ist, sich in neuen, komplexen Situationen zu orientieren und situationsangemessen zu handeln (Gruber, im Druck). Diese Fähigkeit wird auch als »adaptive Expertise« bezeichnet (Hatano u. Inagaki, 1992). Interkulturelle Expertise ist erlernbar und vollzieht sich in Stufen. Bhawuk (1998) unterscheidet dazu in seinem Stufenmodell der interkulturellen Expertise (1) den *Laien*, der sich im Prinzip nicht vorstellen kann, dass es andere kulturelle Formen der Weltsicht gibt, (2) den *Novizen*, der zwar interkulturelle Erfahrungen gemacht hat, diese aber nicht kognitiv strukturieren kann, (3) den *Experten*, der in der Lage ist, interkulturelle Erfahrungen mithilfe von Theorien und Modellen zu ordnen und schließlich (4) den *fortgeschrittenen Experten*, der auf der Grundlage von interkulturellen Theorien und Modellen in der Lage ist, schnell und effizient, beinahe automatisch in neuen interkulturellen Situationen adaptiv zu handeln. Eine weitere Stufe wäre zu ergänzen, nämlich (5) den *reflektierten Experten*, der sein hoch generalisiertes und routiniertes interkulturelles Handlungswissen an Personen vermitteln kann, die einen geringeren Grad an Expertise aufweisen.

Ebenen interkultureller Expertise

Wenn im Militär ein Ausbildungsthema diskutiert wird, dann wird schnell der Wunsch nach einer »Taschenkarte« laut, die der Soldat im Einsatz mit sich führen kann und auf der die wichtigsten Aspekte als Erinnerungsstütze vermerkt sind.

Es liegt auf der Hand, dass interkulturelle Expertise mit einer Taschenkarte voller »Dos and Don'ts« nicht erlangt werden kann. Sie kann vielleicht als Resultat einer vorgängigen intensiven interkulturellen Ausbildung Hilfestellung für das Gedächtnis bieten, diese aber sicherlich nicht ersetzen. Noch viel weniger ermöglicht eine Taschenkarte die Einschätzung militärpolitischer Strategien, in die der einzelne Soldat eingebettet ist und die ihm Handlungsmöglichkeiten bieten und Handlungsgrenzen setzen. Aber auch eine qualifizierte, intensive Schulung individueller interkultureller Kompetenz bei den Soldaten ist nicht ausreichend, wenn der Soldat Führungsstrukturen unterworfen ist, die die interkulturellen Einflüsse ignorieren. Betrachtet man die kontextuellen Kräftefelder, in denen sich ein Soldat bewegt, wird dies schnell deutlich (Abbildung 1):

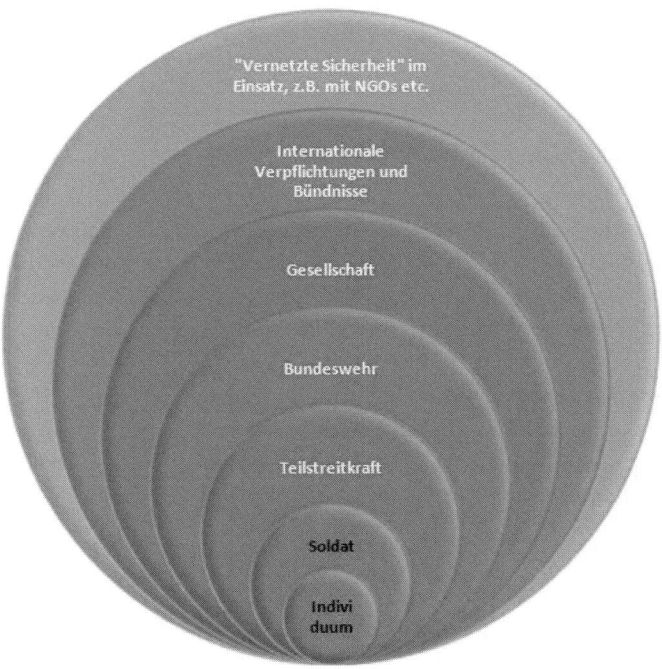

Abbildung 1: Der Soldat im Spannungsfeld

Interkulturelle Expertise muss deshalb auf folgenden vier Ebenen ansetzen (siehe Abbildung 2).

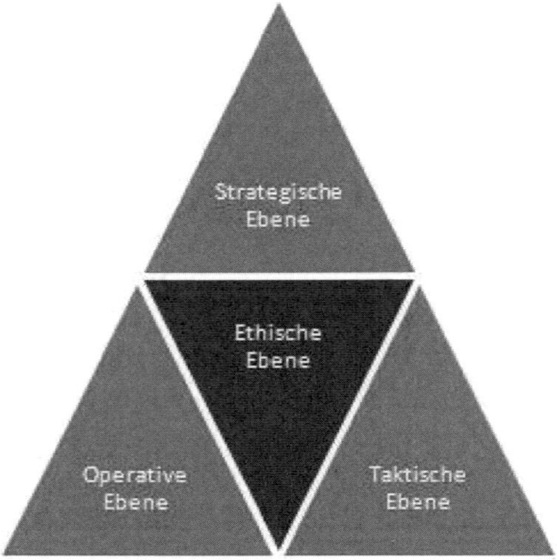

Abbildung 2: Ebenen interkultureller Sicherheitspolitik

- *Strategische Ebene*: Auf dieser Ebene wird das übergeordnete Ziel eines Einsatzes formuliert, das dann auch vom deutschen Parlament beschlossen wird.
- *Operative Ebene*: Diese Ebene umfasst alle Prozesse und Maßnahmen, mit denen die strategischen Ziele auf bestimmte Funktionsgruppen oder eine bestimmte Region heruntergebrochen werden.
- *Taktische Ebene*: Sie umfasst alle Maßnahmen, mit denen die operativen Prozesse an eine spezifische Einsatzsituation angepasst werden.
- *Ethische Ebene*: Sie beschreibt die Einbettung der vorgenommenen Handlungen in ein übergreifendes Wertesystem.

Strategische Ebene

Anhand der formulierten Ziele eines Einsatzes kann zu einem späteren Zeitpunkt der Erfolg eines Einsatzes beurteilt werden. Hier kommt zunächst unabhängig von der interkulturellen Thematik die Psychologie des Zielesetzens ins Spiel (Locke u. Latham, 2002). Mit ihr könnte man die kritische Frage stellen, inwieweit Einsatzziele, zu denen deutsche Soldaten entsandt werden, überhaupt sinnvoll sind. Locke und Latham haben sehr überzeugend dargelegt, dass Menschen dann eine hohe Leistungsmotivation zeigen, wenn die Ziele angemessen formuliert, also möglichst konkret, realistisch, widerspruchsfrei und überprüfbar sind. Weiterhin sollten die Ziele von denjenigen, die sie erreichen sollen, akzeptiert und zu eigen gemacht werden. Das setzt voraus, dass die Betroffenen sich dazu in der Lage fühlen und über entsprechende Ressourcen, Fähigkeiten und Fertigkeiten zur Zielerreichung verfügen sowie einen Sinn in den Zielen sehen. Prüfen Sie selbst, inwieweit folgender Beschluss zum Afghanistaneinsatz diesen Kriterien entspricht:

> »Der Einsatz der Internationalen Sicherheitsunterstützungstruppe für Afghanistan hat gemäß der Resolution 1890 (2009) des Sicherheitsrates der Vereinten Nationen vom 8. Oktober 2009 unverändert zum Ziel, die afghanische Regierung bei der Gewährleistung eines sicheren Umfelds zu unterstützen. Das durch die Staats- und Regierungschefs im Rahmen des NATO-Gipfels in Straßburg/Kehl bestätigte ISAF-Konzept für Afghanistan bildet hierfür den Rahmen, in den sich der Beitrag der Bundeswehr einordnet. Die NATO-Verteidigungsminister verständigten sich im Oktober 2009, vier Ziele des ISAF-Konzepts mit Vorrang zu verwirklichen. Dies sind neben dem Schutz der Bevölkerung und dem Aufbau der afghanischen Sicherheitskräfte (Afghan National Security Forces, ANSF) auch die Unterstützung der afghanischen Regierung zur Verwirklichung guter Regierungsführung und Entwicklung sowie die bessere Einbindung Pakistans bei der Lösung des Konflikts. Zur Ausbildung der afghanischen Sicherheitskräfte hat der NATO-Gipfel in Straßburg/Kehl die Einrichtung einer unter NATO-Führung stehenden Ausbildungsmission für die afghanische Armee und Polizei (NATO Training Mission Afghanistan, NTM-A) beschlossen« (eigenes Material).

Es kann kritisch gefragt werden, was denn konkret unter einem »sicheren Umfeld«, »guter Regierungsführung« oder »besserer Einbindung Pakistans« gemeint ist. Ab welchem Punkt ist welcher Zustand von Sicherheit (militärisch? ökonomisch?) denn erreicht? Wie sollen Ziele, wie zum Beispiel Aufbau einer afghanischen Polizei, von Soldaten als sinnvoll und widerspruchsfrei akzeptiert werden, wenn dafür kaum Ressourcen bereitgestellt werden? So könnten noch viele weitere Fragen gestellt werden, die in ihrer Summe dazu führen, dass Soldaten häufig den Sinn ihres Einsatzes nicht mehr erkennen und kommunizieren können. Deutlich wird im Hinblick auf das vorliegende Thema, dass die Formulierung von Einsatzzielen zwingend die Fähigkeit zur Reflexion kulturspezifischer Besonderheiten von Entsendekultur und Einsatzgebiet voraussetzt. Das manchmal leichtfertige Gerede vom Aufbau demokratischer Strukturen in einem Land, das von Stammeskulturen und deren Entscheidungs- und Konfliktregulationsmechanismen geprägt ist, führt nur zu überzogenen Erwartungen und Enttäuschungen auf beiden Seiten. Was verstehen Afghanen unter »guter Regierungsführung«? Mit Sicherheit etwas anderes als der deutsche Fernsehzuschauer, wenn er oder sie über die eigene Regierung jammert.

Interkulturelle Expertise muss also bereits zu einem sehr frühen Zeitpunkt in die Einsatzplanung und die Formulierung der Einsatzziele einfließen. Hier stellt sich die Bundeswehr manchmal selbst ein Bein, wenn sie bei der Planung von Einsätzen auf den Parlamentsbeschluss verweist, der für die Entsendung deutscher Soldaten notwendig ist. Das führt dazu, dass Soldaten zum Beispiel in die DR Kongo 2006 mehr oder weniger improvisiert entsandt werden, ohne eine wirkliche interkulturelle Vorbereitung auf ihre Tätigkeit zu erhalten. Wie soll ein Soldat oder eine

Soldatin mit knapp 20 Jahren kongolesische Menschenmengen kontrollieren, um eine Wahl zu sichern, wenn er oder sie nicht weiß, wie Kongolesen überhaupt in Konfliktsituationen reagieren, wie ein kulturangemessenes Konfliktmanagement aussieht, ohne Situationen unbewusst zu eskalieren? Die üblichen 90 Minuten Landeskunde-Unterricht am Abend eines langen Ausbildungstages mit allerlei Wissen über Geografie und Geschichte sind dafür sicherlich nicht ausreichend. Das historisch verständliche, vorsichtige Verhalten der Bundeswehr, die aufgrund des »Primats der Politik« auf die Entscheidungen des Parlaments verweist, und die mit angstvollem Blick auf das deutsche Wahlvolk geäußerten Stellungnahmen der Politik führen zu einer diffusen kommunikativen Gemengelage, in der Sinn und Zweck eines Einsatzes nicht entsprechend deutlich gemacht werden und in einer außen- und sicherheitspolitischen Konzeption verortet werden. Naumann beschreibt dies in seiner Streitschrift »Einsatz ohne Ziel?« (2008) drastisch wie folgt:

> »Nicht mangelnde Vorsicht kann man der Berliner Sicherheitspolitik vorwerfen, sondern fehlende Um- und Weitsicht; nicht Waghalsigkeit oder Abenteurertum, sondern Halbheiten und Zögerlichkeiten. Was wir beobachten können, ist das Paradox eines Politikversagens bei fortgeltenden politischen Regeln und fortbestehenden politischen Institutionen.«

Und weiter:

> »Nicht allein die politischen Unklarheiten und Inkonsequenzen wirken negativ auf Einsatzmotivation und Führungsverhalten, auch die Führungsstrukturen selbst zeigen erhebliche Schwächen. Die mangelhafte Kooperation der sicherheitspolitisch engagierten Ministerien findet ihr Spiegelbild in der Zersplitterung der Führungsgremien im Verteidigungsministerium und in der Bundeswehr. Durch das Nebeneinander von politischer Führung, militärischer Spitzengliederung, diversen Führungsstäben sowie der zivilen Wehrverwaltung gestalten sich Entscheidungsprozesse langwierig und bürokratisch – oder kurzatmig und improvisiert, weil der notwendige Vorlauf fehlt« (S. 15).

Genau diese Melange schränkt auch im Hinblick auf das vorliegende Thema die Möglichkeiten ein, die Soldaten optimal, entsprechend den im Weißbuch (Bundesministerium der Verteidigung, 2006) verlangten Fähigkeiten, auf einen Einsatz vorzubereiten. Dabei existieren in der Bundeswehr bereits evaluierte Konzepte für ein so genanntes »kulturelles Informationsleitsystem«, mit dem in kurzer Zeit zumindest eine erste interkulturelle Orientierung für ein bislang unbekanntes Einsatzgebiet erarbeitet und in interkulturelle Ausbildungscurricula methodisch integriert werden kann (z. B. Thomas, Layes u. Kammhuber, 1998; Thomas, 2001).

Operative Ebene

Wenn nun die Einsatzziele vernünftig erstellt worden sind, stellt sich die Frage, wie die notwendigerweise recht groben Formulierungen auf die operative Ebene übersetzt werden können. Petraeus et al. (2007) versuchen in ihrem Counterinsurgency Manual folgende Orientierung zu geben:

> »Successful conduct of COIN operations depends on thoroughly understanding the society and culture within which they are being conducted. Soldiers and Marines must understand the following about the population in the AO (›Area of Operation‹, Anm. d. A.): Organization of key groups in the society; relationships and tensions among groups; ideologies and narratives that resonate with groups; values of groups (including tribes), interests, and motivations; means by which groups (including tribes) communicate; the societal leadership system« (S. 40).

Um diese Fragen beantworten zu können, wird differenziertes, aktuelles, funktionsbezogenes interkulturelles Handlungswissen dringend erforderlich. Das muss fortlaufend und professionell generiert werden und später dann in die so genannten »Einzelkonzeptionen«, also spezifische Anweisungen für einzelne Operationen, integriert werden. Wir haben dazu für die Bundeswehr eine so genannte »Behavior Setting Analyse« vorgeschlagen, in denen die interkulturellen Kontaktsituationen je nach Funktion geordnet werden und für die dann mit dem bereits erwähnten kulturellen Informationsleitsystem kulturspezifische Besonderheiten erarbeitet werden. Denn ein Sanitäter benötigt eine andere Expertise als ein Soldat am Checkpoint oder ein Kommandeur. Als Ordnungsraster dienen die in der interkulturellen Forschung etablierten Kulturdimensionen und Kulturstandards (Kammhuber, 2007; Thomas, Layes u. Kammhuber, 1998).

Darüber hinaus darf nicht aus den Augen verloren werden, dass die Soldaten ja nicht nur Kontakte zur einheimischen Bevölkerung aufbauen, sondern im Verbund mit Soldaten anderer Armeen in internationalen Bündnissen versuchen, die Einsatzziele zu erreichen. Auch hier ergeben sich interkulturelle Kontaktsituationen, die geprägt sind nicht nur von unterschiedlicher gesellschaftlicher Sozialisation, sondern auch von unterschiedlichen Armeekulturen, unterschiedlichem Hierarchieverständnis, verschiedenen Kommunikations- und Kooperationsstilen etc. Auch darauf sollten Soldaten professionell vorbereitet sein. Ein Fremdsprachenkurs in Englisch reicht dafür nicht aus.

Taktische Ebene

Wenn nun in einer bestimmten Einsatzsituation ein Soldat handeln muss, wie zum Beispiel in der oben beschriebenen Situation bei der Vermittlung zwischen Stämmen, dann benötigt er über das bereits genannte übergeordnete Wissen hinaus eine sehr spezifische regionale, kulturhistorische und ethnologische Expertise, um die situativen Bedingungen vor Ort, um die Lage angemessen begreifen und in ihr unter Druck handeln zu können.

Hier wird schnell deutlich, dass zwar in einer interkulturellen Vorbereitung Grundsätzliches vermittelt werden kann zum Thema »Konfliktmanagement und Verhandlungsstil in Afghanistan«, dies aber ergänzt werden muss um die genannten Spezifika.

Hier kommen nun die so genannten »Interkulturellen Einsatzberater« der Bundeswehr ins Spiel. Dabei sollte es sich im Idealfall um Personen handeln, die nicht nur über diese spezifische Expertise verfügen, sondern darüber hinaus auch in der Lage sind, diese Expertise mit hoher didaktischer Qualität den Soldaten so zu vermitteln, dass sie handlungsfähig bleiben. Leider ist die Ausbildung der interkulturellen Einsatzberater in der Bundeswehr noch nicht so organisiert und professionalisiert, dass genügend Personen mit diesem Fähigkeitsprofil ausgebildet und eingesetzt werden können. Zudem beraten sie im Einsatz fast ausschließlich den Kommandeur und nicht die Truppe. Ihre Expertise erreicht also nicht die gesamte Zielgruppe. Die Ausbildung der interkulturellen Einsatzberater wird zudem an einem anderen Ort und von einer anderen Abteilung vorgenommen als die Ausbildung der militärischen Führer, was wiederum nachteilig im Sinne der Gesamtausbildung ist. Idealerweise sollten diese Ausbildungen so ineinandergreifen, dass die ausgebildeten Soldaten und die interkulturellen Einsatzberater auf das gleiche Begriffsinventar und Grundverständnis von interkultureller Expertise zurückgreifen können. Dazu müsste aber ressortübergreifend zusammengearbeitet werden und damit tut sich die Bundeswehr wie jede große Organisation sehr schwer.

Interkulturelle Forscher wiederum können die Bundeswehr unterstützen, und dieses gemeinsame Begriffsinventar und sowie methodisches Know-how bieten, um all die einzelnen Expertisen von Islamwissenschaftlern, Ethnologen etc. so zusammenzuführen, dass dieses Handlungswissen nicht verwirrt oder zu »trägem Wissen« degeneriert, sondern flexibel anwendbar und kommunizierbar bleibt (Kammhuber, 2000).

Letztlich bemisst sich an der einzelnen Situation der Erfolg der gesamten interkulturellen Ausbildung. Wenn der Soldat in der obigen Situation falsch reagiert, und vielleicht ohne Absicht die Situation eskaliert, umstellt »von 40 bis 50 gut bewaffneten Männern«, dann geht hier es um Leib und Leben und all die politischen und gesellschaftlichen Konsequenzen, die aus einer einzelnen Situation erwachsen können.

Ethische Ebene

Interkulturelle Expertise ist zunächst eine Sozialtechnologie, die zum Guten wie zum Schlechten benutzt werden kann. In den Gefängnissen von Abu Ghraib, Irak, wurde interkulturelles Wissen um Tabus und Ängste zur Entwicklung perfider

Verhör- und Foltertechniken in der Kooperation von Psychiatern, Psychologen und Geheimdienstmitarbeitern verarbeitet. Die damalige politische Führung stellte eine ausreichend diffuse Situation in diesem Einsatzgebiet her, die dazu führte, dass sich die eingesetzten Soldaten an den irakischen Gefangenen vergingen (Zimbardo, 2008).

Interkulturelle Expertise sollte deshalb immer zusammen mit ethischen Leitlinien ausgebildet werden. Hier liegt meiner Ansicht nach das große Defizit des Petraeus-Ansatzes. Interkulturelle Expertise wird dort hauptsächlich funktional verstanden und in letzter Konsequenz als Herrschaftsinstrument und Mittel der militärischen Aufklärungsarbeit eingesetzt. Dies birgt die Gefahr, dass das Auftreten und Verhalten der Soldaten von den Handlungspartnern als manipulative Technik gesehen wird und weniger als aufrichtiger Versuch, den Handlungspartner zu verstehen, um vertrauensvolle Beziehungen aufzubauen und zu gemeinsamen Lösungen zu gelangen. Um nicht missverstanden zu werden: Dies gilt für den Kontakt zu den Menschen, zu deren Schutz man sich verpflichtet hat. In Bezug auf den identifizierten militärischen Gegner dient die interkulturelle Expertise, um sich Vorteile zu verschaffen und die Unversehrtheit der zu schützenden Bevölkerung und der eigenen Truppe zu gewährleisten. Dennoch rechtfertigt dies nicht die oben genannten Foltertechniken. Die Bundeswehr verfügt über die weltweit einzigartige Konzeption der »Inneren Führung«, die das soldatische Selbstverständnis vom »Staatsbürger in Uniform« einfordert, der dem Grundgesetz in besonderer Weise verpflichtet ist.

> »Die Grundrechte binden die Angehörigen der Bundeswehr an jedem Ort und zu jeder Zeit. [...] Die Soldatinnen und Soldaten der Bundeswehr erfüllen ihren Auftrag, wenn sie aus innerer Überzeugung für Menschenwürde, Freiheit, Frieden, Gerechtigkeit, Gleichheit, Solidarität und Demokratie als den leitenden Werten unseres Staates eintreten. [...] Innere Führung umfasst die geistige und sittliche Grundlage der Streitkräfte. Sie durchdringt das gesamte militärische Leben und bleibt in jeder Lage, vom Innendienst bis zum Gefecht unter Lebensgefahr, gültig« (BmVg, ZDv 10/1 2008).

Aus interkultureller Perspektive ist zu ergänzen, dass ein Soldat im Einsatz in der Lage sein muss, kritisch zu reflektieren, welche dieser Werte kulturell relativ sind, wie zum Beispiel demokratisches Verständnis, und welche als universell zu betrachten sind, wie zum Beispiel die Achtung vor der Würde des Menschen. Voraussetzung ist dafür das Verständnis, wann ein Mensch sich in seiner Würde angegriffen fühlt. Das Folterverbot ist offensichtlich, aber in vielen Einsatzsituationen ist das nicht immer so einfach. Die Soldaten der US-Truppen mussten erst mühsam lernen, dass es nicht der Würde eines irakischen Familienvaters entspricht, wenn er vor den Augen seiner Familie, die er schützen und nach außen repräsentieren soll, gefesselt wird und einen Sack über den Kopf gestülpt bekommt, selbst wenn das irgendwelche Einsatzregeln tatsächlich so festlegen sollten. Je mehr unschuldige

Zivilisten einer solchen Behandlung unterzogen werden, umso schneller entsteht das Bild vom ungehobelten Besatzer, das der Anfang vom Ende eines erfolgreichen internationalen Einsatzes ist. Allein die langjährige Anwesenheit fremder Truppen im eigenen Land wird von vielen Einheimischen als würdeverletzend angesehen, sind die fremden Soldaten doch eine ständige Erinnerung daran, stabile Zustände nicht aus eigener Kraft herbeiführen zu können. Daraus entwickelt sich das psychologische Phänomen der »Reaktanz«, also der Wiederherstellung des eigenen Freiheitsspielraums durch Widerstand in verschiedenen Formen, um sich selbst wieder als handlungswirksam zu erleben.

Interkulturelle Expertise ist ohne eine entsprechende Haltung der Wertschätzung gegenüber fremden Werten, Normen und Regeln unvollständig und wäre auch auf lange Sicht, die für internationales Krisenmanagement zwingend ist, nicht zielführend. Wertschätzung meint nicht die unkritische Akzeptanz und Annahme aller fremden Verhaltensweisen, sondern beinhaltet die aktive, positive Auseinandersetzung mit einem anderen Orientierungssystem und das Verstehen der inneren Logik und Rationalität fremden Denkens, Wertens und Handelns. Das setzt das Bewusstsein voraus, dass die eigenen Formen der Lebensbewältigung nicht die allein seligmachenden sind. So verstandene Wertschätzung setzt sich sowohl von dem Begriff der Toleranz ab, die eine prüfende Auseinandersetzung mit fremden Orientierungssystemen nicht erfordert, als auch von der romantischen Idealisierung alles Fremden. Interkulturelles Lernen bedeutet auch Persönlichkeitsentwicklung, der entsprechender Raum in der Ausbildung von Soldaten gewährt werden muss.

Die Entwicklung einer interkulturell lernenden Armee

Wenn die Bundeswehr sich als »Armee im Einsatz« betrachtet und ihre Ressourcen in einer zukünftig schmaleren Organisation bündeln will, dann wird es nicht nur auf Waffensysteme und gepanzerte Fahrzeuge ankommen, sondern vor allem auch auf die Qualitäten des Personals. Das Profil des Soldaten setzt sich in den Einsätzen der Gegenwart und Zukunft aus militärischen und zivilen Komponenten zusammen. Neben dem professionellen Beherrschen des militärischen Handwerks wird der Soldat zukünftig immer auch Vermittler sein, um der Bevölkerung des Einsatzlandes das Ziel seines Einsatzes zu erläutern, Konflikten präventiv zu begegnen, ohne militärische Gewalt einsetzen zu müssen. Daneben sollte er oder sie in der Lage sein, mit den zivilen Partnern produktiv zu kooperieren. Dazu müsste allerdings auch hier ein Verständnis für das (kulturspezifische) Denken von Politik, Entwicklungszusammenarbeit, Medien etc. entwickelt sein, was sich in den letzten Jahren verbessert hat, aber sicherlich noch ausgebaut werden kann. Das betrifft allerdings nicht nur die Bundeswehr, sondern auch die zivilen Partner, die nur selten Anstrengungen unternehmen, die eigenen Ressortgrenzen zu überwinden bzw. sich sogar öffentlich von militärischen Partnern zu distanzieren, deren Schutz sie allerdings von Zeit zu Zeit benötigen. Wenn es der Bundeswehr ernst ist mit der Ausbildung der zivilen Facetten im soldatischen Profil, insbesondere mit der Institutionalisierung interkultureller Expertise, dann wären folgende Maßnahmen sinnvoll:

1. Das Thema »Interkulturelle Expertise« sollte auf höchster Ebene organisatorisch und geografisch nahe bei den Entscheidungsträgern platziert sein. Mit der organisatorischen Platzierung wird immer auch nach innen die Bedeutung einer Thematik symbolisiert. Geografisch sind die interkulturellen Wissensträger zwar telefonisch zuschaltbar, aber dennoch weit entfernt von Berlin und Potsdam verortet. Auch so drückt sich die diesem Thema zugemessene Relevanz aus. Idealerweise wäre zu denken an einen Bereich »Interkulturelle Analyse und Beratung«, der die politischen und militärischen Entscheider mit der diesbezüglichen Expertise im Einsatzführungskommando und Einsatzführungsstab schnell ausstatten kann.
2. Ein solcher Bereich sollte über ein interdisziplinäres Team aus interkulturell qualifizierten Kräften verfügen. Eine Mischung aus militärischen und zivilen Experten ist zu empfehlen.
3. Um interkulturelle Expertise in der Bundeswehr dauerhaft aufzubauen, sollte in diesem Bereich für kontinuierliche Kompetenz gesorgt werden. Das Rotationsprinzip der Bundeswehr mit in der Regel Standzeiten von zwei bis drei Jahren auf einem Posten steht dem entgegen. Vielmehr sollten bei diesem komplexen Thema die bereits in der Bundeswehr vorhandenen Kompetenzen sinnvoll zusammengeführt werden.
4. Ein Bereich »Interkulturelle Analyse und Beratung« entwickelt interkulturelle Expertise (1) für militärstrategische Konzeptionen, (2) für die Zusammenarbeit mit zivilen Partnern (Interagency), (3) für die Harmonisierung und Koordination von interkulturellen Ausbildungen, (4) für weiterführende interkulturelle Forschung und Entwicklung, zum Beispiel im Sinne des genannten kulturellen Informationsleitsystems sowie für Multiplikatorentätigkeit in der Bundeswehr.
5. Die interkulturelle Ausbildung sollte folgende Aspekte umfassen:
   a) interkulturelle Sensibilisierung zu Beginn der militärischen Karriere für die Herausforderungen an einen Soldaten in einer »Armee im Einsatz«;
   b) einsatzspezifische interkulturelle Ausbildung bezogen auf die jeweiligen Handlungsfelder der Soldaten;
   c) interkulturelle Einsatzbegleitung zur Vorbereitung und Reflexion interkultureller Erfahrungen von Kommandeur und Truppe durch professionelles Personal;
   d) Re-Entry-Vorbereitung und Begleitung für die Wiedereinpassung in die Heimatkultur;

   b), c), und d) können genutzt werden zur Entwicklung eines »interkulturellen Erfahrungsmanagement-Systems«, bei dem die Erfahrungen aus den Einsätzen qualifiziert erhoben, ausgewertet und wiederum in zukünftige Ausbildungen integriert werden können (Kammhuber, 2007).

6. Einrichtung eines Studiengangs »Interkulturelles Krisenmanagement« für Soldaten, Polizisten, Fachkräfte der Entwicklungszusammenarbeit und Sicherheitspolitiker zur fortlaufenden Ausbildung eines interdisziplinären Expertenpools für die Planung und Durchführung internationaler Einsätze.

Verglichen mit den Ausgaben für (fehlgeschlagene) militärtechnische Entwicklungen sind die Investitionen in eine nachhaltige Institutionalisierung interkultureller Expertise verschwindend gering. Interkulturelle Expertise auf Dauer zu ignorieren, wird zu Verlusten führen, finanziellen und – viel schlimmer – menschlichen.

Literatur

Berns, A. (2004). Interkulturelle Kompetenz im Einsatz. In S. Gareis, P. Klein (Hrsg.), Handbuch Militär und Sozialwissenschaft (S. 323–330). Wiesbaden: VS Verlag für Sozialwissenschaften.

Bhawuk, D. P. S. (1998). The role of culture theory in cross-cultural training: A multimethod study of culture-specific, culture- general and theory-based assimilators. Journal of Cross-Cultural Psychology, 29 (5), 630–655.

Bundesministerium der Verteidigung (2006). Weißbuch 2006 zur Sicherheitspolitik Deutschlands und zur Zukunft der Bundeswehr. [Online Ausgabe] Letzter Zugriff auf Vollversion am 11.09.2010 unter http://www.bmvg.de/fileserving/PortalFiles/
C1256EF40036B05B/W26UYEPT431INFODE/WB_2006_dt_mB.pdf

Gruber, H. (im Druck). Expertise. In D. Rost (Hrsg.), Handwörterbuch Pädagogische Psychologie (4. Aufl.). Weinheim: Beltz PVU.

Hatano, G., Inagaki, K. (1992). Desituating cognition through the construction of conceptual knowledge. In P. Light, G. Butterworth (Eds.), Context and cogntion (pp. 115–133). Hemel Hempstedt: Harvester Wheatsheaf.

HIIK (Heidelberg Institute for International Conflict Research) (2010). Conflict Barometer 2009. 18th Annual Conflict Analysis. Zugriff am 07.10.2010 unter http://www.hiik.de/de/konfliktbarometer/pdf/ConflictBarometer_2009.pdf

Kammhuber, S. (2000). Interkulturelles Lernen und Lehren. Wiesbaden: DUV.

Kammhuber, S. (2007). Interkulturelle Militär- und Polizeieinsätze. In J. Straub, A. Weidemann, D. Weidemann (Hrsg.), Handbuch Interkulturelle Kommunikation und Kompetenz (S. 707–716). Stuttgart: Metzler.

Kammhuber, S., Fuchs, G. (2008). Incident to: The Complexity of Adapting under Stress. In N. Arthur, P. Pedersen (Eds.), Case incidents in counselling for international transitions (pp. 263–265). Alexandria, VA: American Counseling Association.

Kammhuber, S., Layes, G. (2007). Internationale Militäreinsätze. In A. Thomas, S. Kammhuber, S. Schroll-Machl (Hrsg.), Handbuch Interkulturelle Kommunikation und Kooperation, Band 2: Länder, Kulturen und interkulturelle Berufstätigkeit (S. 319–327). Göttingen: Vandenhoeck & Ruprecht.

Kammhuber, S., Schroll-Machl, S. (2007). Möglichkeiten und Grenzen der Kulturstandardmethode. In A. Thomas, S. Kammhuber, S. Schroll-Machl (Hrsg.), Handbuch Interkulturelle Kommunikation und Kooperation, Band 2: Länder, Kulturen und interkulturelle Berufstätigkeit (2. Aufl., S. 19–23). Göttingen: Vandenhoeck & Ruprecht.

Locke, E. A., Latham, G. P. (2002). Building a Practically Useful Theory of Goal Setting and Task Motivation. A 35-Year Odyssey. American Psychologist, 57, 705–717.

Naumann, K. (2008). Einsatz ohne Ziel? Die Politikbedürftigkeit des Militärischen. Hamburg: Hamburger Edition.

Petraeus, D. H., Amos, J. F., Nagl, J. A. (2007). The U.S. Army Marine Corps Counterinsurgency Field Manual: U.S. Army Field manual No. 3–24: Marine Corps Warfighting Publication No. 3–33.5.

Winslow, D., Kammhuber, S., Soeters, J. (2004). Diversity Management and Training in Non- American Forces. In D. Landis, J. M. Bennett, M. J. Bennett (Eds.), Handbook of Intercultural Training (3rd ed., pp. 395–415). Thousand Oaks: Sage.

Thomas, A. (2001). Informationsleitsystem zur Gewinnung und Verwendung kulturspezifischer Informationen. In K. J. Puzicha, D. Hansen, W. Weber (Hrsg.), Psychologie für Einsatz und Notfall (S. 391–403). Bonn: Bernard & Graefe.

Thomas, A., Kammhuber, S., Layes, G. (1997). Interkulturelle Kompetenz: Ein Handbuch für internationale Einsätze der Bundeswehr. Untersuchungen des Psychologischen Dienstes der Bundeswehr, 32. München: Verlag für Wehrwissenschaften.

Thomas, A., Layes, G., Kammhuber, S. (1998). Sensibilisierungs- und Orientierungstraining für die kulturallgemeine und kulturspezifische Vorbereitung von Soldaten auf internationale Einsätze. Untersuchungen des Psychologischen Dienstes der Bundeswehr, 33. München: Verlag für Wehrwissenschaften.

Thomas, A., Lulay, G. (1999). Evaluation interkultureller Trainings zur Vorbereitung von Bundeswehrsoldaten auf internationale Einsätze. Untersuchungen des Psychologischen Dienstes der Bundeswehr, 34, 5–139.

Tomforde, M. (2010). Interkulturelle Kompetenz im Auslandseinsatz. In B. Chiari, M. Pahl (Hrsg.), Wegweiser zur Geschichte Auslandseinsätze der Bundeswehr (S. 268–277). Paderborn u. a.: Verlag Ferdinand Schönigh.

Wahl, D. (1991). Handeln unter Druck. Der weite Weg vom Wissen zum Handeln. Weinheim: Deutscher Studien Verlag.

Zimbardo, P. G. (2008). Der Luzifer-Effekt. Die Macht der Umstände und die Psychologie des Bösen. Heidelberg: Spektrum.

Hana Panggabean

Understanding the Role of Culture in Rural Economic Behavior: The Case of Aceh Tamiang, Indonesia

Abstract

The important role of culture to understand individual and group behavior is a widely established idea in the study of human behavior. Culture is regarded as a strong influential factor of human psychological functions such as perceptions, emotions and values which is learned from socialization processes and evidently affecting human behavior. This article attempts to apply a local cultural perspective to gain understandings of a target population behavior. The data is based on a developmental project titled Rural Economic Activity Development (READ), funded by Cordaid, Netherlands, and implemented by Swisscontact Indonesia. The project is located at Aceh Tamiang, a district of Aceh province (Nanggroe Aceh Darussalam-NAD, formal administrative name of the province). Primary Indonesian/Aceh cultural concepts are utilized to discuss group phenomena relevant for READ goals. Data collection is conducted with interviews; the respondents are representative groups from eight villages in Aceh Tamiang (80 semi-structured respondents and 325 focus group discussion participants). Two focus group discussions (FGDs) were conducted in each village, one each for the male and female group, giving a total of 16 FGDs for the eight villages. FGD participants were representatives of the village key figures. Qualitative data analysis was conducted. Based on these indigenous meanings, recommendations are provided to ensure a cultural adequate approach for project implementation.

Culture and Behavior

Studies on culture and behavior commonly pointed out the key role of cultural factors in human behavior (see Berry, Poortinga, Segall, and Dasen, 2002). These studies highlighted culture as an important behavioral determinant, and therefore must be taken into consideration in understanding individual or group behavior. Culture provides information to compare behavioral phenomena in societies across countries and to explain the resulted behavioral differences. Furthermore, culture provides a structured orientation to direct thinking, feelings and behavioral courses which is typical for a group (Thomas, 1999).

This article applies the concept of culture from Alexander Thomas. Culture is understood in its broad meaning as a thinking and behavioral orientation which is typical for a group of people. It is handed down across generations by learning and socialization processes. Therefore, culture influences individual perceptions, judgments, and behavior. Culture is frequently manifested in mindset, values, customary behavior, habits, and evaluative judgments. Culture provides structures and perceptual frameworks to master the environment that is to accomplish adaptation goals.

To uncover the role of culture in behavioral setting, this study focused on finding out perceptions, values, habits, and means in four social contexts: political and power relations, inter-group relations, economic life, and learning modes (see Figure 1).

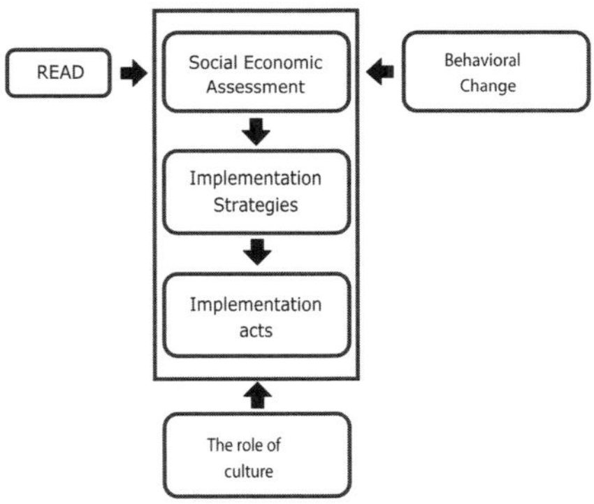

Figure 1: Basic Framework: culture and behavioral change

READ Project

The Rural Economic Activity Development (READ) Project is funded by Cordaid, the Netherlands and is implemented by Swisscontact Indonesia, the Swiss Foundation for Technical Cooperation. The author worked as a researcher from the Center for Economic and Social Studies (CESS), an independent research center for social and economic issues. Accordingly, parts of this article are developed from the READ research report (Center for Economic and Social Studies, 2009). The project goal is to improve economic livelihoods for rural families in the project areas. It deals a lot with developing economic capacities and opportunities of poor households. The project is located in Aceh Tamiang District, Nanggroe Aceh Darussalam province (NAD). It started on 1st November 2008 and will end on 30th October 2011.

Focusing on rural improvements, the READ Project is conducted to overcome four primary constraints of the targeted area. First, the rural households focus on traditional agricultural economic activities and are unaware of income opportunities beyond that. Secondly, the inadequate business/financial competencies such as basic skills to manage household funds hinder the target group to handle the additional opportunities. Third, unavailability of qualified and capable local agencies leads to local capacity building difficulties. Fourth, even though additional economic opportunities exist in the targeted area, they are not utilized optimally to improve the local livelihood level.

The project establishes two primary activities to handle the four challenges, namely financial literacy and value chain development. Financial literacy is understood as »the personal financial knowledge and skills i.e. the ability to understand financial terms and concepts and to translate that knowledge skilfully into behavior« (Center for Economic and Social Studies, 2009). Value chain development is activities to improve the way how actors in a value chain act and interact to increase competitiveness of all enterprises involved and to finally strengthen the role of the poor as producers, employees and consumers.

In its nature, the READ Project deals with behavioral change. The Cultural approach becomes highly relevant and comes as a suitable tool for the context. In this sense, it was regarded as important to conduct a socio-cultural assessment prior to the project's primary activities. The goal of the assessment was to draw a clear picture of the wider project context. Furthermore, it should provide the information needed to define the project interventions with regard to financial/business literacy.

As mentioned earlier, cultural approaches focus on three key variables, namely power and inter-group relations, learning modes, and economic behavior. Each of these variables is derived by profiling their important issues as follows:

a) Power Relations and Inter-group relations: Key issues in this area cover the nature and dynamics of inter-group relations, influential groups or individuals, and leadership style exercised.
b) Culture-adequate learning modes: The key issues consist of identification of meanings attached to the concept of learning, learning motivational factors, educator roles and figures, and adequate learning channels.
c) Economic values: Key Issues in this topic include the value internalization process, value agents, and economic idols.

Aceh Tamiang District: Land and People

The project is located in Aceh Tamiang District in the province of NAD. The district is located in the middle-eastern part of the province, the closest district to the provincial border with the Northern Sumatra province. The Target group of the project is derived from villages (*desa*) in two sub-districts (*kecamatan*), namely Kejuruan Muda and Seuruway. The Project Research Report provides geographical and demographic data as below (Centre for Economic and Social Studies, 2009).

Kejuruan Muda, with its capital in Sungai Liput, has an area of 124,48 km^2 and has a population of 32,819 (16,871 males and 15,948 females) and Seuruway Sub District, with its capital at Tangsi Lama, has an area of 188,49 km^2 and a population of 24,746 (12,330 males and 12,416 females)

The two sub-district main natural resources and economic activities capitals are land (almost 12.500 ha in Kejuruan Muda and around 18.800 ha in Seuruway). The land utilization is divided into three parts: agricultural land (major part), rice-field land, and non-agricultural land. The most common crop is rice that is mostly grown using traditional techniques and for household needs. Three commodities are primary economic opportunities of the area: crude palm oils, rubber, and coconuts. Another farming activity is livestock and poultry.

Predominant employment is farmer. Other employment consists of fisherman, farm laborer, employee, trader, and craftsman. In general agricultural-related professions are predominant. The farmers mostly own a small scale plantation (palm oil or rubber).

Political and security issues are highly relevant in the project location. The district of Aceh Tamiang was one of the strongholds of a national separatist movement (Gerakan Aceh Merdeka-Aceh Freedom Movement) during decades of military conflicts. This history still affects and will affect for much longer the existing social structures and group relations.

The society consists predominantly of Javanese and the Aceh sub-ethnic group called Malay Tamiang. With regard to ethnic composition, the society is relatively more diverse than other Aceh societies in various parts of the province. Due to its close distance with Malay-predominant neighboring province, North Sumatra, the Aceh Tamiang society receives Malayan cultural influences. This contributes to the Aceh values adopted as a basic identity. Maintaining an intact cultural identity of Aceh has been an important value for the Aceh society. Panggabean and Angelina (2008) pointed out important characteristics of Aceh, namely dignity, Islamic teachings, and identity struggle.

Methodology

Respondents

Respondents were community leader representatives in eight villages of Kejuruan Muda and Seuruway. Ten semi-structured respondents were identified in each village to represent community leaders: village heads, village priests, business leaders, and female and youth leaders. The total of 80 semi-structured respondents was selected based on criteria developed by CESS and KDA (CESS's Local Partner in conducting this assessment). The actual selection of the ten respondents in each village was performed by the Village Head *(Datok)* following discussion with CESS and KDA. The total of 16 FGDs were conducted (20 to 25 participants in each FGD) giving the total respondents of 325.

Instruments

Primary data were collected at the household level in each of the selected villages, using Semi-Structured Interviews and Focus Group Discussions.

Data Analysis and Procedures

Summaries of the semi-structured interviews were analyzed to develop FGD key issues and discussions. In each village, separate FGDs were held with men and with women. This was done with consideration to the different roles of men and women in household decision making. The FGD for each group took three hours on average. Qualitative data analysis was performed to categorize and interpret the data.

Respondent Profiles

Figure 2 displays the demographic profiles of the respondents. The dominant characteristics of the group are: male, middle-aged, low level educational attainment and mostly working as farmers and traders.

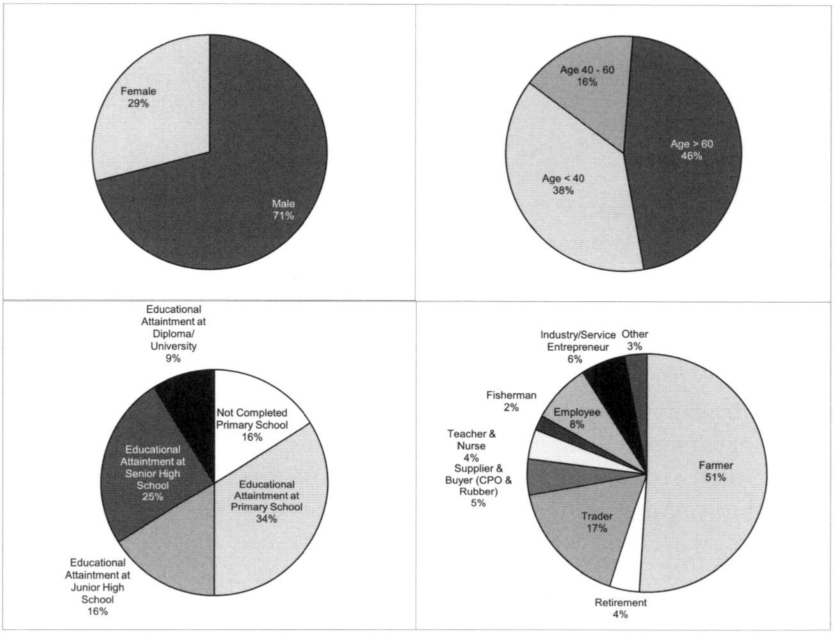

Figure 2: Respondent profiles based on gender, age, educational level, and employment (Center for Economic and Social Studies, 2009)

Cultural Profiles: Challenges and Opportunities

Three important cultural aspects of the READ project's target beneficiaries are revealed, namely the power relations among social groups in the society, learning culture and economic values.

Power Structure and Relations

Power relations are commonly emerged in inter-group contexts. Inter-group relation is understood as interactions between two or more persons involving their group's attributes such as religion, tribal, gender, places of origin, and any other attributes. Such interactions can only happen if group membership is salient and meaningful to the individual. Therefore a thorough and comprehensive understanding of a group diversity and relation among them is of utmost importance. It is also important to identify their problematic areas and problem solving strategies. Profiling inter-group relations among target groups of the READ project is therefore important.

Power relations of local government authorities become an important project issue since they relate with contacts and agents in implementations. The local government authority from district until village level ranks from *Bupati*(Head of the District)-*Camat*(Head of the Sub-district) to the *Datok* (Head of the Village). With regard to village developmental aid or programs, the *Bupati* is supposed to give out information on aid through *Camat,* who eventually should facilitate the villages to make the most of the aid for their improvements. However, respondents mentioned that the process was highly dependent on the level of personal relations between the *Datok*s and the *Camat*. This highly personal approach is very often slowing down the implementations of development programs in the village.

Villages are managed by a communal style of leadership as presented by figure 3, which reflects a power distribution strategy. However, the respondents clearly indicate that among the three leadership components, it is the *Datoks* who play significant roles to attain harmonious social relations in the villages. A leadership style characterized as directive, firm, yet warm and understanding from a *Datok* is expected. The responses indicate a high dependency to an authority figure, a very common characteristic to be found in studies of societies with high tolerance to power inequality such as Indonesia (e.g., Hofstede, 2001). However, studies also suggested that the power can function well only as long as the followers accepted the leaders. In line with the studies, the survey findings show the society's unreadiness for change due to the *Datok*'s misconducts.

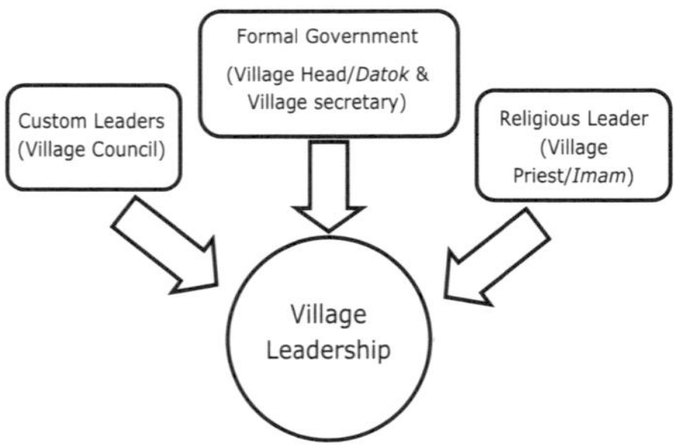

Figure 3: Power Structure of Aceh Tamiang villages

Another important result of the survey is the description of religious groups in the villages. It is clear that Islam is the majority religion in Aceh Tamiang villages, yet the Moslem groups are not homogenous. Respondents in a village mention that a particular group of Islam sect existed exclusively in their region. Interestingly, respondents are reluctant to talk more about the group and religious disharmony existed.

With regard to ethnic diversity, Javanese is mentioned as the majority in most of the villages surveyed. However, their migrant status is particularly noticed and they are considered as an outsider in a particular village. Other ethnic groups do not draw any special attention. They are not considered strongly as outsiders as the Javanese. The more positive attitude towards these ethnic groups might result from their small numbers. In studies of inter-groups relations (e.g., Baron, Branscombe and Byrne, 2008), negative perceptions were commonly attributed to less dominant groups yet with comparable power since they are a threatening factor for the majority. However, minority groups which were very small and therefore were not comparable in power would be found less threatening.

An interesting meaning of harmony comes up as the majority of respondents admitted that they respect each other and are living in harmony despite of the »trivial inter-group problems« (by this term they referred to intergroup conflicts as mentioned above). By harmony they mean »living peacefully together« and »similar thinking pattern«. Harmony is not something to discuss but rather something that occurred. The respondents prefer not to talk about harmony because they believe that they will end up talking about differences. It is better that they mind their own business and let others do the same.

The respondents' comments are very interesting as they indicate that harmony is maintained by avoiding conflicts and differences. In this sense, harmony is the result of eliminating or ignoring differences. Studies on inter-group relations (e.g., Thomas, Kinast and Schroll-Machl, 2003) suggested that reluctance or inability to face differences might indicate unmanageable group differences, which may lead to potential group conflicts and at some point in time may erupt into social turbulences.

Communal decision making to reach agreements (*musyawarah untuk mufakat*) is the most common problem solving strategy for the villagers. *Musyawarah untuk mufakat is* a typical problem solving strategy for Indonesians. In general, the decision making process is characterized by the attendance of important group representatives. Every participant contributes to the discussion by expressing their opinions. This process is facilitated mostly by the village head, the *Datok*. In the end, the whole group should come with decisions that is acknowledged and accepted by all. The respondents strongly suggest prioritizing *musyawarah untuk mufakat* over voting since the strategy provides a maximum level of participatory involvements. To solve disputes legally is mentioned very seldom and it is pointed out as the last resort to reach decisions.

There are also specific problem solving mechanisms, in which problems are ignored to solve by itself after some time. An example for this is shared by respondents in Sukamakmur by pointing out conflicts among relatives in a big family due to different political party affiliation of the members. These conflicts were solved by itself after the political election was over without the family members ever coming to discuss the problems.

Learning Modes

Understanding the local learning culture is important for social change processes. It is widely accepted that a source of resistance lies in misinformation of poor communication; therefore resistance can be reduced through education and communication (Robbins, 2001).

The majority respondents understand learning in its general meaning as activities and processes in which people acquire knowledge and skills for self-growth and development. It can be done everywhere, people can learn from both own experiences and other's. Learning situations are defined as any situation with three primary factors available: teachers, learners, and a changing process from »not knowing« to »knowing«. Formal schooling is regarded as a part of learning; it is necessary yet not sufficient to cope with life challenges.

Motivational factors for learning are: learning is profitable to survive changes, to adapt to life changes, and to find jobs. These instrumental benefits are accompanied by symbolic learning advantages such as: self-recognition (to gain acknowledgement from others) and freedom (to be independent, not to be ruled by the knowledgeable ones). Few responses link learning with religious benefits, that is learning is important to strengthen faith.

In general, local habits which are perceived as learning settings are: discussions in coffee shops (*warung kopi)*, periodic communal praying (*wiridan/pengajian)*, and community group meetings (farmer groups, youth group, and women group). The data show that existing learning settings cover both the formal and informal social contexts.

The eight villages agree on educators' roles which cover village administrative leaders (*Datok,* custom leader, farmer group leader*)* and village religious leaders (village priest, religion teachers, regional visiting preacher/*da'i perbatasan).*

The most favorable means of knowledge transfer indicate a strong role of oral traditions, namely preachings in communal praying, storytelling, words of mouth, discussions in village gatherings. The second most preferable means is apprenticeship, in which learners can practice the knowledge in concrete situations under supervision of tutors. Generally, the learning strategies focus on personal contacts and two way communications. Learning materials are more in the form of shared experiences with no written materials.

A more advanced learning mode is found in a particular village. In addition to the aforementioned strategies, the people experience disseminations and trainings as learning means. They point out printed and electronic learning channels (books, television, radio, newspaper, and internet). Currently, the villagers are familiar with written materials for information sources such as brochures, leaflets, ads, and the village library. The mosque youth groups buy or collect books for the library on regular basis.

The learning culture profile in Aceh Tamiang societies is consistent with learning habits in various rural regions of Indonesia. Strong communal nature of society is indicated by frequent social gatherings, in which exchanging of ideas and experiences as well as close personal contacts existed. In this manner, information, knowledge and skills were transmitted through various kinds of discourses (talks, chats, debates, discussions) as well as direct modeling.

Economic Values

Understanding values is important since values contain judgmental elements and are more or less stable and enduring. In this sense, values direct the individuals' behavioral preferences and give them emotional intensity. They also serve as standards for judging and justifying actions (Schwartz, 1994). It is beneficial to gain the economic value profile of a target society to understand the underlying attitude and motivation for their economic activities. With regard to the READ project goals, this profile will contribute to identify appropriate program activities and approaches.

Responses from the targeted villages on meanings of »prosperity« refer to valuable life aspects of the respondents, such as financial sufficiency and security, family security, contentedness (happiness), and conflict-free surroundings. These meanings present a holistic view of physical wellness and well-being attributes.

Furthermore, respondents attribute »prosperity« not only with intra-individual aspects above, but also with the social relational aspects. These inter-individual aspects are represented by two major categories: the harmonious social relations and the self-recognition features. In this sense, respondents perceive prosperity as being in the possession of a harmonious relationship with significant others such as neighbors, relatives, friends and of a respected social status. Finally, the respondents strongly suggest a balanced proportion of self and others prosperity by pointing out that an intact prosperity should cover both the intra- and inter-individual aspects.

A major proportion of responses attribute »prosperity« to religious aspects. Prospering means to be granted God's blessings, to be able to conduct religious activities in peace and to be able to conduct Hajj pilgrimage *(naik haji)*. A few responses associate »prosperity« with luxurious life, which was indicated by abundant wealth.

The aforementioned general meanings of prosperity were in accordance with types of basic human value described by Schwartz (1994). The respondents' inward looking meanings of financial sufficiency and security, family security, contentedness, and conflict-free surroundings represent Schwartz' motivational values of Power (to have control over resources), Benevolence (to find meaning in life through spiritual life) and Security (safety and harmony and stability of society and of self). The harmonious social relations and the self-recognition categories belong to the motivational values of Conformity (to comply with social expectations and norms) and Security (safety and harmony and stability of society and of self). These values provided directions and moral standards for practicing behavior and actions.

The general value profiles almost consistently referred to motivations to preserve balance within individual well being and between individual and his/her social surroundings. In this sense, the value of Power is exceptional since it is the only value with dynamic elements. However, the value of Power is completely in accordance with the specific responses which associate ›prosperity‹ with luxurious life. This pattern presented inward- and outward-looking motivational factors of behavior.

As mentioned by Schwartz (1994), values were acquired by both socialization to dominant group values and through unique learning experiences of individuals. General responses regarding value socialization process in the villages are in accordance with the concept: almost all responses point out the role of family (nuclear and extended) and school as the primary value sources. Major responses also mention that the socialization agents consist of not only parents and teachers (school teachers and religion teachers) but also relatives, friends and neighbors. Means of value socialization which are mentioned are behavioral examples, advices, teachings both in school and during the communal praying (*wiridan)* and own experiences.

Idols are important to understand behavior since they represent ideals and desired objectives. Understanding economic idols in the society lays foundations to identify the characteristics of successful local figures and favorable means of success.

The local successful economic figure in the eight villages is generally characterized as a middle-aged male who is successful in any of the three professions: farmer, fisherman, or trader/businessman. Two primary success indicators are derived, namely possession of wealth and successful children. Possession of wealth refers to assets, both the productive assets (land, machinery, vehicles, coal factory, shops) and non-productive assets (house, farm). Successful children refer to upward social mobilization of the children and good upbringing. The two indicators are mentioned simultaneously, which means that a successful person must reach both the material and non-material achievements. As the data shows, there is a close association between children's accomplishments and parent's social status. As it is mentioned in studies on Aceh, Islamic teachings on children upbringing accentuated parental religious duties and responsibility to educate children according to Islamic virtues. Therefore, having successful younger generations is important for the parent social status. Similar ideas are reflected in previous parts as respondents associated »prosperity« with »having healthy and fine children«.

Female idols are very little mentioned and only identified by the female group discussions. The figures mentioned are middle-aged widows who own a local shop and a midwife. Similar to male economic idols, successful children are pronounced as success indicators. However, success traits which are expected from female idols related more to nurturing traits (helpful, caring, developing junior midwives) than to the male idols' productive traits.

The general picture on Aceh Tamiang economic idols is in accordance with the traditional paternalistic culture of Aceh. However, indications of changing social value existed in the specific pattern of female idols. Interestingly, the society still strongly confirmed to gender traditional roles in deriving the desired traits for both groups.

Insights and Recommendations

With regards to the project implementation, the following recommendations are provided. First, it is important to manage power relations of the target group, which can be done by establishing strong coordination with local team partners whose local familiarity is very useful. Power relations in villages must be taken into consideration as a delicate manner and therefore it is important to involve the three primary influences: administrative leaders, religious leaders, and custom leaders. Secondly, a thorough and careful program communication must be developed to socialize the project as a capacity building, non-political program to help local communities. Third, culture adequate learning strategies and modes must be properly introduced, such as: involving community leaders and idols as educators, developing simple, standardized, long lasting learning materials, using local social and religious events as information channels, rely mainly on combination between various kinds of discourses (chats, talks, discussions, lectures, story-telling) and apprenticeship (learning by experiences with tutorials) as learning methods. The study finds out that cultural understanding is a valuable resource to gain knowledge of Aceh Tamiang society.

References

Baron, R. A., Branscombe, N. R., Byrne, D. (2008). Social Psychology (12th ed.). Boston: Pearson International Edition.

Berry, J. W., Poortinga, Y. H., Segall, M. H., and Dasen, P. R. (2002). Cross-cultural psychology. Research and applications. Cambridge: Cambridge University Press.

Hofstede, G. (2001). Culture's Consequences. Thousand Oak: Sage Publication.

Panggabean, H., Angelina, M. (2008). Gambaran tantangan keragaman antar budaya dan strategi pemecahannya pada relawan kemanusiaan di propinsi Nanggroe Aceh Darussalam. [Intercultural problems and strategies of humanitarian workers in Nanggroe Aceh Darussalam.], Jurnal Psikologi Indonesia, 1, 31–48.

Robbins, S. (2001). Organizational Behavior. New Jersey: Prentice Hall Inc.

Schwartz, S. (1994). Are there universal aspects in the structure and contenct of human values? Journal of Social Issues, 50 (4), 19–45.

Center for Economic and Social Studies. (2009). Final Report Social Economic Assessment in Aceh Tamiang. Research Report. Jakarta: Center for Economic and Social Studies in cooperation with Swisscontact.

Thomas, A. (1999). Intercultural orientation and action. In A. Thomas (Hrsg.), Contributions to intercultural psychology. University of Regensburg, Germany. Unpublished manuscript.

Thomas, A., Kinast, E.-U., Schroll-Machl, S. (Eds.) (2003). Handbuch Interkulturelle Kommunikation. Band 1: Grundlagen und Praxisfelder. Göttingen: Vandenhoeck & Ruprecht.

Ausblick

Alexander Thomas

Zukunftsperspektiven interkultureller Kompetenz

Vorbemerkungen

Der Text zu diesem Artikel entstand im Rahmen des schon in anderen Artikeln erwähnten Symposiums. Referenten und Diskutanten sowie hier Autoren haben schon eine reichhaltige Fülle von Aspekten zur interkulturellen Kompetenz angesprochen. Und so ist es nicht nötig, dies alles noch einmal zu wiederholen. Auch möchte der Autor hier keine Zusammenfassung und schon gar keine Bewertung vornehmen. Im vorliegenden Artikel werden jedoch noch einige Handlungsfelder angesprochen, in denen aus Sicht des Autors immer noch zu wenig interkulturell kompetent agiert wird.

Defizitbereiche

Es gibt nach wie vor zwei Bereiche in unserer Gesellschaft und auch in anderen Ländern, die von der interkulturellen Kompetenzthematik fast unberührt geblieben sind:

1. die Wissenschaft,
2. der diplomatische Dienst.

Nahezu unberührt geblieben sind:

3. die Hochschulausbildung,
4. die Bildung an unseren Schulen und im Bereich der formalen Bildung, wenn man einmal von den zumindest in den Gymnasien nicht ganz unbekannten Schülerbegegnungsreisen ins Ausland absieht.

Die Wissenschaft

Der Artikel des Autors »Interkulturelle Kompetenz in der internationalen wissenschaftlichen Zusammenarbeit«, der bereits 2002 erschienen ist und in einer überarbeiteten Variante seit 2004 unter dem Titel »Intercultural competence in international scientific cooperation« vorliegt, erlebt bislang eine ähnliche Resonanz wie des Autors Artikel von 1979 zum Thema »Der ›Faktor Mensch‹ als zentrales Problem in der Entwicklungshilfe« erschienen in »Die Dritte Welt«, nämlich: überhaupt keine Resonanz – weder eine negative noch eine positive.

Dabei leuchtet zunächst einmal jedem Laien sofort ein, dass Wissenschaft vom internationalen Austausch lebt, was immer schon der Fall war, seitdem es Wissenschaften gibt, und dass in der wissenschaftlichen Zusammenarbeit Handlungen vollzogen werden, die hochgradig kultursensibel sind.

Nun gibt es bereits seit 40 Jahren eine zunehmende wissenschaftliche und angewandt wissenschaftliche Beschäftigung in Bezug auf die Entwicklung interkultureller Trainings.

Aufbauend auf lernpsychologischen und lernpädagogischen Konzepten werden für alle möglichen Zielgruppen interkulturelle Trainings entwickelt, durchgeführt, evaluiert und weiterentwickelt und das in vielen Ländern Europas und Nordamerikas und neuerdings auch in so genannten Schwellenländern. Die drei Bände von Dan Landis et al. (1983, 1996, 2004) seien hier nur als Beispiel genannt. Nirgendwo aber findet sich ein Training zur Vorbereitung auf die internationale wissenschaftliche Zusammenarbeit und das ist schon recht erstaunlich. Möglicherweise ist die Zeit dafür noch nicht reif, denn was ich in dem bereits erwähnten Artikel zur kulturspezifischen Problematik in der Entwicklungszusammenarbeit schon 1979 thematisiert hatte, ist heute vielfach eine Selbstverständlichkeit. Selbst Techniker und Ingenieure können inzwischen mit dem Thema »Technik und Kultur« etwas anfangen.

Bei genauer Betrachtung leuchtet doch jedem sofort ein, dass wissenschaftliches Forschen und nach Erkenntnissen strebendes Handeln – besonders wenn es, wie heute üblich, in international zusammengesetzten Gruppen stattfindet oder wenn es sich auf die Erforschung von Menschen und ihren Lebensbedingungen in einem Forscher noch wenig vertrauten Lebensräumen bezieht – von kulturellen Determinanten im Wahrnehmen, Denken und Urteilen im Kontext von Motivation und Emotionen beeinflusst werden. Wenn im Geschäftsleben, im Inland wie im Ausland, interkulturelles Handeln immer mehr an Bedeutung gewinnt, wenn Fach- und Führungskräfte interkulturelle Handlungskompetenz nachfragen, um mit ihren Geschäftspartnern erfolgreicher kooperieren zu können und wenn es inzwischen schon eine beachtliche Zahl zielgruppenspezifischer wissenschaftlicher Forschung zu den Bedingungen, Verlaufsprozessen und Wirkungen interkulturellen Lernens und interkultureller Trainings gibt, dann ist es mehr als erstaunlich, dass die internationale wissenschaftliche Zusammenarbeit immer noch völlig von dieser Entwicklung abgekoppelt ist.

Eigene Erfahrungen mit der Wirkung kultureller Einflussfaktoren auf die wissenschaftliche Zusammenarbeit in international angelegten Forschungsprojekten und plurikulturell zusammengesetzten Projektteams sowie die Resultate einer Pilotstudie, in der mit einem guten Dutzend international kooperierender deutscher

Wissenschaftler Interviews über kulturell bedingt kritische Interaktionssituationen mit ihren ausländischen Partnern geführt und ausgewertet wurden, lassen die im Folgenden zusammengetragenen Problembereiche erkennen. Diese haben aber noch so lange eher hypothetischen Charakter, bis gezielte interkulturelle Studien zu den kulturell bedingt kritischen Kooperationsfeldern vorliegen.

Hier nun das unvollständige Spektrum an Aspekten internationaler wissenschaftlicher Zusammenarbeit, bei denen kulturspezifische Determinanten eine zentrale Rolle zu spielen scheinen; wobei diese meist nicht bewusst sind, selbst dann nicht, wenn sie Missverständnisse und Kooperationsprobleme verursachen.

Grundlegendes Wissenschaftsverständnis und die wissenschaftliche Tradition

Es ist davon auszugehen, dass nationalkulturelle Auffassungen davon, was Wissenschaft generell ist und wozu sie gut ist, das jeweilige Denken und Verhalten im Kontext wissenschaftlicher Tätigkeiten bestimmen. Die kausal-analytische Erkenntnismethode, die bei Wissenschaftlern aus den westlichen Kulturen vorherrscht, wird im Kooperationsprozess mit asiatischen Wissenschaftlern konfrontiert mit einer eher induktiv-synthetischen Erkenntnismethode, die dem Wissenschaftsverständnis aus dieser Region entspricht und in der Naturgesetzmäßigkeiten und soziale Systeme im Zusammenhang einer universell-kosmologischen Harmonie betrachtet werden. Dies führt in der Zusammenarbeit womöglich zu gegenseitigen Missverständnissen, ohne dass die Ursachen dafür den auf die Zusammenarbeit konzentrierten Wissenschaftlern überhaupt bewusst werden. Diese unterschiedlichen Auffassungen von Wissenschaft, von wissenschaftlichem Denken und Handeln sind nämlich nicht bewusstseinspflichtig. So werden die Ursachen für entstehende kognitive Dissonanzen in der Regel intrapersonal attribuiert, also der Unfähigkeit, Unwilligkeit oder dem taktischen Kalkül des Partners zugeschrieben. Dies hat unweigerlich kontraproduktive, zum Beispiel misstrauensfördernde Konsequenzen zur Folge.

Auch die dem »westlichen« Wissenschaftsverständnis inhärente scharfe Trennung zwischen richtig und falsch, wahr und unwahr, wissenschaftlichem und nichtwissenschaftlichem Denken etc. ist für Menschen aus Kulturen, in denen Mehrdeutigkeiten, Abweichendes, Sowohl-als-auch, etwas von dem Eigenen und etwas von dem Anderen, so zum Leben gehören wie die Luft zum Atmen, zum Beispiel in Asien, Afrika und Ozeanien, nicht oder nur schwer nachvollziehbar. Sie passen sich diesem Denken womöglich unter Zwang oder aus Mangel an Alternativen zwar an, können aber in der wissenschaftlichen Kooperation ihre eigenen Überzeugungen nicht einbringen, weil diese nicht anschlussfähig sind. Hier wäre interkulturelle Handlungskompetenz auf beiden Seiten nützlich, um die wissenschaftliche Produktivität zu erhöhen und den Zufriedenheitsgrad, den die Partner aus der Zusammenarbeit gewinnen möchten, zu steigern.

Wissenschaftliche Theorien

Wissenschaftliche Theorien sind nicht das Ergebnis eines Prozesses des Suchens und Findens, aus dem sich dann zwangsläufig eine Theorie formulieren lässt, sondern das Resultat eines sozialen Bestimmungs- und Konstruktionsprozesses. Wissenschaftliche Theorien aufgefasst als ein deduktiv geordnetes System von Gesetzen und Hypothesen hat das Ziel, viele Facetten und Erscheinungsformen eines Gegenstandsbereichs durch wenige Grundgesetze zu erklären und Prognosen in Form wiederum von Hypothesen über neue Phänomene des Gegenstandsbereichs zu deduzieren. Maßstäbe und Grundlagen dazu bietet die Wissenschaftstheorie, die sich mit den Bedingungen, Verlaufsprozessen sowie mit den Methoden wissenschaftlicher Erkenntnisgewinnung befasst und die zweifelsohne als Resultat der abendländischen Philosophie respektive Kulturtradition zu betrachten ist. Wer nicht in dieser Kulturtradition aufgewachsen und sozialisiert wurde, kann zwar wissenschaftliche Theorien, wie sie in einschlägigen Fachlehrbüchern zu finden sind, übernehmen und daraus für die eigenen Forschungen Hypothesen ableiten und diese überprüfen, wird aber womöglich bei der Weiterentwicklung von Theorien an kulturell bedingte Verständnisgrenzen stoßen. So werden die für einen europäischen Psychologen, Pädagogen und Soziologen selbstverständlichen Lern- und Entwicklungstheorien, die aus dem Kontext eines auf die Selbstverwirklichung des einzelnen Individuums gerichteten Welt- und Menschenbildes entstanden sind, für Wissenschaftler aus Kulturen, in denen die soziale Gemeinschaft, die Zugehörigkeitsgruppe im Vordergrund steht, nur schwer zu verstehen sein. Sie werden solche individuumszentrierten Konzepte als höchst defizitär empfinden.

Wissenschaftliche Methoden

Wissenschaftlern, die sich mit dem Menschen und seinen Lebenswelten sowie den von ihm geschaffenen Produkten beschäftigen, zum Beispiel von der Medizin über die Pädagogik und Psychologie bis hin zur Geschichtswissenschaft, wird unterstellt, dass die innerhalb ihrer Fächer entwickelten wissenschaftlichen Methoden weltweit einsetzbar sind. Jedem Menschen auf der Welt, meist Studenten, kann zugemutet werden, einen Fragebogen zu jedem nur denkbaren Thema nach bestem Wissen und Gewissen auszufüllen, für ein Interview zur Verfügung zu stehen und sich an die Bedingungen anzupassen, wie sie nun mal von einem human- und sozialwissenschaftlichen Experiment gefordert werden. Dies gilt auch für die Bearbeitung von Themen, die selbst in der Herkunftskultur des Forschers tabuisiert sind oder die Intimsphäre des Befragten berühren. Alles ist erlaubt, wenn es um den wissenschaftlichen Erkenntnisgewinn geht und die ethischen Grundsätze des Faches beachtet werden. Probanden wissenschaftlicher Befragungen aus Kulturen mit einer hohen Wertschätzung für soziale Harmonie und stark ausgeprägten Status- und Altershierarchien werden auf Fragen, in denen genau diese Werte und

Strukturen direkt oder indirekt einer kritischen Analyse unterzogen werden mit Ablehnung, Umgehungen, Schönfärberei, Neutralisierung, Relativierung, Kaschierung u. Ä. reagieren, um die Aufrechterhaltung der eigenen kulturellen Ordnung zu gewährleisten. Untersuchungen, in denen diese Prozesse keine genügende Aufmerksamkeit finden, werden nutzlose Artefakte hervorbringen und das meist unbemerkt.

Die Auswertung erhobener qualitativer und quantitativer Daten ist trotz aller standardisierten statistischen und heuristischen Verfahrenstechniken eine soziale und damit kulturell determinierte Bestimmungsleistung. Besonders kritisch wird der Umgang mit erhobenen Daten, wenn sie in einem deutlichen Widerspruch stehen zu kulturell fest verankerten Grundüberzeugungen des Forschers oder des Rezipienten der Forschungsbefunde.

Objektivitätsanspruch wissenschaftlicher Ergebnisse

Forschungsergebnisse, besonders wenn sie auf Messungen und auf in Zahlen fassbaren Werten beruhen, haben in der abendländischen Wissenschaftstradition einen sehr hohen Stellenwert. Die Macht der Zahl, oft unabhängig davon, wie die Zahlen zustande gekommen sind, entfaltet im von der nordamerikanischen Wissenschaftskultur determinierten globalen Wissenschaftsbetrieb eine so starke Wirkung und Überzeugungskraft, wie sie für Menschen aus anderen Kulturen nur den Worten religiöser Autoritäten und Stammesführern zukommt. Es ist generell davon auszugehen, dass die Glaubwürdigkeit wissenschaftlicher Befunde und das Vertrauen in die Gültigkeit und Richtigkeit der mit wissenschaftlichen Methoden gewonnenen Erkenntnisse kulturell sehr unterschiedlich ausgeprägt sind. Ohne Kenntnis darüber wie die kulturellen Prägungen aussehen, ist es aber schwer, in international zusammengesetzten Forschungsteams zu einer für alle befriedigenden Wertschätzung der gewonnenen Resultate zu kommen.

Die Präsentation wissenschaftlicher Befunde

Wissenschaftliche Befunde werden nicht als geheimes Wissen aufbewahrt und in besonders dazu legitimierten Kreisen kommuniziert, sondern über öffentliche Vorträge und öffentlich zugängliche Publikationen für jeden Interessenten präsentiert, damit sie zur Kenntnis genommen, übernommen, diskutiert, kritisiert, abgelehnt oder weiterentwickelt werden. Dies gelingt aber nur, wenn der Wissenschaftler seine Befunde so überzeugend präsentiert, dass die Rezipienten sie aufnehmen, wertschätzen und von der wissenschaftlichen Seriosität seiner Aussagen überzeugt sind, also wenn sie den Befunden Vertrauen entgegenbringen. Die international gültigen Handlungsstrategien, um diese Vertrauenswürdigkeit herzustellen, sehen jedenfalls nicht vor, dass der Wissenschaftler sich selbst zurücknimmt, bescheiden und selbstkritisch auf seine Unzulänglichkeiten verweist, eventuell vor Beginn seiner Präsentation sogar überirdischen Autoritäten für ihre fürsorgliche Begleitung seiner wissenschaftlichen Arbeit dankt und sich öffentlich entschuldigt dafür, dass er es wagt, vor einem so kompetenten öffentlichen Publikum überhaupt über seine Forschungsresultate zu sprechen. Genau dieses Verhalten ist aber womöglich in der Kultur des Forschers für jeden vorgeschrieben, dem man Vertrauen gegenüber seinen Forschungsarbeiten entgegenbringen soll. Die kritische, alles infrage stellende Diskussion vorgetragener Befunde, der Weg von der These über die Antithese zur Synthese zu gelangen, die Überzeugung nur aus dem Widerspruch gegenüber einer Behauptung zu neuen Erkenntnissen zu gelangen oder aus Fehlern eher als aus Erfolgen lernen zu können, wie man etwas besser machen kann, ist für europäische und nordamerikanische Wissenschaftler eine nicht mehr zu diskutierende Selbstverständlichkeit, nicht hingegen für asiatische oder afrikanische Wissenschaftler. In diesen Kulturen muss jeder wissen und beachten, wann man was unter welchen Bedingungen wie mit wem mit welcher Intensität und zu welchem Zweck kritisieren darf oder eben auch nicht. Hier sind die ritualisierten Etiketten des adäquaten Umgangs mit Autoritäten und mit Menschen im öffentlichen Raum zu beachten. Ohne Kenntnis und Wertschätzung dieser Rituale kann kein Vertrauen in die wissenschaftlichen Befunde aufgebaut werden.

Weitere Aspekte wissenschaftlichen Arbeitens

Weitere Aspekte wissenschaftlichen Arbeitens, die in der internationalen wissenschaftlichen Zusammenarbeit kulturell handlungsrelevant werden und zumeist unterschwellig Probleme, kritische Interaktionssituationen, Missverständnisse etc. hervorrufen und zu Fehlbeurteilungen führen, werden im Folgenden kurz aufgelistet:

1. Zielbestimmung in Bezug auf Inhalt, Methodik, Ablaufprozess und Konsequenzen des Forschungsprojektes;
2. Machtasymmetrien, die sich aus der Herkunft, zum Beispiel aus Industrie- oder aus Entwicklungskulturen stammend oder über die Qualität der Fachausbildung, aus der Beherrschung der Sprache, zum Beispiel Englisch, Statusunterschieden, Ressourcenverfügbarkeit (Geld, Know-how, Netzwerke, Abstammung, Geschlecht und Alter) ergeben;
3. Prozessdynamik, Zeitmanagement, Qualitätsmanagement, Organisationsmanagement;
4. Konfliktmanagement: Wie wird mit Konflikten (Entscheidungs-, Ressourcen-, Rollen-, Ziel-, Bewertungs- und Verteilungskonflikten) umgegangen?;
5. gesellschaftliche Anerkennung der wissenschaftlichen Zusammenarbeit;
6. Balance zwischen Investitionen (monetäre, soziale, personale) und Gewinn aus dem Forschungsprojekt. Vereinbarung über Maßstäbe:
   - fachwissenschaftliche,
   - ethische,

- leistungsspezifische,
- zu zwischenmenschlichem Umgang,
- zu Gruppenklima;
7. politische/ideologische Kontextbedingungen;
8. Umfeldorganisationen:
- Ministerien und Behörden,
- Parteien, politische Autoritäten,
- Machtzentren,
- Universitätsleitung,
- Fakultäten,
- forschungsfördernde Institutionen.

Der diplomatische Dienst

Über den diplomatischen Dienst folgen in diesem Zusammenhang keine Ausführungen, da die Hintergründe und Details zu wenig bekannt sind. Tatsache aber ist, dass die Diplomatenausbildung in Deutschland und anderen europäischen Ländern interkulturelle Kompetenzentwicklung nicht explizit im Programm hat, weder in der grundständigen Ausbildung zum Diplomaten noch in sehr beruflicher Weiterbildung. Tatsache ist auch, dass sich viele Fach- und Führungskräfte rund um den Globus, wenn die Rede auf ihre diplomatische Vertretung im Gastland kommt, beklagen, wie wenig Kenntnisse und wie wenig Einfühlungsvermögen die im diplomatischen Dienst tätigen Personen besitzen, abgesehen von Dolmetschern mit einer entsprechenden interkulturellen Ausbildung. Nicht selten meiden deutsche Fach- und Führungskräfte im Kundenkontakt und im Gastlandgeschäft nähere Kontakte zur Botschaft, um nicht noch zusätzliche Missverständnisse und Peinlichkeiten bewältigen zu müssen. Ähnliches erfährt man auch von Entwicklungsexperten. Vermutlich ist der diplomatische Dienst viel zu sehr auf die Politik im Heimatland fixiert und mit Aufgaben, die das Auswärtige Amt an sie heranträgt, und mit der mehr zeremoniellen Bewältigung von Repräsentationsverpflichtungen beschäftigt, als dass er eine Notwendigkeit sieht, sich näher mit den kulturellen Besonderheiten des Gastlandes, abgesehen von seiner Exotik, beschäftigen zu müssen. Jedenfalls hat diese diplomatische Welt nur wenig Gemeinsames mit den Aufgabenstellungen, die ihre deutschen Landsleute im Gastland zu bewältigen haben.

Aber es stellt sich schon die Frage, warum Wissenschaft und diplomatischer Dienst nach wie vor kulturfreie Bereiche sind.

Begründungen für die Defizite

Warum existiert kein interkulturelles Training zur Vorbereitung auf die internationale wissenschaftliche Kooperation? Offensichtlich halten Wissenschaftler und Diplomaten den Erwerb interkultureller Kompetenz zur produktiven internationalen Zusammenarbeit nicht für erforderlich.

Die Vertreter beider Bereiche behaupten – und das vielleicht auch nicht zu Unrecht –, dass die Wissenschaft und der diplomatische Dienst immer schon international aufgestellt waren. Damit wird implizit zum Ausdruck gebracht, dass in diesen Tätigkeitsfeldern kulturelle Handlungskompetenz entweder per se vorhanden ist oder zur Aufgabenerfüllung nicht erforderlich ist, wie die Geschichte zeigt, und so auch kein gesondertes interkulturelles Training und spezielle interkulturelle Vorbereitung notwendig sind.

Hinzu kommt, dass beide Bereiche stark westlich, euro-amerikanisch, orientiert sind. Die moderne Wissenschaft ist eine Erfindung Europas, gefolgt von den Kolonialländern Nordamerikas. Im euro-amerikanischen Kulturraum werden 90 % der national und international angemeldeten Patente produziert, die meisten Nobelpreise untereinander verteilt, werden wissenschaftliche Trends gesetzt und wird der wissenschaftliche Mainstream entwickelt. Die Forscher aus Schwellenländern folgen und kopieren zum Teil übereifrig ihre euro-amerikanischen Vorbilder auf Schritt und Tritt allein schon, um als Wissenschaftler anerkannt zu werden oder anerkannt zu bleiben. Jeder Weltkongress für Psychologie liefert dafür viele sehr anschauliche Beispiele. Wer auf der sicheren Seite wissenschaftlicher Forschung stehen will, beruft sich auf amerikanische Forscher, nutzt ihre theoretischen Konzepte und Modelle und übersetzt die von ihnen entwickelten Fragebögen in seine Landessprache und lässt sie von einer möglichst repräsentativen Stichprobe einheimischer Probanden ausfüllen. So gewinnt man Daten für eine Publikation in einer amerikanischen Zeitschrift und das Material für einen Vortrag, der Chancen auf Anerkennung hat, damit man ihn beim nächsten Kongress vortragen oder in einer angesehenen Fachzeitschrift publizieren darf.

Auch die Welt der Diplomatie scheint einer globalen kulturellen Konvergenz im Hinblick auf Standards und Maßstäbe der »westlichen« Welt mit ihren speziellen Kulturtraditionen zu unterliegen.

Noch ein anderer Blickwinkel auf den hier angesprochenen Sachverhalt ist interessant. Wenn schon die international zu beobachtende Femininisierung der Psychologie (2009: 70 % Studentinnen und 30 % Studenten; 1963: 80 % Studenten und 20 % Studentinnen) zur Frage führt, ob sich damit die Psychologie als grundlagenwissenschaftliches und anwendungswissenschaftliches Fach verändert, wie viel mehr wird sich wohl die Psychologie als ein kulturell hoch sensibles Fach verändern, wenn in Zukunft Psychologen aus Ländern, die nicht dem euro-amerikanischen Kulturraum angehören, damit beginnen, eine Psychologie aus ihren indigenen Wurzeln heraus zu entwickeln? Werden sie das überhaupt tun (können)? Wie und wodurch könnten Forscher Ansehen gewinnen, die nicht im euro-amerikanischen Wissenschafts-Mainstream mitschwimmen?

Die Kulturvergleichende Psychologie hat sich meines Wissens diese Frage nie gestellt, denn die in diesem Feld tätigen Psychologen gingen immer von der Annahme aus, dass es allein darum geht, die globale Generalisierbarkeit von Theorien, Modellen und empirisch-experimentellen Befunden der Psychologie zu überprüfen. Der häufige Einsatz von Fragebögen, der Einsatz von Tests und der Einsatz von empirisch-experimentellen Methoden boten den weltweit rekrutierten Versuchspersonen zudem wenig bis gar keine Möglichkeiten, ihre kulturspezifischen Orientierungen sichtbar werden zu lassen. Fragebögen sind auszufüllen und im Experiment ist den genauen Anweisungen des Experimentators Folge zu leisten. Zudem wissen wir: »Die ›gute‹ Versuchspersonen denkt nicht. Artefakte in der Sozialpsychologie«, so der Titel eines Buches von Walter Bungard von 1980 über bislang vernachlässigte wissenschaftlich relevante sozialpsychologische Aspekte in der experimentalpsychologischen Forschung. Auch dieses Werk ist schnell in Vergessenheit geraten und ohne nachhaltige Anerkennung und Wirkung geblieben.

Die Hochschulausbildung

Schon immer war die Internationalisierung des Studiums, also das Studieren im Ausland und das Studium ausländischer Studenten in Deutschland ein Diskussionsthema. Schon vor 50 Jahren gab es Überlegungen und erste Studien zur Förderung der Bereitschaft deutscher Studenten, für ein bis zwei Semester an ausländischen Hochschulen zu studieren und ausländischen Studenten an deutschen Hochschulen eine akademische Ausbildung mit Abschluss zur Verfügung zu stellen. In beiden Fällen ging es primär darum, das Ansehen Deutschlands im Ausland zu erhöhen und die politischen und kulturellen Eliten im Ausland für das westlich-demokratische Deutschland (BRD) im Kontrast zum sozialistisch-kommunistischen Deutschland (DDR) zu interessieren.

In beiden Fällen spielten die Anerkennungsprobleme der mitgebrachten und bereits erreichten Studienabschlüsse eine zentrale Rolle. In beiden Fällen bestand nämlich die Gefahr, dass die Wertigkeit bereits vorhandener Studienabschlüsse bei der Studienzulassung unterschätzt wurde und die im Ausland erworbenen Studienabschlüsse nicht ins heimatliche Studienkonzept passten. Zudem wurden die hohen Abbrecherquoten, die hohe Zahl der Studienversager trotz überlanger Studienzeiten und in der Gruppe der ausländischen Studierenden die ungenügende Reintegration in die Heimatländer beklagt. Viele deutsche Studenten schätzen das Auslandsstudium wegen seines hohen persönlichen Gewinns, demgegenüber wurden der studienfachspezifische Nutzen und der Wert der erworbenen Seminarscheine und Prüfungsabschlüsse deutlich geringer eingeschätzt. Sie waren den Studenten nach einem Auslandsstudium auch nicht so wichtig, wenn sie Bilanz zogen. Hier zeigt sich eine interessante Diskrepanz zwischen dem, was einerseits die Stipendiengeber für Auslandsstudierende immer wieder fordern und als Ziele thematisieren und was Hochschulleitungen und Wissenschaftspolitiker zur Begründung anführen und dem, was andererseits die zurückgekehrten Studenten für sich bilanzierend wertschätzen. Das gilt zum Teil auch für Nachwuchswissenschaftler, wenn sie einige Jahre an ausländischen Forschungseinrichtungen gearbeitet haben und Bilanz ziehen. So etwas Diffuses wie Horizonterweiterung, Persönlichkeitsentwicklung, Aufbau einer weiteren Qualität von Selbstvertrauen und Selbstsicherheit ist aus der Sicht Außenstehender zwar erwünscht, aber eigentlich nur Nebeneffekt. Für die Betroffenen sind sie hingegen der eigentliche Gewinn, der zählt.

Viele der vor einem halben Jahrhundert thematisierten Probleme tauchen nun in neueren Diskussionen und Untersuchungen genauso wieder auf (Thomas, 2009). Nach wie vor bestehen erhebliche Defizite in folgenden Bereichen:

1. Deutsche Studenten werden auf das Auslandsstudium in Bezug auf die kulturspezifischen Lehr-/Lernbedingungen und die kulturspezifischen Bedingungen des Lebens und Studierens im Gastland nicht oder zu wenig vorbereitet. Auch eine Nachbereitung der im Ausland erworbenen Erfahrungen findet nicht statt.
2. Ausländische Studierende werden auf die deutsche Lehr-/Lernkultur nicht oder zu wenig vorbereitet. Es erfolgt keine oder eine nur unzureichende Unterstützung zur Entwicklung interkultureller Kompetenzen während des Studiums. Es fehlt an professioneller Vorbereitung auf die Reintegration in die Heimatkulturen.
3. Deutsche und ausländische Studenten finden während ihres Studiums an deutschen Hochschulen nicht zusammen, sie lernen nicht gemeinsam, sie leben nicht miteinander und so profitieren sie auch nicht voneinander im Sinne interkulturellen Lernens der Entwicklung interkultureller Kompetenz.
4. Für deutsche Studenten gibt es viel zu wenige Studienangebote zur Entwicklung interkultureller Kompetenz als zentrale Schlüsselqualifikation in nahezu allen akademischen Berufsfeldern. Dies gilt auch für Doktoranden und Habilitanden, also für den gesamten akademischen Nachwuchs.

Schule und formale Bildung

Für die individuelle biografische Entwicklung sind Elternhaus, Schule und die Gruppe der gleichaltrigen Kinder und Jugendlichen die wichtigsten Sozialisationsinstanzen. Von ihnen kommen die Anregungen, kommt die Unterstützung und werden die Erfahrungs-, Lern- und Handlungsfelder zur Ausbildung der Persönlichkeit bereitgestellt. Hinzukommen vielfältige Angebote aus dem Bereich der nichtformalen Bildung wie zum Beispiel Angebote der Vereine, Kirchen, Parteien, Stiftungen, Jugendorganisationen, Anbieter von Jugendfreizeiten und internationalen Jugendbegegnungen. Alle diese Bereiche sind bislang völlig getrennt von dem, was Schulen an internationalen Schülerbegegnungen organisieren, obwohl sich alle diese Aktivitäten auf ein und dieselben Altersgruppen beziehen (Thomas, Chang

u. Abt, 2007). Im Vergleich zur internationalen Jugendbegegnung, in der seit circa 30 Jahren interkulturelles Lernen und interkulturelle Kompetenz zentrale Themen sind, die in der Qualifizierung der Begegnungsangebote eine bedeutsame Rolle spielen, ist Schule als interkulturelles Lern- und Erfahrungsfeld noch nicht entdeckt und erschlossen worden (Thomas, 2007). Mit einem beispielhaften Projekt, organisiert vom Bundesministerium für Familie, Senioren, Frauen und Jugend, IJAB (Fachstelle für Internationale Jugendarbeit der Bundesrepublik Deutschland e. V.) und transfer e. V., gemeinsam mit Kölner Schulen und einer wissenschaftlichen Begleitung durch den »Forscher-Praktiker-Dialog im internationalen Jugendaustausch« wird erkundet, welche Möglichkeiten Schulen als interkulturelles Erfahrungs- und Lernfeld bieten können (IKUS). Dazu werden Tandems gebildet aus interessierten Lehrern und erfahrenen Experten der internationalen Jugendarbeit, die interkulturelle Lernmöglichkeiten für Lehrer, deutsche Schüler und für Schüler mit Migrationshintergrund sowie deren Umfeld (z. B. Eltern) an Real-, Haupt-, Gesamt- und Förderschulen sowie Gymnasien erkunden und entsprechende Lehr-Lernmodule entwickeln und auf ihre Wirkung hin erproben sollen.

Nachhaltige Wirkungen sind dabei aber nur zu erzielen, wenn die Förderung interkulturellen Lernens an Schulen als Teil der Schulkultur anerkannt und etabliert wird, was sicher noch viel Zeit benötigt. So hat der schon vor Jahren von der Kultusministerkonferenz der Länder gefasste Beschluss, interkulturelles Lernen und die Entwicklung interkultureller Kompetenz in den Lehrplänen der Schulen als wichtiges Bildungsziel zu verankern, noch nicht dazu geführt, dass zum Beispiel in der ersten und zweiten Phase der Lehrerausbildung die erforderlichen Konsequenzen in Form von interkulturellen Lernangeboten gezogen werden.

Der einzige Bereich interkulturellen Lernens in der Schule, der eine gewisse Aufmerksamkeit erfährt und der von einigen Schulen mit entsprechend engagierten Lehrern gepflegt wird und zu dem es schon einige fundierte wissenschaftliche Studien gibt, ist der internationale Schüleraustausch, die Klassenfahrt ins Ausland oder die Interkulturelle Schülerbegegnung im Inland (Thomas, 2005). Völlig unbeachtet und unbearbeitet geblieben sind demgegenüber die interkulturelle Thematik und deren Bedeutung in den einzelnen Unterrichtsfächern, wenn man einmal von den raren Ausnahmen absieht, in denen interkulturelles Lernen in den Fremdsprachenunterrichtet integriert wird (Thomas u. Wagner, 2000).

Interkulturelle Kompetenz

Interkulturelle Kompetenz ist zweifelsohne ein zentrales Thema und wird es auch zukünftig bleiben. Von entscheidender Bedeutung wird es sein, die psychologischen Tiefenstrukturen interkultureller Kompetenz zu erforschen und Angebote zur Entwicklung interkultureller Kompetenz nicht nur generell zu verbessern, sondern mehr als bisher einerseits zielgruppenspezifisch und andererseits aufgabenspezifisch weiterzuentwickeln. So ist beispielsweise absehbar, dass zukünftig immer mehr plurikulturell zusammengesetzte Projekt- und Arbeitsgruppen nicht nur in hoch technisierten und damit stark spezialisierten Arbeitsbereichen gebildet werden, sondern auch in Dienstleistungsbereichen jeglicher Art entstehen. Hier kommt es darauf an, vorhandene kulturspezifische Kompetenzen und Ressourcen so zu aktivieren und zu bündeln, dass für alle Teammitglieder eine optimale Zielerreichung und zugleich ein hoher Grad an Zufriedenheit entstehen. Wie schwierig das ist, zeigt zum Beispiel der Vergleich zwischen sachorientierter versus personorientierter Personalauswahl, Personalausbildung und Personalbeurteilung im Bereich der Krankenversorgung oder der Kundenbetreuung in Servicecentern. Hier reicht es nicht aus, die Teams für die Zusammenarbeit auf den Ebenen Kommunikation und Interaktion so zu schulen, dass kommunikative und interaktive Kompetenzen aufgebaut werden. Sie müssen vielmehr in der Lage sein, vorhandene kulturspezifische Ressourcen zu erkennen und diese auf den speziellen Arbeitsauftrag und den Arbeitsprozess aufeinander abzustimmen und zielorientiert zu optimieren.

Zur interkulturellen Kompetenz gehört zweifellos die Ausprägung eines hohen Grades an Empathie, also der Fähigkeit und Bereitschaft, sich in die Befindlichkeitslage des fremdkulturellen Partners hineinzuversetzen, um seine Intentionen und Reaktionen zu verstehen. Wenn es schon im monokulturellen Kontext schwer ist, sich in die Befindlichkeitslage eines Partners, ob am Arbeitsplatz oder im Alltagsleben, hineinzuversetzen – man denke nur an Probleme im gegenseitigen Verständnis der Geschlechter –, dann ist die geforderte empathische Leistung im Rahmen der Zusammenarbeit in plurikulturellen Projektgruppen noch viel schwieriger zu erreichen. Das hängt sicher auch mit unterschiedlichen Verarbeitungsstrategien bei erwartungswidrigen Partnerreaktionen zusammen.

Im Laufe der vergangenen 15 Jahre konnten wir annähernd 1000 deutsche Fach- und Führungskräfte in circa 40 Ländern über ihre immer wieder, fast täglich, erlebten kulturell bedingt kritischen Interaktionssituationen befragen und dabei an die 120.000 solcher Situationen erfassen. Erfragt wurde dabei auch, wie sie in der jeweiligen Situation auf den erwartungswidrig handelnden Partner reagiert haben. Aus diesen Ergebnissen lassen sich, wenn auch zunächst nur hypothetisch, drei immer wieder auftretende Varianten der Bearbeitung interkulturell bedingter Handlungsstörungen generieren (siehe Abbildung 1, S. 102, sowie mein anderer Beitrag in diesem Band):

1. Abwehr/Abbruch: »Ich mag nicht mehr!«
2. Anpassung/Gewöhnung: »Das ist nun mal so!«
3. Akzeptanz/Innovation: »Das ist ja interessant! Da ist etwas zu entwickeln!«

Für alle Personen beginnt der Verarbeitungsprozess zunächst einmal mit dem Aufmerksamwerden auf eine Störung im Interaktionsprozess, auf die man reagieren muss, zum Beispiel mit der Überzeugung: »So richtig vorwärts geht hier nichts!«

oder »Das kann doch wohl nicht wahr sein!« oder »Was soll das ganze Getue?« oder »Exotik hin oder her, es muss doch endlich mal vorangehen!«

Über mehrere Stufen stellt sich dann bei allen das sichere Gefühl ein, missverstanden zu werden, es also bei allen Bemühungen nicht fertiggebracht zu haben, dem Partner die eigenen Ziele, Wünsche und festen Überzeugungen sowie das Richtige, das Wahre, das Zielführende, das Effiziente und das Optimale so vermittelt zu haben, dass er entsprechend sachgerecht, also entsprechend der eigenen Erwartungen, konform reagiert. Nun setzte die Bearbeitung ein in Form der genannten drei möglichen Varianten:

1. Wer immer bei unerwartetem Partnerverhalten mit Abwehr reagiert, wird schnell merken, dass er mit nichts so recht vorankommt. Der wird sich ständig im Partnerkontakt überfordert fühlen. Nicht nur die Partner, sondern auch die Aufgabe, der Arbeitsalltag, die Lebenssituation und schließlich der gesamte Auslandseinsatz werden zur Last. Hier finden sich wohl die 50 % der vorzeitig den Auslandseinsatz abbrechenden Experten wieder, wie es entsprechende Studien seit Jahrzehnten immer wieder nachweisen.
2. Wer sich allmählich anpasst und sich an das immer als eigentümlich und auch nicht recht ins Konzept passende Partnerverhalten gewöhnt, gehört wohl zu der nicht unerheblichen Anzahl von Fachkräften, die zwar nicht kulturell vorbereitet sind, auch nach Jahren im Auslandseinsatz kein Verständnis für das Partnerverhalten entwickelt haben und es zudem für überflüssig halten, sich näher mit handlungsrelevanten kulturellen Einflussfaktoren zu beschäftigen und dies auch ablehnen, aber die dennoch erfolgreich kooperieren.
3. Wer das unerwartete und ungewöhnliche Partnerverhalten akzeptiert, sich aktiv auf die Suche nach Erklärungen und Begründungen macht und sich nicht mit dem zufrieden gibt, was er vorfindet, sondern eine Art diagnostisch-analytische Grundhaltung einnimmt und so systematisch Erfahrungen sammelt, sie reflektiert, vergleicht, kommuniziert und bewertet, entwickelt sich allmählich über einen Selbstlernprozess zu einem Experten im Umgang mit Menschen aus der Gastkultur. Nach Erfahrungen in mehreren Gastkulturen entwickelt er sich dann eventuell zu einem Experten, der sich schnell und effizient in alle möglichen Kulturen einarbeiten kann.

Vorläufig sollte man allerdings diese drei Varianten der Bearbeitung interkulturell bedingter Störungen als Hypothesen auffassen und genaueren Studien und Prüfungen unterziehen.

Zu beantworten wären dabei folgende Fragen:

1. Gibt es nur diese oder mehrere Varianten?
2. Wie verläuft der Entstehungsprozess dieser Verarbeitungsvarianten und welche Verhaltensvariationen ergeben sich daraus?
3. Ist die Wahl der jeweiligen Verarbeitungsvariante personenspezifisch oder situativ oder interaktiv determiniert?

4. Sind Übergänge von einer Variante zu anderen während des Verarbeitungsprozesses einer Situation möglich? Wie? Wodurch?
5. Wie hängen die Varianten mit den bekannten drei Handlungsorientierungen in Bezug auf das Verhältnis des Individuums zur Umwelt, zur Innenwelt und zur Mitwelt zusammen, woraus sich die zielorientierten, klärungsorientierten und beziehungsorientierten Einstellungs- und Handlungsvarianten ergeben (Layes, 2000).
6. Welche Funktionen und Wirkungen können Vorbereitungs- und Begleittrainings auf die Wahl und Dominanz der Bearbeitungsvarianten haben?
7. Wie verlaufen solche Bearbeitungsvarianten in den Fällen, in denen beide Partner ein interkulturelles Training (in getrennten oder in gemeinsamen Trainingsgruppen) durchlaufen haben?
8. Ist nur derjenige als kompetent anzusehen, bei dem die dritte Variante dominiert, oder der, der je nach Gegebenheiten alle drei Varianten einsetzt?
9. Wie stabil sind die Verarbeitungsvarianten?

Ausblick

Zum Schluss erlaube ich mir noch einen Appell an alle, die von der Bedeutung interkultureller Kompetenz und ihrer frühzeitigen Entwicklung für Fach- und Führungskräfte in unserer Gesellschaft überzeugt sind:

1. Die reichhaltigen Erkenntnisse aus allen Teilbereichen der psychologischen Grundlagenforschung und der angewandt-psychologischen Forschung sind zur Hypothesenbildung sowie zur Beschreibung und Erklärung kultureller Bedingungen, Verlaufsdynamiken und Wirkungen auf menschliches Verhalten und Erleben (Wahrnehmung, Kognition, Motivation, Volition, Emotion und Verhalten) zu nutzen. Bislang erfolgt diese Ressourcennutzung nur in Ansätzen. Dies gilt zudem für alle wissenschaftlichen Disziplinen, die aus ihren wissenschaftlichen Erkenntnisbeständen etwas zur Thematik beitragen können.
2. Der interkulturellen Thematik angemessene Konzepte und methodische Designs der Datengewinnung und der Datenanalyse sind zu entwickeln, damit Forschungen, die bemerkt oder meist unbemerkt Artefakte hervorbringen, vermieden werden und stattdessen Forschung gefördert wird, die kulturelle Einflussfaktoren im Forschungsprozess gebührend berücksichtigt.
3. Zu fördern ist: Indigene Forschung in allen Bereichen der Psychologie, vor allem aber im Feld der Kulturpsychologie, der kulturvergleichenden Psychologie und der interkulturellen Psychologie.
4. Verstärkte Berücksichtigung religiöser und transzendenter Verhaltensdeterminanten bei der Analyse, Diagnose und Qualifizierung interkulturellen Handelns ist anzustreben.

5. Konzentration auf eine Forschung anwendungsbezogener Interventionen sowie auf Bereiche des gesellschaftlichen Lebens, in denen interkulturelle Kompetenz gefordert ist, bisher aber noch nicht in ausreichendem Maße gefördert wurde.

Literatur

Bungard, W. (Hrsg.) (1980). Die ›gute‹ Versuchsperson denkt nicht. Artefakte in der Sozialpsychologie. München: Urban & Schwarzenberg.

Landis, D., Brislin, R. W. (Eds.) (1983). Handbook of intercultural training (Vol. 1–3). Elmsford, NY: Pergamond.

Landis, D., Bhagat, R. S. (Eds.) (1996). Handbook of intercultural training (2nd ed.). London: Sage.

Landis, D., Bennett, J. M., Bennett, M. J. (Eds.) (2004). Handbook of intercultural training (3rd ed.). London: Sage.

Layes, G. (2000). Grundformen des Fremderlebens. Eine Analyse von Handlungsorientierungen in der interkulturellen Interaktion. Münster: Waxmann

Thomas, A. (1979). Der ›Faktor Mensch‹ als zentrales Problem der Entwicklungshilfe. Die Dritte Welt, 4, 497–521.

Thomas, A. (2002). Interkulturelle Kompetenz in der internationalen wissenschaftlichen Zusammenarbeit. In E. H. Witte (Hrsg.), Sozialpsychologie interkultureller Beziehungen (S. 151–175). Lengerich: Pabst.

Thomas, A. (2004). Intercultural competence in international cooperation. In S. Schmid, A. Thomas (Eds.), The impact of values and norms in intercultural trainings and education (pp. 35–52). Wien: Institut für den Donauraum und Mitteleuropa (IDM).

Thomas, A. (2005). Dialog der Kulturen im und durch internationalen Schüler- und Jugendaustausch? Forum Jugendarbeit International. 2004/2005 (S. 204–220). Bonn: IJAB.

Thomas, A. (2007). Jugendaustausch. In J. Straub, A. Weidemann, D. Weidemann (Hrsg.), Handbuch interkulturelle Kommunikation und Kompetenz (S. 657–667). Stuttgart: Metzler-Verlag.

Thomas, A. (2009). Major problems in intercultural communication. In J. Berninghausen, C. Gunderson, E. Kammler, U. Kühnen, R. Schönhagen (Eds.), Lost in Transnation?: towards an intercultural dimension on campus (pp. 49–59). Bremen: Kellner Verlag.

Thomas, A., Chang, C., Abt, H. (2007). Erlebnisse, die verändern. Langzeitwirkungen der Teilnahme an internationalen Jugendbegegnungen. Göttingen: Vandenhoeck & Ruprecht.

Thomas, A., Wagner, K. H. (2000). Didaktische Grundlagen und methodische Anregungen zum interkulturellen Lernen im Englischunterricht. Praxis des neusprachlichen Unterrichts, 47 (4), 355–366.

Die Autorinnen und Autoren

Dipl.-Psych. Heike Abt ist Geschäftsführende Partnerin des Instituts für Kooperationsmanagement (iko) in Regensburg.

Prof. Dr. Philip Anderson ist Professor für interkulturelle soziale Arbeit an der Hochschule Regensburg.

Prof. Dr. Christoph Barmeyer ist Inhaber des Lehrstuhls für Interkulturelle Kommunikation an der Universität Passau.

Mag. Soz. Christine Bartsch ist Mitarbeiterin am Lehrstuhl für Psychologie V – Sozial-, Wirtschafts-, Arbeits- und Organisationspsychologie an der Universität Regensburg.

Prof. Dr.-Ing. Arno Bitzer ist Professor am Betriebswirtschaftlichen Institut Gummersbach an der Fachhochschule Köln.

Prof. Dr. Gabriele Blod ist Professorin für Angewandte Rhetorik und Kommunikation an der Hochschule Regensburg sowie Leiterin des Bachelor-Studiengangs International Relations and Management.

Prof. Dr. Jürgen Bolten ist Inhaber des Lehrstuhls für Interkulturelle Wirtschaftskommunikation an der Friedrich-Schiller-Universität Jena.

Prof. Dr. Eric Davoine ist Inhaber des Lehrstuhls für Ressources Humaines et Organisation an der Universität Fribourg/Schweiz.

Wenjun Deng arbeitet als interne Trainerin und Personalentwicklerin bei IBM, China Global Delivery Center, in Shanghai.

Dipl.-Psych. Ulrike de Ponte ist freiberufliche Mitarbeiterin am Institut für Kooperationsmanagement (iko) und Dozentin im Zusatzstudium Internationale Handlungskompetenz an der Hochschule Regensburg.

Prof. Dr. Wilfried Dreyer ist Professor für Interkulturelle Sozial- und Handlungskompetenz an der Hochschule Regensburg.

Prof. Dr. Josef Eckstein ist Präsident der Hochschule Regensburg.

Dipl.-Betriebswirtin (FH) Susanne Elze hat an der Hochschule Regensburg studiert und ihre Diplomarbeit über den Bachelor-Studiengang International Relations and Management verfasst.

Dipl.-Psych. Stefanie Gruttauer ist Mitarbeiterin am Betriebswirtschaftlichen Institut Gummersbach an der Fachhochschule Köln.

Prof. Dr. Hede Helfrich-Hölter ist Inhaberin des Lehrstuhls für interkulturelle Kommunikation an der Technischen Universität Chemnitz.

Dr. Gundula Gwenn Hiller ist Dozentin im Masterstudiengang Intercultural Communication Studies an der Europa-Universität Viadrina Frankfurt/Oder.

Dipl.-Psych. Ulrich Hößler ist Programmkoordinator des Zusatzstudiums Internationale Handlungskompetenz an der Hochschule Regensburg.

Prof. Dr. Elias Jammal ist Leiter des Orient-Instituts für Interkulturelle Studien (OIS) an der Hochschule Heilbronn.

Prof. Dr. Stefan Kammhuber ist Professor für Organisationskommunikation und Interkulturelles Management an der Hochschule Koblenz Landau, Rhein Ahr Campus Remagen und Geschäftsführer des Instituts für Kooperationsmanagement (iko).

Dr. Monika Kraemer ist Dozentin am Institut für Interkulturelle Kommunikation an der Ludwig-Maximilians-Universität München.

M. A. Melanie Leistikow ist Wissenschaftliche Mitarbeiterin des Orient-Institus für Interkulturelle Studien (OIS) an der Hochschule Heilbronn.

Prof. Dr. Yong Liang ist Professor für Sinologie an der Universität Trier.

Lic. M. A. Carmen Maurial de Menzel ist Dozentin im Zusatzstudium Internationale Handlungskompetenz an der Hochschule Regensburg.

Dipl.-Psych. Alexandra Nikitopoulos ist Mitarbeiterin am Center for Leadership and People Management an der Ludwig-Maximilians-Universität München.

Dipl.-Psych. Ulf Over ist Mitarbeiter an der Abteilung Entwicklungs- und Pädagogische Psychologie an der Universität Bremen.

Dr. Hana Panggabean ist Dozentin der School of Psychology an der Atma Jaya Catholic University Jakarta/Indonesien.

Dr. Astrid Podsiadlowski ist Dozentin an der Interdisziplinären Abteilung für Verhaltenswissenschaftlich orientiertes Management an der Wirtschaftsuniversität Wien.

Dr. Stefan Schmid ist selbstständiger interkultureller Trainer in München und freiberuflicher Mitarbeiter am Institut für Kooperationsmanagement (iko).

Dr. Ulrike Schwegler ist Leiterin des Instituts für angewandte Vertrauensforschung in Stuttgart.

Prof. Dr. Micha Strack ist Inhaberin des Lehrstuhls für Psychologie V – Sozial-, Wirtschafts-, Arbeits- und Organisationspsychologie an der Universität Regensburg.

Prof. Dr. Jürgen Straub ist Inhaber des Lehrstuhls für Sozialtheorie und Sozialpsychologie an der Ruhr-Universität Bochum.

Prof. Dr. Siegfried Stumpf ist Direktor des Betriebswirtschaftlichen Instituts Gummersbach an der Fachhochschule Köln und Geschäftsführer des Instituts für Kooperationsmanagement (iko).

Prof. Dr. Alexander Thomas ist emeritierter Professor der Universität Regensburg, bis 2005 an der Abteilung Sozial- und Organisationspsychologie und Geschäftsführer des Instituts für Kooperationsmanagement (iko).

Dr. Juliana Murniati Tjaya ist Dekanin der School of Psychology an der Atma Jaya Catholic University Jakarta/Indonesien.

Prof. Dr. Hora Tjitra ist Professor für Angewandte Psychologie mit den Schwerpunkten Interkulturelle und Organisationspsychologie an der School of Psychology, Zhejiang University, Hangzhou/China.

Dipl.-Psych. Astrid Utler ist interkulturelle Trainerin und Dozentin im Zusatzstudium Internationale Handlungskompetenz an der Hochschule Regensburg.

Dr. Claudia Woerz-Hackenberg ist Professorin für Internationales Management und Betriebswirtschaftslehre an der Hochschule Regensburg sowie Studienfachberaterin für Wirtschaft im Bachelor-Studiengang International Relations and Management.

Personenregister

Stichwortregister

Wenn Sie weiterlesen möchten ...

Sylvia Schroll-Machl
Doing Business with Germans
Their Perception, Our Perception
4rd edition

As globalisation becomes more pervasive in everyday life, many people are faced with challenging new situations: Cultural differences no longer fascinate only tourists and intrigue academics. The impact of globalisation has become, to a large extent, a part of our daily life, particularly in the business world.
This book sheds light on the two sides of German business partnerships in intercultural settings. On the one hand it deals with people working with Germans from their home country as well as with expatriates who have come to live and work in Germany. On the other hand it portrays Germans who have business relations all over the world negotiating with people in business meetings or via telecommunications.
What is "typically German"? How do other people perceive me as a German? This book will help you to achieve intercultural competence, that means: understanding of the cultural standards of others and insight into one's own culture.
Based on her academic training and many years of experience, Sylvia Schroll-Machl describes real-life situations that foreigners have experienced with Germans and explains, what Germans actually mean when they say and do particular things. The author also investigates the cultural and historical background which has shaped the German identity.

Sylvia Schroll-Machl
Die Deutschen – Wir Deutsche
Fremdwahrnehmung und Selbstsicht im Berufsleben
3. Auflage

Die Globalisierung ist inzwischen allgegenwärtig. Diese Tatsache stellt viele Menschen vor neue Situationen: Kulturunterschiede sind nicht mehr nur etwas, was Touristen fasziniert und Wissenschaftler anregt, sondern sie sind weitgehend Alltag geworden, insbesondere auch in beruflichen Zusammenhängen.
Das Buch wendet sich an beide Seiten dieser geschäftlichen Partnerschaft: zum einen an jene, die mit Deutschen von ihrem Heimatland aus zu tun haben, oder als Expatriate, der für einige Zeit in Deutschland lebt, zum anderen an die Deutschen, die mit Partnern aus aller Welt im Geschäftskontakt stehen, sei es per Geschäftsbesuch oder via Kommunikationsmedien. Für die erste Gruppe ist es wichtig, Informationen über Deutsche zu erhalten, um sich auf uns einstellen zu können. Für Deutsche selbst ist es hilfreich zu erfahren, wie unsere nicht-deutschen Partner uns erleben, um uns selbst im Spiegel der anderen zu sehen.
Sylvia Schroll-Machl berichtet auf dem Hintergrund langjähriger Praxis als interkulturelle Trainerin und Wissenschaftlerin über viele typische Erfahrungen mit uns Deutschen und typische Eindrücke von uns.
Es geht ihr aber auch darum, diese Erlebnisse und Erfahrungen aus deutscher Sicht zu beleuchten, damit die nicht-deutschen Partner entdecken, wie wir eigentlich das meinen, was wir sagen und tun. Zudem beschäftigt sich die Autorin auch mit den kulturhistorischen Hintergründen, die uns Deutsche prägen.

Wenn Sie weiterlesen möchten ...

Alexander Thomas / Astrid Utler / Ulrike de Ponte / Stefan Schmid
Realität und Innovation in der europäischen Begegnung

Die Autoren haben untersucht, was europäische Begegnungen, speziell von jungen Menschen, zur Entwicklung Europas beitragen und was sie unter bestimmten, innovativen Bedingungen und Dynamiken einbringen können. Dazu wurden Projekte des formellen und informellen Bildungssektors mit konkretem Europabezug erhoben und analysiert. Außerdem wurden Experten der europäischen Begegnung interviewt zu deren Einschätzungen und Erfahrungen hinsichtlich Erfolgsfaktoren, Rahmenbedingungen sowie der gewünschten Rolle der Förderer. Aus den Ergebnissen und auf Basis psychologischer Theorien konnten Empfehlungen abgeleitet werden: Zum einen wurde ein Methodenpool entwickelt, in dem eine Vielzahl an Methoden zusammengestellt und bezüglich ihrer Lernwirksamkeit eingeschätzt wurden. Zum anderen werden detaillierte Hinweise geliefert, welche Bausteine berücksichtigt werden müssen, um europäische Begegnungsprojekte möglichst nachhaltig und wirkungsvoll zu konzipieren.

Simone Dlugosch / Anke Terörde (Hg.)
Eignungsdiagnostik im Wandel
Perspektiven – Trends – Konzepte

In diesem Band werden verschiedene eignungsdiagnostisch relevante Themen aufgegriffen, die von aktuellen Trends wie der Globalisierung, dem demografischen Wandel und der rasanten technologischen Innovation beeinflusst werden. Die Beträge lassen sich drei Themenbereichen zuordnen:
1. Welche Kompetenzen einer Person werden angesichts der aktuell absehbaren Entwicklungen künftig für Arbeitgeber an Bedeutung gewinnen – kurzum: Was sind zukunftsrelevante Kompetenzen? Hier werden die interkulturelle Kompetenz, die Veränderungskompetenz und E-Leadership näher beleuchtet.
2. Welche Konsequenzen ergeben sich aus den verschiedenen Trends für eignungsdiagnostische Verfahren, deren Einsatz, Entwicklung und Durchführung? Entsprechende Beiträge widmen sich der Kompetenzentwicklung im Development-Center, der Rolle von Kultur in internationalen Assessment-Centern, dem Einfluss des Internets auf die Eignungsdiagnostik sowie der Gestaltung des Interviews als situative Übung.
3. Wie verändern sich die allgemeinen Rahmenbedingungen, in denen eignungsdiagnostische Prozesse durchgeführt werden, und wie kann diesen Veränderungen begegnet werden? Hier wird aufgezeigt, wie Personalauswahl und Personalmarketing stärker ineinander greifen können und wie Potenziale bislang zu wenig beachteter Zielgruppen besser erkannt und gefördert werden können.

Die Beiträge spiegeln Erfahrungen aus der Praxis und greifen zudem wissenschaftliche Befunde auf. Es richtet sich sowohl an Personalverantwortliche, denen zum Teil Handlungsempfehlungen gegeben werden, als auch an Leser anderer Berufsgruppen, die sich für Konzepte, aktuelle Fragen und Entwicklungen der Eignungsdiagnostik interessieren.

Wenn Sie weiterlesen möchten ...

Karin Schreiner

Mit der Familie ins Ausland

Ein Wegweiser für Expatriates

Im Kontext von Globalisierung und weltweiter Mobilität brauchen künftige Expatriates ein Rüstzeug, um in interkulturellen Settings entsprechend auftreten und bestehen zu können. Dieses Buch vermittelt das theoretische und praktische Hintergrundwissen, das für einen längeren Arbeitsaufenthalt im Ausland nötig ist: Was ist Kultur? Wie kann ich Kulturen miteinander vergleichen? Was sind interkulturelle Kompetenzen? Wozu sind interkulturelle Trainings gut? Wie verläuft die Anpassung an die neue Kultur? Was ist ein Kulturschock? Wie bereitet man die Rückkehr in die Heimat vor?

Da Expatriates meist nicht allein ins Ausland gehen, liegt ein Schwerpunkt dieses Buches auf der Situation mitausreisender Angehöriger. Partner von Expatriates stehen vor wichtigen Lebens- und Karriereentscheidungen, mitausreisende Kinder werden von einem Leben im Ausland entscheidend in ihrer Entwicklung geprägt. Mitausreisenden fehlen vor Ort und nach der Rückkehr oft Struktur und Perspektive. Wie sie die Herausforderung, mit ihrer Familie ins Ausland zu gehen, erfolgreich meistern können, verrät dieses Buch. Zahlreiche kurze Fallbeispiele und Erfahrungsberichte ergänzen die Darstellungen.

Hamid Rezapour / Mike Zapp

Muslime in der Psychotherapie

Ein kultursensibler Ratgeber

Mit einem Vorwort von Annette Schröder

Auf die Frage seines Hausarztes, welche Beschwerden er denn habe, antwortet ein türkischer Patient: »Herr Doktor, meine Leber brennt.« Der Arzt reagiert zunächst mit Unverständnis, dann lautet seine Diagnose: Alkoholmissbrauch. Erst später klärt sich auf, dass eine brennende Leber im Türkischen Ausdruck tiefen seelischen Schmerzes ist, und der Patient bekommt nun die Behandlung, die er braucht: eine psychotherapeutische. Haben es die Patienten schließlich in die psychotherapeutische Praxis geschafft, so sind damit noch lange nicht die Gefahren interkultureller Missverständnisse gebannt. Sie werden auch in Zukunft in Deutschland, das sich zunehmend als Einwanderungsland versteht, nicht weniger werden. Im besonderen Maße trifft die Anfälligkeit für interkulturelle Fehlkommunikation für die Psychotherapie zu, wo eine intime Begegnung zwischen zwei einander zunächst fremden Menschen stattfindet, die in einem langsamen Prozess Vertrauen zueinander gewinnen müssen, um ihre Ziele zu erreichen. Dies ist die Erfahrung der Autoren und zugleich Beweggrund für ihren Ratgeber, der die Gefahr eines fruchtlosen Aufeinandertreffens kulturell verschiedener Menschen thematisiert und Lösungen anbietet, wie interkulturellem Nicht- oder Missverstehen entgegengewirkt werden kann.